Das Naturrecht und Europa

AD FONTES
SCHRIFTEN ZUR PHILOSOPHIE

Herausgegeben von Tadeusz Guz

Band 3

PETER LANG
Frankfurt am Main · Berlin · Bern · Bruxelles · New York · Oxford · Wien

Tadeusz Guz (Hrsg.)

Das Naturrecht und Europa

PETER LANG
Europäischer Verlag der Wissenschaften

Bibliografische Information der Deutschen Nationalbibliothek
Die Deutsche Nationalbibliothek verzeichnet diese Publikation in der Deutschen Nationalbibliografie; detaillierte bibliografische Daten sind im Internet über <http://www.d-nb.de> abrufbar.

Rezensent: Prof. Dr. Stanisław Janeczek

ISSN 1613-947X
ISBN 3-631-55988-7

www.peterlang.de

Inhaltsverzeichnis

Vorwort

In diesem Sammelband wird ein Versuch positiver Inspirierung der breit geführten Rechtsdiskussion in Europa unternommen, das auf dem ganzen Erdkreis bezüglich der Rechtstradition als besonderer Kontinent gilt. Das Charakteristische des Abendlandes in dieser Hinsicht besteht u. a. in der Erkenntnis des Rechtsgefüges, das einerseits auf die Grundlage des metaphysisch fundierten Naturrechts und damit auf den einen, wahren, guten und absolut gerechten Gott zurückgeführt wird, was die Entstehung des Rechtsstaates ermöglicht hat. Diese Rechtsordnung ist einer der entscheidenden Beiträge Europas für eine geordnete Existenz und Zusammenarbeit der Völker und Staaten der Erde geworden.

Dieses naturrechtliche Erbe darf nicht verloren gehen, ganz im Gegenteil, auch heute geht es in Europa darum, daß „sich alle Europäer zu Hause fühlen und eine Familie von Nationen bilden, von der sich andere Regionen der Welt fruchtbar inspirieren lassen"[1]. Wann ist die Verwirklichung dieses Zieles, wonach die meisten Menschen in Europa streben, möglich? Das ist bestimmt unter der Voraussetzung möglich, wenn sich die europäische Vernunft wieder auf die objektive Wahrheit und auf das objektive Gute stützt, d. h. letzten Endes auf einen „absoluten Bezugspunkt", was Kard. Ratzinger auch im Rückblick auf die „atheistisch-agnostischen"[2] Erfahrungen von Leszek Kołakowski bzw. des ganzen Mittel- und Osteuropas betont hat.

Einerseits findet die menschliche Vernunft gerade in „Gott" als dem „Logos, den rationalen Urgrund alles Wirklichen, die schöpferische Vernunft, aus der die Welt entstand und die sich in der Welt spiegelt"[3]. Andererseits, bei der Frage nach dem Gesetz als Ordnungsgedanken, ist die Verwirklichung der realen Möglichkeiten des Menschen und der sichtbaren Welt nur in der Übereinstimmung mit dem göttlichen Sein – und damit den göttlichen Rechtsprinzipien möglich.

Da jeder Mensch den gleichen Urgrund des eigenen Seins besitzt, besteht von daher für jede menschliche Vernunft als Abbild der göttlichen Vernunft die Möglichkeit, objektiv die Wahrheit zu erkennen.

---

1 Johannes Paul II., *Ecclesia in Europa*, Nr. 121 [in:] „Die Tagespost" vom 1. Juli 2003, Nr. 77, S. 22.

2 J. Kard. Ratzinger, Auf der Suche nach dem Frieden. Ansprache von Joseph Kardinal Ratzinger anläßlich der Feierlichkeiten zum 60. Jahrestag der Landung der Alliierten in der Normandie im vollständigen Wortlaut [in:] „Die Tagespost" vom 12. Juni 2004, Nr. 70, S. 5.

3 Ibidem.

Bei der Frage nach dem Maßstab für das Gute wird unser Denken auf das moralische Fundament des objektiven, allgemeinen und absoluten Sittengesetzes hingelenkt, „damit Europa auf soliden Grundlagen erbaut werden kann, ist es notwendig, sich auf die echten Werte zu stützen, die ihr Fundament in dem allgemeinen Sittengesetz haben, das in das Herz des Menschen eingeschrieben ist“[4]. Gott als Schöpfer ist „nicht bloß Mathematik, sondern ... zugleich Grund des Guten“[5].

In dieser Zeit des neuen Ringens Europas u. a. um seine Identität, das aufs Neue um das noch nicht angenommene Projekt der Europäischen Verfassung entbrannt ist, scheint eine erneute Besinnung auf die Realität des in jedem Menschen als Person vorhandenen Naturrechts ihre sogar notwendige Berechtigung zu haben, denn nach Johannes Paul II., dem „Meister aller Juristen“, den der ehemalige Vizepräsident der italienischen Verfassungsgerichts Prof. Massimo Vari so bezeichnet hat, „erweckt die europäische Kultur den Eindruck einer ‚schweigenden Apostasie' seitens des satten Menschen, der lebt, als ob es Gott nicht gäbe“[6]. Mit solchem Standpunkt setzt sich die europäische Moderne bzw. Postmoderne vergleichbaren Gefahren aus, die das Abendland bereits erschüttert haben wie z. B. der Nationalsozialismus, der sowjetische Kommunismus oder die Neue Linke der „Frankfurter Schule“, die mit allen Konsequenzen den Menschen an die Stelle Gottes gesetzt bzw. den Letzten aus dem menschlichen Verstand und Denken gänzlich abgeschafft hatten, und auf diese Weise Diktaturen mit schwerwiegenden Unheilsfolgen für die Weltgeschichte eingerichtet haben. „Diese Denkart hat dazu geführt, den Menschen ‚als absoluten Mittelpunkt allen Seins zu betrachten, indem man ihn fälschlicherweise den Platz Gottes einnehmen ließ und dabei vergaß, dass nicht der Mensch Gott erschafft, sondern Gott den Menschen erschafft'“[7]. Diese geistige Entwicklung im Abendland führte zum „Nihilismus im philosophischen Bereich“, dem „Relativismus im erkenntnistheoretischen und moralischen Bereich“ und natürlicherweise zum „Pragmatismus und sogar dem zynischen Hedonismus in der Gestaltung des Alltagslebens“ bzw. dem „rechtlichen Relativismus, der seine Wurzeln im Verlust der Wahrheit vom Menschen als Fundament der unveräußerlichen Rechte

---

4 Johannes Paul II., *Ecclesia in Europa*, Nr., 116 [in:] „Die Tagespost“ vom 1. Juli 2003, Nr. 77, S. 22.

5 J. Kard. Ratzinger, Auf der Suche nach dem Frieden..., S. 5.

6 Johannes Paul II., *Ecclesia in Europa*, Nr., 9 [in:] „Die Tagespost“ vom 1. Juli 2003, Nr. 77, S. 13.

7 Ibidem.

eines jeden hat"[8]. Diese und andere negative Prozesse verwandeln die menschliche Kultur des Lebens in eine „Kultur des Todes", denkt Papst Johannes Paul II.

Die Einordnung der jeweiligen Artikel wurde nach den dabei vertretenen wissenschaftlichen Hauptdisziplinen und innerhalb derer nach einem systematisch-historischen Kriterium vollzogen.

Den Autoren dieses Werkes gilt ein besonderer Dank für die Mühe und allen Einsatz für das Naturrecht in unseren Tagen als den rechtlich gesehen positiven und konstruktiven Eckstein für den weiteren Aufbau des sich als sehr fruchtbar erwiesenen Naturrechtsdenkens im Abendland, das ein metaphysisch fundiertes und interdisziplinär das reale Sein des Naturrechts analysierendes Bewußtsein besitzt.

Danken möchte ich im Namen aller Mitarbeiter auch dem Peter Lang Verlag für die Aufnahme dieses Buches in die Reihe seiner Veröffentlichungen.

Szozdy, Weihnachten 2005 Tadeusz Guz

---

8 Ibidem, S. 13-14.

Philosophie

Ius jako prawo natury – natura prawa

Mieczysław A. Krąpiec OP[1]

Rozumienie prawa

Niemal od początków kultury śródziemnomorskiej przez prawo rozumiano: a) swoiste uprawnienie, przyporządkowanie do czegoś (kogoś) – ius; b) uprawniającą normę działania – „lex"; oba terminy nie wykluczają się, oba dotyczą ludzkiego działania, które spontanicznie jest rozumiane jako człowiekowi należne.

W następstwie organizowania się społeczeństw rozwinęło się i upowszechniło rozumienie prawa jako „lex" (od: łac. legere, ligare, eligere), tzn. jako norma postępowania; ustalenie norm prawnych stawało się koniecznym czynnikiem organizującym daną społeczność.

Rozumienie prawa jako naturalnego uprawnienia do działania – i. – zostało w dużej mierze przesłonięte przez „normę" działania (lex), za którą stoi autorytet prawodawcy (państwo), wiążący i pociągający do odpowiedzialności ludzkie podmioty prawa.

W celu zrozumienia istoty prawa należy przyjrzeć się treści „ius" oraz treści „lex" i ich wzajemnym relacjom. Pozostaje zasadnicze pytanie: czy normy prawne – zw. ustawami, prawem pisanym – funkcjonujące w społecznościach ludzkich obowiązują jedynie dlatego, że zostały uchwalone przez odpowiednią władzę ustawodawczą, posiadającą środki przymusu, czy też normy te posiadają uzasadnienie w naturze ludzkiej, która jest władna konstytuować realne stany bytowe między ludźmi, jako istotami rozumnymi, czytającymi międzyludzkie relacje? Rzeczywistość jest poznawalna, czytelna dla ludzkiego rozumu, który poznając realne stany bytowe (także stany relacyjne) może je wyrazić w postaci norm nakazujących odpowiednie działanie rozumne.

Gdy normy prawne pojmie się jako obowiązujące jedynie na mocy ich ustanowienia przez władze ustawodawcze, to tak rozumiane prawo będzie (w swym charakterze bytowym) jedynie sfingowaniem przez ludzki intelekt treści intencjonalnych, które pretendują do tego, by na mocy samej intencjonalnej, abstrakcyjnej treści sterować rzeczywistymi ludzkimi działaniami. Abstrakty rządziłyby ludźmi, ponieważ tak zostało ustalone przez władze. A przecież wiadomo, że w ludzkim poznaniu zdarzają się błędy; takie błędne, a nieraz zbrodnicze zalecenia w stosunku do ludzkiej rzeczywistości (casus: ustawy

---

[1] Mieczysław A. Krąpiec OP: Ordentlicher Professor für Philosophie und Mitbegründer der „Philosophischen Lubliner Schule".

hitlerowskie o Endlösung) miałyby stanowić prawo kierujące ludzkim życiem; normy prawne, będące narzędziem wyniszczenia ludów i narodów, miałyby stanowić „państwo prawa" dlatego jedynie, że takie prawa zostały uchwalone przez władzę, mimo że ta władza stanowiła, jak się okazało np. w ZSRR, związek mafijny i organizację państwowoterrorystyczną.

Jeśli natomiast normy prawne pojmie się jako wyraz odczytanych międzyludzkich racjonalnych relacji, które są następstwem struktur bytowych ujawniających się w ludzkim działaniu, wówczas można mówić o realnym charakterze norm prawnych.

A zatem, czy istnieje w ludzkim porządku działania osobowego jakiś zespół (system) racjonalnych relacji, czytelnych dla człowieka i wiążących jego działanie do tego stopnia, że niezależnie od wszelkich norm pisanych i uchwalanych, wiążą on ludzkie działanie w sumieniu? Konkretniej, czy istnieje realny porządek prawny niezależny od wszelkiego prawodawstwa pisanego, a jeżeli tak, to jakie przynosi konsekwencje dla prawa pisanego? W tym kontekście należy znaleźć odpowiedź na pytanie, czy Powszechna Deklaracja Praw Człowieka uchwalona przez ONZ jest manifestem ideologicznym fingującym treści praw ludzkich, czy też jest odczytaniem (i zadeklarowaniem) tychże praw jako już realnie istniejących wśród ludzi?

Odpowiedź na to pytanie wymaga filozoficznego namysłu nad rzeczywistością. Co (jaki czynnik) decyduje o tym, że coś jest rzeczywiste? – Czy to, że posiada mniej lub bardziej zdeterminowaną treść? Konkretnie: czy dlatego coś jest rzeczywiste, że jest np. Adamem?; a wobec tego, czy Ewa, jako siostra lub żona Adama, jest nierzeczywista, dlatego, że nie jest Adamem? Każdy normalnie poznający człowiek wie, że rzeczywistym jest to, co istnieje (proporcjonalnie do swej treści), a więc istnieje i jako Adam, i jako Ewa, i jako drzewo, i jako minerał, i jako woda. To akt istnienia decyduje o realności każdej treści, która, jako istniejąca, jest zawsze w sobie sama ostatecznie zdeterminowana i przyporządkowana do właściwego sobie działania.

Są różne stopnie (sposoby) istnienia rzeczywistości. Jest możliwe, a zarazem koniecznie istnienie samo przez siebie, jako najwyższa rzeczywistość, jako jedyne źródło wszystkiego, co jest rzeczywiste, czyli wszystkiego, co istnieje. Takim istnieniem jest Absolut-Bóg. Dostrzegamy jednak i w sobie samych, i wokół nas sposoby istnienia zależne od innych bytów, oraz takie sposoby istnienia, które są w „sobie" jako w podmiocie. To człowiek (Adam, Maria) jest istniejący w samym sobie, a także „ten oto" koń, pies, kot jest w sobie jako we własnym podmiocie realnie istniejący. Byty są rzeczywiste dlatego, że istnieją w sobie jako we własnym podmiocie. W filozofii nazwano to substancjalnym sposobem istnienia, ponieważ podmioty istniejące są substancją.

Rzeczywiste są nie tylko podmioty istniejące same w sobie; rzeczywistość tworzą także właściwości istniejące nie same w sobie jako we własnym podmiocie, ale te, które są zapodmiotowane w czymś, co już w sobie samym istnieje; czymś rzeczywiście istniejącym w Adamie jest zmieniająca się masa jego ciała, kolor jego włosów, jego uzdolnienia i przymioty (Adam jest muzykiem, jest szlachetny, jest urodziwy). Wszystkie te właściwości można dostrzec w istniejącym Adamie (bycie) jako realne, rzeczywiste, aczkolwiek one nie istnieją w sobie jako we własnym podmiocie, ale w Adamie (czy w Marii). Właściwości (przypadłości) są również rzeczywistością, istniejąc istnieniem swoich podmiotów.

Rzeczywistością są również relacje zachodzące między podmiotami, np. relacja małżeństwa, rodzicielstwa, pokrewieństwa, sąsiedztwa, koleżeństwa, obywatelstwa, podobieństwa. Relacje te nie są tylko pomyślane (istniejące jedynie w naszym poznaniu) – są to realne sposoby istnienia międzypodmiotowego; relacje istnieją jedynie między korelatami, będącymi podmiotami danej relacji. W różnych kierunkach filozoficznych pojawiały się błędne mniemania, że wszelkie relacje są jedynie bytami myślnymi (a nie czymś realnie istniejącym). Faktem jest, że występują relacje czysto myślne, zw. relacjami logicznymi (nimi zajmuje się logika, rozważająca relacje pomiędzy rezultatami naszego poznania, a więc pomiędzy pojęciami, sądami i wypowiedziami), jednak relacje występujące w porządku myślowym nie wyczerpują wszelkiej relacyjności; dostrzegamy i przeżywamy jako rzeczywiste – czasami jako błogosławieństwo, czasami jako ciężar – niektóre relacje, jak np. bycie mężem lub żoną, bycie córką lub synem, bycie obywatelem, bycie podwładnym lub zwierzchnikiem. Wszystko to jest rzeczywistym sposobem istnienia, stanowiącym swoistą rzeczywistość.

W realnym świecie dostrzegamy 4 stopnie istnienia: 1) istnienie samo przez siebie – Absolut; 2) istnienie w sobie jako we własnym podmiocie – byty substancjalne; 3) istnienie w podmiocie – przypadłościowy sposób istnienia; 4) istnienie pomiędzy podmiotami jako korelatami istnienia – relacyjny sposób istnienia. Wszystkie te stopnie (sposoby) istnienia tworzą rzeczywistość podlegająca ludzkiemu poznaniu. Możemy także poznać (co nie znaczy, że poznając nadajemy istnienie) rzeczywistość międzyludzkich relacji i dostrzec ich różnorodność.

Realny porządek prawa

Jednym z obszarów relacji międzyludzkich jest zespół relacji tworzących porządek prawny, nazwany „ordo iuris" (jako „ordo boni ac recti"). W tym porządku prawa ludzie – ze względu na łączące ich międzyosobowe relacje – organizują swe działania. Współżycie międzyludzkie nacechowane jest powinnością działania (lub zaprzestania działania, gdy ono w jakiś sposób drugiemu szkodzi): bez względu na obowiązujące aktualnie przepisy prawne każdemu człowiekowi należy się, by mu nie szkodzić, a gdy osłabnie – pomóc w potrzebie; sytuacje takie są oczywiste i nie można znaleźć usprawiedliwienia, że nie podjąłem działania (lub nie zaprzestałem działania) jedynie dlatego, że nie ma przepisu prawnego regulującego daną sytuację. Istnieje obiektywny porządek, w którym człowiek „ma prawo" (czyli może) domagać się odpowiedniego działania (lub zaprzestania działania). Ten naturalny nakaz prawny, polegający na tym, że człowiek ma obowiązek w określonych przypadkach postąpić odpowiednio lub zaprzestać działania ze względu na dobro osoby drugiej w tradycji prawnej i filozoficznej nazywa się porządkiem prawa naturalnego – „ius naturale".

Ten porządek prawa jest porządkiem niepisanym, naturalnie czytelnym dla każdego człowieka używającego rozumu. Niekiedy, z ważnych społecznie względów, człowiek formułuje, w postaci zapisu normy prawnej (lex), sposób postępowania wobec innych osób w określonej społeczności. Normy prawne rodziły się jako wyraz obyczaju obowiązującego w jakiejś społeczności i potrzebowały ujednoznacznienia. Owo uporządkowanie działania przez pisaną normę prawną, wydaną przez kompetentną władzę, mającą pieczę społeczną nad człowiekiem, któremu oznajmia się treść tej normy, jest dziełem rozumu praktycznego, dla dobra człowieka (będącego dobrem wspólnym); to nazwano prawem pisanym – lex.

Bytowy stan prawa (ius) to międzyosobowa relacja realna nacechowana powinnością działania (lub zaniechanie działania) ze względu na dobro osoby drugiej. Dobro to jest czytelne, tak jak czytelna jest ogólna struktura człowieka i wynikające z niej konieczne ludzkie działania, tzn. działania poznawcze (zmysłowe i intelektualne), działania pożądawcze (uczuciowo zmysłowe i duchowo wolitywne), czynności wegetatywne. Uniemożliwienie tych działań w racjonalnym wymiarze jest równoznaczne z targnięciem się na ludzkie dobro danej osoby, przy zachowaniu czytelnej hierarchii wartości poszczególnych działań – są bowiem działania ważniejsze i mniej ważne, i proporcjonalnie do tych działań są skale dobra. Jest to czytelne do tego stopnia, że łatwo odróżniamy istotnie ludzkie działania (i związane z tym osobowe dobro) od działań wtórnych, pochodnych, które mogą zaistnieć lub nie, bez uszczerbku dla bytowej struktury człowieka. Dobro osobowe człowieka uwarunkowane jest zabezpieczeniem ludzkich działań, zwł. koniecznych, i dlatego obowiązkiem człowieka jest postępować tak, by w swym działaniu nie naruszyć dobra osobowego drugiego człowieka. Czytelność dóbr osobowych jest spontaniczna i spontanicznie ujawnia charakter powinności należnych w międzyosobowych kontaktach, gdy wobec niewłaściwego działania (lub zaprzestania właściwego działania) wypowiadamy słowo: „przepraszam"; słowo to jest spontanicznym wyrazem dostrzeżenia jakiegoś uprawnienia osoby drugiej; chociaż bywają to zazwyczaj sprawy drobne, to jednak ujawniają poznawcze wyczucie prawa-ius, jakie istnieje pomiędzy ludźmi nie tylko w rzeczach błahych. Również w sprawach ważnych, np. dotyczących życia i jego utraty, dostrzega się prawa-i. i odpowiednie nakazy działania, będące następstwem międzyosobowych relacji. Dlatego prawo-i. stanowi „duszę" normy prawnej – lex. Bez tej „duszy" ginie podstawa całego ładu społecznego, wszystkich związków międzyludzkich (w tym związków zawodowych, stojących na straży ludzkich uprawnień – ius).

„Lex" jako norma prawna

Norma prawna to zapis treści prawa odczytanego w naturze międzyludzkich relacji. Treścią tego zapisu mogą być inne międzyosobowe relacje nacechowane powinnością działania lub zaprzestania działania (byle miały one na celu dobro człowieka, będące dobrem wspólnym), uczynione przez odpowiednią władzę prawodawczą i odpowiednio człowiekowi oznajmione.

Tomasz z Akwinu podał precyzyjne określenie normy prawnej (lex): „ordinatio rationis ad bonum commune, ab eo qui curam communitatis habet, promulgata" („rozrządzenie rozumu dla wspólnego dobra, promulgowane przez tego, kto ma pieczę nad wspólnotą"). O ważności tak rozumianego prawa decyduje jego stanowienie przez odpowiednią władzę (mającą pieczę nad społeczeństwem). Problem legalizmu władzy jest złożony i budzi emocje, można jednak wskazać na przynajmniej negatywny warunek objęcia władzy: władzą prawowitą nie może być agresor w stosunku do danego społeczeństwa (chociaż niekiedy jego porządkowe rozporządzenia są konieczne i wymagają posłuchu).

Prawo-lex staje się prawem w pełnym tego słowa znaczeniu nie dlatego, że jest ustanowione przez władzę (gdyż może to być prawo przestępcze, którego słuchać nie wolno), ale dlatego, że relacje międzyosobowe w jakiejś społeczności reguluje dla dobra człowieka. Każda norma prawna (lex) suponuje: a) racjonalny porządek przez siebie stanowiony dla dobra człowieka (dobra wspólnego); b) prawowitą władzę społeczną; c) obwieszczenie tej normy. Brak któregoś z tych czynników czyni daną ustawę niewiążącą. Spośród tych czynników najważniejszy jest cel prawa, a jest nim dobro człowieka, będące dobrem wspólnym, czyli takim dobrem, które przysługuje każdemu człowiekowi dlatego, że jest człowiekiem; takim dobrem jest dobro osobowe człowieka w postaci rozwoju intelektualnego, rozwoju moralnego i twórczego, przez które człowiek spełnia się jako człowiek. W tak rozumianym dobru człowiek nie może być środkiem, lecz jedynie celem działania.

Prawo stanowione (lex) dotyczy realnych międzyosobowych relacji, które są nacechowane powinnością działania lub zaprzestania działania ze względu na dobro człowieka. Zatem prawo jako lex jest identyczne swej istocie z prawem rozumianym jako ius; różnica występuje jedynie w sposobie promulgowania. Prawo naturalne (ius) jest czytelne dla każdego człowieka, który „tu i teraz" działa, natomiast prawo jako norma (lex) jest sformułowane jednoznacznie w postaci określonych reguł działania. Prawo jako norma (lex) może wprowadzać – dla wspólnego dobra – nowe realne relacje międzyosobowe, jak to ujawnia się np. w przepisach regulujących ruch pojazdów na szosach. Norma postępowania traci swą moc wiążącą i staje się pseudoprawem z chwilą, gdy narusza osobowe dobro człowieka.

Wzorcowa realizacja prawa lex oraz ius

W życiu społecznym (państwowym, kościelnym) istnieją liczne ustawy, przepisy, normy prawne, które opierają się na autorytecie organizacji je stanowiących. Spośród dokumentów prawnych niezmiernie doniosła dla całej ludzkości jest Powszechna Deklaracja Praw Człowieka ogłoszona przez ONZ 10 XII 1948 w Paryżu. Dokument ten jest wyrazem odczytania podstawowych relacji międzyosobowych charakteryzujących się powinnością działania lub zaprzestania działania ze względu na dobro człowieka (dobro wspólne). W tym sensie jest pierwszym, po „kamiennych tablicach" dekalogu, pisemnym wyrażeniem norm (lex) odczytanych w ludzkiej naturze. Każdy człowiek może te prawa odczytać, jeśli nie będzie się kierował jakimiś aprioryzmami: cywilizacyjnymi, doktrynerskimi, emocjonalnymi; systemy cywilizacyjne mogą zaciemniać wymowę naturalnych relacji prawnych (pisze o tym w swych pracach F. Koneczny), wystarczy przywołać niektóre obyczaje w prawodawstwie chiń., dopuszczające działania skierowane przeciw człowiekowi, zwł. dzieciom (dziewczynkom), którym nie pozwala się żyć, gdy rodzina przekracza limit urodzin; w cywilizacji turańskiej prawa człowieka są ograniczane wg woli zwierzchnika społeczności; także cywilizacja bizantyjska praktykuje wydawanie praw wg woli (nie zawsze wg rozumu i dobra) zwierzchności. Różne cywilizacje na ziemskim globie wpływają w dużej mierze na rozumienie praw człowieka, co utrudnia spontaniczne i naturalne odczytanie tych praw. Prawidłowe odczytanie naturalnych praw człowieka może pomóc człowiekowi żyć godnie i rozwinąć się w swym człowieczeństwie. Przeżycia ludzkości w XX w., spowodowane wojnami i obozami zagłady uświadomiły społeczności międzynarodowej konieczność wyraźnego, jednoznacznego sformułowania naturalnych praw człowieka, praw które człowiekowi zawsze przysługują i wszystkich ludzi zobowiązują, praw, które nigdy nie wygasły mimo ich zaniedbań lub ich nie respektowania.

Znamienna jest Preambuła Deklaracji Praw Człowieka, przywołująca zasadnicze powody wydania tej deklaracji dla dobra poszczególnego człowieka, dobra całej ludzkości, uniknięcia powtórzenia nieszczęść, które miały miejsce w latach poprzedzających jej wydanie.

Początek deklaracji brzmi: „Biorąc pod uwagę, że uznanie godności każdego z członków rodziny ludzkiej oraz ich równych i nienaruszalnych praw stanowi fundament wolności, sprawiedliwości i pokoju na świecie [...]. Biorąc pod uwagę, że zapoznanie i wzgarda praw człowieka doprowadziły do czynów barbarzyńskich, wstrząsających sumieniem ludzkości, oraz że nadejdzie czas, w którym ludzie uwolnieni od strachu i nędzy będą cieszyli się wolnością słowa i przekonań, zostało uznane za najwyższe pragnienie człowieka, i dla zagwarantowania ochrony praw człowieka przez legalną władzę, by ten nie był zmuszony szukać w buncie ostatecznego ratunku przeciw tyranii i uciskowi [...]".

Preambuła deklaracji, odwołując się do człowieczeństwa człowieka, czyli do uznania godności każdego z członków rodziny ludzkiej, stwierdza, że równe i nienaruszalne prawa są niezbywalną własnością człowieka. Fakt nierozpoznania lub zanegowania tych praw w niektórych społecznościach jest wynikiem wadliwości poznania ludzkiego, co doprowadziło do czynów barbarzyńskich, wstrząsających sumieniami ludzkości. Istnieją obiektywnie – w rzeczy samej – a więc w człowieku – nienaruszalne, zawsze obowiązujące, naturalne prawa. Fakt buntów indywidualnych i społecznych jest dowodem, że ludzie mają powszechną świadomość istnienia swych naturalnych praw; człowiek przekonany o istnieniu swoich niezbywalnych praw i w imię tych praw może się buntować przeciw prawu stanowionemu, jeśli neguje ono lub ogranicza naturalne prawa człowieka.

W Preambule napisano: „[...] państwa, będące członkami Organizacji Narodów Zjednoczonych, zobowiązały się zapewnić, we współpracy z tą organizacją, powszechne i skuteczne poszanowanie praw człowieka i jego podstawowych wolności [...]" – poszanowanie (powszechne i skuteczne) dotyczy tego, co już jest, co jest podstawą ludzkiego działania, które ze swej natury jest działaniem wolnym. Wolność człowieka jest przejawem jego przyrodzonych praw, jako międzyludzkich relacji nacechowanych powinnością działania (lub zaprzestania działania) w imię dobra człowieka. Prawdziwie ludzkie działanie jest następstwem wolnej decyzji człowieka. Jeśli nie ma wolności w ludzkim decyzyjnym działaniu, to nie ma sensu mówić o naturalnym prawie (ius) do zaistnienia lub zaniechania odpowiednich działań wobec osoby drugiej, nie ma też sensu mówić o prawie (lex) jako normie, wg której człowiek ma działać po ludzku, czyli w wolności decyzji; nie ma sensu ustanawianie sądów, więzień, całego systemu prawnego, ponieważ nie jest możliwe egzekwowanie odpowiedniego postępowania od kogoś, kto nie jest wolny w swych decyzjach. To akty decyzyjne człowieka, czyli akty ludzkiej wolności, a więc wolności rozumnej, wybierającej prawdziwe dobro, stanowią podstawowe prawo kierujące ludzkim działaniem.

Podmiotowość prawa

Prawo-ius jest czytelne dla rozumu i rozpoznawane przez rozum jako relacja, dlatego naturalny system prawny istnieje tylko pośród osób posiadających rozum i zdolnych do odczytywania relacji nacechowanej powinnością działania; ani rośliny, ani zwierzęta nie mogą być podmiotem prawa, ponieważ są niezdolne do jego rozumienia; rośliny i zwierzęta mogą stać się jedynie przedmiotem prawa ze względu na ludzką osobę odpowiednio działającą. Podmiotowość wobec prawa konstytuuje się w momencie, gdy podmiot rozumiejący relację prawną-i. czyni treść tej relacji swoim sądem decyzyjnym; do podjęcia decyzji konieczne jest rozumiejące poznanie i wolność, czyli tzw. sumienie nakazujące spełnić ludzki czyn. Ani zwierzę, ani roślina nie są zdolne do aktu decyzyjnego, ponieważ działają jedynie instynktownie; próba rozciągnięcia podmiotowości prawa na zwierzęta jest nieporozumieniem płynącym z niezrozumienia istoty prawa.

Osoba ludzka podmiotem i przedmiotem prawa

Człowiek jest prawodawcą przede wszystkim dla samego siebie, gdyż rozeznając dobro od zła – w sposób wolny sam wybiera praktyczny sąd o dobru, który to sąd realizuje w swym działaniu. W decyzji człowieka sytuują się zasadnicze czynniki konstytuujące prawo-normę, ponieważ człowiekowi jest dane praktyczne poznanie dobra, jest dana możliwość przyjęcia lub odrzucenia tego sądu o dobru i jest dany nakaz-rozporządzenie, by to dobro realizować. Wszystko to suponuje rzeczywistość człowieka jako bytu realnego, który może odczytać strukturę i wynikające stąd inklinacje do działania i dlatego jest zdolny do ustanowienia dla siebie samego normy postępowania. Człowiek jako byt wolny jest podmiotem prawa, czyli sam dla siebie akceptuje normę postępowania, którą przyjmuje jako własną, albo jako daną z zewnątrz (ale wówczas musi być zaakceptowana jako własny akt decyzyjny). Bez możliwości odczytania rzeczywistości zanika możliwość i wolności, i ludzkiego działania akceptującego normy prawne. Stąd zanegowanie prawa naturalnego jest zanegowaniem całego systemu prawnego, gdyż – w gruncie rzeczy – jest zanegowaniem ludzkiej natury, która poznaje rzeczywistość, odróżnia dobro od zła, jest zdolna do wyboru dobra, które zwiąże w jego ludzkim działaniu.

Pozytywizm prawny (będący w gruncie rzeczy woluntaryzmem prawnym), upatrujący obowiązywalność prawa wyłącznie w fakcie jego stanowienia, opiera się na fałszywym obrazie człowieka, jako tym, który nie jest zdolny odczytać samej rzeczywistości i dlatego apriorycznie kreuje „sensy", mające rządzić rzeczywistością.

Prawo naturalne (ius)

Starożytność gr. i rzymska oraz średniowiecze uznawały prawo naturalne. Tomasz z Akwinu podał przekonujące uzasadnienie tego stanu rzeczy; w *Sumie teologicznej* (I–II, q. 91, a. 2), na pytanie, „czy jest w nas jakieś prawo naturalne?", odpowiedział: „Skoro wszystko, co jest poddane opatrzności Bożej, jest miarkowane i kierowane odwiecznym prawem, to musi być oczywiste, że wszystko w jakiejś mierze uczestniczy w prawie odwiecznym, o ile pod jego wpływem byty posiadają inklinacje do właściwych sobie aktów i celów. A wśród innych stworzeń to właśnie stworzenie rozumne w sposób szczególny podlega Bożej opatrzności, jako że stanowi ono część tejże opatrzności przez to, stanowi o sobie i drugich. Dlatego w nim szczególnie wypełnia się uczestniczenie w prawie odwiecznym, dzięki czemu wyraża swe inklinacje do właściwych aktów i celów działania. I takie uczestniczenie w odwiecznym prawie nazywa się prawem naturalnym".

Rozumienie prawa naturalnego jest sprzęgnięte z rozumieniem prawa odwiecznego, jakim, wg Augustyna z Hippony, jest: „ordo divinae sapientiae secundum quod est directiva omnium actuum et motionum" („porządek Bożej mądrości, wedle której zachodzi ukierunkowanie wszystkich aktów i poruszeń"). Istnienie Boga jako źródła (przez wolny akt stwórczy) wszelkiej rzeczywistości jest gwarantem racjonalność (inteligibilność) stworzonej natury, zdolnej do działania; rzeczywistość jest pochodna od Boga, dlatego wyraża porządkującą mądrość Boga.

Akwinata w następujący sposób wyjaśniał realizowanie się prawa naturalnego w człowieku: „jak bytem jest to, co najpierw zasadniczo podpada ujęciu poznawczemu, tak i dobro jest tym, co najpierw zasadniczo jest ujmowane w praktycznym rozumnym (poznaniu) przyporządkowanym działaniu. Każdy bowiem, kto działa, działa dla celu, który posiada charakter dobra. Dlatego pierwszą zasadą w porządku rozumu praktycznego jest ta, którą na dobru opieramy, że dobro jest tym, czego wszystko pożąda. Jest to pierwszy nakaz prawa, że dobro należy czynić i o nie zabiegać, a zła unikać. I na tym opierają się wszelkie nakazy prawa naturalnego: aby to wszystko czynić lub tego unikać, co ludzki rozum praktyczny ujmuje naturalnie jako dobro. Skoro posiada w sobie charakter celu, a zło jest temu przeciwne, stąd wszystko to, ku czemu skłania się człowiek w swych naturalnych inklinacjach, rozum ujmuje jako dobro, i w konsekwencji, jako mające być zdziałane, a temu przeciwne jest zło, którego trzeba unikać. Zatem wedle porządku naturalnych inklinacji jest porządek nakazów prawa natury. Istnieje bowiem w człowieku inklinacja do dobra, wspólna wszystkim substancjom, o ile każda z substancji zmierza do zachowania swego istnienia naturalnego. I zgodnie z tą inklinacją, do naturalnego prawa należy to, by dbać o wszystko, co służy zachowaniu ludzkiego życia i przeciwdziała jego utracie. – Następnie jest w człowieku inklinacja bardziej wyspecjalizowana, wspólna wszystkim istotom żyjącym. I zgodnie z nią mówi się, że do naturalnego prawa należy to, o czym natura poucza wszystkie istoty żyjące, a tym jest związek pierwiastka męskiego i żeńskiego, i wychowanie dzieci i tym podobne. – W trzecim sensie jest w człowieku inklinacja do dobra zgodnie z naturą rozumu, właściwą dla człowieka. A zgodnie z tą inklinacją człowiek posiada naturalne pragnienie aby poznać prawdę o Bogu i aby żyć w społeczności. Dlatego do prawa naturalnego należy to, na co wskazuje taka racjonalna inklinacja, jak np. by człowiek unikał niewiedzy, by nie obrażał tych, z którymi obcuje i inne tym podobne sprawy" (*S. th.*, I–II, q. 94, a. 2).

Tekst ten, kluczowy dla rozumienia prawa naturalnego, wskazuje na stany rzeczywiste – racjonalne i czytelne dla człowieka. Treść tego prawa, domniemana w Powszechnej Deklaracji Praw Człowieka, wyrażona została w trzech zasadniczych częściach: 1) poszanowanie integralności życia ludzkiego (art. 1–15); 2) poszanowanie życia w rodzinie (art. 16–17); 3) poszanowanie życia w społecznościach (art. 18–30).

Społeczność ludzka, odczytując naturalny porządek prawny zadeklarowała, że tak odczytane prawo (ius) jest powszechne, niezbywalne, i dlatego wszystkie normy prawa stanowionego (lex) powinny być dostosowane do treści odczytanych praw ludzkich przedstawionych w deklaracji.

Kształtowanie się rozumienia prawa

Najstarsze ślady porządku prawnego w kulturze śródziemnomorskiej są zakorzenione w religii. W prologu do praw Hammurabiego jest zapisane, iż są one spełnieniem Bożego nakazu, by sprawiedliwość w kraju zajaśniała, by ukrócić zło, by słaby nie był pozbawiony obrony przed silniejszym, by wdowom i starcom zapewnić pokój. Podobnie zbiór praw, w postaci dekalogu, został dany przez Boga. W Księdze Wyjścia (20–23) czytamy, że od Boga pochodzi nie tylko dekalog, ale także prawo cywilne i karne, prawo rzeczowe, rodzinne i moralne. To stało się powodem, że cywilizację żydowską uznano (F. Koneczny) za sakralno-jurydyczną.

W starożytnej Grecji stosowano 3 terminy na oddanie pojęcia prawa-sprawiedliwości: Θεμις [themis], δικη [dike] oraz ν όμος [nomos]; 2 pierwsze oznaczały bóstwa: Themis – bóstwo jeszcze przedolimpijskie, córka Gai i Uranosa, miała być strażniczką ładu wśród bogów i w kosmosie; Dike, córka Themis i Zeusa, opiekowała się ludami zrzeszonymi w πολις [polis] i wymierzała sprawiedliwość. W społeczeństwie ateńskim urządzonym przez Solona, zasadniczą rolę odgrywało prawo boskie (δίκη), a także prawo ustanowione przez człowieka (νόμος), ale mające być odbiciem prawa boskiego.

Heraklit, Anaksagoras i Empedokles dostrzegali kosmiczne prawo w postaci logosu (λόγος), symbolizowanego przez ogień wszystko przenikający i objawiający się we wnętrzu każdego człowieka. Anaksagorasowy duch (Νοῦς), współrozciągły z elementami kosmosu, też przejawia się w człowieku. Dla Empedoklesa prawo było wyrazem prawdy i dobra, które są oczywiste, których nie trzeba się uczyć, dlatego prawo jest czymś powszechnym. Starożytna Grecja i Rzym żywiły przekonania o boskim pochodzeniu praw, co gwarantowało „naturalność” prawa. W digestach wyrażony jest pogląd, że prawa są darem bogów. Platon w *Prawach* (I 624) wyraża przekonanie, że w Knossos panował Minos, który co 9 lat naradzał się z Zeusem. Wergiliusz w *Eneidzie* (VIII 321) napisał: „Is (Iovis) genus indocile ac dispersum altis composuit, legesque dedit” („On (Jowisz), lud szorstki rozproszony w górach zgromadził i dał im prawa”). Cyceron (*De legibus*, II 4) napisał: „Lex vera atque princeps apta ad iubendum et vetandum ratio est recta summi Iovis” („Prawdziwym prawem zdolnym do nakazywania i zakazywania jest prawy rozum najwyższego Jowisza”). Taki stan przekonań o prawie jako o czymś boskim przejęła filozofia Platona, Arystotelesa i stoików, kładąc różne akcenty w rozumieniu i obowiązywaniu prawa jako i. oraz prawa jako lex zarazem (prawo i norma prawna).

Platona rozumienie prawa i państwa jest ściele związane z jego koncepcją człowieka. „Ostatecznie bowiem – pisze W. Jaeger (*Paideia*, Wwa 1964, II 247) – Platońskie państwo dotyczy duszy człowieka. To, co czytamy o samym państwie i jegu strukturze, tzw. organiczna koncepcja państwa [...] służy tylko za »powiększone odbicie« duszy ludzkiej i jej wewnętrznej struktury. Ale i do zagadnienia duszy Platon podchodzi w zasadzie nie z teoretycznego, lecz z praktycznego punktu widzenia, mianowicie jako wychowawca dusz [...]. Istotną treścią państwa jest wychowanie”. Nie w prawie, lecz w sprawiedliwości i wzajemnym stosunku do siebie trzech dusz, oraz ich odbiciu w trzech stanach państwie, widział Platon istotę sprawiedliwości i zgodności z naturą. Miarę natury stanowią idee, które są rzeczywistością samą w sobie. Zmienna ziemska rzeczywistość uczestniczy jedynie w niezmiennych treściach idei. Treści świata zmiennego same z siebie nie mają wartości, są tylko odbiciem wartości prawdziwych, zawartych w ideach. Platońska koncepcja idei stała się później wzorem dla pojęcia „lex aeterna” jako układu boskich idei, o ile te służą do pokierowania działaniami stworzeń.

Arystoteles koncepcję prawa wydedukował ze struktury bytowej człowieka; odrzuciwszy Platońską koncepcję idei, podstawę porządku i prawa związał z człowiekiem. Prawo ujawnia się w człowieku przez jego skłonności i działania pochodzące z jednej formy substancjalnej, jaką jest dusza ludzka. Dusza ludzka dąży do tego, co dobre. Ocenę tego, co jest dobre, daje rozum. „To bowiem jest właściwością człowieka, odróżniającą go od innych stworzeń żyjących, że on jedyny ma zdolność odróżniania dobra od zła, sprawiedliwości i niesprawiedliwości i tym podobnych. Wspólnota zaś takich istot staje się podstawą rodziny i państwa” (*Polit.*, 1253 a). Konieczna jest zbieżność interesów jednostki i społeczeństwa, i przez to samo zbieżność prawa naturalnego i praw społeczności politycznych; wyraża się to w pielęgnowaniu tego, co sprawiedliwe, a gdyby zawiodła sprawiedliwość, trzeba się odwołać do tego, co słuszne (ἐπιεικής [epieikés]) i prawe. Zarówno sprawiedliwość, jak i słuszność (prawość) są postrzegane przez rozum ludzki jako pożądane przez człowieka dobro. Rozumienie naturalnej sprawiedliwości i naturalnej słuszności (prawości) jest podstawą ludzkiego postępowania normowanego prawem społecznym. Prawo społeczne może być niekiedy zawodne, potrzebuje więc korektury. Arystoteles napisał: „To, co prawe, jest wprawdzie sprawiedliwe, jednakże nie w znaczeniu sprawiedliwości stanowionej, lecz jest korekturą sprawiedliwości stanowionej. Pochodzi to stąd, że wszelkie prawo jest ogólne, o niektórych zaś rzeczach nie można wyciągnąć trafnego sądu w sposób ogólny. Gdzie więc należy wydawać o czymś orzeczenia ogólne, ale nie można tego czynić w sposób trafny, tam ustawa dotyczy większości wypadków, zdając sobie sprawę z błędności takiego postępowania. Niemniej jednak postępuje trafnie: błąd bowiem nie tkwi ani w ustawie, ani w ustawodawcy, lecz w naturze rzeczy, bo taki jest właśnie materiał, którym operują wszelkie poczynania praktyczne [...]. Dlatego prawość jest sprawiedliwością, a nawet czymś lepszym. I to właśnie jest istotą prawości, że jest korekturą prawa tam, gdzie ono niedomaga na skutek ogólnego sformułowania [...]" (*E. nic.*, 1139 b). W wyjaśnianiu norm prawa Arystoteles odwołuje się ostatecznie do rozumu, rozum bowiem czyta rzeczywistość, która swój wyraz znajduje w prawie.

W stoickiej tradycji rzymskiej rola prawego rozumu jest dominująca. Jednak jeszcze przed wpływami gr. w Rzymie ujawniła się świadomość prawa naturalnego i stanowionego; pierwsza kodyfikacja prawa XII tablic dokonała się ok. 450 przez Chr.; od 242, tzn. od chwili podziału urzędu pretorskiego na Praetor Urbanus i Praetor Peregrinus, powstało wyraźne rozróżnienie na i. romanum oraz i. gentium. W koncepcji i. gentium można dostrzec przejawy prawa naturalnego; to ono stanowiło zespół przepisów dla kolonii imperium oraz dla cudzoziemców przebywających w Rzymie. Już od czasów pisarzy okresu republikańskiego – Plauta i Terencjusza – stosowano rozgraniczenie „lex" i „mores"; to ostatnie było przejawem praktycznej mądrości ludu, czyli prawa naturalnego jawiącego się w ludzkich sumieniach.

Recepcji myśli gr. w obszarze prawa dokonał Cyceron. Jego sformułowania stały się klasyczne: „Natura ius est, quod non opinio genuit, sed quaedam in natura vis insevit, ut religionem, pietatem, gratiam, vindicationem, veritatem" (Marcus Tullius Cicero, *De republica*, II 53) („Natura jest prawem, które zrodziła nie opinia, lecz jakaś siła w naturze zakorzeniona, podobnie jak i religię, szacunek, miłosierdzie, pomstę, prawdę"). „Sequitur ut eadem sit in iis, quae humano in genere, ratio, eadem veritas utrobique sit eadem lex, quae est recti praeceptio, pravique depulsio" (tenże, *De natura deorum*, II 31) („A więc ten sam w ludzkim rodzaju jest rozum, ta sama prawda, i wszędzie to samo prawo, będące nakazem czynienia tego, co słuszne, i odrzuceniem tego, co szpetne"). „Prawdziwym prawem jest rozum prawy, zgodny z naturą, wszędzie rozprzestrzeniony, stały, wieczny, który nakłada obowiązki, zabrania podstępu, który nie na próżno uczciwym nakazuje lub zakazuje, a nieuczciwych nakazując lub zakazując nie poruszy. I nie można tego prawa znieść ani go częściowo uchylić, ani spod jego mocy całkowicie wyjąć. Ani senat ani lud cały nie może nas z tego prawa uwolnić. I nie należy szukać dla tego prawa wykładacza lub objaśniacza. Prawo to nie inne będzie w Rzymie i Atenach, teraz i potem. Ale jedno, wieczne i niezmienne prawo ogarnia wszystkie narody i wszystkie czasy. I jeden jest wspólny dla wszystkich nauczyciel i władca wszystkich, Bóg, który to prawo ustanowił, rozprzestrzenił i rozniósł; i gdy jemu posłusznym się nie będzie, to się zdradzi samego siebie, wzgardzi ludzką naturą, a przez to narazi się na najcięższe kary, chociażby zdołało się umknąć karom doraźnym" (*De republica*, III 23). Cyceron wymienia podstawowe inklinacje naturalne, które ma także człowiek (jako zwierzę). Ale człowiek jako byt rozumny góruje nad zwierzętami i tylko on jeden jest podmiotem prawa.

Wybitni prawnicy rzymscy – Gaius oraz Domicjusz Ulpian – przyczynili się do utrwalenia terminów „ius naturale" i „ius gentium". Od Ulpiana (doradcy Aleksandra Severa) utrwalił się zapożyczony od Gaiusa (autora *Institutiones*) podział prawa na: „ius naturale", „ius gentium", „ius civile", który został wcielony do *Digestów* Justyniana, wraz ze słynną definicją prawa naturalnego: „Prawem natury jest to, o czym natura poucza wszystko, co żyje: prawo to bowiem nie jest właściwe tylko rodzajowi ludzkiemu, lecz wszystkiemu, co żyje [czy to w niebie] czy to na ziemi, czy temu, co rodzi się w morzu, i dla ptaków także jest czymś wspólnym. Stąd pochodzi mężczyzny i kobiety zjednoczenie, które nazywamy małżeństwem; stąd też rodzenie dzieci i ich wychowanie: widzimy, że i inne zwierzęta, także dzikie podlegają doświadczeniu tego prawa" („Ius naturale est, quod natura omnia animalia docuit; nam ius istud non humani generis proprium, sed omnium animalium [quae in caelo], quae in terra atque in mari nascuntur, avium quoque commune est. Hinc descendit maris ac feminae coniunctio, quam nos matrimonium appellamus, hinc liberorurum procreatio, hinc educatio: videmus enim cetera animalia, feras etiam, istius iuris peritia censeri" (*D. Iustiniani Sacratissimi principis institutionum*, II, Prooemium)

Augustyna z Hippony koncepcja „odwiecznego prawa Bożego" – lex aeterna – stanowi dalsze uściślenie rozumienia prawa. Przejąwszy od Platona i Plotyna koncepcję idei, pojął je jako racje wszelkich rzeczy znajdujące się w intelekcie Boga, utożsamiając idee z intelektem, a intelekt z samym Bogiem. „Idee są jakimiś zasadniczymi formami lub stałymi i nieprzemiennymi racjami rzeczy; one same nie zostały uformowane i dlatego są wieczne i niezmienne. Zawarte w boskim intelekcie, one – jako niepowstałe i nieginące – są wzorami tego, co może powstać i zginąć; wedle nich formuje się to, co powstaje i ginie" (*De diversis quaestionibus*, q. 46). Idee są racją porządku w świecie, a porządek jest dla Augustyna pojęciem podstawowym, związanym z prawem. „Odwiecznym prawem jest rozum Boży lub wola Boża, która nakazuje porządek przyrodzony i zabrania go zakłócać" (*De lib. arb.*, VI).

Myśl Augustyna o odwiecznym prawie wyraził jasno Akwinata (*S. th.*, I–II, q. 90, a. 1): „Jak więc porządek Bożej mądrości – o ile przezeń wszystko zostało stworzone – posiada charakter sztuki lub idei lub wzoru, tak też porządek Bożej mądrości, o ile kieruje wszystko do właściwego celu, posiada charakter prawa. I w tym sensie prawo odwieczne nie jest niczym innym, jak porządkiem Bożej mądrości, o ile ukierunkowuje wszystkie akty i poruszenia". Akwinata pojmował prawo analogicznie – jak analogiczną jest sama rzeczywistość, dlatego uznał istnienie rożnach porządków prawnych: prawa odwiecznego, w wyżej rozumianym sensie, następnie prawa naturalnego, będącego partycypacją prawa odwiecznego zakorzenionego w ludzkiej naturze (ludzkiej osobie). Tak rozumiane prawo jest relacją interpersonalną nacechowaną powinnością działania lub zaprzestania działania, ze względu na dobro osoby. Dalej istnieje prawo społeczne stanowione, jako rozrządzenie rozumu dla wspólnego dobra, promulgowane przez tego, kto ma pieczę nad wspólnotą.

Akwinata w swym traktacie o prawie (tamże, q. 90 n.) mówi o prawach religijnych ST i NT, akcentując, że w religii prawo nie mnoży nakazów obwarowanych grzechami; celem religii jest wiązanie ludzi z Bogiem przez łaskę i dlatego każde prawo ma służyć zwiększaniu łaski, a nie oddzielaniu ludzi od Boga, wówczas bowiem Bóg nie byłby ostatecznym celem, lecz środkiem dla zachowania odpowiedniego ładu. Istnieje wspólny cel prawa, jakim jest spełnianie dobra dla doskonalenia ludzkiej osoby, która jako byt przygodny zmierza do dobra ostatecznego: Boga. Analogiczność rozumienia prawa płynie z koncepcji idei Bożych, pojętych jako odwieczne prawo Boże. Idee Boże stwórcze dotyczą zawsze rzeczy jednostkowo bytujących, stąd także wiązanie prawa nie jest abstrakcyjne, ogólne, lecz analogiczne i jednostkowe. Jedność analogiczna prawa jest wyrazem analogiczności bytowania. Człowiek różni się od drugiego człowieka bytowo – substancjalnie; każdy z ludzi jest substancją jednostkową, jest podmiotem – osobą. W poznaniu pojęciowym potrafimy ująć jednostki ludzkie w jednym ogólnym pojęciu „człowiek", jednak takie ogólne pojęcie nie jest realnym podmiotem prawa. Realnie wiążące „od wewnątrz" prawo naturalne wiąże poszczególne osoby nie jednoznacznie, lecz analogicznie. Dlatego w stosunku do jednoznacznie brzmiącej normy zawsze istnieje odwołanie do „słuszności" jako sprawiedliwości wynikającej z analogiczności bytowania. Niestety, w poplatońskich i augustyńskich nurtach teoretycy prawa łatwiej akceptowali jednoznaczność niż analogiczność prawnego wiązania.

Subiektywizujące kierunki prawa

Zagadnienia filozoficznoprawne rozwijano intensywnie w XVII w. Kontekstem filozoficznym tych rozważań był racjonalizm kartezjański, a ten był kontynuacją suarezjańskiej scholastyki, która po nominalizmie W. Ockhama poddała się idealizującemu epistemologizmowi. Koncepcje racjonalnego poznania wiązały się od czasów Platona i Arystotelesa, a później neoplatonizmu, z filozoficznym wyjaśnianiem rzeczywistości. Sprowadzało się to do próby poznania definicyjnego i tworzenia pojęć, które miały wyrażać istotne treści rzeczy. Pojęciowy typ poznania stał się sposobem wyjaśniania rzeczy; w aktach poznania intelekt miał najpierw ujmować „naturę jako naturę" (naturę trzecią), która miała się realizować jako natura pierwsza w konkretach i jako natura druga w uniwersaliach. Jan Duns Szkot i W. Ockham postrzegali rzeczy w świetle pojęć; nawet w metafizyce szkolnej głoszono, że przedmiotem ludzkiego poznania jest „pojęcie bytu" (Tomasz z Akwinu podkreślał, że tym, co poznajemy jako pierwsze, jest byt, czyli istniejący konkret, a nie pojęcie bytu). Scholastyka hiszp. pod wpływem Suareza i Velasqueza akcentowała wartość pojęciowego poznania, sprowadzając poznanie do tworzenia pojęć, w świetle których można analizować ujęte w pojęciach stany rzeczowe. Szczególnie dobitnie ukazało się to w postawie Kartezjusza. Najwyższą formą prawdy dla Kartezjusza miała być oczywistość subiektywna, sprowadzająca się do posiadania idei jasnej i wyraźnej. Analiza idei jasnych i wyraźnych, tworząca tzw. łańcuch oczywistości, stanowi punkt wyjścia i istotną cechę racjonalizmu kartezjańskiego. Odtąd to nie realny świat rzeczy był przedmiotem analiz poznawczych, lecz idea rzeczy, nawet idea Boga, o ile idee te są obecne w świadomości.

Analiza idei, zwł. idei człowieka jako tworu społecznego, analiza idei społeczeństwa to charakterystyczna cecha nowożytnej zsubiektywizowanej koncepcji tzw. szkoły prawa naturalnego, do której zalicza się: H. Grotiusa, Th. Hobbesa, J. Locke'a, B. Spinozę, Pufendorfa, Ch. Thomasiusa, Ch. Wolfa, J. J. Rousseau i do pewnego stopnia I. Kanta.

Wg Suareza, prawo naturalne jest oparte na przedwiecznym prawie Bożym (lex aeterna), które jest prawem ze swej istoty, podczas gdy wszelkie inne dziedziny prawa, łącznie z prawem pozytywnym, są jedynie prawem „przez uczestniczenie – partycypację".

Od czasów Grotiusa nie spotykamy się już z apelacją do „prawa przedwiecznego", prawa naturalnego, ale z analizą natury ludzkiej, jako rozumnej i społecznej. U Grotiusa czytamy: „Ius naturale est dictamen rectae rationis, iudicans actui alicui, ex eius convenientia aut disconvenientia cum ipsa natura rationali ac sociali, inesse moralem turpitudinem aut necessitatem moralem" („Prawo naturalne jest to nakaz prawego rozumu, który ukazuje, że w każdej czynności, zależnie od jej zgodności lub niezgodności z rozumną i społeczną naturą człowieka, tkwi moralna ohyda lub moralna konieczność") (*De iure belli ac pacis*, II 1, par. 10 n.). Współczesny Kartezjuszowi Grotius wydał swe dzieło *De iure belli ac pacis* w 1623, akcentując pierwotność prawa naturalnego (którego nawet Bóg nie może zmienić). Człowieka pojmował wg racjonalizmu kartezjańskiego: jako swoisty twór doskonały, autonomiczny i autoteliczny, który powodowany instynktem społecznym (*appetitus societatis*) dokonuje „umowy społecznej" („pactum unionis ac subiectionis"). Przez umowę społeczną tworzy się w społeczny organizm, oparty na następujących nakazach: 1) promissorum implendorum obligatio – zachowanie zaciągniętych zobowiązań (zachowanie „umowy społecznej"); 2) alieni abstinentia – nietykalność cudzej własności; 3) damni culpa dati reparatio – odszkodowanie za wyrządzoną szkodę; 4) poenae inter homines meritum – karalność przestępstwa (ten kto czyni zło, tym samym chce ponieść konsekwencję swego postępowania). Są to nakazy prawa naturalnego powstałe w wyniku „appetitus societatis" (instynktu społecznego) do zrzeszania się wśród ludzi, co dokonuje się przez „umowę społeczną".

Zagadnienia prawne poruszał Hobbes w *Lewiatanie*, tworząc koncepcję *philosophia civilis*. Uważał, że człowiekiem rządzą te same prawa, które rządzą przyrodą, a każdy człowiek jest egoistą, którego celem jest jedynie własne dobro; powoduje to „wojnę wszystkich ze wszystkim" („bellum omnium contra omnes"). Człowiek ma jednak rozum i ten wskazuje, że dla zachowania życia należy szukać pokoju („pax est quaerenda"), co wymusza gotowość zrzeczenia się części swych praw, a także okazywania wdzięczności za wyświadczone usługi, uprzejmość, darowanie obrazy w sytuacji żalu za jej dokonanie, zakaz nadmiernej zemsty, pogardy, uznanie równości wszystkich ludzi, bezstronność sędziów. Jest to swoiste odczytanie prawa natury, pojęte jako swoboda do używania przez każdego człowieka swej mocy i czynienia tego, co w tym celu wydaje się najodpowiedniejsze. Ogół wszystkich podstawowych praw natury da się streścić w zasadzie: „Nie czyń drugiemu tego, czego nie chcesz, aby inni tobie czynili". Na straży tych praw stoi państwo, powstałe na skutek zrzeczenia się części praw przez jednostki na rzecz „społeczności".

Do naturalnych inklinacji człowieka, podkreślanych w stoicyzmie, powrócił w swej teorii prawa G. W. Leibniz; uważał, że prawo natury nie jawi się w postaci gotowych reguł, lecz formuje się i doskonali przez coraz lepsze uświadomienie sobie tego, co w naturze jest zawarte, a więc podstawowy porządek prawny, oparty na: sprawiedliwości – „neminem laedere" (nikogo nie krzywdzić); równości – aequitas: „suum cuique tribuere" (każdemu oddać, co mu się należy); pietas – poszanowaniu tego, co Boskie i ludzkie; życiu uczciwym – „honeste vivere".

Dociekania nad nowożytnym prawem naturalnym zamyka J. J. Rousseau (*Du contrat social ou principes du droit politique*, A 1762, I 6). Za podstawę prawa naturalnego przyjął „użyteczność i sprawiedliwość", a za naczelne postulaty etyczne wolność i równość. Pogodzenie wolności z treścią umowy społecznej wynika ze specjalnego pojmowania wolności: wolność polega nie tyle na przejawianiu swej woli, ile na tym, by nie podlegać woli cudzej. Naprawdę wolna jest ta wola, przeciw której nikt nie ma prawa stawiać oporu. Przy ogólnej wolności, nikt nie ma jednak prawa do tego, co mu jest zakazane przez wolność drugiego. Prawdziwa wolność nie jest nigdy względem siebie destrukcyjna.

Monteskiusz – autor wydanego w 1748 dzieła *De l'Esprit des Lois* (*O duchu praw*, I–II, Wwa 1927, Kęty 1997[3]) – był pierwszym, który badał prawo w kontekście historycznym i na tej podstawie stwierdzał jego zmienność i względność jako skutki wpływów fizycznych i psychicznych. Chociaż prawa są relacjami koniecznymi, wypływającymi z natury rzeczy, to są one czytane w kontekście kultury.

W koncepcji I. Kanta prawo jest związane z dziedziną praktycznego rozumu, gdzie człowiek nie jest zależny od empirii, i dlatego ma poznanie rzeczy samych w sobie. W dziedzinie praktycznej znajdujemy się nie w polu konieczności, lecz w polu wolności i wynikającej z niej powinności – sollen, czyli poczucia obowiązku, sprowadzającego się do tzw. zmysłu moralnego, który jest wrodzony każdemu człowiekowi (każdy wie, że postąpił dobrze, gdy wykonał czyn z poczucia obowiązku). Jeśli człowiek ma poczucie obowiązku, to znajduje się pod panowaniem prawa. Przepis tego prawa widział Kant nie w jakiejś konkretnej postaci, ale w regule formalnej, którą nazwał imperatywem kategorycznym bezwzględnej powinności. Brzmi on: „Postępuj z poczucia obowiązku tak, abyś zawsze mógł pragnąć, iżby maksyma twojej woli stała się zasadą powszechnie obowiązującą". Z tak sformułowanego imperatywu wyprowadził 3 nakazy porządku moralnego: a) nakaz wolności; b) nakaz prawa; c) nakaz kary. Czysto formalna i aprioryczna reguła prawna jest niezmienna, ale jej treść może być zmienna. Kantowska teoria niezmiennego formalnego prawa o zmiennej treści stała się w następnych wiekach podstawą totalitaryzmu państwowego, gdy wola władcy stała się źródłem władzy i antyludzkich przepisów prawnych.

Pozytywizm prawny był reakcją na skrajny racjonalizm nowożytnej szkoły prawa naturalnego. Pozytywizm prawny odrzucił metafizyczne pytanie, czym jest prawo, stawiając pytanie nowe: „jak kształtuje się prawo?"; pytanie to było reakcją przeciw każdemu prawu idealnemu, z prawem natury włącznie. Pytanie „jak?", stanęło u podstaw pozytywizmu prawnego, związanego z pozytywistyczną koncepcją nauki. Chociaż pozytywistyczna koncepcja nauki jest związana z nazwiskiem A. Comte i jego pracą *Cours de philosophie positive* (I–VI, P 1830–1842; wersja skrócona pt. *Metoda pozytywna w szesnastu wykładach*, Wwa 1961), to w uzasadnianiu źródeł prawa pojawiały się wcześniej pomysły zaliczane do pozytywizmu prawnego odwołującego się do socjologii i społecznej psychologii, a nie do struktury i natury człowieka. Za początkodawcę tych kierunków uważany jest F. C. von Savigny, który w *Vom Beruf unserer Zeit zu Gesetzgebung und Rechtswissenschaft* (Hei 1814, 1840^3) usiłował wykazać, że prawo jest wynikiem ducha narodu – Volksgeist – na który składa się historia i kultura, tworzące naród. Myśl tę poszerzył F. Puchta, wg którego prawa są zakorzenione w duchu narodu, a ludzie są nosicielami tych praw. Teoretyk prawa konstytucyjnego L. Duguit źródeł prawa szukał w regule społecznej solidarności, twierdząc, że należy czynić wszystko, co jest zgodne ze społeczną solidarnością, i nie czynić tego, co jest z nią sprzeczne. Wiedeński prof. H. Kelsen uważał, że rzeczywistość nie może stanowić podstawy prawa; jedyną podstawą może być immanentna dziedzina powinności. Przyjął hipotezę istnienia podstawowej normy (Grundnorm), która brzmi: „należy słuchać władzy".

Pol. teoretyk prawa L. Petrażycki szukał zależności przyczynowych zjawisk prawnych w psychice ludzi uświadamiających sobie, że ktoś do czegoś jest zobowiązany i że komuś od kogoś coś się należy. Za właściwy i jedynie możliwy sposób obserwacji zjawisk prawnych uznał metodę samoobserwacji, czyli introspekcji.

Zaapelowanie do psychiki indywidualnej czy społecznej jest odwołaniem się do natury człowieka i zarazem zatrzymaniem się w pół drogi, gdyż psychika człowieka w aspekcie poznawczym tak działa, że kieruje się ujętymi poznawczo realnymi (intersubiektywnie sprawdzalnymi) treściami rzeczy. Jedyną alternatywą bytowych źródeł prawa może być irracjonalny (co nie znaczy zawsze: nierozumny) nakaz woli – woluntaryzm prawny, który pierwotnie znalazł wyraz w zasadzie rzymskiego pryncypatu: „quod principi placet, legis habet vigorem", a co ostatecznie wyraziła marksistowska definicja prawa jako „dyktatu klasy panującej".

Bez odwołania się do rzeczywistości, prawo staje się czymś apriorycznym, nierzeczywistym, a więc nie istniejącym niezależnie od woli ustawodawcy, a wola ustawodawcy może być nie tylko zmienna, ale niekiedy nieracjonalna, a nawet zbrodnicza.

Zusammenfassung des Artikels „Ius als das Naturrecht – die Natur des Rechts“ von Prof. M. A. Krąpiec OP

Tadeusz Guz

Fast seit dem Beginn der Mittelmeerkultur versteht man unter „Recht“ sowohl eine „gewisse Berechtigung“ (*ius*) als auch eine „Norm“ (*lex*). Die beiden *termini* schließen sich nicht gegenseitig aus, sie betreffen beide die menschlichen Handlungsprinzipien.

Krąpiec betont, dass es im Laufe der Geschichte zur Durchsetzung des Begriffes *lex* gekommen ist. Bereits hier setzt er mit der realen Begründung des Rechtes überhaupt an, d. h. ob die durch verschiedene Gesetzgeber verabschiedeten Normen mit dem Naturrecht in Übereinstimmung und darin sogar letzten Endes begründet sind. Erst dann kann man nach seiner Auffassung von einem „realen Charakter der rechtlichen Normen“ sprechen, sonst besteht eine Gefahr des Mißbrauchs, wie das z. B. in der ehemaligen Sowjetunion der Fall war.

Welcher Art ist das reale Sein des Rechts? Der *ordo iuris* besteht aus „realen Relationen“, die einerseits den Menschen zur Handlung verpflichten und andererseits ihn von der Handlung abhalten, und zwar immer um des Guten der Person willen. Diese Ordnung nennt Krąpiec *ius naturale*. Sie ist präsent in jeder menschlichen Natur, von jedem Menschen erkennbar, und als ein niedergeschriebenes Recht heißt es *lex*.

Ius ist also eine „interpersonale Relation mit der Eigenschaft des *debitum* der Tätigkeit um des Guten der anderen Person willen“. Ist das mannigfaltige Gute der Person erkennbar? Die positive Antwort ergibt aus der Intelligibilität des menschlichen Seins. Von daher wird *ius* von Krąpiec als „Seele“ der rechtlichen Norm – *lex* – verstanden. Ohne *ius* „geht die Grundlage der ganzen sozialen Ordnung, aller zwischenmenschlichen Beziehungen verloren“.

Was ist dann *lex*? Seine Definition lautet: „Die rechtliche Norm ist eine Aufschreibung des in der Natur der zwischenmenschlichen Relation abgelesenen Rechtsinhalts“. Krąpiec greift dabei auf die Definition von *lex* in der *Summa theologica* des Thomas von Aquin als „ordinatio rationis ad bonum commune, ab eo qui curam communitatis habet, promulgata“, zurück: Er ist der Auffassung, dass „das Lex-Gesetz nicht ein Gesetz ist, weil es durch eine Macht verabschiedet wird, sondern weil es die zwischenmenschlichen Relationen *ad bonum* des Menschen reguliert“. Das wichtigste Ziel von *lex* ist das Gute des Menschen, das ihm als Menschen zusteht. Der Mensch darf niemals als „Mittel“, sondern immer und nur als „Zweck“ behandelt werden. So verstanden ist *lex* identisch mit *ius*. Der einzige Unterschied besteht nur in der „Art der Bekanntgabe".

Die Menschenrechte kann jeder Mensch erkennen, wenn er kein a-priori-Denken zugrundelegt. Der Dekalog und die Charta der Menschenrechte der UNO vom 10. XII. 1948 sind „schriftliche Ausdrücke der Normen (*lex*)", die in der menschlichen Natur realiter vorhanden sind.

Was ist die Subjektivität des Rechts? Das Recht als *ius* gibt es nur zwischen den Personen, die die entsprechenden Relationen untereinander erkennen und um des Guten willen verwirklichen können. Die Subjektivität dem Recht gegenüber wird in dem Augenblick konstituiert, in welchem das diese ius-Relation verstehende Subjekt den Inhalt dieser Relation mit dem eigenen Entscheidungsurteil besiegelt. Aus diesem Grund kann man die Subjektivität des Rechts dem Tierreich, das weder sich seiner selbst bewußt noch frei ist, nicht zuerkennen.

Die menschliche Person ist Subjekt und Objekt des Rechts. Der Mensch vermag nicht nur die Struktur des eigenen Seins zu erkennen, sondern auch die daraus hervorgehenden Tätigkeitsmöglichkeiten. Hierin sind die Möglichkeiten des Menschen zur Akzeptanz des Rechts begründet, das dem Menschen eigen bzw. von außen her gegeben ist. „Die Negation des Naturrechts" ist nach Krąpiec zugleich „die Negation des gesamten Rechtsgefüges, weil sie auch die Negation der menschlichen Natur ist, die die Realität erkennt, das Gute vom Bösen unterscheidet, zur Wahl des Guten fähig ist, das den Menschen in seiner Tätigkeit bindet".

Der Rechtspositivismus wird als „Voluntarismus" interpretiert, der den verpflichtenden Charakter des Gesetzes ausschließlich durch die Tatsache der Verabschiedung zu begründen versucht. Krąpiec wirft diesem das Recht im Wesen relativierenden Standpunkt ein falsches Menschenbild vor, das nicht in der Lage ist, die Wirklichkeit zu erkennen. Deshalb „kreiert" der Rechtspositivismus „a priori den Sinn" der Realität.

Ius als das Naturrecht versteht Krąpiec ähnlich wie vor ihm Augustinus und Thomas, die das Naturrecht als „Teilnahme" an der „Ordnung der göttlichen Weisheit" bzw. „an dem ewigen Gesetz" verstanden haben. Gott ist also die „Quelle der Wirklichkeit" und damit der „Garant der Intelligibilität der erschaffenen Natur". Er geht davon aus, dass die bereits erwähnte Charta der Menschenrechte auch die natürliche Rechtsordnung akzeptiert. Damit wird „das Naturrecht als allgemein gültig und unveräußerlich" verstanden, und deshalb „sollen alle verabschiedeten Gesetze an das Naturrecht angepaßt werden".

Nach Krąpiec sind die „ältesten Spuren der Rechtsordnung in der Mittelmeerkultur in der Religion verankert". Heraklit, Anaxagoras und Empedokles erblickten das „kosmische Recht in der Gestalt des Logos". Ähnlich dachten Vergil und Cicero. Bei Platon war das „Rechtsverständnis von der Konzeption des Menschen" abgeleitet. Dagegen deduzierte Aristoteles das Recht aus der Seinsstruktur des Menschen. Die römischen Rechtstheoretiker Gaius und Ulpianus betonten das *ius naturale* und das *ius gentium*. Augustinus lehrte über den „göttlichen Verstand oder göttlichen Willen" als *lex aeterna*. Auch der Aquinate baute sein Rechtsverständnis auf das Fundament des ewigen Gesetzes auf, das die Grundlage des Natur- und Menschenrechts ist.

Mit einer skizzenhaften Darstellung der wichtigsten subjektivistischen Denkrichtungen schließt Krąpiec seinen Beitrag ab. Beginnend mit J. Duns Scotus, über W. Ockham, Suarez und Descartes führt er seine kritische Analyse über eine wesenhafte Verschiebung des Denkens von der Erkenntnis der „realen Welt der Dinge" auf die „Ideen der Dinge", einschließlich der „Idee Gottes", insofern „Ideen im Bewußtsein präsent sind". Zu den Vertretern der neuzeitlichen und subjektivistischen Naturrechtsschule zählt Krąpiec Denker wie Grotius, Hobbes, Spinoza, Pufendorf, Thomasius, Wolf, Rousseau und im gewissen Sinne auch I. Kant.

Die Pointe von Krąpiec lautet: „Ohne dass man sich auf die Wirklichkeit beruft, wird das Recht etwas Apriorisches, Unwirkliches, also nicht unabhängig von dem Willen des Gesetzgebers Existierendes, und der Wille des Gesetzgebers kann nicht nur veränderlich, sondern manchmal irrational und sogar verbrecherisch sein."

Prawo w średniowiecznej kulturze europejskiej[1]

Stanisław Wielgus[2]

Zachodnia kultura europejska ukształtowała się w średniowieczu. Mówiąc metaforycznie można ją porównać do wielkiej życiodajnej rzeki, powstałej z połączenia się w monolityczną całość trzech strumieni, które wypływają z trzech najważniejszych dla Europejczyka miejsc. Te miejsca to Akropol, Golgota i Kapitol. Niniejsze opracowanie poświęcono Kapitolowi - symbolowi prawa.

Wśród wielu określeń człowieka, formułowanych przez starożytnych myślicieli, znana jest powszechnie jedna z arystotelesowskich definicji, która definiuje go jako *animal sociale* - tj. jako istotę społeczną, która nie może ani przetrwać, ani się rozwinąć bez pomocy innych ludzi, tworzących określoną społeczność. Arystoteles wyraził w ten sposób przekonanie starożytnych, że natura nie dla wszystkich jest równie sprawiedliwa. O ile bowiem dla zwierząt jest prawdziwą matką, ponieważ wyposaża je tak wszechstronnie, że od wczesnych dni swojego życia mogą w miarę samodzielnie przetrwać, to dla człowieka jest po prostu macochą - *natura noverca* - gdyż rodzi go nagim, słabym, całkowicie bezbronnym i z góry skazanym na wieloletnią bezradność. Aby przetrwać i rozwinąć się potrzebuje on wielu lat troskliwej opieki ze strony innych ludzi, ze strony całego społeczeństwa, w jakim żyje.

Nawiązując do powyższej arystotelesowskiej definicji człowieka jako istoty społecznej, średniowieczni uczeni wypowiadali później znamienne słowa: *Si non es civis, non es homo* - jeśli nie jesteś obywatelem, a więc członkiem społeczności, nie jesteś człowiekiem. Jesteś zatem albo Bogiem albo zwierzęciem, dodawali natychmiast.[3] Elementem natomiast kształtującym życie społeczne, niezbędne do przetrwania i rozwoju ludzkiej jednostki, było od niepamiętnych czasów prawo, które najogólniej biorąc można określić jako normę, do której odnoszone jest ludzkie działanie lub zaniechanie działania. Prawo zawsze określało i regulowało sytuację poszczególnego człowieka w

---

1 Bereits veröffentlicht in: Bp S. Wielgus, *Z obszarów średniowiecznej myśli islamskiej, żydowskiej i chrześcijańskiej*, Płock: PIW 2002, S. 75-100.

2 Bischof des Bistums Płock in Polen, Chairman Education Council of the National Conference of Bishops in Poland, ordentlicher Professor, Leiter des Wissenschaftlichen Rates des Interfakultativen Instituts für die Kulturgeschichte im Mittelalter, Leiter des Lehrstuhls für die Geschichte der Philosophie in Polen, Johannes Paul-II.-Katholische Universität Lublin.

3 S. Wielgus, *Polska średniowieczna doktryna „ius gentium"*, Redakcja Wydawnictw KUL Lublin 1996, S. 62-63.

społeczeństwie. Towarzyszyło jego życiu od pradawnych czasów na równi z różnymi umiejętnościami praktycznymi, dzięki którym mógł przetrwać w otaczającym go świecie; na równi więc z jakąś wiedzą medyczną, którą uzyskał przez różne doświadczenia; na równi z powszechnie aprobowanymi regułami moralnymi, które akceptował, i oczywiście z wierzeniami religijnymi, które przyjmował. Zanim zrodziła się jakakolwiek filozoficzna idea prawa, jak np. idea prawa naturalnego, czy prawa kosmicznego, funkcjonowała już wcześniej, w każdej znanej nam cywilizacji, religijna, teologiczna koncepcja prawa, w myśl której nie jest ono tworem czysto społecznym lub politycznym, lecz religijnym. Jest czymś, co wymaga sankcji Bożej i co musi się wywodzić z Boga, aby móc stać się rzeczywiście obowiązującym prawem. Nie państwo więc, nie taka czy inna społeczność, lecz Bóg jest źródłem wszelkiego prawa, a królowie i sędziowie to nie tyle prawodawcy, co raczej obrońcy i strażnicy niezmiennych Bożych dekretów sprawiedliwości, którym poddani są wszyscy ludzie.[4] Tak więc Bóg, taki czy inny, był właścicielem i jedynym suwerenem danej społeczności, danego miasta lub państwa, zarówno w prastarych i prymitywnych kulturach sprzed wielu tysiącleci jak również w cywilizacjach historycznych, takich jak cywilizacja sumeryjska, babilońska, egipska, żydowska, a nawet grecka i rzymska.[5] Także w cywilizacjach Dalekiego Wschodu i w starych cywilizacjach amerykańskich, normy moralne i identyfikowane tam z nimi normy prawne, pochodzić miały od rzeczywistości ponadnaturalnej. Nawet wielcy prawodawcy greccy już z epoki klasycznej, tacy jak Likurg czy Solon, nie działali w swoim imieniu, ani w imieniu określonej społeczności, lecz promulgowane przez siebie prawa traktowali jako „odkrycie i dar bogów", sami siebie zaś postrzegali jako głosicieli i nauczycieli, przez których boski porządek sprawiedliwości zostaje objawiony i wyjaśniony.[6] Jako niezależne od człowieka i tworzonych przez niego społecznych instytucji, traktowano także stoickie prawo natury, włączone w prezentowaną przez stoików panteistyczną wizję rzeczywistości. Do prawodawstwa rzymskiego, które tak bardzo oddziałało na chrześcijaństwo, włączył je Cyceron, który w swoim dziele *De Republica* stwierdza między innymi: *Prawdziwym prawem jest rozum prawy zgodny z naturą, wszędzie rozprzestrzeniony, stały, wieczny, który nakłada obowiązki, zabrania podstępu, który nie na próżno uczciwym nakazuje lub zakazuje, a nieuczciwych - nakazując i zakazując - nie poruszy. I nie można tego prawa znieść,*

---

4 Chr. Dawson, *Religia i kultura,* Instytut Wydawniczy Pax Warszawa 1958, S. 171.

5 J. Rohls, *Geschichte der Ethik,* J.C.B. Mohr (Paul Siebeck) Tübingen 1991, S. 10-23.

6 Chr. Dawson, *Religia i kultura,* S. 172.

ani też go częściowo uchylić, ani spod jego mocy całkowicie wyjąć. Ani Senat, ani lud cały nie może nas z tego prawa uwolnić. I nie należy szukać dla tego prawa objaśniacza lub wykładacza. Prawo to nie inne będzie w Rzymie i Atenach, teraz i potem. Ale jedno, wieczne i niezmienne prawo ogarnia wszystkie narody i wszystkie czasy. I jeden jest wspólny dla wszystkich nauczyciel i władca wszystkich Bóg, który to prawo ustanowił, rozprzestrzenił i rozniósł; i gdy jemu się posłusznym nie będzie, to się zdradzi samego siebie, wzgardzi ludzką naturą, a przez to narazi się na najcięższe kary, choćby zdołało się umknąć karom doraźnym.[7]

Należy pamiętać o tym, że w kulturze greckiej, rzymskiej oraz w innych kulturach, istniał paralelnie także inny nurt prawa. Przykładem tego są greccy sofiści, którzy, jak się przyjmuje, pierwsi wprowadzili rozróżnienie między prawem naturalnym, zwanym przez nich *physei* a prawem pozytywnym, które nazwali *thesei.* Znany powszechnie sofista Protagoras głosił zdecydowany pozytywizm prawny, w społeczeństwie, państwie i w demokratycznie przyjętych tam *thesei,* dostrzegając jedyne i ostateczne źródło prawa. To człowiek, głosił Protagoras, jest miarą wszystkich rzeczy jakimi są i jakimi nie są.[8] Tymczasem Platon, odrzucając całkowicie koncepcję prawa Protagorasa, powie jednoznacznie - nie człowiek, ale Bóg jest miarą wszechrzeczy.

Jak wspominano już wcześniej, chrześcijańska kultura średniowieczna przejęła od kultur starożytnych koncepcję prawa naturalnego, zakorzenionego w rzeczywistości nadprzyrodzonej. Główne sfery chrześcijańskiej kultury, a więc moralność, sztuka, religia oraz nauka, w tym także jurysprudencja i prawodawstwo, przenikały się wzajemnie, tworząc system wyznaczający określone normy postępowania, które obowiązywały całe społeczeństwo. Ów system norm, regulujący całokształt życia ludzi, z uwagi na jego osadzenie w prawie naturalnym i w prawie wiecznym, nie mógł być, według przekonania ówczesnych ludzi, bezkarnie naruszany i łamany. Ogarniał on, jako uniwersalny i powszechny regulator stosunków społecznych, całość życia w chrześcijańskiej Europie. Należy jednak wyraźnie zaznaczyć, że nie był to nigdy system teokratyczny, jak to miało miejsce w wielu, jeśli nie we wszystkich, cywilizacjach, między innymi w cywilizacji żydowskiej, a później w cywilizacji muzułmańskiej, w których objawione przez Boga prawo jest jedynym prawem

---

7 Cycero, *De Republica,* lib. III, c. 23, 33, za: M. A. Krąpiec, *Człowiek i prawo naturalne,* Redakcja Wydawnictw KUL Lublin 1993, S. 61.

8 J. Rohls, *Geschichte...,* S. 43.

regulującym nie tylko życie religijne ludzi mu podległych, lecz także w najdrobniejszych szczegółach także życie świeckie.[9]

Zarówno prawo talmudyczne jak i prawo koraniczne obejmują bowiem swoim zasięgiem wszystkie sfery życia ludzkiego, od rolnictwa, hodowli, rzemiosł i sztuk pięknych poczynając, a na koszernej kuchni i koszernej medycynie kończąc. Pociągało to ongiś, i pociąga także dziś, poważne praktyczne konsekwencje dla życia wiernych, żyjących w tych cywilizacjach. Każde prawo tam funkcjonujące i wydawane jest jednocześnie prawem państwowym i prawem religijnym. Dlatego też człowiek przekraczający jakikolwiek przepis prawny traktowany był i jest nie tylko jako przestępca, lecz także jako grzesznik. Grożą mu w związku z tym nie tylko określone sankcje doczesne, lecz także sankcje nadprzyrodzone, które zostaną wykonane w życiu pozagrobowym. Można powiedzieć, że człowiek taki jest więc zarazem przedmiotem społecznego wstrętu i boskiej zemsty.[10]

Mimo wielkiego wpływu Kościoła na życie średniowiecznych, chrześcijańskich społeczeństw europejskich, prawo w nich obowiązujące prezentowało zawsze niezależną siłę i generalnie biorąc było odsakralizowane. Wystarczy w tym miejscu przypomnieć przedmiot sporu, trwającego zresztą przez wieki, a dotyczącego kompetencji prawnych oraz zakresu władzy papieża i cesarza. Oczywiście wysuwano różne teorie, mniej lub więcej ograniczające zakres władzy papieża i cesarza, a więc Kościoła i państwa, niemniej jednak sam fakt wyraźnego rozdziału tych władz - duchownej i świeckiej - nie był przez nikogo z zainteresowanych kwestionowany. Miało to zresztą swoje umocowanie w Ewangeliach, gdzie znajduje się słynna wypowiedź Chrystusa o „dwóch mieczach"[11] oraz wypowiedź na temat płacenia cesarzowi podatku.[12]

Wyraźne rozróżnienie sfery świeckiej od sfery religijnej, prawa świeckiego i kanonicznego, w chrześcijańskiej Europie, świadczy o tym, że to właśnie chrystianizm, jako jedyna spośród religii, dokonał swojego rodzaju sekularyzacji świata i desakralizacji życia publicznego. Nie dokonał tego przy tym bynajmniej pod wpływem praw europejskich barbarzyńskich narodów przyjmujących chrześcijaństwo, gdyż również w ich kulturach zachowanie jednostki było ściśle dostosowane do rozgałęzionego systemu zakazów i nakazów religijnych. Tam również człowiek musiał się stosować do wzorców usankcjonowanych przez

---

9 Por. A. Guriewicz, *Kategorie kultury średniowiecznej*, PIW Warszawa 1976, S. 156-157.

10 Por. A. Guriewicz, *Kategorie...*, S. 157; Chr. Dawson, *Religia i kultura*, S. 174.

11 Panie, tu są dwa miecze. Odpowiedział im: wystarczy (Łk. 22,38).

12 Oddajcie cesarzowi to, co należy do cesarza, a Bogu to, co należy do Boga (Mt. 22,21).

religię, prawo i etykę, z tym, że te dziedziny się tutaj pokrywały bądź były sobie niezwykle bliskie, ponieważ podobnie jak we wspomnianych wcześniej cywilizacjach teokratycznych, normy prawne barbarzyńskich ludów posiadały nie tylko sankcje zewnętrzne do dyspozycji, lecz także sankcje nadprzyrodzone. Prawo miało na celu stworzenie systemu związków między ludźmi, tworzących strukturę instytucji państwa, ale jednocześnie związków z siłami nadprzyrodzonymi. Prawo oznaczało bowiem wszelkie uporządkowane relacje w świecie. Po prostu uniwersalny ład. Stąd prawo traktowano jako podstawę i nieodłączną cechę porządku świata. Porządek prawny i ład w świecie były w tych kulturach tożsame, były traktowane jako dobro, które należy bezwzględnie ochraniać. Zatem każde przekroczenie prawa znaczyło jednocześnie wystąpienie przeciwko ładowi w świecie i domagało się surowych sankcji, spośród których do łagodniejszych należało usunięcie przestępcy-grzesznika poza obręb społeczności, której prawo - zarazem świeckie i religijne - złamał.[13]

W cywilizacji chrześcijańskiej nie tylko rozdzielono prawo świeckie od prawa religijnego. Uczyniono coś więcej, mianowicie dokonano rozdziału między prawem a moralnością. Prawo rozumiano bowiem jako zewnętrzną siłę, której należy się podporządkować w sferze życia zewnętrznego, dla dobra zarówno własnego jak i społeczności. Moralność natomiast odnoszono do wewnętrznego życia człowieka, łącząc ją z sumieniem oraz świadomym i wolnym ludzkim postępowaniem. Mimo jednak owego wyraźnego oddzielania porządku prawnego i moralnego, średniowieczny chrześcijanin uważał za oczywiste i konieczne ich współdziałanie. Miał bowiem świadomość, że samo prawo nie jest w stanie zastąpić moralności. Prawo reguluje bowiem jedynie minimum ludzkich zachowań. Nie może wymusić na ludziach takich wartości jak: wierność, wiarygodność, obowiązkowość, szacunek dla innych, skromność, miłosierdzie, lojalność, wdzięczność itd. Ludzie średniowiecza zdawali sobie sprawę z tego, że nie wolno mieszać prawa z moralnością, ponieważ ich treści nie pokrywają się we wszystkim, byli jednocześnie przekonani, że nie wolno prawa od moralności całkowicie oddzielać, ponieważ ich współdziałanie jest konieczne zarówno dla poszczególnych ludzi jak i dla społeczeństwa. Mając to na uwadze, liczni średniowieczni teologowie i filozofowie, którzy w swoich wykładach lub pismach podejmowali problematykę moralną, czynili to z wyraźnym odniesieniem do prawa. Zastanawiali się więc bardzo często nad pytaniem - Czy, i w jakiej mierze, różne rodzaje prawa przyczyniają się do podniesienia moralności; Czy prawo w ogóle jest przydatne do wprowadzenia ładu moralnego, zwłaszcza

---

13 Patrz: A. Guriewicz, *Kategorie* ..., S. 159-162.

prawo pozytywne, ustanowione i sankcjonowane wyłącznie przez ludzi. Zastanawiali się przy tym nad ciągle pociągającą ich pokusą, aby przy pomocy ustaw i rozporządzeń prawnych, nagród i kar, sankcjonowanych prawem pozytywnym, utrzymywać moralność indywidualną i społeczną. Zwłaszcza w późnym średniowieczu istniały żywe tendencje, aby prawo pozytywne i moralność, które w chrześcijańskiej kulturze zdecydowanie oddzielono, maksymalnie do siebie zbliżyć, co więcej, utożsamić ze sobą, albo nawet prawo pozytywne podporządkować moralności, potraktować je jako część etyki.[14] Jest rzeczą interesującą, że tego rodzaju tendencje były szczególnie często i jednoznacznie eksplikowane przez innowierców, np. przez husytów, którzy wyrażali przekonanie, że każdy jawny grzech powinien być ukarany przez władze cywilne jako zamach przeciwko porządkowi moralnemu, od którego zależy cały ład społeczny. W przypadku konfliktu między regułami prawa pozytywnego a wymogami moralności husyci opowiadali się zawsze po stronie moralności. Państwo winno być, ich zdaniem, strażnikiem moralności i winno czuwać nad wcieleniem w życie przykazań moralnych. Ten punkt widzenia przejął później Marcin Luter († 1546), w którego nauczaniu zanika już całkowicie wszelka granica między prawem a moralnością, między prawnym przestępstwem a grzechem.[15]

Jak wspominano wyżej, owa tendencja do identyfikowania prawa pozytywnego i moralności, nasiliła się szczególnie w końcowym okresie średniowiecza, niemniej jednak zauważyć należy, że i we wcześniejszych okresach tej epoki byli uczeni, którzy starali się przekreślić ich wzajemną autonomię, a co za tym idzie ich inne funkcje społeczne. Z drugiej strony wielu późno średniowiecznych autorów broniło zdecydowanie rozdziału prawa i moralności. Należał do nich na przykład Leonardo Bruni († 1444), który twierdził, że prawa pozytywnego nie można utożsamiać z moralnością, ponieważ ono się zmienia zależnie od miejsca i czasu, podczas gdy zasady moralne, dobroć i cnota, są stałe.[16] W tym duchu wypowiadał się później Kardynał Kajetan (Tomasz de Vio † 1534), konstatując uznaną w myśli katolickiej różnicę między prawem i moralnością oraz postulując tzw. „przyjazną autonomię" tych dziedzin.

Generalnie biorąc w średniowiecznej kulturze chrześcijańskiej faktem był wyraźny rozdział prawa od moralności, chociaż faktem było także stałe przenikanie prawa i jurydycznych ujęć do teologii i filozofii moralnej. Nasilało się ono

---

14 S. Swieżawski, *U źródeł nowożytnej etyki*, Społeczny Instytut Wydawniczy Znak, Kraków 1987, S. 141.

15 S. Swieżawski, *U źródeł...*, S. 142.

16 S. Swieżawski, *U źródeł...*, S. 142.

przy tym w miarę wzrostu zainteresowania średniowiecznych społeczeństw zagadnieniami praktycznymi. Rozwiązania prawne występują szczególnie często w pismach i dziełach teologicznych, które powstały w związku z zachodnią schizmą. Wtedy szczególnie, ale i później, większość teologów, podejmujących problematykę moralną, łączy ją ściśle z problematyką prawną.[17] W ściśle przecież teologicznych, olbrzymich (liczących nawet po kilka tysięcy stron) piętnastowiecznych polskich komentarzach do ksiąg biblijnych na przykład, znajdujemy wiele kwestii poświęconych pośrednio lub bezpośrednio problematyce prawnej i różnym rodzajom prawa. Za przykład mogą posłużyć takie komentarze jak: Benedykta Hessego († 1456) komentarz do Ewangelii Św. Mateusza[18], Stanisława z Zawady († 1491) komentarz do księgi Rodzaju[19] czy też Macieja z Łabiszyna komentarz do Ewangelii Św. Jana.[20]

Prawo wieczne i naturalne, które w świadomości ludzi średniowiecza stanowiło fundament i element ładu wszechświata, traktowano w tej epoce jako coś niezniszczalnego, wiecznego, tak jak niezniszczalny i wieczny jest sam Stwórca świata i ostateczny Prawodawca. Zarówno świat przyrody jak i świat poszczególnych ludzi oraz świat ludzkich społeczeństw jest nie do pomyślenia bez prawa. *Ubi societas, ibi ius* głosiła średniowieczna dewiza. Z uwagi na taki właśnie charakter prawa, nikt, żaden człowiek i żadne zwierzę, nie stoi ponad prawem. Nie cesarz bowiem, ani papież, ani żaden inny władca i dostojnik, ale Bóg jest ostatecznym twórcą prawa. Dlatego prawo jako takie nie może być niesprawiedliwe i złe. Prawo ze swej istoty jest dobre. Jest ono tożsame ze sprawiedliwością. Złe i szkodliwe może być tylko naruszenie prawa, jego

---

17 M. Rechowicz, Po założeniu Wydziału Teologicznego w Krakowie (wiek XV), w: Dzieje teologii katolickiej w Polsce, t. 1: Średniowiecze, TN KUL, Lublin 1974, S. 113.

18 Benedictus Hesse: *Lectura super Evangelium Matthaei*, ed. W. Bucichowski, w: „Textus et studia": vol.VIII (1979): cap. 1; vol. XIII (1982): cap. II-IV; vol. XVI (1983): cap. V; vol. XVIII (1985): cap. VI-VIII; vol. XXI (1986): cap. IX-XIII; vol. XXIV (1987): cap. 14-17; vol. XXVI (1990): cap. 18-20. Poszczególnym rodzajom prawa Hesse poświęcił następujące fragmenty swojego olbrzymiego dzieła: Lex naturae - „Textus et studia" vol. VIII (1979), S. 100-103; tamże, vol. XVI (1983), S. 179; tamże, vol. XVIII (1985), S. 194-197; Lex divina - tamże, vol. XIII (1986), S. 384-385; Lex humana - tamże, vol. XVI (1983), S. 136-137; Lex Vetus - tamże, vol. XVI (1983), S. 132-136; Lex Nova - tamże, vol. XVI (1983), S. 135-136; Lex Moysi - tamże, vol. XVI (1983), S. 180-181, 201-202.

19 Stanislaus de Zawada, *Commentum super Genesim*, manuskrypty: Biblioteka Jagiellońska nr 1358 i nr 1429. Rozważania na temat lex naturae znajdują się w rękopisie BJ 1358, S. 71.

20 Matthias de Łabiszyn, *Collecta super Evangelium secundum S. Ioannem*, manuskrypty: Biblioteka Jagiellońska nr 1273 i nr 1455. Kwestie dotyczące prawa znajdują się w następujących miejscach komentarza: Lex - BJ 1455, S. 17a; Lex naturae - BJ 1455, S. 17a; Lex Abrahae - BJ 1455, S. 17b; Lex Moysi - BJ 1455, S. 18a; Lex peccati - BJ 1455, S. 19a; Lex gratiae - BJ 1455, S. 19b; Ordo legis - BJ 1455, S. 20b; Cur a Deo data est lex - BJ 1455, S. 21b.

błędna, niezgodna z Wolą Bożą interpretacja, jego znoszenie, krępowanie lub zapomnienie. Tak jak jego odwieczny Twórca, Jego prawo jest zawsze sprawiedliwe i rozumne.[21] Ogromnie ważnym przymiotem prawa była w świadomości ludzi średniowiecza jego starożytność. Z uwagi na to, że prawo traktowano jako rzeczywistość odwiecznie towarzyszącą światu i człowiekowi, dodatkowe znaczenie miało odwoływanie się do jego dawności. Interpretując i wyjaśniając prawo, ludzie średniowiecza sięgali nie ku przyszłości, lecz ku przeszłości. Chodziło im o wyszukanie i uściślenie tego, co obowiązywało niegdyś. Właśnie to, co stare, miało w ich oczach moralną wartość. To, co nowe, przyjmowano nieufnie.[22] Człowiek średniowiecza był przekonany, że to, co istotne i ważne, zostało już odkryte, napisane i wypowiedziane w poprzednich epokach przez natchnionych autorów Pisma Świętego, przez mędrców greckich i rzymskich, przez Ojców Kościoła i świętych. Wystarczy dobrze zrozumieć i skomentować to wszystko, co powiedzieli i napisali ci święci i genialni poprzednicy, owe „olbrzymy", które, jak mówił Bernard z Chartres († 1130), wyniosły nas karłów na swoich ramionach, byśmy widzieli więcej i lepiej.[23] Przez wiele wieków myślano tak właśnie, dążąc do oparcia życia społecznego o zasady niewzruszone i bezwzględnie pewne. Dlatego nawet ogromnie ważne innowacje prawa, słuszne i nowatorskie, traktowano jako przywracanie tego, co stare i wszechstronnie sprawdzone. Odnowienie identyfikowano z przywróceniem, a postęp z powrotem do cieszącej się niezmiennym autorytetem przeszłości.

Ten sposób myślenia, z obszaru prawa przeniesiony został także na inne obszary życia społecznego, na stosunki w pracy, do liturgii, do zwyczajów codziennych, a zwłaszcza do metod uprawiania nauki w średniowieczu. Należy zwrócić na przykład uwagę na to, że uczeni średniowieczni bardzo rzadko pisali dzieła, które nie byłyby komentarzami do dzieł starożytnych. Średniowieczna literatura naukowa to przede wszystkim literatura mająca postać różnego rodzaju komentarzy, a więc glos, parafraz, komentarzy *quo ad litteram* (tj. „dosłownych") oraz samych *quaestiones*. Co interesujące, ten sposób myślenia i uprawiania nauki, charakterystyczny był nie tylko dla średniowiecznych uczonych chrześcijańskich. Podobnie myśleli i pracowali średniowieczni uczeni arabscy i żydowscy, których również zalicza się do szeroko rozumianej scho-

---

21 A. Guriewicz, *Kategorie* ..., S. 168.

22 A. Guriewicz , *Kategorie*..., S. 173.

23 S. Wielgus, O micie „ciemnego" średniowiecza i „światłej" nowożytności polemicznie, w: tenże, Z badań nad średniowieczem, Redakcja Wydawnictw KUL, Lublin 1995, S.13.

lastyki, ponieważ bazowali na tych samych, co chrześcijańscy uczeni, tekstach starożytnych i podejmowali zbliżone problemy w swojej filozoficznej i naukowej refleksji. Jeden z najwybitniejszych myślicieli arabskich Awerroes (†1197) wyraźnie stwierdza, że Arystoteles był takim geniuszem, iż osiągnął w nauce wszystko, co było do osiągnięcia. Wystarczy tylko dobrze zrozumieć i wyjaśnić pisma, które po nim pozostały. Sam więc podjął się tej pracy i w konsekwencji napisał olbrzymi komentarz do wszystkich dzieł Stagiryty. Średniowiecze nadało mu w związku z tym przydomek „Commentator", pod którym występuje powszechnie w średniowiecznej literaturze naukowej.

Wpływ prawa i prawniczej mentalności ludzi średniowiecza na ówczesną naukę był zresztą daleko szerszy, o czym będzie mowa nieco później. Nie tylko jednak na naukę. Właściwie na wszystkie sfery życia ówczesnych ludzi. Można powiedzieć, że w średniowieczu prawo istnienia posiadało tylko to, co miało określony status prawny. Miasto, cech, szkoła, jednostka administracji cywilnej lub kościelnej, uniwersytet, czy jakakolwiek inna koropracja, istniały oficjalnie dopiero po nadaniu im odpowiednich aktów prawnych, po zatwierdzeniu obowiązujących ich statutów bądź regulaminów. Wszystko, co związane było z jakąkolwiek władzą - kościelną, cywilną, wojskową i inną - musiało być oparte o odpowiednie akty prawne; chociaż niekoniecznie musiały to być akty pisane. Przeciwnie, bardzo często odwoływano się do prawa niepisanego, do zwyczaju. Nie można bowiem zapominać o tym, że fundamentem prawa feudalnego jest zwyczaj prawny, powstały z powtarzania się aktów publicznych i pokojowych, które przez dłuższy czas nie spotykały się ze sprzeciwem. Szczególną rangę przy tym miał zwyczaj dawny, a nawet pradawny, odwołujący się do przedhistorycznej wprost przeszłości.[24] Prawo obejmowało całkowicie swoim zasięgiem nie tylko społeczności i instytucje średniowieczne; także każdego poszczególnego człowieka, bowiem każdy musiał mieć swój ściśle określony status prawny, a więc status chłopa, mieszczanina, rycerza, duchownego, panującego itd. Pociągało to za sobą różnorakie praktyczne konsekwencje.[25] Znaczenie człowieka nie zależało od jego statusu majątkowego, lecz od jego statusu prawnego, od praw, które z tym statusem były ściśle związane. Najbiedniejszy szlachcic był w nieporównanie lepszej sytuacji niż najbogatszy mieszczanin, ponieważ ani majątek, ani pieniądze nie dawały odpowiedniego uznania społecznego i większych praw. To zapewniał jedynie status prawny, stąd też rola

---

[24] A. Guriewicz, *Kategorie...*, S. 173-174; J. Le Goff, *Kultura średniowiecznej Europy*, PWN Warszawa 1970, S. 325-326.

[25] A. Guriewicz, *Kategorie ...*, S. 174-175.

prawa w systemie więzi społecznych była w średniowieczu olbrzymia. Prawo w tej epoce rytualizowało życie społeczne, a także życie prywatne każdego człowieka. Formułowało wzorce i modele, których trzeba się było w ramach swojego prawnego statusu trzymać. Wszystkie czynności, związane na przykład z zawieraniem małżeństwa, wstępowaniem do cechu czy do uniwersytetu, pasowaniem na rycerza, otrzymywaniem lub przekazywaniem spadku, procesem sądowym, zawarciem transakcji handlowej, przyjęciem dworskim, odprawieniem poselstwa, określeniem stroju, jakiego się miało prawo używać - były precyzyjnie, we wszystkich szczegółach ustalone. Miały one przy tym zazwyczaj symboliczny charakter i zawierały określony ściśle rytuał.[26] Średniowiecze nie zna nie sformalizowanego, wolnego od konwencji i nie skrępowanego przepisami zachowania. Każdy człowiek w myśl średniowiecznego prawa miał swoje miejsce w społeczeństwie. Stosownie do niego musiał się zachowywać i ubierać. Każdego obowiązywała swoista etykieta, która jest przecież nie czym innym jak ściśle sformułowanym scenariuszem postępowania. Statuty cechowe i miejskie regulowały na przykład bardzo dokładnie postępowanie mieszczanina, ściśle określały proces wykonywanej przez niego produkcji, sposób traktowania uczniów i czeladników, scenariusz uroczystości cechowych itd. Prawnie ustalona była ilość gości na przyjęciu urządzanym przez mieszczanina, wysokość opłat dla muzykantów, precedencja w orszaku weselnym itp. Prawo nie tylko obligowało do ściśle określonych dla każdego stanu zachowań. Ono także budziło poczucie własnej godności płynącej z przynależności do takiej czy innej grupy społecznej, co więcej, broniło praw członków tych społeczności i gwarantowało im zachowanie określonej pozycji społecznej i prawnej. W tym duchu działał także Kościół, który akceptując całkowicie społeczny ład stanowy - *ordo* - polecał średniowiecznemu człowiekowi odrzucać to, co nie jest mu właściwe, a iść za tym, do czego przez swój status jest powołany.Człowiek z tej epoki nie rozumiał wolności tak jak zaczęto ją rozumieć w czasach nowożytnych. Dla niego wolność znaczyła - status, „właściwe miejsce wobec Boga i wobec ludzi", odpowiednie umieszczenie w społeczeństwie. Wolność poza wspólnotą nie istniała. Wolność mogła się mieścić tylko w zależności od kogoś, kto zagwarantuje podwładnemu poszanowanie jego praw. Człowiek wolny to ten, który ma potężnego opiekuna, władcę, głowę rodu czy głowę rodziny, zważywszy na to, że jednostka należała wtedy przede wszystkim do rodziny, do rodu, który narzucał sposób życia, obowiązki, zwyczaje itd. Każde rzemiosło, każdy stan miało swoje miejsce

---

26 A. Guriewicz, *Kategorie* ..., S. 176.

także w doktrynie i wierze katolickiej. Miało stosowną dla swej kondycji regułę, która miała go prowadzić do zbawienia. Rozróżnia się w związku z tym nawet określone, groźne dla każdego stanu grzechy, np. symonię - dla świeckiego duchowieństwa, obłudę - dla mnichów, grabież - dla rycerzy, świętokradztwo - dla chłopów, oszustwo - dla mieszczan, pychę - dla bogatych matron, i lubieżność - dla wszystkich stanów, ponieważ każdego człowieka może doprowadzić do zguby. Najbardziej codzienne przedmioty, używane w życiu codziennym ludzi średniowiecza, takie na przykład jak - klucz, rękawica, miecz, młot, kielnia, krzesło, nakrycie głowy, kolor butów itd., oprócz sobie właściwych funkcji, pełniły także określone ściśle przez prawo funkcje symboliczne. Nadawały lub odbierały określone przywileje, prawa i władzę, zapewniały pozycję społeczną lub jej pozbawiały itd.[27]

Prawo jest dyscypliną naukową i sztuką, której przedmiot nie ogranicza się do określonego terenu, ponieważ dotyczy ono wszystkich dziedzin życia ludzkiego. Nie jest na przykład możliwe zrozumienie natury i funkcjonowania państwa bez zrozumienia prawa. Nie można także pojąć pewnych zjawisk ekonomicznych w historii, jeśli nie uwzględni się w nich funkcji określonych przepisów prawnych. W średniowieczu takie ustawy prawne, na mocy których nakazywano przestrzegania tzw. „pokoju Bożego", zakazywano polowań na chłopskich polach, czy też brano w szczególną opiekę kupców, chłopów, duchownych, a nawet zwierzęta domowe, miały ogromne znaczenie i to nie tylko moralne, lecz również ekonomiczne. Prawo średniowieczne odzwierciedlało nawet stopień opanowywania przez ówczesne społeczeństwa instynktów tkwiących w naturze ludzi z tamtej epoki, między innymi instynktu walki. Proces prawny, w tym również kanoniczny, to przecież coś w rodzaju niekrwawego pojedynku. Zamiast broni słowa. Walka według uznanych przez obie strony reguł, zwieńczona rozstrzygającym jej wynik wyrokiem sędziego, który ma być bezstronny. Bez literatury prawniczej nie byłoby, jak stwierdza wybitny historyk prawa Kuttner, ani rozwoju nauk średniowiecznych, ani humanizmu, ani odrodzenia nauki i sztuki w Europie. Badacze średniowiecznych doktryn politycznych, społecznych i ekonomicznych stwierdzają, że mają one swoję podstawę w literaturze dekretystów, dekretalistów i komentatorów źródeł prawnych. W procesie kanonicznym odnajdujemy korzenie metody scholastycznej, która wywarła zdecydowany wpływ na badania i twórczość naukową uczonych średniowiecznych; która, nauczyła Europejczyków precyzyjnego, racjonalnego myślenia. Za twórcę metody scholastycznej uważany jest Piotr Abelard († 1142), który sformułował jej zasady w

---

[27] A. Guriewicz, *Kategorie...*, S. 180, 212; J. Le Goff, *Kultura...*, S. 267-268, 281.

swoim dziele *Sic et non*. Dzieło to jest kompilacją pozornie sprzecznych ze sobą tekstów z Pisma Świętego i z Ojców Kościoła na temat 150 ważnych, zwłaszcza teologicznych i filozoficznych, problemów. Od strony metodologicznej najważniejszy jest prolog do *Sic et non*, w którym zostały podane reguły pozwalające na usunięcie owych pozornych sprzeczności, zachodzących między przytoczonymi tekstami. Reguł tych, zwanych regułami konkordancji, jest pięć. Brzmią one następująco:

1. Sprawdzić, czy teksty patrystyczne, które wydają się być sprzeczne z innymi tekstami - np. z Pisma Świętego lub z orzeczeń Kościoła - i sprzeczne z prawdą, są autentyczne; czy przypadkiem nie mamy tu do czynienia z apokryfami lub błędami skrybów.
2. Sprawdzić, czy opinia świętego autora, jawiąca się jako sprzeczna z innymi, powszechnie uznawanymi opiniami, wyraża jego przekonania, czy też może jest tylko przez niego referowana.
3. Jeśli na ten sam temat istnieją sprzeczne ze sobą dekrety kościelne, kanony itd., wówczas należy zbadać charakter zobowiązywalności tych orzeczeń, należy ustalić, czy mają charakter prawa czy dyspensy, a także czy chodzi tu o prawo partykularne czy też prawo ogólne.
4. Ustawicznie należy pamiętać o tym, że niejednokrotnie sprzeczności między wypowiedziami autorytetów pochodzą z używania przez nich określonego terminu w różnych znaczeniach. W związku z powyższym należy precyzyjnie ustalić właściwe znaczenie danego terminu w określonym kontekście.
5. Gdyby istniała oczywista sprzeczność między wypowiedziami Ojców Kościoła, to wówczas należy opowiedzieć się za tą wypowiedzią, która jest lepiej uzasadniona.

Znaczenie wyżej przedstawionych reguł dla rozwoju metody scholastycznej i dla średniowiecznej nauki było ogromne. Szczególnie często odwoływano się, w niezliczonych naukowych traktatach średniowiecznych, do reguły czwartej, która pozwała ratować bardzo oryginalne i niejednokrotnie kontrowersyjne opinie różnych uczonych.

Mimo, że jak wspomniano wyżej, Abelard uchodzi za twórcę metody scholastycznej, to jednak prawdziwymi jej odkrywcami i autorami byli wcześniejsi od niego kanoniści, a mianowicie: Bernold z Konstancji († 1110), Iwo z Chartres († 1116) i Alger z Liege († 1131/32). Bernold z Konstancji w swoim dziele *De vitanda excommunicatorum communione, de reconciliatione lapsorum et de conciliorum, canonum, decretorum, decretalium ipsorumque Pontificum Ro-*

manorum auctoritate, podaje następujące reguły godzenia kanonów papieży i soborów z wypowiedziami Ojców Kościoła:

1. Porównać dokładnie kanony z wypowiedziami Ojców. To porównanie już wykaże, że w wielu wypadkach sprzeczności między kanonami a rzeczonymi wypowiedziami są pozorne.
2. Zwrócić uwagę na czas, miejsce, osoby, które wchodzą w rachubę przy danym kanonie; niejednokrotnie samo dokładne rozważenie owego kontekstu rozwiąże trudności.
3. Troskliwie zbadać przyczyny, które spowodowały powstanie rzekomo sprzecznych ze sobą kanonów i statutów.
4. Zwrócić uwagę na zasięg, tendencję i charakter obowiązywalności badanych dekretów i kanonów. Odróżnić zarządzenia generalnie obowiązujące od obowiązujących partykularnie.
5. Zbadać wszechstronnie autentyczność dyskusyjnych tekstów.

Podobne reguły znaleźć można w słynnej (notabene do dziś czekającej na wydanie) *Collectio trium partium* Iwona z Chartres, który przy ich pomocy, a także przy pomocy dodatkowych reguł, zasad i dyspozycji, wprowadza harmonię do mnóstwa pozornie sprzecznych czy niezgodnych ze sobą kościelnych rozstrzygnięć prawnych.

Porównanie przytoczonych wyżej abelardowskich reguł konkordancji z regułami ustalonymi wcześniej przez przedgracjańskich jeszcze kanonistów, wskazuje jednoznacznie na to jaka była ich proweniencja, a w konsekwencji także na to jaka była proweniencja metody scholastycznej, której istotną częścią są owe reguły. Nie ulega wątpliwości, że metoda scholastyczna rozwijała się później pod dużym wpływem logicznych pism Arystotelesa - nazwanych *logica nova*, ponieważ dopiero w XII w. przetłumaczonych na łacinę, a więc jego *Analityk, Topik i Sofizmatów*, jak również pod wpływem nowej metody dyskutowania opracowanej przez autorów interpretujących i komentujących te dzieła. Niemniej jednak największy wpływ na ten rozwój mieli prawnicy, którzy wykładali i interpretowali w tym czasie sporządzane zbiory prawa kanonicznego, najpierw „Dekret" Gracjana, a później inne kolekcje. Należy podkreślić, że w trakcie tych wykładów, odbywanych już w świeżo powstałych uniwersytetach, wypracowano powszechnie później przyjęte przez wszystkich uczonych średniowiecznych, określone gatunki literatury naukowej, takie jak *apparatus glossarum, glossa ordinaria, summa, distinctiones, notabilia, consilia, tractatus, summae, excerpta, historiae* i przede wszystkim *quaestiones*.

W sposób szczególny na średniowiecznej literaturze naukowej zaciążyły *quaestiones*, które funkcjonowały albo jako części składowe dzieł większych, takich jak np. summy, albo też samodzielnie. Generalnie biorąc strukturę kwestii średniowiecznej stanowiły następujące części składowe:

1. Pytanie (utrum, an)
2. Argument (videtur, quod non)
3. Kontrargument (sed contra)
4. Główna część kwestii (corpus quaestionis - respondeo, dicendum)
5. Krytyka argumentów przytoczonych na korzyść odrzuconego poglądu (ad primum, ad secundum ... etc)
6. Rozstrzygnięcie (recapitulatio).

Kwestia zrodziła się z dysput uniwersyteckich. Jest odtworzeniem schematu takiej dyskusji. A ponieważ takie dyskusje prowadzono na wzór procesu prawniczego, wyżej przedstawiony schemat średniowiecznej kwestii jest nie czym innym jak odtworzeniem poszczególnych stadiów procesu sądowego. W średniowiecznej dyspucie, której obrazem jest *quaestio,* uwidocznił się także prastary pęd człowieka do turniejów, zawodów, pojedynkowania się itd. Rycerze mieli swoje turnieje, w których używali broni. Klerkowie średniowieczni mieli dysputy, w których zamiast miecza, topora czy kopii, używali słów i argumentów. Średniowieczna dysputa miała, tak jak przewód sądowy i jak turniej rycerski, swój schemat, swój rytm i swoje poszczególne stadia. Najpierw powolne i stopniowe rozwijanie problemu. Następnie uderzenie za uderzenie wzajemnie następujących zarzutów i rozwiązań, pytań i odpowiedzi, rozróżnień i negacji, sofizmatów i pułapek. Mimo swojej rytualnej schematyczności dysputa średniowieczna, ukształtowana najpierw przez prawników, miała kapitalne znaczenie naukowo-badawcze. Zmuszała do maksymalnej precyzji, ćwiczyła ostrość myślenia i wyrażania się, błyskotliwość w słowach i zdolność do natychmiastowej repliki, łatwość formułowania myśli oraz zdolność oddzielania prawdy i fałszu. Uczyła ducha krytyki i metodycznego wątpienia. Na długo przed Kartezjuszem scholastycy nauczyli się biegle operować kryterium „jasności i wyraźności", jego słynnym w myśli nowożytnej *clair et distinct.* Zmarły w 1197 r. teolog Piotr Kantor w swoim dziele *Verbum abbreviatum* porównał naukę do wielkiego gmachu, w którym wykład profesorski stanowi fundament, kazanie uczonego - dach, zaś dysputa między uczonymi – ściany, „ponieważ tak długo każde zagadnienie pozostaje niezrozumiałe i tak długo nie może być z przekonaniem głoszone, dopóki nie zostanie przeżute w zębach dysputy"[28]

Z wydziałów prawa dysputa przeniosła się na inne wydziały i stała się niezbędnym elementem wszelkich nauk uprawianych zwłaszcza w uniwersytetach średniowiecznych. W dużej mierze zatem dzięki prawu, które tak silnie oddziałało na metodę scholastyczną i w ogóle na naukę uniwersytecką, kultura zachodnia uzyskała odpowiednie wykształcenie i odpowiednią dyscyplinę umysłową oraz naukową, od której zależne były późniejsze osiągnięcia i późniejszy, skokowo wprost przebiegający, rozwój nauki nowożytnej. Przez całe stulecia - z powodów, o których w tej chwili nie ma potrzeby i czasu mówić - całkowicie zapoznawano lub wyszydzano tę stronę średniowiecznej kultury. Dopiero w ostatnich dwóch stuleciach nieuprzedzeni ideologicznie badacze ze zdumieniem odkrywali osiągnięcia naukowe średniowiecza, w tym także walory metody scholastycznej, w której coraz powszechniej zaczyna się dostrzegać kuźnię racjonalnego myślenia europejskiego. A.N. Whitehead († 1947), wybitny matematyk i filozof, stwierdza, że nowożytna nauka nie zaistniałaby nigdy, gdyby umysł zachodni nie został przygotowany - przez stulecia ćwiczonej we wszystkich szkołach średniowiecznych dyscypliny umysłowej - do przyjęcia racjonalnych pojęć o strukturze wszechświata oraz do typowego dla scholastyki optymistycznego traktowania ludzkiego rozumu jako zdolnego do racjonalnego zbadania zarówno naturalnego jak i nadnaturalnego wymiaru rzeczywistości.[29]

Oddziaływanie prawa na nauki średniowieczne nie ograniczało się do wpływu formalnego poprzez przygotowaną przez prawników metodę scholastyczną czy powstałe wskutek jej zastosowania określone gatunki literatury naukowej. Jeszcze istotniejszy był wpływ ducha prawa na średniowieczne nauki. Studium obojga praw - na tych uniwersytetach, które posiadały zarówno prawo rzymskie jak i kanoniczne - łączono z reguły ze studiami na innych wydziałach, co nie

---

[28] Petrus Cantor, *Verbum abbreviatum*, Patrologia Latina 205,25.

[29] S. Wielgus, Z badań nad znaczeniem edytorstwa średniowiecznych tekstów kanonistycznych dla historii kultury europejskiej, w: „Sprawozdania Towarzystwa Naukowego Katolickiego Uniwersytetu Lubelskiego", XXVII (1978), S. 179-181; Tenże, Benedykta Hessego „Quaestiones super octo libros Aristotelis (Wstęp do krytycznej edycji), Redakcja Wydawnictw KUL, Lublin 1983, S. 49-50; Chr. Dawson, Religia i powstanie kultury zachodniej, Instytut Wydawniczy Pax, Warszawa 1958, S.249-251; M. Markowski, Logika, jej recepcja i zastosowania, w: Historia filozofii średniowiecznej, red. J. Legowicz, PWN Warszawa 1979, S. 137; M. Grabmann, Die Geschichte der scholastischen Methode, Freiburg im Breisgau 1909-1911, t. 1, S. 236 in., t. 2, S. 200 in.; A. Petrani, Kanonistyka, w: Dzieje teologii katolickiej w Polsce, t. 1: Średniowiecze, TN KUL Lublin 1974, S. 372-374; J. Le Goff, Kultura..., S. 342-343.

pozostawało bez wpływu jurydycznej na nie mentalności. Było dość powszechną praktyką, zwłaszcza na słynnych uniwersytetach włoskich, że studenci medycyny, nie mówiąc już o studentach filozofii i teologii, studiowali jednocześnie prawo, stanowiące swojego rodzaju zwornik niepozwalający na wzajemne wyobcowanie się wyspecjalizowanych naukowych dyscyplin uniwersyteckich i na zerwanie więzów między nimi, co nastąpiło w późniejszych uniwersytetach.[30] Stanowiąc wspomniany wyżej swojego rodzaju zwornik różnych dyscyplin naukowych w uniwersytetach średniowiecznych, i wpływając znacząco, zarówno formalnie jak i merytorycznie, na inne nauki, średniowieczne prawo samo ulegało także wpływom ze strony niektórych spośród nich, takich na przykład jak dialektyka, retoryka, a później szczególnie filologia. Na specjalną uwagę zasługuje relacja między prawem a teologią w średniowieczu. Generalnie biorąc nikt nie podawał w wątpliwość ich odrębnego statusu naukowego, także jeżeli chodzi o prawo kanoniczne, które stało się samodzielną, odrębną od teologii, dyscypliną naukową od połowy XII w. (1140), tj. od czasu sporządzenia przez bolońskiego mnicha Gracjana systematycznego zbioru prawa, znanego powszechnie pt. *Decretum Gratiani.*[31] Niemniej jednak mimo oficjalnego uznania dla teologii, poczynając od połowy XII wieku zainteresowanie nią wśród studentów zanika na korzyść prawa kanonicznego. Zjawisko wyraźnej dominacji prawa nad teologią wiąże się bez wątpienia, poza innym powodami, o których będzie mowa później, także z długim okresem walki między cesarstwem a papiestwem, do prowadzenia której potrzebowano przede wszystkim dobrze wykształconych prawników, a mniej teologów.[32] Owo nieporównanie większe zainteresowanie prawem sprawia, że coraz silniej oddziałuje ono na studium i rozwój teologii w tym okresie czasu.Wpływ ten jest widoczny zarówno w sferze teologii moralnej[33] i dogmatycznej[34], w liturgice[35] i sakramentologii, a szczególnie w praktyce pokutnej, którą w dużym stopniu

---

30 S. Swieżawski, *Dzieje filozofii europejskiej XV w.*, t. 2: *Wiedza*, ATK Warszawa 1974, S. 141.

31 A. Petrani, *Kanonistyka*, S. 371.

32 M. Rechowicz, Początki i rozwój kultury scholastycznej, w: Dzieje teologii katolickiej w Polsce, t. 1: Średniowiecze, TN KUL Lublin 1974, S. 47.

33 Wykładanej w oparciu o komentarz do Księgi Hioba autorstwa Grzegorza Wielkiego, rozpowszechniony pt. *Moralia super Job.*

34 Wykładanej w obrębie niezliczonych komentarzy do *Sentencji* Piotra Lombarda.

35 którą wykładano zarówno w ramach prawa kanonicznego jak i teologii dogmatycznej na wykładach z *Sentencji* Piotra Lombarda, a nawet na wydziale artium w związku z wykładaną tam komputystyką. Por. W. Szenk, *Z dziejów liturgiki*, w: *Dzieje teologii katolickiej w Polsce*, t. 1, S. 256, 262.

określały kościelne akty prawne. Generalnie biorąc prawo kanoniczne miało wielki wpływ na treść i formę specjalnych podręczników służących praktyce pokutnej, tzw. penitencjałów, w których pedantycznie, jurydycznie, określano, definiowano i klasyfikowano grzechy, a problemy teologiczne i moralne rozważano i rozwiązywano kazuistycznie. Tzw. „sądowy sposób myślenia", charakterystyczny dla ludzi średniowiecza, ogarniał nie tylko ich życie doczesne, lecz także nadprzyrodzone. Żyli oni stale niejako w cieniu sądu ostatecznego, Boga pojmując przede wszystkim jako surowego sędziego stojącego na czele trybunału, a swoje życie jako ustawiczne przygotowywanie się do sądowego procesu. Swój los średniowieczny człowiek wyraziłby w trzech słowach: żyć, umrzeć i zostać osądzonym[36]. Nawiasem mówiąc ostra świadomość czekającego każdego człowieka sądu ostatecznego nie była specyfiką samego tylko chrześcijaństwa. Prawda o czekającym wszystkich ludzi sądzie ostatecznym głoszona była i jest, jako główna prawda wiary, także przez islam.

Dla teologów-kanonistów, którzy klasyfikowali grzechy tylko jako naruszenia prawa Bożego głównie przez akty zewnętrzne, proces psychiczny postępowania człowieka i geneza jego aktów były niedostrzegalne. Dopiero później rozwój teologii w kierunku analizy grzechu i nauki o cnotach, doprowadził do przezwyciężenia owej prawnej mentalności, uznanej pod koniec średniowiecza za obcą duchowi ewngelicznemu.[37] Zaczęto w związku z tym odrzucać prawnicze penitencjały, które przez całe wieki wpływały na praktykę pokutną i kształtowały sumienia oraz mentalność wiernych. Mimo tej reakcji, do końca średniowiecza funkcjonowały jednak obok siebie dwa gatunki sum spowiedniczych, a więc sumy traktujące sakrament pokuty prawniczo, czyli sumy o charakterze prawno-teologicznym, oraz sumy napisane czysto teologicznie, w których element prawny stał się niemal niewidoczny, czyli sumy o charakterze teologiczno-moralnym. Sumy prawnicze zawierały zbiory przypadków sumienia (tzw. *casus conscientiae*), z pominięciem psychologiczno-moralnego charakteru sakramentu pokuty, sumy teologiczne zaś eliminowały prawne przypadki na rzecz całościowego ujęcia problemu, uwzględniającego zarówno naukę biblijną na temat pokuty jak również złożoność psychiki i sumienia penitenta.[38]

---

36 A. Guriewicz, *Kultura i społeczeństwo średniowiecznej Europy*, Wydawnictwo Bellona, Warszawa 1997, S. 127.

37 J. Wolny, Z dziejów katechezy, w: Dzieje teologii katolickiej w Polsce, t. 1, S. 186.

38 J. Wolny, *Z dziejów katechezy*, S. 187.

Ów rozdźwięk między tzw. teologią prawniczą, dominującą zdecydowanie przez wiele wieków średniowiecza, a teologią biblijną, jest szczególnie widoczny na tle dwóch ujęć teologicznej nauki o usprawiedliwieniu, sformułowanych przez Anzelma z Canterbury († 1033-1109) oraz Piotra Abelarda (1079-1142). Zdaniem Anzelma Boża sprawiedliwość słusznie ukarała człowieka, który przez grzech pierworodny oddał się dobrowolnie pod absolutną władzę i prawo szatana. Chcąc jednak w miłosierdziu swoim ratować upadłego grzesznika, Bóg pozbawił szatana władzy nad nim, zsyłając na świat swojego Syna, który umarł na krzyżu dla zadośćuczynienia winy zaciągniętej wskutek grzechu pierworodnego. Było to konieczne, ponieważ wielkość winy mierzy się godnością obrażonego. Godność Boga jest nieskończona, stąd wina człowieka jest również nieskończona. Będąc istotą skończoną nie był w stanie sam zmazać tej winy. Mógł tego dokonać tylko sam Bóg. Dlatego na świat przyszedł Syn Boży, który przyjąwszy ludzką naturę, jako człowiek miał tytuł do występowania o zadośćuczynienie za grzech pierworodny, zaś jako Bóg mógł zgładzić nieskończoną winę. W wyżej przedstawionej nauce Anzelma, widać wyraźnie wpływ średniowiecznego prawa feudalnego. Bóg jest w niej traktowany jako lenny Pan, a człowiek jako wasal, który swego pana obraził. Zraniony honor pana domaga się - zgodnie z prawem feudalnym - odpowiedniego zadośćuczynienia i właściwej satysfakcji. Nawiasem mówiąc, jak powiada Le Goff, całe dzieło *Cur Deus homo* autorstwa Anzelma ma feudalny charakter. Bóg występuje tam jako pan feudalny, rozkazujący trzem kategoriom wasali: aniołom, którzy otrzymują lenna w zamian za służbę stałą i wieczystą; mnichom, którzy służą w nadziei na otrzymanie dziedzictwa utraconego przez ich wiarołomnych krewniaków; ludziom świeckim, służącym bez żadnej nadziei. Wszyscy oni są zobowiązani do wasalskiej służby. Bóg zaś postępuje wobec nich z honorem feudalnego pana. Chrystus oddaje swoje życie *ad honorem Dei*, ukaranie grzesznika jest zgodne z wolą Boga *ad honorem suum*.

O ile nauka Anzelma o pojednaniu człowieka z Bogiem ma u swoich podstaw prawną, obiektywną strukturę feudalnego porządku lennego, to u młodszego o 46 lat Abelarda mamy do czynienia z zupełnie już innym jej ujęciem. W odróżnieniu od obiektywizmu i racjonalizmu Anzelma, Abelard prezentuje w omawianej kwestii ujęcie subiektywistyczne i indywidualistyczne. Normą dla etycznej oceny postępowania człowieka nie jest już tylko prawo, ale także sumienie, subiektywna intencja człowieka. Abelard w związku z tym nie godzi się na to, żeby człowiek mógł być rozgrzeszony ze swoich grzechów tylko dzięki niezależnym przecież od niego zasługom Chrystusa. Odpuszczenie grzechu musi być, jego zdaniem, konsekwencją osobistej skruchy człowieka. Dla Abelarda Bóg nie jest już najwyższym lennym panem, który żąda od swego wasala zadośćuczynienia za to, że uraził jego cześć, i który przyjmuje to zadośćuczynienie w postaci ofiary swojego Syna. Zdaniem Abelarda nie do przyjęcia jest takie rozwiązanie, żeby trzeba było zamordować Syna Bożego dla odkupienia ludzkich grzechów. Gdyby tak było, powiada nasz autor, wówczas nieporównanie małe ludzkie grzechy kompensowane byłyby grzechem niewyobrażalnie wielkim - Bogobójstwem. Gdyby Bóg żądał śmierci bezgrzesznej, niewinnej ofiary jako satysfakcji za wyrządzoną Mu obrazę, byłby okrutny i niesprawiedliwy, powiada Abelard. Dla niego Bóg nie jest jednak surowym, obrażonym lennym panem, lecz nieskończoną miłością. We wcielonym w człowieka Synu Bożym, w Jego Męce i Śmierci, Bóg nie szuka satysfakcji dla siebie, lecz okazuje nieskończoną miłość do człowieka, „bo nie ma większej miłości nad tę, kiedy ktoś oddaje życie swoje za przyjaciół swoich".[39]

Na powyższym przykładzie chciałem wykazać, że pomimo olbrzymiego wpływu prawa na teologię średniowieczną, paralelnie występowały przez długie wieki tendencje do uprawiania wyzwolonej spod jego wpływu refleksji teologicznej. Ta tendencja, odrzucająca prawniczą interpretację historii zbawienia, nasila się szczególnie w późnym średniowieczu, poczynając od drugiej połowy XIV wieku, zwłaszcza w związku z coraz większym wpływem tzw. *devotio moderna*, propagującej odwrót od zrodzonych przez wpływ prawa spekulacji intelektualnych w teologii, i kładącej nacisk na powrót do Biblii, do indywidualnej kontemplacji tematów ewangelicznych, na wychowanie moralne i na uprawianie cnót z pokorą na czele, a w końcu na mistyczną kontemplację.[40]

Jak już wspominano wyżej, mimo wielkiego w swoim czasie wpływu prawa na teologię, oficjalnie zawsze wyraźnie podkreślano ich wzajemną autonomię, co znalazło wyraz chociażby w tworzeniu dwóch głównych typów uniwersytetów średniowiecznych - prawniczego i filozoficzno-teologicznego, różniących się znacznie swoją genezą, strukturą i funkcjami, jakie pełniły. Pierwszym wzorcowym typem uniwersytetu był Uniwersytet Boloński, o zdecydowanej dominacji studiów prawniczych, a drugim - Uniwersytet Paryski, z wyraźną dominacją studiów teologicznych. Dominacja teologii na Uniwersytecie Paryskim była przy tym zamierzona i wiązała się z dość praktycznymi względami. Długotrwały spór między papiestwem i cesarstwem, schizma zachodnia, a także

---

[39] J. Rohls, *Geschichte* ..., S. 135-139; J. Le Goff, *Kultura*..., S. 161.

[40] P. Szczaniecki, Nauka o modlitwie i życiu wewnętrznym, w: Dzieje teologii katolickiej w Polsce, S. 331-332.

dynamiczny rozrost różnych form administracji - świeckiej i kościelnej - w wieku XII i w wiekach następnych, sprawiły, że ciągle wzrastała ilość bardzo intratnych miejsc pracy w najróżniejszych urzędach przede wszystkim dla prawników. Wysokie uposażenie prawników i prestiż społeczny, jakim się oni cieszyli[41], powodowały, że uniwersytety prawnicze, w tym zwłaszcza Uniwersytet Boloński, ściągały tłumy studentów ze wszystkich nacji europejskich. Studenci ci wiedzieli bardzo dokładnie gdzie i co studiować, aby osiągnąć później odpowiednią cenę za swoje zawodowe usługi na rynku pracy. Nic dziwnego, że zdecydowana większość studentów z przełomu XII/XIII wieku, a więc z czasu rozwijania się pierwszych uniwersytetów, myślała o karierze świeckiej, a zwłaszcza prawniczej.[42] W tej sytuacji zainteresowanie innymi kierunkami studiów, zwłaszcza długimi, trudnymi i kosztownymi studiami teologicznymi, w tym okresie bardzo wyraźnie maleje. To między innymi sprawiło, że papież Honoriusz III († 1227) w trosce o rozwój tak niesłychanie ważnych dla Kościoła studiów teologicznych, celem osłabienia konkurencyjności prawa wobec nich, zakazał uprawiania na Uniwersytecie Paryskim prawa rzymskiego[43], pozostawiając tam tylko prawo kanoniczne, które jeszcze w tym czasie uważano za wykwit teologii, za najwłaściwsze praktyczne zastosowanie do życia dociekań teologicznych. Mimo tych administracyjnych ograniczeń w stosunku do studiów prawniczych, które zastosowano zarówno na Uniwersytecie Paryskim jak również na uniwersytetach zakładanych później na jego wzór,[44]nawet tam wpływ prawa na strukturę i ducha uczelni był bardzo wielki. Nie można bowiem zapominać o tym, że sama instytucja uniwersytetu wyrosła z prawa kanonicznego. Średniowieczne uniwersytety nie wywodzą się ze szkół starożytnych, lecz z kościelnych, przeważnie teologicznych, prawniczych i filozoficznych ośrodków nauczania w średniowieczu. Uniwersytety były insty-

---

41 Stopień naukowy z Bolonii, zwłaszcza podwójny doktorat z prawa - cywilnego i kanonicznego, był powszechnie uważany za najwyższy tytuł akademicki w świecie. Por. Chr. Dawson, *Religia i powstanie kultury zachodniej*, S. 249.

42 Por. R.W. Southern, *Kształtowanie średniowiecza*, PIW Warszawa 1967, S. 254; Chr. Dawson, *Religia i powstanie kultury zachodniej*, S. 245.

43 A. Vetulani, Średniowieczny Kościół polski w zasięgu łacińskiej kultury prawniczej, w: Księga tysiąclecia katolicyzmu w Polsce, TN KUL Lublin 1969, t. 1, S. 401; Tenże, Początki najstarszych wszechnic środkowoeuropejskich, Zakład Narodowy im. Ossolińskich, Wrocław 1970, S. 46.

44 Między innymi na odnowionym przez Jagiellonów Uniwersytecie Krakowskim, w którym ani w średniowieczu, ani też w późniejszych wiekach w ogóle nie uprawiano prawa rzymskiego tj. świeckiego, ograniczając studia prawa wyłącznie do prawa kanonicznego. Na brak prawa cywilnego uskarżał się w 1444 r. Uniwersytet w Heidelbergu, gdzie także uprawiano tylko prawo kanoniczne. Por. S. Swieżawski, *U źródeł* ..., S. 153.

tucjami prawa kanonicznego, stąd bez poparcia Kościoła nie mogły powstać, ani też pomyślnie się rozwijać, tym bardziej, że finansowane były z zasady przez Kościół. W związku z powyższym można powiedzieć za Aleksym Petranim, że powstanie i rozwój pierwszych średniowiecznych uniwersytetów były jak najściślej powiązane z rozwojem kanonistyki, która, jako wspominano o tym już wcześniej, zaistniała jako samodzielna dyscyplina naukowa po ukazaniu się w poł. XII w. „Dekretu" Gracjana. Tenże „Dekret" stał się podstawą nauczania prawa kanonicznego najpierw na Uniwersytecie Bolońskim, a wkrótce w innych uniwersytetach, a mianowicie w Padwie, Paryżu i Walencji. Z biegiem lat, w miarę ukazywania się następnych ważnych kolekcji kanonistycznych [*Dekretały* Grzegorza IX, *Liber Sextus* Bonifacego VIII (1298), *Clementinae* Klemensa V (1314)], na uniwersytetach następowało zróżnicowanie w nauce prawa kanonicznego, przybierające postać specjalizacji. Jako instytucje prawa kanonicznego, uniwersytety były od samego początku poddane (za wyjątkiem Uniwersytetu w Neapolu) władzy papieży. Wiadomo, że *licentiam docendi* w Uniwersytecie Bolońskim dawał z upoważnienia papieskiego biskup Bolonii. Pierwszym statutem Uniwersytetu Paryskiego było zarządzenie papieża Innocentego III, z r. 1215, dotyczące przebiegu studiów z zakresu *artes liberales*. Podobne znaczenie dla nauk prawniczych w tej uczelni miała bulla papieża Honoriusza III z 1219 r. Uniwersytet Paryski przez całe wieki znajdował się pod stałą opieką papieży i rządził się - poza swoim, zatwierdzonym przez Stolicę Apostolską, statutem - przepisami prawa kanonicznego. Na mocy bull papieża Klemensa VI erygowano w r. 1343 Uniwersytet w Pizie, w r. 1348 zaś Uniwersytet Praski. Natomiast papież Urban V wydał zgodę na założenie Uniwersytetu w Krakowie (1364), w Wiedniu (1365) oraz w Pecs (1367). Podobną, związaną ściśle ze Stolicą Apostolską, dokumentację prawną, odnotować można także w odniesieniu innych znanych uniwersytetów średniowiecznych, powstałych w takich na przykład miastach jak: Padwa (1228), Rzym (1245), Cambridge (1257), Salamanca (1255), Saint Andrews (1410), Louvain (1425), Glasgow (1410) i innych. Wszystkie uniwersytety średniowieczne swoje wielkie znaczenie opierały na trzech najistotniejszych prawnych przywilejach, a mianowicie: autonomii prawnej, prawie apelowania do papieża, prawie do strajków oraz potwierdzonym przez prawo monopolu na wydawanie stopni uniwersyteckich.[45]

Nauki prawnicze miały swój odrębny status i swoją specyfikę ustaloną dużo wcześniej niż inne dyscypliny, a w wielkich uniwersytetach prawniczych, fakul-

---

[45] S. Wielgus, *Uniwersytety katolickie i kościelne instytuty wyższego nauczania*, „Przegląd Uniwersytecki" KUL. „Dodatek specjalny 1996", S. 9-10; A. Petrani, *Kanonistyka*, S. 371.

tetowi jurydycznemu podporządkowane były programowo inne dyscypliny naukowe. Tak więc nie dziwi fakt, że Jan Gerson († 1429), profesor i kanclerz Uniwersytetu Paryskiego, postrzega strukturę tej wielkiej (z założenia nie prawniczej) uczelni, na tle troistego archetypu prawa. Stwierdza więc, że Wydział Teologiczny odpowiada prawu boskiemu, niestworzonemu, które odnosi się do „Królestwa boskiego i ewangelicznego"; Wydział Filozoficzny odpowiada prawu naturalnemu, które odnosi się do „Królestwa wewnętrznego i osobowego"; zaś Wydział Prawniczy odpowiada prawu pozytywnemu, które odnosi się do „Królestwa obywatelskiego".[46]

Z uwagi na uniwersalistyczny charakter dwóch głównych systemów prawnych, które funkcjonowały w średniowieczu, tj. prawa kanonicznego oraz prawa rzymskiego, to one przede wszystkim (poza problematyką dotyczącą prawa w ogóle) były przedmiotem studiów uniwersyteckich, z ustaloną programowo dominacją prawa rzymskiego na uniwersytetach cismontańskich oraz prawa kanonicznego na uniwersytetach ultramontańskich. Partykularne prawo uprawiano w sferze bieżącej praktyki prawnej. Kodyfikację i interpretację takiego prawa podejmowano w zasadzie z inicjatywy władców lub różnych korporacji, korzystając przeważnie z usług kadry uniwersyteckich prawników. Prawnicy ci występowali poza tym bardzo często jako eksperci, wydając opinie prawnicze czy też orzeczenia prawne - tzw. *consilia*, w związku z różnymi sporami - lokalnymi bądź międzynarodowymi, a także w związku z trudnymi a ważnymi procesami toczącymi się w różnych trybunałach.[47]

A. Guriewicz powiada, że prawo było najwyższą wartością średniowiecza. To ono bowiem obejmowało wszystkie dziedziny ówczesnej chrześcijańskiej cywilizacji i wszystkich ludzi w niej żyjących, tworząc powszechną więź między nimi.[48] Samo prawo kanoniczne przy tym odegrało decydującą rolę w integracji i organizacji średniowiecznego chrześcijaństwa, zwłaszcza od połowy XII wieku, gdy dysponowało już „Dekretem" Gracjana. Chr. Dawson twierdzi, że w środkowym okresie średniowiecza, tj. w latach 1150-1350, to nie teologowie z Uniwersytetu Paryskiego, lecz kanoniści z Uniwersytetu Bolońskiego stali bliżej papiestwa i mieli większy wpływ na rządy i organizację Kościoła. Wybitni

---

[46] S. Swieżawski, *U źródeł...*, S. 141.

[47] P. Czartoryski, *Nauki prawne*, w: *Historia nauki polskiej*, t. 1: *Średniowiecze-Odrodzenie*, Zakład Narodowy im. Ossolińskich, Wrocław 1970, S. 131-133.

[48] A. Guriewicz, *Kategorie...*, S. 199, 202

papieże tego czasu, jak na przykład Aleksander III, Innocenty III czy Innocenty IV, byli przecież kanonistami.[49]

Na temat średniowiecza krążą różne określenia. Jedni twierdzą, że był to czas ciemnoty i fanatyzmu religijnego; ta opinia jest historycznie fałszywa i krzywdząca. Inni, wrażliwi na piękno, powiadają - średniowiecze to epoka katedr; i mają oczywiście rację, ale uwzględniają tylko jeden z wielu aspektów kultury tego czasu. Inni jeszcze, nazywają średniowiecze szkołą racjonalnego myślenia dla Europy; i również mają rację, ale pomijają jednocześnie ogromne bogactwo innych dokonań ludzi tamtych czasów. Najpełniejszą i najsłuszniejszą wydaje się jednak być opinia tych historyków, którzy mówią o średniowieczu, że była to epoka prawa. Epoka, w której - jak powiada Huizinga - poczucie prawa było silne jak mur, a ludzie ówcześni ani przez moment nie mieli wątpliwości co do słuszności starej reguły prawniczej, która twierdzi, że tym, co osądza człowieka, jest jego postępowanie.[50]

---

[49] Chr. Dawson, Religia i powstanie ..., S. 247-249; A. Vetulani, Początki najstarszych ..., S. 20.

[50] J. Huizinga, *Jesień średniowiecza*, PIW, Warszawa 1992, S. 278.

Zusammenfassung des Artikels „Recht in der mittelalterlichen europäischen Kultur" von Prof. Stanisław Wielgus

Tadeusz Guz

Die westliche europäische Kultur wurde auf drei Hügeln gebildet: Akropolis, Golgota und Kapitol als Symbol des Rechts.

Der Mensch wurde von Aristoteles als *animal sociale* verstanden, das im Unterschied zu der Tierwelt eine *natura noverca* besitzt. Auf dieser Grundlage sprachen manche mittelalterliche Gelehrte: *Si non es civis, non es homo*. Das notwendige Element in der menschlichen Existenz heißt das Recht, das als Norm die menschliche Tätigkeit regeln soll. Wo kommt diese rechtliche Norm her? Kann der Mensch oder die Natur der letzte Grund dafür sein? Nein: „Weder der Staat also, noch diese oder jene Gesellschaft, sondern Gott ist die Quelle allen Rechts, und Könige und Richter sind nicht die Gesetzgeber, sondern eher die Verteidiger und Hüter der unveränderlichen göttlichen Dekrete der Gerechtigkeit, denen alle Menschen gehorchen" (Chr. Dawson). Ähnlich dachte man im Weiten Osten oder in Amerika, daß das Recht von einer übernatürlichen Wirklichkeit herrührt. Likurg und Solon betrachteten das Recht als „Entdeckung und Gabe der Götter". Cicero sprach von „einem, ewigem und unveränderlichem Recht", das von „einem und gemeinsamen für alle Lehrer und Herrscher aller Gott" geschenkt wurde. Eine andere Rechtstendenz vertraten Sophisten wie Protagoras, der den Relativismus und damit den Rechtspositivismus lehrte.

Die christliche Rechtskultur des Mittelalters übernahm von den altertümlichen Kulturen das Naturrecht. Es gab jedoch keine Theokratie wie in der jüdischen oder islamischen Zivilisation. Die katholische Kirche unterschied zwischen dem kanonischen und dem staatlichen Recht. Das staatliche Recht sollte die äußere Ordnung des menschlichen Lebens regeln und das kanonische das innere Leben der Kirche und des christlichen Lebens.

Das Christentum unterschied zwar zwischen dem Recht und dem Sittegesetz, aber setzte ihre cooperatio voraus. Es gab zwischen beiden keinen Widerspruch, sondern gegenseitige Ergänzung und Durchdringung. Das hatte mit dem späteren Dualismus nichts zu tun.

Das ewige Gesetz und das Naturrecht bildeten im Bewußtsein der Menschen im Mittelalter das Fundament und Element der Ordnung des Weltalls. Das galt als unzerstörbar wie auch der ewige Gesetzgeber, Gott. Deshalb ist das Recht seinem Wesen nach gut und gerecht. Böse und schädlich kann nur der Mißbrauch des Rechts sein.

Der Einfluß des Rechts war in der damaligen Wissenschaft sehr breit. Für die gesellschaftliche Position des Menschen im Mittelalter war der Rechts-status des Menschen entscheidend, nicht aber sein materielles Vermögen. So herrschte eine *ordo*, die ganz bestimmt war. Das Verständnis der Freiheit hing vom Rechtsstatus ab, d.h. von einem bestimmten Ort jedes Menschen vor Gott und den Menschen, nicht aber von der Beliebigkeit des neuzeitlichen Freiheitsverständnisses.

Das Recht war verstanden als eine wissenschaftliche Disziplin und zugleich eine Kunst. Man konnte das Funktionieren des Staates ohne das Rechtsverständnis nicht begreifen. Der Rechtshistoriker Kuttner stellt fest, daß ohne die rechtliche Literatur keine Entwicklung der mittelalterlichen Wissenschaften, kein Humanismus, keine Erneuerung der Wissenschaft und Kunst in Europa mögliche wären

Die wichtigen Grundlagen für die Rechtsentwicklung boten Gelehrte wie Bernold von Konstanz, Ivo von Chartres, Alger von Liege und natürlich Petrus Abaelardus mit der Methode *Sic et non.* Auf diesem Wege entstanden solche literarische Gattungen wie *apparatus glossarum*, *glossa ordinaria*, *summa*, *distinctiones*, *notabilia*, *consilia*, *tractatus*, *summae*, *excerpta*, *historiae*, *quaestiones*. Lange vor Descartes argumentierte man in der Wissenschaft *clair et distinct*. Der Theologe Petrus Kantor verglich in seinem Werk *Verbum abbreviatum* die Wissenschaft mit einem großen Haus, worin der Vortrag des Professors als das Fundament galt, Predigt des Gelehrten – als Dach und *disputatio* zwischen den Gelehrten war wie Wände. Diese und andere großartige wissenschaftliche Leistungen im Mittealter wurden auch in der Neuzeit gewürdigt wie z. B. von A. N. Whitehead.

Üblich waren die Studien der beiden Rechte, die am spätesten nach dem Entstehen des *Decretum Gratiani* getrennt waren, und, wenn jemand Medizin studierte, studierte er natürlich zugleich auch das Recht. Das kanonische Recht hatte mehr Relevanz und zwar durch die schlichte Einsicht, daß Gott letzten Endes als der Gesetzgeber zugleich auch am Ende der Welt als Richter auftreten wird. So entstand eine rechtliche Einflußnahme auf das Rechtfertigungsverständnis, ob Gott aus Liebe (Abaelardus) oder wegen rechtlicher Beleidigung (Anselm) nach Rechtfertigung verlangte.

In solchem ideellen Kontext entstanden mittelalterliche Universitäten in Bologna mit der Betonung der Rechtswissenschaften und in Paris mit der Theologie. Überhaupt ist es interessant, daß die mittelalterlichen Universitäten nicht auf der Grundlage der altertümlichen Akademien und Schulen entstanden sind, sondern aus kirchlichen, überwiegend theologischen, rechtlichen und philosophischen. Die Universitäten waren von der Kirche gegründet und am meisten auch von der Kirche finanziert. Nicht verwundert die Feststellung von J. Gerson, der die Theologische Fakultät in Paris mit dem ewigen Gesetz Gottes verglich, die Philosophische Fakultät mit dem Naturecht und die Rechtliche Fakultät zum positivem Recht. So tief war das rechtliche Bewußtsein im mittelalterlichen Menschen verankert. A. Guriewicz spricht vom Recht als dem höchsten Wert des Mittelalters. Es umfaßte alle Bereiche der damaligen christlichen Zivilisation.

Über das Mittelalter sagt man viel Widersprüchliches; die einen sagen, daß es eine Epoche der Rückständigkeit und Dunkelheit bzw. des religiösen Fanatismus gewesen sei – diese Meinung ist historisch gesehen falsch und erniedrigend. Die anderen, die auf Schönheit empfindlich sind, sagen, daß das Mittelalter eine Epoche der Kathedralen sei. Sie haben in der Tat recht, berücksichtigen aber nur einen Aspekt der Kultur jener Zeit. Wieder andere betonen in dieser Epoche ein rationales Denken für Europa, was an und für sich zutrifft, aber ganze Bereiche der erfolgreichen mittelalterlichen Kultur nicht berücksichtigt. Es war eigentlich eine Epoche des Rechts, in welcher nach Huizinga das Rechtsbewußtsein so stark wie eine Mauer war und die damaligen Menschen keinen Augenblick an einer alten rechtlichen Regel zweifelten, die besagt, daß den Menschen im Grunde seine eigene Handlung richtet.

St. Thomas's Doctrine of the Natural Law[1]

Leo Elders SVD[2]

A law is a rule and measure of conduct of an obligatory character directing us to perform certain actions or refrain from them[3]. In a broader sense one can also speak of the laws of nature, such as the law of gravitation, and similar laws in the field of physics and biology on which human life depends. In addition our life is regulated by the rules, ordinances and laws of the civil society in which we live. The original meaning of the term "law" is that of an obligatory rule of conduct for the citizens of a political community. Taking this definition as his starting-point Thomas shows how in the different sectors of human life and also in the supernatural order one can speak of laws. In this respect the treatise elaborates the analogous relationship between the natural and supernatural order with regard to this point.

The sources used by Aquinas when composing his treatise on law in the *Summa theologiae*, I-II, qq. 90 ff. are authors of classical antiquity such as Aristoteles, Cicero, Augustine and Isidore and the *iurisperiti*, i.e. the authors who wrote commentaries on Roman law as codified by the emperor Justinian[4]. Thomas's doctrine of law has been studied exhaustively in the twentieth century. Some doubts remain as to the extent of its dependence on Aristotle. A. Dempf considers this doctrine a synthesis of the ethics of Aristotle[5], but M. Wittmann believes that it is not related to Aristotelianism[6].

---

1 We are grateful to Peter Lang GmbH Europäischer Verlag der Wissenschaften, Frankfurt a.M., for permission to publish this text which is a chapter of the book *The Ethics of St. Thomas Aquinas*, Peter Lang 2005, by Prof. L. Elders.

2 Leo J. Elders SVD; Professor of metaphysics of the Institute of Philosophy „Rolduc", Kerkrade, the Netherlands and at the Faculte'libre de Philosophie, Paris; a member of the Papal Academy of St. Thomas and the author of many books and articles on the thought of Aquinas.

3 Art. 1: "... regula et mensura actuum secundum quam inducitur aliquis ad agendum vel ab agendo retrahitur". Cf. art. 2: "Ad legem enim pertinet praecipere et prohibere"

4 The *Digesta* (an extract from juridical books between 100 and 400) are part of what was codified. These *Digesta* were discovered again in the first half of the twelfth century in Bologna. What the *Digesta* are for civil law, the so called *Decreta* of Gratianus (middle of the twelfth century) are for canon law. See O.H. Pesch, *Deutsche Thomasausgabe*, Bd. 13: *Das Gesetz (I-II 90 - 105), Heidelberg / Graz / /Wien / Köln* 1977.

5 Sacrum Imperium, pp. 388 ff.

6 *Die Ethik des heiligen Thomas von Aquin*, pp. 366ff. O.H. Pesch , *o.c.* in note 2, gives a survey of the sources used by Aquinas.

The French philosopher Jean-Jacques Rousseau loathed rules and laws[7]. Similar views are proposed in the existentialism of Jean-Paul Sartre. In reality, however, most rules and laws are meaningful and in many respects even necessary. Moreover, man must himself formulate basic rules of conduct, sc. the precepts of natural law.

A law is a rule regulating our human acts[8]. The Greek word for law, νόμος, originally signified established properties and possessions, rule, custom, whereas the Latin word *lex* had the meaning of calling a levy or mobilization but came to signify later a decree and law[9]. Thomas observes that our reason is the rule and measure of our actions and directs them to the end we have chosen. Therefore, a law is essentially the work of reason[10] and not an expression of an inclination of the will, unless in this sense that a rule or command of reason requires a previous act of the will, from which it derives its ordering power. Moreover, a law is addressed to the intellect of those for whom it is destined and who learn from the law which acts are ordered to their real good[11]. The aim of civil laws is to bring the citizens to the desired goal, in analogy to the way God leads people to the end he himself is by what we call the eternal law (*lex aeterna*[12]).

One can direct things and people to certain goals by guiding them and by means of rules. While in general things have an inclination to certain actions and activities by virtue of their nature, man, who is endowed with reason, is aware of the presence of some fundamental inclinations in himself. In other beings similar rules of conduct are materially, but not formally present. As our speculative intellect possesses a set of first principles which enable it to know reality, to formulate general statements and to draw conclusions, one also finds

---

7 *Du contrat social*, ch. 1: "L'homme est libre et partout il est dans les fers". Rousseau believes that individual man is oppressed by society and the ideas prevalent in his environment and so is hampered in his development.

8 See O. Lottin, "La définition classique de la loi", in *Revue néoscolastique de philosophie* 27 (1925), pp. 119-145 and 243-273, published again in "La loi en général. La définition thomiste et ses antécédents", in *Psychologie et morale aux 12e et 13e siècles*, tome II: *Problèmes de morale*, Louvain-Gembloux 1948, 11-100.

9 The etymology proposed by Aquinas (*lex* as derived from *ligare*) is not correct.

10 In his commentary *In V Ethic.*, lesson 11, n. 1009, Thomas adds to Aristotle's text the words that law is a *dictamen rationis*. Suarez, on the other hand, sees the law as an act of the will (*electio*), consecutive to a judgment of reason (*De legibus*, lib. 1, c. 4).

11 *In II Sent.*, d. 41, q. 1, a. 1 ad 4: "Lex dirigit sicut ostendens qualis debeat esse actus proportionatus fini ultimo".

12 See below, Q. 93.

a number of first principles in the practical intellect[13] which have the character of rules or laws[14]. One may quote such insights as that we must respect our parents, look after our own well-being and live together peacefully with other people, etc. These laws are a product of reason *(article 1)*.

Reason makes laws in view of an end to be reached. There are, in fact, many particular goals[15], but these are directed to the well-being and happiness of people. The first principle of all our actions is no other than the last end to be reached. Therefore, the law must primarily be directed to that end, sc. the common good of all. Accordingly rules and laws possess the character of a real law only when they are directed to the common good[16]. Particular goals the legislator is aiming at, such as the protection of our natural environment or safety on the roads (diverse as such goals may be) are directed to the well-being of all[17]. So laws are formulated within the framework of human society and in the light of the common good *(article 2)*.

This point is explained in greater detail in the next article. Since the law in its proper sense concerns primarily the common good, issuing laws is the task of the entire society or of those who are governing it. An individual person, all by himself, does not make rules, except in this sense that, as a member of a comprehensive community or as a citizen of the world, he can draw up rules of conduct for himself, e.g. by formulating the precepts of the natural law[18]. In his answer to the second objection Aquinas points out another property of the law, sc. its obligatory character. A private person can recommend others to behave well, but cannot effectively oblige them to do so. Only the body politic of the citizens (*multitudo*) or those in authority can effect this with the help of sanctions. Within civil society there are smaller communities, such as the family, but these cannot reach their well-being by their own efforts alone and are ordered to the good of the state which is a perfect society. Rules and regulations which are

---

13 I.e. the intellect in so far as it is moved by the will as an efficient cause to perform certain acts, while the will itself is formally determined by the object presented by the intellect.

14 Art. 1 ad 2: "Et huiusmodi propositiones universales rationis practicae ordinatae ad actiones habent rationem legis".

15 Cf. *E.N.* 1111^{a}24: "Actions are concerned with individual things" (*actiones sunt in particularibus)*.

16 Art. 2: "... quodcumque aliud præceptum de particulari opere non habet rationem legis nisi secundum ordinem ad bonum commune".

17 *Ibid.*, ad 2.

18 Art. 3 ad 1: "Et hoc modo unusquisque sibi est lex, inquantum participat ordinem alicuius regulantis".

valid in these restricted communities do not have the character of laws in the strict sense of the term[19] *(article 3)*.

In order to be able to obey the law, the citizens must have knowledge of it. For this reason the law must be promulgated. Its promulgation is a necessary condition for its being obligatory[20]. So the definition of a law comprises four elements: a regulation by reason, directed to the common good[21], issued by the person charged with the government of the state and duly promulgated. As was pointed out above, according to Aquinas the law is the work of reason and not of the will alone. This excludes arbitrariness and points already to the treatise of the natural law in Q. 94.

After having defined the law, St. Thomas proposes a classification of the main types of laws in Q. 91[22]. This is not a division of a genus into its species: the different kinds of laws realise the definition each time in a different, analogous way. This distinction between the different kinds of law is important. What is at stake is the cohesion between the ontological and moral order, a connection Thomas makes in his treatment of the eternal law and of the natural law.

The first and most fundamental law is the eternal law. Basing himself on a truth, argued for in his metaphysics, metaphysics, that the world is governed by divine providence[23], Aquinas states that all things are directed to the end that God has set for them. This plan of divine providence directing all things exemplifies and fulfills the definition of law. Even promulgation is not lacking in so far as man see this binding orientation from the behavior of things. This plan of God which directs all things to their good is called the eternal law, *eternal* since God's thought is eternal, comprehends all times and history, knows no succession and sees future events as present[24] *(article 1)*.

The eternal law encompasses all beings, directing them by their natural activities to their ends. But man is a case apart since he can, in a sense, participate in

---

19 Ad 3: "... ita etiam et bonum unius domus ordinatur ad bonum unius civitatis, quae est communitas perfecta. Unde ille qui gubernat aliquam familiam, potest quidem facere aliqua præcepta vel statuta, non tamen proprie habeant rationem legis".

20 Gratianus writes: "Leges instituuntur cum promulgantur". O. Lottin, *o.c.*, notes that Alexander of Hales had a different view in respect of this point.

21 On the significance of the common good in the ethics of Aquinas, see the appendix attached to this chapter.

22 According to V.L. Brady, "Law in the *Summa fratris Alexandri*", in *Proceedings of the American Catholic Philosophical Association* 24 (1950), 133-146, Alexander's division would have influenced that of Aquinas.

23 See *S.Th.* I, 22, 1 & 2 and parallel texts.

24 See our The Metaphysics of St. Thomas Aquinas in a Historical Perspective, Leiden 1991.

God's providence by taking care of himself and others. This is a participation in the eternal law which is called the *natural law.* The natural light of man's reason by which he sees what is good and what is not good, is a participation in God's knowledge. In his *Commentary on Psalm 4* Aquinas writes that this participation is as a light which shines in us and by which we know what is morally good and what is wrong. - In the second objection raised in this article it was argued that man is free in his choices and that, for this reason, there cannot be a particular inclination to a predetermined end. But in his reply Aquinas explains that every act of the intellect and of the will has its origin in inclinations which are in conformity with our nature[25]. Any and all reasoning depends on principles which are naturally known, and each inclination to things which are means directed to a goal depends on the natural inclination to the last end. The natural law consists of the first principles of the practical intellect, which knows them immediately through our fundamental inclinations. Differently from animals, man has an intellectual knowledge of his obligations which we may call a law. This conclusion is important since it says that the order man must conform to is based on his human nature and that therefore ethics is based on the ontological order[26]. For this reason A. Dempf considers the treatise on law as the metaphysical center of Aquinas' ethics *(article 2).*

The first principles of the practical intellect, which are the basis of the natural law, are general. In order to know what one must do in particular situations and fields of activity, applied rules of conduct are necessary. Our *positive laws* owe their origin to this fact. Thomas does not mean the choices which individuals must make in their private life with the help of the virtue of prudence, but rules concerning our living together in the political society. Because of the great variety of circumstances and of developments in the course of time these man-made laws can vary considerably. They must nevertheless remain related to the principles of the natural law which is their immutable foundation, while human laws are changeable *(article 3).* The following article of this question deals with divine positive law by means of which God directs man to his supernatural end *(article 4).*

In the *Nicomachean Ethics* II, ch. 1 Aristotle writes that legislators of the different political societies aim at making people better men and citizens by means

---

25 "... omnis operatio rationis et voluntatis derivatur in nobis ab eo quod est secundum naturam"

26 Cf. U. Kuhn, Via caritatis. Theologie des Gesetzes bei Thomas von Aquin, Göttingen 1965, 106.

of laws[27]. According to this view the law must prescribe a rule of conduct according to the virtues, or, at least, prescribe actions which are useful for man. Nowadays individualism has become very strong and legislators generally exclude the private moral life of the citizens from what the law should regulate[28]. They do not consider themselves to be competent in this field. In the most favorable case the legislator wants to offer a certain protection to generally acknowledged values, such as that of the family or unborn human life, without however excluding the opposed practices. Legislators justify this by pointing to what they call a development in the moral thinking of the citizens. People now tolerate certain forms of conduct which only half a century before were condemned by public opinion. But this vision is not without danger. It happens that public opinion is to such an extent influenced by emotions or by the media, that it even condones murder, genocide and cruel oppression. In particular circumstances the "moral sense" of the people is far removed from being a safe criterion for judging the goodness of certain forms of behavior. One needs objective laws, as Cicero stated in an impressive way[29]. It is true, though, that modern legislation is often more compassionate than certain laws issued in the past, in so far as nowadays those factors which diminish the moral responsibility of persons are acknowledged. The punishments which are meted out are also more humane. Similarly contemporary jurisprudence makes it possible to enforce a minimum of social solidarity.

Nevertheless the view that the law must make the citizens act virtuously is classic. According to Plato the state and its laws are the indispensable means of educating the citizens and thus making their life better. Inspired by this conviction Plato attempted to sketch the outlines of an ideal society. Aristotle, for his part, notes that whatever form a state's constitution has, it must help the citizens to reach their true end.

---

27 In *E.N.* V, c. 3, 1129^b19 Aristotle explains this by saying that the law commands people to do what a courageous person does (e.g. by not abandoning one's post in a war), to practice self-control, not to commit adultery, not to offend others, to show friendliness, etc. If the law is correctly formulated, it will also prescribe acts according to the other virtues and prohibit following one's vices.

28 This is evident when one considers recent legislation in some countries permitting, within certain limits, the use of soft drugs, abortion or euthanasia along with civil acknowledgment of homsexual partnerships.

29 *De legibus* I, 16, 43: "Quodsi populorum iussis, si principum decretis, si sententiis iudicum iura constituerentur, ius esset latrocinari, ius adulterare, ius testamenta falsa supponere si haec suffragiis aut scitis multitudinis probarentur... atqui nos legem bonam a mala nulla alia nisi naturae norma dividere possumus, nec solum ius et inuria natura diiudicatur, sed omnino omnia honesta et turpia"

Agreeing with Aristotle Aquinas writes in Q. 92 that the legislator attempts to accustom his subjects to performing virtuous actions by means of ordinances and sanctions[30]. He does so either in general[31] or indirectly (*secundum quid*). If the legislator seeks the true good, sc. the common good, the laws he issues will help make the citizens good persons. In cases where the law prescribes something which has only a certain usefulness, those who observe these laws will become better only in some respect. But if the legislator establishes laws as they should be, he will prescribe a line of conduct according to the virtues, or impose at least the performance of certain actions conducive to man's end. If, on the other hand, a legislator imposes measures which are in conflict with human rights, such as the prohibition of professing one's religion or the obligation of sterilization of a mother after her first or second child then we no longer have to do with real laws. However, such perverse rulings may still show some of the characteristics of an authentic law since they are promulgated by civil authorities and impose sanctions, etc.[32] *(article 1).*

How does the law attain the goal for the sake of which it was promulgated? It does so by prescribing and prohibiting[33]. While virtuous acts are prescribed and bad actions forbidden, the law is neutral with regard to indifferent actions. Aquinas means by the latter actions which show only a minimal amount of goodness of badness. By threatening with punishment the law sees to it that its subjects obey. If one objects that the law must make the citizens better but that it not very virtuous to do something out of fear of punishment, then one may reply that by getting people accustomed to do what is good they will finally act for the good by themselves. Some authors suggested that the legislator should offer rewards for good behavior, but Thomas replies that this would not be convenient, since rewards may be offered by all sorts of institutions, while imposing sanctions is reserved to the legislator *(article 2).*

Since God governs everything, all laws must have their basis in God. As he writes at the beginning of Question 93, by "the eternal law" is understood the

---

30 *In II Ethic.*, l. 1, n. 250 f.

31 Cf. *S. C. G.*, III, c. 116: "Quia vero intentio divinae legis ad hoc principaliter est ut homo Deo adhaereat, ... necesse est quod intentio divinae legis principaliter ordinetur ad amandum (Deum)".

32 Art. 1 ad 4: "Dicendum quod lex tyrannica cum non sit secundum rationem, non est simpliciter lex, sed magis est quaedam perversio legis. Et tamen inquantum habet aliquid de ratione legis, intendit ad hoc quod cives sint boni, scilicet ut cives sint bene obedientes".

33 "Prohibiting" is also a form of prescribing, so that when used in a broader sense the term prescribing is typical of all laws.

plan of divine wisdom by which God orders and governs all creatures[34]. Metaphysics shows that God, the creator of all things, regulates all created activities. The ground-plan of all things lies in God's essence and divine wisdom moves them toward their assigned goals. This divine government satisfies this definition of a law *(article 1)*. In his voluntaristic approach Duns Scotus sees the eternal law as a decision of the divine will, which could have been different[35]. He takes this as implying that moral laws oblige because of an arbitrary decision of God's will, and that the natural law as such has no compelling justification.

Some object that the theory of the eternal law introduces a factor which cannot be verified and that its concept has no significance for man's life. To this Thomas answers that all of us have a certain, mediated knowledge of the eternal law. It is true that nobody here on earth knows God's plan of the government of the world as it is in God himself[36], but rational creatures experience a certain reflection of it, since God is known from the things he has made. Whatever knowledge we have about the truth of things and their order is a participation in God's truth and in the eternal law[37]. Everyone knows at least the principles of the natural order of things. The better one understands the truth of natural things and their order, the better one knows the eternal law. One could consider this knowledge, which we acquire by observing and studying nature, a sort of promulgation of the eternal law *(article 2)*. To Aquinas the eternal law is the transcendental foundation of all moral principles.

He even goes one step further and shows that every law is derived from the eternal law. This thesis is not so surprising as it seems to be at a first sight. In ancient times all nations and tribes have attributed a divine origin to the precepts about moral life valid in their respective societies. According to Heraclitus all men must submit themselves to the universal *logos* which nourishes all laws[38].

---

34 "Lex æterna nihil aliud est quam ratio divinæ sapientiæ secundum quod est directiva omnium actuum et motionum".

35 In IV Sententiarum, I, 1. d. 35.

36 While living on earth man cannot know the divine essence.

37 This is shown in metaphysics. Aquinas illustrates the doctrine of the participation in God's eternal law by a reference to the *De vera religione*, c. 31, of St. Augustine: "Conditor tamen legum temporalium, si vir bonus est et saliens, illam ipsa consulit æternam, de qua nulli animæ iudicare datum est, ut secundum eius incommutabiles regulas, quid sit pro tempore iubendum vel vetandum, discernat. Æternam igitur legem mundis animis fas est cognoscere, iudicare non fas est".

38 Fragm. 114 (Stobaeus, *Anthol.*, III, 1, 179).

Cicero proclaims that the laws come from God[39]. Thomas sees God's plan and causality at work in all created activities, since the First unmoved Mover is the primary cause of all movements in the universe. This agrees with what we see in our environment, sc. the laws and commands of higher authorities are applied at lower levels as, e.g., the plans of an architect are carried out in their details by the contractor and his helpers. Thus one can say that all laws known to us are an application of God's eternal law, in so far as they rest on right reason[40]. The second objection reminds us that certain laws are bad and cannot come from God. Aquinas answers that a law which deviates from right reason is no longer a law, but a violation of it. A final objection against the thesis of this article suggests that our laws often permit things which cannot be in accordance with the will of God. In his answer Aquinas observes that in the order established by God our laws cannot prescribe everything that is good or forbid whatever is bad. This order says that our laws must not interfere in certain things ("non se intromittat de his quae dirigere non potest") which, according to the law of God, are immoral. The situation is different when man-made laws approve of immoral behavior *(article 3).*

The eternal law extends to whatever is subject to the divine government, i.e. to all of creation. All processes are necessarily subject to it *(article 4).* No one makes a law, in the strict sense of the term for oneself, nor for irrational things subject to his power. However, the latter are governed by God's law. As man makes rules for his subordinates, so God places in all natural things the principles in virtue of which they act[41]. All processes and activities in the physical world are subject to God and irrational beings participate also in God's law. Even defects occurring in nature are not subtracted from divine providence *(article 5).*

Man is subject to the eternal law a) in so far as he has certain principles for his activities in common with the other created things, such as his natural inclinations, which are the basis and framework of his activities, b) in so far as he possesses reason to guide his life, since reason is also a participation in the eternal law. Regrettably, both ways of being subject to God's law can become blurred: the knowledge of the good we must do can be obscured and the natural inclina-

---

39 *De legibus*, II, 4, 8-10: "Lex vera atque princeps, apta ad iubendum et ad vetandum ratio est recta summi Iovis".

40 "Unde omnes leges, inquantum participant de ratione recta, intantum derivantur a lege æterna".

41 Thomas sees an analogy between the way in which God places the principles of their activities in the natural things and the promulgation of laws in civil society.

tions toward virtuous acts corrupted. But we preserve nevertheless a certain knowledge of the good and experience always its attractive power[42] *(article 6).*

M. Rhonheimer uses the category of participation in the eternal law in order to find an objective foundation for our moral obligations[43]. He believes that our reason cannot derive these from our natural inclinations and that ethics is not dependent on or not connected with anthropology and ontology. Man's practical reason grasps directly the *bonum rationis* which lies in our mind. It does so by participating in the eternal law. - It is certainly true that the moral law is a participation in the eternal law, but we need to be clear about the intelligibility of our moral obligations intelligible and to indicate their foundation. To do so there is no other way, it would seem, than St. Thomas's doctrine of natural law. In Rhonheimer's theory this basis is obscure.

Natural law (Q. 94)

Thomas's treatment of natural law is one of the pivotal chapters of the entire *Summa theologiae* and in the history of philosophy it is rightly considered a fundamental account and justification of human basic duties and rights. It surpasses texts by later authors such as Suarez, Grotius and Pufendorf. For the historical background of this doctrine we must go back to the Greece of the fifth century B.C., where the insight dawned that there are unwritten fundamental laws with regard to our obligations as human persons, laws which have more weight than ordinances promulgated by governments or upheld by established customs[44]. The Sophists saw an opposition between nature and man made-laws and customs. Aristotle did not yet elaborate a systematic treatise of natural law. He considers the fact that people are citizens of a state a basis for certain conclusions on how they should live and reach happiness. Furthermore he distinguishes between particular, positive laws, made for those living in a certain community, and laws which are valid for all[45]. In his *Nicomachean Ethics* he

---

42 "... notionem legis æternæ aliquo modo habet... ; modus quodammodo corruptus in malis, in quibus et inclinatio naturalis ad virtutem depravatur per habitum vitiosum et iterum ipsa naturalis cognitio boni in eis obtenebratur per passiones et habitus peccatorum".

43 Natur als Grundlage der Moral. Eine Auseinandersetzung mit autonomer und teleologischer Ethik, Innsbruck / Wien 1987.

44 Cf. Sophocles, *Antigone* 454 ff.; Euripides, *The Trojan Women* 886 ff.

45 *Rhetorics* 1373^{b}4.

speaks of a component of justice which rests on conventions and a second which has the same value for people in the entire world[46].

According to the Stoa the whole world is one huge political society and the divine *logos* determines the nature of individual things as well as the order of the whole. Man can know the law which is active in all things; it is his duty to live in agreement with it. The Stoic philosophers saw no difference between the laws in physical nature and the fundamental moral law of man, whose task it is to live consistently with himself and in agreement with nature (ὁμολογουμένως (τῇ φύσει) ζῆν). They mention a fundamental inclination to preserve one's own life, to respect and care for one's parents, to look after one's children. This inclination toward what belongs or is related to us (οἰκείωσις) is ordered to what comes first for us according to nature. Cicero also subscribes to this theory. Man is placed under an eternal law which is independent of what people think. It is an unwritten and inborn law which we do not learn or receive from others but which we draw from nature itself[47]. The *Digesta*[48] define natural law as what nature has taught all living beings, since this law is not proper to mankind, but governs all living beings which live on earth and in the sea.. In this definition Ulpian, a Roman jurist who died in 228, makes his own the Stoic theory of a general law at work in things, but he pays less attention to another aspect of Stoic doctrine, sc. the participation in the universal Logos. Ulpian makes a connection between natural law as proper to man and the law of nations (*ius gentium*) developed by the Romans, while the jurist Gaius affirms that both are identical. Isidore of Sevilla no longer speaks of a natural law common to man and animals[49].

Some critics said that later in his life St. Augustine abandoned a natural law theory in favor of a Christian vision in which grace stands in the center[50], but this interpretation is not right. During his whole life he taught that there is in man an inborn natural law which all know[51]. Moreover one encounters the same

---

46 *E.N.* 1134^b18 - 21.

47 *Pro Milone* 4, 11: "Est igitur haec... non scripta sed nata lex, quam non didicimus, accepimus, legimus, verum ex natura ipsa arripuimus".

48 I, I, I, 3:"... quod est omnibus animantibus commune".

49 *Etym.* V, c.4.

50 G. Fassò, *La legge della ragione*, Bologna 1964, p. 46.

51 Cf. *De div quaest.*, q. XXXI, 1 (*PL* 40, 20); *De sermone Domini in monte*, II, 11, 32 (*PL* 34, 128): "Quis enim scripsit in cordibus hominum naturalem legem nisi Deus?". See R. Pizzorni, *Il diritto naturale dalle origini a S. Tommaso d'Aquino*, Rome 1978, 109 ff.

idea in the Church Fathers: natural law is given together with reason[52]. However, authors such as Origen, Irenaeus and Justin hold that the knowledge of it has been obscured in man by sin, but that it has been promulgated clearly in Holy Scripture and restored in Christ. The commandment of love belongs to it. Some Fathers of the Church distinguish between a primary law of nature, proper to man before the Fall, and a second natural law for fallen human nature which stresses the insights obscured by sin. In this way they tried to establish a relation between the natural law and the commandments taught in biblical revelation. Thomas, on the other hand, emphasizes the lasting ontological order on which the natural law rests.

In the Latin Middle Ages Hugh of St. Victor deals *in extenso* with the natural law. He distinguishes between three periods in its knowledge and observation, sc. the time prior to Moses, the period of the Old Law and the time of the grace which dawned with Christ. The commandments of the Decalogue make up immutable natural law[53]. Peter Lombard states that the natural law, which is the same for all men, is prior to the commandments of Moses[54]. Gradually a transition takes place in the study of natural law to a more philosophical approach. Natural law is seen as the order established and prescribed by natural reason. Our reason discovers in our nature what is needed to live morally, formulates it and considers it as binding. Obviously these requirements of our nature have their origin in God, the Maker of human nature[55]. St. Bonaventure lists three definitions of natural law: according to Gratian it comprises what is taught in the Old Testament and in the Gospel, according to Gaius and Isidore the natural law is a law which all the nations have in common, according to Ulpian the natural law is what nature teaches living beings[56]. Albert the Great underlines the rational character of the natural law, defining it as the knowledge of how to act which is given us according to the nature of our reason[57]. His doctrine that laws derive from the insight of reason was novel and, for his day, a pioneering step forward. Albert argued that reason formulates the different natural inclinations and expresses them in the precepts of natural law. Against Ulpian he upheld that

---

52 Pizzorni, *o.c.*, 127.

53 De sacramentis legis naturalis et scriptae (PL 176, 18 ff.).

54 In epist. ad Romanos: PL 176, 18 ff.

55 See O. Lottin, Le droit naturel chez Saint Thomas d'Aquin et ses prédécesseurs, Bruges 1931.

56 *In IV Sententiarum*, d.33, a. 1, q. 1.

57 *De bono* V, q. 1, a. 2: "Ius naturale est lumen morum impressum nobis secundum naturam rationis".

the knowledge of natural law is exclusive to man[58]. In his *Commentary on the Nicomachean Ethics* he writes that, by analogy with the first principles of being in the speculative intellect, there have to be first principles for our actions in the practical intellect[59].

The doctrine of St. Thomas will be dealt with in the following pages. For Aquinas the nature of things is the source of their first movements which aim at their perfection. Ockham taught that the precepts of the law are not based on rational insight. God could also have prescribed the opposite of the Ten Commandments. In his absolute power God is entirely free to modify whatever law there is, but in the present order of things (according to God's *potentia ordinata*) he invites man to obey certain laws and commandments[60]. Suarez, on the other hand, accepts the identification of the natural law with the human mind, but there has to be a legislator in order to have a law[61].

In the following centuries opinions about the natural law varied. Thomas Hobbes holds a pessimistic view and sees primarily the animal in man. Natural law is not inborn. Political authorities must make laws to create some order. David Hume discarded the assumption that moral obligations can be derived from the ontological structure of the human person, despite the fact that in the eighteenth century many considered human nature the beacon one should follow. During the last hundred years such movements as historicism, positivism and existentialism rejected the existence of unchangeable norms, based on human nature. Some understand the terms "natural law " in a pejorative sense as referring to man's biological nature and argue that appealing to it degrades man to the animal level. On the contrary, man should shape his own rules in total liberty.

According to Aquinas natural law is nothing other than a participation in the eternal law present in man[62]. Natural law is the order of our tasks and obligations as acknowledged by reason. It is not inborn as such, but only in the sense that its principle is given with human nature. It is also natural in this sense that

---

58 *De bono* V, q. 1, a. 3: "Ius naturale nihil aliud est quam ius rationis sive debitum secundum quod natura est ratio".

59 See S. Theron, "The Interdependence of Semantics, Logic and Metaphysics as Exemplified in the Aristotelian Tradition" in *The International Philosophical Quarterly* 42 (2002), 63-93, p. 80.

60 See G. Lagarde, La naissance de l'esprit laïque au déclin du moyen-âge, tome VI, Paris 1946, p. 77.

61 *De legibus*. *Opera Omnia*, vol. V, pp. 100-105.

62 S.Th. I-II 91, 2: "Et talis participatio legis æternæ in rationali creaturea lex naturalis dicitur".

by spontaneous acts reason formulates its first principles on the basis of the fundamental inclinations and demands of human nature. Natural law comprises more than the commandments formulated by reason, for it extends also to the moral obligations which one can deduce from these principles, ordering our other inclinations to reason[63]. Since natural law has its roots in human nature, it is universal and permanent. Not man's natural inclinations as such, but the obligations derived from them as they are formulated by reason in view of the end of human life constitute the natural law[64].

Certain moralists, such as G. Grisez, J. Finnis and J. Boyle, while upholding the precepts of natural law, deny that these have their basis in man's natural inclinations. They subscribe to David Hume's position that it is illicit to deduce the "ought" from the "is". For Finnis the inclinations are morally neutral. What happens is that man experiences certain objects as good (such as eating what he needs and likes). Finnis distinguishes some six or seven[65] of such goods (which he calls basic and pre-moral). Since these goods contribute to human fulfilment, directing oneself to them becomes morally good. The difference from Thomas's position is that for Finnis these "basic goods" are somehow man's own projection, whereas for Aquinas the objects of the basic moral commandments are connected with man's natural inclinations[66]. All those things to which man has a natural inclination are naturally apprehended as good and, therefore, are objects of pursuit. It is cause for wonder why authors such as Finnis shy away from an "ought" based on the "is", since the "is" obviously is the order of creation, and one can hardly think of a better way to live morally than conforming oneself to this order. Giving an example, Finnis argues that it is utterly impossible to derive a commandment such as the injunction not to lie from a natural inclination. But the answer is quite simple: we instinctively know (because of our inclination to live in a community) that living together with people as we want to do demands truthfulness and, also, that the natural function of language is to express our thoughts, so that lying distorts a natural function.

---

63 Cf. Ph. Delhaye, *Permanence du droit naturel*, Louvain / Lille / Montréal, 1960 (Analecta Namurcensia, 10).

64 I-II 94, 2. Some critics accept that natural law is based on man's specific nature, but argue that its stipulations remain general, so that a more existential approach is needed to know what one must do.

65 J. Finnis, Natural Law and Natural Rights, Oxford (several reprints); Aquinas. Moral, Political and Legal Theory, Oxford 1998.

66 Cf. I-II 94, 2" "et secundum hanc inclinationem pertinent ad legem naturalem ea per quæ vita hominis conservatur".

In the first article of this question Thomas discusses the ontological status of natural law. Is it a faculty or power, an emotion or a habitus? In his answer he argues that it is something constituted by reason ("aliquid per rationem constitutum"), as a sentence is a product of reason. This explains why it is not a habitus in the sense of a determination of a faculty by means of which one acts. In so far, however, as the natural law is something permanent, which one actually becomes aware of, but which stays in the background, it is a disposition or habitus. Aquinas himself speaks of a habitus of the first principles[67] but he does not mean that the propositions of the natural law, i.e. their content, are a habitus, but that with regard to the principles which contain them a habitus is formed. One may compare this with a scientific insight which as such is not a habitus but which can form part of a science which is. This remark has its importance in so far as it shows that what is essential in natural law is that as a law it is stated by the intellect *(article 1)*.

This point is elaborated in the next article. Aquinas assumes that there is an analogy between the relation of the precepts of natural law to the practical intellect and that of the first principles of being to the speculative intellect. Not everyone knows immediately a great number of these first speculative principles and, likewise, not all the precepts of the natural law are known at the start of one's moral life. There is a certain order of the principles of being, e.g. one first understands that being is not not-being[68], that is that "this thing is not that thing". Analogically there is a first principle of the practical intellect. As the concept of being is the first concept to enter the mind, "good", viz. being as the object of our desires, is what is known first by the practical intellect, directed as it is to action. Every agent works for a goal which must have the nature of a good. The intellect formulates the inclination to the good as a first principle: "the good must be done, what is evil avoided"[69]. On this principle all other precepts about what one must do or avoid are based. All things to which one has a natural inclination are seen as good and desirable, what is opposed to them as to be avoided. This means that the order of the precepts of the natural law corresponds to that of our natural inclinations.

---

67 I 58, 3; I-II 53, 1.

68 One cannot at the same time affirm something and deny it.

69 This text and a passage of *In epist. ad Romanos*, c.7, lesson 1, are the only ones where St. Thomas explicitly mentions this most fundamental principle of the moral order. The expression "ad bonum faciendum" is frequent in Thomas's works.

A first inclination of man, which he has in common with all existing things, is directed to the good of his being. Every substance tends to preserve its existence according to its nature. On account of this inclination whatever preserves man's life and prevents the opposite falls under natural law. - Furthermore, like other living beings man has an inclination to be active in certain fields. As regards this inclination, whatever nature teaches all living beings comes in under the natural law, such as sexual intercourse, the education of one's children. In the third place, there is in man an inclination to those things which agree with his rational nature, such as the inclination to learn the truth about God and to live in a community with others. Therefore, the acquisition of knowledge and the peaceful coexistence with others belong to natural law. These first principles of the practical intellect together form a set, called *synderesis*. As is the case with the first principles of the speculative intellect, those of the practical intellect always remain present in a latent way.

The use of the term *synderesis* by the medieval authors goes back to St. Jerome[70], who writes that the Greek philosophers speak of an act or a power of the soul which they call synderesis[71]. St. Jerome understands it as conscience. At the beginning of the XIIIth century some authors considered synderesis part of the intellect: it makes us avoid what is bad. According to Albert the Great synderesis has its seat in the intellect and contains the general principles of moral action, but according to Bonaventure it is located in the appetite. Albert holds that the fundamental principles of the moral order form a habitus[72]. While in earlier works Aquinas frequently uses the term synderesis, in this part of the *Summa theologiae* he seems to avoid it. This led M. Crowe to suggest that Thomas's thought with regard to natural law underwent some changes[73]. But surprisingly these first principles of our moral acts are mentioned six times in the *Commentary on the Nicomachean Ethics* which dates to the same years as the Second Part of the *Summa theologiae*. It is possible that Aquinas speaks less

70 See his *Commentary on the prophet Ezechiel* 1, 10 (PL 25, 22 BC). He calls this synderesis a spark of conscience in Cain.

71 It is possible that συντήρησις was confounded with συνείδησις See M. Waldmann, "Synteresis oder Syneidesis? Ein Beitrag zur Lehre vom Gewissen", in *Theol. Quartalschrift* 119 (1938), 333 -371.

72 See O. Lottin, Psychologie et morale aux XIIe et XIIIe siècles, vol. II, 1, pp. 103 - 349.

73 The Changing Profile of the Natural Law, The Hague 1977, p. 140.

of these principles in the *Summa* since he wants to stress that reason must be active and formulate each time afresh what one must do[74].

The different precepts of the natural law form a unity in so far as they are based on one first commandment, and are all regulated by reason. In his *Summa contra gentiles*[75]. Aquinas writes that certain actions are as such becoming to man since they agree with his nature. Man must live in a community and refrain from what is detrimental to it. He must use the things he needs for his life with moderation, since otherwise they become harmful. He must take care of his body and the lower faculties in such a way that his mind is as unhindered as possible in its work. Finally, whatever brings man closer to God is good. If one raises the question whether polygamy is good or not[76], then the consideration of what is naturally good allows us to conclude that it is contrary to at least some demands of a worthy human life[77] *(article 2).*

All that to which man has a natural inclination belongs to the natural law. There is in every human being an inclination to act according to the virtues, so that one can say, in a general way, that acting according to the virtues belongs to the natural law. However, individual virtuous acts do not fall under the natural law, since there are many virtuous acts which man performs with the help of knowledge he gained much later and to which nature did not move him at first. An example is the foundation of an organization or society with a social purpose. Thomas sees a certain difference between first fundamental obligations and rules of conduct formulated later, which do not belong to the natural law, even if they are a sort of prolongation of it. The latter rules are not equally good for everyone. A married woman who visits sick people in her neighborhood does a good work, but if for this reason she leaves her small children alone at home, then it may cease to be a good deed. In article 6 this distinction between primary and secondary precepts is worked out further.

How one applies these principles depends also on the circumstances One must obey one's parents, but not when they ask us to do something morally bad. Enforcement of property rights clearly depends on the circumstances too. Acting according to the principles of natural law can be hindered by the passions when

74 William of Auxerre mentions these three fundamental inclinations, *Summa aurea*, II, tract. XII, q. 1 (fol. 65 vb). See Pizzorni, o.c.. p. 204.

75 III, c. 129.

76 Cf. *In IV Sent.*, d. 33, q. 1, a. 1.

77 Cf. J. M. Aubert, Le droit romain dans l'œuvre de saint Thomas, Paris 1955, p. 98.

they prevent the intellect from applying moral principles to concrete acts *(article 3)*.

Is the law of nature the same for all? The question has great importance. The Stoics gave a positive answer. Not just the Romans or the Greeks but all men as members of the human community, whether they are free citizens or slaves, have the same basic rights and duties. Before the Stoics Aristotle had mentioned a *iustum naturale* which obliges everywhere[78]. Isidore of Seville summarizes this in a fine definition to which Thomas refers, viz. "The naturally right is common to all nations and everywhere happens in virtue of a natural inclination and not by a constitution, (as) that men and women unite, that children are born and educated, that all possess in common all things, that all enjoy the same liberty and can acquire whatever is captured in the air, on earth and in the sea"[79]. The "possessing in common" probably means that the world with all her treasures is at the disposition of all. St. Thomas takes the words to mean that nature did not introduce the distinction between what is privately owned and what others claim to possess, nor did it destine some people to the state of submission in which happen to live. People have introduced these rights or rules themselves because of the advantages connected with them[80].

Speaking of natural law St. Isidore mentions the right of nations as a kind of application of it[81]. Commenting on this Aquinas explains that in its principles the natural law is the same for all and is known by all[82], but that conclusions drawn from it in particular cases are not the same for all. There are cases where a general rule is suspended. Thus one does not return somebody else's property, if it is a dangerous weapon which at this moment the owner is going to use for a bad purpose. That a general rule cannot be applied happens more frequently in

---

78 E.N. 1134b19: φύσικον δίκαιον μέν τό πανταχοῦ τὴν ἔχον δύναμιν In this connection Aristotle writes that familiarity with other cultures and customs has led some to see natural law as something relative. In our time similar doubts have been voiced. Cf. the theory about moral rules and customs of the anthropologist Margaret Mead in her earlier works.

79 *Etymologiae* V, c. 4: "Ius naturale [est] commune omnium nationum et quod ubique instinctu naturæ non constitutione aliqua habetur, ut viri et feminæ coniunctio, liberorum successio et educatio, communis omnium possessio et omnium una libertas, adquisitio eorum quae caelo, terra marique capiuntur".

80 I-II 95, 5 ad 3.

81 *Etymol.* V, 6, 1: "Ius gentium est sedium occupatio, ædificatio, munitio, bella, captivitates, servitutes, postlimina, foedera pacis, indutiæ, legatorum non violandorum religio..., et inde quia eo iure fere omnes gentes utuntur".

82 "... dicendum quod lex naturæ, quantum ad prima principia communia, est eadem apud omnes et secundum rectitudinem et secundum notitiam".

the field of concrete actions. It is for this reason that Aquinas writes that not all have the same insight and the right knowledge with regard to what they are doing. Because of bad habits to which people have grown accustomed and which are common in a certain community vices as. drunkenness, theft, corruption, abortion or homosexual behavior, are no longer seen as morally wrong. But the principle remains that every human person must act according to right reason and that all desires and urges must be governed by the intellect.

This explanation does justice to the differences which may occur when one applies the first principles. Thomas does not set up a rigorous system but draws attention to possible developments in the knowledge of the natural law and notes that there may be obstacles which make it difficult to formulate our first principles.

Jacques Maritain speaks of progress in the awareness of our moral obligations[83]. In many societies progress has been made in the acknowledgment of human rights, the equality of men and women and the way the weak should be treated. On the other hand, the awareness of certain norms may also be obscured, like theft seems to have been acceptable among the Germanic tribes *(article 4).*

The previous article mentioned possible obstacles one encounters when applying the principles and precepts of the natural law. Sometimes people have insufficient knowledge of what is contained in them. The question which Aquinas now raises is whether the natural law can change objectively. Can parts of it be rendered inoperative? There is no doubt that certain elements of natural law have been made more explicit by human laws. Examples are social legislation and the prohibition of child labour. But can certain precepts be suspended? It is impossible that the first principles change or be cancelled, since they are intimately tied to man's unchanging nature. However, with regard to precepts derived from them it may happen that they are not applied because of particular circumstances[84]. Thomas knows the distinction some theologians made between precepts of the First Table and those of the Second from which God was thought to be able to dispense[85]. In his *Quaestio disputata de malo*[86] he proposes an

---

83 On the Philosophy of History, pp. 82-83.

84 Medieval theologians debated about certain passages of the Old Testament (Genesis 22, 2; Exodus 12, 35 and Osea 1, 2) which appear to say that God himself suspended some precepts or at least suspended some people from them.

85 *In I Sent.*, d. 47, q. 1, a. 4 ad 3 & ad 4.

86 Q. 3, a. 1, ad 17.

answer in this sense, but in the present article a different solution is advanced[87]. The natural law consists of moral precepts which are formulated by reason. In certain circumstances an obstacle can make the application of a precept impossible, as may happen in the case of the restitution of some one else's property. As regards the three cases recorded in the Old Testament[88] he writes that God, the Creator of human nature, can make known that a particular act no longer comes in under the law as man has formulated it and that what obliges man need not oblige God. Thus killing an innocent person is a crime, but daily thousands of people die because of natural causes which, in the last analysis, depend on God's will. No one can claim the right to live long. Secondly, created causes are subject to divine causality, and so in the chain of causes a human being can also be inserted as causing the death of someone[89].

The argument also holds for material goods. Material possessions are primarily God's property[90]. As regards the behavior of the prophet Hosea a similar answer applies. The rights connected to marriage are subject to God's will. God can assign a woman to a man even outside marriage.

If one objects that this seems quite arbitrary, as if on the one hand God imposes rules of conduct which are anchored in our nature, while on the other he suspends them, the reply would be that what God does constitutes in a sense the nature of things. Thomas points to the example of water which because of its nature, spreads equally over a flat surface, but which can become a tidal wave under the influence of the sun and the moon. This is not against the nature of water. In this way an effect caused by the One on whom the natural activity of a thing depends is not against its nature[91]. The finality of things remains intact at a higher level. Thomas preferred this solution to that proposed elsewhere which

---

87 In I-II 100, 8 he writes that the commandments of the Decalogue "sunt omnino indispensabiles".

88 See note 86.

89 See II-II 104, 4 ad 2: "... Deus nihil potest præcipere contra virtutem quia in hoc principaliter consistit virtus et rectitudo voluntatis humanæ quod Dei voluntati conformetur et eius sequatur imperium quamvis sit contra consuetum virtutis modum".

90 In his answer to the third objection (the Hebrews stealing the gold and silver vessels from the Egyptians) Thomas writes that private property and certain situations in which people are subject to others have not been instituted by nature, but by man himself because of their apparent usefulness.

91 I, 105, 6 ad 1: "Cum igitur naturalis ordo sit a Deo inditus, si quid præter hunc ordinem faciat, non est contra naturam. Unde Augustinus dicit, *XXVI Contra Faustum*, c. 3, quod "id est cuique rei naturale, quod ille fecerit a quo est omnis modus, numerus et ordo naturæ". Cf. also *Q. d. de potentia*, q. 1, a.3 ad 1.

explained the exception by the subtraction of the matter of a particular commandment from the rule[92].

One is dispensed from observing a precept of the law when under the circumstances obedience to the law would be against the intention of the legislator. For precepts which are formulated in such a way that they express explicitly the intention of the lawgiver, no dispensation is possible[93]. But Aquinas adds that it happens that in some cases mentioned in the Old Testament something no longer falls under the law, because it lies outside what the Legislator intended to formulate and the person concerned knows by a divine intervention that a particular act he is about to perform no longer falls under the general rule, so that this act will not be one of murder, theft or adultery.

Duns Scotus, who distinguishes between the Decalogue and natural law argues that God cannot dispense from the commandments of the Decalogue, but may intervene in the order of things by suspending the natural law. Good and evil would have been different if God had created a different world. For this reason murder, theft and similar crimes are not immoral as such. - Were Scotus right, then the precepts of natural law would be actually quite arbitrary and it would be difficult to explain why one is requested to faithfully observe the commandments. Moreover, the distinction Scotus makes between the precepts of the natural law and the Decalogue can hardly be defended *(article 5)*.

The question whether we can lose the knowledge of some precepts of the natural law belongs also to the theme of possible changes in the natural law. In the course of history there have been frequent changes in the norms which people and states apply. In his response Aquinas distinguishes between very general precepts which are known to all and other, secondary rules which go into details and are thus conclusions derived from these precepts or principles[94]. The first group of precepts can never disappear from our mind, although it happens, as we saw, that, hampered by a passion, a person is blinded and does not apply a general rule to a concrete situation[95]. However, the secondary precepts can be wiped from our consciousness, e.g. by wrong opinions (as one can also be mistaken in one's theoretical studies) or by perverse customs (which may prevail among certain groups). In our modern society certain customs prevail, concern-

---

92 *In III Sent.*, d. 37, q. 1, a. 4 ad 3 & ad 4.

93 I-II 100, 8: "Et ideo præcepta decalogi sunt omnino indispensabilia".

94 O. Lottin points to such a distinction in the works of William of Auvergne. See his *Psychologie et morale*, II, 76.

95 I-II 77, 2.

ing which many citizens are not aware, or are not able to see, that they are opposed to natural law. Conversely, in former centuries the natural rights of women, wage earners and children, which nowadays all in the West agree upon, were not always acknowledged *(article 6).*

With regard to the later history of the doctrine of natural law the school of Duns Scotus propagated the view that the law is mainly an act of the will. In his absolute power God can impose conduct which goes against natural law, but according to his actual will, in the order of things established by him (by his *potentia ordinata*), he does not act in this way. William of Ockham goes beyond this position and argues that good and evil are exclusively a question of God's will. Luther's idea of man's total incapacity to do the good has pushed the doctrine of natural law into the background, but in sixteenth century Spain a renaissance took place of the theory of natural rights, in particular in the teaching of Vitoria. Suarez, for his part, rejects the position of those who identify natural law with man's nature. On account of his voluntaristic approach Suarez thinks that natural law is a real law because God, the supreme legislator, imposed it. Suarez influenced Hugo Grotius who, however, detached the natural law from the will of God[96]. Other important authors are Samuel Pufendorf and John Locke. While positivism and subjectivism undermined interest in theories of natural law, totalitarian regimes provoked a reaction. People began openly to defend inalienable human rights and the need for universally acknowledged norms. We must always keep in mind that for Thomas natural law is not a command imposed upon us from without but a natural insight of our mind that shows us the way to our real end.

Appendix

Aquinas's view of the human rights

What we call human rights are entitlements derived from the natural law[97], of which they are sometimes a further development formulated in positive laws. Rights are relative to duties: if children have a right to be nourished and educated by their parents, the latter have a duty to nourish and educate them. Nowadays human rights are conceived as claims which individual citizens or groups put forward. People insist on their right to be respected, to have suitable

---

96 *De iure belli et pacis, Prolegomena* : "... etiamsi daremus...non esse Deum".

97 Cf. John Locke's Second Treatise of Civil Government, in which he derives man's natural rights from the law of nature.

jobs and job security, to shorter working hours, to vacations and social assistance. Human nature is the foundation of the more basic rights, even if in contemporary theories about human rights this foundation is not always apparent. The advocates of human rights appeal rather to the declarations of human rights, promulgated by common consent. In this connection natural law ethics has the important task of clarifying the basis of these rights, defining them more precisely and showing what the duties are corresponding to these rights. Implementing human rights will be possible in proportion to the state of development and organization of a society. Several hundred years ago it would not have made much sense to assert the right to a job which the government should provide.

Basic human rights are characterized by the following properties:

a) They are universal and apply to all men. This axiom is based on the fact that we all share the same human nature[98]. b) They must be immediately evident because they are derived from the first principles of the natural law[99]. c) They do not change and cannot be totally erased from our mind[100]. Certain human rights now widely acknowledged, at least in the Western World, were at one time not recognized by all. Examples are the rights of working people, of women and of ethnic minorities. The question is connected with that of the mutability of the natural law discussed in the preceding section and with a pervasive influence of Christian doctrine.

Sometimes conclusions are drawn from these rights which are obviously wrong. For instance, the right to express one's views is interpreted by the media as the right to publish whatever they want and to use any means to get access to what - in terms of circulation numbers and profit - reporters and editors consider important. A further issue where natural law ethics has an important role to play is that of the relationship between the individual and the state, and that between individual countries and political umbrella structures such as the European Union. Natural law ethics, based on the principles outlined by Aquinas, establishes that what an individual person or a particular group can do by himself or itself should not be regulated by the state or other comprehensive structures. Natural law ethics can also help determine our obligations with regard to our natural environment. While it defends the right of man to use minerals, plants and ani-

---

98 St. Thomas, *In V Ethicorum*, lesson 12.

99 I-II 100, 1.

100 *Quaestio disputata de malo*, q. 2, a. 4 ad 4 & ad 13.. See Jesús García López, *Los derechos humanos en Santo Tomás de Aquino*, Pamplona 1979, pp. 66 ff.; S. Theron, in *Anthropotes* 1991, 171-189.

mals for his benefit it pays attention to the rights of different nations and of future generations. It also plays role in the analysis of the right of aliens to enter and to settle in other countries and the possible duties which the host country may have in this respect.

Réflexions thomistes sur les fondements de la loi naturelle

Jörgen VIJGEN[1]

Comme un peu partout en Europe, on observe un regain d'intérêt pour les valeurs et les normes dans la société néerlandaise. Ces discussions sont liées aussi bien à la recherche d'une identité pour l'Europe qu'au rôle des idées philosophiques et religieuses dans une Europe élargie, et aux fondements moraux d'une société sécularisée. Depuis quelques années, le Parti démocrate-chrétien (CDA) fait de nouveau partie du gouvernement des Pays-Bas. Depuis lors, le premier ministre, Jan Peter Balkenende, a fait des valeurs et des normes fondamentales l'une de ses priorités. Un rapport consacré à ce thème a été établi en 2002 et publié un an plus tard sous le titre «Valeurs, normes et la charge du comportement».

Signalons tout de suite que ce rapport ne parle de «valeurs» qu'en termes abstraits. À la question de savoir quelles sont les valeurs essentielles pour la société néerlandaise, le rapport répond:

«La pluralité des valeurs et des normes est essentielle pour le bon fonctionnement de notre société, qui conserve ainsi son caractère de société ouverte, nantie d'un dynamisme suffisant pour envisager l'avenir avec confiance. Les valeurs d'une société ouverte, telles que l'autonomie personnelle, la raison et la rationalité, l'égalité et l'universalité, la justice et la confiance dans l'avenir, forment un enchaînement qui ne peut être rompu à la légère. La pluralité des valeurs est en outre garantie par l'État démocratique de droit[2].»

Selon le rapport, ces valeurs sont pour ainsi dire à peine remises en question dans la société néerlandaise. Le rapport fait une distinction nette entre ces valeurs, d'une part, et les normes et le comportement, d'autre part. Il précise que les valeurs sont tellement abstraites que leur influence sur le comportement est négligeable. Dans ses recommandations, le Conseil se borne d'ailleurs à plaider en faveur du maintien de l'État de droit par les autorités et à exhorter les citoyens à se soumettre à ces règles officieuses de conduite.

Certes, on peut se féliciter d'une telle remise en question. Toutefois, il ne faut pas s'étonner du maigre résultat obtenu. Deux grandes tendances se dessinent

---

1 Jörgen Vijgen: Dozent für Philosophie an den Priesterseminaren der Bistümer Haarlem und Den Bosch (Niederlande). Publikationen zur Erkenntnislehre, Naturphilosophie, Metaphysik und Ethik des Aquinaten.

2 Wetenschappelijke Raad voor het Regeringsbeleid, Waarden, normen en de last van het gedrag, Amsterdam, 2003, p. 244.

dans ce rapport. D'une part, celui-ci opère une séparation entre le comportement et les valeurs; d'autre part, il ne fournit aucune justification des valeurs qu'il considère comme essentielles pour la société néerlandaise. Ces tendances tirent leur origine de l'idéologie des Encyclopédistes, pour qui la vérité et la liberté n'ont aucun fondement ontologique.

Dans leur philosophie politique, ces penseurs estimaient d'abord qu'aucune religion ne pouvait contribuer d'une quelconque manière à la structuration d'une société, pas plus qu'elle ne pouvait favoriser la connaissance de la vérité morale. Ce point de vue ne diffère en rien de la position de la philosophie postmoderne, selon laquelle il faut écrire entre guillemets des termes comme «réalité», «vérité» et «connaissance» car ils sont dépourvus de tout *fundamentum in re*. Ce relativisme conduit irrémédiablement à une conception positiviste du droit, puisque les questions du bien et du mal doivent être abandonnées au procès politique, à l'aveugle maintien du droit.

Un autre héritage du siècle des Lumières est la conception selon laquelle les hommes étaient à l'origine – à l'état de nature – des individus autonomes, qui n'ont entrepris que plus tard de se regrouper pour former une communauté. En d'autres termes, ni la nature de l'homme, ni un quelconque plan divin n'est en mesure de fonder la société, mais uniquement l'assentiment d'individus autonomes. Le paradoxe réside précisément dans le fait que, chaque fois qu'on parvient à supprimer l'un ou l'autre principe régulateur et fondamental, on en crée un autre. Dans une société 'illuminée', ce principe ne peut être autre que l'individu autonome et le pouvoir de la majorité.

Pour toutes ces raisons, on ne peut rien attendre de plus de ce rapport rédigé à l'intention du gouvernement néerlandais, ni de tout autre rapport. Quand on veut repenser de la sorte les fondements des valeurs et des normes d'une société 'illuminée', tant aux Pays-Bas que dans le reste de l'Europe, on doit faire appel aux penseurs qui ont étudié la réalité exprimée au moyen du terme de «loi naturelle». Le penseur par excellence à cet égard est saint Thomas d'Aquin. L'objet de la présente étude philosophique est d'exposer les éléments essentiels de la conception thomiste de la loi naturelle et de montrer que celle-ci est enracinée dans la métaphysique, y compris la théologie naturelle, et la philosophie de la nature. Dans la section finale, nous montrerons l'actualité de cette conception en l'appliquant à la morale sexuelle.

I

L'emploi de la notion de «loi naturelle» en morale s'est heurté à de sérieuses réticences, à tout le moins depuis Descartes. On peut dire que c'est le propre de la philosophie moderne d'identifier la nature de l'homme à sa conscience. Il s'ensuit que la conscience humaine constitue la réalité morale, et que, inversement, la réalité morale est identifiée à l'une ou l'autre forme de cette conscience (cf. l'hédonisme ou l'utilitarisme). On peut découvrir une ultime conséquence de cette façon de penser dans les systèmes moraux, où le rôle de la conscience et la situation particulière sont érigés en critères de l'appréciation morale.

À plusieurs reprises, le philosophe Karol Wojtyla a critiqué cette conception de la personne humaine. Pour ce faire, il se base avant tout sur le constat que la fonction fondamentale de la conscience ne réside pas dans son intentionnalité mais bien dans le reflet des objets que le sujet a reconnus. En démontrant ainsi que la conscience est enracinée dans l'existence du sujet, Wojtyla évite l'erreur idéaliste et souligne le rôle fondamental et fondateur de l'existence et des actions du sujet[3]. L'identification de la nature humaine à la conscience conduit certains systèmes modernes à concevoir la conscience comme une instance qui décide de la moralité d'un acte. C'est de nouveau Wojtyla qui propose la solution. Il argumente que, dans une décision, la volonté choisit son objet précisément parce qu'elle est soumise à la vérité. En d'autres termes, la volonté est intrinsèquement subordonnée à la vérité et seul ce lien de dépendance permet d'opérer un choix entre tel ou tel objet. C'est d'autant plus vrai que la liberté de l'homme, c'est-à-dire sa qualité d'être non déterminé par les différents objets, ne peut exister qu'à condition que la volonté soit orientée vers un objet véridique déterminé. C'est dans ce sens que Wojtyla peut affirmer que le *cognitum* est présupposé par le *volitum*[4]. Par conséquent, la conscience, c'est-à-dire la conclusion (*cognitum*) qu'une certaine action doit être réalisée ou non, n'a pas pour fonction de rechercher la vérité ou de discerner activement entre le vrai et le faux, mais bien de refléter l'activité de l'entendement[5]. Cette concordance, au sein de la conscience, entre le libre choix et la vérité est une doctrine que l'on trouve clairement exposée chez saint Thomas d'Aquin, quand il dit que la conscience n'est pas une puissance ou une faculté particulière de l'esprit, mais un

---

3 Cf. K. Wojtyla, 'The Person : Subject and Community', in : *Review of Metaphysics* 33 (1979), pp. 273-308 ; ID., *Persona e atto*, Città del Vaticano, 1982, pp. 55-62.

4 *Persona e atto*, pp. 160-166 (n. 2).

5 *Ibidem, pp.* 184-185.

jugement qui applique la science morale à un acte particulier déjà posé ou à poser[6].

II

Ces interprétations erronées sur la volonté et la conscience trouvent leur origine dans l'opposition présumée entre liberté et nature. À vrai dire, la philosophie moderne creuse un fossé entre l'éthique et la métaphysique. Selon Kant, l'homme n'est pas à même de saisir la vérité de la réalité, mais est néanmoins contraint d'établir certains critères pour l'agir humain. Cette idée se retrouve aussi dans la pensée de E. Levinas, pour qui l'éthique est la première philosophie. En réalité, l'éthique est subordonnée à la métaphysique. Expliquons-nous en deux points.

Pour la vie morale, la vertu de *prudentia* est absolument nécessaire. Une vie honnête implique qu'on agit honnêtement, c'est-à-dire en opérant de justes choix. Cela suppose que l'on a devant les yeux le bien à faire et que l'on tend à poursuivre ce bien par de justes moyens. Cette manière d'agir est rendue possible par les vertus. Celles-ci opèrent dans le domaine contingent où rien n'est définitif, où nous devons chercher la voie et les moyens propres pour atteindre adéquatement le but poursuivi. Pour ce faire, nous devons recourir à notre intelligence. C'est le rôle de la vertu de *prudentia*[7]. Saint Thomas donne trois raisons pour expliquer que la sagesse précède la *prudentia.* 1/ La sagesse s'intéresse à tous les êtres, et non à un être particulier, tel l'être humain qui est l'objet de la prudence. 2/Le degré de certitude culmine dans la sagesse. La sagesse, en effet, ne juge pas seulement tous les êtres, mais aussi les principes primaires[8]. 3/ Enfin, c'est la nature des objets qui décide de la place de la *prudentia* par rapport à la sagesse. S'il est vrai que la *prudentia* opère dans ce qui est très précieux, en l'occurrence l'agir humain, la sagesse «quae considerat altissimas causas»[9] atteint, elle, également Dieu et les substances séparées.

---

6 Cf. STh Ia, q. 79, a. 3.

7 Cf. STh Ia-IIae, q. 57, a. 5.

8 «Sed quia habet aliquid proprium supra alias scientias, inquantum scilicet de omnibus iudicat; et non solum quantum ad conclusiones, sed etiam quantum ad prima principia, ideo habet rationem perfectioris virtutis quam scientia.» STh Ia-IIae, q. 57, a. 2.

9 *Ibidem.*

La primauté de la métaphysique sur l'éthique découle de la doctrine thomiste des transcendantaux[10]. Les transcendantaux expriment des modes généraux d'être. Ce ne sont pas des genres suprêmes comme les catégories qui, elles, expriment des modes particuliers d'être, et ils ne se situent pas non plus au-delà des catégories, comme affirmaient les platoniciens, mais ils les traversent toutes sans que rien n'échappe à leur extension. Pour saint Thomas, rien ne saurait être compris sans l'être, car l'*ens* est inclus dans la compréhension de toutes les autres conceptions de l'intellect, et celles-ci sont incluses dans celle de l'être. L'acte d'être (*esse*), sur lequel se fonde la compréhension de l'*ens*, est l'actualité de chaque essence. C'est pourquoi l'*ens* est le premier transcendantal. L'accent mis par saint Thomas sur l'acte d'être permet de comprendre pourquoi tous les autres transcendantaux s'articulent autour de ce concept. Puisque rien n'échappe à l'actualité d'être, l'addition que d'autres concepts peuvent faire à cette intelligibilité première ne saurait être conçue sous le mode d'un ajout réel, mais comme une explicitation du contenu implicite de l'être.

Il s'ensuit que, au niveau tant logique qu'ontologique, le bien est assujetti à l'être. La transcendantalité de l'*ens* implique que «omnes aliae conceptiones intellectus accipiantur ex additione ad ens[11]». En même temps, il convient d'affirmer que la bonté ontologique, c'est-à-dire l'amabilité de l'être, *est* la bonté de l'être comme telle et trouve son fondement dans l'acte d'être, qui est une indication de la perfection de l'être. La bonté ontologique est donc le même être, exprimé sous le mode de l'amabilité que la bonté ajoute à l'être. Elle est le fondement dernier de la bonté morale, c'est-à-dire de la bonté qui affecte la volonté et qui est la conformité du vouloir à l'ordre réel, la soumission de la volonté libre aux exigences naturelles de l'ordre ontologique. Le bien, étant ce qui incite à l'action, ne se dérobe pas à l'être, mais il le présuppose.

III

Le concept de loi en général est défini par saint Thomas comme *ordinatio rationis*, c'est-à-dire comme une réalité de raison, qui implique cohérence et unité. La loi naturelle n'est qu'un mode par lequel l'intelligence divine ordonne les créatures vers leur fin. Saint Thomas explicite cela en employant le terme de «participatio». (participatio legis aeternae in creatura). La relation entre la loi

---

10 Pour une exposition détaillée et très claire, voir L.J. Elders, 'The transcendental properties of being', dans: *Sapientia* 57 (2002), pp. 459-482.

11 De veritate, q. 1, a. 1.

éternelle et la loi naturelle doit être considérée de prime abord comme une relation 'descendante'. Ce n'est pas la créature qui participe à la loi éternelle, mais c'est la loi éternelle qui *est participée* par les créatures raisonnables. En d'autres termes, l'origine et le point de départ est la loi éternelle, dont la loi naturelle découle. Il est donc question ici d'une participation passive de toutes les créatures à la loi éternelle du fait qu'elles *reçoivent* leur être et leur nature de Dieu[12]. La contribution active de la créature raisonnable consiste à faire usage de son intelligence pour déterminer les raisons d'agir ou de ne pas agir.

En elle-même, la loi naturelle comporte donc une dépendance ontologique et théologique vis-à-vis de Dieu, qui est à la fois *ratio essendi* et *ratio agendi*. Par ce fait même, Il est le principe premier de tout ce que le bien représente pour nous[13]. La question de la loi éternelle ne relève pas de la seule théologie révélée: la théologie naturelle peut suffire, dans son ordre, à la résoudre. En effet, on y démontre notamment que Dieu est le Créateur de toutes choses et que c'est Lui qui ordonne et dirige toutes leurs activités. À cet égard, le principe de finalité joue un rôle central. En effet, aucune activité n'est concevable sans un ordre ou une fin pour l'agir[14] et la loi éternelle est l'expression suprême de cet ordre. Cet ordre de la loi éternelle est présent dans les êtres au niveau de leurs inclinations naturelles. C'est pour cette raison que saint Thomas parle de l'inclination naturelle comme «*quoddam divinum*»[15]. Puisque l'acte par lequel Dieu crée et l'acte par lequel il ordonne sont un seul et même acte, chaque nature créée doit avoir en elle-même tout ce qu'il faut pour l'existence et le maintien de sa nature. C'est pour cette raison que les êtres créés ne sont pas tributaires de la seule volonté divine et de son arbitraire. En d'autres termes, la loi naturelle ne peut pas être quelque chose d'extrinsèque à la nature des êtres créés.

La loi éternelle ne manque pas d'importance dans la vie de l'homme. Alors qu'ici-bas personne ne peut connaître la nature de Dieu, les créatures raisonnables peuvent toutefois découvrir l'existence de Dieu dans ses oeuvres. De cette façon, toute connaissance de la vérité prend part à la loi éternelle. En consé-

---

[12] Cf. STh Ia-IIae, q. 90, a. 3; q. 91, a. 2.

[13] Cf. STh IIa-IIae, q. 106, a. 1: «eo quod ipse est primum principium omnium bonorum nostrorum».

[14] J'ai démontré la validité du principe de finalité dans mon article 'Bemerkingen bij het thomistische adagium „Appetitus naturalis non potest esse frustra"' dans: J. Vijgen (ed.), *Indubitanter ad veritatem. Studies offered to Leo J. Elders SVD*, Damon, Budel, pp. 423-445.

[15] In VII Ethic. lec 13, n 1511: „Omnia habent in seipsis quoddam divinum, scilicet inclinationem naturae, quae dependet ex principio primo.» Aussi : In XII Metaph lec 12 n 2634: «Et ipsa natura uniuscuisque est quaedam inclinatio indita ei a primo movente, ordinans ipsam ad debitum finem.»

quence, chaque loi, pour autant qu'elle repose sur de justes concepts, doit être issue de la loi divine comme «ratio divinae sapientiae»[16]. Car l'extension de la providence divine, que saint Thomas définit comme «scilicet *ratio* ordinis rerum provisarum et executio huius ordinis, quae gubernatio dicitur», est proportionnelle à celle de la causalité divine[17].

«La créature raisonnable est soumise à la providence divine d'une manière plus excellente, en ce qu'elle devient elle-même à son tour providence par participation, pourvoyant à elle-même et aux autres.[18]» Cette providence humaine par participation contient à son tour un élément passif, car les prescriptions de la loi naturelle dépendent des inclinations naturelles[19].

Mais que faut-il entendre par «nature»? Le terme de «nature» désigne premièrement la réponse à la question «qu'est-ce que c'est?». Aussi la définition exprime-t-elle l'intelligibilité de la nature d'un être. Cependant, l'origine du terme de «nature» (*nasci*) enseigne que ce terme signifie l'essence de la chose en tant qu'elle est en relation avec son opération propre. Cela veut dire qu'un être est incliné à certaines choses de sa nature même. Les êtres doués de raison ont cette particularité par rapport aux êtres purement matériels de ne pas être limités par cette matérialité. Celle-ci ne crée pas une sorte de dualisme dans l'homme, car les facultés d'intelligence et de volonté de ce dernier sont enracinées dans sa sensibilité. À travers ses facultés immatérielles, la nature de l'homme a une opération propre vers une fin qui ne peut être que le vrai et le bien ultimes. Pour bien comprendre cette doctrine, il faut se souvenir que la volonté n'est pas d'abord une faculté de décision mais avant tout un appétit, enraciné dans la nature humaine. Autrement dit, la volonté tend *par nature* vers le bien tel que le lui présente l'intelligence. Elle ne peut pas ne pas vouloir ce qui est bon. Ceci n'est qu'une application de la subordination de la bonté morale à la bonté ontologique. Préalablement à sa liberté, la volonté a une nature ontologique qui ne dépend pas d'elle-même. Sans une représentation d'un certain bien propre à la nature humaine à travers la bonté ontologique, l'homme ne peut s'engager dans la liberté de son agir. À défaut de cette nature, le libre choix serait pure indifférence entre bien et mal moral. Les inclinations, contenues dans la loi naturelle, sont pleinement humaines, c'est-à-dire enracinées dans la vie de l'esprit et donc

---

[16] STh Ia, q. 22, a. 3.

[17] STh Ia-IIae q. 93, a. 1.

[18] STh Ia-IIae, q. 91, a. 2.

[19] q. 94, a. 2; STh Ia-Iiae, «Secundum ordinem inclinationum naturalium est ordo praeceptorum naturae».

dans la raison; par conséquent, loin de limiter la liberté, ils la rendent possible. En effet, à chaque bien typiquement humain qui se présente à l'homme correspond une inclination: à la conservation de l'existence, à l'union sexuelle, à l'éducation des enfants, à la vie en société, à la vérité. La vie, la fécondité, la vérité et la société sont les valeurs constitutives et fondamentales de toute existence humaine digne de ce nom. L'autonomie tant discutée ne peut se comprendre à la façon de Kant, qui faisait de l'homme l'auteur de sa propre loi, tout en rejetant toute loi non produite par la raison. La loi naturelle, entendue comme *ordinatio rationis*, acquiert sa dimension parfaite dans notre raison. Cependant cette autonomie a uniquement trait à la prise de connaissance de la loi naturelle et de son origine théonome. La raison humaine est la norme (*mensura*) de l'agir humain, pour autant que la raison humaine saisisse et formule les principes fondamentaux de la loi naturelle et leurs fondements dans les inclinations naturelles. En reconnaissant cette loi naturelle, et en la reconnaissant comme «l'impression en nous de la lumière divine[20]», l'homme est conduit à sa véritable fin. «Homo non facit sibi legem; sed per actum suae cognitionis, qua legem ab alio factam cognoscit, ligatur ad legem implendam[21]». Pour ces différentes raisons, saint Thomas établit que la notion de «nature» doit être considérée finalement à la lumière de la métaphysique de la création: «Natura nihil est aliud quam ratio cuiusdam artis, scilicet divinae, indita rebus, qua ipsae res moventur ad finem determinatum[22]».

Comme le fait de la création appartient à la théologie naturelle, saint Thomas peut soutenir que la loi naturelle est également affirmée par les païens, en dehors de la révélation. Au vrai, la loi naturelle, c'est-à-dire la loi non écrite de Dieu, est «*de dictamine rationis naturalis*[23]». Elle est présente «dans les cœurs» des païens. La reconnaissance de la loi naturelle «absque audito» est précisément une manifestation de la valeur de l'homme[24].

L'expression de «loi naturelle» contient un élément objectif – la «nature» – et un élément qui réfère à la *ratio* humaine, sans laquelle notre nature humaine devrait être placée au même rang que la nature animale. Les inclinations naturelles ne sont pas *in se et per se* d'ordre moral. Elles exigent l'action de la *ratio*,

---

20 *Ibidem*.

21 De veritate, q. 17, a. 3, ad 1.

22 In II Phys.,II, lect. 14.

23 *In Epistola ad Romanos* II, lect. 3

24 *Ibidem*: «Primo proponit dignitatem eorum qui legem absque audito observant. ... Ostendit dignitatem eorum, in hoc scilicet quod huiusmodi legem non habentes, ipsi sibi sunt lex».

qui reconnaît et accepte ces inclinations comme «intentio naturae», et par conséquent comme «intentio creatoris». Le rôle de la raison ne se borne pas a fournir les normes de «quae sunt a natura», mais s'étend également à celles de «quae sunt per hominem agenda»[25]. Il s'ensuit que, selon saint Thomas, la volonté est commandée par une double règle: l'une est proche de l'homme et homogène avec lui, c'est la raison humaine; l'autre est transcendante et primordiale, c'est la loi éternelle qui est *quasi ratio Dei*. Une participation exceptionnelle à la loi éternelle est accordée aux êtres raisonnables, grâce d'une part à leur entendement qui leur permet de connaître les principes premiers (*intellectus*) et, d'autre part, à leur raison qui se charge de déduire les conséquences de ces principes (*ratio*). Il apparaît ici à nouveau clairement que nature et liberté ne peuvent être considérées comme deux éléments opposés l'une à l'autre. La participation *per modum cognitionis* se déroule toujours *secundum liberum arbitrium*. Par la possession de cet *appetitus naturalis*, la créature raisonnable se distingue des animaux, qui sont réduits à la seule possibilité de suivre leur *appetitus sensitivus per modum actionis et passionis*[26]. Dans la loi naturelle, l'origine et la fin de la personne humaine considérée sous tous ses aspects convergent: appetitus, ratio, intellectus.

La 'transcription' de la loi éternelle dans l'homme n'est pas seulement le résultat d'une révélation surnaturelle, mais s'appuie en outre sur Dieu en tant que Créateur de la nature humaine. De nos jours, c'est un point sur lequel on ne saurait suffisamment insister. Il arrive trop souvent que la doctrine morale de l'Eglise soit rejetée sous prétexte que cette doctrine est devenue indéfendable dans notre société moderne et sécularisée et ne peut être que l'expression d'une opinion particulière. Bien des volets de la doctrine morale de l'Eglise, qui ne sont plus admissibles pour notre société actuelle (tels que la condamnation de l'avortement et de l'euthanasie, la vision de la justice sociale) se fondent sur la loi naturelle. La cause du rejet de ces éléments n'est pas à rechercher dans la sécularisation comme telle, mais dans un usage déficient de la raison. C'est une erreur d'intelligence et de jugement. En réalité, la loi naturelle n'est autre chose que la nature humaine qui s'exprime dans la raison humaine et qui indique à l'homme les principes de son agir.

---

25 STh Ia-IIae, 91, 3, ad 2.

26 cf. STh Ia-IIae, q. 93, a. 6; q. 26, a. 1.

IV

Nous voulons appliquer cet enseignement à la sexualité humaine. Car on perçoit dans ce domaine les conséquences d'un humanisme anthropocentrique incitant la volonté de l'homme à se révolter contre sa nature. Les défenseurs d'un débat sur les valeurs et les normes qui forgent l'identité d'une société ne peuvent méconnaître l'importance de la communion conjugale pour l'édification d'une société, quelle qu'elle soit. En effet, toute affaiblissement de cette communion entraîne un appauvrissement des relations interpersonnelles. S'il est vrai que la famille est *de par sa nature* une «communauté profonde de vie et d'amour[27]», il est dès lors inconcevable qu'une société puisse promouvoir la vie et l'amour de la société, en niant cette même vie et cet amour qui participent au développement de la société.

Le domaine de la sexualité et de la procréation relève du contenu de la loi naturelle, puisque l'homme éprouve une inclination à s'unir comme homme et femme et à transmettre ainsi la vie humaine. Le lien intrinsèque qui en résulte entre la sexualité et la procréation, d'une part, et la moralité, d'autre part, est injustement accusée par certains de biologisme. En réalité, c'est précisément la rupture de ce lien qui est une forme de biologisme, puisque la sexualité est considérée par là même comme une pure fonction du corps, un mécanisme somatique dont l'homme peut disposer de façon arbitraire. La sexualité humaine se trouve ainsi entièrement privée de fin essentielle. Nous avons rappelé plus haut toute l'importance de la reconnaissance de la finalité dans la nature pour arriver à un bon entendement de la loi naturelle. L'absence d'une telle finalité, surtout dans le domaine de la morale sexuelle, est la raison pour laquelle l'expression même de la loi naturelle soulève aujourd'hui nombre d'objections. Celles-ci sont singulièrement liées aux présupposés mécanistiques de la nature humaine. Dans une telle conception, tout ce qui est 'naturel' n'a plus rien à voir avec la rationalité ou la liberté. Il ne s'agit que d'impulsions. L'identification de la personne humaine avec la conscience dans la modernité va diamétralement à l'encontre d'une telle conception mécanistique et déterministe de la nature humaine. Un tel dualisme conduit à nier la valeur morale des inclinations naturelles. Par ailleurs, le recours aux moyens contraceptifs revient à supprimer volontairement les conséquences de l'acte conjugal et à rejeter la responsabilité des conséquences de cet acte. Or, il appartient précisément à la dignité de la nature de la personne humaine – qui est orientée vers le bien – de ne pas subordonner

---

27 *Familiaris consortio*, nr. 17.

ce bien à quelque bien particulier en se livrant à la tyrannie des instincts qui empêche toute liberté.

La théorie de la loi naturelle considère cette rupture du lien entre la sexualité et la procréation, d'une part, et la moralité, d'autre part, comme un acte immoral qui va à l'encontre de l'ordre naturel objectif, que la raison découvre dans la réalité à l'aide des inclinations naturelles. En d'autres termes, il est raisonnable d'agir selon la loi naturelle. Le terme de «raisonnable» ne signifie pas en l'occurrence ce qui peut être démontré scientifiquement, mais ce qui correspond à la réalité. Cette réalité comporte un ordre spécifique et bien déterminé. L'ordre spécifique et bien déterminé de l'homme signifie que celui-ci, en tant qu'il fait partie intégrante de la réalité naturelle, dispose de la raison. Agir raisonnablement revient donc à agir selon sa propre nature. C'est d'ailleurs grâce à la raison que nous constatons que nos inclinations naturelles sexuelles diffèrent fondamentalement de celles des animaux. Le comportement sexuel peut contribuer au bien-être des conjoints dans ce sens que leur amour est enrichi et élargi du fait de la possibilité d'une progéniture. La conduite sexuelle des deux époux comporte cependant aussi une double responsabilité, d'un côté à l'égard des enfants éventuels, de l'autre vis-à-vis du conjoint. Ce sont là les finalités naturelles du comportement, qu'il convient de respecter comme telles en évitant tout ce qui s' y oppose. Il va sans dire, par exemple, que les enfants – comme d'ailleurs tous les jeunes mammifères – nécessitent pendant de nombreuses années les soins prodigués par leurs parents. Ceux qui posent l'acte conjugal doivent par conséquent être à même d'assumer une telle responsabilité. Pour être à la hauteur d'une telle responsabilité, les époux doivent l'assumer consciemment, en couple. C'est là une raison d'être du mariage. L'utilisation de contraceptifs rejette cette responsabilité, qui est cependant l'expression immédiate de la finalité naturelle de l'acte conjugal. En outre, cet usage entraîne une conduite irresponsable, puisqu'on prétend être déchargé des conséquences de ses actes. C'est un pur sophisme de prétendre, comme c'est trop souvent le cas dans notre société actuelle, que l'usage de contraceptifs serait précisément un signe du sens des responsabilités. Le rejet de la finalité naturelle de l'acte conjugal est clairement illustré par l'emploi dans le langage familier du mot «pilule», comme pour insinuer qu'une éventuelle grossesse ou que la fertilité en général est une maladie à prévenir.

Qui plus est, la pratique contraceptive artificielle empêche aussi l'union de l'homme et de la femme dans l'acte conjugal. «Sic enim erit fidelior amor unius ad alterum, dum cognoscunt se indivisibiliter coniunctos[28]». En se servant de contraceptifs l'homme et la femme subordonnent leur amour mutuel à une condition préalable. L'acte conjugal se trouve ainsi conditionné par un accord préalable qui crée une situation d'infécondité. Leur amour mutuel se scinde ici, d'une part, en un amour pour l'autre et, d'autre part, en l'absence d'amour pour la fécondité de l'autre. On peut même évoquer un certain élément hostile, puisqu'en en anéantissant la fécondité, l'homme et la femme refusent d'accepter la réalisation de leur amour conjugal et corporel. En face de ce refus de la fécondité, qui est une partie intrinsèque de la personne humaine, se dresse la *maxima amicitia* qui est de règle entre mari et femme[29].

La forme la plus haute de l'amitié, que saint Thomas appelle aussi parfois *amicitia principalis*[30], est caractérisée par une inclination vers le bien en soi, par la bienveillance mutuelle qui nous fait souhaiter le bonheur d'autrui, tout en aimant le bonheur qu'on souhaite à autrui. Dans l'amitié conjugale, c'est précisément à travers le corps que l'amour mutuel des époux leur fait souhaiter le bonheur de l'autre, c'est à dire la génération de nouvelles vies. Celui qui recourt à de moyens artificiels de contraception aspire à une dissociation radicale entre l'union des époux et la génération en refusant à l'autre la fécondité mutuelle propre à l'acte conjugal. Ce faisant, il supprime un élément intrinsèque de la donation réciproque du couple, puisqu'il ne souhaite pas le bonheur, ni n'aime le bonheur souhaité.

Aimer l'autre comme un bien en soi, c'est à dire comme une fin, implique de l'accepter dans sa totalité, y compris ses inclinations naturelles. Sinon on ne se sert de l'autre que pour s'aimer soi-même. Dans le cadre de l'amour conjugal, l'usage de contraceptifs revient à refuser l'inclination vers le bien qu'est la vie à venir et à trivialiser le dévouement des époux entre eux et envers leurs enfants futurs dans l'acte conjugal.

Étant donné que l'inclination naturelle à la procréation – en tant que bien vers lequel l'acte conjugal est orienté – est la transcription de la loi divine, la contraception est le rejet pur et simple de la vérité métaphysique de la providence divine. Ainsi, le gouvernement providentiel de Dieu concerne directement la nature charnelle de l'homme. C'est la raison pour laquelle saint Thomas enseigne qu'il existe une relation directe entre la dignité humaine et la reconnais-

28 ScG III, c. 122.
29 *Ibidem*.
30 In Ethicorum VIII, lectio 3, nr. 1574.

sance de Dieu comme Créateur[31]. En conséquence, il n'est pas étonnant que l'athéisme conduise à la négation de la dignité humaine, dont les fondements sont accessibles à travers la loi naturelle. Le contraire est également vrai: la négation systématique de la dignité humaine est un obstacle à la connaissance de l'existence de Dieu. D'un point de vue philosophique, on peut donc souscrire aux paroles suivantes du pape Jean Paul II: «En réalité, vivant 'comme si Dieu n'existait pas', l'homme perd non seulement le sens du mystère de Dieu, mais encore celui du monde et celui du mystère de son être même[32]». En méconnaissant l'existence de la loi divine, l'humanisme authentique, que l'athéiste prétend défendre et vouloir réaliser, débouche précisément sur le résultat inverse. En ce qui concerne la morale sexuelle, ceci signifie que la mentalité contraceptive actuelle et les gestes qui en découlent ne sont pas des signes de responsabilité mutuelle. Bien au contraire. Comment un acte conjugal, réduit à un 'matériau' ouvert à toutes les manipulations, pourrait-il être un acte digne de l'homme, quand on se distancie volontairement de la bonté de cet acte conjugal et le réduit à une sphère de pure animalité? Les conséquences désastreuses, tant pour la vie de l'homme et de la femme que pour celle des enfants et des jeunes gens, et pour la société entière, sont évidentes aux yeux de tous ceux qui osent les regarder en face[33].

Il s'ensuit que la doctrine de la loi naturelle reconnaît que nous sommes limités dans nos choix et dans nos actes quand nous vivons conformément à la réalité et à la nature. D'autre part, cette doctrine démontre aussi clairement que c'est seulement de cette façon que ce qui est bon pour l'homme peut se réaliser. Cela vaut d'autant plus pour l'application de la loi naturelle à la morale sexuelle, puisque, ici, ce n'est pas seulement le bien des époux qui est en jeu, mais aussi le bien de l'homme en devenir. La raison ne découvre pas la loi naturelle, c'est-à-dire ce qui est le bien absolu et inconditionnel, en contemplant une sorte de ciel platonicien, ni en étudiant la société d'un point de vue sociologique dans un rapport commandé par un gouvernement. Ce sont les inclinations de la nature qui éclairent la raison sur les finalités de cette nature individuelle et sociale. Dans une culture sécularisée et parfois antichrétienne, le philosophe chrétien a encore une mission importante à accomplir.

---

31 In Symbolum apostolorum expositio.

32 Evangelium vitae, § 22.

33 Déjà le terme «contraception » exprime cette négativité : «Contre le début de la vie ». Autrement dit, la fécondité et le don d'une vie nouvelle sont considérés comme une conséquence négative à empêcher.

Die Bestimmung der *ratio legis* bei Thomas von Aquin und Johannes Duns Scotus.

Zur Frage der Kontinuität oder Inkompatibilität mittelalterlicher Naturrechtstheorien*

Berthold Wald[1]

Untersuchungen zur Geschichte der Rationalität in der westlichen Welt sehen die Entwicklung des Rationalitätsanspruchs im Mittelalter gewöhnlich bestimmt durch die irreversible Ausbildung einer klaren Unterscheidung von Theologie und Philosophie unter dem Einfluß des aristotelischen Wissenschaftsbegriffs.[2] So unbezweifelbar das Faktum selbst erscheint, so verschieden sind allerdings die Ansichten darüber, ob und an welchem Punkt dieser allgemeinen Entwicklung es tatsächlich erstmals zur Ausbildung einer genuin philosophischen Methode gekommen ist, die ohne Rekurs auf theologische Voraussetzungen zu materialen und nicht bloß formalen Aussagen führt.

Unstrittig wiederum ist, daß irreduzibel verschiedene Sehweisen die philosophische Spekulation des 13. Jahrhunderts bestimmt haben und dazu berechtigen, von einem Neubeginn oder einem zweiten Anfang der Metaphysik bei Duns Scotus zu sprechen.[3] Demgegenüber scheinen die Unterschiede im Bereich der praktischen Philosophie weniger tiefgreifend. So könnte es durchaus naheliegen, hier eine bruchlose Kontinuität zu sehen, die mit Abelards Insistieren auf der Eigenständigkeit ethischer Kategorien[4] beginnt und über die von Thomas von Aquin geleistete grundlegende Systematisierung der verschiedenen Aspekte der Naturrechtslehre schließlich bei Duns Scotus zu einem gewissen Abschluß findet. Dabei wäre dann vorausgesetzt, daß es noch dasselbe Kriterium ist – die unmittelbare Selbstevidenz naturrechtlicher Prinzipien – an dem Duns Scotus

---

* Der überarbeitete Beitrag ist zuerst erschienen in: Mensch und Natur im Mittelalter, ed. A. Zimmermann: (Miscellanea Mediaevalia Bd. 21/2), Berlin/New York 1992, 662-681.

1 Berthold Wald: Ordentlicher Univ.-Prof. für Systematische Philosophie an der Theologischen Fakultät Paderborn.

2 Cf. L. Honnefelder, Wissenschaftliche Rationalität und Theologie, in: Rationalität. Ihre Entwicklung und ihre Grenzen, ed. L. Scheffczyk, München 1989, 297 sqq.

3 Cf. L. Honnefelder, Der zweite Anfang der Metaphysik. Voraussetzungen, Ansätze und Folgen der Wiederbegründung der Metaphysik im 13./14. Jahrhundert, in: Philosophie im Mittelalter. Entwicklungslinien und Paradigmata, ed. J. P. Beckmann, L. Honnefelder, G. Schrimpf und G. Wieland, Hamburg 1987, 165-186.

4 Cf. E. Volk, Das Gewissen bei Petrus Abaelardus, Petrus Lombardus und Martin Luther, in: Trier. theol. Studien, 38 (1980), 304.

festhält. Der Unterschied gegenüber Thomas von Aquin bestünde dann lediglich in der schärferen Fassung des rationalen Kriteriums, das Duns Scotus erlaubt, alle nicht aus sich notwendigen, d. h. evidenten Sätze aus dem Kernbereich des Naturrechts auszuschließen.

Die Kontinuitätsthese lautet also mit anderen Worten: Duns Scotus entfernt aus der naturrechtlichen Spekulation alle Reste einer nur theologisch und nicht philosophisch zwingend begründbaren Inhaltlichkeit und vollendet damit die bereits von Abelard geforderte Autonomie der praktischen Vernunft; er unterscheidet dort, wo es Thomas von Aquin noch darauf ankommt, Beziehungen herzustellen. Aber er führt kein neues Kriterium ein, weshalb eher von Kontinuität als von Inkompatibilität in der Naturrechtslehre gesprochen werden sollte.

Wolfgang Kluxen hat dieses Argument untermauert durch die These, daß bei Thomas im Rückbezug der *lex naturalis* auf die *lex aeterna* zweierlei unterschieden werden müsse: „ihr vorzüglich spekulativer Sinn und die Eingeschränktheit ihrer praktischen Bedeutung".[5] In seinem Kommentar zu Frage 94 des Lex-Traktats der *Summa Theologica*[6] expliziert Otto Hermann Pesch unter ausdrücklichem Hinweis auf dieses Kapitel von Kluxens Thomas-Interpretation die nach seiner Auffassung längst fällige Konsequenz aus der jüngsten Forschung. Auf die Frage nach dem „*philosophischen* Gewinn" lasse sich nunmehr „eine zunächst möglicherweise bestürzende, dann aber befreiende Antwort" anbieten: „Das philosophische Ergebnis von Fr. 94 ist, daß es kein Naturgesetz gibt - jedenfalls nicht in dem (materialen) Sinne, wie Fr. 94 gewöhnlich in Anspruch genommen wird.[7] Wo von *konkreten* Weisungen des Naturgesetzes die Rede ist, handelt es sich samt und sonders um solche, die faktisch nur aus dem Glauben an die Offenbarung des göttlichen Gesetzes erkannt sind und auch nur dadurch ihre Festigkeit haben".[8] Eben das hätte - *mutatis mutandis* - auch Duns Scotus schreiben können, und wie noch zu zeigen sein wird, trifft das tatsächlich im wesentlichen seine Position gegenüber Thomas von Aquin in der Frage nach dem Verpflichtungsgrund einiger (nicht aller) Gebote der zweiten Tafel des Dekalogs.

Die entscheidende Frage ist allerdings, ob wir sachlich berechtigt sind, für unsere Beurteilung des philosophischen Ansatzes der beiden mittelalterlichen Auto-

---

5 Die philosophische Ethik bei Thomas von Aquin, Mainz 1964, Überschrift von § 2 des IV. Abschnitts; Cf. 233-237.

6 Dt. Thomas-Ausgabe, Bd. 13, 572 ssq.

7 (An dieser Stelle folgt der Hinweis auf Kluxen) [...]

8 L.c. 572, Hervorhebung von Pesch.

ren die Perspektive des Duns Scotus zu übernehmen und auf die Formel einer fortschreitenden Selbstexplikation der praktischen Vernunft zu bringen, in welcher das „Materiale“ der *Lex naturalis*-Theorie am Ende der Entwicklung nun ausdrücklich einer theologischen Legitimierung überlassen wird.

I. Die grundlegende Bestimmung der *ratio legis*

Wie häufig bei Thomas von Aquin festzustellen ist, bezieht er sich, selbst in seinen eigenständigsten Darlegungen zu einer Frage, ausdrücklich und zustimmend auf bereits formulierte Einsichten der ihm erreichbaren philosophisch-theologischen Überlieferung. So verweist er im Zusammenhang mit der von ihm entwickelten und keineswegs zum überlieferten Gemeingut zählenden Definition des Gesetzes als *„ordinatio rationis“*[9] auf Augustinus, dessen verwandte Formulierung *„lex quae summa ratio nominatur“*[10] die Berechtigung der eigenen Position stützen soll.[11]

Das Wesen des Gesetzes muß für Thomas aber deshalb von seinem Vernunftbezug her definiert werden, weil sein Zweck in der rechten Anleitung zum Handeln besteht. Zwar macht das noch unerfüllte Wollen stets den Anfang vor der Überlegung, wie ein Ziel zu erreichen ist. Wirklich erreicht wird es aber nur, indem die Vernunft die gebotenen Mittel und Wege erkennt und „anordnet“ (*imperat).* Analog dazu läßt sich das Verhältnis von Wille und Vernunft auch in bezug auf die Natur des Gesetzes als Handlungsregel verstehen. Würde dagegen der Ausgangspunkt für eine Wesensdefinition des Gesetzes beim Willen des Gesetzgebers genommen, wäre nur die *causa efficiens* der Gesetzes*form* als verbindlicher Anordnung im Blick, der für die Definition maßgebliche, kontradiktorische Unterschied, der Gegensatz von Gerechtigkeit und Ungerechtigkeit, jedoch verfehlt, von dem her jedes Gesetz seine innere, das Gewissen verpflichtende Verbindlichkeit bezieht.[12]

---

9 S.Th. I-II, 90,4: "quaedam rationis ordinatio ad bonum commune, ab eo qui curam communitatis habet, promulgata".

10 S.Th. I-II, 92,1, s.c. (De lib. Arb. 1,6; PL 32, 1229 B 5). Cf. S.Th. I-II, 91,2, l.obj.: "lex aeterna est qua iustum est ut omnia sunt ordinatissima (ibid., PL 32, 1229 C)".

11 Ob Thomas damit der Position des Augustinus gerecht wird oder nicht, mag hier dahingestellt bleiben. Überraschen kann der Augustinus-Verweis nicht, sofern bereits Alexander von Hales in der Summa Theologica wiederholt eben diese Stellen angeführt hatte. Einen ähnlichen Hinweis bei Duns Scotus konnte ich aber nicht finden. Stattdessen die entgegengesetzte Berufung auf Augustinus, cf. Anm. 12.

12 Cf. S.Th. I-II, 90,1 ad 3; ibid. 90,4.

Duns Scotus nimmt demgegenüber eine deutlich verschiedene Perspektive ein. Er bestreitet zwar für den Bereich der politischen Gesetzgebung keineswegs den konstitutiven Zusammenhang von praktischer Vernunft und gesetzgeberischem Willen. Dennoch versieht er dieses Verhältnis unter Voraussetzung seiner Theorie des Willens mit einer Einschränkung, die nicht ohne Folgen für das Verständnis der positiven Gesetzgebung bleiben kann.[13] Wird nämlich der Wille wesenhaft von der *libertas indifferentiae* her begriffen, dann bleibt zwar der generelle Vernunftbezug erhalten, jedoch so, daß der Wille in jedem einzelnen Akt nur auf die Weise durch Gründe bestimmt wird, daß er selbst der letzte Grund dafür ist, sich von diesem statt jenem Grund leiten zu lassen.[14] Eben deshalb kann Duns Scotus das *imperium rationis* als bloße Fiktion kritisieren, weil für das *imperium voluntatis* die voraufliegende *ostensio obiecti* genügt.[15]

Im Falle der göttlichen Gesetzgebung steht es nicht grundsätzlich anders. Auch hier muß zunächst ein *iudicium intellectus* dem Willen anzeigen, wie sich eine Sache verhält. Die Gesetzesform einer göttlichen Anordnung hängt jedoch wiederum nur vermittels eines Willenaktes mit der zu regelnden Materie zusammen. Eine Definition der *lex naturalis,* die nur auf den partizipativen Charakter des natürlichen Sittengesetzes an der ordnenden Vernunft abhebt, verfehlt daher für Scotus unweigerlich die Anforderungen der *ratio legis,* die ohne Bezug auf den gesetzgebenden Akt des Willens nicht verwirklicht ist.[16]

II. Wesen und Umfang der *lex naturalis*

Die beiden Autoren jeweils eigentümliche Auffassung von der *ratio legis* läßt sich in ihrer vollen Tragweite erst an dem Gesetzestypus der *lex naturalis* able-

---

[13] Dies schwingt schon mit in der besonderen Akzentuierung des Zwangsmomentes. Cf. Ord.I, d.44, n.1. „Lex a ligando dicta est: ille tantum obstringere potest per legitimam auctoritatem alios ad parendum suis mandatis iustis, qui potest eis imperare et praecipere illis qui tenentur sibi obedire; alioquin frustra ferret leges, ad quarum observantiam cogere non posset; eiusdem est ergo potestatis, et virtutis legem ferre et imperare".

[14] Ord.I, d.44, n.1 (mit Bezug auf S.Th. I-II, 90,1, ad 3). „Non itaque ratio iubet aut praecipit voluntati, nec sic facienda intimat, ut necessario aut indubie amplectatur quod intellectus dictat et intimat, ut dictum est iuxta Anselmi et Augustini doctrinam, testantium, voluntatem sibi atque aliis imperare potentiis animae. Quare quoniam proprie et per se voluntatis inter-est per imperium dirigere ac movere quotquot sibi subduntur ad rectae agendum, eius quoque erit leges statuere et ferre, prout prudentia dictaverit, et bonum eorum, qui lege legantur, exegerit".

[15] Ord.I, d.44, n.1. „Atqui imperium est actus voluntatis, praevia obiecti ostensione, et non rationis, quae etsi ostendat practice quid facto opus sit, tamen rationalis appetitus, pro innata sui dominativa potestate, valet sequi dictamina rationis, et contemnere, alia vel opposita eligendo".

[16] Op. oxon. 4, d.17, n.3. „Ut ergo lex ista naturalis proprie involvit legis rationem, sic lex naturae, ut est aeternae legis participatio, deficit a vera legis ratione, quia actum voluntatis praecedit".

sen. Zunächst teilt Duns Scotus mit Thomas von Aquin die Ansicht, daß sich die Gerechtigkeit der menschlichen Verhältnisse von ihrer unmittelbaren oder mittelbaren Beziehung zur *lex naturalis* herleitet. Das natürliche Sittengesetz regelt nicht etwa nur eng umgrenzte Sonderfälle, sondern auf dem Wege der Ableitung (*conclusio*) oder der näheren Determination (Scotus spricht von Konsonanz) die gesamte Rechtsmaterie. Das natürliche Sittengesetz ist die Substanz der Gerechtigkeit in allen Gesetzen, sofern Gerechtigkeit ‚Richtigkeit' bzw. ‚Berichtigung' des Wollens bedeutet durch die Vernunft. Diese beginnt, wie alle Erkenntnis, nicht prinzipienlos, sondern findet und beurteilt das Besondere im Lichte erster Prinzipien.[17]

Läßt sich der Einfluß der *lex naturalis* nach gemeinsamer Auffassung nicht sinnwidrig auf wenige Sonderfälle begrenzen, so kommt es doch entscheidend darauf an, wie sein Status als Prinzip der positiven Gesetzgebung verstanden wird. Das betrifft vor allem zwei Fragen: erstens (1), den Unterschied zwischen einem Wissen von Prinzipien und der Erkenntnis auf Grund von Prinzipien einerseits, und zweitens (2) die besondere Materie, welche von einer Erkenntnis *ex principiis naturaliter notis* erfaßt wird andererseits. In beiderlei Hinsicht lassen sich grundlegende Auffassungsunterschiede zwischen Thomas und Scotus nicht übersehen, auch wenn zunächst ein partieller Konsens darin besteht, was das Adjektiv ‚*naturalis*' in dem Ausdruck ‚*lex naturalis*' bedeutet.

(1) Beginnen wir zunächst mit dem, was den besonderen Status der *cognitio principiorum* betrifft. Hier ist nach ihrer gemeinsamen Auffassung der eigentliche Grund dafür, von einer ‚*naturalis lex*' zu reden nicht der Bezug auf eine besondere Materie - etwa das „Naturhafte" in den Dingen - sondern die besondere Erkenntnisweise des Gesetzes, das unmittelbar und ohne Nachforschung (*inquisitio*), also nicht wie im Fall der *dictamina rectae rationis,* von der Vernunft erfaßt und formuliert wird.[18]

Die Konstituierung der *lex naturalis* ist gewissermaßen das Produkt der *ratio naturalis,* die ohne Belehrung oder Nachdenken die grundlegenden Zusammenhänge im Bereich des Praktischen erfaßt, wie beispielsweise den Sachverhalt der in jedem Gesetz notwendig eingeschlossenen Allgemeinheit, ohne die es kein Gesetz, sondern eine bloße Willensäußerung wäre. Diese „natürliche" Einsicht steckt in der sogenannten Goldenen Regel, die von Thomas von Aquin und

---

17 S.Th. I-II, 95,2. „Inquantum habet de iustitia intantum habet de virtute legis. In rebus autem humanis dicitur esse aliquod iustum ex eo quod est rectum secundum regulam rationis. Rationis autem prima regula est lex naturae".

18 Cf. S.Th. I-II, 91,3.

Duns Scotus als eine grundlegende Formulierung der *lex naturalis* betrachtet wird.[19]

Übereinstimmung herrscht auch bezüglich der Frage, weshalb die menschliche Vernunft zur unmittelbaren Formulierung notwendiger Zusammenhänge in der Lage ist. Qua Vernunft ist sie ein aktives Vermögen, dessen unmittelbare Wirksamkeit von der unbegrenzten Wirklichkeit der göttlichen Vernunft herrührt. Thomas spricht daher bildlich vom „*lumen rationis*" als einer „*impressio divini luminis in nobis*", weshalb die in diesem Licht erkannte *lex naturalis* wiederum nichts anderes ist als die Art und Weise, wie das „natürliche Licht in uns" in der Erfassung der *lex naturalis* an der aus dem „göttlichen Licht" hervorgehenden *lex aeterna* partizipiert.[20]

Dieser Doppelstruktur der *lex naturalis,* ihrem an sich unzugänglichen Grund in der *lex aeterna* und deren Wirkungen auf die Prinzipienerkenntnis der *ratio naturalis,* entspricht bei Thomas jedoch eine weitere Unterscheidung, welche die Bedeutung der „*principia per se nota*" klären soll.[21] Die zu lösende Schwierigkeit besteht in der Zweideutigkeit des Ausdrucks ‚*per se notum'*, wie er im Begriff eines unmittelbar selbstevidenten Wissens auftritt. ‚An sich bekannt sein' meint zunächst eine Eigenschaft von Sachverhalten, die von sich her bekannt (*secundum se*) sind, sofern eine notwendige Übereinstimmung vorliegt von Gegenstandsbegriff und Aussage. Inwiefern aber einer solchen notwendigen Übereinstimmung etwas in der Wirklichkeit entspricht, wird für uns (*quoad nos*) nur dann aus dem Verhältnis von Satzsubjekt und Prädikat erkennbar, wenn wir bereits um den mit dem Satzsubjekt bezeichneten Gegenstand wissen. Entzieht sich das Objekt der Erkenntnis gerade dort unserer Kenntnis, wo ihm an sich die größte Erkennbarkeit zukommt, in der Existenz seines konkreten Wesensgehalts nämlich, bleibt nur der Weg über seine Wirkungen, mit denen sich etwas als so oder so beschaffen indirekt zu erkennen gibt. Diese sind für uns das Bekanntere,

---

[19] Im Anschluß an Gratian, Decretum I, 1 Prol., ein Gemeinplatz der scholastischen Theologie. Cf. S.Th. I-II, 94,4, ad 2.

[20] S.Th. I-II, 91,2; cf. In duo praec. expositio I, n.1129. „Lex naturae nihil aliud est nisi lumen intellectus insitum nobis a Deo, per quod cognoscimus quid agendum et quid vitandum". Zum Zusammenhang von lex aeterna und lex naturalis cf. unten Abschnitt III.

[21] S.Th. I-II, 94,2. "Dicitur autem aliquid per se notum dupliciter: uno modo, secundum se; alio modo quoad nos. Secundum se quidem quaelibet propositio dicitur per se nota, cuius praedicatum est de ratione subiecti: contingit tamen quod ignoranti definitionem subiecti, talis propositio non erit per se nota".

im Verhältnis zu dem uns unzugänglichen Wesen der Sache an sich das Unbekanntere.[22]

Duns Scotus lehnt eine derartige Unterscheidung von an sich und für uns Bekanntem ab. Sätze von der Art einer *propositio per se nota* bleiben auch dann noch für uns in demselben Sinn *per se notum,* wenn sie mangels Einsicht in den Wirklichkeitsbezug ihrer Glieder *de facto* nicht erkannt werden. Entscheidend für Scotus ist allein die Notwendigkeit der Beziehungen als solche, weil sie die erste und wichtigste Bedingung dafür hergibt, daß etwas im nachhinein in eben dieser Form auch als wirklich erfaßt werden kann.[23]

Hier deutet sich schon an, wo die Wurzel für die eigentümliche Art zu suchen ist, wie Duns Scotus die Selbstevidenz der ersten Prinzipien im Bereich des Naturgesetzes begründet. Dem Wirklichen wohnt die den Verstand zwingende Kraft notwendiger Prinzipien nur deshalb ein, weil und sofern sie Ausdruck von an sich grundlegenderen Wirklichkeitsbedingungen sind. Diese machen den Anfang, indem durch sie allein, und nicht durch das Wirklichsein, bereits festgelegt ist, was sich notwendig zueinander verhalten muß und deshalb als solches erkannt werden kann.[24]

Die Auswirkungen eines solchen Primats der logischen Ordnung von Begriffen für die Bestimmung der *praecepta legis naturalis* sind beträchtlich. Wie Thomas spricht Scotus zwar von der menschlichen Vernunft als einer „*quaedam participatio lucis increatae*".[25] Scotus folgert jedoch unter der Prämisse seines Begriffs von Evidenz daraus für den menschlichen Intellekt dieselbe Ausdehnung auf das „*esse intelligibile et possibile*" wie für Gott.

---

22 Neben der hier zur Rede stehenden Frage ist der wichtigste Zusammenhang, in dem Thomas diese Auffassung vertritt, bekanntlich seine Zurückweisung des sogenannten ontologischen Argumentes für die Existenz Gottes aus der bloßen Kenntnis einer an sich wahren Proposition. Cf. J. Owens, St. Thomas Aquinas on the Existence of God, New York 1980, 158-160. Wie sich noch herausstellen wird, hängt beides eng miteinander zusammen, wenn es um die Möglichkeit eines naturhaften Wissens um das Gebot der Gottesliebe geht. Cf. unten Text und Anm. 40 sq.

23 Cf. E. Gilson, Johannes Duns Scotus. Einführung in die Grundgedanken seiner Lehre, Düsseldorf 1959, 125-134; dort ausführliche Belege zu Scotus. Gilson ist sich allerdings nicht schlüssig, ob trotz der offenkundigen Differenzen zwischen Thomas und Scotus ein sachlicher Unterschied vorliegt oder nicht (ibid. 133 sq.). Cf. für Thomas von Aquin: R. B. Schmitz, Sein-Wahrheit-Wort. Thomas von Aquin und die Lehre von der Wahrheit der Dinge, Münster 1984, 105-114.

24 Cf. L. Honnefelder, Scientia transcendens, Die formale Bestimmung der Seiendheit und Realität in der Metaphysik des Mittelalters und der Neuzeit (Duns Scotus - Suárez - Wolff - Kant - Peirce), Hamburg 1990, Kap. I, 2-4.

25 Op. oxon. 3.d., 37 n.8.

Qua Intellekt erfassen Gott und Mensch unmittelbar den Zusammenhang der Termini und damit zugleich, ob es sich um eine notwendige oder kontingente Beziehung handelt. Kontingente Beziehungen können zwar nachträglich - in der Wirklichkeit - zu notwendigen gemacht werden, aber nur durch eine positive Setzung des Willens, weshalb wiederum auch nur eine nachträgliche Erkenntnis der zwar faktisch, aber nicht notwendig geltenden Gesetze möglich ist. Im Kernbereich der *lex naturalis* muß dagegen für den göttlichen wie für den menschlichen Intellekt dieselbe unbedingte Notwendigkeit herrschen, die apriori erkennbar ist und die Möglichkeit einer universalen Erkenntnis der *prima praecepta legis* bei allen Menschen qua Vernunftwesen garantiert.[26]

(2) Fragen wir jetzt nach dem materialen Gehalt der Prinzipienerkenntnis, dann zeigt sich wiederum zunächst Übereinstimmung hinsichtlich der Formulierung des grundlegenden Gebotes in seinen beiden Fassungen, biblisch in der ‚Goldenen Regel', philosophisch in dem Satz: „*Bonum est faciendum et prosequendum, malum vitandum et fugiendum*".[27] In diesem obersten Grundsatz der *lex naturalis* wird lediglich explizit formuliert, was als die *ratio boni* implizit in der jedermann bekannten Erfahrungstatsache - „*bonum est quod omnia appetunt*" - enthalten ist: die Präzeptivität des Guten, welche in der Reflexion auf die konstitutive Finalität des jeweils eigenen Tuns unmittelbar zum Vorschein kommt.

Die Logik des Arguments, der Zusammenhang zwischen der Feststellung, „alle erstreben das Gute" und der Aufforderung, das Gute zu wollen, wird allerdings verschieden interpretiert, und es steht zu erwarten, daß die nach Ausweis der Texte unterschiedliche Bestimmung von Umfang und Inhalt der *praecepta legis naturae* genau hierin begründet liegt - und nicht in der Wirksamkeit von theologischen Voraussetzungen, die erst von Scotus erkannt und aus einer ansonsten gemeinsamen Begründungsstruktur entfernt worden sind.[28]

---

26 Cf. Op. oxon.I, d.3,4, n.24. "Natura rationalis sit quaedam participato lucis increatae; et ipsa pariter suo modo in terminis apprehensis cernit convenientiam et disconvenientiam immutabilem eorumdem dante eis perpetuitatem et immutabilitatem actu divini intellectus iudicantis ita esse, et iudicari ab omnibus debere".

27 Cf. S.Th. I - II, 94,2; die einschlägigen Stellen für Scotus sind: Op. oxon.3, d.37, n. 5-8; ibid. 4, d.17, n.3; Rep.Par. ibid. n.3 sqq.

28 Wie sensibel gerade Thomas in anderen Zusammenhängen auf undurchschaute Voraussetzungen theologischer Herkunft reagiert, dürfte schon für sich allein genügen, vorsichtiger zu sein mit dem Verdacht einer theologischen Befangenheit seines Denkens. Erwähnt sei nur der explizite Verweis auf die Gewöhnung („ex consuetudine qua ex principio assueti sunt..." S.c.G. I,11), die er als psychologische Ursache dafür ansieht, daß die Logik des ontologischen Arguments für die Existenz Gottes in einem christlich geprägten Kulturkreis überhaupt zu wirken vermag und nicht sofort als bloßer Schein erkannt wird. Seine Auseinandersetzung mit Bona-

Den Ausgangspunkt bei Thomas[29] bildet die Behauptung einer Analogie der transzendentalen Seinsbestimmungen ‚wahr' und ‚gut' im Verhältnis zu den geistigen Vermögen des Menschen.[30] Wie ‚Sein' in der Erkenntnis als Bestimmungsgrund jeglicher Wahrheit enthalten ist, so im Wollen als Bewegungsgrund allen Strebens nach dem Guten. Weil die *appetitio boni* aus der noch unerfüllten Hinneigung auf das Wirkliche erwächst, wird die *ratio boni* unmittelbar als Beziehung auf das verstanden, was in diesem appetitiven Beziehungsverhältnis allein den Ausschlag zu geben vermag: als Beziehung auf das *wirklich* Gute, das - unter dem naturgegebenen Antrieb der *appetitio boni* noch unerkannt intendiert – nun auch bewußt gesucht und unterschieden werden soll von dem bloß vermeintlich Guten, dem objektiv Schädlichen und vor allem dem vorsätzlich Bösen, das es zu meiden gilt. Die bewußte sittliche Entscheidung des Willens macht sich in Gestalt eines ‚Sollens' nur selbst zu eigen, was in Gestalt eines naturhaften Begehrens die gesamte Dynamik des Willens trägt: die *intentio finis sub ratione boni.*[31]

Die Verpflichtung zum Guten erwächst damit aus der Erkenntnis einer objektiv vorhandenen Struktur, die nur dort die Form eines Sollens annimmt, wo das Gute als universaler Zielsinn zwar naturhaft vorgegeben ist, ohne sich jedoch von selbst durchzusetzen. In dieser besonderen Situation befindet sich ein Wille, der beides zugleich in sich vereint: Naturtendenz qua Begehren und Freiheit qua Erkenntnis.[32] Als Naturtendenz äußert sich dieses allgemeine Verlangen nach dem *bonum conveniens* auf vielfältige Weise entsprechend den verschiedenen Vermögen des Menschen.

Um Mißverständnissen vorzubeugen, muß allerdings deutlich gemacht werden, weshalb die in Fr. 94,2 entwickelten Strukturmomente des menschlichen Existenzvollzugs zwar wegen des fundamentalen Charakters der darin enthaltenen Güter (Selbsterhaltung des eigenen Lebens, Fortpflanzung, Entfaltung des

---

ventura und anderen Theologen seiner Zeit im Zusammenhang mit der Behauptung einer zwingenden philosophischen Beweisbarkeit des Schöpfungsglaubens liefert ein nicht weniger prominentes Beispiel, diesmal in der umgekehrten Perspektive, in welcher es um die Abgrenzung echter theologischer Kompetenzen geht.

29 Zur Struktur des Arguments bei Thomas von Aquin cf. R. Mc Inerny, Ethica Thomistica, Washington 1982, 35 - 40; cf. 40 - 62 (Diskussion kontroverser Positionen von Grisez und Finnis).

30 Cf. S.Th. I-II 94,2 in Verbindung mit Ver. I,1.

31 Cf. S.Th. I-II, 8,1 et q.8 passim (über das Objekt des Willens).

32 Cf. S.Th. I-II, 10,1. „Naturaliter homo vult non solum obiectum voluntatis, sed etiam alia quae conveniunt aliis potentiis, ut cognitionem veri quae convenit intellectui, et esse, et vivere, et alia huiusmodi quae respiciunt consistentiam naturalem: quae omnia comprehenduntur sub obiecto voluntatis sicut quaedam particularia bona".

geistigen Lebens) zum Kernbereich der *lex naturalis* gehören, ohne jedoch durch sich selbst bereits Gesetzescharakter zu haben. Wohl sieht Thomas die Ordnung der Gebote des Naturgesetzes ausdrücklich bezogen auf die Ordnung der naturhaften Antriebe im Menschen.[33] Aber gerade an der Notwendigkeit, sie aufeinander zu beziehen, wird auch deutlich, daß sie nicht schon selbst Gesetzescharakter haben und also die *lex naturalis* nicht lediglich eine Verdoppelung der Naturordnung ist. Denn wie schon aus dem ersten Artikel des Lex-Traktats hervorgeht, rechnet Thomas den Terminus ‚*lex*' zu den analogen Begriffen, die im eigentlichen wie uneigentlichen Sinn verstanden werden können. Das Gesetz im primären Sinn findet sich allein in der „zumessenden und regelnden" Vernunft, in einem weiten und abgeleiteten Sinn in allem, was in seiner naturhaften Hinneigung auf etwas bereits „geregelt und bemessen" ist.[34]

Diese natürlichen Gesetzmäßigkeiten können nun deshalb nicht unmittelbar selbst schon als Gesetze für das sittliche Handeln gelten, weil die einzelnen *inclinationes naturae* auf verschiedene Güter gerichtet und insofern mögliche Objekte des menschlichen Willens sind. Als verschiedenartige Teilgüter fallen sie jedoch unter ein einziges Objekt des Willens: das Gut der menschlichen Person.[35] Die naturhaft vorgegebenen Ziele der menschlichen Antriebsstruktur enthalten so für jeden einzelnen Menschen selbst noch einen gewissen Regelungsbedarf unter dem Gesichtspunkt ihrer Einheit in der handelnden Person.[36] Weder könnten sie alle stets zum selben Zeitpunkt im Leben eines Menschen verwirklicht sein, noch verpflichten sie ihren Träger unbedingt. Er kann sein Leben opfern oder unverheiratet bleiben, wenn dies von ihm aus Liebe zu Gott (z.B. im Martyrium) oder im Dienst der Verkündigung gefordert wäre.

Weil es sich bei den mit diesen Zielen verbundenen Gütern jedoch um die fundamentalsten Verwirklichungsbedingungen des menschlichen Lebens als solchem handelt, müssen diese jedem Menschen mit unbedingter Notwendigkeit zugestanden werden und sind deshalb konstitutiv für eine natürliche Gerechtig-

---

33 S.Th. I-II, 94,2. „Secundum igitur ordinem inclinationum naturalium est ordo praeceptorum legis naturae".

34 Cf. S.Th. I-II, 90,1; 91,6.

35 Cf. Anm. 30, letzter Satz. Das verbreitete Mißverständnis dieser Position, die präzeptive Struktur der *lex naturalis* unmittelbar aus den Naturtendenzen abzuleiten, hat M. Rhonheimer zum Anlaß genommen, in einer grundsätzlichen Weise „die personale Struktur des Naturgesetzes bei Thomas von Aquin" herauszuarbeiten. Cf. Natur als Grundlage der Moral, Innsbruck - Wien 1987, 24-142, 241-268.

36 Die Verselbständigung der partikulären Antriebe im Menschen - außerhalb eines umfassenden Lebensziele unter Leitung der Vernunft - ist für Thomas gerade das sichtbare Zeichen für den Zustand des gefallenen Menschen. Cf. S.Th. I, 95,1 und 2.

keits*pflicht*, die in Gestalt der *prima principia legis naturae* alle weitere positive Gesetzgebung bindet. Deren tragende Grundnormen sind dann gerecht, wenn sie als Folgerungen (*conclusiones*) an der unwandelbaren Richtigkeit der obersten moralischen Grundsätze partizipieren.[37] Thomas nennt sie daher auch „*praecepta secunda legis naturae*", denen universale Verbindlichkeit „*ut in pluribus*"[38] innewohnt - im Unterschied zu solchen Normen, deren besondere Geltung wegen der Kontingenz der zu regelnden Materie den Umständen entsprechend variiert.[39]

Was sind nun konkret inhaltlich jene stets gültigen *praecepta secunda* oder Grundnormen, welche die Basis einer gerechten Gesetzgebung ausmachen? Zunächst fällt auf, daß Thomas offensichtlich eine systematisch vollständige Deduktion vermeidet. Bei näherem Zusehen kann das allerdings kaum überraschen, sofern er, selbst für die Erkenntnis der ersten Prinzipien des Gesetzes, nur eine solche Art von Evidenz (*quoad nos*) annimmt, die sich - dann aber zwingend und unmittelbar - aus der Reflexion auf gewisse Sachverhalte der Erfahrung ergibt. In dieser genetischen, nicht sachlichen Bindung der Erkenntnis an gewisse Entstehungsbedingungen äußert sich ein unvermeidliches Moment von Geschichtlichkeit der menschlichen Vernunft, das sich einer systematischen Vorwegnahme von abschließenden Einsichten widersetzt.

Gleichwohl läßt Thomas es nicht an Hinweisen auf konkrete Grundnormen fehlen, die er wegen ihrer unmittelbaren Verbindung zu den *prima principia* als unwandelbar gültig betrachtet. Er verfährt dabei jedoch so, daß er einzelne Rechtsbereiche durchgeht, von denen der für ihn zweifellos wichtigste die überlieferte Rechtsordnung des *Alten Testaments* ist.[40] Wenn Paulus sagen konnte, daß den „Heiden" das Gesetz „ins Herz geschrieben" sei, dann war die Frage nach der Erkennbarkeit und ausnahmslosen Gültigkeit des Dekalogs im Verhältnis zur *lex naturalis* unvermeidlich.

Diese Frage nach dem Inhalt der *lex naturalis* wird nun bekanntlich von Thomas und Scotus unterschiedlich beantwortet, und zwar so, daß der eine jeweils verneint, was der andere bejaht - ein nicht zu übersehendes Indiz dafür, wie sich

---

37 Cf. S.Th. I-II, 94,4.

38 Ibid. 94,5. Einschränkende Bedingung für die universale Gültigkeit der *praecepta secunda* ist die Kontingenz der Handlungsmaterie und nicht eine Unbestimmtheit im Wesen des Gesetzes, die zu seiner Veränderlichkeit führt. Cf. M. Rhonheimer, l.c., 378-386.

39 Cf. S.Th. I-II, 95,2.

40 Cf. S.Th. I-II, 100, 1-4. Neben dem alttestamentlichen Dekalog interessieren Thomas vor allem die Normen des *ius gentium* und des *ius civile* in ihrer Beziehung auf das natürliche Sittengesetz.

die Vorstellung vom Wesen des Gesetzes bei Scotus inzwischen verändert hat. Es ist daher wichtig zu sehen, weshalb Thomas die eine Hälfte des Dekalogs, das Sittengesetz im engeren Sinn, als evident betrachtet, die andere auf Gott Bezug nehmende dagegen nicht. Die Gebote der Nächstenliebe haben ein reales Fundament in der Selbsterfahrung jedes Menschen, die Gebote der Gottesliebe jedoch nur im Glaubenden, obwohl sie an sich nicht weniger evident sind.[41] Einmal verstanden, kommt ihnen sogar die größere Evidenz zu, sofern die Liebe zu Gott das Wissen um die Nächstenliebe einschließt. Das Verstehen des ersten Gebots folgt jedoch nicht schon aus der bloßen Einsicht in die Struktur einer Proposition. Es steht vielmehr unter derselben einschränkenden Erkenntnisbedingung wie das Wissen um die Existenz Gottes; es gewinnt nur Realität in der Reflexion auf gewisse Tatsachen der Erfahrung – und im Glauben.[42]

Fragen wir jetzt nach dem Zusammenhang von erstem allgemeinen Prinzip und dem materialen Gehalt der *lex naturalis* bei Duns Scotus, dann fällt sofort der Unterschied in der Logik der Ableitung ins Auge. Scotus gewinnt die *ratio boni* zwar auch aus der Reflexion auf die Selbsterfahrung des Menschen, so daß in der Vorstellung von ‚gut' notwendig die Bedeutung ‚erstrebenswert' miterkannt ist. Doch er zieht daraus den Schluß, daß, wann immer bei einem Begriff ‚gut' als notwendiger Bestandteil seiner Bedeutung auftritt, daraus folgen muß, daß die mit ihm bezeichnete Sache auch notwendigerweise als erstrebenswert erkannt wird. „Gott über alles zu lieben" ist demnach jedermann als oberstes Gebot von Natur aus bekannt, sofern er die Bedeutung des Wortes ‚Gott' versteht. ‚Gott' verstehen heißt aber, „notional" um seine unendliche Gutheit zu wissen und damit auch um die geforderte Haltung.[43]

Mit derselben Notwendigkeit folgen noch weitere Sätze, die wegen ihrer Allgemeinheit eher als Prinzipien denn als Gebote des Naturgesetzes zu bezeichnen sind.[44] Als unmittelbare Folgerungen (*conclusiones*) stehen sie auf der nächsten

---

41 Cf. S.Th. I-II, 100,1.

42 S.Th. I-II, 100,4. "Sicut enim prima praecepta communia legis naturae sunt per se nota habenti rationem naturalem, et promulgatione non indigent; ita etiam et hoc quod est credere in Deum, est primum et per se notum ei qui habet fidem".

43 Rep. Par.4, d.17, n.3. "Strictissime ad hanc legem pertinent prima principia practica ex ipsorum apprehensione terminorum omnibus nota. Quia enim de naturae instinctu bonum amnia appetunt, mox boni et convenientis ratione intellectui apparente, actuum, perspectum, persuasumque sibi est, bonum esse appetendum atque amandum, malum et disconveniens fugiendum ac declinandum. Cum item omnibus insita sit notio Dei, primi principii, ac infiniti boni; illico intellectus hoc apprehendens, iudicat esse maxime, et prae omnibus Deum diligendum".

44 Zu diesen Sätzen zählen unter anderem: ibid. n.3. „Omne honestum esse amandum, et prosequendum, inhonestum ergo et turpe declinandum, si que neminem esse iniuria afficiendum".

Stufe unterhalb des obersten praktischen Prinzips der *lex naturalis,* weil sich ihre Ableitung zwingend aus der Verknüpfung der Termini ergibt; sie gehören daher zu den immer und überall geltenden Sätzen der *lex naturalis,* die jedermann bekannt sind.

Auf der untersten Stufe schließlich befinden sich alle diejenigen Sätze, die sich als Gebote des Sittengesetzes auf das Verhältnis der Menschen untereinander beziehen und mit den voraufgehenden ersichtlich zusammenstimmen (*consonant*), ohne jedoch dieselbe zwingende Notwendigkeit für die Erkenntnis ihrer Gültigkeit bei sich zu führen.[45] Beispielhaft nennt Duns Scotus hier die Gebote der sogenannten zweiten Tafel des Dekalogs, die strenggenommen in dem naturrechtlichen Gebot der Nächstenliebe enthalten sind, wie das Verbot, einen Unschuldigen zu töten, zu stehlen, die Ehe zu brechen, daraus aber nicht mit letzter Verbindlichkeit abgeleitet werden können.[46]

Diese auf den Nächsten Bezug nehmenden Gebote gehören deshalb nur „*extendendo nominis*" zum Naturgesetz, weil der Verbindung ihrer Termini mit dem obersten praktischen Prinzip aus sich selbst heraus keine unabänderliche Notwendigkeit und Wahrheit innewohnt.[47] Als im strengen Sinn zugehörig gelten Scotus nur die auf Gott bezogenen Gebote der ersten Tafel, deren Kenntnis sich niemand entziehen kann, der den notwendigen Zusammenhang ihrer Termini verstanden hat.[48]

Wohl gilt auch für Scotus, daß das Wissen um die Gebote der Nächstenliebe dem Menschen ebenso natürlich eingegeben ist wie das Wissen um die Gebote der Gottesliebe. Aber es beruht auf einem vermittelnden Prinzip, das die besondere Materie des Sittengesetzes mit den obersten Grundsätzen der praktischen Vernunft auf kontingente Weise verknüpft. Es lautet: „Was immer ihr wollt, daß

---

45 Op. oxon.3, d.37, n.5. „Legis naturae nomine proprie et stricte primum significantur prima principia practica, ut bonum est amandum, malum vero fugiendum. Secundum gradum tenent conclusiones, ex talibus principiis primis evidenter deductae, ut; ergo Deus est amandus, superbia detestanda, eo quod mala sit. Et tertio denique extendendo nominis significatum, de lege naturae dici possunt ea omnia, quae esto principia prima non sint, nec conclusiones illorum principiorum necessariae, sunt nihilominus admodum consona illis. Et talia profecto esse probantur moralia praecepta, quae in secunda tabula continentur. - Quod isthaec praecepta non sint omnia de lege naturae ex terminis nota, inde constat, quia rationes eorum, quae ibi praecipiuntur, vel prohibentur, non sunt principia practica simpliciter necessaria, nec conclusiones simpliciter necessariae".

46 Cf. Op. oxon.3, d.33, n.11.

47 Op. oxon.3, d.37, n.3. „Termini illarum complexionum, sive praeceptorum complurium secundae tabulae, non habent inter se talem connexionem, ut sint ex seipsis necessario verae, et penitus immutabiles, ut prima principia, et eorumdem necessariae conclusiones".

48 Cf. Op. oxon.3, d.37, n.5 - 8.

die Menschen euch tun mögen, das sollt auch ihr ihnen tun".[49] In dieser „goldenen Regel" sind zwei Elemente enthalten, die zur unmittelbaren Einsicht in das gebotene Handeln führen (können): Durch die Reflexion auf die eigenen Bedürfnisse erschließen sich auch die Bedürfnisse der anderen; und: im Wissen um die eigene Erwartung an die anderen enthalten ist zugleich das Wissen um die Bedingung der Anerkennung durch die Anderen in der Zustimmung zu den auf einen selbst gerichteten Erwartungen.

Daß es sich hier jedoch um ein Argument von ganz anderer Art handelt, dürfte wohl unmittelbar einleuchten. Das Prinzip der Erkenntnis einer immer und überall gleichen Beziehung von Begriffen ist unwandelbar, selbst für Gott, - der menschliche Wille oder die Selbstliebe als Basis für Ableitungen aus der Goldenen Regel sind es dagegen nicht. Denn der Wille kann sich nicht bloß ändern, er braucht nicht einmal bei allen hinsichtlich derselben Materie vorhanden zu sein. Deshalb schafft dieses zusätzliche Argument zwar unter Umständen ein natürliches Wissen um den Inhalt gewisser Gebote, aber doch nur so, daß ihre faktische Konsonanz, aber nicht ihre Notwendigkeit erkannt wird.

III. Lex aeterna und lex naturalis

Das unterschiedliche Verständnis der *ratio legis* bei Thomas von Aquin und Duns Scotus tritt besonders hervor im Blick auf das Verhältnis der *lex naturalis* zur *lex aeterna.* Die Behauptung einer partizipativen Rückbindung des natürlichen Sittengesetzes an das ewige Gesetz der göttlichen Schöpfungsordnung mag zunächst wie eine entbehrliche, metaphysische oder theologische Zugabe erscheinen, sofern die *ratio naturalis* ja per definitionem auf sich gestellt sein muß hinsichtlich der Fähigkeit, die ersten praktischen Prinzipien der Rechtsordnung samt ihren Folgerungen ohne Hilfe von außen zu erkennen. Ob und wie diese Möglichkeit einer metaphysischen Rückbindung der *lex naturalis* eingeräumt wird, wirft jedoch ein bezeichnendes Licht auf die besondere Funktion des natürlichen Sittengesetzes, den moralischen Willen zu binden und gibt letzten Endes den Ausschlag in der Frage der Kompatibilität der Positionen.

Wenn auch für die konkrete Erkenntnis der *lex naturalis* unerheblich, so ist die Idee der *lex aeterna* bei Thomas doch eine letzte Vertiefung seiner Auffassung von der *ratio legis.* Sie ist der höchste, nur spekulativ erreichbare Punkt, von dem her Möglichkeit und Notwendigkeit der Ordnung aller Dinge aus dem Verhältnis zu ihrem göttlichen Grund erfaßt werden. Dabei geht es vor allem um

---

49 Cf. Op. oxon.3, d.37, n.8.

die Frage, wie ein in sich geordneter Kosmos so aus der Erkenntnis Gottes hervorgehen kann, daß beides gewahrt bleibt: das Wesen der Schöpfungsordnung und die Freiheit Gottes gegenüber seinem Werk.

Die Antwort auf diese Frage wird in der betreffenden Frage des Lex-Traktats eher vorausgesetzt als entwickelt und hat dort nur die Form einer These. Sie lautet: Die *lex aeterna* hat als „*summa ratio in Deo existens*“[50] vorzüglich hieraus die Bewandnis eines Gesetzes (*ratio legis*) für die von Gott geschaffenen Dinge, gleichgültig, ob es sich dabei um Zufälliges oder Notwendiges handelt. Die Natur oder die Wesenheit Gottes untersteht aber selbst nicht dem ewigen Gesetz, sondern ist in Wirklichkeit das ewige Gesetz selber.[51] Die Erläuterung dieser Behauptung einer Identität von Wesenheit und Gesetz bei ihrer gleichzeitigen Unterschiedenheit in Gott findet sich an anderer Stelle, hauptsächlich im Zusammenhang mit der Frage nach der göttlichen Machtvollkommenheit (*de potentia Dei*).

In Abgrenzung von dem Necessitarismus der arabischen Aristoteles Kommentatoren verteidigt Thomas die Freiheit Gottes gegenüber seinem Werk mit dem Hinweis, daß Gottes Gutsein und seine Weisheit zuvor weder auf die von ihm geschaffene Ordnung der Dinge festgelegt sei, noch sich darin erschöpft.[52] Außer der logischen Notwendigkeit, daß Gottes Wille nur wollen kann, was in sich möglich und nicht widersprüchlich ist,[53] gibt es keine voraufgehende, von außerhalb kommende Nötigung durch ein wie auch immer vorgestelltes Objekt seines Willens, dies oder jenes zu tun. Aber es gibt eine unwandelbar naturhafte Bindung seines Willens von innen her, mit welcher er alles, was er wirkt, nach Maßgabe seiner Güte, d. h. seiner Gerechtigkeit und Weisheit tut.[54]

In der Konsequenz dieses Gedankens zeigt sich nun mit aller Deutlichkeit der charakteristische Unterschied der von Thomas vertretenen Position zur Frage des unbedingten Geltungsgrundes der *lex naturalis* in dem schöpfer-ischen Ver-

---

50 S.Th. I-II, 93,1.

51 Ibid. 93,4. „Legi aeternae subduntur omnia quae sunt in rebus a Deo creatis, sive sint contingentia sive sint necessaria: ea vero quae pertinent ad naturam vel essentiam divinam, legi aeternae non subduntur, sed sunt realiter ipsa lex aeterna".

52 Cf. S.Th. I, 25,5. "Ordo a divina sapientia rebus inditus, in quo ratio justitae consistit, non adaequat divinam sapientiam, sic ut divina sapientia limitetur ad hunc ordinem".

53 S.Th. I, 25,3. "Deus dicatur omnipotens quia potest omnia possibilia absolute". Pot. 1,7. „Potentia Dei, quantum est de se, ad omnia illa obiecta se extendit quae contradictionem non implicant".

54 Pot. 1,6. "Constat quod voluntas divina non potest velle contrarium suae bonitatis, quam naturaliter vult." Pot. 1,5. „Finis naturalis divinae voluntatis est eius bonitas, quam non velle non potest".

hältnis Gottes zu der von ihm geschaffenen Ordnung der Dinge, wie umgekehrt, im Rückbezug dieser Ordnung auf ihren Ursprung in Gott. Mag diese Ordnung, bezogen auf die absolute Freiheit Gottes, nicht die einzige Weise sein, in der Gott schöpferisch wirkt,[55] in Bezug auf seine Gerechtigkeit ist jedes Werk in seiner Art auf die einzige und vollkommenste Weise verwirklicht, in der Gott es schaffen kann. Nachdem er einmal aus absolut freiem Willen erschaffen hat, was ihm kraft seiner Gerechtigkeit möglich ist, ergibt sich daraus mit zwingender Konsequenz der Satz, daß Gott „*ex suppositione*" nichts dem Widersprechendes tun oder anordnen kann, was er bereits geschaffen hat.[56] Sein gebietender Wille steht nicht gewissermaßen unverbunden über den Dingen, nachdem sie aus der Kontingenz einer absoluten Possibilität in die Bestimmtheit einer *ex suppositione* notwendigen Beziehung zur göttlichen Gerechtigkeit getreten sind. Die Gebote, die sich auf das beziehen, was gemäß der Ordnung seiner Gerechtigkeit geschaffen ist, enthalten in diesem Bezug nichts anderes als die Intention des göttlichen Gesetzgebers der Natur.[57] Ein Widerspruch zwischen dem schöpferischen Tun und dem gebietenden Willen Gottes wäre für Thomas gleichbedeutend mit einer Negation Gottes durch sich selbst.[58]

Ist eine Disproportion zwischen den Absichten Gottes ausgeschlossen, so auch eine Dissoziierung der Güter und Ziele, zu denen Gott den Menschen kraft seiner Erschaffung bestimmt hat. Sofern sie zur naturhaften Ausstattung des Menschen gehören, sind sie in ihrer Gesamtheit von Gott gewollt, weshalb alle Arten des Gesetzes, soweit sie unter der Wirkung der *lex aeterna* stehen, nur darauf hingeordnet sein können, das menschliche Gut zu verwirklichen. Gegen dieses eigene Gut zu handeln, ist die eigentliche und einzige Weise, in der Gott beleidigt wird, wenn die von seiner schöpferischen Weisheit bestimmten Gesetze mißachtet werden.[59] Damit ist nun auch der Punkt erreicht, von dem her das

[55] Pot. 1,5. „Sicut enim manifestatur divina bonitas per has res quae nunc sunt et per hunc rerum ordinem, ita potest manifestari per alias creaturas et alio modo ordinatas; et ideo divina voluntas absque praeiudicio bonitatis, iustitae et sapientiae, potest se extendere in alia quam quae facit".

[56] Pot. 1,5. "Patet ergo quod absolute Deus potest facere alia quam quae fecit. Sed quia ipse non potest facere quod contradictoria sint simul vera, ex suppositione potest dici, quod Deus non potest alia facere quam quae fecit: supposito enim quod ipse non velit alia facere, vel quod praesciverit se non alia facturum, non potest alia facere, ut intelligatur composite, non divisim".

[57] Cf. S. Th. I – II, 100,8.

[58] Ibid. 100,8 ad 2. "Negaret autem seipsum, si ipsum ordinem suae justitiae auferret: cum ipse sit ipsa justitia". Deshalb können alle Gebote der *lex naturalis* wie des Dekalogs aus sich heraus keiner Dispens in besonderer Absicht unterliegen.

[59] S.c.G. III, 122. „Non autem videtur esse responsio sufficiens, si quis dicat quod facit iniuriam Deo. Non enim Deus a nobis offenditur nisi ex eo quod contra nostrum bonum agimus".

meiste Licht auf die Unterschiede in der Rechtslehre von Thomas von Aquin und Duns Scotus fällt.

Ein erster Hinweis auf die tiefgreifende Differenz zu Thomas könnte der Umstand sein, daß Duns Scotus - anders als seine Vorgänger und Kollegen - formal nur selten Gebrauch macht von dem Konzept der *lex aeterna.*[60] Dennoch gibt es ein sachliches Äquivalent, insofern er die Möglichkeit einer Erkenntnis der *lex naturalis* zurückgebunden sieht an die göttliche Vernunft, an welcher die menschliche Vernunft partizipiert.[61] Im Verhältnis zum menschlichen Intellekt begründet der *intellectus divinus* nach seiner Maßgabe die Gesetzmäßigkeit im Bereich der gesamten Natur „*ut aliter se habere non possit*" - und verleiht ihr mit dem „*esse primum intelligibile et possibile*" auch die Erkennbarkeit für den menschlichen Intellekt.[62] Dieses „ewige und unwandelbare Gesetz" in der Natur ist der rationalen Kreatur aber deshalb durch sich selbst zugänglich, weil der göttliche Wille wegen seiner Gerechtigkeit stets nur ein vernunftgemäßes und kein willkürliches Gesetz in den Dingen verwirklicht hat.[63] Soweit herrscht Einigkeit.

Knüpfen wir jetzt an bei dem, was über den Unterschied zwischen den Geboten der Nächstenliebe und dem unveränderlichen Kern der *lex naturalis* bereits deutlich wurde. ‚Unveränderlichkeit' kommt einem Gebot genau dann zu, wenn es jegliches Wollen - auch das göttliche - durch seine innere Wahrheit bindet. ‚Wahrheit' in dieser Ausschließlichkeit ist aber nur dort gegeben, wo eine notwendige Verbindung der Termini vorliegt und demzufolge auch jegliche Verän-

---

60 Cf. A. B. Wolter, Duns Scotus on the Will and Morality, Washington 1986, 23 sq., 55 sq.

61 Cf. Anm. 24.

62 Quod. 18, n.3 sqq. "Intellectus quippe Dei est mensura totius naturae ut aliter se habere non possit, nisi ut accepit a sua mensura dante ei esse primum intelligibile, et possibile; esto terminis in esse tali positis ex se ipsis formaliter sint consoni aut dissoni. Quemadmodum igitur iudicium divini intellectus voluntatis arbitrium praecedens constituit legem aeternam immutabilem et primam operabilium mensuram; qua iudicatur, et discernitur de convenientia, et disconvenientia omnium, et iudicatur quid opus sit, ut quae geruntur, dicatur convenientia, vel dissona primae ipsorum mensurae. Ita quatenus lex ista intelligitur deri-vata, atque indita creaturae rationali, praecise iudicare potest, utrum quae fiunt sint consentanea, vel disconvenientia naturae illi, quae est participatio lucis increatae".

63 Wolters, 57, cf. Anm. 59, weist auf das Mißverständnis hin, daß häufig mit dem Begriff der *potentia ordinata* verbunden ist. ‚*Ordinata*' meint nicht bloß, *de facto* gewollt, sondern auch ‚*ordinate*' - im Hinblick auf die Gerechtigkeit des göttlichen Willens.

derung im Verhältnis der nach ihnen bemessenen Wirklichkeit ausgeschlossen ist.[64]

Unter dieser Prämisse ist das menschliche Wollen für Scotus nur an einem einzigen Punkt eingebunden in eine aus sich selbst unveränderliche Beziehung, welche in der *lex naturalis* apriori erkannt werden kann[65] und in der ersten Tafel des Dekalogs noch einmal von Gott selbst nachdrücklich zur Kenntnis gebracht wurde. Das Faktum einer göttlichen Promulgation auch der Gebote der zweiten Tafel nimmt Scotus wiederum als einen aposteri-orischen Beweis dafür, daß sich dieser Teil des Gesetzes (nicht morden, stehlen, ehebrechen etc.) nur auf die besondere Situation des gefallenen Menschen bezieht und darüber hinaus keine weiterreichende Verbindlichkeit haben kann. Universal verbindlich ist allein, was ohne Rücksicht auf die kontingenten Bedingungen des gegenwärtigen Menschseins im Naturzustand gelten kann.[66]

Diese geschichtstheologisch begründete Unterscheidung einer menschlichen Natur an sich gegenüber der geschichtlich-faktischen Naturverfassung der Menschheit als ganzer induziert eine fundamentale Dissoziierung der Ziele menschlicher Praxis hinsichtlich der aus sich notwendigen und der kontingenten Güter des Lebens. Eine absolut notwendige Beziehung besteht allein im Bereich des letzten Zieles, durch das der Mensch auf Gott hingeordnet ist. Eine bedingt notwendige, von sich her jedoch kontingente Beziehung verbindet ihn über die Gebote der Nächstenliebe mit seinen Mitmenschen. Ihre Geltung ist für den Menschen zwar ebenso unbedingt, nicht jedoch für Gott, dessen Wille der zwar vernünftige, aber, als Wille, auch der allein hinreichende Grund ihrer Geltung ist.

So erfüllt derjenige, der die konkreten Gebote der Nächstenliebe beachtet, zwar das Gesetz der Liebe, aber doch nur so, wie er es kraft göttlicher Anordnung erfüllen *soll*[67] und nicht, wie es sich einschlußweise als notwendige Folge-

---

64 Op. oxon.3, d.37, n.4. „Quae sunt vera ex terminis, seu sint principia prima, seu conclu-siones ex eis necessario deductae praecedunt in veritate omnem actum voluntatis; habent enim veritatem circumscripto per impossibile omni velle".

65 Cf. Anm. 42.

66 Op. oxon.3, d.37, n.l. „Quae pertinent ad legem naturae, in quocumque eius naturae statu adstringunt ad agendum, vel non agendum iuxta talem legem; semper enim oportuit fuisse et esse nota. Sed Decalogus non obligavit in omni statu".

67 Op. oxon.3, d.37, n.12. „Deum nunc de facto explicavisse dilectionem proximi ultra illud, quod includit, inquantum sequitur ex principiis legis naturae; ac proinde, licet ut concluditur ex his principiis, non contineat nisi velle proximo ipsum diligere Deum in se; tamen ut explicatur in lege, includit esse optanda bona illa, vel saltem non fore volenda proxima mala opposita, ut iniuste sibi auferri vitam corporalem, fidem coniugii, bona temporalia".

rung aus der *lex naturalis* ergibt.[68] Denn alle das Naturgesetz erweiternden Regeln stimmen zwar mit der menschlichen Natur zusammen - *quae nunc est,* ohne jedoch eine letzte konstitutive Bedeutung für das persönliche Heil eines Menschen zu besitzen. Im Hinblick auf die Gottesliebe als letztem Ziel sind diese Regeln allesamt indifferent, weder nützlich noch schädlich und als kontingente Gebote widerspruchsfrei von Gott zu dispensieren,[69] im Hinblick auf die faktische Situation des Menschen jedoch notwendig verbunden mit den Gütern seines gegenwärtigen Lebens. Ein von Gott zugelassenes oder befohlenes Zuwiderhandeln gegen die Gebote der erweiterten Naturordnung begründet daher aus sich heraus noch kein moralisches Unrecht, sondern ist lediglich Ursache eines *„malum naturae“,* das als physisches Übel, nicht als Schuld, in den Bereich der Naturphilosophie gehört.[70]

Nicht indem jemand trotz besserer Einsicht gegen sein natürliches Gut handelt, vermag er Gott zu beleidigen, sondern nur insofern er es eigenmächtig tut und in diesem Akt des Ungehorsams dessen erklärten Willen mißachtet.[71] Die *ratio legis* hängt nur bedingt an der Erkenntnis dessen, was sie regeln soll, denn moralischen Wert bekommt die Erkenntnis des Gebotenen nicht über ein direktes Verhältnis des Willens zum Inhalt der Erkenntnis, sondern nur über das Verhältnis zu einem in dieser Sache gebietenden göttlichen Willen.[72]

IV. Schlußbemerkung

Nicht selten haben Differenzen in der Theorie in der Praxis oft erstaunlich geringe Auswirkungen. Das Feld der Gemeinsamkeiten im Bereich der konkreten Resultate ist so groß, daß von hier aus zwischen Thomas und Duns Scotus eher eine Linie gesehen werden könnte als ein Bruch, wären da nicht die besonderen

---

68 Ibid. „Verum est igitur quod diligens proximum, legem implevit, eo modo scilicet, quo lex explicata est debere servari; licet non eo modo quo proximi dilectio concluditur ex primis principiis legis naturae".

69 Cf. Op. oxon.3, d.37,5 sq.

70 Op. oxon.2, d.37, 1, n.8. "Quare non intellecto voluntatis imperio adstringentis alios ad servandam legem, quaecumque repraesentarentur contra iudicium rationis essent reputanda mala, non moralia vel theologica, sed mala naturae et philosophica; essent enim contra dictamen rationis, sed non contra legem praecipientem aut vetantem, et ideo mala naturae, non moris".

71 Ibid. "Homo faciens contrarium, contra naturam committit malum, sed non esset tale malum reputandum demeritorium, aut offensa Dei".

72 Op. oxon.2, d.37,1, n.6. "Et enim voluntas creata debitrix est dandi rectitudinem actibus ab se elicitis, seu eliciendi omnes actus iuxta praescriptum voluntatis superioris [...] Haec igitur carentia, in quantum consequitur actum voluntatis deficientis a dictamine recto, et regulis superioris voluntatis, est formaliter actuale peccatum".

Fälle – in der Philosophie sind es Gedankenexperimente, in der Theologie (siehe das Isaak-Opfer) Experimente Gottes mit dem Menschen – an denen eine tiefergehende Differenz im Denken zutage tritt.

Dies beginnt immer dort, wo es sich entscheidet, was als evident gelten kann und was nicht. Und weil das wiederum nicht ohne ein Kriterium möglich ist, reduziert sich die Frage nach der Kontinuität oder Inkompatibilität der Positionen im Bereich des natürlichen Sittengesetzes zu einem wesentlichen Teil auf die Frage nach der Identität der Beurteilungskriterien.

Wie sich herausgestellt hat, verstehen Thomas und Scotus unter Evidenz *nicht* dasselbe. Scotus ist primär an einer Art von Evidenz interessiert, die Gott und Mensch umfassen kann und die sich folglich an dem Spielraum orientiert, der für jeden Intellekt im Bereich der *complexio terminorum* notwendig derselbe sein muß. Von daher fallen einige Gesetze der *lex naturalis,* im Grunde der gesamte zwischenmenschliche Bereich der konkreten Handlungsprinzipien aus dem Bereich streng begründeter Notwendigkeit heraus.

Thomas hingegen sieht die Frage der Evidenz nicht notwendig begrenzt auf die Möglichkeit einer gemeinsamen Warte der urteilenden Vernunft. Was von dort her erkannt wird, ist nur ein bestimmter Ausschnitt des Erkennbaren, nämlich derjenige, welcher ohne Verbindung mit der Wirklichkeit bereits im Raum des Denkens vorhanden ist. Aber das ist gleichzeitig zu weit und zu eng gefaßt; zu weit, weil nicht alles Denkbare in der Weise, wie es im Denken existiert auch wirklich sein muß, zu eng, weil alles Wirkliche, nicht bloß das logisch Notwendige, eine innere Notwendigkeit haben kann, die für uns nicht unmittelbar einsehbar ist.

Deshalb ist Thomas an der Evidenz ‚für uns' interessiert, die mit der Erfahrung des Wirklichen beginnt, das so und nicht anders ist. Ob es auch anders sein könnte, ist philosophisch gesehen zwar spekulativ interessant, aber nicht maßgeblich, wenn es darauf ankommt, die Gesetze zu erkennen, nach denen - bezogen auf seine hier und jetzt gegebene Wirklichkeit - der Mensch handeln soll. Theologisch hält Thomas die Frage nach einer Nicht-Notwendigkeit im Wesen des gegenwärtigen, erfahrbaren Seins der Dinge sogar für eine Blasphemie, wenn sie nicht auf die göttliche Freiheit *vor* Erschaffung eben dieser Wirklichkeit begrenzt ist.[73]

Zwischen beiden Positionen gibt es von daher keinen gleitenden Übergang und sei es auch nur in Gestalt einer Verschärfung des rationalen Kriteriums. Es ist ein anderes Kriterium, das im weiteren Verlauf der Entwicklung bei Ockham

---

73 Cf. Ver. 23,7.

deutlicher zum Vorschein kommt, wenn dieser die Nichtwidersprüchlichkeit des Gotteshasses der von Scotus behaupteten Selbstevidenz der gebotenen Gottesliebe entgegensetzt und damit den notwendigen Gehalt der *lex naturalis* noch weiter einschränkt.[74]

Rückblickend auf Gemeinsamkeiten und Unterschiede kann deshalb behauptet werden, daß beide Positionen hinsichtlich der Frage nach der Erkennbarkeit von Umfang und Geltung des sittlichen Naturgesetzes eine philosophisch begründete Antwort entwickeln, deren Geltung auch unabhängig von dem theologischen Kontext geprüft werden kann, in welchem sie entwickelt wurde. Die Tatsache, daß Duns Scotus im Bereich seiner Position offensichtlich mit weniger Voraussetzungen auskommt als Thomas von Aquin, impliziert noch kein Urteil darüber, welche Position „philosophischer" sei und weniger abhängig von theologischen Vorentscheidungen. Sofern Philosophie nur aufgrund und nicht unabhängig von selbst nicht mehr philosophisch ableitbaren Vorentscheidungen entwickelt wird, hängt die Frage nach ihrer größeren oder geringeren Überzeugungskraft letzten Endes daran, welche ihrer Vor-Urteile sich auch in einen veränderten Kontext des Denkens einfügen lassen und welche nicht.

Hier hat es nicht bloß ein zeitgenössischer Leser offenkundig schwerer mit der Position des Thomas von Aquin. Heute wie damals (insbesondere nach 1277) geht eine Beunruhigung aus von der Inhaltlichkeit seiner Aussagen, die sowohl (moderne) Skeptiker wie (mittelalterliche) Theologen irritieren kann und heute (damals gerade nicht) den Verdacht zu wecken scheint, nur theologisch begründet zu sein.

Bezieht man diesen Eindruck auf die Motive des Denkens, von denen her jemand zu seinen Vorurteilen neigt, ist das sicher unbezweifelbar richtig, aber es gilt für beide. Thomas, von Chesterton mit dem erhellenden Beina-men „a creatore" bedacht, denkt theologisch vor allem aus der Perspektive einer Bewunderung für die Ordnung und Schönheit der von Gott geschaffenen Dinge. Hier liegt für ihn der natürliche Anknüpfungspunkt und die Kongenialität zur Haltung der Philosophie in der Antike.

Duns Scotus denkt in einer inzwischen veränderten Situation theologisch vor allem von der Freiheit der göttlichen Gnade her, die durch nichts Geschaffenes formell genötigt oder begrenzt zu werden vermag, was den skeptischen Grundzug seiner Haltung gegenüber dem philosophisch Wißbaren erklären mag. Die Wahl seines philosophischen Ansatzes ist daher philosophisch so wenig zwingend, wie die entsprechende Vorentscheidung bei Thomas von Aquin. Sie führt

---

74 Cf. Sent. II,19 O.

letzten Endes auf den in der gesamten Denkgeschichte unbeendlichen Konflikt zwischen Realismus und Idealismus in der Philosophie. Vom Idealismus aus gesehen, ist die Schwäche des Realismus gerade seine Behauptung wahrer Einsichten in die Natur der Dinge, die ihn unvermeidbar anfällig macht für eine skeptische Kritik - gleichgültig, ob von theologischen oder anderen Voraussetzungen her. Sich dem auszusetzen, kann für einen Theologen mit gutem Grund als ein zu großes Risiko erscheinen und ihn dazu veranlassen, nach anderen Wegen zu suchen, die mehr Spielraum für theologische Aussagen lassen. Eben das hat Duns Scotus in seiner Naturrechtslehre getan. Aber deshalb gilt nicht im Umkehrschluß, daß, was immer Duns Scotus philosophisch nicht gelten läßt, darum nur theologisch einholbare Aussagen sind.

El derecho natural clásico: entre la *auctoritas* y la *potestas*

Elio A. Gallego García[1]

1. Ha observado Leo Strauss que la idea clásica de derecho natural sólo pudo aparecer en la Grecia clásica como consecuencia del descubrimiento previo de la idea de naturaleza, algo que, a su vez, «corresponde a la filosofía». Con anterioridad, el derecho se legitimaba sobre todo por su carácter antiguo, por la tradición (*Vetustas pro lege semper habetur*). De ahí que, cuando, especialmente desde Sócrates, se comenzó a apelar a la naturaleza para la justificación del derecho, se hizo en detrimento de la autoridad[2]. «La aparición de la idea de derecho natural presupone, por tanto – al decir de Leo Struss –, la duda de la autoridad». Y un poco más adelante lo explica así: «Si tomamos a Sócrates como el representante de la búsqueda del derecho natural, podemos describir la relación de dicha búsqueda con la autoridad de la siguiente manera: en una comunidad gobernada por las leyes divinas, está estrictamente prohibido someter dichas leyes a una discusión verdadera, es decir, a un examen crítico, en presencia de jóvenes varones; Sócrates, sin embargo, aborda el tema del derecho natural –una cuestión cuyo descubrimiento presupone la duda del código ancestral o divino- no sólo en presencia de jóvenes sino entablando una conversación con ellos»[3]. De este examen crítico que Sócrates hiciera del derecho, y de su conexión con la naturaleza, se originaría lo que se ha venido en denominar «el derecho natural clásico». En palabras de Strauss: «La doctrina del derecho natural que formuló Sócrates y que desarrollarían más tarde Platón y Aristóteles, los estoicos y los pensadores cristianos (especialmente Santo Tomás de Aquino) podría denominarse la doctrina del derecho natural clásico, en contraposición a la doctrina del derecho natural moderno que surgió en el siglo XVII»[4]. Y este derecho natural clásico, sintéticamente descrito por Strauss, es el que nos proponemos estudiar, en estas breves reflexiones, precisamente a la luz de las ideas de *auctoritas* y de *potestas*, y en contraste también con la idea de derecho natural surgida con la modernidad.

---

1 Elio A. Gallego Garcia: Professor für Rechtstheorie und Rechtsphilosophie; Prorektor für wissenschaftliche Forschung in der San-Pable-CEU-Universität und Direktor von Colegio Mayor Universitario San Pablo.

2 «Al eliminar la autoridad de lo ancestral, la filosofía reconoce que la naturaleza es *la* autoridad» (Strauss, L., *Derecho natural e historia*, Barcelona, 2000, p. 136).

3 Ibid., pp. 127-128.

4 Ibid., p. 169.

2. Conviene, antes de proceder al estudio del objeto que nos hemos señalado, distinguir cuidadosamente entre los conceptos de *auctoritas* y *potestas* debido al uso, cuanto menos ambiguo, cuando no directamente equivocado, que usualmente se hace de dichos términos en el lenguaje político y jurídico modernos[5]. Autoridad es palabra que procede del verbo latino *augeo*, que significa incrementar, dar vigor o prosperidad, y de *augeo* procede también *auctor*, actor, que es quien inicia o desarrolla algo (*actio*). La autoridad, por tanto, es la cualidad que acompaña al autor o iniciador de algo, como, por ejemplo, al padre respecto del hijo, al fundador de una sociedad de hombres, del tipo que fuere, respecto de dicha sociedad, o de una verdad descubierta o un bien proporcionado respecto de los que disfrutan de tales verdades o bienes. *La autoridad supone una dependencia respecto de alguien a quien se le debe reconocimiento, a modo de deuda, por un incremento de lo real que no habría existido sin esa acción originaria.* Entendido esto, se entiende igualmente que el paradigma de autoridad sea la *auctoritas patrum*, la autoridad de los padres, pues en ningún caso como en este se pone más de manifiesto la fecundidad de la acción humana, hasta el punto de generar a un semejante[6]. De ahí que el mayor título, la máxima autoridad, con la que se puede distinguir a alguien es con el título de «padre»[7]. Lo más que cabe decir, la más alta dignidad, en la tradición grecolatina, de las divinas figuras de Zeus o Júpiter es que son «padres de dioses y hombres». El gran culto a los antepasados, a los fundadores de una estirpe o un *polis*, tiene ese mismo sentido: son los padres originarios de quienes procede lo actual.

En Roma, de la que no por casualidad surge la palabra y la idea de *auctoritas*,[8] el Senado es la instancia política expresiva de la *auctoritas patrum*, que junto al Colegio de los Pontífices y los augures encarnan la tradición de Roma: «Los provistos de autoridad eran los ancianos, el Senado o los *patres* que la habían

---

5 Confusión que llevó al insigne pensador inglés Michael Oakeshott a declarar que «en cuanto a la palabra „autoridad", sólo se libra de la corrupción a cambio de que nadie la use» (*El Estado moderno europeo*, Barcelona, 2001, p. 40).

6 Hasta tal punto es así que santo Tomás de Aquino cuando se plantea la cuestión de quién es más semejante a Dios, si el hombre o el ángel, afirma que en cierto sentido el hombre se asemeja más a Dios, pues el hombre procede del hombre como Dios procede de Dios (*Suma Teológica*, I, c.93, a.3, r).

7 Señala Fustel de Coulanges que la palabra «pater», que es la misma que en griego, en latín y en sánscrito, era «sinónima de *rex*» y equivalía a las ideas de «poder, de autoridad, de dignidad majestuosa», por lo que no se confundía con la idea, estrictamente biológica, de *generator* (*La ciudad antigua*, Méjico, 1998, pp. 61-62).

8 Cuando el historiador Dion Casio se dispuso a traducir las *Res gestae divi Augusti* (las memorias de Augusto) al griego observó que carecía de una palabra en este idioma que respondiese fielmente a la idea de auctoritas (Cf. Domingo, R., *Auctoritas*, Barcelona, 1999, p. 14).

obtenido por su ascendencia o por transmisión (tradición) de quienes habían fundado todas las cosas posteriores, de los antepasados, a quienes por eso los romanos llamaban mayores. La autoridad de los vivos era por eso siempre derivada, dependía de los „*auctores imperii Romani conditoresque*" como lo dijo Plinio, es decir, de la autoridad de los fundadores que ya no estaban entre los vivos»[9].

En el origen se halla, pues, la *in-auguratio*, otra palabra derivada del verbo *augeo*, el inicio u origen de las cosas, como queda magistralmente en estos versos de Ovidio:

Sancta vocant augusta patres, augusta vocantur

Templa sacerdotum rite dicata manu
Huius et augurium dependet origine verbi
Et quodcumque sua Jupiter auget ope[10].

La autoridad, que reviste siempre de un modo u otro la forma de paternidad, inaugura toda potestad y la autoriza. O lo que es lo mismo, posee una función de legitimación. Por lo que todo poder, para que sea verdadero y no mera fuerza o violencia, ha de estar autorizado. Es por ello que entre ambas categorías existe una íntima jerarquía, que entraña una relación de anterioridad y dependencia. El poder «nace» de la autoridad y la presupone. La autoridad es «antes» y «más» que el poder. Entre ellos se establece una relación de más (*magis*) y de menos (*minus*), de ahí que la autoridad posea una función *magis-terial*, en tanto que el poder la posea *minis-terial*. Por lo que, siguiendo, la etimología de las palabras, el poder está llamado a servir (*minister*) a la verdad de quien tiene o posee la autoridad (*magister*).

La distinción entre poder y autoridad es, como fácilmente puede verse, rica en consecuencias. Por un lado, la autoridad implica esencialmente un magisterio, posee la verdad y el origen de las cosas, en tanto que el poder supone una capacidad de modificación de las mismas. El poder entraña el mando, y «dicta» lo que hay que hacer. La autoridad entraña el magisterio y «enseña» lo que hay que hacer. Por eso, como bellamente observara Hanna Arendt: «La autoridad impli-

---

9 Arendt, H, *Qué es la autoridad*, en «Entre el pasado y el futuro. Ocho ejercicios de reflexión política», Barcelona, 1996, p. 133.

10 «Llaman a los antiguos a lo santo „augusto"/ Llámense augustos los templos dedicados por mano sacerdotal/ También viene del mismo origen de esta voz el „augurio"/ y todo lo que con su ayuda aumenta Júpiter» (cita y traducción de Rafael Domingo, *Auctoritas*, op. cit., p. 14).

ca una obediencia en la que los hombres conservan su libertad»[11]. De hecho, sólo existe verdadera obediencia cuando uno actúa en atención a la autoridad de quien señala lo bueno que hay que hacer, pues sólo en este caso se produce una *ob audiencia*, es decir, una escucha inteligente de lo que conviene hacer. Y en este mismo sentido se hace necesario caer en la cuenta que lo propio de la autoridad, a diferencia del poder, es que la autoridad se «ex-pone», en tanto que el poder se «im-pone». Por lo que la autoridad siempre puede ser rechazada, mientras que el poder, si es real, si «puede», no. Pero si hasta aquí nos hemos empeñado en distinguir las categorías de *auctoritas* y *potestas* es hora ya de que percibamos su intrínseca unidad, y ella se ofrece en la idea «gobierno». Si nos fijamos, todo gobierno, esto es, la conducción de las cosas a su fin, se constituye siempre a partir de una mixtura de autoridad y potestad. Ni el solo poder ni la sola autoridad bastan para el gobierno de los hombres, sólo un poder legitimado por una autoridad se halla en condiciones de un verdadero gobierno político[12]. Porque una autoridad sin poder es mero consejo, un poder sin autoridad es mera fuerza. Así, pues, la idea de gobierno resulta clave para entender la unidad y distinción que simultáneamente representan las ideas de autoridad y poder.

3. Creemos ahora estar ahora en condiciones más adecuadas para valorar las tesis, inicialmente expuesta de Leo Strauss, de cómo la aparición del derecho natural presuponía, cuanto menos, la puesta en duda de la autoridad. A nuestro juicio Strauss tiene razón en el sentido de que Sócrates se enfrenta con la autoridad establecida en Atenas y sus tradiciones político-religiosas acerca de lo bueno y de lo justo, pero, y el matiz es de extrema importancia, no para disolverlas en un criticismo racionalista o escéptico, sino que, criticándolas racionalmente, tenía la esperanza de devolverlas a una pureza originaria, refundándolas. Matiz que marca la irreductible distancia entre Sócrates y los sofistas. Para éstos últimos el derecho natural será el gran arma para la crítica más despiadada que pudiera hacerse de las convenciones políticas y jurídicas de las que los griegos del siglo V a. C. se sentían tan orgullosos[13].

---

11 Arendt, H., *Qué es la autoridad*, op. cit. p. 116

12 En este sentido resulta fundamental la conocida distinción aristotélica entre domino político y dominio despótico (*Política* I, 1254b).

13 Como es sabido para el personaje del *Gorgias*, Caliclés, lo natural era el derecho del más fuerte, contrariamente a la igualdad que la ley positiva establecía para todos los que gozaban del derecho de ciudadanía, fruto de los débiles. Para el sofista Trasímaco (*República*), en cambio, cumplir con la justicia y con la ley sólo puede favorecer a los poderosos que han impuesto tales obligaciones a los demás para permanecer el disfrute de sus posiciones.

Es la conocida contraposición entre *physis* y *nomos*. No era esta desde luego la intención socrática, como se destaca en el diálogo del *Critón* y donde justifica por qué no se escapa de la cárcel y asume, voluntariamente, su condena a muerte bebiendo la cicuta[14]. Por otro lado, sabemos que Sócrates, o al menos Platón, no desdeña todos los «mitos», sólo desdeña, dice textualmente, «los mitos engañosos, que inventan y cuentan Hesíodo, Homero y los demás poetas». Esto es, aquellos que desfiguran el verdadero rostro de la divinidad; porque: «Hay que decir de Dios justamente aquello que El es en verdad»[15]. En sentido contrario, todos aquellos mitos, relatos «antiguos», que revelan la bondad y justicia de la divinidad y del destino último de los hombres «deben», en opinión de Sócrates, ser creídos[16]. Por lo demás, Sócrates concibe su labor como una «vocación divina» ligada al oráculo de Delfos[17]. Vocación nada extraña por cierto al conjunto de filósofos que le precedieron[18].

Es cierto, sin embargo, que en Aristóteles aparece más acentuado el carácter crítico-racional de la filosofía frente a las formas de pensar tradicionales basadas en criterios de autoridad. «Pero en general –observa el estagirita-, todos buscan no lo tradicional, sino lo bueno»[19]. Pero no es menos cierto que, como el mismo Strauss observa, «la filosofía apela de lo ancestral a algo más antiguo que lo ancestral. La naturaleza es la antecesora de todos los antecesores o la madre de todas las madres. Es más antigua, y por ello más venerable, que cualquier tradición»[20]. Y esto se cumple en grado máximo en Aristóteles. Hasta el punto que, en Aristóteles, la apelación a la naturaleza (p*hysis*) queda ampliamente transcendida en su obra, al culminar su pensamiento en una metafísica, es decir, en un punto más allá de la naturaleza sin la cual ésta no es explicable. Punto tra-

---

14 En la versión platónica de las últimas horas de Sócrates, éste pone especial énfasis ante su discípulo Critón en no hacer nada que perjudique a la *Polis* o cuestione la autoridad de sus leyes y magistraturas.

15 *República*, 377b 5 ss.

16 Como nos recuerda Josef Pieper, Sócrates, sobre estas «historias» repite hasta tres veces la expresión *pepeismai* -«yo lo he creído»- en el *Fedón* en referencia a tales mitos. (*Sobre los mitos platónicos*, Barcelona, 1984, p. 69).

17 Vid. Platón, *Apología de Sócrates*, 21a.

18 Véase en este sentido la magnífica obra de Werner Jaeger, *La teología de los primeros filósofos griegos*, Méjico, 1993.

19 Y añade: «Y es verosímil que los primeros hombres, ya fueran nacidos de la tierra o salvados de algún cataclismo fueran semejantes a los hombres ordinarios e insensatos, como se dice de los que nacieron de la tierra; de modo que es absurdo perseverar en sus opiniones» (*Política*, II, 1269 a).

20 Strauss, L., *Derecho natural e historia*, op. cit., p. 135.

scendente que por su misma naturaleza es necesariamente teológico.[21] Se trata, por lo demás, de un proceso perfectamente observable, y que va de los primeros filósofos «físicos», empezando por Tales, a los posteriores, en un desbordarse progresivo de la idea de naturaleza como fuente originaria de lo real, como en Heráclito y Parménides, hasta su culminación ya plenamente «metafísica» en Platón y Aristóteles.

En otro sentido, la intención de Aristóteles no fue la supresión de toda autoridad, sino la consolidación de una nueva autoridad basada en las ideas de sabiduría y prudencia. Para referirnos sólo a esta última que es la concerniente a la vida activa, Aristóteles presentará dos instancias de autoridad, distintas pero complementarias al mismo tiempo: la ley y el hombre prudente.

Desde una perspectiva clásica, la ley era entendida como expresión de las ideas básicas compartidas que una comunidad tenía sobre lo bueno y lo justo, configurándose como un cotidiano horizonte de referencia para la vida común, proporcionando seguridad y certeza a todos los ciudadanos en sus gestos más fundamentales, convirtiéndose así en un valladar contra la arbitrariedad y el abuso. De ahí que, para Aristóteles, la ley, supusiese la diferencia entre un gobierno político y un gobierno despótico. Valoración de la ley que llevó a Aristóteles a considerarla como una «razón sin deseo», que suponía «un gobierno exclusivo de la divinidad y de la inteligencia». Por lo que, a su juicio, «es preferible que mande la ley antes que uno cualquiera de sus ciudadanos, y por esa razón, aun si es mejor que gobiernen varios, éstos deben ser establecidos como guardianes y servidores de las leyes»[22].

La ley, pues, concebida no sólo como criterio de legalidad, también de legitimidad. Y junto a la ley el hombre prudente. A diferencia de su maestro Platón, Aristóteles gustará de ver las «ideas» en la concreción singular de las cosas, por lo que «la medida» de la bondad y maldad morales deberá buscarse igualmente en lo real concreto, y ese real concreto será el hombre bueno o prudente[23]. Lo que significa que, para Aristóteles, la verdad de un razonamiento moral no se halla sólo o exclusivamente en el razonamiento mismo, también está en función de *quién* haga tal razonamiento. No todas Pas opiniones están igualmente autorizadas, porque, «uno debe hacer caso de las aseveraciones y opiniones de los

---

21 Cf. Jaeger, W., La teología de los primeros filósofos griegos, op. cit., pp. 10-11.

22 *Política*, III, 1287 a 3-5

23 «El hombre bueno, en efecto, juzga bien todas las cosas, y en todas ellas se le muestra la verdad. Pues para cada modo de ser, hay cosas bellas y agradables, y sin duda, en lo que más se distingue el hombre bueno es ver la verdad en todas las cosas, siendo como el canon y la medida de ellas» (*Política*, III, 1113 a 30).

experimentados, ancianos y prudentes no menos que en las demostraciones, pues ellos ven rectamente porque poseen la visión de la experiencia»[24]. Recordemos a este respecto cómo para Aristóteles, en línea con la tradición socrática, la capacidad de raciocinio sobre las cuestiones morales, el hallazgo de lo justo y de lo bueno, se halla íntimamente ligada al grado de bondad moral que posea el individuo que realiza tal raciocinio, al consistir, en el fondo, en un conocimiento por connaturalidad[25]. Por eso, el criterio del malvado carece de autoridad, pero también el del intemperante, e incluso el del joven, al no poseer la necesaria experiencia de la vida[26].

4. Ideal de hombre sabio y prudente que, como criterio de autoridad, tuvo su desarrollo y expansión con el estoicismo, al igual que las teorías de la ley y el derecho natural[27]. Un desarrollo del ideal de hombre prudente, y de la ley y el derecho natural, en el periodo helenístico, que coincidió también con el tránsito en Roma del derecho como labor sacerdotal, propia de la autoridad del Colegio de los Pontífices, al derecho entendido como arte profano propio de hombres prudentes, con la distinción por tanto, entre el *ius* y el *fas*. Tránsito que marcará el inicio de la época de esplendor de la jurisprudencia romana que habría de convertirse en clásica.

La piedra angular de dicha jurisprudencia se basó precisamente en la distinción entre la *potestas* del pretor y la *auctoritas* del prudente que resolvía el caso. Como es sabido, en el derecho procesal romano, al pretor le correspondía la admisión de las demandas, cuando había acción para ello, y la tramitación del proceso. Tenía una labor que podríamos calificar de jurisdiccional. Una vez vistas las posibles excepciones y réplicas se instaba a las partes a que convinieran en un hombre prudente a cuya autoridad debían someterse, y si no había

---

24 *Etica a Nicómaco*, VI, 1143b 10.

25 «El razonamiento y la enseñanza no tienen quizá fuerza en todos los casos, sino que el alma del discípulo, como tierra que ha de nutrir la semilla, debe primero ser cultivada por los hábitos... pues el que vive según sus pasiones no escuchará la razón que intente disuadirlo ni lo comprenderá» (*Etica a Nicómaco*, X, 1279 b 25).

26 «Una señal de lo que se ha dicho es que los jóvenes pueden ser geómetras y matemáticos, y sabios, en tales campos, pero, en cambio, no parecen ser prudentes. La causa de ello es que la prudencia tiene también por objeto lo particular, que llega a ser familiar por la experiencia, y el joven no tiene experiencia» (*Ética a Nicómaco*, VI, 1142 a 10).

27 «Yo no sé –dice Jaeger- si se ha señalado y subrayado debidamente el hecho de que la recta ratio, de la que los estoicos hacía derivar su concepto de „ley natural", se tomó directamente de esta filosofía de la ancianidad de Platón». Por lo demás: «El derecho natural estoico compartía con la ley de Platón el origen y la autoridad „divinos", pues, como ésta, su funda en la naturaleza y en la razón» (*Alabanza de la ley*, op. cit., pp. 66-67).

acuerdo era el pretor mismo quien lo designaba. Cuando el prudente decía lo justo *–iurisdictio-* el pretor lo hacía cumplir. Se trataba por tanto de una verdadera *jurisprudencia*, en su sentido más literal de la expresión, que se alimentaba igualmente de las respuestas –responsa- ofrecidas a consultas y dudas que les eran planteadas y ellos resolvían.

Pero lo que más nos interesa observar es cómo en esta labor jurisprudencial la autoridad entendida en su sentido más tradicional no sólo no es rechazada en nombre de la razón, antes al contrario, el mérito del genio romano estuvo precisamente en conjugar en una misma autoridad, razón y tradición, *prudentia* y *mores*. En palabras del romanista español Álvarez Suárez: «La labor de los jurisconsultos era fruto de una inspiración como la obra de un artista, pero apoyada en otros pilares bien seguros, la fuerza de la Tradición; el valor de la experiencia y una especial sensibilidad para percibir las exigencias inexcusables que impone la realidad, la espontánea y viva naturaleza de las cosas, es decir, una inspiración realista entroncada en el terreno firme de la tradición y completada por la fuerza moral de su *auctoritas* que también venía apoyada por la *auctoritas* de sus antecesores»[28]. Por otro lado, las soluciones prudentes que se daba a los casos (*ius*) generalmente constituían una mixtura de derecho positivo y derecho natural, especialmente a medida que el derecho civil fue perdiendo su carácter rígidamente formalista y ritualista para dejar espacio a la *aequitas*, entendida ésta según criterios de razón natural. Esta magistral síntesis de una autoridad basada al mismo tiempo en criterios de prudencia y de tradición se encuentra perfectamente reflejada al inicio del Digesto cuando, hablando del oficio propio del jurista, se dice:

> «El derecho es el arte de lo bueno y de lo justo. En razón de lo cual se nos puede llamar sacerdotes; en efecto, rendimos culto a la justicia y profesamos el saber de lo bueno y de lo justo, discerniendo lo lícito de lo ilícito, anhelando hacer buenos a los hombres, no sólo por el temor a los castigos, sino también por el estímulo de los premios, dedicados, cuando no hay error, a una verdadera y no simulada filosofía»[29].

También la polaridad autoridad-potestad cabe encontrarla en la distinción entre *ius* y *lex*. Mientras que la ley es lo aprobado por los comicios y es expresión de la *potestas* de los magistrados y el pueblo romanos, el derecho es lo declarado por la autoridad de los prudentes, sin que ambos conceptos se confundan en

---

[28] Álvarez Suárez, U., *La jurisprudencia romana en la hora presente*, Madrid, 1966, p. 69.
[29] D. 1,1,1.

ningún momento. Polaridad que también cabe apreciarse en las instituciones políticas romanas, donde el Senado, los augures y el Colegio sacerdotal representan la *auctoritas*, en tanto que los cónsules, los pretores, cuestores, y demás magistraturas, junto con el pueblo de Roma ostentan la potestad. Distinciones todas ellas que entrarían en declive con el Principado para terminar pezdiéndose con el Imperio. Cuando Octavio se hizo llamar «Augusto» significó su deseo de recabar para sí no sólo la potestad, sino también, y esto es lo más grave, la autoridad. La proclamación del carácter divino del emperador había comenzado, configurándose, cada vez más, en fuente exclusiva del derecho.

5. El poder siempre está tentado de hacerse autoridad. Y esto fue lo que los cristianos pusieron en evidencia con su negativa a rendir culto al emperador, es decir, con su negativa a considerar al emperador como el criterio o autoridad ultima, divina, de lo bueno y de lo malo, de lo justo y de lo injusto. El cristianismo supuso la recuperación del ideal iusnaturalista, y con él la tradición de la mejor y más verdadera filosofía, que el Evangelio venía a confirmar. Así, para san Justino, la aparición del *Logos* divino en Sócrates reveló a los griegos lo que Cristo, el *Logos* hecho carne, reveló a los bárbaros[30].

En términos políticos, la conversión de los emperadores al cristianismo supuso que éstos renunciaban, al menos en parte, a la autoridad en favor de la Iglesia. Como declaró el Papa Gelasio I en carta al Emperador Anastasio I: «Dos son las cosas por las que se gobierna sobre este mundo: la sagrada autoridad de los papas y el poder de los reyes». Si bien, ambas instancias de gobierno encontraban su unidad en la persona de Cristo, de quien provenían, y que a un tiempo era Sacerdote, Profeta y Rey, es decir, suma autoridad y sumo poder. De todos es conocido que esta distinción entre autoridad y potestad no resultó nada pacífica durante los siglos medievales, con excesos y desviaciones por ambas partes. Desviación y exceso que por parte de la Iglesia se ven paradigmáticamente en el Decreto de Graciano. Para este autor, el derecho natural es «quod in lege et evangelio continetur», identificando así el derecho divino con la ley natural. El derecho natural quedaba absorbido de este modo por la Revelación convirtiéndose en objeto exclusivo de los clérigos, a quienes por oficio les compete la custodia de la tradición originada por el Evangelio. El derecho natural volvía a perder su nexo con la razón, y por tanto su carácter profano, para pasar a ser,

---

30 Primear apología, c. 5, 4.

una vez más, algo exclusivo de la autoridad correspondiente a una tradición sagrada (*fas*)[31].

Será con Tomás de Aquino con quien la distinción, sin separación, entre autoridad y razón recupere toda su validez[32]. El derecho natural se incardinará nuevamente en el ámbito de la razón, y más concretamente en el de las virtudes cardinales, comenzando por la virtud de la prudencia. El derecho natural tendrá su tratamiento dentro de la cuestión 57, de la *secunda secundae*, de su *Suma Teológica*, y que precede a las cuestiones referentes a la virtud de la justicia. El derecho para santo Tomás, como para el conjunto de la tradición, es «lo justo», pero también, y esto es una observación genial suya, «el objeto de la justicia». Que el derecho sea el objeto de la justicia significa que la precede y la funda. Porque ¿si no hubiese un derecho previo cómo podría darse con perpetua y constante voluntad a cada uno, como reza la fórmula del Digesto[33]? Sólo porque existen cosas que son propias, de alguien, es que tienen la condición de debidas, generándose la *ob-ligatio* por parte de los demás de su restitución, o al menos de respeto cuando se hallan ya en poder de su titular. Pero si el derecho no proviene de un acto de justicia, puesto que es anterior a ella, ¿de dónde procede? En el pensamiento de santo Tomás el derecho procede en general de los actos humanos.

El hombre en su vida en sociedad constantemente pacta y contrata con otros hombres cosas por las que reconoce que algo es de alguien. Si alguien contrata con otro una obra por cierto precio, qué duda cabe que cuando la obra finalice el precio convenido deberá ser satisfecho. Otras veces el origen de los derechos se halla en decisiones políticas, como cuando una ley establece que determinadas cosas les corresponde a ciertos ciudadanos. En otras ocasiones el origen de los derechos lo encontraremos en la misma naturaleza de las cosas, como cuando alguien es propietario de una tierra y hace suyos los frutos obtenidos de la misma. Pero con todo, parece indudable que no hemos llegado hasta el fondo de la pregunta. Porque, si se reflexiona con más atención, se podrá observar que la raíz de todo derecho se halla en algo más profundo y radical, en una comunicación gratuita, en una donación.

---

31 «Ex verbis huius auctoritatis euidenter datar intellegi, in quo differant inter se lex diuina et humana, cum omne quod fas est, nomine diuinae vel naturalis legis accipiatur, nomine uero legis humanae mores iure conscripto et traditi intelligantur» (I, 1; der Editio Friedbergs, 1879).

32 «Licet locus ab auctoritate, quae fundatur super ratione humana, sit infirmissimus, locus tamen a auctoritate, quae fundatur super revelatione diuina, est eficacissimus» (*Suma Teológica*, I, c.1, a.8, ad. 2).

33 D. 1, 1, 9.

El disfrute de la vida, por ejemplo, tiene su origen en la concepción de los padres, pero si lo pensamos, éstos no se hallaban obligados a concebir por ninguna razón de débito al concebido. En realidad, nadie nos debía la vida antes de tenerla. Pero con la existencia, con su donación, sí que comienzan los derechos, porque «alguien debe algo a otro... cuando necesariamente se le ha de dar algo que se requiere para su perfección»[34]. Resulta curioso que por la generación el padre se halle ligado radicalmente al hijo por un deber de justicia, con la necesidad de darle todos los derechos que requiere para su vida, cuando lo más profundamente real es que quien «es siempre deudor»[35] es el hijo respecto de sus padres. Con una deuda, además, tan radical que es de suyo impagable. Esta imposibilidad de retribución a quien nos ha dado con gratuidad algo genera una virtud distinta, aunque conexa, de la virtud de la justicia, y que la transciende, y es la virtud de la piedad. Virtud de naturaleza religiosa, porque como observa san Tomás: «Por la creación empieza el ser creado a tener algo suyo»[36]. Reflexiones todas ellas que nos llevan a su vez a caer en la cuenta de que lo que está en el origen de los derechos humanos es una acto esencialmente de autoridad. Si recordamos, decíamos que la autoridad supone una dependencia respecto de alguien a quien se le debe reconocimiento, a modo de deuda, por un incremento de lo real que no habría existido sin esa acción originaria. Pero esto se cumple, del modo más cabal, respecto de los derechos, tal y como se ha podido comprobar[37].

Constituido el orden de la creación no resulta difícil percibir que existen cosas naturalmente justas, a diferencia de otras que sólo lo son por convención. Respecto de las primeras, «la ley escrita contiene el derecho natural, pero no lo establece; pues el derecho natural no saca su fuerza de la ley, sino de la naturaleza misma; en cambio la ley escrita contiene e instituye el derecho positivo, dándole toda la fuerza y la autoridad»[38]. De este interesante pasaje tomista cabría extraer algunas conclusiones. Una primera, que el derecho natural no es un derecho constituido al margen del derecho positivo sino que se halla en él, formando ambos derechos, el natural y el positivo, un único cuerpo jurídico; una segunda conclusión sería que la fuerza vinculante del derecho natural no depen-

---

[34] Contra Gentiles, II, 28, 4.

[35] Ética a Nicómaco, 1163b 20.

[36] Ibid., 2.

[37] No es por ello casual que cuando se quiere señalar lo primero que corresponde al derecho de gentes, en el Digesto 1,1,2 se establezca «la religión para con Dios; que obedezcamos a los padres y a la patria» (Pomp. 1 enchir. Sing).

[38] Suma Teológica, II-II, c.60, a.5, r.

de del poder ni de la autoridad de los hombres, a diferencia del derecho positivo. La única dependencia del derecho natural en cuanto a la voluntad humana es respecto de su verificación y reconocimiento, y esto es sobre todo un acto de razón. Sin embargo, y a diferencia del derecho natural, el derecho positivo sí requiere de un acto de gobierno, de quien tiene autoridad para ello y «puede» establecerlo. Si estamos en lo cierto, e interpretamos bien a santo Tomás de Aquino, cabe observar que tanto para el acto de reconocimiento del derecho natural como para la constitución del derecho positivo se requiere de un acto combinado de poder y autoridad, pero no del mismo modo. Respecto del derecho natural, de su reconocimiento, existiría un mayor peso de la *auctoritas* respecto de la *potestas*, es más una cuestión de «saber» y de *ex-poner* que de «establecer» e *im-poner*. Al contrario de lo que sucedería con la constitución del derecho positivo, donde sí primaría más la *potestas* que la *auctoritas*, al ser más *im-puesta* que *ex-puesta*.

Pero asentada la existencia de un derecho y una ley naturales, ¿cuál es la razón de la existencia de una ley divina? ¿No resultaría acaso superflua? Cuestión que el mismo santo Tomás se plantea para responderse que, en primer lugar, la ley divina se constituye en relación al fin último del hombre, fin último que transciende su propia naturaleza, de ahí que requiera de una ley más alta que la puramente natural. Pero además, dada la debilidad de la razón y la voluntad humanas, la existencia de la ley divina está llamada a confirmar y ratificar la ley natural, mediante la autoridad divina, para que el hombre pueda permanecer en ella[39]. También en su tratamiento de la ley y el derecho natural santo Tomás es fiel a su idea de que la gracia (ley divina) no anula la naturaleza (ley natural) sino que la eleva y perfecciona.

6. Todo un conjunto de equilibrios y distinciones que, sin embargo, saltarán en pedazos con la irrupción del voluntarismo de raíz nominalista, allá por el siglo XIV, con Guillermo de Ockham. Para Ockham, franciscano y líder de la facción de los «espirituales» de su orden enfrentados al Papado, Dios no manda las cosas porque sean buenas, son buenas porque Dios las manda. Todo, absolutamente todo, depende de la omnipotencia divina, por lo que si Dios hubiese establecido el homicidio como bueno, y aún el odio a sí mismo, eso sería lo bueno[40]. Recordemos cómo, en sentido contrario, para santo Tomás, «cuanto la ley divina ha mandado es recto no sólo porque lo ha mandado la ley divina, sino porque

---

[39] Cf. *Suma Teológica*, I-II, c.91, a.4.

[40] Cf. Canals Vidal, F., *Historia de la filosofía medieval*, , Barcelona, 1992, p. 299.

está de acuerdo con la naturaleza... es evidente que el bien y el mal de los actos humanos no depende únicamente de la disposición de la ley, sino también del orden natural»[41]. Resulta evidente que, desde una perspectiva voluntarista, la distinción entre *auctoritas* y *potestas* resulta superflua. Como también la idea misma de derecho natural al quedar éste reducido a positivismo teónomo, puesto que, a juicio de Ockham, «en el derecho natural no se manda sino lo que Dios quiere que se haga y se prohíbe lo que Dios prohíbe hacer»[42]. Con el triunfo de las tesis ockhamistas en la generalidad de las Universidades europeas la cultura que iba fraguándose con la Modernidad nacerá con una carga voluntarista de fondo[43]. Voluntarismo que se agudizará aún más en aquellos países en los que triunfó la Reforma protestante, fuertemente antitomista y antiaristotélica[44].

En un principio, con el triunfo de la Reforma protestante y las guerras de religión, la ley natural quedó relegada, o, mejor dicho, subsumida por la ley divina, del mismo modo que las cuestiones políticas quedaban soterradas por las religiosas y sus luchas intestinas. Todo parecía dirimirse en un conflicto de autoridades religiosas. Pero con la irrupción del racionalismo y la necesidad sentida de concebir una ciencia política que gozase de una neutralidad capaz de sentar unas bases de convivencia más allá y con independencia de los credos religiosos de los súbditos, la idea un derecho natural cobró fuerza y pasó a un primer plano. Por parte del ámbito católico se retomó con particular intensidad la relectura de la *Suma Teológica* de santo Tomás, especialmente los tratados referidos a la ley y el derecho naturales, en tanto que en el ámbito protestante, Hugo Grocio inauguraba un nuevo modo de tratar y concebir el derecho natural, donde el racionalismo proporcionaba los nuevos paradigmas intelectuales.

Pero este nuevo derecho natural inaugurado por Grocio, y su ruptura con la tradición iusnaturalista anterior, resulta ininteligible si no es puesto en conexión con la revolución científica que empezaba a desarrollarse en el siglo XVII. Revolución científica que, en palabras de Butterfield, no tuvo su origen «por nuevas observaciones, ni por pruebas de carácter nuevo o inusitado, sino por las trasposiciones que estaban teniendo lugar en las mentes de los propios hombres

---

41 Contra Gentiles, III, 129.

42 Cit. en Hervada, J., *Lecciones de filosofía del derecho*, Pamplona, 1991, p. 190.

43 Como bien ha observado Cornelio Fabro, el voluntarismo constituye la «esencia de la cultura moderna» (*Il diritti dell'uomo nella tradizione hebraico-cristiana*, en Studi Catolici, 66 <settembre, 1966> pp. 11-12).

44 Las diatribas de Lutero contra Aristóteles están a lo largo de toda su obra, escogemos sólo una a modo de ejemplo: «La ética de Aristóteles se opone directamente a la gracia de Dios» (cit. en Funk-Brentano, F., *Lutero*, Barcelona, 1941, p. 137).

de ciencia»[45]. Pero ¿de qué «trasposiciones» se trataba? Una primera trasposición fue «cuando Galileo... tomando la dirección opuesta, tratando los cuerpos celestes como si fueran cosas terrestres, y considerando a los planetas sujetos a las mismas leyes que regían el comportamiento de una esfera en un plano inclinado»[46]. Es decir, cuando el cielo dejó de ser observado desde la tierra como algo superior, como quien mira de abajo arriba, y empezó a ser mirado «desde fuera», donde la tierra y el cielo, los planetas del sistema solar, se hallan todos en un mismo plano. Es lo que Arendt ha denominado «el punto de vista de Arquímedes»[47]. Y, como consecuencia, «en lugar de observar los fenómenos naturales tal y como se presentaban, colocó a la naturaleza bajo las condiciones de su propia mente»[48]. Un segundo elemento que posibilitó esta «trasposición mental» que inauguraba la ciencia experimental moderna fueron los nuevos modelos matemáticos mixtos de álgebra y geometría, de los que, por cierto, Descartes fue uno sus iniciadores. Según Arendt, «las matemáticas lograron reducir y verter todo lo que el hombre no es en modelos que son idénticos a las estructuras mentales humanas»[49]. Trasposiciones todas ellas «antiaristotélicas», como también lo fue la consideración de que el estado inicial de los cuerpos, y hacia lo que tendían, no era el reposo, sino el movimiento. Finalmente, y frente a toda la teoría de las cuatro causas aristotélicas, la ciencia moderna desechó las causas formal y final (que, como decía Francis Bacon, eran vírgenes estériles). En adelante, «la mente iba a ser dirigida constantemente en el futuro hacia aquellas cosas –y se iba a ocupar de aquellos problemas- que pudieran reducirse a la medición, al cálculo»[50]. La ciencia moderna, con sus rápidos éxitos y grandes progresos, tuvo caracteres de una nueva revelación, como si de un segundo Prometeo se tratara y hubiese bajado otra vez a la tierra.

7. La autoridad de Aristóteles en cuanto a la física se refiere estaba herida de muerte, o al menos, así se pensaba. Pero si Aristóteles se había equivocado en sus planteamientos físicos, ¿por qué no en otros ámbitos del conocimiento en los que seguían reinando, casi hegemónicamente, como eran la filosofía y la ciencia

45 Butterfield, Herbert, *Los orígenes de la ciencia moderna*, Madrid, 1958, p. 14.

46 Ibid., p. 99.

47 En palabras de Arendt, «hemos hallado una manera de actuar sobre la Tierra y en la naturaleza terrestre como si dispusiéramos de ella desde el exterior, desde el punto de Arquímedes» (*La condición humana*, Barcelona, 1993, p. 290).

48 Ibid., p. 293.

49 Ibid., p. 294.

50 Butterfield, H., *Los orígenes...* , op. cit., p. 125.

política? En esta tarea de sustitución y de remoción de la autoridad de Aristóteles, se encuentran las obras de Bacon y Descartes. Para este último, su método se basó, precisamente, en la necesidad de someter a crítica, mediante una duda metódica, todo el saber recibido y dado por supuesto, no para quedarse en una postura escéptica, sino para obtener exclusivamente las certezas a partir de la razón del propio yo pensante. Era, en definitiva, el rechazo de toda autoridad, al consistir esencialmente ésta en un acto de confianza, de «fe» en alguien a quien reconocemos un saber mayor al nuestro y en este sentido nos precede. Autoridad que en su perspectiva temporal puede denominarse también como «tradición», si entendemos por tradición todo saber que es recibido o comunicado (*traditio*), y cuyo origen no está en uno mismo sino en un otro[51]. Elevándose la contradicción entre tradición y razón hasta un punto nunca antes alcanzado[52].

Pero, ¿cuál podía ser el punto de certeza sobre el que construir una nueva teoría del derecho natural distinta y alternativa a la concepción aristotélico-tomista? Pues el propio individuo y sus más sentidas necesidades, particularmente la de la supervivencia. En principio no podía haber duda alguna acerca de que lo que todo hombre valora es su vida y lo que teme sobre cualquier otra cosa es la muerte. Tomando este punto de partida, a modo de axioma de la nueva ciencia del derecho natural, tanto Grocio como Hobbes y Locke, construyeron sus respectivos modelos sociales y políticos. El hombre es percibido en su desnuda naturaleza como un ser solitario, aunque no solo. Pues junto a él, más o menos próximos, existen otros hombres iguales que él y en el mismo estado de necesidad y supervivencia y que, por eso mismo, son sus enemigos potenciales. Pero este estado de naturaleza, que podría llevar al hombre a su propia destrucción, es reversible gracias a la razón que éste posee, pues haciendo de la necesidad virtud el hombre puede convenir con otros hombres un pacto social del que podrían obtenerse ventajas para todos, y la primera de todas la seguridad de la propia vida. Es importante observar que la nueva ciencia del derecho natural se con-

---

51 Descartes, después de observar que: «Es cierto que no vemos que se derriben todas las casas de una ciudad con el único propósito de reconstruirlas de otra manera», va a concluir, sin embargo, que «por lo que toca a las opiniones que había aceptado hasta entonces, lo mejor que podía hacer era acometer, de una vez, la empresa de abandonarlas para sustituirlas por otras mejores o aceptarlas de nuevo cuando las hubiese sometido del juicio de la razón. Y creí firmemente que por este medio lograría dirigir mi vida mucho mejor que si edificara sobre añejos cimientos y me apoyara exclusivamente en los principios que me dejé inculcar en mi juventud, sin haber examinado nunca si eran ciertos o no» (*Discurso del método*, Madrid, 1979, p. 79).

52 Paradigmática a este respecto resulta la frase de Theodor Adorno cuando afirma que: «Tradición está en contradicción con racionalidad» (Cit. en Pieper, J., *Tradición. Concepto y validez*, en Obras, vol 3, p. 257).

struye, a diferencia del modelo clásico de derecho natural, al margen de la virtud o moralidad de los hombres, como una cuestión «técnica»[53]. Idea de pacto social que terminará de conformar los rasgos definitivos al Estado moderno europeo que venía fraguándose desde el siglo XVI.

Podría decirse que uno de los rasgos más característicos del Estado moderno es el concepto de soberanía, un concepto que empezó a acuñarse ya desde la baja edad media y que encontraría su plena consolidación en la obra de Bodino. Un concepto, el de soberanía, que bien podría ser explicado como la *con-fusión* de autoridad y poder. Como dice García-Pelayo: «El principio de que el Estado posee el monopolio de la autoridad pública ha sido admitido por la mayoría del pensamiento político moderno, pues, como veremos más adelante, va indisolublemente unido a la idea de soberanía»[54]. Y el primero por Thomas Hobbes, cuando declaró con toda rotundidad que: «It is not Wisdom, but Authority that makes a Law»[55].

8. Esta absorción de la autoridad, por parte del Estado moderno, sólo podía hacerse, y de hecho se hizo, «frente» y «a costa» de la otra gran fuente de autoridad que desde un inicio se halló en disputa con el Poder político: la Iglesia. Porque, como bien observa Michael Oakeshott: «Lo que tuvo lugar no fue simplemente la expropiación de la presuntamente indeseable autoridad del *sacerdotium*, sino la apropiación por el orden civil de esa realmente deseable y extensa autoridad»[56]. Sin embargo, este intento por mantener como un todo único y confuso el par potestad-autoridad por parte del Estado moderno acabará fracasando. En primer lugar, porque los intelectuales que en un principio habían colaborado a favor de la nueva forma de poder, y de su soberanía, en su lucha contra la tradición, la autoridad y la religión, comenzaron a lanzar sus críticas, desde el derecho a su propio libre examen, contra el Estado mismo. Derecho a un libre examen al que los «intelectuales» desde luego jamás habían renunciado.

---

53 Como bien observa Michael Oakeshott: «Para el racionalista, la soberanía de la „razón" significa la soberanía de la técnica» (*El racionalismo en política, y otros ensayos*, Méjico, 2000, p. 30).

54 García-Pelayo, M., *Auctoritas*, en «Idea de la política y otros escritos», Madrid, 1983, p. 166.

55 Para Dalmacio Negro «si no se distingue entre *auctoritas* y *potestas* elevando la *summa potestas* a *summa auctoritas*, no sólo se vacía progresivamente de *auctoritas* la verdad –la rectitud del Derecho-, sino que, desprestigiada como arma política, quedará abierto el camino para el absolutismo de la opinión, apoyada incluso en la fuerza: „It is not Wisdom, but Authority that makes a Law", repite siempre Hobbes, aleccionado por la máxima de su maestro (Bacon) „saber es poder"» (*La tradición liberal y el Estado*, Madrid, 1995, pp. 165-166).

56 Oakeshott, M., *El Estado moderno europeo*, op. cit., p. 74.

El Estado moderno y la nueva sociedad habían nacido, eso es cierto, por la fuerza de los hechos y las contingencias históricas, pero también se entendía como no menos cierto que esos hechos y contingencias históricas se «ajustaban» a la idea de Progreso que ellos mismos habían descubierto, lo que les daba toda la legitimidad para decir, y decidir, cómo habría de ser el futuro. Pero, ¿quiénes eran estos «intelectuales»? La descripción, pese a lo largo de la cita, que Paul Johnson realiza de esta nueva figura histórica merece la pena:

> «Con la decadencia del poder eclesiástico en el siglo XVIII, surgió un nuevo tipo de mentor para llenar el vacío y atraer la atención de la sociedad. El intelectual laico podía ser deísta, escéptico o ateo, pero estaba tan dispuesto como cualquier pontífice o presbítero a decirle a la humanidad cómo manejar sus asuntos. Desde el primer momento proclamaba una devoción especial por los intereses de la humanidad y un deber evangélico de promoverlos por sus enseñanzas. Aportaba a esta tarea que se adjudicaba a sí mismo un enfoque mucho más radical que sus predecesores religiosos. No se sentía atado por ningún cuerpo de religión revelada. La sabiduría colectiva del pasado, el legado de la tradición, los códigos prescriptivos de la experiencia ancestral existían para ser seguidos colectivamente o para ser rechazados en su totalidad, según decidiera su propio buen sentido. Por primera vez en la historia humana, y con confianza y audacia crecientes, los hombres se alzaron para afirmar que podían diagnosticar los males de la sociedad y curarlos con el uso sólo de su propio intelecto; más aún, que podían idear fórmulas por las que no sólo la estructura de la sociedad sino también los hábitos de los seres humanos podían ser transformados para mejor. A diferencia de sus predecesores sacerdotales, no eran servidores o intérpretes de los dioses, sino sus sustitutos. Su héroe era Prometeo, que robó el fuego celestial y lo trajo a la tierra»[57].

Esta nueva forma de autoridad, la del «docto» descrita por Kant en su célebre escrito *Qué es la Ilustración*, se oponía por principio a toda forma de autoridad tradicional, es más, era una forma de autoridad cuya esencia radicaba precisamente en esta oposición[58]. Como proclamaba Jules Michelet, en referencia a la *Declaración de los derechos del hombre y del ciudadano* de 1789, con ese len-

---

[57] Johnson, Paul, *Intelectuales*, Bilbao, 2000, pp. 1314.

[58] Frente a quienes -el oficial, el funcionario de hacienda, el sacerdote- exigen «no razonéis», la Ilustración supone que «el uso público de la razón debe ser siempre libre», y añade: «Entiendo por uso público de la propia razón aquél que alguien hace de ella en cuanto docto (*Gelehrter*) ante el gran público del mundo de los lectores» (Kant, I., *¿Qué es la Ilustración?*, Madrid, 1988, pp. 19-20).

guaje suyo siempre tan expresivo: «Se trataba de dar desde lo alto, en virtud de una autoridad soberana, pontifical, el credo de una nueva época. ¿De qué autoridad? De la razón, discutida por un siglo entero de filósofos y pensadores profundos, aceptada por todos los espíritus e introducida por las costumbres, decretada al fin, formulada por los lógicos de la Asamblea constituyente... Se trataba de imponer por la razón como autoridad aquello que la razón había encontrado en el fondo del libre examen»[59]. Idea que el propio Jules Michelet expresó paradigmáticamente en su conocido: «¡Basta ya de padres!». Por su parte, Thomas Paine, en su obra justificativa de la Revolución francesa, *Los derechos del hombre* sostenía, frente a lo que él denominaba la «la tiranía de los muertos», que: «Cuando el hombre cesa de existir, su poder y sus necesidades cesan con él, y no teniendo ya participación en los asuntos de este mundo, no posee autoridad para decidir quiénes han de ser sus gobernantes ni cómo va a organizarse el gobierno... *La vanidad y la presunción de gobernar más allá de la tumba es la más ridícula e insolente de las tiranías*»[60].

9. Pero acaso, podríamos preguntarnos, ¿esta contraposición entre razón y autoridad tradicional no aconteció de igual modo con los primeros filósofos griegos? ¿Es que no posee un valor permanente la observación que Karl Jaspers hiciera de que la autoridad es «el verdadero enemigo de la filosofía»[61]? Esta parece ser la opinión de Leo Strauss, el autor con el que iniciábamos estas reflexiones, cuando afirma que: «La verdad acerca de los revolucionarios del siglo XVIII se puede aplicar, *mutatis mutandis*, a todos los filósofos en cuanto filósofos». Afirmación hecha a partir de la observación realizada por Charles Beard de que, en el siglo XVIII: «El clero y los monárquicos elevaban los derechos especiales a la categoría de derecho divino. Los revolucionarios recurrían a la naturaleza»[62]. Se trata de una comparación que, ciertamente, no carece de verosimilitud. Por una lado, los filósofos griegos cuestionaron la tradiciones de su época en nombre de la razón y de la naturaleza como ya se ha visto, pero además, incluso en el aspecto religioso parece existir analogía, pues es una constante general en los ilustrados la vuelta a una forma más pura de religiosidad, la que se convino en llamar la «religión natural». Esta religión natural se presentaba a sí misma como la superación de los aspectos más irracionales y oscuros de la religión

---

59 Cit. en García-Pelayo, M., *Auctoritas*, op. cit., p. 161.

60 Paine, Thomas, *Los derechos del hombre*, Méjico, 1944, p. 35 (la cursiva es nuestra).

61 Cit. en Pieper, J., *Tradición. Concepto y validez*, op. cit., p. 258.

62 Srauss, L., *Derecho natural e historia*, op. cit., p. 136.

establecida, centrándose en los aspectos más básicos y naturales de toda creencia religiosa. Estos aspectos básicos, muy sencillos, podían resumirse en tres: Primero, la existencia de un Dios creador del mundo; segundo, la inmortalidad de alma; y, finalmente, un destino ultraterreno no exento de justicia retributiva[63]. Estos tres aspectos sumariamente señalados dotaban de inteligibilidad el mundo y se convertían en fundamento de una moralidad razonable. Si ahora se considera el planteamiento de los primeros filósofos griegos, y más en particular el de Sócrates, Platón y Aristóteles no puede dejar de sorprender la coincidencia[64]. Así, pues, tanto por la apelación a una religión razonable, depurada de la superstición, como por su apelación a la naturaleza como modelo y guía del derecho y de la política, el paralelismo es innegable. Y, sin embargo, tales coincidencias son, en el fondo, más aparentes que reales.

Consideremos, en primer lugar, el aspecto religioso. La crítica radical que los primeros filósofos hicieron de la religión homérica radicaba, fundamentalmente, en que ésta era demasiado «humana», y poco divina, es decir, concebida «a partir del hombre mismo», de sus propios pensamientos. Pero ¿no es acaso también este el defecto la religión natural de los ilustrados[65]? Los primeros filósofos griegos anhelaban y buscaban, de hecho, una verdadera revelación de la divinidad, que lo divino, en su pureza, se desvelase, y no como algo pensado a partir de sí mismos o de categorías humanas. No que el hombre, ni siquiera su razón, «fuese la medida de todas las cosas»[66], sino que «Dios sea la medida de todas las cosas»[67].

Estas consideraciones puedan aclararse si consideramos que la razón moderna, ilustrada, ha prescindido del «nous». El *nous*, o su equivalente latino, *intellectus*, no consiste en pensar o razonar sobre las cosas (*cogito*), consiste en la contemplación y captación del ser entrañado en las cosas, a modo de desvelamiento[68]. Es lo que Hanna Arendt ha denominado «experiencia de lo eterno», y

---

63 Cf. Rousseau, J. J., *Del contrato social*, IV, 10 «De la religión civil».

64 Cf. con Platón, *Las leyes*, 907 a.

65 Los mismos títulos de sus obras resultan significativos a este respecto, particularmente la de Inmanuel Kant: *La religión dentro de los límites de la mera razón* (existe versión en castellano, Madrid, 1995).

66 Según Protágoras (Platón, *Teeteto*, 152 a).

67 Platón, *Las leyes*, 716 c.

68 Como señala Arendt «la determinación del orden coincidió con el descubrimiento de la contemplación (teoría) como facultad humana, claramente distinta del pensamiento y del razonamiento, que se dio en la escuela socrática y que desde entonces ha gobernado el pensamiento metafísico y político a lo largo de nuestra tradición» (*La condición humana*, p. 29).

que, a su juicio, es la novedad radical que estos primeros filósofos introdujeron en la tradición occidental[69]. Pero esta primacía de la teoría o contemplación no sólo marca una diferencia fundamental en cuanto a la concepción religiosa se refiere, también establece una diferencia en cuanto al distinto modo de percibir la naturaleza y, por tanto, el derecho natural. Por eso, cuando los ilustrados hablan de «naturaleza» no dicen lo mismo que los primeros filósofos griegos. Apreciación que es perfectamente extensible a la idea del derecho natural. Cuando los ilustrados hablaban de derecho natural éste era entendido como una construcción de la razón según un proceso lógicamente pensado a partir de un principio o axioma. En cambio, cuando los griegos pensaban el derecho natural éste era entendido, en su sentido más profundo, como una captación de lo que las cosas son, *aletheia tou ontos*, esto es, un desvelarse de lo real. Algo perfectamente sintetizado por Jaeger cuando afirma que «el rasgo dominante del pensamiento jurídico griego desde sus comienzos hasta las altas cumbres de la filosofía jurídica consistió en referir la ley y el derecho al ser»[70]. Lejos, pues, de buscar un fundamento del orden jurídico y político «específicamente humano»[71], los pensadores griegos del derecho natural clásico buscaron en todo momento remitirse a una «autoridad divina»[72].

Reflexiones que explican el por qué de la existencia, en la tradición inaugurada por Sócrates, de un primado de la contemplación sobre la acción, ausente por entero en los *philosophes* del siglo XVIII; igualmente, que sus planteamientos sobre el derecho natural o la vida política careciesen por completo del cariz revolucionario como sí lo tuvo, con más o menos intensidad, el iusnaturalismo racionalista; y que, en definitiva, fuesen críticos con las tradiciones y las autoridades de su época por su deseo de hallar la verdadera Tradición y la única Autoridad[73]. Pero es el mismo Strauss quien, a pesar de haber subrayado con fuerza

---

69 Cf. Arendt, H., *La condición humana*, op, cit., pp. 32-33.

70 Jaeger, W., *Alabanza de la ley*, Madrid, p.78.

71 Como dice Jaeger en la obra anteriormente citada, la búsqueda de un derecho «específicamente humano» es lo propio de los sofistas, p. 44.

72 A jucio de Jaeger, Platón «desplegó los mayores esfuerzos para hacer derivar la autoridad de la ley de una fuente que le diera suprema validez. Esta fuente es la „recta razón", y el legislador es el sabio que la pone por escrito (...). Llamaba Platón *logos alethés* (verdadera razón) al „hilo dorado" con el que Dios mueve el alma humana: La polis toma este *logos* de los dioses o de alguien que sabe de estas cosas (las cosas divinas en el sentido platónico, por ser Dios la medida de todas las cosas» (*Alabanza de la ley*, op. cit., p. 65).

73 La idea básica de los clásicos radica en considerar que todas las cosas son y se miden por su Origen, que por definición es de carácter divino: «El comienzo es como un dios que mientras permanece entre los hombres salva todas las cosas» (en la traducción que Hanna Arendt hace de

la contraposición entre razón y autoridad tradicional en los fundadores del derecho natural clásico, termina por reconocer también que, en sus investigaciones: «Los filósofos clásicos hacían plena justicia a la gran verdad que servía de base a la identificación de lo bueno con lo ancestral»[74].

este pasaje *de Las leyes* 775, en *La tradición y la época moderna*, en «Entre el pasado y el futuro... », op. cit., p. 24). Idea que se completa con ésta otra que expresa Cicerón: «antiquitas proxime accedit ad Deos» (*De legibus*, 2, 27). De ahí que quienes se hallan más próximos al Origen gozan de una especial autoridad. La gran revolución que a nuestro juicio introdujo la filosofía, fue que, sin negar absolutamente el carácter «temporal» de esta afirmación, lo situaron sin embargo «más allá» del tiempo, es decir, en un experiencia contemplativa.

74 Strauss, L., *Derecho natural...* , op,. cit., p. 136.

Gott als der Urheber des Naturrechts

Tadeusz Guz[1]

Da „unsere moderne Welt ... keinen absoluten Grund mehr hat“, „weder Wissen noch Ethik sich auf einen absoluten Grund beziehen“[2], nimmt der Gottesgedanke nur – wenn überhaupt – sehr wenig freien Raum innerhalb der gegenwärtigen juristischen, rechtsphilosophischen bzw. politischen Diskussion über das Recht im subjektiven und objektiven Sinne ein. Sein äußerer Ausdruck, der „Vertrag über eine Verfassung für Europa“[3] scheint jedoch einen vernunftmäßigen Zugang zur Erkenntnis Gottes zurückzugewinnen. Die Fragen nach der Methode, einer rational fundierten Rechtsmetaphysik, der menschlichen Natur, dem Wesen bzw. Zweck des Rechts werden zu Gott als dem Urheber und dem eigentlichen Ziel der rechtlichen Ordnung bzw. als Krone des *bonum commune* hinführen.

1. Die Frage nach der rechtsphilosophischen Methode

Jede wissenschaftliche Methode birgt in sich die wichtigsten ontologisch-logisch-erkenntnistheoretischen Voraussetzungen, so auch auf dem juristischen und rechtsphilosophischen Wissenschaftsgebiet. In dem gegenwärtigen Rechtsbewußtsein überwiegt die Neigung zur Anwendung der neopositivistischen Methode bei der Analyse des Rechts: „Die Rechtswissenschaft sah sich verlockt“ seitens des Positivismus „Anleihen der exakten, naturwissenschaftlichen Methode zu machen. So wollte Jhering in der Jurisprudenz eine ‚naturhistorische Methode' zur Anwendung bringen und forschte ... nach einer ‚Chemie des Rechts'. Nach einer juristischen Scheidekunst, welche die einfachen Elemente des Rechts auffinden sollte, um aus ihnen neue Synthesen zu bilden“[4]. Bereits

[1] Tadeusz Guz: Professor und Lehrstuhlinhaber für Rechtsphilosophie und Prodekan der Externen Fakultät für die Juristisch-Ökonomischen Wissenschaften der Katholischen Universität Lublin.

[2] A. Heller, Vortrag: Ethik in der gegenwärtigen Welt [in:] Karl Jaspers Vorlesungen zu Fragen der Zeit II in Verbindung mit der Stiftung Niedersachen an der Carl von Ossietzky Universität Oldenburg vom 6.-7. Juni 2001, hrsg. v. Institut für Philosophie 2001, S. 16.

[3] *Vertrag über eine Verfassung für Europa*, hrsg. v. Europäischer Konvent, Luxemburg 2003.

[4] R. Zippelius, *Das Wesen des Rechts. Eine Einführung in die Rechtsphilosophie*, München: Verlag C. H. Beck [5]1997, S. 56; vgl. L. Wingert: „... also mein Zweifel, ich glaube, daß die Absage, daß die Philosophie, auch die analytische Philosophie, werden könnte wie die Chemie, richtig ist“, in: Karl Jaspers Vorlesungen zu Fragen der Zeit II in Verbindung mit der Stiftung Niedersachen an der Carl von Ossietzky Universität Oldenburg vom 5.-6. Juni 2000, hrsg. v. Institut für Philosophie 2001, S. 41.

Saint-Simon nahm die „vraie méthode scientifique“ als „die wahre wissenschaftliche Methode“[5] an. Damit war die Ersetzung der Metaphysik und ihrer Methode als einer „überholten“[6] durch den „positiven Geist“ Comtes vollzogen. Der Positivismus „erklärt die Natur a priori, indem er sie subjektiv zu konstruieren sucht“[7]. So geht im Prinzip auch der Rechtspositivismus vor, der das Naturrecht und überhaupt das Rechtssein nicht aus der vorhandenen Natur zu entnehmen, sondern es gänzlich zu konstruieren versucht. Damit ist nicht der Prozeß der Erkenntnis des Naturrechts in Gang gesetzt worden, sondern dessen Produktion. Diese positivistische bzw. neopositivistische Methode erweist sich für eine objektive Erkenntnis des in jedem Menschsein vorhandenen Naturrechts als unzureichend, das erst, wie schon Aristoteles in seiner Methodenlehre darlegte, in der Rückführung auf die letzte Ursache seines Seins und im Hinblick auf sein Ziel in seinem Wesen als Recht erfaßbar ist.

Dieser methodische Grundzug setzt sich auch im „naturalistischen Rechtspositivismus“ fort: „Der *naturalistische Rechtspositivismus* grenzt sich gegen Lehren ab, welche zur »Wirklichkeit des Menschen« seinen transzendenten Bezug hinzunehmen. Die Einschränkung auf bestimmte Methoden der Verifizierbarkeit bedarf selbst aber anderer Methoden zu ihrer Begründung als derer, die im Arsenal des Positivismus zugelassen sind. So verweist dieser Positivismus, wie die anderen Positivismen auch, auf eine Metaebene weltanschaulicher Positionen und dort getroffener Entscheidungen“[8]. Es scheint, daß jedes antimetaphysische und antirealistische Rechtsdenksystem jeweils mit einem ihm spezifischen Apriori arbeitet, wozu man auch die analytische bzw. analytischähnliche Philosophie rechnen kann: „Soweit Autoren wie Rawls, Charles Taylor oder Peter Singer auf ‚Methoden' zurückgreifen, sind es die gleichen, die auch von Sidgwick, Mill und T. H. Green angewendet wurden“[9].

Eine andere Methode stellt Karl Popper auf: „Ein umfassendes Schema für eine konsensfähige, rationale Suche nach Problemlösungen ist die experimentierende

---

5 H. Przybylski, „Positivismus“ [in:] Historisches Wörterbuch der Philosophie, Bd. 7, Darmstadt 1989, Sp. 1118.

6 Ibidem, Sp. 1119.

7 F. Ueberweg, *Grundriß der Geschichte der Philosophie*, hrsg. v. K. Oesterreich, Bd. IV, Berlin [11]1916, S. 498.

8 N. Brieskorn SJ, *Rechtsphilosophie*, Stuttgart u. a.: Verlag W. Kohlhammer 1990, S. 82.

9 R. Rorty, Vortrag: Analytische Philosophie und verändernde Philosophie [in:] Karl Jaspers Vorlesungen zu Fragen der Zeit II in Verbindung mit der Stiftung Niedersachen an der Carl von Ossietzky Universität Oldenburg vom 5.-6. Juni 2000, hrsg. v. Institut für Philosophie 2001, S. 25.

Methode. Diesen Erkenntnisweg haben zuerst die Naturwissenschaften beschritten. Der Wiener Philosoph Karl Popper, der später in London lehrte, hat ihn zu einer Wissenschaftstheorie, auch für die Sozialwissenschaften, ausgebaut... Und auch die Suche nach rechtlichen Lösungen kann diesen Weg gehen ...“[10] Zippelius bemerkt mit Recht: „Dieser Methode liegt zwar nicht die Hoffnung zugrunde, ‚ewige Wahrheiten' zu finden, aber doch die Erwartung, daß mit ihrer Hilfe vergleichsweise bessere Problemlösungen an die Stelle unzulänglicher treten können“[11]. Der Rationalismus, der nicht in der Lage ist, den letzten Grund für die *ratio humana* finden zu können, kann bei der prinzipiellen Lösung der Methodefrage nicht weiter helfen.

Nach Coing oder Jonas reichen diese Methoden für eine gut begründete Rechtsphilosophie nicht aus: „Gegen die Tendenz des Neupositivismus, Philosophie allein auf den Methoden aufzubauen, welche die Naturwissenschaften; Die Mathematik und die Logik benutzen, und sie als wissenschaftliche Philosophie auf eine Überprüfung und exaktere Gestaltung dieser Methoden zu beschränken, hat sich Hans Jonas in seinen ethischen Schriften gewandt. Mit dieser Betrachtungsweise verliere man das Höchste in der Entwicklung des Lebens, den menschlichen Geist, aus dem Blickfeld; sie impliziere eine Beschränkung auf die Welt der Materie. Dies sei als Maxime für die naturwissenschaftliche Forschung berechtigt, nicht aber für eine philosophische Interpretation“[12]. Hans Jonas schreibt: „Das Sein oder die Natur ist eins und legt Zeugnis von sich ab in dem, was es aus sich hervorgehen läßt. Was das Sein ist, muß daher seinem Zeugnis entnommen werden, und natürlich dem, das am meisten sagt..., dem entwickeltsten und nicht dem ärmsten – also dem uns zugänglichen Höchsten“[13], d. h. dem Menschen. Coing sieht sich aus diesem Grund gezwungen, die neopositivistische Methode ablehnen zu müssen: „Der streng empiristische Erkenntnisbegriff des Positivismus ist abzulehnen; sich im Wege der Konvention auf ihn zu einigen – wie etwa Theodor Geiger vorschlägt – wäre unzweckmäßig. Nun setzt solche Ablehnung freilich voraus, daß es auch außerhalb der naturwissenschaftlichen Methode und außerhalb von Mathematik und Logik überhaupt rationale Erkenntnisverfahren gibt. Aber das ist ... der Fall. Die philosophischen und historischen Disziplinen sind hierfür ein deutlicher Beweis...

---

10 Reinhold Zippelius, *Das Wesen des Rechts...*, S. 84.

11 Ibidem, S. 87.

12 H. Coing, *Grundzüge der Rechtsphilosophie*, Berlin/New York: Walter de Gruyter 1993, S. 91.

13 H. Jonas, *Das Prinzip Verantwortung*, 1979, S. 136.

‚Topik' als Methode"[14], d. h. das Erfassen der Begriffe in ihren ursprünglichen Bedeutungen. Die Einschränkung aller Methoden ausschließlich zu naturwissenschaftlichen setzt eine materialistische Ontologie voraus, was angesichts der Geisterfahrung jedes gesunden Menschenverstandes unzulässig ist.

Kość bestimmt Rechtsphilosophie zunächst als eine „juristische Disziplin", nicht als streng philosophische. Deshalb schlägt er auf der Ebene der Analyse des Rechts eine juristische Methode vor und verwendet erst bei der Synthese der Ergebnisse eine „metaphysische Methode"[15]. „Die Rechtsphilosophie fordert einen umfassenderen Standpunkt", als den des Juristen, der nach Coing „nicht ausreicht"; „sie verlangt, daß wir das Recht im allgemeinen, als Phänomen der menschlichen Kultur ins Auge fassen" – Ubi societas, ibi ius[16]. Krąpiec denkt ähnlich, daß die Rechtsphilosophie als eine philosophische Disziplin aus der Metaphysik hervorgegangen ist, und aus diesem Grunde eine metaphysische Methode als angemessen angewendet werden kann. Von daher ist die Rechtsphilosophie eine „streng philosophische Disziplin"[17]. Warum hat sich trotzdem die metaphysisch fundierte Rechtsphilosophie nicht durchsetzen können?

Es gibt bestimmt viele Gründe der geistigen Entwicklung des Rechtsbewußtseins in der Neuzeit, die für den Abschied der neuzeitlichen Rechtsphilosophie von der Metaphysik ausschlaggebend sind. Hier wird auf folgendes hingewiesen: „Die gestiegene Bedeutung der Philosophie und die allmähliche Verweltlichung der scholastischen Wissenschaft" führte einerseits zu manchen „eigenständigen und geordneten Abhandlungen zur Rechtsphilosophie und zum Recht"[18], andererseits aber „steht die resignative Haltung eines *Duns Scotus*, der ... feststellt, daß die weltliche Rechtsordnung dem Dekalog keineswegs entspricht und folgerichtig die Trennung von Theologie und Rechtsphilosophie vollzieht"[19]. Mielke deutet weiter an: „Das profane Naturrecht der Neuzeit kündigt sich an. Am Ausgang des Mittelalters steht mit *Gabriel Biel* noch einmal ein Voluntarist als Vertreter der mittelalterlichen Schulwissenschaft, der durch seinen Einfluß auf *Luther* und die evangelischen Juristen des 16.Jhs. wesentli-

---

14 H. *Grundzüge der Rechtsphilosophie*, Berlin/New York: Walter de Gruyter 1993, S. 107-108.

15 A. Kość, *Podstawy filozofii prawa*, Lublin ²2001, S. 25.

16 H. Coing, *Grundzüge der Rechtsphilosophie*, Berlin/New York: Walter de Gruyter 1993, S. 131.

17 M.A. Krąpiec, *Człowiek i prawo naturalne*, Lublin 1993, S. 18.

18 J. Mielke, *Der Dekalog in den Rechtstexten des abendländischen Mittelalters*, Aalen: Scientia Verlag 1992, S. 79; vgl. N. von Cues, *De concordantia catholica*, die die kirchliche und weltliche Ordnung analysiert.

19 J. Mielke, Der Dekalog in den Rechtstexten des abendländischen Mittelalters..., S. 173-174.

che Inhalte in die Neuzeit trägt“[20]. Durch eine widersprüchliche Bestimmung des göttlichen Seins wird das Sein des Rechts im Lutherischen Verständnis auch kontradiktorisch verstanden, so daß die rechtsphilosophische Reflexion der Neuzeit in der Tat darin ihren Ausgang und wesentlichen Anstoß erfuhr. Ihre Zersplitterung in eine am meisten von Gott losgelöste, rationalistische, idealistische, materialistische oder positivistische Rechtsphilosophie scheint eine Folge dieser Entwicklung zu sein. Der Luthers dialektischem Verständnis vom Naturrecht gegenüber wohl gesonnene Arnold gibt jedoch zu: „Der Einfluß des occamistischen Positivismus ist jedoch nicht zu verkennen. Vor allem springt in die Augen, daß die eigentliche metaphysische Grundlage, auf der die scholastische Lehre vom natürlichen Sittengesetz gegründet, fehlt. In Luthers Werken findet sich nämlich keine Spur der traditionellen Lehre von der lex aeterna als dem im göttlichen Erkennen und Wollen eingeschlossenen Plan alles Weltgeschehens. Occam und seine Schule, in der Luther groß geworden ist, anerkennt keinen inneren notwendigen Zusammenhang zwischen Gott und der Welt und darum auch keine absolute, unverletzliche, im Wesen der Dinge und ihrer Beziehung zu Gott begründete sittliche Ordnung“. Das erweitert sich negativ auf „alle metaphysische Sicherheit und Begründung“ von „der Ethik“ und damit auch von „dem Naturrecht“[21], „weil die Reformation Luthers sich jeder auch nur teilweisen Anerkennung eines ‚christlichen Naturrechtes' widersetzt“[22].

Aufschlußreich ist die Würdigungsthese Diltheys, daß der Positivismus zwar einerseits „besonders fruchtbar“ in der „Wissenschaft über Staat und Recht“ erscheint, andererseits aber „bereits infolge des inneren Konflikts“ der positivis-

---

20 Ibidem, S. 155; vgl. R. Zippelius, *Rechtsphilosophie*, München: Verlag C. H. Beck [4]2003, S. 95: „Bald nach dem Tode des Thomas von Aquin bahnte sich nicht nur ein Wandel des politischen, sondern auch des philosophischen und theologischen Weltbildes an. Johannes Duns Scotus (1265-1308) und Wilhelm Ockham (um 1285-1349) hatten entscheidenden Anteil daran, die Vernunftgläubigkeit des thomistischen Systems zu zerstören und an die Stelle jener Lehre (einer sich schon im Licht der natürlichen Vernunft erschließenden vernünftigen sittlichen Ordnung) einen Moralpositivismus zu setzen... Bei Duns brach die Paulinische und Augustinische Vorstellung von dem unerforschlichen Ratschluß Gottes wieder durch: Es sei eine Anmaßung, das Handeln Gottes mit der menschlichen Vernunft ergründen zu wollen. Es gebe nur einen einzigen Grund der göttlichen Gerechtigkeit: den Willen Gottes. Ockham führte diesen ethischen Voluntarismus weiter: Diebstahl und Ehebruch z.B. seien nicht in einem absoluten Sinne schlecht. Daß man sie zu unterlassen habe, sei allein in Gottes Verbot begründet. Wenn diese Handlungen von Gott geboten wären, dann bräuchte man sie nicht zu unterlassen. Damit wurde aber der Begriff eines Naturrechts im engeren Sinn aufgegeben.“ Mielke stellt das in seinem Werk *Der Dekalog in den Rechtstexten des abendländischen Mittelalters*, S. 78, in Frage.

21 F.X. Arnold, Zur Frage des Naturrechts bei Martin Luther, München 1937, S. 101-102.

22 G. Ritter, Die Dämonie der Macht. Betrachtungen über Geschichte und Wesen des Machtproblems im politischen Denken der Neuzeit, 5. Aufl., Stuttgart, S. 136-137.

tischen Philosophie mit der „Metaphysik" eigentlich als „ein neuer philosophischer Standpunkt historisch von der Metaphysik abhängig ist"[23]. Deshalb stellt Dilthey nicht nur den metaphysischen Systemen, sondern auch dem Positivismus Comte's den Vorwurf des Denkens „*sub specie aeterni*" gegenüber, weil Comte seiner Meinung nach „seine Philosophie als das Absolute betrachtet"[24]. Ist eine Rückkehr zur rationalen Einsicht in Gottes Sein angesichts der Loslösung der neuzeitlichen Denkgeschichte einschließlich vieler rechtsphilosophischen Denkansätze von der Metaphysik, die zum ersten Mal in der Geschichte die natürliche Gotteserkenntnis geleistet hat, nicht notwendig?

2. Rückkehr zur natürlichen Gotteserkenntnis als Bedingung der Naturrechtserkenntnis

Ist der Mensch von seiner geistig-materiellen Natur aus zur Erkenntnis Gottes fähig, oder nur aufgrund seiner Religion oder Weltanschauung, also nicht rein von seiner Vernunft her dazu in der Lage? Von dieser Antwort hängt für die Rechtsphilosophie sehr viel Entscheidendes ab, denn, falls keine natürliche Gotteserkenntnis möglich ist, ist dann auch keine Naturrechts- bzw. keine Sittengesetzerkenntnis möglich.

In der griechischen Antike gelangte der menschliche Verstand zur rationalen Erkenntnis Gottes. Das war für die Frage nach dem Ursprung der Gesetze relevant. Sokrates und Platon stellten zusammen mit ihren Schülern folgende rhetorische Frage: „Ist es ein Gott (Θεὸς) oder irgendein Mensch, ihr Gastfreunde, der bei euch als Urheber eurer Gesetzgebung gilt?" Und Kleinias antwortete mit Überzeugung: „Ein Gott, ..., ein Gott (Θεός, ..., Θεός), wie man mit vollem Recht sagen muß"[25]. Damals akzeptierten die Sophisten wie später Positivisten wegen ihrer Annahme der Relativität der Wahrheit weder die Existenz eines transzendenten Gottes noch Gott als den eigentlichen Gesetzgeber. Die Tatsache des realen und endlichen Seins, das nicht aus sich selber ist, inspirierte den menschlichen Verstand zur Suche nach dem zureichenden Grund, der in dem absoluten Sein Gottes auch gefunden wurde.

---

23 W. Dilthey, O istocie filozofii i inne pisma, übers. v. E. Paczkowska-Łagowska, Warszawa: PWN 1987, S. 33-34.

24 Ibidem, S. 190-193.

25 Platon, *Nomoi* [in:] *Werke in acht Bänden*, hrsg. v. G. Eigler, bearb. v. K. Schöpsdau, gr. Text v. É. des Places, dt. Übers. v. K. Schöpsdau, Bd. 8/1, Darmstadt: Wissenschaftliche Buchgesellschaft, ²1990, 624 a.

Viele römische Rechtstheoretiker übernahmen das griechische Denkerbe im Hinblick auf die göttliche Herkunft der Welt und des Naturrechts, und selbst, wenn sie wie z. B. die Stoa im Unterschied zu der griechischen Metaphysik Gott weltimmanent verstanden haben, gelten die rechtlichen Überlegungen von Ulpianus, Cicero, Gaius und vielen anderen zu würdigen. Daraus ergab sich folgendes Verständnis der Rechtswissenschaft: „Rechtswissenschaft ist die Kenntnis von den göttlichen und menschlichen Dingen, das Wissen vom Rechten und Unrechten“[26]. Dieses Denken gipfelte in dem „Codex Justinianus“, in „Konstitutionen“ und „Digesten“. Sehr charakteristisch waren die Worte des Justinian, der das Rechtsbewußtsein des römischen Kaisertums um den Inhalt des Christentums zu erweitern suchte: „Im Namen unseres Herrn Jesus Christus. Der Imperator Caesar Flavius Justinian... an die nach Rechtserkenntnis verlangende Jugend. Die kaiserliche Majestät muß nicht allein mit Waffen geschmückt, sondern ach mit Gesetzen gerüstet sein. Dann vermag sie zu jeder Zeit, im Krieg wie im Frieden, gut zu regieren... Er wehrt auf den Wegen des Gesetzes den Ungerechtigkeiten der Böswilligen. Und so wird er zum Triumphator sowohl als gewissenhaftester Hüter des Rechts wie“ auch „als Sieger über die Feinde. 1. Diese beiden Ziele haben wir mit Gottes Segen in unermüdlichem Wirken und durch sorgfältigstes Planen erreicht... Auch werden nunmehr alle Völker durch Gesetze regiert, die wir neu verkündet oder verfaßt haben. ... 3. Nachdem auch dies durch die Gnade Gottes vollbracht ist“[27]. Den konstruktiven Einfluß des Christentums auf die Rechtsentwicklung würdigt die sich vielleicht mehr rationalistisch verstehende Rechtsphilosophie: „Das Christentum gab jenem Gedanken einer alles durchwaltenden Vernunft eine theologische Fundierung: Der Geist Gottes ist es, der die Welt geordnet hat“[28].

Thomas von Aquin geht in seinem metaphysischen Denken davon aus, daß der gesamte Kosmos durch Gott gedacht und verursacht worden ist[29]. Bereits Aristoteles war der Überzeugung, daß derselbe göttliche Urheber die Welt ins Sein bringt und im Sein erhält[30]. Weil Gott in seinem Intellectus die gesamte

---

26 *Corpus Iuris Civilis*: Bd. I: *Institutionen*, übers. v. O. Behrends, R. Knütel, B. Kupisch, H.-H. Seiler, Heidelberg: C.F. Müller Juristischer Verlag 1990, l. I, p. I, S. 1.

27 Caesar Flavius Justinian, Präambel [in:] *Corpus Iuris Civilis*: Bd. I: *Institutionen*, übers. v. O. Behrends, R. Knütel, B. Kupisch, H.-H. Seiler, Heidelberg: C.F. Müller Juristischer Verlag 1990, S. XIII-XV.

28 R. Zippelius, *Rechtsphilosophie*, München: Verlag C. H. Beck [4]2003, S. 94.

29 Vgl. Thomas v. A., *Untersuchungen über die Wahrheit*, übers. v. E. Stein [in:] E. Stein, *Werke*, Bd. III, Louvain-Freiburg 1952, S. 85.

30 Vgl. Aristoteles, *De mundo* 397 b.

Ordnung der Dinge gedacht und gewollt hat, wird Gott als die ewige Ordnung, d. h. das ewige Gesetz verstanden, das kraft seiner Vorsehung die Welt regiert. Zutreffend analysiert Mielke die ontologischen Zusammenhänge in der Seinsphilosophie des Thomas, die für seine Gesetzesauffassung die Grundlage sind: „Die starke Betonung des Vernunftgedankens – nicht nur im Zusammenhang mit dem Dekalog – beruht darauf, daß die Rechtsphilosophie des *Thomas* vor allem durch die aristotelische *Entelechielehre* geprägt ist. Die Entelechielehre folgt einem ontologischen Denkansatz, der von der realen, in der Natur gegebenen Existenz der Dinge und der ihnen innewohnenden, naturbestimmten Entwicklungsmöglichkeit ausgeht. Es wird zwischen dem aktuellen Sein, dem *Akt*, und der diesem Sein immanenten, auf das Ziel der Selbstvervollkommnung gerichteten Entwicklungsmöglichkeit, der *Potenz*, unterschieden. Damit steht eine Zweckidee im Mittelpunkt des philosophischen Systems. Die *Finalität*, die Bewegung hin auf ein bestimmtes Ziel ‚ist für Thomas das wichtigste Baugesetz der Welt'. Damit ist der Welt, der Natur, gleichzeitig auch eine bestimmte, letztlich fest begrenzte Ordnung vorgegeben. ... An dieser Grundidee einer vernunftgemäßen, allumfassenden Seinsordnung richtet sich die gesamte Gesetzeslehre des Aquinaten aus“[31]. Krąpiec nennt diese Denkart des *Doctor communis* „metaphysisch“ und „übereinstimmend mit der christlichen Offenbarung über die göttliche Vorsehung“[32].

Bemerkenswerterweise klassifiziert die moderne Rechtsphilosophie den Gottesgedanken zunächst prinzipiell ab – „In der modernen Welt gibt es keine ewigen Fundamente“[33] – oder sie reduziert diesen entweder zur „Weltanschauung“ oder „Religion“. Deshalb schreibt Zippelius von dem „Verlust der weltanschaulichen Orientierungsgewißheit“ bzw. „die Anmaßung der Gottähnlichkeit“[34] des modernen Menschen, die infolge der historischen Entwicklung, vor allem durch Religionskriege und andere durch Religionen verursachte negative Ereignisse, verloren gegangen ist. Zunächst verwundet die Verschiebung jedweder Gotteserkenntnis aus der rationalen Ebene der menschlichen Vernunft in eine lediglich religiöse bzw. weltanschauliche, d.h. subjektivistisch verstandene Erfahrung hinein. Auch der Hinweis auf eine negative Haltung der religiösen Menschen

---

31 J. Mielke, *Der Dekalog in den Rechtstexten des abendländischen Mittelalters...*, S. 106. „*Entelechie* heißt: *En* – in, *telos* – Ziel, *echein* – haben: was sein Ziel in sich hat.“

32 M.A. Krąpiec, *Człowiek i prawo naturalne*, Lublin 1993, S. 190.

33 A. Heller, Vortrag: Ethik in der gegenwärtigen Welt [in:] Karl Jaspers Vorlesungen zu Fragen der Zeit II in Verbindung mit der Stiftung Niedersachen an der Carl von Ossietzky Universität Oldenburg vom 6.-7. Juni 2001, hrsg. v. Institut für Philosophie 2001, S. 22.

34 R. Zippelius, *Rechtsphilosophie*, München: Verlag C. H. Beck ⁴2003, S. 78-79.

schwächt ja seine natürliche Fähigkeit zur Erkenntnis der Existenz des wahren Gottes nicht, ganz im Gegenteil, daß man negative Haltungen des religiösen Menschen als negativ zu beurteilen vermag, ist schon ein Beweis, die absoluten Maßstäbe einer philosophischen Ethik zu haben.

Als Pointe für die in diesem Absatz gestellte Frage nach der Gottfähigkeit des Menschen möge ein Zitat von Kard. Ratzinger dienen: „Der Mensch ... ist gottfähig, er kann das Materielle, das Geschaffene überschreiten. Er ist einmalig. ... Dieses besondere Geschaffensein von Gott zu sehen ist sehr wichtig, um die Einzigkeit und Würde des Menschen und damit den Grund aller Menschenrechte zu erkennen. ... eine persönliche Idee Gottes“[35].

Wenn der Mensch also von Natur aus zur Erkenntnis des wahren Gottes fähig ist, heißt es dann nicht weiter, daß der Mensch auch von Natur aus zur Erkenntnis des Naturrechts, d.h. der von Gott gedachten, gewollten und ins Dasein gesetzten Ordnung begabt ist?

3. Das Naturrecht als „Teilnahme am ewigen Gesetz“ Gottes

Eine interessante These stellt Leo Strauss auf: „Die Entdeckung der Natur ist das Werk der Philosophie“[36]. Von daher ist es nichts Überraschendes, wenn die Problematik des Naturrechts auch erst innerhalb eines philosophischen bzw. rechtsphilosophischen Rahmens ausführlich behandelt werden kann und nicht einfach mit Hilfe der Naturwissenschaften zu konstatieren ist.

Die Römer haben das Naturrecht allen Lebewesen zuerkannt: „Naturrecht ist das, was die Natur alle Lebewesen gelehrt hat. Denn dieses Recht ist nicht allein dem Menschengeschlecht eigen, sondern allen Lebewesen, die es in der Luft, auf dem Lande und im Wasser gibt. Hieraus leitet sich die Verbindung des männlichen Geschlechts mit dem weiblichen ab, die wir Menschen Ehe nennen, ebenso die Erzeugung und Erziehung der Kinder; wir sehen ja, daß auch die übrigen Lebewesen nach der Kenntnis dieses Rechts beurteilt werden“[37]. Leibniz wußte diese römische Naturrechtslehre zu würdigen, da sie eine feste Grundlage für die Existenz des Menschseins und der ganzen Völker gebildet hat: „Es gibt nach unserer Überzeugung“, sagt Leibniz, „kein Gesetzbuch auf der Welt,

---

[35] Vgl. J. Kard. Ratzinger, Gott und die Welt. Glauben und Leben in unserer Zeit. Ein Gespräch mit Peter Seewald, Stuttgart-München: Deutsche Verlags-Anstalt 2000.

[36] L. Strauss, *Naturrecht und Geschichte*, übers. v. H. Boog, Frankfurt a. M.: Suhrkamp ^{2}1989, S. 83.

[37] *Corpus Iuris Civilis*: Bd. I: *Institutionen*, übers. v. O. Behrends, R. Knütel, B. Kupisch, H.-H. Seiler, Heidelberg: C.F. Müller Juristischer Verlag 1990, l. I, p. II, S. 2.

das mehr Zweifelsfragen klärt und an Gedankenfülle, verbunden mit unglaublich schnellem Vordringen zum Kern des Problems, reicher ist als die Sammlung des römischen Rechts, insbesondere die Digesten, und es ist nicht verwunderlich, daß die bedeutendsten Völker Europas sich seit langem der Herrschaft dieses Rechts gebeugt haben“[38], das in unseren Tagen teilweise verloren gegangen ist.

Petrus Lombardus war ein italienischer, scholastischer Theologe, der bedeutendste Schüler von Petrus Abaelardus und beeinflußt von Hugo von Sankt Viktor. Lombardus äußerte sich bei der Systematisierung des gesamten damaligen theologischen Wissens auch zu der Problematik des natürlichen Rechts: „Wenngleich die Heiden kein geschriebenes Gesetz haben, haben sie dennoch ein natürliches Gesetz, durch das jeder begreift und sich bewußt wird, was gut und was böse ist“[39]. Also gehört das Naturgesetz zur menschlichen Natur, unabhängig davon, ob jemand getauft oder heidnisch ist, so daß jeder von Natur aus grundsätzlich erkennen kann, welche Tat gut oder böse ist.

Der *Doctor communis* setzt dieses Naturrechtsdenken fort und spricht zuerst über die zweifache Anwesenheit des Gesetzes als „Regel und Richtmaß“: 1. „einmal in dem, der regelt und mißt“, d. h. in dem göttlichen Gesetzgeber, der als Urheber der rechtlichen und ethischen Normen erkannt wird; 2. „das zweite Mal in dem, was geregelt und bemessen wird, denn etwas wird insoweit geregelt und bemessen, als es an einer Regel oder einem Richtmaß teilhat“ und hier geht es u. a. um den Menschen, der im Besitz des Naturrechts ist. Daraus ergibt sich für Thomas von Aquin die Wahrheit, daß alle Dinge, die ja ihr Sein dem göttlichen Schöpfer verdanken, an seiner Vorsehung teilhaben, d. h. „vom ewigen Gesetz geregelt und bemessen werden. Somit nehmen offensichtlich alle Dinge in irgendeiner Weise am ewigen Gesetz teil, insofern sie nämlich aus seiner Einprägung die Neigung zu den ihnen eigenen Handlungen und Zielen besitzen“[40]. Mit anderen Worten gesagt können wir feststellen, daß unsere Vernunft an der ewigen Vernunft Gottes teilhat, wodurch der Mensch eine natürliche Hinneigung zu einem Handeln besitzt nach den Anforderungen der im Naturrecht verankerten Normen besitzt. Nach dem *Doctor angelicus* „wird diese Teilnahme am ewigen Gesetz im vernunftbegabten Geschöpf natürliches Gesetz genannt... – und demnach ist nichts anderes als eine *Einstrahlung göttlichen*

---

38 G. Leibniz, *Sämtliche Schriften und Briefe*, hrsg. v. der Akademie der Wissenschaften Berlin, 2. Reihe, Bd. 1, 1926, S. 50.

39 P. Lombardus PL 191/1345 B.

40 *S.th.*, I-II, q. 91, a. 2.

Lichtes in uns“, das den Menschen irrtumsfrei zur klaren Unterscheidung zwischen gut und böse befähigt.

Die neuzeitliche Rechtstradition setzt sich mit dem klassisch verstandenen Naturrecht negativ auseinander. Eine gewisse Zusammenfassung dessen stellen Hoeren und Stallberg dar: „Insgesamt sprechen gegen jede Art von Naturrecht beachtliche Bedenken. (Siehe dazu vor allem *Kelsen*, Was ist Gerechtigkeit?, S. 37 ff; anders *Coing*, Naturrecht als wissenschaftliches Problem, S. 14ff. Zu den Kritikpunkten zusammenfassend *Brieskorn*, Rechtsphilosophie, S. 86 ff.) Zunächst ist ... problematisch, wie ein solches Naturrecht erkannt werden soll und was es inhaltlich besagt (Vgl. *Ellscheid*, Das Naturrechtsproblem, in: *Kaufmann/Hassemer* (Hrsg.), Einführung in Rechtsphilosophie und Rechtstheorie der Gegenwart, Heidelberg ^{6}1994, S. 179 (186), zumal sich dann auch die Frage stellt, wer die Kompetenz haben soll, den Inhalt eines solchen Rechts feststellen zu dürfen.“ Schließlich haben schon *Hume* und ihm folgend *Kant* haben gezeigt, daß von einem faktischen Sein nicht auf ein normatives Sollen geschlossen werden kann (*Methodendualismus*). Aus diesem Grund ist jeder Versuch, in den Tatsachen der natürlichen Welt ein ethisches Richtmaß zu finden zum Scheitern verurteilt. „Es nimmt infolgedessen nicht wunder, daß die Vertreter von naturrechtlichen Ansätzen zu unterschiedlichen Wertmaßstäben gelangen: ‚Mit den auf einen Trugschluß gegründeten Methoden der Naturrechtslehre kann man eben alles und daher nichts beweisen‘ (*Kelsen*, Was ist Gerechtigkeit?, S. 39). Das Naturrecht ist daher später vor allem durch positivistische Ansätze verdrängt worden. Erst nach dem Zweiten Weltkrieg erlebte es unter dem Eindruck der nationalsozialistischen Rechtsperson eine – wenn auch nur kurze – Renaissance. Interessant ist jedoch, daß auch noch heutzutage in der Rechtsprechung gelegentlich mit der ‚Natur der Sache‘ (Kritisch zu diesem Topos *Rüthers Bernd*, Rechtstheorie, München 1999, Rdnr. 923 ff.; ferner *Röhl Klaus F.*, Allgemeine Rechtslehre, Köln u.a. 1995, S. 64 ff.) argumentiert wird”[41].

Hegel nennt diese Fähigkeit des menschlichen Geistes „*die Heuchelei*“, die sich nun anmaßt, „gut“ und „böse“ „als *trennbar gleichgültig* und *zufällig*“ vorstellen zu wollen. Nach Hegel „[ist] das Böse“ „das Eigenste des Individuums“, wenn es für sich das Recht erhebt, „seine sich schlechthin für sich eigen setzende Subjektivität“ zu sein und dabei vergißt, daß der Mensch „*sei-*

---

[41] T. Hoeren, Ch. Stallberg, *Grundzüge der Rechtsphilosophie* [in:] Münsteraner Einführungen - Rechtswissenschaft, Bd. 7, Münster u.a.: LIT Verlag 2001, S. 86-87.

nem Begriffe nach als Geist"[42] ist, der nicht zu sich selbst gehört, sondern immer schon ein Moment des absoluten Geistes ist, der ja nach Hegel sowohl gut als auch böse ist. Dadurch wird dem naturrechtlichen Denken jede Grundlage genommen, das Gute zu fördern und das Böse zu meiden, weil der Urheber des Seins selbst als ein Widerspruch angesehen wird.

Es ist zwar wahr, daß weder unsere Vernunft noch unser Wille aus sich selbst sind, sondern kraft des Schöpfungsaktes von Gott abstammen. Auch könnten sie nicht in sich ohne die Erhaltung ihres Seins durch den Schöpfer bestehen, aber sie haben als Substanzen oder Subjekte teil an der göttlichen Vernunft und dem göttlichen Willen und sind als ein analoges Sein oder als ein analoger Geist zu dem göttlichen Sein und Geist zu verstehen, was Hegel als der absolute Idealist mißversteht.

„Das Naturrecht bildet insofern – neben der persönlichen Ethik – einen selbständigen, eigenartigen Bereich des idealen Seins. Das Naturrecht bildet den Maßstab für die Beurteilung des positiven Rechts"[43], da es eine Rechtsquelle ist, woraus alle besonderen positiven Normen des Gesetzes im Sinne des *lex* abgeleitet werden.

Luhmann definiert das Recht als „Struktur eines sozialen Systems, die auf kongruenter Generalisierung normativer Verhaltenserwartungen beruht"[44]. Coing interpretiert Luhmanns Rechtsbegriff: „Das Recht unserer Zeit ist das Produkt der Evolution", deren entscheidender Schritt „in der Positivierung des Rechts" zu suchen ist. Es ist durch „Entscheidung" gesetzt und kraft dieser „gilt, nicht aber durch die Vorstellung einer ewig gültigen und daher statischen Weltordnung legitimiert wird, wie sie das klassische Naturrecht der europäischen Tradition vertreten hat"[45].

Die genannten und anderen neuzeitlichen Negationen des Naturrechts sind *de facto* nichts Anderes als negative „Bestätigungen" des im Menschsein vorhandenen Naturrechts, weil, man ja nichts negieren kann, was nicht ist. Aus einer positiven und negativen Bestätigung einer natürlichen und von Gott, dem Schöpfer, gegebenen Rechtsordnung ergibt sich die Frage nach dem zum Inhalt des Naturrechts gehörenden Sollen.

---

[42] G.W.F. Hegel, *Grundlinien der Philosophie des Rechts oder Naturrecht und Staatswissenschaft im Grundrisse* [in:] G.W.F. Hegel, *Werke*, Bd. 7, Frankfurt a. M.: Suhrkamp, ²1989, § 140, S. 266-267.

[43] H. Coing, *Grundzüge der Rechtsphilosophie*, Berlin/New York: Walter de Gruyter 1993, S. 208.

[44] N. Luhmann, *Rechtssoziologie*, Bd. I, Hamburg-Reinbek 1972, S. 105.

[45] H. Coing, *Grundzüge der Rechtsphilosophie*, Berlin/New York: Walter de Gruyter 1993, S. 89-90.

4. Gott als der Gute und der Garant des Sollens

Gibt es das objektiv Gute? Wenn Ja, dann muß es auch einen zureichenden Grund dafür im Sinne eines absolut guten Subjekts solches Guten geben, das die große ethische Denktradition im Abendland als Gott erkannt hat. Von daher ist die folgende These innerhalb der gegenwärtigen Rechtsdiskussion verständlich: „Will die Rechtsphilosophie das kritische, reflektive Denken über das Recht lehren, kann sie daher nicht auf die Ethik als 'Basiswissenschaft, der unter den praktischen Disziplinen der Philosophie das Primat gebührt' (J. Pieper, Einführung in die Ethik, S. 64), verzichten"[46]. Hier ist besonders wichtig zu betonen, daß es um eine realistische und metaphysisch fundierte Ethik geht, die einerseits eine objektive Erkenntnis sowohl des Sittengesetzes als auch des objektiven Guten ermöglicht und andererseits das menschliche Subjekt als ein Agierendes und Handelndes zur praktischen Anwendung des moralischen Sollens bei allen Lebensakten auf dem Wege zum persönlichen Gutsein konsequent als fähig erkennt und dazu auch ermutigt. Johannes Paul II. sprach am 13. Januar 1997 zum diplomatischen Korps: „Es fehlt also an dem Moralgesetz und an Mut, damit man sich danach ausrichtet"[47]. Nicht selten wird diese Feststellung in unseren Tagen durch die alltägliche Erfahrung des Menschen bestätigt.

Erwähnenswert in diesem Kontext ist Zippelius' These, die die Sollensleistungsfähigkeit des Menschen in Frage stellt: „Auch wenn Naturrechtslehren auf theologischem Grunde ruhen, wenn also die Welt als Schöpfungsordnung gedeutet wird, kann man aus bloßen Fakten keine Normen herleiten; denn zur Schöpfungsordnung gehören die Heiligen und die Diebe... Vielmehr liegt sie hier in einer theologischen Prämisse, aus der sich ergibt, welches der Schöpfungszweck und die daraus folgende wahre Natur des Menschen oder einer Sache sei. Damit ist letztlich nach dem göttlichen Willen Rückfrage gehalten. Dieser erscheint dann als die eigentlich normsetzende Instanz. Die Ordnung der Dinge wird zum bloßen Indiz für den göttlichen Willen, wie ein Werkstück für die Absicht des Meisters: Das Gottgewollte ist das Gute und das wahrhaft Seiende, ens et bonum convertuntur (Thomas von Aquin, De Veritate, XXI 2f.). Darum belehren hier letztlich nicht die Fakten, sondern die theologischen Prämissen darüber", wozu „die Gerechtigkeit als Vorbild und Muster dienen kann"[48]. Einen ähnlichen Vorwurf haben Hoeren und Stallberg zusammen mit

---

46 T. Hoeren, Ch. Stallberg, *Grundzüge der Rechtsphilosophie...*, S. 38.

47 Jan Paweł II, W służbie pokoju, sprawiedliwości i solidarności [in:] „L'Osservatore Romano" 3 (191) 1997, S. 21.

48 R. Zippelius, *Rechtsphilosophie*, München: Verlag C. H. Beck [4]2003, S. 100.

Hofmann dem Sollenscharakter der Naturrechtslehre gemacht, d. h. einer *„anthropologischen Naturrechtstheorie"* bzw. *„metaphysischen, christlichen Naturrechtstheorie (Augustinus, Thomas von Aquin)*, deren Geltung theologisch begründet wurde"[49], als einem Zirkelschluß: „Einem ontologischen Naturrechtssystem wird damit zum Verhängnis, daß das Sein der Natur nur in dem Maße Sinnhaftigkeit besitzt, als man es zuvor philosophisch hineininterpretiert oder in einem Glaubensakt hineingelegt hat"[50]. Der logische Fehler eines *circulus vitiosus* trifft insofern nicht zu, als die Seinsphilosophie des *Doctor communis* keine Erkenntnis der Dinge voraussetzt, sondern sie als reale Seiende, als reale Dinge da vorfindet und erst dann in einem realistisch aufgebauten Erkenntnisakt mit seinem Verstand zu erfassen versucht. Die Realität ist für den Aquinaten kein „bloßes Indiz", sondern ein Abbild Gottes selbst, der durch den Analogieschluß in seiner Existenz irrtumsfrei, als für jeden menschlichen Verstand – auch unabhängig von der jeweilig vertretenen Religion, intelligibel ist. Die idealistische Unterstellung von Hoeren und Stallberg funktioniert zwar in allen idealistischen Denksystemen, nicht aber bei Thomas oder Augustinus, die sehr klar die Ebenen der Philosophie und der Theologie bzw. der Natur und der Gnade auseinanderzuhalten wissen, so daß sie weder für die natürliche Erkenntnis Gottes noch für eine prinzipielle Einsicht in das Naturrecht einen Glaubensakt setzen. Im Gegenteil: ein solcher Akt ist erst dann möglich, wenn der Verstand agiert, d. h. erkennt, sonst wäre ein Glaubensakt ein Überfall auf den menschlichen Geist. Wäre eine natürliche Gotteserkenntnis nicht möglich, dann wäre um so weniger ein Glaubensakt möglich, der ja primär von der menschlichen Vernunft mitvollzogen werden muß. Angesichts der realen Fähigkeit der menschlichen Vernunft Gott als den Urgrund des Seins überhaupt prinzipiell zu erkennen, gilt das Gleiche auch für eine prinzipielle Fähigkeit derselben Vernunft die Gnade Gottes zu erkennen.

Die These Zippelius', daß zur „Schöpfungsordnung" sowohl „Heilige" als auch „Diebe" gehören, trifft nicht zu, weil die beiden ontologisch wirklich als „ens et bonum converturtur" zu betrachten sind. Das bedeutet, daß von Natur aus bzw. vom realen Menschsein her jeder Mensch – ohne Ausnahme – ontologisch „gut" ist. Wir haben es auf dieser ontologischen Ebene nicht zugleich mit „Heiligen" und „Dieben" zu tun, sondern nur mit Menschen, die zunächst ein gutes Sein besitzen.

---

[49] T. Hoeren, Ch. Stallberg, *Grundzüge der Rechtsphilosophie...*, S. 85.

[50] Ibidem, S. 85; vgl. H. Hofmann, *Einführung in die Rechts- und Staatsphilosophie*, Darmstadt 2000, S. 145.

Erst auf der moralischen Ebene, die sich zwar mit Hilfe ihrer ontologisch gesehen guten Natur entfaltet, die aber zugleich eine persönliche Freiheit beinhaltet, entscheidet sich die moralische Qualität des Menschen. Innerhalb der verwirklichten Freiheit der menschlichen Person haben wir es mit Guten oder Bösen zu tun, d.h. mit „Heiligen" oder „Dieben", wenn die letzteren das objektiv geltende und waltende Moralgesetz in ihrem eigenen Personsein mißbrauchen. Durch den moralischen Mißbrauch wird das ontologische Gutsein des Menschen in das moralische Bösesein verwandelt. Der Begriff „Mißbrauch" hat hier seine Relevanz und Aktualität.

Die menschliche Person wird nicht durch die theologischen Prämissen, d.h. nicht durch eine Interpretation über das Gute und das Böse belehrt, sondern sie als Person mit ihrer Vernunft und freiem Willen besitzt das Sittengesetz in sich selbst und vermag, wenn sie nur erkennen will, Einsicht in den Inhalt dieses Moralgesetzes zu bekommen; ihr Gewissen zeugt davon. Über manche Einzelheiten dieses moralischen Gesetzes muß der Mensch aufgrund von verschiedenen Verbildungen seines Gewissens belehrt werden, was aber seine prinzipiell positive Leistung nicht negativ tangiert.

Lockes empiristische Position reduziert bzw. schränkt das Gute lediglich zur Empfindung ein: „Was eigentlich gut oder böse ist, sind nur die reine Lust oder der reine Schmerz". „Das größte Glück liegt nicht im Genießen des höchsten Glücks", sondern „im Besitz der Dinge, welche die größte Lust gewähren"[51]. Was ist das höchste Gut? Es scheint für Locke, daß es „eine vergebliche Untersuchung der alten Philosophen" ist, „ob das *summum bonum* in Reichtum oder in sinnlichen Genüssen, in der Tugend oder in der Erkenntnis bestehe"[52]. Kurz gesagt: die Sittlichkeit bei Locke „gründet sich auf Lust und Schmerz"[53], nicht aber auf den menschlichen Verstand, der mit dem Sittengesetz durch Gott beschaffen wurde, und auch nicht auf die menschliche Willensfreiheit, sondern wird auf der Ebene der Vorstellungsbilder der Phantasie angesiedelt. Locke leugnet die Präsenz des angeborenen, objektiven, allgemeingültigen und universal geltenden Sittengesetzes im Menschsein. Auch dann, wenn Locke die Offenbarung Gottes einbezieht, ändert sich trotzdem seine grundsätzlich antimetaphysische Position nicht. Das hat u.a. einen moralischen und rechtsphilosophi-

---

[51] J. Locke [in:] L. Strauss, *Naturrecht und Geschichte*, übers. v. H. Boog, Frankfurt a. M.: Suhrkamp ²1989, S. 260.

[52] Ibidem.

[53] F. Ueberweg, *Grundriß der Geschichte der Philosophie*, hrsg. v. M. Frischeisen-Köhler, Bd. III, Berlin ¹¹1914, S. 203.

schen Subjektivismus und Hedonismus zur Folge: „Locke ist ein Hedonist“[54]. Strauss konstatiert die sich immer neu durchsetzende Tendenz im menschlichen Handeln: „Was nun den Menschen zum Abweichen vom engen Pfad des althergebrachten Brauches oder des göttlichen Gesetzes bewegt, scheint der Wunsch nach Lust und die Abneigung gegen Schmerz zu sein. Das von Natur aus Gute erscheint somit als Lust“[55].

Vom naturrechtlichen Standpunkt aus ist die Ethik Nietzsches verwandt mit der empiristischen: „In dieser Auffassung erscheint also die Moral entweder als Ausdruck des Selbstgefühls, der Selbstbejahung ... oder als ungeformter Haß, Ressentiment...: in jedem Falle nichts Eigenständiges“[56], d. h. nichts Geistiges oder Personales im strengen Sinne des Wortes. Coing bekennt dagegen: „Daher erscheint es mir nach wie vor gerechtfertigt... an dem naturrechtlichen oder wertanalytischen Ansatz festzuhalten“[57].

Von der klassischen Naturrechtslehre aus ist der utilitaristische Denkansatz aus dem ähnlichen Grund kritikwürdig wie der des britischen Empirismus: „Ebensowenig vermag der Utilitarismus Benthams eine befriedigende Erklärung der ethischen Phänomene zu geben. Bentham geht davon aus, daß der Mensch in seinen Handlungen von den Gefühlen der Lust bzw. Unlust geleitet wird, und will es daher in der Ethik darauf abstellen, ob eine Handlung ‚Lust‘ fördere oder nicht“[58]. Das Gute ist ursprünglicher und relevanter als das Nützliche. Wird das Nützliche zum Wesen des Moralischen oder des Rechtlichen angenommen, dann werden das Sollen und die darauf aufgebaute Ethik relativiert.

Das Gute ist seiner Natur nach auch ursprünglicher als das Angenehme, denn das ontologisch-moralische Gute des personalen Seienden drückt einen substantiellen Wert aus, bzw. als gute Qualität wird es vom Kern des Seins des Menschen erfaßt und verbleibt nicht nur wie das Angenehme auf der Ebene der Sinneswahrnehmung: „Als die Grundprämisse des Konventionalismus erschien uns die Identifizierung des Guten mit dem Angenehmen. Dementsprechend ist der grundlegende Teil der klassischen Naturrechtslehre die Kritik des Hedonismus.

---

54 L. Strauss, *Naturrecht und Geschichte*, übers. v. H. Boog, Frankfurt a. M.: Suhrkamp ²1989, S. 260.

55 Ibidem, S. 112.

56 H. Coing, *Grundzüge der Rechtsphilosophie*, Berlin/New York: Walter de Gruyter 1993, S. 125.

57 Ibidem, S. 129.

58 Ibidem, S. 126.

Die These der klassischen Denker lautet, daß das Gute vom Angenehmen wesentlich verschieden ist, daß es elementarer ist als das Angenehme“[59].

Nach der Entwicklungspsychologie von Jean Piaget und dem Fortsetzer seines Denkens Lawronce Kohlberg („er ertränkte sich 1987 in der Nähe Bostons im Atlantik“[60]) ist die These, „daß Kinder nicht vor dem Alter von 12 oder 13 Jahren moralische Urteile autonom fällten“, die nach Hoeren „richtige war“[61]. Kohlberg ging noch weiter und meinte, „daß die Kinder, um wirklich moralische Reife zu erlangen, nach Piagets autonomer Stufe noch einen weiten Weg zu gehen haben“[62]. Die letzte und reifste Stufe der moralischen Entwicklung erlangen nur wenige Menschen nach Kohlberg. Was heißt das eigentlich nach Kohlberg? Das moralische Gute ist nichts anders als das, daß der moralische Wert seiner Handlung durch „Gewissensentscheidungen im Einklang mit selbstgewählten ethischen Prinzipien festgelegt wird, die sich darauf berufen, logisch umfassend, universell und konsistent zu sein“[63]. Diese Stufe konnte Kohlberg nicht nachweisen, „da eine dahingehende Antwort bei seinen Befragungen nicht vorhanden war“[64]. Geht man konsequent von der Evolutionstheorie Darwins aus, dann muß man auch den Inhalt des Sittengesetzes bzw. seiner Interpretation im Werdeprozeß begreifen: „Genauso wandelbar wie der Verlauf der Geschichte, den zeitlichen Veränderungen damit vollends unterworfen, ist auch die Interpretation und Auslegung der Gesetze zu jedem Augenblick eine andere“[65]. Vergegenwärtigen wir uns die Denkstruktur der Evolutionstheorie Darwins oder Haeckels, dann gibt es danach auch keinen transzendenten Geist der Materie gegenüber, d. h. keinen Verstand und keinen freien und geistigen Willen. Die rechtsphilosophischen Anhänger der Evolutionstheorie müssen *de facto* auch zugeben, daß alles wandelbar sei und zwar ohne ein bestimmtes Ziel zu haben. Strauss hat Recht, wenn er bemerkt, daß „die nicht-teleologische Naturwissenschaft“ mit der Leugnung der Zweckmäßigkeit der Natur zur „De-

---

59 L. Strauss, *Naturrecht und Geschichte*, übers. v. H. Boog, Frankfurt a. M.: Suhrkamp ²1989, S. 130.

60 T. Hoeren, Ch. Stallberg, *Grundzüge der Rechtsphilosophie*..., S. 119.

61 Ibidem, S. 120.

62 L. Kohlberg/Krammer, Zusammenhänge und Brüche zwischen der Moralentwicklung in der Kindheit und im Erwachsenenalter [in:] L. Kohlberg, *Die Psychologie der Moralentwicklung*, Frankfurt a. M. 1996, S. 41.

63 Ibidem, S. 41; 53.

64 T. Hoeren, Ch. Stallberg, *Grundzüge der Rechtsphilosophie*..., S. 122.

65 Ibidem, S. 177; vgl. G. Radbruch, *Rechtsphilosophie. Studienausgabe*, Heidelberg 1999, S. 108.

struktion der Grundlage des traditionellen Naturrechts"[66] führt. Wenn es so in der Tat wäre, wie die Evolutionisten meinen, dann hätten wir kein einziges Ordnungsgefüge im konkreten Sein, was man doch auf jedem Schritt antrifft: diesen konkreten Baum, dieses konkrete Tier oder diesen konkreten Menschen. Die Zurückgewinnung des transzendenten Geistes der menschlichen Person aus dem evolutiv verstandenen Werdeprozeß allen Seins für ein objektives Verständnis des Naturrechts scheint sehr entscheidend zu sein: „Die Bewahrung oder Wiederherstellung der natürlichen Freiheit oder Gleichheit wird vom Naturrecht gefordert"[67].

Kann man aus dem Sein das Sollen ableiten? Mit anderen Worten: Gibt es das Sittengesetz im personalen Sein oder nicht? Cathrein meint: „Bis zum Ende des 18. Jahrhunderts hielt man allgemein an der Überzeugung fest, daß zwischen Recht und Sittlichkeit ein wesentlicher Zusammenhang bestehe oder vielmehr das Recht einen Teil der sittlichen Ordnung ausmache"[68]. Man kann allerdings im Rückgriff auf das reformatorische Denkerbe[69] bzw. den Dualismus Descartes' und den Empirismus wie z.B. „Humes", dessen „Bemerkung zu dem kaum wahrnehmbaren Übergang vom Sein und Sollen von seinem auf das Beobachtbare eingeschränkten und nicht teleologisch gefaßten Seinsbegriff bestimmt ist"[70], dabei gewisse Bedenken haben. Auf jeden Fall hat Christian Thomasius mit seiner Unterscheidung zwischen „dem sittlich Guten (honestum), dem Wohlanständigen (decorum) und dem Gerechten (iustum)" und der Ausklammerung des Gerechten aus dem sittlich Guten, „Ethik und Rechtslehre auseinandergerissen"[71]. Dann setzte Immanuel Kant den Thomasius' Gedanken der Trennung zwischen Sein und Sollen im Rechtsdenken fort und kündigte bereits in der Vorrede seines Werkes „Die Metaphysik der Sitten" die Einteilung der Ethik als „*Tugendlehre*" und „*Rechtslehre*"[72] „in zwei völlig getrennte Gebiete"[73] an. Kant gerät damit in einen Dualismus einer doppelten „ethisch-

---

66 L. Strauss, *Naturrecht und Geschichte*, übers. v. H. Boog, Frankfurt a. M.: Suhrkamp ^{2}1989, S. 172.

67 Ibidem, S. 122.

68 V. Cathrein S.J., Recht, Naturrecht und positives Recht. Eine kritische Untersuchung der Grundbegriffe der Rechtsordnung, Freiburg i. Br.: Herdersche Verlagshandlung ^{2}1909, S. 304.

69 Vgl. F.X. Arnold, Zur Frage des Naturrechts bei Martin Luther, München 1937.

70 N. Brieskorn SJ, *Rechtsphilosophie*, Stuttgart u. a.: Verlag W. Kohlhammer 1990, S. 21.

71 V. Cathrein S.J., Recht, Naturrecht und positives Recht..., S. 304.

72 Vgl. I. Kant, *Die Metaphysik der Sitten* [in:] I. Kant, *Werke*, hrsg. v. W. Weischedel, Bd. IV, Darmstadt ^{5}1983, S. 309.

73 V. Cathrein S.J., Recht, Naturrecht und positives Recht..., S. 304.

rechtlichen" Gesetzgebung, d. h. einerseits denkt er eine „*ethische*" bzw. „innere" und andererseits eine „*juridische*" oder „äußere" „Gesetzgebung" [74].

Diesen Dualismus Kants verdeutlicht auch seine Definition des Rechts: „Das Recht ist also der Inbegriff der Bedingungen, unter denen die Willkür des einen mit der Willkür des andern nach einem allgemeinen Gesetze der Freiheit zusammen vereinigt werden kann"[75]. Weil aber Kant „die Freiheit" des Menschen nur als eine „*negative* Eigenschaft" kennt und nicht als „*noumen*", d.h. nicht als das Ding an sich, „können wir sie *theoretisch* gar nicht darstellen"[76]. Infolge dessen kann sich das Recht also nach Kant nur auf die „äußere Handlung" des Menschen beziehen und auf keinen Fall das Innere ihrer erreichen, da es für des Gesetz verborgen und damit unerkannt bleibt. Die Ethik betrifft die „innere Freiheit", die zwar im Dienste der Pflicht steht[77], die aber wie das Sittengesetz selbst auch verborgen und unerkennbar gilt. Dann ist der einzige Ausweg aus diesem Dualismus in einen rechtlich-ethischen Subjektivismus des kategorischen Imperativs zu fliehen: „Handle nach einer Maxime, die zugleich als allgemeines Gesetz gelten kann", „*Maxime* aber ist das *subjektive* Prinzip"[78], fügt Kant hinzu.

Der rechtsphilosophische Dualismus Kants äußert sich auch bezüglich des Gegenstandes: Die Rechtsgesetze befassen sich mit dem „äußeren und zwar praktischen Verhältnis einer Person gegen eine andere, sofern ihre Handlungen als Facta aufeinander (unmittelbar oder mittelbar) Einfluß haben können" [79]. Die Ethik Kants umfaßt die beiden: inneren und äußeren Pflichten: „So ist es eine äußerliche Pflicht, sein vertragsmäßiges Versprechen zu halten; aber das Gebot, dieses bloß darum zu tun, weil es Pflicht ist, ohne auf eine andere Triebfeder Rücksicht zu nehmen, ist bloß zur *innern* Gesetzgebung gehörig"[80].

Unterschiedlich sind auch „die Grundlage und Quelle der beiden Gesetzgebungen. Die innere Gesetzgebung besteht in dem kategorischen Imperativ und geht aus der eigenen Vernunft eines jeden hervor; die äußere Gesetzgebung dagegen ist der Ausspruch einer mit Zwangsgewalt ausgerüsteten Autorität"[81].

---

74 I. Kant, *Die Metaphysik der Sitten* ..., S. 324.

75 Ibidem, S. 337.

76 Ibidem, S. 333.

77 Vgl. V. Cathrein S.J., Recht, Naturrecht und positives Recht..., S. 305.

78 I. Kant, *Die Metaphysik der Sitten* ..., S. 332.

79 Ibidem, S. 337.

80 Ibidem, S. 326.

81 V. Cathrein S.J., Recht, Naturrecht und positives Recht..., S. 305.

Ludwig Knapp schreibt sehr kritisch und vielleicht teilweise mit Recht in seinem „System der Rechtsphilosophie" vom Jahre 1857 von der Rechtsphilosophie nach Kant als von einer „Schale des Rechts"[82]. Nach Zippelius „hat Kant den wesentlichen Einwand geliefert" und zwar „gegen das Naturrechtsdenken im strengen Sinn – also gegen jene Variante des Naturrechts, die aus der tatsächlichen Naturordnung Kriterien richtigen Handelns gewinnen wollte". Zippelius interpretiert die Position Kants folgendermaßen: „Aus dem, was es in der Welt tatsächlich gibt, kann man nicht ableiten, was sein und geschehen soll"[83]. Nach Kant, in der Interpretation Zippelius', „sagt das bloße Dasein nichts darüber, ob die eine oder die andere Ordnung, das eine oder das andere Verhalten, verwirklicht werden soll"[84]. Kant und Zippelius gehen davon aus, daß es in der tatsächlichen Welt z. B. Monogamie und Polygamie gibt, deren Wahr- oder Falschsein im Lichte der menschlichen Vernunft nicht möglich festzustellen ist. Beide werfen dem Naturrechtsdenken einen „Zirkelschluß" vor; „denn mit den Kriterien der ‚wahren Natur' trifft man nach einem vorausgesetzten Vorbild eine Auswahl aus der Vielfalt der Tatsachen, um anschließend dieses Vorbild wieder aus der ‚wahren Natur' zu entnehmen"[85]. Natürlich, wenn man zunächst die menschliche Erkenntnisfähigkeit prinzipiell schwächt und ihr die Erkenntnis des Wesens der Realität abspricht, dann wirft man von einem Aprioridenkort aus einem realistischen Denkansatz in das Naturrecht einen Zirkelschluß vor, der nicht zutreffend ist, da eine realistische Erkenntnislehre nichts von der zu erkennenden Materie außer den festen Denkprinzipien des erkennenden menschlichen Subjekts zur Verfügung hat.

J. G. Fichte kontinuiert den rechtsphilosophischen Dualismus Kants. Fichtes höchster Rechtssatz lautet: „*Ich muß das freie Wesen außer mir in allen Fällen anerkennen als ein solches, d.h. meine Freiheit durch den Begriff der Möglichkeit seiner Freiheit beschränken*"[86]. Cathrein denkt dabei, daß eigentlich „jede Handlung also Recht ist, die mit der gleichen Freiheit aller andern vereinbar ist. Damit ist schon das Recht vollständig von der sittlichen Ordnung losgelöst"[87]. Fichte meint weiter: „Der deduzierte Begriff" des Rechts „hat mit dem Sittenge-

---

82 L. Knapp [in:] A. Kaufmann, Tendenzen im Rechtsdenken der Gegenwart, in: Recht und Staat, H. 464/465, Tübingen 1976, S. 7.

83 R. Zippelius, *Das Wesen des Rechts...*, S. 89.

84 Ibidem, S. 90.

85 Ibidem, S. 90.

86 J. G. Fichte, *Grundlage des Naturrechts nach Prinzipien der Wissenschaftslehre* [in:] J. G. Fichte, *Werke*, hrsg. v. F. Medicus, Bd. II, PhB Bd. 128, Leipzig: Felix Meiner Verlag, S. 56.

87 V. Cathrein S.J., Recht, Naturrecht und positives Recht..., S. 306.

setze nichts zu tun... Auf dem Gebiete des Naturrechts hat der gute Wille nichts zu tun... So bedarf es keiner künstlichen Vorkehrungen, um Naturrecht" „und Moral zu scheiden... Beide Wissenschaften sind schon ursprünglich und ohne unser Zutun durch die Vernunft geschieden, und sind völlig entgegengesetzt"[88]. Anstatt der Übereinstimmung zwischen dem Recht und dem Sittengesetz wird bei Fichte eine „*a priori*, d. h. aus der reinen Form der Vernunft, aus dem Ich, deduzierte" bzw. gesetzte Entgegensetzung aufgestellt. Damit werden sowohl das Sollen als auch das Recht „*a priori*"[89] uminterpretiert und von ihrer Objektivität losgelöst.

Der idealistische Spalt zwischen Recht und Sittengesetz führt zum Rechtspositivismus wie z. B. bei Bergbohm, der behauptet, daß „auch das niederträchtigste Gesetzesrecht als verbindlich anerkannt wird, sofern es nur formell korrekt erzeugt ist"; „auch das miserabelste Recht ist, falls es in formeller und konstitutioneller Beziehung korrekt ist, Recht, aber man sollte es lieber heute als morgen abschaffen"[90]. Dem idealistisch umgedeuteten Naturrecht wird sein Kern herausgenommen, wodurch es eigentlich ohnmächtig und unnützlich wird.

Solche Widersprüchlichkeit ergibt sich aus einer dualistischen oder sogar widersprüchlichen Rechtstheorie, die keine Adaequatheit mehr zwischen Sein und Sollen denkt oder sogar den gesamten Inhalt des Naturrechts durch das subjektivistische Ich des Menschen zu setzten wagt.

5. Gott als das ewige Ziel

Der Mensch ist ein zweckmäßiges Wesen: „Alle natürlichen Wesen haben ein natürliches Ziel, eine natürliche Bestimmung, die entscheidet, was zu tun gut für sie ist... die Vernunft bestimmt im Hinblick auf das natürliche Ziel des Menschen, was von Natur Rechtens ist"[91]. Das metaphysisch verstandene Naturrecht als die Teilhabe am ewigen Gesetz Gottes lenkt unseren Geist sowohl auf die immanenten Zwecke, die zu verwirklichen gelten als auch auf den ewigen Ursprung hin, der zugleich unser ewiges Ziel ist. Auf welchem Wege kann der Mensch ein so erhabenes Ziel erlangen?

---

[88] J. G. Fichte, Grundlage des Naturrechts nach Prinzipien der Wissenschaftslehre ..., S. 58-59.

[89] Ibidem, S. 57.

[90] K. Bergbohm, Jurisprudenz und Rechtsphilosophie, I 1892, S. 272 [in:] V. Cathrein S.J., Recht, Naturrecht und positives Recht..., S. 258.

[91] L. Strauss, *Naturrecht und Geschichte*, übers. v. H. Boog, Frankfurt a. M.: Suhrkamp ^{2}1989, S. 8.

Nicht zu Unrecht hat Zippelius im positivistischen Denken einen destruktiven Zug entdeckt: „Der Positivismus ist eine Philosophie der Resignation, die nach dem Scheitern vorangegangener metaphysischer Anstrengungen nunmehr die beobachtbaren Gegebenheiten und ihre begriffliche Ordnung als Gegenstand sinnvollen Erkenntnisbemühens gelten lassen wollte. In dieser Weise hat Auguste Comte (1798-1857) der Philosophie die Aufgabe gestellt, die beobachtbaren Tatsachen nach ihren Ähnlichkeiten und ihren Kausalzusammenhängen einander zuzuordnen“[92]. Es steht außer Zweifel, daß sich „metaphysische Anstrengungen“ im Sinne des deutschen Idealismus durch ihre Herabsetzung der sichtbaren und damit der transzendenten einschließlich der göttlichen Realität zum Scheitern bestimmt haben. Comte war sich dessen bewußt, aber auch der alten theologisch-metaphysischen Denktradition. Deshalb ist es nicht verständlich, warum Comte die Theologie als Theologie und die klassische Metaphysik, die ja erst die Entwicklung der Wissenschaften ermöglicht hatte, zu überholen versucht hat, anstatt sie eben einer konstruktiven Kritik zu unterziehen, die sehr oft einen Fortschritt in der Erkenntnis der Wahrheit herbeiführt. Noch inkonsequenter ist die Überlegung Comtes, die theologisch-metaphysischen Wissenschaften durch seine „positive“ Wissenschaft zu ersetzen: „Comte weist sowohl den Theismus wie Pantheismus zurück, wie auch den Atheismus und Materialismus, weil es lauter Lehren sind, die aus metaphysischer Reflexion hervorgegangen sind. Indem er so Gott und Natur abweist, findet er nur noch die Menschheit vor sich, und sie macht er nun unter dem Namen ‚*Großes Wesen*‘ (grand Être) zum Gegenstand eines neuen Kultus“[93]. Eine Abtrennung des ganzen menschlichen Seins von dem göttlichen Grund verursacht letzten Endes eine Orientierungslosigkeit oder Entfremdung des menschlichen Verstandes im immanenten und transzendenten Seinsgefüge: „Der Versuch, den Menschen in dieser Welt vollkommen heimisch zu machen, endete damit, daß der Mensch gänzlich heimatlos wurde“[94]. Damit verlor der Mensch auch sein eigentliches Ziel. Zippelius spricht u.a. im Rückblick auf den Rechtspositivismus mit Bedauern von dem „Verlust der weltanschaulichen Orientierungsgewißheit. Das Richtmaß für die Ordnung des Zusammenlebens war über lange historische Epochen autoritativ vorgegeben oder wenigstens in wichtigen Grundzügen vor-

---

92 R. Zippelius, *Rechtsphilosophie*, München: Verlag C. H. Beck [4]2003, S. 6; vgl. A. Comte, *Discours sur l'ésprit positif*, 1844, Nr. 18.

93 F. Ueberweg, *Grundriß der Geschichte der Philosophie*, hrsg. v. K. Oesterreich, Bd. IV, Berlin [11]1916, S. 500.

94 L. Strauss, *Naturrecht und Geschichte*, übers. v. H. Boog, Frankfurt a. M.: Suhrkamp [2]1989, S. 19.

gezeichnet, und ist es in vielen Weltteilen heute noch vor allem in umfassenden religiösen oder quasi-religiösen Weltanschauungen, die von den Einzelnen nicht kritisch in Frage zu stellen sind. In solchen Weltanschauungen fanden ... auch die Normen des Rechts und der Moral ihren Platz und ihre Rechtfertigung. Aus ihnen waren diese Normen ableitbar und interpretierbar. Beispiele solcher Weltorientierungen finden sich insbesondere unter dem Stichwort des ‚Naturrechts' ... Das Vertrauen in autoritativ vorgegebene Weltorientierungen wurde aber in Europa zu Beginn der Neuzeit erschüttert. ... Man begann zu begreifen, daß die Anmaßung der Gottähnlichkeit: zu wissen, was gut und böse ist – die tiefe Symbolik des Sündenfalles – auch auf der Geschichte der Menschheit lastet. ... Am Ende fand der Einzelne sich auf sein eigenes Urteil und Gewissen zurückgeworfen"[95], was ja Europa und die Welt in eine unvergleichliche Krise der gesamten Kultur geführt hat. Kard. Ratzinger stellt eine treffende Diagnose dieser Denkperiode in der Weltgeschichte: „Einerseits rühmt sich die neuzeitliche Epoche dessen, daß sie die Idee der Menschenrechte geschaffen hat, die ein unablösbares Attribut jedes menschlichen Wesens und allen positiven Rechten vorausliegenden gegenüber darstellen und auch darüber, daß sie die in feierlichen Deklarationen verkündet hat. Andererseits waren diese Rechte, obwohl in der Theorie anerkannt, niemals zuvor vergleichsweise gebrochen in der Praxis. Die Wurzel dieses Widerspruchs soll man in den Hauptideen der neuzeitlichen Epoche suchen: in den aufklärerischen Erkenntnistheorien, in der damit verbundenen Freiheitsvision, wie auch in den Theorien des Sozialvertrags und in der Gesellschaftsvision, die sich damit verbinden läßt. Die Aufklärung verkündet, daß der Verstand die Tradition und die Autoritäten verwerfen und selbstständig erkennen muß. Die Konsequenz davon wird die Anerkennung des Verstandes als einer geschlossenen und unabhängigen Instanz. Die Wahrheit hört auf, eine objektive Realität zu sein"[96]. Die Wahrheit wird also gemacht, was *de facto* zur Abschaffung der Vernunft und der Wahrheit hinführt: „Auch daß der Terror der Französischen Revolution im Namen der Vernunft stattfand, ließ den Glauben an diese Art von Vernunft schwinden"[97], weil sie sich selbst aufhebt: Burke kritisiert die Theoretiker der Französischen Revolution, daß sie keine „individuelle Selbstbeschränkung" dachten und praktizierten, was nach Burke zur Ver-

---

95 R. Zippelius, *Rechtsphilosophie*, München: Verlag C. H. Beck [4]2003, S. 78-79.

96 J. Kard. Ratzinger, Problem zagrożeń życia ludzkiego [in:] „L'Osservatore Romano 7 (134) 1991, S. 4; vgl. L. Strauss, *Naturrecht und Geschichte*, übers. v. H. Boog, Frankfurt a. M.: Suhrkamp [2]1989, S. 105: „Nicht die Konvention, sondern die Natur der jeweiligen Sache bestimmt also in jedem einzelnen Fall, was gerecht ist."

97 R. Zippelius, *Das Wesen des Rechts...*, S. 55.

härtung der Sitten und Herzen führt: „die gleiche Lehre verhärtet, die ... ihre Sitten lockert, ihre Herzen“[98]. Strauss fügt hinzu: „das extreme Humanitätsprinzip der Theoretiker der Französischen Revolution führt mit Notwendigkeit zur Bestialität“[99]. Burke nennt die Französische Revolution wie „ein rohes, taktloses, bitteres, düsteres und wildes Gemisch von Pedanterie und Gemeinheit“[100].

Zippelius meint, daß z. B. Hobbes durch die Erfahrung der „religiösen Bürgerkriege“ „die Folgerung zog, daß der souveräne Staat, um des Rechtsfriedens willen, letztverbindlich alle Fragen des Rechts zu entscheiden habe (*De cive*, Vorwort; Leviathan, Kap. 26)“[101]. Das Mißverständnis bzw. der Irrtum Hobbes besteht auch in dem Mangel der Unterscheidung zwischen der ontologischen und moralischen Ebene des Menschseins. Man kann infolge des Mißbrauchs nicht auf das Sein selbst oder auf das absolute, allgemeine und objektive Sittengesetz verzichten. Spricht man der individuellen Person die Rechtsfähigkeit ab, so kann auch von einem Zusammenschluß von vielen rechtsunfähigen Personen in einer Staatsgemeinschaft keine positive Lösung zu erwarten sein. Gibt es das reale Sein, so muß auch eine rechtlich-moralisch begründete Ordnung bestehen. Wird sie nicht vom Sein selbst abgeleitet, so muß sie von jemandem konstruiert werden. Radbruch sagte in seiner *Rechtsphilosophie*: „Vermag niemand festzustellen, was gerecht ist, so muß jemand festsetzen, was rechtens sein soll“[102]. Zippelius konstatiert: „Das ist die Wurzel und das Recht des Gesetzespositivismus... Der folgerichtige historische Vollzug dieses Gedankens war die Ersetzung des Naturrechts durch ein ‚positives Recht', das in staatlichen Gesetzgebungsverfahren hervorgebracht wurde“[103]. Damit hat sich sehr intensiv Luhmann beschäftigt, und die wichtigste Grundlage für die Legitimation des Rechts erblickt er im „Grundkonsens“, d. h. „in einer generellen Anerkennung der in bestimmten rechtlichen Verfahren hergestellten Entscheidungen“[104]. Solche von der Realität zuerst *a priori* abgetrennten Rechte entsprechen grundsätzlich der

---

98 Burke [in:] L. Strauss, *Naturrecht und Geschichte*, übers. v. H. Boog, Frankfurt a. M.: Suhrkamp ^{2}1989, S. 313.

99 L. Strauss, *Naturrecht und Geschichte*, übers. v. H. Boog, Frankfurt a. M.: Suhrkamp ^{2}1989, S. 313.

100 Burke, in: L. Strauss, *Naturrecht und Geschichte*, übers. v. H. Boog, Frankfurt a. M.: Suhrkamp ^{2}1989, S. 314.

101 R.d Zippelius, *Rechtsphilosophie*, München: Verlag C. H. Beck ^{4}2003, S. 79.

102 G. Radbruch, *Rechtsphilosophie*, hrsg. v. R. Dreier u. S.L. Paulson, Heidelberg: C.F. Müller 1999, § 10, S. 82.

103 R. Zippelius, *Rechtsphilosophie*, München: Verlag C. H. Beck ^{4}2003, S. 80.

104 N. Luhmann, *Legitimation durch Verfahren*, 1969, S. 29 ff.

Seinsfinalität nicht, ganz im Gegenteil, als Recht im Widerspruch beseitigt sie die akzidentelle Schwäche der Realität nicht, sondern entfaltet sie zu einem Widerspruch, wovon die Weltgesichte des XX. Jhs. zu genüge zeugt. Brieskorn spricht mit Recht, daß der Rechtsbegriff Luhmanns „getragen von dem evolutionären Prozeß der Geschichte ist“[105]. Damit ist das Recht „subjektfreie Selbstsetzung“[106] der Gesellschaft selbst. Bei der Zielfrage kann man in diesem neomarxistischen Denken Luhmanns höchstens von der Gesellschaft als dem höchsten Ziel sprechen, nicht aber von Gott, der in dem klassischen Begriff *bonum commune* neben dem Menschen und seiner sozialen Gemeinschaft als das höchste Ziel des Rechts überhaupt gedacht war. Nach Johannes Paul II. „hängt die Zukunft der Gesellschaft von der nicht zu beseitigenden Verbundenheit zwischen Gott und der menschlichen Gemeinschaft“ ab. Im Gegensatz zu diesem Standpunkt einer notwendigen Relation zwischen den Menschen, ihren Gemeinschaften und Gott setzt sich der Mensch dort, wo er aufhört, nach einer Stütze auf die ihm gegenüber transzendenten Werte zu suchen, dem Risiko aus, ein Opfer einer unbegrenzten Willkür der Macht und der Pseudoabsoluten zu werden, die ihn zerstören“[107], wie das der Fall z. B. bei der Französischen Revolution war. Leo Strauss schreibt: „Die Bemühungen der Revolutionäre waren gegen jegliche Überweltlichkeit oder Transzendenz gerichtet. Die Transzendenz ist nicht nur das Feld der offenbarten Religion. Sie war bereits in einem sehr wichtigen Sinn in der ursprünglichen Bedeutung der politischen Philosophie als Frage nach der natürlichen oder besten staatlichen Ordnung enthalten“[108].

Schluß

Ein polnischer und philosophierender Dichter C.K. Norwid hat geschrieben, daß „ein Demokrat – ohne Gott und Glaube“[109] ein Widerspruch ist. Für ganze Gesellschaften und Staaten gilt genauso wie für jede einzelne Person, daß man sich nur dann so weit vollkommen entwickeln oder das Sein bewahren kann, wie man die letzte Ursache des eigenen Seins erkannt und das höchste Ziel des Seins verwirklicht hat. Beides betrifft die Transzendenz, d.h. Gott, dessen Anschau-

---

105 N. Brieskorn SJ, *Rechtsphilosophie*, Stuttgart u. a.: Verlag W. Kohlhammer 1990, S. 56.

106 Ibidem.

107 Jan Paweł II, Oby wszyscy odkryli miłość Ojca wszechświata [in:] „L'Osservatore Romano“ 3 (211) 1999, S. 15.

108 L. Strauss, *Naturrecht und Geschichte*, übers. v. H. Boog, Frankfurt a. M.: Suhrkamp ^{2}1989, S. 16.

109 C.K. Norwid, *Wiersze* [in:] C.K. Norwid, *Pisma wybrane*, Warszawa 1968, S. 454.

ung als das höchste Ziel für die metaphysische und noch mittelalterliche Vernunft galt: „Im Mittelalter hat Thomas von Aquin diese Gedanken christlich-theologisch durch die Vorstellung überhöht, daß in der Welt sich der weltordnende Schöpferwille Gottes offenbare“[110].

Im Unterschied zu Spinozas Vorstellung der Abhängigkeit der Erkenntnis des Naturrechts und seiner Zweckmäßigkeit von dem Glauben an Gottes Vorsehung[111] sagt Strauss: „Das Beispiel des Aristoteles würde jedoch allein genügen, um zu zeigen, daß es möglich ist, das Naturrecht ohne den Glauben an die besondere Vorsehung oder an die eigentliche göttliche Gerechtigkeit zuzulassen“[112].

Im Laufe der neuzeitlichen rechtsphilosophischen Reflexion traten jedoch die das Gottessein und den Gottesgedanken im europäischen Denken relativierenden Systeme auf, wie z.B. der Machiavellismus, für den „es keinen übermenschlichen, keinen natürlichen Halt für die Gerechtigkeit gibt ... Alle Gesetzlichkeit wurzelt in der Ungesetzlichkeit, alle sozialen oder sittlichen Ordnungen sind mit Hilfe von moralisch fragwürdigen Mitteln errichtet worden. Die bürgerliche Gesellschaft hat ihre Wurzel nicht in der Gerechtigkeit, sondern in der Ungerechtigkeit... Gerechtigkeit in irgendeinem Sinne ist nur nach der Errichtung einer Sozialordnung und nur innerhalb einer von Menschen geschaffenen Ordnung möglich“[113]. Es galt, Gott durch den Menschen zu ersetzen, und damit „trat der Historismus als eine besondere Form des Positivismus in Erscheinung, einer Schule, die behauptete, Theologie und Metaphysik seien ein für allemal durch die positive Wissenschaft ersetzt worden“[114]. „Die modernen Gegner des Naturrechts verwerfen gerade diese Idee“ der göttlichen Herkunft des Seins schlechthin und auch des Naturrechts. „Nach ihnen ist alles menschliche Denken historisch und daher unfähig, jemals irgendetwas Ewiges zu erfassen... Wir wollen diese Anschauung »Historismus« nennen“[115]. Nicht übertrieben ist der Ausdruck von Strauss: „die leidenschaftliche Ablehnung alles »Absoluten«„[116],

---

110 R. Zippelius, Das Wesen des Rechts..., S. 88.

111 B. de Spinoza, *Tractatus theologico-logicus*, Bruder ed., Phil. Bibl., Bd. 93, cap. 19, § 20, S. 339.

112 L. Strauss, *Naturrecht und Geschichte*, übers. v. H. Boog, Frankfurt a. M.: Suhrkamp ^{2}1989, S. 96-97; vgl. Aristoteles, *Nik. Ethik* 1178 b 7-22.

113 L. Strauss, *Naturrecht und Geschichte*, übers. v. H. Boog, Frankfurt a. M.: Suhrkamp ^{2}1989, S. 185.

114 Ibidem, S. 18.

115 Ibidem, S. 13.

116 Ibidem, S. 5.

wodurch sich das Recht im subjektiven und objektiven Sinne grundsätzlich relativiert. Victor Cathrein schreibt: „... lehnt man das Dasein eines persönlichen Schöpfers und Weltregierers ab, so ist das Naturrecht nicht mehr festzuhalten“[117].

Zippelius bringt die nach Gott ausgerichtete römische Gesetzgebung in Erinnerung: „Das *Corpus Juris* Justinians nannte als Beispiele solcher von der Natur vorgegebenen Ordnungen die Verbindung von Mann und Frau und die Erzeugung und Aufzucht der Kinder (Digesten 1, 1, 1, 3)“[118]. Die heutige Gestalt dieser natürlichen Ordnung wird nicht nur in Frage gestellt, sondern eigentlich aufgehoben. Solche Begriffe wie Ehe von Mann und Frau, Familie, Vater und Mutter werden fast ganz verdrängt. Mit dem Zerfall des naturrechtlichen Bewußtseins zerfällt das persönliche, gesellschaftliche und staatliche Seinsgefüge. Eine Rückkehr zum Naturrecht ist heutzutage dringender denn je: „Die Notwendigkeit des Naturrechts ist heute jedoch ebenso evident wir vor Jahrhunderten und sogar Jahrtausenden. Die Zurückweisung des Naturrechts ist gleichbedeutend mit der Behauptung, alles Recht sei ein positives Recht“[119]. Damit fehlt nach L. Strauss der Maßstab für die Unterscheidung zwischen „Recht und Unrecht“: „ein Maßstab, der uns erlaubt, über positives Recht zu urteilen“[120]. Dieser Gedanke trifft den Rechtspositivismus im Kern, mit dessen Relativität des Rechts man nicht in der Lage ist, sich u.a. mit solchen totalitären Rechtssystemen wie dem Kommunismus und dem Nationalsozialismus auseinanderzusetzen. Hans Kelsen meint: „Vollends sinnlos ist die Behauptung, daß in der Despotie keine Rechtsordnung bestehe, sondern Willkür des Despoten herrsche ... stellt doch auch der despotisch regierte Staat irgendeine Ordnung menschlichen Verhaltens dar ... Diese Ordnung ist eben Rechtsordnung. Ihr den Charakter des Rechts abzusprechen, ist nur eine naturrechtliche Naivität oder Überhebung... als Willkür gedeutet wird, ist nur die rechtliche Möglichkeit des Autokraten, jede Entscheidung an sich zu ziehen, die Tätigkeit der untergeordneten Organe bedingungslos zu bestimmen und einmal gesetzte Normen jederzeit mit allgemeiner oder nur besonderer Geltung aufzuheben oder abzuändern. Ein solcher Zustand ist ein Rechtszustand, auch wenn er als nachteilig empfunden wird. Doch hat er auch seine guten Seiten. Der im modernen Rechtsstaat gar nicht

---

[117] V. Cathrein, *Recht, Naturrecht und positives Recht*, Freiburg i. Br. 1901, S. 139.

[118] R. Zippelius, Das Wesen des Rechts..., S. 88.

[119] L. Strauss, *Naturrecht und Geschichte*, übers. v. H. Boog, Frankfurt a. M.: Suhrkamp ^{2}1989, S. 2.

[120] Ibidem, S. 2.

seltene Ruf nach Diktatur zeigt dies ganz deutlich"[121]. Leo Strauss kommentiert Kelsen: „Da Kelsen seine Einstellung gegenüber dem Naturrecht nicht geändert hat, kann ich mir nicht vorstellen, warum er diese instruktive Stelle in der englischen Übersetzung weggelassen hat (General Theory of Law and State, Cambridge: Harvard University Press, 1949, S. 300)"[122]. Troeltsch schrieb noch im Jahre 1925, zur Zeit der Weimarer Republik, daß solche Begriffe wie „Naturrecht" „fast unverständlich geworden und völlig abgeblaßt sind", was dazu führte, daß Deutschland auf diesem Wege das naturrechtliche Denken verabschiedet hat, das „den eigentlichen historischen Sinn begründet hat und auf diese Weise schließlich zu einem uneingeschränkten Relativismus gelangt ist"[123], dessen gravierendste Folge die Entstehung der nationalsozialistischen Ideologie war. Der Rechtsrelativismus setzte sich, nach einer verhältnismäßig kurzen Pause der Naturrechtsherrschaft in der Bundesrepublik Deutschland, selbst von einem der Gegner der alten Ideologie Gustav Radbruch, fort: „Der Relativismus, bisher nur die Methode unserer Betrachtung, geht an dieser Stelle selbst als Bauglied in unser System ein"[124].

Ähnlicher, das Recht relativierender Bewußtseinwandel wird auch am Bespiel der USA deutlich: „Wir halten diese Wahrheiten für von selbst einleuchtend: daß alle Menschen gleich geschaffen, von ihrem Schöpfer mit gewissen unveräußerlichen Rechten begabt sind, daß darunter sind Leben, Freiheit und das Streben nach Glückseligkeit"[125]. Leo Strauss, Professor für Politische Philosophie an der Universität Chicago, hat im Jahre 1953 das Buch unter dem Titel *Natural Right and History* veröffentlicht, das im Jahre 1956 ins Deutsche übersetzt wurde[126]. Er schrieb am Anfang der 50er Jahre, nachdem die Richter der Alliierten die obersten Verbrecher des Nationalsozialismus auf der Grundlage des klassisch verstandenen Naturrechts, nicht aber mit Hilfe des Rechtspositivismus verurteilt hatten: „Soweit die heutige amerikanische Sozialwissenschaft ist, geht sie von der Überzeugung aus, daß alle Menschen durch den Evoluti-

---

[121] H. Kelsen, *Allgemeine Staatslehre*, Berlin 1925, S. 335-336.

[122] L. Strauss, *Naturrecht und Geschichte*, übers. v. H. Boog, Frankfurt a. M.: Suhrkamp ^{2}1989, Fußn. 2, S. 4.

[123] E. Troeltsch, Naturrecht und Humanität in der Weltpolitik [in:] E. Troeltsch, *Deutscher Geist und Westeuropa*, Tübingen 1925, S. 3, 5, 13, 21.

[124] G. Radbruch, *Rechtsphilosophie*, hrsg. v. R. Dreier u. S.L. Paulson, Heidelberg: C.F. Müller 1999, § 10, S. 82.

[125] Unabhängigkeitserklärung der USA [in:] L. Strauss, *Naturrecht und Geschichte*, übers. v. H. Boog, Frankfurt a. M.: Suhrkamp ^{2}1989, S. 1.

[126] L. Strauss, *Naturrecht und Geschichte*, übers. v. H. Boog, Frankfurt a. M.: Suhrkamp ^{2}1989.

onsprozeß oder durch ein mysteriöses Schicksal mit verschiedenartigen Impulsen und Wünschen, aber bestimmt nicht mit natürlichen Rechten ausgestattet sind“[127]. Dort, wo man nur einen Werdeprozeß denkt, ist die Erkenntnis bzw. Aufrechterhaltung der klassischen Naturrechtslehre kaum möglich: „Allerseits wird zugestanden, daß es Naturrecht nur geben kann, wenn die Rechtsprinzipien unveränderlich sind“[128], die es heutzutage nur selten gibt, sonst gilt fast allgemein das evolutive Werden mit den zwei Prinzipien Mutation und Selektion, die allerdings eine Ethik bzw. ein konstantes und unveränderliches Sittengesetz für unmöglich erklären. Rorty tradiert Hegels Gedanken: „unsere Zeit in Gedanken zu fassen“ und behauptet, daß die einzige Aufgabe „der Geisteswissenschaften das Erfassen der eigenen Zeit in Gedanken ist“[129]. Was übrig in diesem Werdefluß bleibt, ist ein strenger „Pragmatismus“[130] u.a. von R. Rorty, der nach Habermas „den Wahrheitsbegriff fallen läßt“, weil es doch immer nur auf die Begründung von Wahrheitsansprüchen ankomme[131].

Mit dem Schwinden der Wahrheit über das Naturrecht schwindet auch die vernünftige Einsicht in die Normen des Moralgesetzes, was zur moralischen Korruption des Menschseins führt: „Hobbes ... verwarf den Begriff eines natürlichen Zweckes des Menschen... Er stellte sich das gute Leben vor in Begriffen der ersten Anfänge des Menschen oder seines natürlichen Rechts im Unterschied zu seiner Pflicht, Vollkommenheit oder Tugend... Das so verstandene Naturrecht führt nur zu bedingten Pflichten und zu käuflicher Tugend“[132]., die Rousseau mit den Worten auf den Punkt bringt: „Die antiken Politiker sprachen unaufhörlich von Sitten und Tugenden; die unsrigen reden von nichts anderem als von Geschäft und Geld“[133], was den menschlichen Geist lediglich nur vorü-

---

127 Ibidem, S. 2.

128 Ibidem, S. 100; vgl. Aristoteles, *Nik. Ethik* 1094 b 14-16, 1134 b 18-27; Cicero, *De republica* III 13-18; Platon, *Gesetze* 889 e 6-8.

129 R. Rorty, Vortrag: Analytische Philosophie und verändernde Philosophie [in:] Karl Jaspers Vorlesungen zu Fragen der Zeit II in Verbindung mit der Stiftung Niedersachen an der Carl von Ossietzky Universität Oldenburg vom 5.-6. Juni 2000, hrsg. v. Institut für Philosophie 2001, S. 28.

130 A. Riebel, Die privatisierte Religion. Der Philosoph Richard Rorty hält nichts von der Wahrheit und bekam den Meister-Eckhart-Preis [in:] DT vom 11. 12. 2001, S. 10.

131 J. Habermas, Laudatio auf Richard Rorty bei der Verleihung des Meister-Eckhart-Preises in Berlin 2001.

132 L. Strauss, *Naturrecht und Geschichte*, übers. v. H. Boog, Frankfurt a. M.: Suhrkamp ²1989, S. 292.

133 J. J. Rousseau [in:] L. Strauss, *Naturrecht und Geschichte*, übers. v. H. Boog, Frankfurt a. M.: Suhrkamp ²1989, S. 264.

bergehend zufrieden macht und erfüllt, was aber einen so Denkenden im Endeffekt in den Abgrund des Nihilismus zu stürzen scheint: „Die gegenwärtige Ablehnung des Naturrechts führt nicht nur zum Nihilismus, nein, sie ist identisch mit Nihilismus“[134]. Wenn die Rechtsphilosophie in der Tat „die Suche“ nach „Endgültigkeit“, nach „Gründen“[135], letzten Gründen des Rechtsseins aufgibt, wird sie das Recht als solches abschaffen und damit dem Menschen das Fundament und Ziel entziehen und seine einzigartige personale Existenz dem Abgrund des Nichts ausliefern. Auch eine Abrechnung mit jedem Unrecht in der Weltgeschichte wird einer unüberwindbaren Unmöglichkeit anheimfallen müssen. A. Sacharow ist einer der großen gegenwärtigen Mahner des menschlichen Gewissens überhaupt geworden, der als ein großes Opfer der marxistisch-leninistischen Ideologie unsere Zeit vor großer Naivität und unbeschränktem Zynismus eines nihilistischen Denkens warnt[136].

Als eine eigentliche Pointe scheint mir eine Rückkehr zum transzendenten und absolut vollkommenen Gott, eine Rückkehr zum von ihm geschenkten Naturrecht und natürlich eine bewußte und freie Rückkehr zum göttlichen Sittengesetz als den festesten Grundlagen des Seins der menschlichen Person samt all ihren Tätigkeiten und Handlungen. Erst dann wird eine Hoffnung auf eine bessere, gerechtere und friedvolle Existenz in dieser Welt möglich sein, wonach sich die meisten Menschen dieses Erdkreises sicherlich sehnen, denn „jedes menschliche Leid, jeder Schmerz, jede Schwäche verbirgt in sich eine Verheißung auf Befreiung, Verheißung der Freude“, schreibt Papst Johannes Paul II. in seinem letzten Buch *Erinnerung und Identität*, „Das bezieht sich auf jedes durch das Böse verursachte Leiden. Das bezieht sich auch auf dieses große soziale und politische Böse, das die gegenwärtige Welt erschüttert und zerreißt: das Böse der Kriege, der Versklavung der Individuen und Völker; das Böse der sozialen Ungerechtigkeit, der Erniedrigung der menschlichen Würde, der rassischen und religiösen Diskriminierung, das Böse der Gewalt, des Terrorismus, der Torturen

---

134 L. Strauss, *Naturrecht und Geschichte*, übers. v. H. Boog, Frankfurt a. M.: Suhrkamp ^{2}1989, S. 5.

135 R. Rorty, Vortrag: Analytische Philosophie und verändernde Philosophie [in:] Karl Jaspers Vorlesungen zu Fragen der Zeit II in Verbindung mit der Stiftung Niedersachen an der Carl von Ossietzky Universität Oldenburg vom 5.-6. Juni 2000, hrsg. v. Institut für Philosophie 2001, S. 33.

136 Vgl. A. Sacharow, *Mein Land und die Welt*, Wien ^{2}1976.

und Rüstung... In der Liebe, die ihre eigene Quelle im Herzen Christi hat, ist die Hoffnung für die Zukunft der Welt"[137].

[137] Jan Paweł II, Pamięć i tożsamość. Rozmowy na przełomie tysiącleci, Kraków: Znak 2005, S. 172.

Zur Diskussion über das Naturrecht aus philosophisch-anthropologischer Sicht

Horst Seidl[1]

Positivistische Kritik am traditionellen Naturrecht

In unserem Jahrhundert ist nach dem Zweiten Weltkrieg die Lehre des Naturrechtes von einigen Rechtstheoretikern (Cathrein, Messner u.a.) neu vertreten worden, die der scholastischen Tradition verpflichtet waren. Doch wurde sie in den letzten Jahrzehnten wieder immer mehr bestritten von Juristen neukantianischer (Radbruch u.a.) und positivistischer Richtung (Kaufmann, Kelsen u. a.). Es ist ihnen unannehmbar, daß material inhaltliche Rechtsgrundsätze unveränderliche Geltung haben sollen; denn sie hängen immer von empirischen Gegebenheiten ab. Soweit aber formal-rationale Gesichtspunkte hinzukommen, sind sie eine Leistung der autonomen Vernunft und entspringen aus ihr, nicht aus einer Natur, sei es aus der Menschennatur oder aus Gott. Dies wäre „Heteronomie."

Dabei kann sich der Neupositivismus auf Kant berufen; denn trotz ihrer gegensätzlichen ethischen Positionen, haben sie eine empiristische Voraussetzung gemeinsam, die auch in Kant eingegangen ist, daß nämlich der Vernunft jedes Objekt (im theoretischen wie praktischen Gebiet) nur in der Sinnesanschauung gegeben sein kann. Daher hat jedes sittliche Urteil einen materialen Anteil aus der sinnlichen Erfahrung und einen formalen Anteil aus der rationalen Urteilsfunktion selbst; denn der Vernunft ist keine intellektuale Anschauung von intelligiblen Objekten gegeben.

Im Zusammenhang mit dem Naturrecht sind schließlich auch die Menschenrechte zu erwähnen, die in Kurzform in die Grundgesetze moderner Verfassungsstaaten eingegangen sind und in unserem Jahrhundert – in Folge der schrecklichen Verbrechen der zwei Weltkriege – ihren Ausdruck in internationalen Abkommen gefunden haben. Wiewohl sie häufig das Naturrecht ersetzen wollen, haben sie in Wahrheit doch ihre Grundlage ebenso wie das Naturrecht letztlich im allgemeinen Sittengesetz, wenn sie auch mehr als dieses die Verhältnisse des Einzelnen zu den Mitmenschen betreffen, in der Gegenseitigkeit von Rechten und Pflichten. Sie setzen das Naturrecht voraus mit dem allgemei-

1 Der Autor (geb. 1938, Berlin) ist seit 1988 Professor für Ethik und seit 2002 für Antike Philosophie (Lehrstuhl) an der Lateran-Universität, Rom. Zu seinen Hauptschriften siehe: www.pul.it.

nen Zweck des guten, glücklichen Zusammenlebens aller in einer staatlichen Gemeinschaft, woraus dem Einzelnen gewisse Grundpflichten erwachsen, wie auch ihnen entsprechende Grundrechte: Unantastbarkeit der Person, Achtung der personalen Würde, gegen jede Diskriminierung wegen der Rasse, des Geschlechtes usw., ferner Rede-, Religions-, Versammlungsfreiheit u.a.. Sicherlich erhalten diese Garantien ihre volle Kraft nur dort, wo ein allgemeines Sittengesetz anerkannt wird, das in einem unveränderlichen Wesen des Menschen gründet. Doch ist es nicht mehr Aufgabe des Gesetzgebers, diese Voraussetzungen näher zu bestimmen, sondern Aufgabe der Gesellschaft, ihr Wesen zu klären, sowie mit Sinn und Leben zu erfüllen.

Meine vorliegende Studie befaßt sich nur mit der Diskussion des Naturrechtes und seinem anthropologischen Fundament. Sie geht zuerst von seiner juristischen Verteidigung aus, um sie dann durch Argumente aus philosophisch-anthropologischer Sicht zu verstärken.

Juristische Verteidigung des Naturrechts

In sehr nachhaltiger Weise hat Wolfgang Waldstein in einer Reihe wichtiger Publikationen das Naturrecht gegen die rechtspositivistische Kritik verteidigt, wobei er sich sowohl auf die vom Römischen Recht ausgehende Rechtstradition, als auch auf die darin enthaltenen rechtstheoretischen Argumente stützt. Ich beschränke mich im folgenden auf die Beiträge dieses Gelehrten und referiere zunächst Hauptgesichtspunkte aus seinen Publikationen.

In einer längeren Abhandlung über die Entscheidungsgrundlagen des römischen Rechts[2] setzt sich Waldstein in den ersten Kapiteln mit Hans Kelsens Lehre vom „Dualismus von Sein und Sollen“ auseinander, ferner mit seiner Kritik am „Pseudoschluß vom Sein auf das Sollen“ und mit seiner Lehre zum Verhältnis von „Recht und Logik“. Während die römischen Juristen, im Unterschied zu veränderlichen konventionellen Rechten, gewisse Rechte als fundamental und unveränderlich für alle Menschen aller Zeiten anerkannt haben, akzeptiert diese der moderne Rechtspositivmus, vor allem in der von H. Kelsen ausgearbeiteten Form,[3] nicht mehr. Zwar leugnet er nicht, daß sich in Traditionen solche fundamentalen Rechtsgrundsätze ausgebildet haben, neben den positiven, aber er bestreitet, daß sie aus einer vorgegebenen Natur hergeleitet wer-

---

2 W. Waldstein, *Entscheidungsgrundlagen der klassischen römischen Juristen*, in: Aufstieg und Niedergang der römischen Welt, II, Bd. 15: Principat, hrsg. v. H. Temporini, Berlin 1976, 3-100.

3 Siehe vor allem das Hauptwerk von Kelsen, *Reine Rechtslehre*, Wien ^{2}1960, 1967.

den können, sei es aus einer Menschennatur, sei es aus einem Schöpfergott; denn dies wäre unvereinbar mit den modernen Theorien der Erkenntnis und der Wirklichkeit (Realität). Kelsens These ist die, daß sich vom faktischen Sein der Dinge kein Sollen ableiten läßt, das in bestimmten Normen beschrieben werden könnte. Ferner ist jeder ethische Beweis aus Prämissen des faktischen Seienden ein Trugschluß, weil in der Konklusion nicht eine Eigenschaft (hier: des Sollens) auftreten kann, die in den Prämissen nicht enthalten ist. Damit ist auch jede Lehre von einem Naturrecht, d.h. einem aus der Menschennatur abgeleiteten Recht, unmöglich. Zwar betont auch Kelsen, daß Normen existieren,[4] aber er weigert sich, sie aus einer Natur abzuleiten, die für ihn „ein Aggregat von als Ursache und Wirkung miteinander verbundenen Seinstatsachen" ist (a.a.O., 423).

Waldstein nimmt hierzu in folgender Weise Stellung: Erstens sind Normen nicht nur Umschreibungen eines Sollens, sondern etwas Existierendes, was auch Kelsen zugibt. Also sind sie Seiendes mit einem Sollensgehalt, aus dem implizit oder explizit ein Sollen abgeleitet werden kann.[5] Der Schluß vom Sein zum Sollen ist korrekt, weil er von Normen, als Seiendem mit einem Sollensgehalt, auf das Sollen schließt, das aus jenem Gehalt expliziert wird.[6] Die positivistische Argumentation gegen diesen Schluß als einen Trugschluß beruht auf der Einengung des Seinsbegriffes auf das naturhafte Seiende, mit Ausschluß des normativen Seienden. Waldstein räumt dem Gegner[7] ein: „Von einem Seienden ohne normativen Gehalt auf Normen schließen zu wollen, wäre in der Tat 'nicht haltbar'„ (a.a.O., 17). Gegen Kelsens Ablehnung natürlicher Rechtsgrundsätze aus Gott antwortet Waldstein mit dem metaphysischen Argument aus Aristoteles (*Metaphys.* II), daß das kontingente reale Seiende auf eine notwendige, transzendente Erstursache verweist, auf Gott, und daß dies ebenso auch vom idealen Seienden, den Normen, gilt.

Die restlichen Kapitel der Abhandlung bringen eine ausführliche Untersuchung über den Begriff der Natur, der bei den römischen Juristen in verschiedenen Bedeutungen gebraucht wird: als Sachen, Leistungen, objektive Wirklich-

---

4 Siehe H. Kelsen, *Recht und Logik*, in: Forum 13 (1966), 421-425, 495-500, bes. 422.

5 Vgl. auch W. Waldstein, *Sein und Sollen als rechtswissenschaftliches Problem*, in: Wissenschaft und Glaube, Vierteljahresschr. d. Wiener Kathol. Aka., 1 (1988), 53 ff.

6 W. Waldstein, *Naturrecht und naturalistischer Fehlschluß*, in: Fides et ius, Festschr. f. Georg May zum 65. Geb., Regensburg 1991, 33 ff.

7 Ulrich Klug, Die reine Rechtslehre von Hans Kelsen und die formallogische Rechtfertigung der Kritik an dem Pseudoschluß vom Sein auf das Sollen, in: Law, State, and International Legal Order, Essays in honour of H. Kelsen (Knoxville 1964), 153-169.

keit, als besondere Art oder spezifische Natur von Sachen, gewisse leibliche, seelisch-charakterliche Bedingungen der menschlichen Natur u.a. Dabei wird nicht näher angegeben, worin die menschliche Natur liegt:

> „Aber was heißt das, *quem hominum natura desiderat*?" (zitiert aus Cels. D 16, 3, 32 (11 dig). „Auch hier wird offensichtlich gesehen, daß die menschliche Natur auf eine Ordnung verweist, die ihr mitgegeben ist. Die geistige Dimension des Menschen, dem Vernunftgebrauch eignet, macht es möglich, diese Ordnung zu erkennen. Es wird nicht aus einer nicht normativen Natur auf Normen geschlossen, sondern vielmehr das Normative in der Natur miterkannt" (a.a.O., 46).

Zum *ius naturale* bemerkt Waldstein (a.a.O. 80 ff.), daß die Klassiker ihn in uneinheitlicher Terminologie verwenden und geringes Interesse an einer Systematisierung zeigen.

In einem anderen Artikel[8] legt Waldstein das Naturrecht vor, wie es sich historisch in einer „Naturrechtspraxis" seit der römischen Antike entfaltet hat, wobei es „nicht um einen Versuch einer theoretischen oder 'spekulativen' Begründung irgendeines Naturrechtssystems" geht.

Eine weitere Studie[9] von Waldstein widmet sich der Naturrechtslehre in der Interpretation von Johannes Messner, dessen Werk *Das Naturrecht* (Berlin [7]1984) in einem eigenen Kapitel „das sittliche Wesen des Rechts" behandelt (a.a.O., Kap. 37, 232 ff.). Zum Naturgesetz stellt er fest:

> Tatsächlich stimmen alle Systeme der Ethik darin überein, daß das Wissen um Gut und Böse, das Bewußtsein der Pflicht und der Verantwortung, das Gewissen, die sittlichen Erfahrungsgegebenheiten sind. In der Erklärung des Ursprunges, des Wesens und des Verpflichtungsgrundes des Sittlichen gehen die verschiedenen Systeme jedoch weit auseinander" (a.a.O., 35).

Zur Begründung des Naturrechts ist heute jedoch, nach Messner und Waldstein, zuerst der Wissenschaftsbegriff zu klären, da der in der positivistischen Kritik verwendete zu eng ist; denn er beschränkt die Wirklichkeit auf das empirisch Gegebene (und in der Sinnesanschauung Fundierte). Demgegenüber müssen auch „geistige Gebilde" als „Wirkliches" anerkannt werden, zu denen die

---

8 W. Waldstein, *Naturrecht bei den klassischen römischen Juristen*, in: Das Naturrechtsdenken heute und morgen. Gedächtnisschrift für René Marcic, hrsg. v. D. Mayer-Maly, P. M. Simons, Berlin 1983, 239-253.

9 W. Waldstein, *Vom sittlichen Wesen des Rechts*, in: Das Neue Naturrecht. Die Erneuerung der Naturrechtslehre durch J. Messner. Gedächtnisschrift f. J. Messner, hrsg. v. A. Klose, H. Schambeck, R. Weiler, Berlin 1985, 101-123.

Rechtsordnung gehört (Karl Larenz, Franz Bydlinski). Von ihnen haben wir Menschen, wie schon Cicero bemerkt, eine *communis intellegentia* (*Leg.* 1, 44).

Die sittliche Natur des Naturrechts sieht dann Messner „in den existentiellen menschlichen Zwecken begründet", die „in den verschiedenen gesellschaftlichen Lebensbereichen angesichts der heutigen gesellschaftlichen Wirklichkeit" gefordert sind. Sie werden intuitiv von der menschlichen Vernunft erfaßt.

Als allgemein einsichtige Rechtsgrundsätze nennen die Digesten folgende, die Ulpian zugeschrieben werden: Iuris praecepta sunt haec: honeste vivere, alterum non laedere, suum cuique tribuere.

In einem eigenen Aufsatz[10] bringt Waldstein den philosophischen Aspekt der Rechtswissenschaft zur Sprache. Er geht auf die bekannte Aussage Ulpians zurück, die am Beginn von Justinians Digesten angeführt wird: daß derjenige, der sich mit dem Recht beschäftigen will, vorher wissen muß, woher der Name des Rechts kommt, daß es nämlich nach der Gerechtigkeit benannt ist.

> „Deswegen könnte uns jemand mit Recht Priester nennen; denn wir pflegen die Gerechtigkeit und lehren die Kenntnis des Guten und Gerechten, indem wir das Gerechte vom Ungerechten sondern, das Erlaubte vom Unerlaubten unterscheiden... Damit bemühen wir uns... um die wahre Philosophie, und nicht um eine simulierte."

Unter der wahren Philosophie, *vera philosophia*, versteht Waldstein die theoretische Philosophie, die bei Ulpian mit der praktischen in eins zusammengehe, und denkt an eine metaphysische Begründung des Naturrechts, die auf Gott zurückgeht. Es scheint mir aber, daß in der zitierten Aussage Ulpian von der praktischen Philosophie spricht. Dies geht auch aus einer Textstelle bei Cicero, *De finibus*, 2, 71, hervor, die Waldstein zum besseren Verständnis dessen, was mit der *philosophia simulata* gemeint sei, anführt. An ihr wird zwischen wahrer und vorgetäuschter Gerechtigkeit unterschieden, die doch beide m.E. in das Gebiet des Praktischen fallen.

Ferner verweist Waldstein auf Aristoteles, *Metaphys.* IV, wo dieser die Philosophie gegen die Dialektik und die Sophistik abhebt. Wenn auch beide sich mit demselben Gebiet (des Seienden) beschäftigen, so zeichnet sich die Philosophie vor der Dialektik „durch die Weise ihres Vermögens" aus, vor der Sophistik aber „durch den Lebensvorsatz"; denn die Dialektik versucht sich nur an dem, was die Philosophie erkennt, und die Sophistik ist nur scheinbare, keine wirkli-

---

10 W. Waldstein, *Römische Rechtswissenschaft und wahre Philosophie*, in: Index, Quaderni camerti di studi romanistici... Omaggio a P. Stein, 2 (1994), 31-45.

che Wahrheit. Auch hier geht es, meine ich, um die wahre und scheinbare Philosophie nach ihrer theoretischen und praktischen Seite.

Eine andere Cicero-Stelle, *Tuscul.* 2, 6, spricht von *vera philosophia* mit Bezug auf die Griechen als der „bedeutendsten aller Künste" und als der „Lehre über die rechte Lebensform" – was m.E. auf die theoretische und praktische Philosophie geht – und stellt fest, daß die Römer sie bisher „mehr im Leben als in Schriften dargestellt haben". Waldstein bezieht hier die *vera philosophia* auf die von Platon und Aristoteles begründete Metaphysik, die zur transzendenten Seinsursache aufsteigt. Wenn also Cicero Naturrechtsgrundsätze als der Vernunft von Natur bekannte verteidigt, gegen die These, daß sie bloß positive Meinungen seien, so sieht er sie, nach Waldstein, in jener Metaphysik begründet.

Aus diesen Ausführungen läßt sich gut ersehen, daß die Begründung des Naturrechtes letztlich über die Jurisprudenz und Ethik hinausgehen muß bis zu einer metaphysischen Grundlage, zunächst aber – so würde ich vorziehen – zu einer anthropologischen, welche die Natur des Menschen betrifft.

Wenn Cicero in *Leg.* 1, 44 f. sagt: *Atqui nos legem bonam a mala nulla alia nisi naturae norma dividere possumus*, so bezieht sich dies m.E. zunächst auf die rationale Natur des Menschen selbst; denn nach stoischer Lehre macht gerade die Vernunft die Natur des Menschen aus. Offensichtlich beruht die Einsicht in das Gute und Gerechte nicht nur auf einer Erkenntnis äußerer Ordnung in der Gesellschaft, sondern auch auf einer Selbsterkenntnis der Vernunft. Sie findet das Gute und Gerechte in sich selber als dem herrschenden Prinzip im Menschen (und hat davon ein Bewußtsein, Gewissen). Daher scheint mir auch an der Stelle *De fin.* 2, 71, die *vera philosophia* nicht die theoretische Philosophie zu sein (mit ihrer metaphysischen Begründung der Ethik und Jurisprudenz), sondern die wahre Ethik gegenüber einer geheuchelten, wie dort das Beispiel von der wahren und geheuchelten Gerechtigkeit zeigt, die beide im Gebiet der praktischen Philosophie liegen, nicht der theoretischen.

In einer weiteren historischen Untersuchung[11] geht Waldstein wieder vom Problem aus, ob es für juristische Entscheidungen ein objektives Gerechtigkeits-Kriterium gibt. Der Rechtspositivismus Kelsens läßt eine naturrechtliche Begründung nicht zu; denn für ihn ist die Natur „ein Aggregat von als Ursache und Wirkung miteinander verbundenen Seinstatsachen", ohne normativen Gehalt.

---

11 W. Waldstein, *Zur juristischen Relevanz der Gerechtigkeit bei Aristoteles, Cicero und Ulpian*, in: Zum Gerechtigkeitsanspruch des Rechts, FS für Theo Mayer-Maly (=Rechtsethik, Bd. 3), Wien 1996, 1-71.

Waldstein setzt dem positiven Wirklichkeitsbegriff den der klassischen Tradition entgegen und verweist auf Aristoteles' Epistemologie, die den intelligiblen Prinzipien eine intuitive Erfassung durch die Vernunft zuordnet.[12] Dann folgt ein historischer Einblick in „Quellenaussagen zur Gerechtigkeit", der zeigt, wie sich bei verschiedenen griechischen (Hesiod, Platon, Aristoteles) und römischen Denkern (Cicero, Seneca), aber auch im Codex Hammurabi und einer Urkunde zum Zeremonialrecht der 18. Dynastie Ägyptens, gemeinsame Grundauffassungen von Gerechtigkeit finden, die auf eine Ordnung in der Gemeinschaft abzielen, auf eine Verteilung der Güter, „jedem das Seine zuzugestehen" u.a.m. Im Vorbeigehen wird Platons Definition (*De fin.* 411E) erwähnt: Δικαιοσύνη ὁμόνοιᾳ τῆς ψυχῆς πρὸς αὑτήν, [...] ἕξις διανεμητικὴ τοῦ κατ ἀξίαν ἑκάστῳ.

Aristoteles präzisiert dann diese Definition. Ferner entwickelt er die wichtige Tugend der ἐπιείκεια, die über die positiven Gesetzesbefolgung hinaus in der Vernunft einen Gerechtigkeitssinn voraussetzt.

Die von Waldstein vorgetragenen Untersuchungen verstärken wesentlich die Annahme des Naturrechts, indem sie gleichsam Argumente *ex consensu gentium* bieten. Mir scheint aber, daß die Argumentation bei Kelsen prinzipielle Fragen über die Wirklichkeit und über die Natur des Menschen aufwirft, und daß auf ontologische und anthropologische Fragen eine ontologische und anthropologische Antwort gegeben werden muß, keine historische, wenn sie auch aus historischen Quellen gewonnen worden ist. So muß eindeutig geklärt werden, was Realität ist, was Wesenheit, und speziell die Wesenheit des Menschen, und wie sich aus ihm das Naturrecht begründet.

Auf Aristoteles' Lehre vom Naturrecht in *Ethica Nicom.* V, 10, die Waldstein in einem eigenen Kapitel zur Sprache bringt (a.a.O., 23 ff.), werde ich weiter unten zurückkommen.

Rechtsphilosophische Überlegungen zum Naturrecht bietet schließlich ein jüngerer Aufsatz[13] von Waldstein, in dem er wieder auf die schwierige Lage der Naturrechtsdiskussion heute hinweist, weil ihr ein positivistischer Begriff der Wirklichkeit und der Wissenschaft zugrunde liegt. Es wirkt sich der maßgebliche Einfluß von H. Kelsen aus, der sich auf I. Kant und A. Comte gründet und wesentliche Unterstützung von K. Popper und H. Albert erhält. Dieser Begriff beschränkt sich auf das empirisch faktisch Gegebene, wodurch geistige Werte,

---

12 Zur engen Verbindung von αἴσθησις und νοῦς, vgl. auch H. Seidl, *Der Begriff des Intellekts bei Aristoteles*, Meisenheim 1971, 72 f. und 151 f.

13 W. Waldstein, *Das Naturrecht in der modernen Staatsphilosophie*, in: Festschrift für Martin Kriele, hrsg. v. B. Ziemske, Th. Langheid, H. Wilms, G. Haverkate, München 1997, 903-923.

wie das Naturrecht, nicht mehr richtig in den Blick kommen. Waldstein stellt dem den traditionellen, besonders aristotelischen Begriff von Wissenschaft entgegen, der Realität und Wahrheit weiter faßt und so auch die geistigen Werte einschließt. Anmerkungsweise erwähnt er die Analyse der gegenwärtigen Lage bei E. Voegelin,[14] wonach zu ihrer Bewältigung die traditionelle Ontologie und philosophische Anthropologie wieder neu zu begründen sind. Dem weiß sich auch mein Beitrag verpflichtet.

Im Hauptteil seines Aufsatzes befaßt sich dann Waldstein mit der Pluralismus-These unserer Tage, wonach es über jeden Gegenstand nur subjektive Meinungen gebe, und auch das Naturrecht nur „ideologisch begründbar" sei.[15] Dazu erwidert er, daß diese Auffassung „seit der Antike gewonnenen klaren und im wesentlichen über Jahrtausende gleichbleibenden Erkenntnissen hinsichtlich der Existenz und der Bedeutung von Normen des Naturrechts" widerspricht (a.a.O., 908). Hinzu kommt die Entwicklung des römischen Rechts in einer Naturrechtspraxis, welche die Grundlage aller europäischen Rechtsordnungen geworden ist.

Der Rechtspositivismus insistiert auf der Freiheit und Autonomie der menschlichen Vernunft. Doch kann er nach Waldstein zu willkürlicher Machtausübung und zur Barbarei führen (und hat dazu im NS-Regime geführt).[16] Freilich beruft sich der Positivismus auf Kants Autonomie-Ethik. Er schließt also ein, daß die Vernunft das den Menschen Zuträgliche durch eigene Überlegung finden soll und kann, lehnt es aber ab, daß sie es von einem „vorgegebenen Nomos" annehmen muß, was Heteronomie wäre. Dieser Punkt müßte m.E. philosophisch geklärt werden, ob nämlich die Annahme des Naturrechtes für die Vernunft Heteronomie bedeute.

Im zweiten Teil geht der Aufsatz auch auf die „Verbindung des Naturrechts mit Gott" ein, die vom Positivismus abgelehnt wird, und führt aus Aristoteles, *Metaphys.* II, das Argument an, daß alles kontingente Seiende von einer Erstursache abhängen muß, wenn es nicht zu einem Regreß der Ursachen in infinitum

---

14 Eric Voegelin, *Die neue Wissenschaft der Politik,* 1959, Sonderausgabe der Stifterbibliothek 1977, 49.

15 Vgl. Hans-Ulrich Evers, *Bonner Kommentar, zu Art. 79 Abs. 3 GG,* 45. Lieferung, S. 59. Auf die Diskussion über die Auslegung von GG, Art. 79, Abs. 3, ob der Text zwar Änderungen des Grundgesetzes für unzulässig hält, aber nach Evers „im übrigen der Berufung auf das Naturrecht eine deutliche Absage erteilt", was Waldstein entschieden bestreitet, kann ich hier nicht eingehen.

16 Waldstein verweist auf Joachim Detjen, *Neupluralismus und Naturrecht. Zur politischen Philosophie der Pluralismustheorie* (Politik- u. Kommunikationswissenschaftliche Veröffentlichungen der Görres-Gesellschaft, Bd. 1), Paderborn 1988.

kommen soll (a.a.O., 915). Hier wäre es m.E. vorteilhaft, die Argumentation anthropologisch zunächst auf die Vernunftseele zu beziehen (die dann als kontingentes Seiendes letztlich von einer transzendenten Erstursache, Gott, abhängt). Das Ergebnis des Aufsatzes (a.a.O., 919 ff.) faßt nochmals zusammen: Es gibt in der Rechtsprechung gewisse allgemeine Grundsätze, die im Bewußtsein (Gewissen) der Menschen sind, und daß sie als „geistige Gebilde" auch zur „Wirklichkeit" zu rechnen sind. Dies scheint mir durchaus richtig, aber es ist eine ideale Wirklichkeit, die auf die reale der Vernunftseele des Menschen bezogen werden müßte. Waldstein verweist zwar gut auf die bekannte Cicero-Stelle (*Leg.* 1, 44 f.):

> „Nur ein Unsinniger (demens) kann annehmen, daß diese (Unterscheidungen) Auffassungssache seien, und nicht in der Natur begründet".

Aber diese Begründung ist gerade von der philosophischen Anthropologie zu leisten; denn sie verweist auf die Menschennatur.

Die anthropologische Grundlage des Naturrechtes

Nach dem kurzen Einblick in Waldsteins Arbeiten, der dem Reichtum der dargelegten Beobachtungen nicht gerecht werden konnte, möchte ich nun einige Punkte noch näher erörtern, die eine Vertiefung von seiten der Philosophie verdienen.[17]

Mentales und reales Sein. – Idealität und Realität

Die Auseinandersetzung mit Kelsens Rechtspositivismus hat auf seinen zu engen Begriff der Realität aufmerksam gemacht, der sie auf Fakten (auf das in der Sinnesanschauung Fundierte) begrenzt, und führt zur Forderung, daß es auch „geistige Gebilde" gibt, die ihre eigene Realität haben. Zu ihr gehören hiernach die natürlichen Rechtsgrundsätze, wie: *honeste vivere, alterum non laedere, suum cuique tribuere*, wovon die Menschen aller Zeiten ein Bewußtsein haben. Sie sind einerseits Erkenntnisinhalte im Verstand der Menschen. Dies leugnet auch Kelsen nicht, der solche Normen als Ideale anerkennt. Sie sind aber andererseits doch mehr, d.h. es entspricht ihnen eine Realität, nicht nur jene ideale im Verstand, sondern auch eine extramentale. Und darauf insistiert Waldstein

---

[17] Zur Wesenheit des Menschen vgl. meine Abhandlung: *Vom Dasein zum Wesen des Menschen*, Hildesheim 2001 (Olms-Verlag).

gegenüber Kelsen. Diese Realitätsfrage zu klären ist nun nicht mehr Aufgabe der Jurisprudenz, sondern der Philosophie.

In der Tradition finden wir die Unterscheidung zwischen mentalem und realem Seienden. Man muß auch in der Ethik vom idealen Seienden, den Erkenntnisinhalten im Verstand, zum realen Seienden fortschreiten, auf das sie sich beziehen. So entsprechen den Tugend-Idealen im Verstand die Tugend-Haltungen als Qualitäten der Seele. Sie erwerben bedeutet einen Übergang vollziehen von einer Anlage / Potenz der Seele zu ihrer Aktualisierung, d.h. zur aktuellen Haltung (Disposition). Analoges gilt dann auch vom Naturrecht. Den erkannten Normen im Verstand: *honeste vivere, alterum non laedere, suum cuique tribuere*, welche eine gewisse Ordnung in den Beziehungen zwischen den Menschen beinhalten, entsprechen „natürliche" reale Dispositionen hierzu in den Menschen: so schon ihre Gemeinschaftsfähigkeit als solche, sowie ein Ordnungsprinzip, das in der Vorrangstellung der Vernunft / des Verstandes im Menschen begründet liegen muß; denn nach traditioneller Auffassung stiftet die Vernunft – die jeder Einzelne besitzt – Gemeinschaft und Ordnung. Messner führt richtig seine Erörterung zu einer Ordnung im sozialen Leben hin, die eine extramentale Realität ist, aber sie ist eine äußere, während uns die Tradition auch zu einer inneren Ordnung in der Seele selbst hinführt. Davon werde ich weiter unten sprechen.

Dem Ausdruck der „geistigen Gebilde" begegnen wir in der Phänomenologie E. Husserls (in: *Ideen zu einer reinen Phänomenologie etc.*). Sie geht so vor, daß sie methodisch die „Realitäts-These" schon von Anfang an „einklammert". Wie bekannt, will diese Einklammerung nicht die Realität leugnen, sondern die Realitäts-Frage für die phänomenologische Forschung suspendieren. Doch macht diese Suspendierung die Phänomenologie unanwendbar für die Verteidigung des Naturrechtes in seiner menschlichen Realität. Die Phänomenologie spricht nicht mehr von der Seele, sondern nur von den Erlebnissen und geistigen Gebilden im Bewußtsein.

> Übrigens entspricht der Realität, in klassischem Sinne, ein unmittelbares natürliches Realitäts-Bewußtsein, nicht eine „Seins-These" oder „Seins-Meinung", die man einklammern könnte. Es ist nicht möglich, das natürliche Bewußtsein zu ersetzen durch die von Kant oder Husserl eingeführte transzendentale Ich-Reflexion oder sinnstiftende Intention, welche die Objekte als Erscheinungen in sich selbst konstituiert. Doch ist dies ein anderes Thema als das vorliegende.

In der aristotelisch-thomistischen Tradition findet sich nicht der Versuch, von einem mentalen Inhalt zur realen metaphysischen Seinsursache, Gott, überzugehen (Descartes). Es finden sich nur induktive Beweise, die vom realen, kontingenten Seienden zur Existenz einer ersten transzendenten Ursache führen.

Wenn die Diskussion auf der Ebene der „geistigen Gebilde“ verbleibt, dem mentalen idealen Seienden, dann wird es weniger leicht sein, das Naturrecht von Ideologie zu trennen, weil letztere sich gerade auf dieser Ebene findet. Um beides voneinander zu trennen, muß man unterscheiden zwischen mentalen Inhalten, denen eine extramentale Realität entspricht, und anderen Inhalten, wie den ideologischen, denen eine solche Entsprechung fehlt. Für das Naturrecht setzt dies voraus, daß ihm tatsächlich eine extramentale Realität entspricht, nämlich in der Seele und bzw. in der Wesensnatur des Menschen.

Die Wesensnatur des Menschen, der aus Leib und rationaler Seele konstituiert ist

Näher ist darauf hinzuweisen, daß die traditionelle Lehre nicht das Naturrecht oder gewisse fundamentale Rechtsgrundsätze aus der Existenz von Normen herleiten will, sondern aus der Wesensnatur des Menschen selbst, auf die schon der Ausdruck eines Rechtes „von Natur“ verweist. Dies setzt die metaphysische Lehre von der Wesenheit der Dinge voraus, daß sie nämlich die konstitutiven Ursachen ausmacht, wodurch die Dinge etwas Bestimmtes sind.

In erster Linie muß man gegen den Empirismus und Positivismus daran festhalten, daß das Sein kein sinnliches, raumzeitliches Faktum, sondern immer ein intelligibler Akt der Dinge ist, auch der sinnlichen, mit dem sie dem Intellekt gegenwärtig sind.[18] Nur als solches ist das Sein / Dasein der Dinge der Ausgangspunkt für die Erkenntnis ihrer Wesenheit, durch die sie in bestimmter Weise sind.

Des Menschen Wesensnatur ist komplex: Sie besteht aus dem Leib und der Seele als aus seiner Materie- und Formursache (welche auch die Prinzipien der Potentialität und Aktualität sind). Ferner ist die Seele ihrerseits wieder aus drei Prinzipien konstituiert: dem vegetativen, dem sensitiven und dem intellektiven. Für die Verteidigung des Naturrechtes genügt es nicht, darauf zu insistieren, daß es sich in rationalen Normen äußert; denn auch die Positivisten anerkennen rationale Normen und berufen sich auf die Ratio / die Vernunft – sogar auf eine autonome Vernunft. Daher muß man anthropologisch aufzeigen, daß die menschliche Natur nicht nur eine triebhafte ist (zu der rationale Funktionen hinzukommen), sondern daß die Vernunft zur Natur des Menschen gehört und

---

18 Vgl. meine Abhandlung: Sein und Bewusstsein, Hildesheim (Olms) 2001.

sich in ihm als das höchste Prinzip erweist, welchem das seelisch-sinnliche Prinzip und der Leib untergeordnet sind. Die Vernunft weiß auch von ihrer Vorrangstellung im Selbstbewußtsein. Hiernach gründet sich das Naturrecht letztlich auf einer Wesensordnung im Menschen. Die Verbindung des Naturrechtes mit der Ordnung in der Menschenseele, äußert sich besonders in den klassischen Lehren bei Platon und Aristoteles.

Der Begriff des Naturrechtes bei Platon und Aristoteles und sein anthropologisches Fundament

Der Begriff des Naturrechtes bildet sich bei Platon aus, in Auseinandersetzung mit den Sophisten,[19] die erstmals die Unterscheidung zwischen dem nur gesatzten, konventionellen Recht (νομω δίκαιον) und dem natürlichen Recht (φύσει δίκαιον) einführen. Sie betrachten alles Recht, Gesetze, Bräuche und religiösen Kult bei den verschiedenen Völkern ihrer Zeit als konventionelle Einrichtungen, welche die Schwachen gegen die Starken schützen sollen, während das einzige „von Natur Gerechte“ der Vorteil der Stärkeren sei. Dagegen verteidigt Platon Gesetz und Recht, Verfassung und religiösen Kult, daß in ihnen etwas Gutes von Natur liegt[20]. Er übernimmt zwar von den Sophisten die Unterscheidung zwischen dem konventionellen und dem natürlichen Recht, korrigiert aber ihren Natur-Begriff. Die Sophisten verstanden unter Natur – im naturalistischen Sinne der Vorsokratiker – nur die materiellen Elemente (Erde, Wasser, Luft und Feuer), die mit Kräften begabt sind (Empedokles nannte sie anthropomorph Freundschaft und Streit). Auch die Menschennatur war hiernach nur eine Zusammensetzung aus Elementen, mit ihren Triebkräften. Platon korrigiert und vertieft den Begriff der Natur und stellt fest, daß zu ihr auch die Vernunft gehört, die im Menschen ein ordnendes Prinzip ist, wie analog im gesamten Kosmos, der von einer göttlichen Vernunft geordnet ist.[21]

Damit erhält die Ethik von der Gerechtigkeit eine neue anthropologische Grundlage. In der sophistischen Triebmoral war das Unrechtleiden unnatürlich, unschön und eigentlich ungerecht, das Unrechttun zum Vorteil der Stärkeren hingegen schön, natürlich und eigentlich gerecht, da sie die Natur des Menschen

---

[19] Vgl. H. Seidl, *Platons Lehre vom Natürlichen Recht des Menschen in Konfrontation mit den Sophisten*, in: Verabschiedung oder naturphilosophische Weiterführung der Metaphysik? Festschr. der Gustav-Siewerth-Akademie, Frankfurt/M. 1990, 165-174.

[20] In den Dialogen *Gorgias* und *Leges*, X.

[21] Platon schloß hier an Anaxagoras an, ging aber über ihn hinaus, indem er die Vernunft (bzw. Vernunftseele) erstmals als immaterielles Prinzip aufwies. Siehe den Dialog *Phaedo*.

nur als die leiblich-triebhafte auffaßte. Platon[22] widerlegt die sophistische Lehre mit der tieferen Auffassung vom Menschen, welche die Unterordnung der Triebe unter die Vernunft anerkennt, die den Vorrang hat. Daher ist derjenige Mensch ungerecht, in dem die Triebe über Vernunft und Willen herrschen, weil er in Unordnung gegen seine Natur lebt, was sich dann im verkehrten Verhalten gegenüber den anderen im Staat äußert, während im gerechten Menschen, wie analog auch im gerechten Staat, Ordnung und schöne Disposition (τάξις και κόσμος) und das Geziemende (τὸ πρέπον) herrschen, mit den Tugenden, für die hier zusammenfassend „Gerechtigkeit und Mäßigkeit" stehen.[23]

Platon definiert das Naturrecht so, daß „jedem das Seine" – nämlich jedem Teile seine Aufgabe in bezug auf das Ganze – zukommt, was immer eine Ordnung hin zu einem „gemeinsamen Guten"[24] bedeutet. So besteht eine Unterordnung der verschiedenen Stände im Staat unter den regierenden Stand, und analog eine Unterordnung der niederen Vermögen unter das höhere Vernunftvermögen in der Seele des Einzelnen. Jeder Teil hat seine Aufgabe „von Natur": der Trieb, der Vernunft zu „gehorchen", und die Vernunft, über den Trieb zu „herrschen"[25]. Auch die Bestimmung der Gerechtigkeit in den *Definitiones* führt sie bedeutungsvoll auf eine Ordnung in der Seele zurück, wie der oben zitierte Text zeigt.

Den äußeren Ordnungen, mit dem Vorrang Gottes über der Schöpfung, sowie dem Vorrang des Menschen in der Natur, und dem Vorrang der Regierung in den Staaten, entspricht eine innere Wesensordnung im Menschen, mit dem Vorrang der Vernunft über Trieb und Leib. Tatsächlich ist das natürliche Sittengesetz: „Tue das Gute und meide das Böse!", sowie das Naturrecht mit der Hinordnung auf das Gute bzw. das Gemeinwohl und der Achtung der menschlichen Person, letztlich auf jenen Vorrang der Vernunft vor dem Trieb und dem Leib im Menschen gegründet.

Aristoteles bestimmt das Naturrecht, *Ethica Nicom.* V, 10, im Kontext eines (von den Sophisten aufgeworfenen) Problems, inwiefern nämlich das von Natur Gerechte unveränderlich sein soll, wiewohl doch im menschlichen Bereich alles veränderlich ist. Der Stagirite klärt das Problem so, daß die Anlage zu sittlich gutem Handeln im Menschen unveränderlich ist. Da sie aber ausgebildet werden muß, und der Mensch die Möglichkeit hat, sie zum tugendhaften wie zum las-

22 Platon, *Gorgias*, 482c/d ff.

23 Ebd., 503d ff.

24 Platon, *Respublica*, Buch I.

25 Ebd. ebend. IV.

terhaften Handeln auszubilden, ist insofern das Naturrecht der Veränderlichkeit unterworfen.[26]

> Aristoteles bringt aus dem leiblichen Bereich den Vergleich mit der natürlichen Geschicklichkeit der rechten Hand und der Möglichkeit des Menschen, statt ihrer eine Geschicklichkeit der linken Hand auszubilden.

Gleichwohl wird damit das Naturrecht nicht aufgehoben, da die Ausbildung der Anlage zum Guten hin naturgemäß, die zum Schlechten dagegen naturwidrig ist und bleibt. So gibt es bei den Verfassungen gute und schlechte; „und doch ist überall nur eine einzige Verfassung von Natur die beste".

Die Veränderlichkeit des Naturrechts scheint mir nach dem Kontext eindeutig in den möglichen Abweichungen zum Schlechten hin zu liegen, nicht in der Variationsbreite, die bei jeder konkreten Realisierung einer allgemeinen Norm auftritt, auch bei der zum Guten hin. Eine solche Interpretation bietet jedoch A. Verdross, dem Waldstein folgt. Er legt die Veränderlichkeit des Naturrechts in seine Konkretisierung als solche und unterscheidet zwei Stufen, ein „primäres Naturrecht", in seiner allgemeinen Form, und ein „sekundäres Naturrecht", in seiner konkretisierten Form. Dazu gibt aber der Text keinen Anlaß. Zudem stellt die Interpretation das Naturrecht und das Gesetzesrecht wie zwei Gruppen von Rechten nebeneinander, die im Staat konkretisiert werden, während in Wirklichkeit beide ineinanderliegen. Wie sollte es ein konkretes Naturrecht geben, ohne daß es durch menschlichen Beschluß und gesetzlichen Akt konkretisiert worden wäre? Umgekehrt ist in der Hauptsache das positive Recht nie rein positiv, ohne daß es nicht einen gewissen Bezug zum menschlichen Leben und zum Gemeinwohl hätte, und damit eine naturrechtliche Seite einschlösse. Aristoteles' Aussage, daß überall eine Verfassung die von Natur beste sei, bezieht sich auf alle Verfassungen, sofern sie das Gemeinwohl verwirklichen, primär auf die Monarchie (vgl. *Politica*, VII-VIII).

Wie man sieht, setzt Aristoteles' Erörterung über das Naturrecht das anthropologische Fundament voraus, wonach die menschliche Seele Vermögen besitzt, Tugenden zu erwerben. Auch die Stoiker gründen ihre Ethik auf die Lehre vom Menschen, die in ihrer „Physik", d.h. der Naturphilosophie und (pantheistischen) Theologie, enthalten ist. Daher definieren sie das sittliche Gute nicht nur als „Leben gemäß der Tugend" und „gemäß der Vernunft", sondern auch „gemäß der Natur", weil die Vernunft die Natur des Menschen ausmacht. In ihr

---

[26] Vgl. meine Interpetation in: *Sittengesetz und Freiheit*, Bierbronnen ^{2}1998, 36-38.

liegen Prinzipien, „Anfänge", natürliche „Keime", „Samen" der Sittlichkeit.[27] Diese Lehre ging zusammen mit (neu)platonischen und aristotelischen Quellen in die Kirchenväter und mittelalterlichen Scholastiker ein (in einer vom stoischen, materiellen Pantheismus gereinigten Form)[28].

Gewissen und sittliches Gutes

Wie Waldstein dargelegt hat, lehren uns die antiken Klassiker, daß einige fundamentale Rechtsgrundsätze den Menschen mit einer intuitiven, unveränderlichen Gewißheit bewußt sind, die sehr wohl verschieden ist von subjektiven, veränderlichen Meinungen. Um diese Lehre zu verteidigen, scheint es mir nützlich, auf eine Unterscheidung der klassischen Epistemologie zu achten, nämlich zwischen der Erkenntnis der Objekte, sowie des Subjekts selbst, einerseits und einem unmittelbaren, intuitiven Wissen (νοεῖν, *intelligere*) vom Sein sowohl der Objekte, wie auch des Subjekts, andererseits. Wir können es „Bewußtsein" nennen, wenn auch dieser Begriff sich erst später entwickelt hat, vor allem in der Neuzeit, wo er jedoch dann neue Bedeutungen annimmt, die sich von dem schlicht natürlichen Seins- oder Realitätsbewußtsein weit entfernen. In gegenwärtigen Philosophien schließt der Bewußtseins-Begriff keinen Bezug zum realen Sein mehr ein, sondern schließt ihn sogar häufig aus. So ist das phänomenologische Bewußtsein bei Husserl eingeschlossen in seine „Immanenz", was zu dem Pseudo-Problem der „Bewußtseins-Transzendenz" führt. Tatsächlich aber ist unser natürliches Bewußtsein offen und berührt unmittelbar das Reale, auch wenn anfänglich noch unbekannt ist, was dieses sei.[29]

Für unser Thema genügt es folgendes anzumerken: Wenn wir vom Bewußtsein hinsichtlich gewisser fundamentaler Rechtsgrundsätze sprechen, werden wir seinen Bezug zum Menschsein berücksichtigen, genauer: zum Sein der Seele und der Vernunft, weil in ihnen das sittliche Gute liegt; denn, wie schon erwähnt, ist jede Tugend eine Qualität der Seele, unter der Führung der Vernunft.

Bei Kants formalistischer Ethik fehlt in seinem „Kategorischen Imperativ" der Bezug zum objektiven sittlichen Guten als Prinzip der Sittlichkeit. Stattdessen formuliert er das sog. „Paradox der Methode"[30], daß nämlich nicht die Sittlich-

---

[27] Siehe *Stoicorum vet. frag.* I 42, 35 ff. u. öft.; wichtige Zeugnisse bei Cicero.

[28] Thomas v. Aqu., *Summa theol.* I-II, 90 ff u.a.

[29] Siehe die in o. Anm. 18 zitierte Abhandlung.

[30] I. Kant, *Kritik der praktischen Vernunft*, Anal., 2. Hptst., 110.

keit, mit der Selbstbestimmung des Willens durch Vernunft, von einem vorgegebenen objektiven Guten abhänge– darin hätte alle traditionelle Ethik gefehlt –, sondern umgekehrt das Gute von der Selbstbestimmung. Dadurch wiederholt sich gleichsam die „Kopernikanische Wende“ in der Ethik. Der Grund liegt in der *Kritik der reinen Vernunft*, wonach jedes Objekt nur in der Sinnesanschauung gegeben sein kann, da dem Menschen eine intellektuelle Anschauung fehle.

Bei Kant ist nur das empirische Subjekt sich selbst in sinnlicher Anschauung gegeben, nicht jedoch das intelligible Subjekt; es kann sich selbst als gegeben nur denken. Dies widerspricht jedoch dem Selbstbewußtsein. Denselben Mangel zeigt auch der Positivismus, da er als Reales nur Erscheinungen des Materiellen, in der Sinnesanschauung Gegebenen, anerkennt.

Anders in der aristotelisch-thomistischen Tradition: Hiernach ist die rationale Seele objektiv real der Vernunft gegeben in ihrem einfachen unmittelbaren Selbstbewußtsein, auch wenn ihr eine intellektuelle Wesens-Anschauung fehlt. Daher gilt: Das sittliche Gute, das in der rationalen Seele liegt, und zwar gerade in der Vorrangstellung der Vernunft über die Sinnlichkeit, ist der Vernunft durchaus bewußt, im sittlichen Bewußtsein oder Gewissen.

Ethisch-praktischer Syllogismus vom tugendhaften Sein zum Sollen

Wenn wir das anthropologische Fundament der Ethik berücksichtigen, löst sich uns auch das Problem des Überganges „vom Sein zum Sollen“ auf, das der moderne Empirismus und Positivismus aufgeworfen haben, sowie die sog. Analytische Ethik,[31] worauf sich Kelsen stützt.

Zunächst können wir Kelsen darin zustimmen, daß aus faktischen als sinnlichen Gegebenheiten, wie auch aus der Sinnesnatur des Menschen selbst, kein Sollen ableitbar ist. Es ergäbe sich ein Trugschluß, wenn von moralischen Normen, die nur Ideales sind, ohne daß ihnen etwas Reales entspräche, konkret reale Handlungen abgeleitet würden. Aus positivistischer Sicht unterschiebt die traditionelle Ethik den moralischen Normen etwas Reales, obwohl ihnen solches nicht entspricht, da die konkrete Praxis nicht ideal ist.

Der empiristische Positivismus trennt daher die Ethik als ideale (Meta-) Theorie von der Realität der Praxis. Hiernach sind beide einander als formaler und materialer Bereich entgegengesetzt. Die abstrakt ideale Ethik muß sich an die konkret-reale Praxis durch Kompromisse anpassen.

---

31 Siehe vor allem G.E. Moore, *Principia ethica*, London 1921.

Anders in der traditionellen Ethik, die sehr realistisch ist. Sie entnimmt ihre allgemeinen Normen aus dem gelebten Leben, das mehr ist als nur Praxis unter materiellen Bedingungen; denn es wirkt in ihm auch die Vernunft als reales Lebensprinzip. Aristoteles gewinnt seine Definitionen der Tugenden aus dem tugendhaften Leben guter Menschen, die gut wenigstens in den Entscheidungen sind (έν τῇ προαιρέσει τὸ πᾶν), wenn auch nicht in allen Auswirkungen des Handelns. Die Entscheidungen gehen von Willen und Vernunft aus, als ihrer realen Ursache in der Seele. Für die Tradition bilden also Ethik und Praxis, wie auch das Leben, eine untrennbare Einheit der sittlichen Realität. Die praktischen Syllogismen gehen von Prämissen, die den Zweck / eine Tugend enthalten, zur Konklusion, die den Zweck / die Tugend auf die (in Frage stehende) Handlung als tugendhafte und d.h. gesollte anwendet. Die Prämissen bieten die Tugend nicht als bloßes Ideal, sondern als eine im Leben der Menschen schon bewährte Realität. Aber diesen Realismus sieht man nur vor dem anthropologischen Hintergrund; denn jede Tugend ist, wie gesagt, eine Qualität der menschlichen Seele.

Der Verlust des Realismus ist ein Zeichen der meisten Philosophien der Moderne und Gegenwart. Die aristotelische Ethik als „praktische Wissenschaft", die in gutes Handeln und Leben ausmündet, kommt überhaupt nicht mehr in den Blick. Stattdessen werden Ethiken als (Meta-)Theorien in einer idealen Sphäre ausgearbeitet, mit einem merkwürdigen Mangel an Bewußtsein ihrer Auswirkungen auf die Realität, worauf treffend M. Kriele hingewiesen hat.[32] Als ob die Realität ihren Lauf nähme auch ohne jene Theorien! Tatsächlich jedoch haben Theorien ihren Einfluß auf Leben und Praxis. Die Ideen und Intentionen verfestigen sich in Haltungen der Seele und wirken sich auf die praktische Realität aus. Aber dies zu sehen hilft uns doch am besten der klassische Realismus.

Naturrecht und natürliches Gewissen, als Grundlage allen konventionellen Rechtes

Abschließend möchte ich die „Natürlichkeit" des Naturrechtes hervorheben, die es einer „natürlichen Sittlichkeit" zuordnet. Für die personal verantwortliche Sittlichkeit in den Tugenden, die erst zu erwerben und auszubilden sind, besitzt die Seele schon eine natürliche Disposition, gleichsam eine „natürliche Tugend", von der Aristoteles spricht (φυσικὴ ἀρετή, *Eth. Nic.* VI, 1144b 3, vgl. bei Thomas v. Aquin: *virtus naturalis*), die man als natürliche Sittlichkeit be-

---

32 Siehe Martin Kriele in seinem Werk: *Recht – Vernunft – Wirklichkeit*, Berlin 1990.

zeichnen kann. Sie findet sich bereits in den Kindern, die schon von Klein an den „Keim" oder „Samen" zu tugendhaftem Handeln in sich tragen, wie die Stoiker sagen (Cicero, *De fin.*, V 15, 42-43). Hiernach ist der Wille an sich schon auf das Gute als das „von Natur Gewollte" ausgerichtet (φύσει βουλητόν, *Eth. Nic.* III, 1113a 21; vgl. bei Thomas: *inclinatio naturalis ad bonum*).

Die Natürlichkeit des Naturrechts bzw. des natürlichen Sittengesetzes ist „primitiv" in dem doppelten Sinne, daß sie 1. unvollkommen ist im Vergleich mit der zu erwerbenden, voll personalen Sittlichkeit, aber 2. auch prinzipiell, d.h. die grundlegende Voraussetzung und Ausgangsform für die letztere. Damit löst sich ein Problempunkt gegenwärtiger Kritik am Naturrecht auf, daß dieses, als ein natürliches, schon vorliegendes Gesetz, der frei vollzogenen, personalen Sittlichkeit entgegenstehe. In Wahrheit jedoch verhält sich das Naturrecht nicht als Konkurrenz zur personalen, frei verantworteten Sittlichkeit, sondern ist ihre natürliche Grundlage und unvollkommene Ausgangsstufe.

Die Unterscheidung zwischen zwei Stufen der Sittlichkeit, einer natürlichen, unvollkommenen und einer ausgebildeten, vollkommenen, findet sich in der Tradition auch bezüglich der Gewissenslehre, wie sie vorbildlich Thomas v. Aquin in *S. theol.* I, 79, a. 12, darbietet. Er unterscheidet zwischen zwei Stufen: 1. der *synderesis*, als einem natürlichen, unmittelbaren Erfassen des Guten (und Schlechten) im allgemeinen Sinne, woraus die ersten universalen Gebote und Normen herfließen, und 2. der *conscientia*, als dem zu erwerbenden sittlichen Urteil, welches die allgemeinen Prinzipien / Normen auf die konkreten Lebens- und Handlungssituationen anzuwenden vermag. Auf der ersten Stufe ist das natürliche Gewissen noch unvollkommen; denn es hat nur eine vage Kenntnis vom Guten im allgemeinen und bedarf der Einübung, um es auch in speziellen Lebensbereichen zu sehen. Gleichwohl ist es aber unfehlbar und die Grundlage für das auszubildende Gewissen auf der zweiten, höheren Stufe. Dieses ist zwar vollkommener, wenn gut ausgebildet, aber nicht unfehlbar, vielmehr bleibt immer die Möglichkeit falscher Urteilsbildung, die dann durch erneute Nachforschung und Überlegung korrigiert werden muß.

Das Naturrecht ist auf der ersten Stufe des natürlichen Gewissens anzusetzen, worin dem Geist das eigene Gutsein bewußt ist, in seiner Vorrangstellung über Trieb und Leib. Das natürliche Sittengesetz besagt für den Geist, immer so zu handeln, daß sein Vorrang gemäß der Wesensordnung des Menschen nicht verletzt wird, sondern gefördert, um das Gute in ihm in Tugenden auszubilden. Die Gerechtigkeit, als eine umfassende Tugend, geht auf die rechte Ordnung der

Güter im Einzelnen und in der Gemeinschaft. Das Naturrecht ist die natürliche Disposition der Geistseele hierzu, wie oben dargelegt.

Die Krise der Familie und die Ideologie vom „Tod des Vaters"

Ermanno Pavesi[1]

1. Der Vater als Vermittler der Tradition

„Quod a patribus acciperunt, hoc filiis tradiderunt", „was sie von den Vätern empfangen haben, das haben sie den Söhnen überliefert", mit diesem Zitat des hl. Augustinus (354-430) betont der deutsche Philosoph Josef Pieper (1904-1997) einen Aspekt der Tradition, d.h. den Übermittlungsprozess zwischen Vätern und Söhnen[2].

Dieser Prozess setzt nicht nur die Bereitschaft voraus, die Tradition der Väter anzunehmen, sowie den Willen und die Fähigkeit, sie den eigenen Kindern weiterzugeben, sondern hängt auch von äusseren Faktoren, von kulturellen und sozialen Umständen ab, die auf eine oft entscheidende Art das Verhältnis zwischen Vätern und Kindern beeinflussen und die Rolle der Väter in der Bildung der Kinder bestimmen.

Der deutsche Psychoanalytiker Alexander Mitscherlich (1908-1982) unterscheidet zwischen der Vater-Identifikation ersten Grades, d.h. mit dem leiblichen Vater, von derjenigen zweiten Grades, d.h. mit Vater-Gestalten wie der Lehr- oder Arbeitsherr, der Landesherr bis zum Monarchen[3]. Mitscherlich ist überzeugt, dass die gesellschaftlichen Veränderungen „[...] zur Vaterlosigkeit des ersten Grades geführt [haben]; zum Unsichtbarwerden des leiblichen Vaters, oder weniger einseitig pointiert. [...] Der zweite Grad der Vaterlosigkeit löst die personale Relation der Machtverhältnisse überhaupt auf: man kann sich, obwohl man sie ungemildert erfährt, 'kein Bild' von ihnen machen. Das vaterlose (und zunehmend auch mutterlose) Kind wächst zum herrenlosen Erwachsenen auf, es übt anonyme Funktionen aus und wird von anonymen Funktionen gesteuert"[4].

---

1 Ermanno Pavesi: Doktor med., Dozent für Psychologie an der Gustav-Siewerth-Akademie, Weilheim-Bierbronnen in Deutschland und an der Theologischen Hochschule Chur in der Schweiz.

2 Josef Pieper, *Überlieferung. Begriff und Anspruch*, München, Kösel, 1970, S. 29

3 Vgl. Alexander Mitscherlich. Auf dem Weg der vaterlosen Gesellschaft. Ideen zur Sozialpsychologie, München, Piper 1963, S. 420.

4 Ebd., S. 421.

2. Die Psychoanalyse und der Ödipuskomplex

Unter den kulturellen Strömungen des 20. Jahrhunderts, die das Verhältnis zwischen Vätern und Kindern beeinflusst haben, kommt der Psychoanalyse, die vom Wiener Arzt Sigmund Freud (1856-1939) entwickelte Tiefenpsychologie, eine wichtige Rolle zu.

Der Kern der psychoanalytischen Theorie besteht im sogenannten „Ödipuskomplex": für Freud zeigt das Kind während der Kindheit eine Phase, wo es sich von der Mutter auch sexuell angezogen fühlt und auf den Vater eifersüchtig ist. Unter dieser Konstellation empfindet das Kind dem Vater gegenüber aggressive Gefühle bis hin zu Todeswünschen. Gleichzeitig befürchtet es seine Reaktion („Kastrationsangst"). Aus dieser Angst würde das Kind auf seine Inzestwünsche verzichten und die sozialen Normen mit der Bildung des Über-Ichs verinnerlichen, d.h. den ersten Kern des moralischen Gewissens bilden.

Um die mit dem Ödipuskomplex verbundenen Probleme besser verstehen zu können, muss beachtet werden, dass sowohl die Evolutionstheorie wie das biogenetische Grundgesetz von Ernst Heinrich Haeckel (1834-1919) als wichtige theoretische Voraussetzungen der Psychoanalyse gelten. Nach Haeckel ist die Ontogenese eine Wiederholung der Phylogenese, das heisst, dass mit jeder individuellen Entwicklung die Evolution seiner Art wiederholt wird. Wenn die Entwicklung eines jeden Menschen diejenige der Menschheit wiederholt, dann können Theorien über den Ursprung der menschlichen Zivilisation auf die kindliche Entwicklung angewendet werden und umgekehrt können Kenntnisse der frühkindlichen Entwicklung Aufschluss über die Kindheit der Menschheit geben.

Die Psychoanalyse lehrt, dass das Urbild des Ödipuskomplexes auf die Tötung des Vaters der Urhorde durch seine Söhne zurückgeht. Eine Tötung, die den Anfang der Zivilisation markiert. Auch der Beginn des Monotheismus des jüdischen Volkes wird auf ähnliche Art erklärt: Moses sei von den Juden, die erst nach seinem Tode seine bis dahin abgelehnte monotheistische Lehre angenommen haben, umgebracht worden.[5]

Zu Beginn der Zivilisation, der Religion und des Monotheismus würde sich laut Freud die Tötung des Vaters oder einer väterlichen Gestalt finden, genau so wie im Ödipuskomplex die Todeswünsche gegenüber dem Vater eine wesentli-

---

[5] Sigmund Freud, *Der Mann Moses und die monotheistische Religion*, in: Ders., Gesammelte Werke, Bd. XVI, Frankfurt am Main, Fischer Taschenbuch Verlag 1999, S. 156-157.

che Rolle spielen. Die Auflehnung gegen den Vater hätte eine befreiende Wirkung, sie sei eine radikale Behauptung der eigenen Autonomie und biete der Triebbefriedigung Vorrang vor der Beachtung der objektiven Normen; Schuldgefühle und Angst würden dagegen die weitere Entwicklung ungünstig beeinflussen und zur Unterwerfung unter eine moralische Autorität und zur Heteronomie führen.

Für die vorliegende Arbeit sollen zwei verschiedene Aspekte des Ödipuskomplexes analysiert werden: die Bedeutung der Instinkte, insbesondere der sexuellen Libido für das psychische Leben und die Unterwürfigkeit dem Vater gegenüber, als Vertreter der Zivilisation und der Tradition.

2.1 Der „Ödipuskomplex" und das Primat der Libido

Die Theorie des Ödipuskomplexes setzt voraus, dass es bereits in der frühen Kindheit sexuelle Wünsche gibt, und deutet das ganze psychische Leben als einen von der sexuellen Libido organisierten Prozess. Nicht selten wird als Beweis dieser Deutung die angebliche Entdeckung der kindlichen Sexualität durch Freud angeführt, der als erster die Vorstellung der vollständigen Unschuld der Kindheit widerlegt habe. Um Missverständnisse zu vermeiden, gilt es zwei verschiedene Aspekte zu unterscheiden: Die bereits in der Kindheit vorhandenen sexuellen Interessen und die psychoanalytische Theorie der Libido.

Es stimmt nicht, dass vor Freud allgemein eine idyllische Vorstellung der kindlichen Unschuld angenommen wurde, man muss nur an den Ritus der katholischen Taufe oder an die Bedeutung, die seit jeher der moralischen Erziehung der Kindheit zugeschrieben wurde, denken[6]. Die psychoanalytische Auffassung der Libido und ihrer Organisation in den ersten Lebensjahren betrachtet den sexuellen Instinkt als das Triebwerk des psychischen Lebens. Jede Form von Freude, selbst in der frühen Kindheit, wird als eine Art perverse sexuelle Befriedigung gesehen. Der Genuss, mit dem der Säugling die Muttermilch trinkt, wäre zum Beispiel, eine Form von oraler sexueller Befriedigung in der oralen Phase der Organisation der Libido.

Aus diesen Gründen ist Freud gelegentlich des Pansexualismus bezichtigt worden; solche Kritiken wurden von manchen Autoren abgelehnt, manchmal aber mit wenig überzeugenden Argumenten: „Ancona [ein italienischer Psychiater] widerlegt die Anschuldigung des Pansexualismus gerichtet nicht nur von

6 Vgl. Philippe Ariès (1914-1984), *Padri e figli nell'Europa a medievale e moderna*, it. Übers., Bari, Laterza 1999, S. 113-144.

katholischen Kreisen gegen die Theorie Freuds, und im Gegenteil bediente er sich klinischer Mittel und von der Psychoanalyse angebotenen Modellen um ein Deutungsschema des religiösen Verhaltens vorzuschlagen, und er ist soweit gekommen, dass er die Existenz von vier Ebenen des religiösen Verhaltens behauptet, die an den verschiedenen Ebenen der Persönlichkeitsentwicklung entsprechen: orale, anale, phallische und genitale".[7]

Es ist merkwürdig, dass man die Anschuldigung des Pansexualismus an Freud als unberechtigt findet und im gleichen Atemzug eine Klassifikation des religiösen Verhaltens vorschlägt, die sich auf den Stadien der Organisation der Libido stützt.

Die angeblichen „Beweise" des Ödipus-Komplexes sind nicht von allen Spezialisten angenommen worden. Norbert Bischof, emeritierter Professor der Psychologie an der Universität Zürich stellt z.B. in einer gut dokumentierten Studie die psychoanalytischen Deutungen in Frage und erwähnt, dass es für bestimmte Rivalitäten zwischen Vätern und Söhnen sowie zwischen Müttern und Töchtern andere und überzeugendere Erklärungen als der Ödipus-Komplex gibt. Bischof stellt fest: „Es hat im Laufe der Zeit nicht an Versuchen gefehlt, die psychoanalytischen Thesen einer etwas handfesteren empirischen Prüfung zu unterziehen, insbesondere durch Studien an Kindern selbst. Die Ergebnisse haben kaum dazu beigetragen, das Bild zu klären"[8].

2.2 Ödipuskomplex und die Unterwerfung dem Vater und der Tradition

Die Grenzen der wortwörtlichen Interpretation des Ödipuskomplexes fallen auf, wenn man diese Theorie auf Freud selber anwendet: um der Konsequenz willen müsste man sein ganzes Werk auf Inzestwünsche der Mutter gegenüber und auf die Eifersucht gegenüber dem Vater zurückführen.

In den Werken Freuds fehlt es aber nicht an Stellen, die diese Perspektive erweitern. In der *Vorrede zur hebräischen Ausgabe* vom *Totem und Tabu. Einige Übereinstimmungen im Seelenleben der Wilden und der Neurotiker* gesteht Freud, die *„heilige Sprache"*[9] nicht zu verstehen, der „väterlichen Religion –

---

7 Mario Aletti, *Psicologia, psicoanalisi e religione. Studi e ricerche*, Bologna, Centro Editoriale Dehoniano 1992, S. 14.

8 Norbert Bischof, Das Rätsel Ödipus. Die biologischen Wurzeln des Urkonfliktes von Intimität und Autonomie, München, Piper, 4. Auflage 1997, S. 128.

9 Sigmund Freud, *Totem und Tabu. Einige Übereinstimmungen im Seelenleben der Wilden und der Neurotiker*. Vorrede zur hebräischen Ausgabe, in: Ders., Gesammelte Werke, Bd. XIV, Frankfurt am Main, Fischer Taschenbuch Verlag 1999, S. 569.

wie jeder anderen – entfremdet“ zu sein, „an nationalistischen Idealen nicht teilnehmen“ zu können, dass er jedoch „die Zugehörigkeit zu seinem Volk nie verleugnet hat, seine Eigenart als jüdisch empfindet und sie nicht anders wünscht“[10].

Freud ist überzeugt, dass das Wesentliche dieser Eigenart etwas Natürliches sei, das irgendwann auch von der Wissenschaft nachgewiesen werden wird, „Es wird sicherlich später einmal wissenschaftlicher Einsicht zugänglich sein“[11].

Freud sieht auch keinen Widerspruch zwischen der in seiner Arbeit enthaltenen Kritik jeder Religion und seiner Treue zum Judentum. Im Gegenteil, er erklärt sich darüber überzeugt, „dass die voraussetzungslose Wissenschaft dem Geist des neuen Judentums nicht fremd bleiben kann“[12].

In dieser Vorrede nimmt Freud möglichen Kritikern des Buches, die aus der Annahme einer unzertrennlichen Einheit der Religion der Väter mit dem jüdischen Volk heraus den Versuch Freuds, den menschlichen Ursprung der Religion zu vertreten, als einen gefährlichen Angriff gegen das jüdische Volk und als einen Verrat an seinen eigenen Wurzeln betrachten könnten, einiges vorweg. Für Freud dagegen verhindert gerade die Unterwerfung unter die Religion der Väter den vollen Besitz der eigenen Natur: aus diesen Gründen stellt die Verwerfung der Religion der Väter die Voraussetzung für die Treue zur eigenen „Matrize“ dar.

Das Thema des Ödipuskomplexes erscheint in diesem Zusammenhang als Gegensatz zwischen natürlicher Matrize und Religion der Väter, oder anders ausgedrückt, zwischen biologischem Erbe und kultureller und geistiger Tradition, bei einer Vorstellung, die die Gegensätzlichkeit wenn nicht gerade Unvereinbarkeit zwischen Natur und Kultur annimmt.

In der individuellen Entwicklung stellt der Ödipuskomplex den entscheidenden Übergang dar, von der ersten Phasen der Existenz, - wo das Kind sich noch in einer unmittelbaren Beziehung zur Umwelt befindet und wo das Selbstbewusstsein noch in Entwicklung begriffen ist – zur Phase, wo es der sozialen Konsequenzen der Verwirklichung solcher Instinkte bewusst wird und deshalb darauf verzichtet. Diese Phase setzt ein Ende der ursprünglichen psychischen Einheit, entzweit das Ich von der Natur, das Bewusstsein von der biologischen und körperlichen Grundlage, das Bewusstsein vom Unbewussten. In der Geschichte der Menschheit führt eine solche Entzweiung zum Übergang von der

---

10 Ebd.

11 Ebd.

12 Ebd.

Natur- zur Kulturgeschichte mit dem Ursprung der Kultur, der Religion und der Kunst. Diese Entzweiung, mit dem Konflikt zwischen gegensätzlichen Tendenzen, stellt für die Psychoanalyse auch die Basis der Neurose dar.

Carl Gustav Jung (1875-1961), jahrelang enger Mitarbeiter Freuds, definiert die Neurose als eine *Entzweiung*, als innere Spaltung: „Neurose ist *Entzweiung mit sich selbst*"[13]. Die ursprüngliche psychische Einheit des Menschen spaltet sich in einem Paar von Gegensätzen, die der Mensch zu überwinden hat, um die ursprüngliche Einheit wieder zu erlangen. Wir finden den engen Zusammenhang zwischen Religion und Neurose sowohl in anderen Stellen Jungs, z.B. wenn der Schweizer Psychiater behauptet „Das Problem der Heilung ist ein religiöses Problem"[14], so dass auch das Problem der zu heilenden Neurose ein religiöses sein dürfte, nicht anders als bei früheren Autoren, wie z. B. beim deutschen Philosophen Ludwig Feuerbach, der geschrieben hat: „Die Religion ist die *Entzweiung* des Menschen mit sich"[15].

Obwohl Freud ihn wortwörtlich deutet, bedeutet der Ödipuskomplex in dieser Perspektive nicht nur die Liebe des Kindes zur Mutter und die Aggressivität gegen den Vater, sondern erhält eine mythologische Dimension, wie Freud selber gelegentlich für seine Theorie gemeint hat: „Die Trieblehre ist sozusagen unsere Mythologie. Die Triebe sind mythische Wesen, grossartig in ihrer Unbestimmtheit"[16]. „Mutter" und „Vater" werden zu Symbolen einer ganzen Reihe von Gegensatzpaaren, wie z. B. „Natur" und „Kultur", „Erde" und „Himmel" und „Materie" und „Geist". Es ist klar, dass die Ausdrücke „Mutter" und „Vater", je nachdem in wie weit sie symbolisch gedeutet werden, einen Sinn bekommen können, der auch erheblich von der reellen, d. h. von den Eltern ausgeübten Funktion abweichen kann. Ähnlich wie die Begriffe „Arbeiterklasse", „Proletariat", „Rasse" und „Volk" in manchen Ideologien zu künstliche Abstraktionen verwandelt werden, die mit den reellen Entsprechungen oft sehr wenig zu tun haben.

In unserem Fall entspricht der Gegensatz nicht immer der Realität, weil, z. B. normalerweise auch die Mutter eine wichtige Rolle in der Weitergabe der tradi-

---

13 C. G. Jung, *Neue Bahnen der Psychologie*, in Ders., *Zwei Schriften über Analytische Psychologie*, GW Bd. 7., Olten, Walter 4. vollständig revidierte Auflage 1989, S. 268.

14 Vgl. Ders., Über die Beziehung der Psychotherapie zur Seelsorge, in Ders. Gesammelte Werke 11. Band, Zur Psychologie westlicher und östlicher Religion, Olten und Freiburg i. Br., Walter, S. 349.

15 Ludwig Feuerbach, *Das Wesen des Christentums*, Berlin, Akademie-Verlag, 1984, S. 75.

16 S. Freud, *Neue Folge der Vorlesungen zur Einführung in die Psychoanalyse*, Gesammelte Werke, Bd. XV, Frankfurt am Main, Fischer Taschenbuch Vrelag 1999, S. 101

tionellen Werte hat. Deshalb werden in einigen radikalen Versuchen auch die Mütter aus der Erziehung der Kinder genau so wie die Väter ausgeschlossen, wie in einigen Kibbuzen.

Die Liebe für die Mutter stellt den Ruf der Natur, das biologische Erbe, die Gravitationskraft, die den Menschen an die Erde bindet, die Schwere der Materie dar; der Vater, dagegen, stellt die Tendenz dar, die natürlichen Instinkte und die spontane Natürlichkeit in eine Form kultivierten Lebens zu überwinden, die Bestrebung, sich von der Bindung zur Erde zu befreien, sich zu himmlischen Höhen zu erheben und die Materie zu Geist zu sublimieren.

Die grundsätzliche Frage ist, ob solche Bestrebungen dem Wesen des Menschen und seiner innersten Berufung entsprechen, oder ob es sich um eine künstliche Konstruktion, um einen Überbau, um Illusionen handelt, die den Menschen von seiner Selbstverwirklichung entfremden.

In dieser Perspektive bildet die psychoanalytische Theorie des Ödipuskomplexes eine besondere und originelle Formulierung eines allgemeineren Themas, das auch von anderen Autoren behandelt worden ist, zum Beispiel von Johann Jakob Bachofen und von Friederich Nietzsche.

3. Vom „Ödipus-Mithos" von Johann Jakob Bachofen zum „Ödipuskomplex"

Der Schweizer Kulturhistoriker Johann Jakob Bachofen (1815-1887) war Freud gut bekannt, der sein Hauptwerk, *Das Mutterre*cht, in *Totem und Tabu* zitiert[17]. Bachofen formuliert eine Hypothese über die kulturelle und gesellschaftliche Entwicklung auf grund der Wandlung der Beziehung zwischen Mann und Frau: „Denn stofflich, wie der Mond, ist die Frau; geistig, wie die Sonne, soll der Mann sein. So lange der Stoff als das Höchste gilt, so lange steht das weibliche Mondprinzip voran, der Mann kömmt nicht in Betracht. Aber von der Wirkung geht man nun zur Ursache, von dem Monde zu der Sonne, von der Materie zur unkörperlichen Kraft über. Jetzt tritt der Mond in die zweite, die Sonne in die erste Stelle ein. Des Mannes unkörperliches, geistiges Prinzip gelangt zur Herrschaft"[18]. Der Ödipus-Mythos soll gerade den Übergang vom Muttertum und vom weiblichen Naturprinzip zum Paternitätsprinzip darstellen: „Der ursprünglichen Sage gehört der Übertritt aus dem hetärischen Muttertum des Stoffs zu

---

[17] Ders, *Totem und Tabu*, zit., Gesammelte Werke, Bd. IX, Frankfurt am Main, Fischer Taschenbuch Verlag, 1999, s. 174.

[18] Johann Jakob Bachofen, Das Mutterrecht. Eine Untersuchung über die Gynaikokratie der alten Welt nach ihrer religiösen und rechtlichen Natur, Frankfurt am Main, Suhrkamp 1975, S. 243.

demetrischem Eherecht, das dem Kinde einen bestimmten Vater und dadurch echte Geburt leiht, der Zeit des unbewussten Vatermordes und der Blutschande ein Ende macht, und überhaupt ein höheres menschliches Dasein vorbereitet. Von der demetrischen Stufe wird alsdann zu der apollinischen fortgeschritten, dem Siege des Vaterprinzips, das sich an Oedipus knüpft“[19].

Dieser Übergang entspricht also auch einem Fortschritt der menschlichen Gesellschaft und des einzelnen Menschen: „An Ödipus erst knüpft sich der Fortschritt zu einer höhern Stufe des Daseins”[20].

Die Ähnlichkeiten mit der Rolle des Ödipuskomplexes in der psychoanalytischen Theorie als unabdingbare Phase für die Entstehung der Kultur sind augenfällig. Anderseits gibt es auch grundsätzliche Unterschiede zwischen der Deutung des Inzestes und des Vatermordes als Verbrechen, die nicht gewollt sind und von einer ‚primitiven', und deshalb veränderungsbedürftigen, gesellschaftlichen Ordnung bedingt sind, und der Freudschen Theorie, die den Ödipuskomplex als eine notwendige Entwicklungsphase betrachtet und inzestuöse-vatermörderische Wünsche als ‚natürlich' hält.

Für Bachofen „wird doch der Anblick allmählicher stufenweiser Überwindung des Tierischen unserer Natur die Zuversicht fest begründen, dass es dem Menschengeschlechte möglich ist, seinen Weg von unten nach oben, von der Nacht des Stoffes zum Lichte eines himmlisch-geistigen Prinzips durch alle Hebungen und Senkungen seiner Geschicke hindurch siegreich zu Ende zu führen“[21].

Der Schweizer Gelehrte erkennt in der Geschichte des Menschengeschlechtes und in der Rechtsentwicklung „ein grosses Gesetz”[22]: „Es schreitet vom Stofflichen zum Unstofflichen, vom Physischen zum Metaphysischen, vom Tellurismus zur Geistigkeit fort. [...] Was stofflich beginnt, muss unstofflich enden. [...] Dieses letzte Recht ist der Ausdruck des reinen Lichtes, dem das gute Prinzip angehört. Es ist nicht tellurisch-physischer Art wie das blutige, finstere Recht der ersten stofflichen Zeit, sondern himmlisches Lichtrecht, das vollkommene Zeusgesetz, reines und vollendetes *ius*, wie es dieser mit Jupiter identische Name verlangt“[23]. Freud dagegen deutet diesen Prozess als eine unberechtigte Hypostasierung, die entmystifiziert werden muss, und zwar mit der

19 Ebd., S. 277.
20 Ebd., S. 273.
21 Ebd., S. 278.
22 Ebd., S. 254.
23 Ebd., S. 254-255.

„Tötung des Vaters" und dem Verzicht auf jede metaphysische Vorstellung als notwendige Voraussetzungen, um der Mutter treu zu bleiben und die irdische Existenz voll ausleben zu können.

4. Friedrich Nietzsche und der „Tod Gottes"

Ähnliche Überlegungen stellt der deutsche Philosoph Friedrich Nietzsche (1844-1900) an, wenn er in den ersten Kapiteln von *Also sprach Zarathustra. Ein Buch für alle und niemanden,* den Tod Gottes als unerlässliche Voraussetzung für die Selbstverwirklichung des Menschen und für die Entwicklung zum Übermenschen verkündet:

> „Seht, ich lehre euch den Übermenschen!
>
> Der Übermensch ist der Sinn der Erde. Euer Wille sage: der Übermensch *sei* der Sinn der Erde!
>
> Ich beschwöre euch, meine Brüder, *bleibt der Erde treu* und glaubt denen nicht, die euch von überirdischen Hoffnungen reden! Giftmischer sind es, ob sie es wissen oder nicht. [...]
>
> Einst war der Frevel an Gott der grösste Frevel, aber Gott starb, und damit starben auch alle diese Frevelhaften. An der Erde zu freveln ist jetzt das Furchtbarste und die Eingeweide des Unerforschlichen höher zu achten, als den Sinn der Erde!"[24].

Der Mensch kann erst zum Übermenschen werden, wenn er sich von übernatürlichen Hoffnungen nicht irreführen lässt und begreift, dass er sich nicht verwirklichen kann, wenn er sich an transzendenten Prinzipien orientiert, sondern nur, wenn er der Erde treu bleibt und ihren Sinn verwirklicht. Der Mensch steht vor der Alternative zwischen Gott und Erde: nur durch den Tod Gottes kann er der Erde treu bleiben.

5. Die Psychoanalyse nach Sigmund Freud

Für die psychoanalytische Theorie ist der Ödipus-Komplex eine Niederlage, gleichzeitig aber ein Fortschritt des Menschen, der sich nach dem Verlust der natürlichen Unschuld in einem Zustand der Entfremdung befindet. Man kommt nicht durch Rückkehr zum ursprünglichen Zustand aus dieser Entfremdung heraus, sondern durch die Überwindung der inneren Spaltung, – eine Aufgabe, die für Freud während der Adoleszenz in Angriff genommen werden soll.

---

[24] Friedrich Nietzsche, *Also sprach Zarathustra*, in Ders., *Werke in drei Bänden*. Zweiter Band, Darmstadt, Wissenschaftliche Buchgesellschaft, 1982, S. 280.

Der Jugendliche wird zum Erwachsenen, indem er sich nicht nur aus der Abhängigkeit vom Vater, sondern auch von sämtlichen Werten befreit, die der Vater verkörpert und durch die Erziehung mehr oder weniger bewusst vermittelt hat. Wenn es dem Jugendlichen nicht gelingt, sich vom Vater vollständig zu emanzipieren, bleibt er in einem Zustand der Abhängigkeit und Unterwürfigkeit, die seine weitere Entwicklung beeinträchtigt.

Der amerikanische Psychoanalytiker Erik H. Erikson (1902-1994) hat versucht einige Züge der Persönlichkeit Adolf Hitlers (1889-1945) durch den Ödipuskomplex zu erklären. Erikson sieht einen Zusammenhang zwischen der Biographie des Führers, mit der feindseligen Haltung gegenüber einem angeblich mittelmässigen Vater, der die viel jüngere Ehefrau unterdrückte, und der politischen Lage eines Landes, das dem alten österreichischen Kaiser unterworfen war, sich aber von der jungen *Germania* angezogen fühlte. Dieser Kontrast hätte sich allgemein auch in den Generationenkonflikten seiner Zeit manifestiert, mit einer jungen Generation, die den durchschnittlichen deutschen Vater als einen mittelmässigen Kleinbürger betrachtet, der als einziges Ideal eine Stelle als Staatsbeamter anstrebt, im Gegensatz zur Mutter, die mehr Verständnis für die Sehnsucht nach Freiheit und Unabhängigkeit der jungen Generation empfinden soll.

Gerade die bürgerliche Gesellschaft hätte die Reaktion der Jungen ausgelöst: nämlich „[...] die Ablehnung der individuellen Väter als Einfluss, und die Hinwendung zu irgend einer mystisch-romantischen Grösse: Natur, Vaterland, Kunst, das Wesenhafte an sich etc. – deutliche Ersatzbilder einer reinen Mutter, einer Mutter, die den aufrührerischen Knaben nicht an das Ungeheuer, den Vater, verraten würde. Während in manchen Fällen anzunehmen war, dass die Mutter – offen oder geheim – solche freiheitlichen Bestrebungen billigen, ja sogar beneiden würde, galt der Vater als tödlicher Feind der Freiheit“[25].

Erikson betont einige sonst vernachlässigten Aspekte des Nationalsozialismus. Wird normalerweise der Beitritt zum Nationalsozialismus als Folge einer passiven Anpassung innerhalb eines autoritär-patriarchalischen Systems gesehen, betrachtet Erikson dagegen die Voraussetzungen des Nationalsozialismus als eine Erhebung gegen die Väter und eine Hinwendung zu mystischen Gestalten, die gelegentlich tellurische Züge aufweisen: neben der Natur und dem Vaterland, sollte man hier noch das Volk, das Blut und die Rasse erwähnen.

Eine ähnliche Vorstellung finden wir bei Mitscherlich, wie er die Massenbewegungen des XX. Jahrhunderts und den Auftritt von Führergestalten durch den

---

25 Erik H. Erikson, *Kindheit und Gesellschaft*, dt. Übers., Stuttgart, Klett-Cotta, 1982, S. 328.

verringerten Einfluss der Väter in der Erziehung der Kinder erklärt: „Der versprechende und terroristisch bedrohende Massenführer ersetzt nicht eigentlich den vorhandelnden Vater; er ist viel eher – so überraschend das scheinen mag – in der Imago einer primitiven Muttergottheit unterzubringen“[26].

Nur eine genügende Identifikation mit den eigenen Eltern, und vor allem mit dem Vater, ermöglicht die Bildung einer reifen Persönlichkeit mit einem festen Wertesystem, die somit fähig ist, demagogischen Versuchungen zu widerstehen. Eine ungenügende Identifikation mit dem Vater führt dagegen zur Bildung eines Menschentypus, der weniger fähig ist zu stabilen zwischenmenschlichen Beziehungen. Ohne inneren Halt ist er labil, unbeständig, äusseren Einflüssen ausgesetzt und deshalb dazu bestimmt, von Massenphänomenen mit- wenn nicht fortgerissen zu werden, was die Stabilität der Gesellschaft in Gefahr bringen kann: „Primäre Vaterlosigkeit könnte die aufgeklärte Demokratie mit ihrer vernünftigen Gewaltenteilung, mit ihrer Grundlage eines individuellen Selbstbewusstseins, zu etwas Imaginärem werden lassen“[27].

Erikson ist überzeugt, dass die Persönlichkeitsentwicklung durch eine Reihe von Krisen charakterisiert ist. Im Laufe der Zeit hat jede Gesellschaft besondere Methoden für die Bewältigung der Krisen entwickelt, die jeder neuen Generation vermittelt werden. Die rasche Veränderung der modernen Gesellschaft würde keine stabilen Orientierungspunkte mehr anbieten, sodass sich die Menschen oft als entwurzelt erleben, was die Überwindung der Krisen zusätzlich erschwert. Erikson betont die Bedeutung der Identifikation mit den Vätern und mit früheren Generationen für die Stabilität der inneren „wahren Wurzeln“[28].

„Die Gefahr jeder Periode der Entwurzelung und Umsiedlung in grossen Massstäben besteht darin, dass äussere Krisen bei zu vielen Individuen und Generationen die Hierarchie der Entwicklungskrisen und ihrer eingebauten Korrektive in Verwirrung bringen und dass der Mensch jener Wurzeln verlustig geht, die in sinnvollen Lebenszyklen fest verwachsen sein müssen. Denn die wahren Wurzeln des Menschen werden in der Generationenfolge genährt, und er geht seiner Hauptwurzel nicht in den verlassenen Orten verlustig, sondern in der abgebrochenen Entwicklungszeit“[29].

---

26 A. Mitscherlich, zit., S. 428-429.

27 Ebd., S. 431.

28 E. H. Erikson, *Einsicht und Verantwortung. Die Rolle des Ethischen in der Psychoanalyse*, dt. Übers., Frankfurt am Main, Fischer Taschenbuch Verlag 1971, S. 83.

29 Ebd.

Bei anderen Autoren finden wir die Spannung Mutter-Vater auch als Gegensatz Bios-Logos. Carl Haeberlin (1878-1947), ein Mitarbeiter C. G. Jungs hat 1934 in einem Aufsatz die Bedeutung des Philosophen Ludwig Klages (1872-1956) als Vorläufer der nationalsozialistisch orientierten „deutschen" Psychotherapie gewürdigt, vor allem wegen seiner Theorie der Biozentrik, die dem Leben und seinen irrationalen Kräften eine zentrale Rolle in der Natur beimisst:

„Die Biozentrik steht damit in klarem Gegensatz zu jenem anderen Weltbild, das für die Platoniker, für die Scholastik, für Kant und für den philosophischen Idealismus gilt, in dem ein dem menschlichen Geiste wesenhaft ähnlicher, wenn auch ihn unvorstellbar überschreitender Logos das Weltenzentrum bildet, welches Weltbild von Klages folgerichtig als *logozentrisch* bezeichnet wird"[30].

In der Tiefenpsychologie setzt die Entwertung des bewussten Lebens zugunsten der Tiefen des Unbewussten ein Welt- und Menschenbild voraus, das das Primat des Lebens über den Geist, des Bios über das Logos postuliert. Haeberlin ist nämlich überzeugt, „dass die Ordnung auf der Seite des Lebens, das Chaos aber auf der Seite des menschlichen Geistes stehe"[31] und „das Bewusstsein des Menschen muss sich dem planetaren und kosmischen Leben, aus dem wir genommen sind und zu dem wir wieder heimkehren, empfangend aufschliessen"[32].

6. Ödipus in der Politik: die Hinrichtung von Ludwig XVI. und das Aufkommen der „Marianne".

Der französische Schriftsteller Albert Camus (1913-1960) beschreibt die Hinrichtung des Königs Frankreichs Ludwig XVI. als eine rituelle emanzipatorische, revolutionäre Handlung und typische Episode der Tötung einer Vaterfigur: „Am 21 Januar mit der Tötung des König-Priesters vollzieht sich das was auf sehr ausdrucksvolle Art die Passion von Ludwig XVI. genannt worden ist. Gewiss, es ist ein widerlicher Anstoss, dass der öffentliche Mord eines schwachen und gütigen Menschen als ein grosses Ereignis unserer Geschichte dargestellt worden ist. Jenes Schafott stellt nicht eine Höhepunkt dar, im Gegenteil. Tatsache ist aber, dass die Hinrichtung des Königs, mit all ihren Voraussetzungen und Folgen, mindestens der Einschnittspunkt unserer zeitgenössischen Geschichte darstellt. Sie symbolisiert die Entsakralisierung dieser Geschichte und

[30] Carl Haeberlin, *Die Bedeutung von Ludwig Klages und Hans Prinzhorn für die deutsche Psychotherapie*. Zentralblatt für Psychotherapie. Hirzel, Leipzig, Bd. 7, 1934, S. 39.

[31] Ebd., S.49.

[32] Ebd., S. 45.

die „Entkörperung“ des christlichen Gottes. Bis zu jenem Zeitpunkt hatte Gott durch die Könige in der Geschichte eingegriffen. Nun wird sein geschichtlicher Vertreter getötet, es gibt keinen König. Also es gibt nur ein Schein Gottes, verbannt im Himmel der Prinzipien“[33].

Die amerikanische Politikwissenschaftlerin Hannah Arendt (1906-1975) betont weiter: „die brutale Tatsache, dass alle Revolutionen unseres Jahrhunderts schlecht geendet haben; auch dort , wo sie nicht direkt in die totalitäre Herrschaft führen, haben sie doch zumindest ausgesprochen tyrannische politische Körper entstehen lassen.“[34]. Sie meint aber, dass die amerikanische Revolution die einzige erfolgreiche der modernen Zeit gewesen sei, wegen der Rolle der „Founding Fathers“[35] und wegen ihren „relativ nicht-gewaltsame(n) Charakter(s)”[36].

Die Tötung des Königs hat auch eine Wandlung der politischen Symbolik bewirkt. Das Bild des Königs in offiziellen Darstellungen und in öffentlichen Lokalen wird von einem neuen Symbol ersetzt: die Marianne, eine weibliche Gestalt, gelegentlich mit jugendlichen, manchmal mit mütterlichen Zügen, bekleidet je nach dem wie ein Weib aus dem Volk oder wie eine antike Göttin, die häufig eine phrygische Mütze trägt[37].

Es ist bemerkenswert, dass es keine Einigkeit über die Bedeutung dieses weit verbreiteten, wenn nicht allgegenwärtigen Symbols gibt: von mal zu mal wird die Marianne als Symbol Frankreichs, der Republik, der Revolution usw. gedeutet.

Der belgische Philosoph Marcel De Corte (1905-1994) meint, dass die Revolution vom Auftreten eines „ Menschentypus, der sich immer mehr mit einer Abstraktion identifiziert“, charakterisiert wird[38]. Auch im Falle der Marianne haben wir mit einer Abstraktion zu tun. Ihr wird einen recht verschiedenen Sinn gegeben, der meistens von ihren Attributen, wie phrygische Mütze, Liktoren-

---

33 Albert Camus, *Der Mensch in der Revolte. Essays*, dt. Übers., Reinbeck bei Hamburg, Rowohlt 2003, 25. Aufl., S. 140-141.

34 Hanna Arendt, Fragwürdige Traditionsbestände im politischen Denken der Gegenwart. Vier Essays, Frankfurt am Main, Europäische Verlagsanstalt, o.J., S. 167.

35 Ebd.

36 Ebd.

37 Vgl. Maurice Agulhon, Marianne au pouvoir. L’imagerie et la symbolique républicaines de 1880 à 1914, Paris, Flammarion, 1989; Ders. und Pierre Bonte, Marianne. Les visages de la République, Paris, Gallimard, 1992; Lothar Gall, Germania. Eine deutsche Marianne? Une Marianne allemande? Bonn, Bouvier, 1993.

38 Marcel De Corte, Fenomenologia dell’autodistruttore. Saggio sull’uomo occidentale contemporaneo, it. Übers., Torino, Borla, 1967, S. 234.

bündel, Zirkel usw., hergeleitet werden kann. 1875 hat zum Beispiel der Gemeinderat von Remiremont, am Mosel, den Kauf einer Marianne-Büste für den Ratssaal beschlossen; dieser Beschluss wird vom Präfekt genehmigt unter der Bedingung, dass die Büste „kein Emblem der Revolution trägt. Wie phrygische Mütze oder Dreieck“[39].

Der Bildhauer Paul Lecreux (1826ca.-1894) hat zum Beispiel zwei Versionen der Büste der Marianne hergestellt, die sich nur durch die Symbole auf der Schärpe unterscheiden, nämlich freimaurische Abzeichen auf der einen und die relevanten Daten der Republik auf der anderen.

Die Gedanken Camus's über den König als Vertreter Gottes in der Geschichte und über die Folge seiner Hinrichtung kann sinngemäss auch auf die Vatergestalt angewendet werden. Der Österreicher Psychiater Viktor Frankl (1900-1997), der Gründer der Logotherapie und der Existentiellen Analyse, betont die Beziehung zwischen der Vatergestalt und Gott, zwischen Erzeuger und Schöpfer:

„Für uns ist nicht der Vater das Urbild aller Göttlichkeit, vielmehr ist genau das Gegenteil richtig: Gott ist das Urbild aller Vaterhaftigkeit. Nur ontogenetisch, biologisch, biographisch ist der Vater das Erste – ontologisch jedoch ist Gott der Erste. Psychologisch ist also die Beziehung Kind-Vater der Beziehung Mensch-Gott zwar vorgängig, ontologisch ist sie aber nicht vorbildlich, sondern abbildlich. Ontologisch gesehen ist mein leiblicher Vater, der mich leiblich gezeugt hat, der gleichsam nur zufällige erste Repräsentant dessen, der alles erzeugt hat; ontologisch gesehen ist also mein natürlicher Schöpfer nur das erste Symbol und damit gewissermassen die Imago für den übernatürlichen Schöpfer aller Natur“[40].

Wenn, wie Camus meint, die Hinrichtung von Ludwig XVI: „ [...] die Entsakralisierung dieser Geschichte und die ‚Entkörperung' des christlichen Gottes [symbolisiert]“[41], kann man Ähnlichkeiten zwischen der Psychoanalyse und den modernen Theologien feststellen, zwischen einer Psychologie, die Todeswünsche dem Vater gegenüber als Phase der menschlichen Entwicklung sieht und der „Theologie des Todes Gottes“.

---

39 M. Agulhon und P. Bonte, zit., S. 46.

40 Viktor E. Frankl, *Der unbewusste Gott. Psychotherapie und Religion*, München, Deutscher Taschenbuch Verlag, 1997, S. 45.

41 A. Camus, zit., ebd.

7. Siegfried Bernfeld: Wegweiser für die Kibbuz-Pädagogik und für die antiautoritäre Erziehung der 68 Bewegung`

Der Psychoanalytiker österreichischen Ursprungs Siegfried Bernfeld (1892-1953), Schüler und Mitarbeiter Freuds, hat die psychoanalytischen Konzepte konsequent in der Pädagogik angewendet. Bernfeld, ebenfalls vom Marxismus beeinflusst, gehört zu den radikalsten Vertretern der Reformpädagogik des XX. Jahrhunderts und betrachtet die Pädagogik nur als Werkzeug der Familie und der Schule, um die neue Generation zum Dienst der herrschenden Klasse zu züchten; das hänge von der Struktur der Familie ab. Selbst fortschrittliche und revolutionäre Eltern könnten nicht anders als einen negativen Einfluss auf die Entwicklung der Kinder haben: „Aber selbst die idealste und liebevollste, verständigste Familie lässt in ihrem Rahmen keine Möglichkeit für die erzieherischen Werte der Jugendgemeinschaft“[42].

Die Theorien Bernfelds sind zuerst nur in einigen Versuchen von Gemeinschaftserziehung in Europa und in den Kibbuzen in Palästina angewendet worden. In einigen Kibbuzen wurde die Gemeinschaftserziehung konsequent in Tat umgesetzt: die Kinder wuchsen von Geburt an in einer Gruppe von Gleichaltrigen auf, die Kontakte zu den Eltern waren streng geregelt und beschränkt, und die Verantwortung für die Erziehung wurde von Fachpersonen übernommen[43].

„So wenig Bernfeld in der allgemeinen zeitgenössischen reform- oder sozialpädagogischen Diskussion in Deutschland rezipiert worden ist, so intensiv hat sich die linke jüdische Jugendbewegung mit seinen theoretischen Konzepten und praktischen Erfahrungen auseinandergesetzt“[44].

In den 50er Jahren liessen Beobachtungen über den psychophysischen Entwicklungsrückstand von Heimkindern Zweifel darüber aufkommen, ob die frühe Trennung von den Eltern und die Gemeinschaftserziehung ebenfalls negative Auswirkungen auf die Kibbuzkinder hätte haben können. Einige Spezialisten befassten sich mit dem Problem, unter anderen der Psychologe Bruno Bettelheim (1903-1990), der in einem Buch seine Beobachtungen in den Kibbuzen

---

[42] Siegfried Bernfeld, *Theorie des Jugendalters. Schriften 1914-1938*, Weinheim und Basel, Beltz 1991, S. 30-31.

[43] Vgl. Z.B. Wolfgang Melzer und Shlomo Yitzehaki, Der Einfluss Siegfried Bernfelds auf die Theorie und Praxis der Kibbuzpädagogik, in Reinhard Hörster und Burkhard Müller (Hrsg.), Jugend. Erziehung und Psychoanalyse. Zur Sozialpädagogik Siegfried Bernfelds, Neuwied, Berlin und Kriftel, Luchterhand, 1992, S. 119-142.

[44] S. 158 Ludwig Liegle, Franz-Michael Konrad (Hrsg.), Reformpädagogik in Palästina. Dokumente und Deutungen zu den Versuchen einer ‚neuen' Erziehung im jüdischen Gemeinwesen Palästinas (1918-1948), Frankfurt am Main, Dipa-Verlag, 1989.

beschreibt. Bettelheim beschreibt auch die Folgen der Gemeinschaftserziehung für das religiöse Leben; der Ausschluss der Eltern aus der Erziehung der Kinder stellt die Voraussetzung für eine neue Form von Religiosität dar, die von derjenigen der Väter und des „Vaters" Abschied nimmt: „Es besteht kein Zweifel, dass der Kibbuz seinen Mitgliedern eine neue, säkulare Religion bietet, ebenso wie er für die ganze Nation einen moralischen und emotionalen Kristallisationspunkt darstellt. Es ist die Verkörperung eines neuen jüdischen Bundes – nicht mehr zwischen einem strengen Gott und seinen Kindern, sondern zwischen Gleichberechtigten; ein Bund, der nicht auf dem Gehorsam gegenüber einer übernatürlichen Macht beruht, sondern auf individueller Freiheit und rationaler Ordnung der Dinge. In einer gewissen Weise ersetzt er die alte Religion, die die Juden zusammenhielt"[45]. Die Unterscheidung zwischen der traditionellen und der „neuen, säkularen" Religion, übernimmt die von Erich Fromm (1900-1980) formulierte Einteilung der Religion und der religiösen Erfahrung autoritär und humanistisch: „Das wesentliche Element autoritärer Religion und autoritärer religiöser Erfahrung ist die Unterwerfung unter eine Macht jenseits des Menschen. Die Hauptugend bei diesem Typ von Religion ist Gehorsam"[46].

Bettelheim erkennt, dass die Kibbuz-Erziehung wohl einige Missstände der patriarchalischen Familie vermeidet jedoch selber negative Aspekte zeigt: ohne individuelle, von der Familie vermittelte Verhaltensmuster und unter dem Einfluss einer kollektiven Erziehung hat der Junge Mühe, eine autonome Persönlichkeit zu entwickeln und bildet eher ein „kollektives" Ich[47], das der Gruppe unterstellt ist.

Bettelheim unterstreicht weiter die Widersprüche, die diesem System zugrunde liegen: „Immer wieder erzählt die Gründergeneration ihren Kindern, dass es ihr grosser Triumph war, die Welt ihrer Eltern zu überwinden. Aber jetzt verlangt man von der Jugend, im Bewahren des Bestehenden Befriedigung zu finden"[48] und „während die Eltern jahrhundertealte Sitten durchbrochen haben, verlangt man von der Jugend, nicht ein Jota von dem zu ändern, was sie geerbt hat"[49].

---

45 Bruno Bettelheim, *Die Kinder der Zukunft. Gemeinschaftserziehung als Weg einer neuen Pädagogik*, dt. Übersetzung, Molden, Wien-München-Zürich, 1971, S. 281-282.

46 Erich Fromm, *Psychoanalyse und Religion*. In Ders. *Gesamtausgabe* Bd. VI, *Religion*, München, Deutscher Taschenbuch Verlag, 1989, S. 248.

47 Bruno Bettelheim, *Die Kinder der Zukunft*, zit., S. 218.

48 Ebd., S. 209.

49 Ebd., S. 211.

Zurück zu Bernfeld, muss man erwähnen, dass seine Werke Ende der Sechziger Jahre grosse Beachtung gefunden haben und auch in anderen Sprachen neu gedruckt wurden. Sie haben sowohl zu alternativen Formen des Zusammenlebens wie auch zu einer antiautoritären Erziehung angeregt.

8. Folgen der Emanzipation von den Eltern

Gemäss der psychoanalytischen Theorie verhindert der Einfluss der Eltern und vor allem des Vaters die harmonische Entwicklung der Persönlichkeit und er ist für die innere Entzweiung, für den inneren Konflikt und somit für die psychischen Störungen verantwortlich. Die Frage ist aber ob der Versuch, einen solchen Einfluss abzuschwächen zu einer Verbesserung der psychischen Gesundheit geführt hat. Anna Freud (1895-19982), Tochter des Gründers der Psychoanalyse und selber angesehene Vertreterin der psychoanalytischen Bewegung, gibt ihre Enttäuschung über die Resultate solcher Versuche preis, z.B. „Kindern die beabsichtigte Angstfreiheit zu verschaffen. Wo die Angst vor der elterlichen Strenge verschwindet, steigt die Gewissensangst; wo die Strenge des Über-Ichs sich mildert, finden die Kinder sich überwältigt von der Angst vor der eigenen Triebstärke, der sie ohne den Einspruch von äusseren oder inneren Instanzen hilflos ausgesetzt bleiben.

Im grossen und ganzen bleibt also die psychoanalytische Pädagogik hinter dem Ziel zurück, das sie sich eingangs gesteckt hat. Die unter dem neuen Regime aufgewachsenen Kinder mögen in mancher Hinsicht anders sein als die Kinder früherer Generationen. Sie sind aber nicht freier von Angst und von Konflikten und darum neurotischen und anderen psychischen Störungen nicht weniger ausgesetzt“[50].

Die Anwendung des psychoanalytischen Modells an die Pädagogik mit dem Ziel, der Entstehung von Neurosen vorzubeugen und deshalb die Bildung von freieren Menschen zu ermöglichen, hat nicht den erwarteten Erfolg gebracht. Jung hatte zu den Zielen der Psychoanalyse polemisch bemerkt: „Der wissenschaftlichen Wahrheit genügt einfache Konstatierung. Die psychoanalytische Theorie hat aber geheimerweise gar nicht die Absicht, als wissenschaftliche Wahrheit zu gelten, sondern sie strebt nach Wirkung auf ein breites Publikum“[51].

---

[50] Anna Freud, Wege und Irrwege der Kinderentwicklung, in Die Schriften der Anna Freud, Band VIII (1965), Klett, Stuttgart 1971, S. 2128.

[51] C. G. Jung, Sigmund Freud als kulturhistorische Erscheinung, in Ders., Über das Phänomen des Geistes in Kunst und Wissenschaft. Gesammelte Werke, Bd. 15, Walter Solothurn 1995, S. 49.

Mit anderen Worten, wäre der praktische Versuch Menschen zu überzeugen, ihre Probleme und diejenigen der anderen anzupacken und sie zu lösen versuchen wichtiger als die Überprüfung des Ödipuskomplexes und dessen Einfluss auf solche Probleme. Die Verfehlung des Zieles sollte aber die Gültigkeit der Hypothesen und Theorien, die einem solchen pädagogischen Ansatz zugrunde liegen, in Frage stellen.

Die Bemerkungen Anna Freuds bezüglich der Kinder gelten aber auch für Jugendliche und Erwachsene. Die fehlende Identifikation mit den Eltern verhindert die Bildung der individuellen Identität: nur eine angemessene Beziehung zu den Eltern ermöglicht die Findung eines psychischen Gleichgewichtes als Jungendlicher und einer bestimmten Rolle innerhalb der Gesellschaft als Erwachsener. Der moderne Mensch ähnelt immer mehr einem ewigen Jugendlichen, der seine Rolle innerhalb der Gesellschaft noch nicht gefunden hat, und der wegen der geringschätzenden Haltung der älteren Generation gegenüber Mühe hat zu reifen und selber die Rolle als Vater oder Mutter zu übernehmen. Das könnte sowohl die psychologischen Gründe für die geringere Bereitschaft in unserer Gesellschaft Kinder zu haben und Eltern zu werden erklären, wie auch die verbreitete Tendenz, wenn man Kinder hat, diesen gegenüber eher eine kameradschaftliche als eine elterliche Rolle einzunehmen.

Wie ein Adoleszent, der seine Autonomie ständig bedroht fühlt, hat der moderne Mensch weder das genügende innere Gleichgewicht noch eine sichere und stabile Identität erreicht, um die eigenen Grenzen zu erkennen und eine äussere Autorität zu akzeptieren. Wie sich der Junge auf der Suche nach einer eigenen Identität gegen die Eltern auflehnt, so stellt die moderne Kultur die Selbstverwirklichung an die erste Stelle, die sich nicht selten in der Vermeidung der Übernahme von Verantwortung manifestiert. Man zieht es vor, eher unverbindlich in den Tag hinein zu leben. Auf diese Art kann die ‚Freiheit von' nicht zu einer ‚Freiheit für' werden. Der deutsche Psychoanalytiker Erich Fromm bietet ein unerbärmliches Bild der Folgen der Kultur des Jugendprotestes:

„Viele dieser jungen Leute [...] haben den Sprung von der ‚Freiheit von' zur ‚Freiheit zu' nicht geschafft. Sie rebellierten nur, ohne nach einem Ziel zu suchen, auf das sie sich hinbewegen konnten, ausser dem Wunsch, frei von Restriktionen und Abhängigkeiten zu sein. Wie ihre bürgerlichen Eltern folgten sie der Devise, dass nur das Neue schön sei, und entwickelten ein fast phobisches Desinteresse an jeglicher Tradition und dem Denken der bedeutendsten Köpfe, die die Menschheit hervorgebracht hat. In einer Art von naivem Narzissmus glaubten sie, alles Entdeckenswerte selbst entdecken zu können. Im Grunde bestand ihr Ideal darin, wieder kleine Kinder zu werden, und Autoren wie Herbert Marcuse steuerten die willkommene Ideologie bei, Rückkehr zur Kindheit – nicht Entwicklung zur Reife – sei das Endziel des Sozialismus und der Revolution. Sie waren glücklich, solange sie jung waren und ihre Euphorie anhielt. Doch viele sind aus dieser Periode mit einem Gefühl tiefer Enttäuschung hervorgegangen, ohne zu fundierten Überzeugungen gelangt zu sein und ein Zentrum in sich selbst gefunden zu haben. Sie werden schliesslich oft zu verbitterten, apathischen Menschen – oder zu unglücklichen Fanatikern der Zerstörung"[52].

9. Schluss

Auf dem Weg einer vermeintlichen Selbstverwirklichung hat sich der moderne Mensch allmählich von den Autoritätspersonen emanzipiert, die seine Autonomie einschränkten: Theologie des Todes Gottes, Anonymisierung oder Kollektivierung der Produktionsmittel und Ablehnung der Autorität sowohl in der Politik wie auch innerhalb der Familie sind verschiedene Aspekte dieses Prozesses. Mit dem Abbruch, oder mindestens mit der Redimensionierung solcher Bindungen hat sich der Mensch die eigenen Wurzeln ausgerissen: er hat die Freiheit gesucht und er hat sich entwurzelt gefunden. Mit der „Tötung des Vaters" ist der Mensch nicht Übermensch, sondern Waise geworden.

---

[52] Erich Fromm, *Haben oder Sein. Die seelischen Grundlagen einer neuen Gesellschaft*, dt. Übers., München, Deutscher Taschenbuch Verlag, 1979, S. 78.

Ontologische Grundlagen der menschlichen Natur im Werk Viktor E. Frankls – eine kritische Analyse aus thomasischer Sicht

Winfried Rohr[1]

1. Einleitung

Viktor E. Frankl als der Begründer der dritten Wiener Schule, der Logotherapie, denkt in seinen anthropologischen Grundlegungen seinem Anliegen gemäß in einer psychologischen Zielrichtung. Gleichzeitig ist es ihm wichtig, seine Anthropologie von einem ontologischen Fundament aus theoretisch konsistent zu machen und nicht nur ein praktisches Handlungsgerüst zu entwerfen. Die Kernaussagen, auf die er sein Denken aufbaut, sind also philosophischer Art und es ist zu prüfen, welche denkerischen Vorentscheidungen damit einhergehen.

Aus diesem Grund widmet sich die vorliegende Analyse der Fragestellung, inwiefern Frankl in seinen ontologischen Aussagen und den unmittelbar daran anknüpfenden psychologischen Darlegungen sich zu dem äußert, was die klassische Philosophie die *natura humana* nennt. Von der menschlichen Natur spricht Frankl nicht direkt; seine Begriffe sind eher von einer modernen Provenienz auf traditionelle Ausdrucksweisen geprägt: Sein, Sinn bzw. *logos*, *nous*. Aber er spricht inhaltlich von denselben menschlichen Gegebenheiten, die schon die griechischen Philosophen und auch das Mittelalter bewegt haben. Begrifflich greift er manches von Philosophen seiner Zeit, vor allem von Heidegger, Scheler und Jaspers, auf und setzt damit auch eine denkerische Vorentscheidung, so daß deren Begriffe nicht nur äußerlich Verwendung finden, sondern auch Leitbahnen seiner Gedanken sind.

Damit ist bei Frankl die Option für einen relationsontologischen Ansatz verbunden, den er deutlich expliziert. Daneben kommen aber auch substanzontologische Aspekte zum Vorschein. Die letzten Jahrhunderte der Philosophiegeschichte zeugen vom Ringen um diese beiden denkerischen Positionen, die bei Frankl beide auftauchen. Eine vergleichende Analyse der philosophischen Leihgaben an der Moderne sei im Rahmen dieser Studie zurückgestellt. Statt dessen soll es darum gehen, sich anhand der Aussagen Frankls mit dem ausgeprägtesten substanzontologischen System, nämlich dem des Thomas von Aquin, aus-

---

1 Winfried Rohr: Doktorand an der Regensburger Universität.

einanderzusetzen, weil in seinem Denken die Ganzheit der menschlichen Person in besonderer Weise zur Geltung kommt.

Die Frage, die sich dabei auftut, ist die, ob nicht die philosophische Zielrichtung Frankls gerade in den ontologischen Grundlagen, die auf die menschlichen Natur beziehbar sind, letztlich der Seinsphilosophie des Thomas von Aquin bedürfen, um im Gesamt der Franklschen Aussagen systematisiert werden zu können? Darum soll zunächst Frankls ontologisches Denken herausgearbeitet werden, um dann diese Ergebnisse an das Denken des Aquinaten heranzuführen.

2. Frankls Seinsbegriff als Zentrum seiner Aussagen über die menschliche Natur

2.1. Stellung der relatio

Frankls Seinsbegriff entspringt, wie schon gesagt, einem psychologischen Anliegen. Seine grundlegendsten Aussagen knüpfen daher an seiner Auseinandersetzung mit der Psychoanalyse und der Individualpsychologie an. Erstere versteht, gemäß Frankl, eine Neurose als „Einschränkung des Ich qua Bewußtsein", letztere „qua Verantwortlichsein"[2]. Die Einheit von Bewußtsein und Verantwortlichsein in der Ganzheit des Menschseins läßt sich, so Frankl, nur „ontologisch verstehen"[3]. Von hier aus entwickelt er seine ontologische Zentralthese: „...alles Sein (ist) wesentlich Anders-sein. Was immer wir nämlich an Seiendem aus der übrigen Seinsfülle herausgreifen, kann nur dadurch abgrenzt werden, daß es jeweils unterscheidbar ist. Erst durch das Bezogen-werden des einen Seienden auf ein Anders-seiendes wird beides überhaupt konstituiert. Die Beziehung zwischen Seiendem als je Anders-seiendem ist ihm irgendwie vorgängig. *Sein = Anders – sein*, d.h. „Anders-sein als" – also Relation; eigentlich ist nur die Relation. Wir können daher auch folgendermaßen formulieren: *Alles Sein ist Bezogensein.*" In der dazugehörigen Fußnote verschärft Frankl seine These: „Das Sein ist keine Ausnahme: es ‚ist' ebenfalls ‚anders als' – das Nichts!"[4] und er betont den ontologischen Primat der Relation, wenn er sagt: „Daß jedoch [...] die Relation zwischen Seiendem als je Anders-seiendem dem Sein tatsächlich vorgängig ist, geht schon daraus hervor, daß bei der Physik oder der Astronomie – als einer Wissenschaft von Relaten – die Mathematik – als eine Wissenschaft von Relationen – immer schon vorausgesetzt ist. – Nebenbei

---

2 Frankl, Viktor Emil: Ärztliche Seelsorge, Wien 1982[10], 11. [ÄS.]

3 Ebd., 12.

4 Ebd.

sei hierzu noch bemerkt, daß unter Relation hier nicht eine Kategorie verstanden wird, vielmehr ist der Begriff Relation hier ontologisch gemeint."[5]

Deutlicher kann Frankl diese prinzipielle Position nicht darstellen. Er stellt seinen expliziten Denkansatz ebenso offenkundig in jene Denktradition, die die Seinsfrage erkenntniskritisch und idealistisch stellt. Der logische Erkenntnisvorgang des denkenden Subjekts als Weise der Erfassung der Erkenntnisobjekte ist in seiner unterscheidenden Tätigkeit notwendigerweise mit dem Nichts verbunden, so daß innerhalb des *ordo cognitionis* eine logische Relation besteht, deren reales Bestehen außerhalb des Erkennenden nicht einfachhin behauptet werden kann. Die Logik kann daher nicht als Bedingung der *relata* verstanden werden, auch wenn sie zu ihrer Erfassung in der Erkenntnis ein notwendiges Hilfsmittel ist. Die Wissenschaft von Relaten bedarf tatsächlich des logischen Instrumentariums, aber bestehen die *relata* nur durch die Relation? Wird hier nicht implizit die Tatsache des Andersseins des einen Seienden vom anderen in der logischen Bestimmung des Nichtseins univok von der Wirklichkeit ausgesagt?

Frankl hebt aber explizit die Relation in eine transkategoriale Dimension und spricht ihr das Erstbestimmungsrecht aller Unterschiedenheit der Seienden zu, d.h. daß die Relation auch unabhängig vom Erkennenden Seinsgrund aller Differenz der Seienden ist. Diese Selbstpositionierung in seinem Denken bedarf einer Prüfung, ob er diesem Anspruch treu bleibt, insbesondere vor dem Hintergrund, welche Bedeutung die *relatio* in seinen praxisorientierten Aussagen innerhalb seines anthropologischen Denkens spielt.

Diese klare philosophische Grundlegung findet nämlich z.B. ihre Relativierung in einer scholastisch anmutenden Anmerkung: „Die These ‚*agere sequitur esse*' ist nur die halbe Wahrheit; die zweite Hälfte der Wahrheit würde lauten: ‚*esse sequitur agere*'."[6] Er gesteht also zu, daß die handelnde Beziehungsaufnahme zu Seienden nicht nur eine Wirkung auf das Sein hat, sondern auch umkehrt das Sein Wirkgrund des Handelns ist. Frankl bleibt bei dieser Andeutung und differenziert diesen Zusammenhang philosophisch nicht aus, aber er läßt an gleicher Stelle nochmals einen Interpretationsspielraum des Seinsverständnisses offen: „Wir wissen: eine Handlung ist letztlich das Überführen einer Möglichkeit in die Wirklichkeit, einer *potentia* in den *actus*. Was im besonderen die

---

5 Ebd., Anm. 243.

6 Frankl, Victor Emil; von Gebsattel, Viktor Emil (Hg.): Handbuch der Neurosenlehre und Psychotherapie, Unter Einschluß wichtiger Grenzgebiete, München 1959, Bd. 3, 686, Anm. 1. [HNl.]

sittliche Handlung anbetrifft, läßt es aber der sittlich Handelnde bei der Einmaligkeit einer sittlichen Handlung nicht bewenden: er tut ein Weiteres, indem er den *actus* in einen *habitus* überführt."[7] Sollte er damit wirklich sagen wollen, daß die *potentia* der Handlung Seinsgrund des *actus* ist? Es liegt eher nahe zu folgern, daß gerade das *„agere sequitur esse"* prinzipiell zugrunde liegt. Diese Andeutungen Frankls zu seiner denkerischen Position sind der Hintergrund für die weitere Fragestellung, inwieweit seine anthropologischen Aussagen im engeren Sinne das Verhältnis von *‚agere'* und *‚esse'* klären helfen.

2.2. Relationalistische Ontologie

Dafür ist eine Untersuchung nötig, die Frankls Zugang zum Sein offenlegt, denn nur von da her ist sein spannungsvoller Relationsprimat zu verstehen. Gemäß seinem psychologischen Anliegen nähert sich Frankl dem menschlichen Sein phänomenologisch. Aus seiner psychologischen Praxis konstatiert er die Beobachtung, daß der Mensch „allem Gesellschaftlichen, Leiblichen und auch noch Seelischen am Menschen gegenüberzutreten vermag,..."[8] Er nennt diese Fähigkeit des Menschen - die Neuzeit genuin psychologisch erweiternd - „das Geistige": „Das Geistige ist [...] *ex definitione* [...] das Freie im Menschen."[9] Im Zentralgedanken des Gegenübertreten-Könnens kündigt sich die ganze Dynamik der Franklschen Seinsvorstellung an. Frankl unterscheidet nämlich zwischen der Faktizität des Psychophysikums, das von der Zuständlichkeit des Soseins geprägt ist und der Existenz, die zwar „je [in] ihrer Faktizität [ist], aber [...] in der eigenen Faktizität nicht [aufgeht]"[10], sondern gerade durch das Gegenübertreten als das Geistige zutage tritt.

Frankl verdeutlicht diese Tätigkeit des Geistigen, indem er die Existenz als „Ex-sistieren"[11] versteht, als ein freies Heraustreten aus dem Faktischen des Psychophysikum und so das Geistige als eine „reine Dynamis"[12], durch die das Sein in seiner Relativität sich zeigt. „Existenz und Faktizität" stehen im Verhältnis des „Auf-einander-angewiesen-Seins"[13]. Frankl fokussiert damit sein

---

7 Ebd.

8 Ebd., 684.

9 Frankl, Viktor Emil: Grundriß der Existenzanalyse und Logotherapie, in: Logotherapie und Existenzanalyse, Texte aus sechs Jahrzehnten, Weinheim 1998, 94. [LtEa.]

10 Ebd., 95.

11 Ebd., 61.

12 Frankl, Viktor Emil: Der leidende Mensch, Bern 1996^2 (reprint 1998), 147. [LM.]

13 LtEa., 95.

Seinsverständnis auf das psychologisch Beschreibbare, dessen Polarität ein Zweifaches aussagt: Faktizität und Existenz bilden eine „dialektische Einheit und Ganzheit, [...] zu der [sie] im menschlichen Dasein zusammengeschweißt sind“[14]; d.h. also einerseits, daß Frankl ein Einheitsprinzip beider „Teile“ denkt, die im Menschsein untrennbar sind, andererseits aber doch in ihrem Zueinander gemeinsam eine unterschiedliche Dynamik zutage fördern, ja sogar eine gewisse Eigendynamik entwickeln und nur in ihrer notwendigen gegenseitigen Angewiesenheit als „Teile“ in eine Ganzheit gehören. Das Eigenleben der psychophysischen Faktizität ist im Modell Frankls leicht einsehbar. Wie aber ist es mit dem Geistigen? Denkt Frankl es wirklich als durch Gegenübertreten entstehend, folgen zwei Anfragen:

1. Kann das Geistige seiner Führungsaufgabe gerecht werden, wenn es sich erst aus dem Faktischen durch Tätigkeit selber herstellt?
2. Verlangt das Geistige selbst nicht vor aller Tätigkeit einen eigenen Seinsgrund?

Zu diesen Fragen äußert sich Frankl ganz gezielt: Vom Begriff des Geistes im Sinne einer zugrundeliegenden Geistsubstanz setzt er sich deutlich ab: Er stuft die „Trennung zwischen Geistigem und Psychophysikum“ als eine „heuristische“ ein, „weil das Geistige keine Substanz im herkömmlichen Sinne ist. Es stellt vielmehr eine ontologische Entität dar, und von einer ontologischen Entität dürfte niemals so gesprochen werden wie von einer ontischen Realität. Das ist es, warum wir von ‚dem Geistigen' immer nur in ebendieser pseudosubstantivischen, ein Adjektiv substantivierenden Ausdrucksweise sprechen und das Substantiv ‚der Geist' vermeiden: mit einem echten Substantiv läßt sich nur eine Substanz bezeichnen.“[15]

Frankls Seinsbegriff erhält durch die terminologische Unterscheidung zwischen dem Ontologischen und dem Ontischen eine relativistische Hierarchie zwischen der ontologisch genannten Geisttätigkeit und dem im Faktischen beschreibbaren Ontischen, zu dem er die in seiner Sichtweise einengende Dinghaftigkeit der Substanz zählt. Frankl schließt das Dynamische von jeglicher Hypostasierung aus.[16] Hier eröffnen sich wiederum einschlägige Fragen:

---

[14] Ebd.

[15] Ebd.

[16] Frankl, Viktor Emil: Logos und Existenz, in: Der Wille zum Sinn, Ausgewählte Vorträge über Logotherapie 1996³, 116: „Als dynamische dürfen wir die geistige Person nicht hypostasieren, und darum können wir sie auch nicht als Substanz - zumindest nicht Substanz im herkömmlichen Sinne - qualifizieren.“ [WzS.]

1. Worin liegt genau die Unzulänglichkeit des aristotelischen oder thomasischen Substanzbegriffs aus der Sicht Frankls?
2. Inwieweit wirkt in Frankls Substanzbegriff eine naturwissenschaftliche Substanzvorstellung hinein?

Die erste Frage wird im dritten Kapitel dieser Darlegung analysiert; die zweite hängt mit ihr in sofern zusammen, als eine quantitativ-materielle Vorstellung tatsächlich zu einem Widerspruch, sogar zu einem immateriellen Geistigen, führt.

Das Geistige, Existenz, Dasein und ontologische Entität sind also Begriffe, die Frankl nahezu synonym verwendet, so daß ihre Relativität in seinen Darlegungen immer impliziert werden muß, um seine Aussage über den Menschen überhaupt verstehen zu können.

Da das Sich-Gegenüberstellen als Geistiges immer in einem zeitlich bedingten Lebensvollzug geschieht, erhält die Zeit, der obigen Grundlage ganz entsprechend, in Frankls Denken eine bedeutende Stellung. Frankl vertieft seinen Seinsbegriff in relativer Hinsicht auf die Unveränderlichkeit hin, indem er den erlebbaren Zeitfluß auf seine Vergänglichkeit hin analysiert:

„Die Existenzanalyse stellt nun, angesichts der tatsächlichen Vergänglichkeit alles Seins folgende Behauptung auf: Vergänglich sind eigentlich nur die Möglichkeiten, die Chancen zur Wertverwirklichung, die Gelegenheiten, die wir zum Schaffen oder zum Erleben - oder zum Leiden [...] haben: sobald wir diese Möglichkeiten jedoch verwirklicht haben, sind sie nicht mehr ‚vergänglich', vielmehr sind sie ‚vergangen', sie *sind* vergangen – und das will heißen: eben in ihrem Vergangensein ‚sind' sie. Denn gerade in ihrem Vergangensein sind sie ja aufbewahrt, und nichts kann ihnen mehr etwas anhaben, nichts kann mehr das, was einmal geschehen, was einmal vergangen ist, aus der Welt schaffen: einmal vergangen, ist es vergangen ein für allemal und ‚für alle Ewigkeit'."[17] In einer Kurzformel faßt er den Gedanken zusammen: „Was zu Ende ist, ist endgültig zu Ende; aber es ist eben auch end*gültig*."[18]

Frankl rekurriert in seiner Zeitanalyse auf das Bestehen dessen, was auch in der Vergangenheit für das je einzigartige Menschsein bleibende Bedeutung hat, weil es einmal in einer Gegenwartssituation den Lebensvollzug mitbestimmt hat und so aus der Vielfalt der verwirklichbaren Handlungsmöglichkeiten der Zukunft herausgehoben wurde und nun als lebensbestimmendes Faktum in Beziehung zum menschlichen Individuum bleibt. Frankl vertieft dieses Verhältnis von

---

[17] WzS., 49f.

[18] Ebd., Anm. 4.

Zukunft und Vergangenheit gemäß seinem ontologischen Grundkonzept, indem er fragt: „Aber was ist eigentlich dieses ‚Schaffen ins Sein', in die Vergangenheit? Es ist letztlich ein Schöpfen aus dem Nichts – aus dem Nichts der Zukunft."[19] Das Sein ist also ein fortwährend durch den Lebensvollzug Entstehendes und im Zentrum dieses menschlichen Vorgangs entfaltet sich die Tätigkeit des Geistigen, durch die die personale Beziehung des Vergangenen abrufbar zustandekommt. Auch hier stellt sich also die Frage nach der Relationalität des Vergangenseins:

In welchem ontologischenVerhältnis steht das vergangene Ereignis zur Person? Auch auf diese Frage wird im dritten Kapitel einzugehen sein.

2.3. Substanzontologische Implikationen

Innerhalb des breiten Anwendungskreises der dargestellten Prämissen scharen sich nun wiederum Bestimmungen über das menschliche Sein, die zu diesem expliziten Relationalismus einen Kontrapunkt setzen:

Frankl spricht nicht nur vom Geistigen, sondern von der geistigen Person, die die Einheit und Ganzheit der Existenz zum Ausdruck bringt. Einerseits versteht er sie in seinen Hauptwerken ganz im obigen Sinne. Andererseits aber greift er punktuell doch auf ein traditionelles Verständnis zurück, um sich verständlich zu machen:

„Analog wie zwischen Seelischem und Leiblichem ist das Verhältnis zwischen *Morphe* und *Hyle*, so zwar, daß erstere der nächsthöheren Dimension als letztere angehört. So ist es denn auch legitim, im Sinne des Hylemorphismus die Seele eine *‚forma corporis'* zu nennen. Nur daß wir angesichts des analogen Verhältnisses zwischen Geistigem und Seelischem *innerhalb* der ‚Seele' als einer *forma corporis* zu unterscheiden hätten einerseits zwischen der ‚Geistseele' als einer, wie ich sagen möchte, *forma formans* und anderseits der „Leibseele" als einer, wenn ich so sagen darf, *forma formata.* Tatsächlich gestaltet der Mensch sich selbst, indem das Geistige in ihm, das heißt er selbst qua geistige Person, ihn selbst qua seelischen Charakter, das heißt, das Seelische in ihm formt und insofern überhaupt erst schafft: ‚die Person ist schöpferisch' – ‚der Charakter ist etwas Geschaffenes'."[20]

Frankl deutet in seinem hylemorphistischen Differenzierungsversuch zwei Stoßrichtungen an: Seine Unterscheidung zwischen der *forma formans* und der

---

19 Ebd., 53.

20 HNl., 669, Anm. 1.

forma formata innerhalb der Seele zeugt von seinem Bemühen, die Selbstkonstituierung des Menschen durch die Tätigkeit des Geistigen und die Spuren der unveränderlichen Vergangenheit in der Seele, die er als ontologische Entitäten einstuft, versuchsweise in scholastische Begrifflichkeit zu fassen. In dieser Passage und in der hylemorphistischen Denkweise spricht er wie selbstverständlich von der Seele als *forma corporis*, die offensichtlich nicht nur das Leibliche betrifft, sondern, da die obige Unterscheidung sich innerhalb der Seele anzutreffen ist, auch das Geistige betrifft. Hier spricht Frankl genau von jener Substanz als einer metaphysischen Grundbestimmung, die die Akzidentalität all seiner Differentialanalysen bis hinein in die therapeutische Praxis begründen würde.

Hat Frankl beim Überstieg in ein anderes Denksystem einen wesentlichen, bisher nur ahnbaren Gedanken zum Ausdruck gebracht, so ist Ähnliches zu beobachten, wenn er sich der Bildsprache bedient. Frankls *Dimensionalontologie* bildet gewissermaßen die bildhafte Zusammenfassung seines anthropologischen Denkens. Sein Ziel ist es, mit diesem Modell die „Dreidimensionalität des Menschseins“ (Leib, Psyche, Geist) in die Dreidimensionalität des Raumes abzubilden, um so zunächst einmal Denkfehler innerhalb der Psychologie aufzudecken - sehr plastisch erklärter die Reduktionismen etwa der Psychoanalyse -, aber dann auch darin sein eigenes Denken immer wieder zu veranschaulichen. Der Grundgedanke ist der, daß ein Gegenstand in einem Raum entsprechend den Richtungen des Koordinatenkreuzes beleuchtet wird und auf jeder Raumfläche ein anderes Schattenbild erscheinen läßt. In diesem Bild wird die Phänomenalität unserer Wahrnehmung eines Menschen deutlich; je nach Beleuchtung, d.h. je nach Aspektierung der beobachtenden Aufmerksamkeit wird der menschliche Ausdruck einer bestimmten Dimension des Menschen wahrgenommen. Frankl will darauf hinweisen, daß zur Erfassung des Gegenstandes über den Weg der „Schattenanalyse“, d.h. der psychologischen Phänomenbeschreibung alle Dimensionen beachtet werden müssen.

Wichtig für die Analyse des Seinsbegriffs bei Frankl ist neben der Dreigliederung des Menschen und der in Grundzügen dargelegten Dynamik, die Tatsache, daß Frankl erneut mit dem Bild der Dimensionalontologie auf etwas hinweist, das nicht nur relational verstehbar ist, sondern aller Beziehungserkenntnis vorausgeht, nämlich der im Bild beleuchtete und in der Lebenswirklichkeit betrachtete Gegenstand selbst, der für den Menschen steht. Er kann nicht das Ontologische im Sinne des Geistigen meinen, da diese Dynamik im Bild gerade durch den existentiellen Schritt von der zweiten in die dritte Dimension wiedergegeben wird. Der Gegenstand kann auch nicht als das Resultat der Konstituierung durch das Geistige verstanden werden, da er dieser Tätigkeit vorausgeht, ja sogar Grund aller abgebildeten Phänomene ist. Frankl durchbricht gewissermaßen *„more geometrico"* seine Ontologie und spricht davon, daß die „mathematischen Dimensionen bloße Spezifikationen [...] einer schlechthinnigen Dimensionalität des Seins selbst [darstellen]." Impliziert er hier nicht, daß das menschliche Sein im Bild des beleuchteten bzw. betrachteten Gegenstandes primär allem Sich-zeigen, aller Tätigkeit vorausgeht? Auch in diesem Zusammenhang greift Frankl auf einen scholastischen Ausdruck zurück. Das Verhältnis der vielen Abbildungsweisen und des einen Gegenstandes bezeichnet er mit explizitem Bezug auf Thomas von Aquin als *„unitas multiplex"*.[21]

Mit diesen Ausführungen sind die Grundlinien des Franklschen Seinsbegriffs dargelegt. Die Analysen haben gezeigt, daß in Frankls eigenem Denken eine gewisse Ambivalenz anzutreffen ist, die letztlich die Frage nach dem einheitlichen philosophischen Boden der Franklschen Erkenntnisse aufwerfen.

2.4. Relationalität und die Frage nach dem Sein Gottes

Um die menschliche Existenz im Sinne Frankls ontologisch einordnen zu können, ist es notwendig, das Verhältnis des Menschen zur Transzendenz zu analysieren. Die Leitfrage lautet, welche Aussagen Frankl über das Sein Gottes macht. Zunächst ist es konsequent, daß Frankl gemäß seiner explizierten Ontologie seinen Ausgangspunkt von der Existenz nimmt, die allein fähig ist, die Sinnfrage zu stellen, d.h. in Beziehung zu treten mit den Ereignissen des Lebens und deren inneren Zusammenhang auf einen letzten Bezugspunkt hin verstehen zu wollen. Das Geistige, das den Menschen in dieser seiner dynamischen Existenz ausmacht, erfährt hier eine Grenze, die Frankl deutlich zeichnet: „Soweit es überhaupt möglich ist, nach dem Sinn zu fragen, muß nach dem Sinn einer konkreten Person und konkreten Situation gefragt werden. Sobald die Sinnfrage jedoch aufs Ganze geht, wird sie sinnlos. Wird die Sinnfrage konkret gestellt, so wird sie „ad hoc" gestellt, d.h. es wird nach einem bloß relativen Sinn gefragt – wenn auch nicht im Sinne eines Relativismus, sondern nur in dem einer Frage nach einem partikulären Sinn. Die Frage nach dem absoluten Sinn zu beantwor-

21 WzS., 143: „Kurz, die menschliche Existenz ist ‚unitas multiplex', um mit dem Aquinaten zu sprechen."

ten, ist der Mensch außerstande."[22] Frankl faßt pointiert zusammen: „Das Absolute hat nicht mehr den Charakter der Sinnhaftigkeit."[23]

Die vornehmste Tätigkeit des Geistigen, nämlich das Fragen nach dem Sinn bleibt also im Kontingenten; damit bleibt auch die Seinsverwirklichung des Geistigen primär auf das Erfahrbare ausgerichtet. Den Zugang zum Absoluten beraumt Frankl daher, entsprechend dem rationalen Ausgangspunkt der Sinnfrage, als „Grenzbegriff"[24] an: „Das Ganze hat keinen Sinn – es hat einen Übersinn."[25] Soweit erfaßt der Mensch das Absolute als rein erschlossenes, postuliertes Sein. In ähnlicher Weise spricht Frankl auch vom *Unbedingten*, auf das der Mensch aus der Bedingtheit der kontingenten Dinge schließen kann.

Das Sein des Absoluten bleibt auf dem rationalen Weg etwas, auf das der Mensch durch Reflexion sich bezogen weiß, das ihm aber verborgen ist, so daß er „relativ [...] zum Unbezüglichen"[26] ist. Den Bezug zum Absoluten kann der Mensch (nur) über die in der Sinnfrage erkannten Werte herstellen, indem er ihre innere Ordnung als abhängig vom Unbedingten erkennt: „Das Bezugssystem der Wertbezüge ist Gott. Daraus ergibt sich, daß Gott nicht selber eine Größe irgend einer Ordnung sein kann – nicht einmal eine unendliche Größe, vielmehr die Größenordnung selbst. Das Bezugssystem muß seinerseits inkommensurabel sein: es ist nicht vermeßbar, nicht vergleichbar – es ist ‚das ganz Andere'. Gott findet sich in keiner Dimension – einfach deshalb, weil er die Dimensionalität der Wertbezüge ist."[27] Das Paradox des Relativseins zum Unbezüglichen sieht Frankl in der axiologischen Relationalität der Lebenswirklichkeit, die

---

22 LM., 200.

23 Ebd.

24 Ebd.

25 Ebd., 200f.; Frankl: ÄS., S. 44: Frankl stellt den rationalen Weg zum Absoluten in die kantianische Tradition: „Wir könnten daher den Sinn des Weltganzen höchstens in der Form eines sogenannten Grenzbegriffes fassen. Man könnte diesen Sinn sonach vielleicht als Über-Sinn bezeichnen; womit in einem ausgedrückt würde, daß der Sinn des Ganzen nicht mehr faßbar und daß er mehr als faßbar ist. Dieser Begriff wäre demnach ein Analogon zu den Kantischen Postulaten der Vernunft; er stellte eine Denknotwendigkeit und trotzdem gleichzeitig eine Denkunmöglichkeit dar - eine Antinomie, um die nur ein Glauben herumkommt."
Eine nähere Analyse dieses sicherlich wesentlichen Kantbezuges würde den Rahmen dieser Erörterung überschreiten. Hier geht nur darum zu zeigen, daß Frankl diese rationalistische Grenzbestimmung bezüglich des Absoluten als Komponente aufnimmt und durch die Begriffsschöpfung „Übersinn" als bleibenden Bezugspunkt in seinem Denken manifestiert.

26 LM., 224. Mit dieser Formulierung lehnt sich Frankl an die relationalistische Theologie des Nikolaus von Kues an. Eine nähere Untersuchung dieser Beziehung würde den Rahmen dieser Erörterung überschreiten.

27 Ebd.

in ihren implizierten Verweisen auf einen absoluten Bezugspunkt eine Widerspiegelung göttlicher Auswirkung im Geschaffenen erkennt, ohne über diese begriffliche Verknüpfung hinausgehen zu können. Die menschliche Erkenntnis über Gottes Sein bleibt dabei, daß seine Geistigkeit uns durch die Erkenntnis eines absoluten Maßstabes, der für den Menschen unhintergehbar ist, zugänglich ist. Aus der Perspektive der subjektivistischen Ontologie Frankls kann man sagen: So wie das Geistige des Menschen sich nur relationalistisch konstituiert, setzt sich konsequent diese Eröffnung der Werterkenntnis durch Gegenüberstellen in der unter dieser Bedingung einzig möglichen Gotteserkenntnis als ein Bezugssystem fort und ist auf diese Weise ontologisch erfaßt, obwohl die Existenz Gottes bei den bisherigen Vorgaben nicht erwiesen ist, oder besser gesagt, ähnlich wie beim Menschen selbst, die Existenz Gottes sich zwar in einem Relationsgefüge kundtut, der Grund dieser Relationen aber aufgrund der *conditio humana* als ungleich erkannt wird. Ausgehend vom Bild eines „Fluchtpunkt(es) außerhalb der Bildebene“ faßt Frankl dieses Verhältnis zwischen Gott und Mensch als „Raum der Transzendenz“, der „die Ebene bloßer Immanenz [transzendiert], obgleich er sie konstituiert.“[28] So stellt sich die Frage, ob Frankl in ähnlicher Weise wie bei den vorangegangenen Analysen das göttliche Sein als konkrete Seinswirklichkeit kennt? Beschreitet Frankl über den erkenntniskritisch-relationalistischen Weg hinaus einen Weg, der die Existenz göttlichen Seins grundlegt?

Frankls eindeutige Aussage bezüglich der Erkennbarkeit Gottes lautet: Gott ist nur in einem Grenzbegriff faßbar. Damit stellt er sich selbst in die kantische Tradition. Dieser rationale Zugang zum Absoluten erfährt bei Frankl eine Erweiterung, die allerdings in einer beträchtlichen Spannung zum begrifflichen Weg steht: Gott als Konkretum erreicht Frankl über die Liebe. Er favorisiert diesen Weg in deutlicher Abgrenzung zu allen bisherigen sogenannten Gottesbeweisen: „Denn fragen wir uns doch: was kann man, was läßt sich denn überhaupt beweisen? Doch nur Ontisches, also Innerweltliches, Dinge irgendwie innerhalb der Natur.“[29] Dagegen setzt er seinen Entwurf: „Zu einem Wesen von

---

28 Ebd.; Frankl faßt diesen Gedanken auch in einem kosmischen Bild: „Gott ist und bleibt, allem Diesseitigen, Irdischen, Menschlichen, Zeitlichen gegenüber, in absoluter Inkommensurabilität. Nicht ohne Absicht haben wir dabei soeben das Wörtchen ‚irdisch' gewählt; denn vielleicht am tiefsten ist der in Fage stehende Sachverhalt ausgesagt im biblischen Gleichnis, dem zufolge die göttlichen Gedanken sich zu den menschlichen genau so verhalten wie der Himmel zur Erde: ist doch die Erde im Raum – der Himmel jedoch der Raum selbst, die symbolische Repräsentanz der Raumdimension an sich.“ Ebd., 234.

29 Frankl: Zeit und Verantwortung, in: WzS., 63.

der Seinsart, die Gott zukäme, führt jedenfalls kein ontischer Weg, sondern nur ein ontologischer. Er aber würde beschritten, wenn ich mich selbst, mein ganzes Dasein [...] als ein von einem Urgrund getragenes verstehe."[30] Diesen Gedanken grenzt Frankl wiederum vom Geschaffensein, das er als Vermengung der ontischen Kategorie der Kausalität mit dem übernatürlichen Ontologischen interpretiert, ab.[31]

Mit den Einwänden sowohl gegen den Anspruch eines rationalen Beweises der Existenz Gottes als auch gegen den Begriff der Kausalität im Zusammenhang des Schöpfungsaktes, vollzieht Frankl wesentliche Abgrenzungen. Tatsächlich gibt es keinen Ansatzpunkt für eine rationale Nötigung bezüglich der Existenz Gottes, da diese Schlußfolgerungen immer der gläubigen Zustimmung bedürfen. Zum zweiten Einwand ist zu sagen, daß Frankl hier ein naturwissenschaftliches Kausaldenken in Anwendung bringen will, das aber im Schöpfungsakt nicht gemeint ist, da kein Stoff vorliegt. So bleibt Frankls Anliegen, das menschliche Sein als von einem göttlichen Urgrund getragen zu verstehen, eine Annahme, die mit dem Schöpfungsgedanken übereinkommt. Die Frage, die hier offen bleibt, ist, was Frankl unter dem ontologischen Weg zu Gott genau versteht? Er deutet bisher nur an, daß es um einen personalen Vollzug einer Gottzugehörigkeit geht.

In Abgrenzung zu den logischen Beweisbemühungen verfolgt Frankl zwei Richtungen:

Erstens spricht er von „der Möglichkeit von Hinweisen, der Möglichkeit unseres Verwiesenwerdens, aus der immanenten Natur heraus ins Transzendente; dort etwa, wo wir von Tatsachen wie dem Gewissen [...] aus der ontischen Welt in ein ontologisches Sein verwiesen werden, auf das wir jedoch keinesfalls mehr logisch schließen können."[32] Unausgesprochen schließt Frankl hier von der Erfahrung einer menschlichen Anlage, deren spontane Verknüpfung von prinzipiellen und konkreten Äußerungen über den Menschen hinausweisen und darin wiederum ein göttlicher Effekt erkennbar wird. Interessanterweise verwendet Frankl hier den Begriff „Natur", der in diesem Zusammenhang weniger geistige Tätigkeit als solche nahelegt, wie dies in seiner Ontologie üblich ist, sondern eher das zugrundeliegende Tätigkeitsprinzip meint, das diese Tätigkeit ermöglicht. Frankl setzt diesen Begriff, der im Schatten der Begriffe Existenz und Geistiges steht, nicht vom Natürlichen ab, so daß hier eine gewisse Offenheit

30 Ebd.

31 Vgl. Ebd., 63f..

32 Ebd., 65.

des Begriffes bleibt. Gemeint ist jene Anlage, in der im Tätigkeitsprinzip und der Tätigkeit selbst ein Verweis auf den göttlichen Urheber zum Ausdruck kommt. Diesen Zugang zum göttlichen Sein verfolgt Frankl aber nur im Ansatz.

Zweitens zielt Frankl auf eine Gotteserkenntnis, die er als „phänomenologischen Aufweis" bezeichnet. Ausgangspunkt ist der „Pascalsche Satz: ‚Ich suchte dich nicht, wenn ich dich nicht schon gefunden hätte'."[33] Es wird also die metaphysische Realität als eine transzendente aus der Intentionalität des sie intendierenden Aktes heraus aufgezeigt."[34] Frankl verläßt damit eindeutig den Anspruch eines Beweises, da das zu Beweisende im Menschen schon das Gesuchte ist, d.h. als existent angenommene ist. Frankl faßt diese Voraussetzung zusammen: „Das zu Liebende ist früher als das Lieben"[35] Nun bleibt die Frage, wo das zu Liebende früher ist, nur als Ersehntes im Subjekt oder auch außerhalb als gesicherte Existenz? Dies Unklarheit wird durch Frankls Hinweis: „[...] woran unser Lieben ja Genüge finden könnte, - das nennen wir Gott; und insofern *ist* Gott"[36] noch nicht vollends überwunden, da Gott immer noch eine subjektive Setzung sein könnte. In der Begründung aber seines formelhaften phänomenologischen Aufweises in Anlehnung an Descartes, wird diese Frage geklärt: „Nicht mehr und nicht weniger Beweiskraft als die These *Cogito ergo sum* hätte sonach die These: *Amo (Deum) ergo (Deus) est.* Denn genau so wie die eine These vom Akt des Denkens auf das Ich als das Subjekt, so „schließt" die andere vom Akt des grenzenlosen Liebens auf Gott als das (unendliche) Objekt."[37] Frankl konstatiert diese Klärung der bisherigen Aussagen als eine Umwendung von der Selbstbetrachtung des Subjekts in seinen „metaphysischen Bedürfnissen" hin zum einem objektiven Tatbestand: „Freilich: an die Stelle der reflexiven (Rück-) Bezüglichkeit des Aktes auf das Subjekt tritt damit eine intentionale Bezüglichkeit des (intentionalen) Aktes auf das transzendente Objekt – oder, besser gesagt: auf das Transzendente als Objekt." Pointiert und über sein eigenes ontologisches Konzept hinausgehend, faßt er zusammen: „Die Liebe erschließt dem Menschen das Sein."[38] Es geht hier bei der Liebe nicht mehr nur um die Tätigkeit zum Zweck der Selbstkonstituierung, sondern um den Nachvollzug einer natürlichen Orientierung auf ein göttliches Konkretum hin.

---

33 Ebd.
34 Ebd.
35 Ebd., 66.
36 Ebd.
37 Ebd.
38 Ebd., Anm. 8.

Frankl vertieft den phänomenologischen Aufweis in eine personale Dimension hinein, indem er auf anthropologisch-axiologischer Basis in eine Variante des ontologischen Argumentes einmündet: „Um wieviel mehr als die höchsten menschlichen Werte, muß nun gar erst der höchste Wert schlechthin, muß gar erst der letzte Sinn – der Übersinn – nicht nur an eine Person schlechthin, sondern analogerweise eben an eine Überperson gebunden sein."[39] In scholastischer Diktion formuliert er denselben Gedanken: „... der absolute Wert schlechthin, das *summum bonum*, läßt sich nicht anders denken denn geknüpft an eine Person, an die *summa persona bona*."[40] Frankl unterstreicht mit der Objektivität dieser absoluten Person, daß ihr göttliches Sein vom Menschen getrennt besteht und nicht nur eine erschlossene begriffliche Bezugnahme möglich ist. In der Begriffsprägung „Überperson" verbindet Frankl gewissermaßen den Übersinn als Resultat des rationalen Weges und die göttliche Übersteigerung des menschlichen Personbegriffs zu einer Einheit. Übersinn und Überperson stehen zueinander wie formale Vorgabe und materiale Füllung, wie essentielle Hinwendung und existentielle Vollendung. Zusammengefaßt mit den Worten Frankls heißt dies: „Wir wissen, daß Gott letztlich und schlechthin undenkbar und unsagbar ist – er ist nur glaubbar, nur liebbar."[41]

Läßt man noch einmal die Seinsproblematik im Werk Frankls Revue passieren, entsteht das Bild einer Ambivalenz zwischen einer explizierten relationalistischen Ontologie, die der Existenzphilosophie verpflichtet ist und einer weitgehend implizierten Substanzontologie, die er zum Teil in scholastischer Diktion in Anlehnung an Thomas von Aquin andeutet. Die Frage, die sich nun stellt ist, wie diese Spannung zu verstehen ist?

1. Liegt eine kontradiktorische Spannung zugrunde, wenn z.B. die Konstituierung der geistigen Person durch Gegenüberstellung als Widerspruch zur vorgegebenen personalen Subsistenz verstanden wird?
2. Besitzen beide Betrachtungsweisen eine gleichwertige Berechtigung?
3. Besteht eine innere Abhängigkeit beider Denkweisen, so dass sie in einem System zusammengeführt werden können?

Die Durchdringung der Problematik mit den thomasischen Prämissen im folgenden Kapitel ist eine Option für die letzte Verstehensweise, obgleich die ers-

39 LM., 223.
40 Ebd.
41 Ebd., 234.

ten beiden Anfragen als methodischer Fragehintergrund präsent bleiben, da eine solche Strukturprüfung immer der kritischen Analyse bedarf.

3. Analyse der ontologischen Aussagen Frankls anhand der Metaphysik des Thomas von Aquin

3.1 Actus essendi, substantia und natura

Frankls Entscheidung, seine psychologisch orientierten Gedankengänge primär relationsontologisch zu explizieren, macht er, wie dargelegt, daran fest, daß die Substanz eine Hypostasierung der Dynamik des Geistigen bedeuten würde. Frankl sieht gerade in der geistigen Tätigkeit den Vorgang der Selbstkonstituierung des Menschen. Gleichzeitig hinterläßt er in seinen Darlegungen Fragen, die in diesem Denken nicht lösbar sind. So denkt er die Existenz als Einheitsprinzip des Geistigen und des Psychophysikum. Wie aber soll eine Tätigkeit durch Hervorbringen eines Geistigen, ohne eine entsprechenden Anlage dafür anzunehmen, etwas zu einer Einheit bringen, für die vor der Tätigkeit kein Bedarf erkennbar ist, die aber durch das Bestehen der Tätigkeit zustande kommt? Frankls ontologische Ambivalenz läßt ein Bewußtsein dafür durchleuchten. Darum muß die in Kapitel 2.2. angeschnittene Frage, welche Begrenztheit für die Dynamik des Geistigen in einer klassischen Substanzvorstellung – hier soll die thomasische herangezogen werden – auszumachen ist.

Der thomasische Substanzbegriff stellt eine Vertiefung der aristotelischen *ousía* dar. Die aristotelische Unterscheidung von *prote ousía* und *deutero ousía*, d.h. von fundamentalstem Aussagensubjekt, das ein Individuum ist, und Wesen, das vom Individuum ausgesagt wird, wird von Thomas auf den Seinsakt hin weiter gedacht. Aristoteles beschränkte sich noch darauf nach der Konstituierung des Einzeldinges zu fragen – das individuelle Ding definiert er als von sich her *(kath autó)* bestehend; Thomas aber fragt nach der Ursache des Seins des Dinges. Gegen Aristoteles und Avicenna lehnt er darum die Definition *„ens per se"* ab[42], da der Substanz das *„esse per se"* nur zukommt, aber es nicht selbst ist; nur Gott ist sein Sein.[43] Diese Unterscheidung mindert nur scheinbar die Bedeutung des Seinsaktes für die Substanz. Tatsächlich aber ermöglicht sie erst im vollen Sinne die Substanz als das Seiende anzusprechen, da der Ursprung der Verwirklichung eines Dinges im *ipsum esse per se subsistens* zu suchen ist, mit

---

42 Vgl. Quodl. IX, 3, 2

43 Sth., I, 3, 5 ad 1: „Substantiae nomen non significat hoc solum, quod est per se esse, quia hoc est esse, non potest per se esse genus, ut ostensum est; sed significat essentiam, cui competit sic esse, idest per se esse, quod tamen esse non est ipsa ejus essentia."

dem es durch Teilhabe verbunden ist. Thomas erweitert also letztlich die Substanz dadurch, daß er sie nicht nur als letztes Aussagenobjekt versteht, sondern als individuelles Subjekt eines Seinsaktes, der durch das Wesen bestimmt ist, aber von ihm real verschieden ist. Auf diese Weise hat Thomas der Substanz eine Bestimmung hinzugefügt, die die Einmaligkeit des realen Seienden begrifflich faßt und so eine ontologische Aussage über das Innerste, nämlich das Wirklichsein *(actualitas)*, eines jeden Subjektes machen kann. Der Begriff des Seins ist daher eine Abstraktion dieser innersten Wirklichkeit des *actus essendi*, der nie als solcher für sich besteht, sondern immer der Wirklichkeitsvollzug eines bestimmten Dinges ist[44]. Das Konkretum dazu ist das Seiende, dessen aktueller Selbstand mit dem Begriff der Substanz wiedergegeben ist.

Eine Hypostasierungsgefahr besteht in diesem Zusammenhang im Vollzug des Seins, der *actualitas*, d.h. daß man das Innerste des Konkretum mit der Abstraktion identisch setzt. Frankl möchte in seinem Problemfeld den Vollzug des Geistigen, in dem bei seinem relationalistischen Ansatz Existenz entsteht und damit sich Sein vollzieht, vor der Hypostasierung der Substanz bewahren. Bei ihm geschieht etwas ganz Ähnliches wie beim hypostasierten Seinsbegriff, nämlich daß ein Infinitiv[45], bei ihm das Gegenüber-Stellen, sich verselbständigt und der Tätige aus dem Blickfeld entschwindet. In dieser Denkweise wird gerade das Innerste, nämlich der Seinsakt der Substanz so ausgeblendet, daß ein Zugrundeliegendes sogar negiert wird. Im thomasischen Denken ist es immer ein allem Seienden innewohnender, durch das Wesen bestimmter Akt, der allen Potenzen des Individuums und seinen Aktäußerungen zugrunde liegt[46]. Hier muß die Frage gestellt werden, ob eine solche wesentliche ontologische Fundierung der Entfaltung eines Beziehungsgeflechtes im Sinne einer spezifisch menschlichen Geisttätigkeit eine Einengung auferlegt? Bleibt das Franklsche Geistige nicht auch bei spezifisch menschlichen Akten, die immer auf denselben Aktionsgrund zurückgeführt werden müssen, um verständlich zu bleiben. Auch bei ihm gibt es keine Tätigkeit, bei der Ungewissheit über ihre Zugehörigkeit zum Menschlichen besteht. Die Verknüpfung von allgemeiner Seinsaussage und Besonderheit im Einzelnen erlaubt, über einen logischen Zugang zur Substanz

---

44 Vgl. Quodl., IX, 2, 2.

45 Vgl. Schönberger, Rolf: Thomas von Aquin zur Einführung, Hamburg 2002², 62.

46 Sth., I, 8, 1c: „Esse autem est illud quod est magis intimum cuilibet, et quod profundius omnibus inest, cum sit formale respectu omnium quae in re sunt.»

hinauszugehen, und die Allgemeinheit des Seinsbegriffs ist nicht mit Inhaltslosigkeit[47] notwendig verknüpft.

Im Zentrum des an Frankls Ontologie herangetragenen Argumentes steht also das Wirklichsein. Es ist das ausschlaggebende Moment eines jeden Seienden und verleiht sowohl den einfachen Wesenheiten (Engel) als auch den materiellen Wesenheiten das, was ihnen weder aus dem Wesen noch aus der Form gegeben werden kann, obgleich die Form erst im Zusammenkommen mit der Materie das Sein vermittelt. Die Form aber ist nicht schon wirklich wie das als Akt verstandene aristotelische *eidos*. Vielmehr bleibt sie bei Thomas potentiell[48] und steht somit in Hinordnung auf den Seinsakt, der die Form, die genauso wie die Materie nicht mehr ewig zu denken ist, aktuiert.[49] Dieser historische Aspekt verdeutlicht, wie sehr die Seinsphilosophie des Aquinaten vom *actus purus* her nicht etwa nur gesetzt, sondern konsequent gedacht ist.

Diese prinzipiellen Veränderungen im Akt-Potenz-Verhältnis sind Thomas nur möglich gewesen, da er ein *ipsum esse per se subsistens* denken konnte, von dem jeder Seinsakt seinen vermittelten Ursprung nimmt. Jedes Sein ist also ein geschaffenes Sein, das vom Wesen empfangen wurde, dadurch differenziert ist und uns als Seiendes gegeben ist. Der thomasische Ansatz versteht das Seiende als eine Teilhabe am göttlichen Sein, d.h. daß die Geschöpfe in ihren Seinsvollzügen eine Ähnlichkeit zu ihrem Ursprung besitzen, weil er ihr Prinzip ist, obgleich er gleichzeitig durch keinen Begriff erfaßt werden kann. Die prädikamental gebundenen Seienden können dem transzendentalen *ipsum esse per se subsistens*, nur *per analogiam* in einem Verhältnis der Gemeinsamkeit stehen. Jenes Gemeinsame ist der Seinsakt, der aber nur in je größerer Ungleichheit von Gott und dem Geschöpf ausgesagt werden kann *(analogia unius ad alterum[50])*. Auf diesem Wege ermöglicht der Seinsakt der Substanz auf der Grundlage der thomasischen Erkenntnistheorie die Partizipation am göttlichen Sein zu erkennen, ohne bei einem Grenzbegriff stehen bleiben zu müssen[51].

Frankls Zugang zur göttlichen Seinswirklichkeit gestaltet sich, wie dargestellt, in einer gegensätzlichen Weise: Einerseits beschreitet er den Weg mit den kantischen Prämissen und findet zum Begriff des Übersinns, der die Seinsfrage Got-

---

47 Vgl. Schönberger 2002², 67.

48 Vgl. Ebd., 69.

49 Vgl. Ebd., 72.

50 Vgl. Sth. I, 13, 5 u. 6.

51 Vgl. ScG. II, 15: „Deus autem est ens per essentiam suam, quia est ipsum esse. Omne autem aliud ens est ens per participationem, quia ens quod sit unum esse nisi unum."

tes letztlich ausspart zugunsten einer Radikalisierung der Rationalität. Andererseits aber setzt er einen Gegenpol, indem er die Existenz Gottes unmittelbar über den Willen ergreifen möchte, nämlich über den Liebesakt, der den rationalen Zugang in den Hintergrund stellt. Frankls *Amo ergo est* kommt einem Durchbrechen der Rationalität gleich. Was auf dem rationalen Weg unvereinbar ist, wird auf dem volutiven Weg in nuce als schon vereint vorausgesetzt. Frankls eindeutiges Ziel ist es, die Existenz eines transzendenten Gottes als genauso gesichert anzunehmen wie die Existenz des Subjektes. Letztlich zielt Frankl auf einen Existenzakt Gottes, der nicht in einer Identität mit der Größenordnung aufgeht, sondern auf ein weltunabhängiges, aber weltbegründendes Sein zugeht, dessen rational faßbare Seite die ist, Gott als *analogatum principale* zu erkennen. Auf diese Weise ist dem Liebesakt ein gleichsinniger Erkenntnisakt zur Seite gestellt, der der Vernunft ihre volle Würde und der Liebe die rationale Begründung wieder zurückgibt. Diese Ausgewogenheit zwischen der Erkenntnis des Wahren und Guten, dem Streben danach und der Hinführung der Vernunft zu diesem Erkenntnisobjekten durch den Willen gehört ontologisch und anthropologisch zu den Grundlagen thomasischen Denkens und kann aufgrund der metaphysisch gleichen Grundstruktur des Seins in allen Dingen analogisch erkannt werden. Die Franklschen Extrempositionen in der Gotteserkenntnis könnten hieran zu einer sich gegenseitig einschließenden Zusammengehörigkeit geführt werden.

Ist für die Individualität des substantiellen Einzeldinges durch den *actus essendi* ein neuer Ansatzpunkt des Verstehens gewonnen, so müssen für die Fragestellung des Verhältnisses zwischen Substanz und Relation im Denken Frankls die Folgen des Wirklichseins auch für das Wirken der Substanz bedacht werden. Es geht hier um den Seinsaspekt, den Frankl in seiner Dimensionalontologie zwischen den Abschattungen in den Raumdimensionen und dem beleuchteten Gegenstand bildhaft anspricht. Ist bisher das Wirklichsein des Gegenstandes thomasisch erörtert worden, bleibt doch die Frage nach dem einheitlichen Wirkprinzip, das den abgeschatteten, d.h. beobachtbaren Phänomenen zugrunde liegt. Der *actus essendi* einer verwirklichten Substanz ermöglicht allen artspezifischen Eigenschaften die Verwirklichung und knüpft an die der Art entsprechenden Tätigkeitsprinzipien an, die durch die Natur[52] gegeben sind. Zunächst handelt es sich um die vier Ursachen, die in jeder Natur Grundlage und erste Prinzipien aller Tätigkeit sind. Zur Entstehung des Dinges haben sie in

[52] II Phys., 1, 1, n. 145: „natura nihil aliud est quam principium motus et quietis in eo in quo est primo et per se et non secundum accidens."

gleichwesentlicher Weise, wie zum Beispiel bei der menschlichen Zeugung, oder in ungleichartiger Weise, wie bei der Erstellung eines Kunstwerkes, das aktuelle Sosein bewirkt. Die Natur besagt aber nicht nur das Entstandensein und die Wirkmöglichkeit gemäß metaphysischer Kausalität, sondern vor allem die spezifische Wirkmöglichkeit, die in den artgemäßen Potenzen angelegt ist. So ist die Natur nicht nur ein anderer Ausdruck für das Wesen, wie es die Persondefinition des Boethius nahelegt, sondern kraft des *actus essendi* ein Begriff für die artspezifischen Potenzen des einzelnen Lebewesens[53]. Diese Verknüpfung von Allgemeinbegriff des Artspezifikums und Aktvollzug des konkreten Trägers durch das partizipierte Wirklichsein ist sehr wesentlich für die Franklsche Problematik, da durch die Natur ein Wirkgrund zum Ausdruck gebracht ist, dem - im Falle des Menschen - keine materiegebundene Geisttätigkeit im Wege steht, sondern gerade die vielfältige Beweglichkeit und die Beziehungsnahme zu allem Seienden durch die artgemäßen Notwendigkeiten überhaupt erst ermöglicht.

Auf dieser Grundlage ist der Anspruch der Einheit, den Frankl für seinen Personbegriff erhebt, erst voll einzulösen, denn ein Beziehungsgeflecht, dessen geistige Verwirklichung Existenz und damit Person begründet, kann zwar als einheitlich beurteilt werden, ist aber deswegen noch nicht aus sich einheitsbegründend. An dieser Stelle kommen Frankls explizite Bezüge auf ein substanzontologisches Denken zum Tragen. Wie dargestellt, spricht Frankl einerseits von der *forma corporis*, die er gemäß seinem psychologischen Anliegen dynamisch in die *forma formans* und die *forma formata* aufgliedert. Gleichzeitig spricht er von der Person als einer *unitas multiplex*. Frankl spricht hier die Problematik der materiellen, d.h. aus Form und Materie zusammengesetzten Wesenheiten an, deren Natur ein spezifisches Tätigkeitsprinzip für die Seele, die Geist und Leib umfaßt, beinhaltet. Sofern die *forma* den Leib zur Wirklichkeit bringt, ist die Seele der Akt des Leibes, der in letzter Dimension der Verwirklichung der Geisttätigkeit des Menschen dient. Diese *forma* läßt eine vom Seinsakt getragene *natura* als Einheitsprinzip aller Tätigkeit erkennbar werden, von der aus leibliche und geistige Tätigkeitsprinzipien sich unterscheiden. In dem Verhältnis der *forma* als einheitliches Formprinzip der gesamten menschlichen Natur im Seinsvollzug der *actualitas* und der Person als einzigartiger und einmaliger geistiger Vollzug einer Existenzkonstituierung besteht ein innerer Zusammen-

[53] Sth., I 29, 1, ad 4: „Et quia hujusmodi principium est formale, vel materiale, communiter tam materia, quam forma dicitur natura. Et quia per formam completur essentia uniuscujusque rei, communiter essentia uniuscujusque rei, quam significat ejus definitio, vocatur natura."

hang, der letztlich auf denselben gemeinsamen Einheitspunkt in der verwirklichten menschlichen Natur verweist, von dem das thomasische Axiom sagt: „*actiones sunt suppositorum*"[54].

Entscheidender Schnittpunkt zwischen Frankl und Thomas ist die Einstufung des Geistigen. Beiden ist es wichtig, ihrem Denken einen Primat des Geistigen grundzulegen. Der Primat des Geistes ist bei Thomas die *natura intellectiva*, die das Einheitsprinzip aller Tätigkeit des *suppositums* ist. Frankls Primat des Geistigen sträubt sich gewissermaßen gegen eine solche Natur, aber er besagt doch letztlich - im Gegensatz zur Psychologie Freuds und Adlers -, daß eine bestimmte geistige Tätigkeit es ausmacht. Sie ist schon vor ihrem konstituierenden Agieren als einheitliches Tätigkeitsprinzip vorgegeben. So fragt sich, ob die Annahme, daß die thomasische *natura* in ihrer aktualisierten Hinordnung auf die spezifische geistige Tätigkeit des Leib-Seele-Wesens Mensch nicht der adäquate Grund jener Tätigkeit des Geistigen ist? Die weitere zu klärende Frage ist daher, ob die implizierte Identität von Tätigkeitsgrund und Tätigkeit bei Frankl, gemäß seinen substanzontologischen Andeutungen, zu einer angemessenen Einordnung seiner relationalistischen Denkweisen im Sinne einer substanzontologischen Struktur möglich ist?

3.2 Relatio und habitus

Die bisherige Analyse hat mit dem thomasischen *actus essendi* den Vollzug des Wirklichseins als Grundlage aller artspezifischen Tätigkeiten an das Franklsche Denken herangeführt und damit dem Substanzbegriff als Träger eine Vorrangstellung eingeräumt, der alle akzidentellen Eigenschaften und Vorgänge nachgeordnet sind. Frankl betont aber entgegen einer solchen Vereinnahmung die Transkategorialität der *relatio*, die sich in der Selbstkonstituierung der Existenz niederschlägt. Die Frage, die mit der Beurteilung dieses Gegensatzes verbunden ist, zielt dahin, in welcher Weise der Seinsanspruch, den Frankl im relationalistischen Denken deutlich vorbringt, sich in einem kategorialen Verständnis der *relatio* verändert, und ob eine solche Veränderung dem Denken Frankls zuwiderläuft? Unmittelbar zu diesem Problemfeld gehört ein anderes: Frankl deutet, wie dargestellt, in seiner Ergänzung des „*agere sequitur esse*" durch das „*esse sequitur agere*" eine Zusammengehörigkeit beider Aspekte in seinem eigenen Denken an. Die zentrale Frage, die sich hieran anschließt, heißt, welche Bedeu-

[54] De unione verbi, 1, 16: „praeterea, actio attribuitur supposito vel personae: quia actiones singularium sunt."

tungen von Sein sich daraus ergeben? Beide Fragen durchdringen sich aufs engste und fordern zu ihrer Besprechung auf.

Das Interesse Frankls am Begriff des Geistigen, durch den die Konstituierung der Existenz zum Ausdruck gebracht ist, stellt den Menschen als Tätigen in den Mittelpunkt der Betrachtung. Mit dem Existenz-Verständnis als Ex-sistieren macht Frankl darauf aufmerksam, daß der Mensch sich einem Geschehen überlassen kann oder in es eingreifen kann. Das Sich-herausstellen-können gehört zu den entscheidenden Handlungen, zu denen ein Mensch fähig ist. Gleichzeitig legt sich ein Verständnis von Existenz nahe, das über das aktuelle Ereignis hinausgeht und dem Menschen ein Zuwachsen an Gestaltetsein durch sein entscheidendes Handeln ermöglicht, das Bestand hat und ihm zur Verfügung steht.

Wenn hinter der *natura intellectiva* die *actualitas* des spezifischen Seinsaktes steht, so ist er über den Seinsvollzug hinaus ganz der Natur entsprechend auf die Handlung hingeordnet und kommt erst durch den Handlungsvollzug zu seiner vollen artgemäßen Vollendung. Frankl spricht, wenn er im Gegenüber-Stellen als solchem den eigentlichen Seinsakt und Grund seiner Ontologie sieht, die im thomasischen Denken die Vollendung des *actus essendi* im Vollzug der Tätigkeit an, die dem intellektiven und voluntativen Vermögen angehört. Diese Gleichheit der Seinsstufe und die Priorität, die zwischen dem Franklschen Geistigen und dem thomasischen Intellekt festzustellen ist, bildet den wesentlichen verbindenden Aspekt beider Denkweisen, so daß Unterschiede überhaupt in gleichsinniger Sprache beurteilt werden können.

Die Unterscheidung von Seinsvollzug und Handlungsvollzug legt nahe, daß die Beziehungsaufnahme zu anderem, ob erkennend oder willentlich, ein abgeleiteter Akt ist, dem der Selbstand nicht zugeschrieben werden kann. Geisttätigkeit ist demnach ein Akt, dessen spezifische Potenz als Anlage am Seinsakt der Substanz in der Weise teilhat, daß sie jederzeit in den Handlungsakt überführt werden kann[55], d.h. daß etwas Unvollkommenes durch tätige Beziehungsaufnahme zur spezifischen Vollkommenheit[56] geführt wird. Für den Erkennenden stehen sich hier zwei Vollkommenheiten gegenüber, nämlich der zugrundeliegende Seinsakt und der vervollkommnende Akt der Handlung als Erfüllung der Potenz. Der substantielle Seinsakt aber allein besitzt den Selbstand, während die

---

[55] Sth., I, 77, 3 ad 1: „actus licet sit posterior potentia in esse, est tamen prior in intentione et secundum rationem, sicut finis agente."

[56] III Sent., 33, 1, 1, 1, 1c.: „[...] potentiae et habitus qui ordinantur ad actus sicut ad ultimam perfectionem [...]"

Handlung eine akzidentelle Vollkommenheit ist eine relative Seinsweise der Substanz zum Ausdruck bringt.

Frankl spricht in seiner Ontologie über den Akt der Vervollkommnung, der durch Gegenstände und deren situativer Konstellation den Menschen zum erkennenden und wollenden Selbstvollzug herausfordert. Vervollkommnung besagt schon einen Vorgang oder eine Tätigkeit, die nicht ursprüngliches Sein hervorbringt, sondern die Seinsweise einer verwirklichten Potenz, die am Seinsakt teilhat. Der Aspekt der Ursprünglichkeit des geistigen Seins, auf den Frankl rekurriert, und in dem er primäre Seinsvollkommenheit sehen möchte, ist in seiner Substanzlosigkeit überhaupt nur in der Freiheit der Willensentscheidung, die mit dem Urteil über die konkrete Lebenssituation einhergeht, zu verstehen.[57]

Die Akzidentalität aller Lebensäußerungen des Menschen besagt nicht, daß hier von etwas Nebensächlichem die Rede ist. Vielmehr ist mit dieser Einstufung zum Ausdruck gebracht, daß selbst die vollkommensten Taten einer unveränderlichen menschlichen Natur entspringen und so erst in der im Sein verankerten Potenz der Ermöglichungsgrund für ein Sich-Gegenüber-Stellen gegeben ist. Ohne diesen Ermöglichungsgrund wäre jede Beziehungsaufnahme nur einseitig auf ein äußerliches *relatum* bezogen und das Ziel der Ursache nicht nur vorweggenommen, sondern sogar mit ihr gleichgesetzt. Das analoge Verhältnis von Substanz und Akzidenz ist die Garantie für ein spezifisch menschliches freies Handeln.

Ist aber nicht doch die Tätigkeit des Geistigen bei Frankl Grund des unveränderlichen Seins, denn es ist in die Zeit hineingestellt und bringt das unveränderlich Vergangene hervor, das die Person durch die verwirklichten Werte ausmacht? Ist nicht folglich die Zukunft der eigentliche Ermöglichungsgrund, dem der Mensch sich gegenüberzustellen hat? Das Vergangene hinterläßt seine Spuren subjektiv im Gedächtnis oder objektiv in der erfahrbaren Wirklichkeit und ist auf diese Weise aufbewahrt. Aus kontingenter Perspektive ist dieses Weiterbestehen in den Folgen des einmal Gegenwärtig-gewesenen auch vergänglich. In theologischer Perspektive, die Frankl in diesem Zusammenhang impliziert, sind diese Spuren des Vergangenen beim Menschen wegen der Unsterblichkeit verewigt. Aber sind sie nicht in der unsterblichen menschlichen Substanz verewigt? Die Problematik, die sich hier auftut, verweist auf die Frage der Weise

---

57 Das Verhältnis von Seins- und Freiheitsproblematik kann hier nur angeschnitten werden und bedarf einer Vertiefung auf Kant hin, die in diesem Aufsatz nicht vorgesehen ist. Aufgrund der Ambivalenz im Denken Frankls sei hier ein substanzontologisches Verständnis herausgearbeitet.

der Verbindung des Vergangenen mit dem Menschen. Eine eschatologische Frage auf diesem Wege in die Auseinandersetzung hineinzutragen, würde von der Frage nach dem Sein des Geistigen abführen und muß zurückgestellt werden.

Bei der Existenzbildung im Franklschen Sinne geht es in erster Linie um die Ausprägung der individuellen Existenz, die in Beziehung zur Lebenswelt steht. Auf Vergangenes in der eigenen Lebensgeschichte zu schauen und sich als durch eigene Impulse mitgeformt zu wissen, heißt etwas in sich zu haben, das von jedem äußerlichen Haben unterscheidet. Thomas bestimmt dies als eine *qualitas* als eine zusätzliche, d.h. erworbene Festlegung der Substanz, die er *habitus* nennt.

Wie aber kann die menschliche Natur, die ja gerade sich durch ihre wesentliche Bestimmtheit auszeichnet zusätzlich bestimmt werden? Hier kommt zum Tragen, daß der Mensch ein zusammengesetztes Wesen ist und deshalb alle Geisttätigkeit in irgendeiner Weise leibgebunden bleibt, so daß die *habitus*, die dem Menschen aus der Erfahrung zuwachsen, an den sinnenhaften Strebekräften, den Leidenschaften[58], anknüpfen, sie zu Haltungen verfestigen und so Handlungsdispositionen sich niederschlagen, die ihren Ursprung in geistigen Akten haben.[59] Thomas versteht also die menschliche Substanz als einen wesentlich bestimmten Seinsträger, der im leiblich-akzidentellen Sein eine große Offenheit hat.

In diesem ontologisch grundgelegten Spannungsfeld von substantiellem Seinsakt, dem die spezifischen Potenzen als natürlicher Ermöglichungsgrund innewohnen und der artgemäßen Vollendung dieser Anlage in der Handlung, die auf die Möglichkeiten der zukünftigen Entscheidungsfelder ausgerichtet ist[60], vollziehen sich die Verwirklichungen der geistigen Potenzen der Vernunft und des freien Willens in Werterkenntnis und Wertverwirklichung, die seinshaft-akzidentelle Spuren hinterlassen, auf die der Mensch bei weiteren Handlungen zurückgreifen kann. Der Seinsaspekt des Franklschen Geistigen ist also als ein akzidentell-relativer Vorgang zu verstehen, auf den, gleich einer zweiten Natur, in ähnlicher Weise wie auf die Potenzen des Menschen zurückgegriffen werden kann. Der Aspekt des Tätigseins des Geistigen kann auch in diesem thomasi-

---

58 Vgl. Sth., I-II, 22, 3.

59 Die Frage, wie weit es bei Frankl rein geistige Akte gibt, wie z.B. das Gewissen, muß einer weiteren Untersuchung überlassen werden.

60 Die thomasische Tradition hat für diesen Unterschied die Begriffe „habitus entitativi“ und „habitus operativi“ geprägt.

schen Sinn als Akt mit äußerster ethischer Reichweite verstanden werden, von dem die Qualität des verwirklichten Menschseins abhängt.

Vor dem thomasischen Hintergrund läßt sich nun auch Frankls scholastisierende Andeutung der *„forma formans"* zwanglos einfügen: Die geistigen Potenzen der menschlichen Natur zeichnen sich tatsächlich dadurch aus, daß sie tätig sind und sich fortwährend in einer Beurteilungs- und Entscheidungssituation befinden. Auf diese Weise wirken sie einerseits in den Lebensvollzug ein, andererseits hinterlassen sie fortwährend Spuren, die für eine zukünftige Aktivität dispositionierend sich auswirken. Durch die Aktuierung der geistigen Potenzen stehen natura und *habitus* in dauerndem Zusammenhang.

4. Bedarf die menschliche Natur im Werk Frankls einer ontologischen Neufundierung?

Die Analysen der ontologischen Grundlagen im Werk Frankls haben gezeigt, daß Frankl einen relationsontologischen Ansatz expliziert, aber einen substanzontologischen Ansatz impliziert, bzw. nur randlich ausführt. Beide Ansätze zugleich durchzuführen, ist unmöglich, da die transkategoriale Stellung der Relation schon die Position der Substanz einnehmen würde, Frankl aber diese Transkategorialität der Relation philosophisch nicht vollends durchführt, sondern letztlich in seinem Relationalismus Tätigkeiten beschreibt, deren Relationen kategorial sind.

Die thomasische Analyse hat gezeigt, daß die Befürchtungen der Substanzontologie gegenüber etwa im Sinne einer Verdinglichung oder auch einer rationalistischen Reduzierung nicht greifen, da die individuelle Wirklichkeit der konkreten Person im Seinsakt garantiert ist. Die bei Frankl grundgelegte Reihenfolge Potenz-Akt wird dadurch ergänzt durch den Primat des *actus essendi*: Akt-Potenz-Akt. Mit der Differenzierung zwischen substantiellem Seinsakt, akzidentellem Handlungsakt und *habitus* als akzidentelle Qualität ist das Tätigsein des menschlichen Geistes von der substanzlosen Selbstkonstituierung und damit jedem prozeßhaften Denken enthoben. Die Selbstkonstituierung ist auf diese Weise vom ontologischen Begründungsanspruch befreit und kann als Umgang mit dem substantiell Gegebenen eingestuft werden.

Wird mit einer solchen Veränderung der Ontologie dem Denken Frankls Gewalt angetan? Die Bedeutsamkeit der geistigen Tätigkeit kommt in keinerlei Mißkredit; vielmehr ist es so, daß die prinzipielle Geistbezogenheit eines jeden menschlichen Aktes nicht mehr erst nach dem Heraustreten aus der Faktizität des Psychophysikums gedacht werden muß, sondern daß man die Besonderheit eines ethisch bewußten, Stellung beziehenden, den ganzen Menschen (auch den emotionalen) einbeziehenden Aktes ontologisch aus der vorgegebenen menschlichen Natur heraus verstehen kann, deren geistige Potenzen kraft der Freiheit dem Menschsein voll gerecht werden. Ziel muß es dann nicht sein, sich vom Psychophysikum ontologisch absetzen zu wollen, sondern letztlich durch Habitusbildung den Leib einzubinden in den menschlichen Akt. Die von Frankl angestrebte Einheit und Ganzheit des Menschen durch das Geistige könnte dadurch noch mehr zur Geltung kommen. Gleichzeit ist der fakultative Antagonismus zwischen nous und Psychophysikum nicht nur in derselben praktischen Wertigkeit erhalten, sondern vor einer dualistischen Interpretation endgültig bewahrt.

Die vorgelegte Analyse ist ein Versuch, das Zueinander der beiden von Frankl vorgelegten ontologischen Vorgehensweisen, nämlich das *„agere sequitur esse"* und das *„esse sequitur agere"* in ihrer Einheitlichkeit durchzuführen. Von einer ontologischen Neufundierung kann darum nicht in vollem Sinne gesprochen werden. Vielmehr geht es im dargestellten Denkansatz um die Zusammenführung der divergierenden Ansätze in ein Gesamtsystem durch differenzierende Abstufung der substanzontologischen Seinsebenen.

Literatur:

Böschemeyer, Uwe: Die Sinnfrage in der Existenzanalyse und Logotherapie Viktor E. Frankls, Hamburg 1974.

Bormann, Franz-Josef: Natur als Horizont sittlicher Praxis, Zur handlungstheoretischen Interpretation der Lehre vom natürlichen Sittengesetz bei Thomas von Aquin, in: Münchner philosophische Schriften, Stuttgart 1999.

Brugger, Walter: Summe einer philosophischen Gotteslehre, München 1979.

Elders, Leo: Die Metaphysik des Thomas von Aquin in historischer Perspektive, Teil I Das ens commune, Teil II Die philosophische Theologie, in: Salzburger Studien zur Philosophie, Bd. 17, Salzburg 1985.

Frankl, Viktor Emil: Der Wille zum Sinn. Ausgewählte Vorträge über Logotherapie 1978². [WzS.]

Ders.: Ärztliche Seelsorge, Wien 1982¹⁰. [ÄS.]

Ders.: Der leidende Mensch, Bern 1996² (reprint 1998). [LM.]

Ders.: Logotherapie und Existenzanalyse. Texte aus sechs Jahrzehnten, Weinheim 1998. [LtEa.]

Ders.: Der unbewußte Gott, Psychotherapie und Religion, München 1999⁵. [UG.]

Ders.; von Gebsattel, Viktor Emil (Hg.): Handbuch der Neurosenlehre und Psychotherapie. Unter Einschluß wichtiger Grenzgebiete, München 1959. [HNl.]

Messner, Johannes: Das Naturrecht, Handbuch der Gesellschaftsethik, Staatsethik und Wirtschaftsethik, Berlin 1984[7].

Riesenhuber, Klaus: Die Transzendenz der Freiheit zum Guten, Der Wille in der Anthropologie und Metaphysik des Thomas von Aquin, München 1971.

Schockenhoff, Eberhard: Bonum hominis, Die anthropologischen und theologischen Grundlagen der Tugendethik des Thomas von Aquin, Mainz 1987.

Schönberger, Rolf: Die Transformation des klassischen Seinsverständnisses, Studien zur Vorgeschichte des neuzeitlichen Seinsbegriffs im Mittelalter, Berlin 1986.

Ders.: Thomas von Aquin zur Einführung, Hamburg 2002[2].

Sertillanges, A.D.: Der Heilige Thomas von Aquin, Hellerau 1928.

Thomas von Aquin: Opera omnia, hg. Roberto Busa, Stuttgart 1980 ff.

Wicki, Beda: Die Existenzanalyse von Victor E. Frankl als Beitrag zu einer anthropologisch fundierten Pädagogik, Bern 1991.

Human rights and nature

Katarzyna Stępień[1]

Considerations of law that are undertaken at the beginning of 21st century are accompanied by a "sensation of law crisis" and also by consciousness of new challenges[2]. Amongst the traits of law crisis are mentioned the following: (1) excessive jurisdiction of human life where-in nearly entire life is being regulated by rules of established law, (2) instrumentalization of law by both the legislators and those who are to obey to law, (3) amorality of law what means that law of any content could go, and (4) lack of true legitimization for established law. All of mentioned-above does impact on still bigger depreciation of law regulations what results in their inefficiency. Focusing on question of human rights seems to be very hopeful attempt to cure this law crisis[3]. Last half century, since Universal Declaration of Human Rights (1948), was the time during which the international and domestic protection of human rights were being elaborated; the content of human rights was the result of consensus agreement. Contemporary conception of human rights as being natural, universal, equal, uncancelable and integral was shaped on the base of 20th century experience of systems of "lawful lawlessness". Theoretical justification for law understood that way however still remains as unfinished and open question: why should man be gifted an "unconventional" rights independent from social agreement or the will of legislators of state? This law happens to be given a ground appealing to its functionality or freedom-like character. All trials of grounding this law are to base it on either axiology, human characteristic or positive law; none of them however can embrace the whole of human rights question so that it could be definitely justified. It happens very often that human rights problem is being considered apart from the anthropological fundament, that means apart from integral understanding of human person[4], what results in negation of particular human rights: of right to life, to truth, to private property and so on. Meanwhile it is the metaphysical

---

1 Katarzyna Stępień: Magister und Assistentin am Lehrstuhl für Metaphysik der Katholischen Universität Lublin.

2 J. Kochanowski, *Dlaczego Ius et lex?*, w: "Ius et lex" 1/2002, p. 9.

3 V. Possenti, *Teraźniejszość i przyszłość praw człowieka*, "Społeczeństwo" 2003, p. 143.

4 About the proposition of personal grounding for human rights, see: M. Piechowiak, *Filozofia praw człowieka*, Lublin 1999; M. Piechowiak, *Pojęcie praw człowieka*, in: L. Wiśniewski (ed.), *Podstawowe prawa i ich sądowa ochrona*, Warszawa 1997, pp. 7-45.

structure of person-being what does offer the most complete explanation of human rights.

Nature and law

Within classical metaphysics man is considered to be a person or individual subject of rational nature (*naturae rationabilis individua substantia*). Person is a substance and as substantial being it is possessed of nature what means it is submitted to activity which is appropriate to it[5]. Nature here is understood as cause or a source of activity of being. It determines its activity necessary, solidly and orderly[6].

Latin *adagium* states that *ab indeterminato nil sequitur*: what is not determined would entail no action[7]. This determination could be natural-and-necessary or could it be natural-and-cognitive-and-volitional (autodetermination) what involves in turn some model cause to be consciously chosen[8]. To score its goal the action must be previously determined: there must be both the certain source-nature and the ratio of occurrence for the action. This ratio is a cognitive form, the factor causing certain steering[9]. This form itself however is not sufficient condition for action to be performed; this ratio or motive of motion is an inclination to good, to realization of which the action would be directed. Each inclination (Latin *inclino* - "to turn to") for action proportional to given being is effected by the nature of this being. Natural action therefore is such action, which is by necessity ascribed to thing for the sake of the fact this thing is what it is[10].

---

5 „[...] omnis substantia est natura. Tamen naturae nomen hoc modo sumptae videtur significare essentiam rei secundum quod habet ordinem ad propriam operationem rei, cum nulla res propria operatione destituatur [...]". St. Thomas Aquinas, *De ente et essentia*, in: M. A. Krąpiec, *Byt i istota. Św. Tomasza "De ente et essentia"* przekład i komentarz, Dzieła XI, Lublin 1994, p. 11.

6 M. A. Krąpiec, *Metafizyka. Zarys teorii bytu*, Lublin 1988, p. 189.

7 M. A. Krąpiec, *U podstaw rozumienia kultury*, Dzieła XV, Lublin 1991, p. 61.

8 *Ibidem*, p. 62. This is of special importance for the question of subjective-grounded law. See also M. A. Krąpiec, *Ludzka wolność i jej granice*, Warszawa 1997, pp. 276-280.

9 „Species autem est ratio operationis ex obiecto comprehenditur." (S. Thomae Aquinatis, *Summa Theologiae* I, a. 50, a. 5); See: M. A. Krąpiec, *Realizm ludzkiego poznania*, p. 228.

10 "Nature, if nothing stands against it, always acts the one and the same way. It results from the cause that each thing acts in accordance with its nature so that as long as the thing remains the thing, it always acts the same way. Whatever acts through its nature, is limited by its own way of being. The nature always performs the one and the same action". (E. Gilson, *Tomizm. Wprowadzenie do filozofii św. Tomasza*, tłum J. Rybałt, Warszawa 1998, p. 153).

But the fact of action can not be ultimately explained only by an element being its source and existing within the being[11]. There is also some external factor needed for such explanation: a motive capable of moving given being. And this motive is to be complementary to the nature of the thing[12]. This motive (final, aim) is a ratio for action occurrence and is determining the content of this action as well[13]. This final is always a sort of perfection, which could make being more complete. Perfection understood that way is always a kind of real and concrete good[14].

The nature of man, which determinates proper way of his activity, is rationality. Man has inclinations through which his natural desire of things appropriate to his personal ability is realized; it is the truth for his intellect and the good for his will. That obviously entails the action aiming at acquiring what is presented by intellect to be perfection-good adequate to the structure of human being[15]. Good of being is the natural final for action. Having observed that, Aquinas could formulate the very first principle of natural law: good should be done and evil should be avoided[16].

Man-person cognitively turns to real world, to really existing being and its content, to its structure and also to fact of relations existing amongst particular beings[17]. Intellect is collaborating with will grasping goodness of things so that

---

11 „Having the source of motion does not mean the necessary moving from the state of rest to the state of realization; according to Aristotle nothing comes from potential to act by its own power only."

12 Agens autem non movet nisi ex intentione finis: Si enim agens non esset determinatum ad aliquem effectum, non magis operet, hoc quam illud. Ad hoc ergo quod determinatum effectum producat, necesse est quod determinetur ad aliquid certum, quod habet rationem finis." (S. Thomae Aquinatis, *Summa theologiae* I-II, a. 1, a. 2).

13 M. A.Krąpiec, *Realizm*, p. 221-241; *Metafizyka*, p. 162.

14 „Hoc autem dicimus esse bonu, quod est esse perfectum". (S. Thomae Aquinatis, *Summa Contra Gentiles* CG III, 3).

15 „Sicut ens est primum quod cadit in apprehensione simpliciter, ita bonum est primum quod cadit in apprehensione practicae rationis, quae ordinatur ad opus. Omne enim agens agit propter finem, qui habet rationem boni." (S. Thomae Aquinatis, Summa Theologiae I-II, q. 94, a. 2).

16 „Primum principium in ratione practica est quod fundatur supra rationem boni, que est: Bonum est quod omnbia appetunt. Hoc est ergo primum praeceptum legis quod bonum est faciendum et prosequendum, et malum vitandum." (S. Thomae Aquinatis, Summa Theologiae, I-II, a. 94, a. 2).

17 "[...] relations could be grasped only by intellect (reason), for they are not given to our sense cognition. Relation could be comprehended albeit it could not be heard, seen or smelled [...] Cognition of existing relations is the proof the reason is in use. The relations are beings of peculiar "kind", the weakest in their existence. [...] Such a weak kind of existence is legible only for intellect (reason): only the reason can grasp in one two subjects-limits of relation (its correlates) and the link between them, which can be of various kinds: necessary or not necessary, real or

the will can then choose good. Will is potentially biased toward good. The actualization of this bias however is up to reason[18].

Subordination to development

Having concerned all mentioned-above, it is to say that rational nature is an inner source responsible for the order of human inclinations ("real leaning towards fulfillment"[19]), thanks to which undertaken actions are determined and directed to acquiring perfection. The very final of these actions is to get full perfection appropriate to given being that is to fully actualize its all potentials — *completivum sui ipsius*[20]. The appropriate measurement of existence is that what matters as to this full realization[21]. Perfection of things depends not only on receiving substantial existence proportional to essence, but also on existence of many accidental forms. Perfection of being (the very final of each being) therefore consists in full existence of being in its order both substantial and accidental.

Each unnecessary being is by its essence (that is by its potential structure) subordinated to act to possibly fully actualize its potentials and in doing so to aim at perfection as its final (*potentia dicitur ad actum*). The inner dynamism of each being consists then in actualization of its potentials and by doing so in accomplishing perfection[22]. The fullness of existence appropriate to given being could be always reduced to existence of all of these perfections which should occur within the being just because of its nature (final as the limit of perfection was called by Aquinas *finis perfectionis*).

Rational nature, being in charge over abilities of both reason and will, does reconnaissance of the order of relations and of natural inclinations. Then it points the goal and eventually it acts in order to score that goal. Within the act of decision, where-in man constitutes himself as the real source of acting aiming at concrete good, there are three moments occurring all-together: (1) of efficient

---

merely purely mental". (M. A. Krąpiec, *Ludzka wolność i jej granice*, Warszawa 1997, pp. 222-223).

18 K. Wojtyła, *Wykłady lubelskie*, Lublin 1986, p. 136.

19 M. Piechowiak, *Filozofia praw człowieka*, p. 299.

20 „Unumquodque appetant suam perfectionem, illud appetit aliquis ut ultimum finem, quod appetit ut bonum perfectum et completivum sui ipsius". (I-II a.1, a. 5 c).

21 S. Thomae Aquinatis, *Quaestiones disputatae de venitate*, a. 21, 2 c.

22 Unumquodque est appetibile, secundum quod est perfectum. Nam omnia appetunt suam perfectionem. Intantum est autem perfectum unumquodque, inquantum est in actu. (S. Thomae Aquinatis, Summe Theologiae I a. 5, a. 1 c).

causality (who actually acts?), (2) of final causality (what for?), and (3) of model causality (how? – model propositions). This is the way the inner bias towards good, grasped in chief principle of natural law "good should be done and evil should be avoided", becomes the rule for concrete action undertaken for the sake of some real good-final.

The very first proposition, on which all further rules are based, is the affirmation of transcendental good. Specification of main principles proceeds then in appealing to several goods for human nature, in which rational substance consists and towards which man is biased by its nature[23]. What are those goods-aims like then?

Rational nature manifests itself in three basic inclinations directing man to certain goods; that is why natural law happens frequently to be called "order of 'goods for person'"[24]. The first from amongst them is inclination to keep one's existence; this inclination is common to beings of all kinds. The second inclination, common to men and animals, is to transit life. And the third inclination, which is specific to mankind, is to develop within society in a way, which stays in accordance with reason.

All of these inclinations: to live, to procreate, to cognition of truth about God, to live in social relations – all of them are the first realization of human nature; they are in fact the manifestations of this nature. To realize them integrally and parallely man must be able to read certain good properly and thus to read the way to achieve this good. Practical reason decides how to effect the very basic principle of natural law "good should be done and evil should be avoided". And the rationality stands here as the criterion: good is realized when the act stays in accordance with reason. Only on this condition the result of action can reach perfection (actualization of being). "Natural inclinations themselves however are not the ultimate reference-point to cognition of what should be done; that's why it would be not-to-the-point argument to state that man can have various natural inclinations, which can occur sort of "all of a sudden", inclination to crime included. When natural inclinations are concerned it is not to mean any inclination to act occurring spontaneously. Strictly speaking, natural inclinations are those, which lead to what actualizes the being and as such which has supporting ground for them within the nature of being. Nature of being is here to be

---

23 Human nature – let us ecall that – is here the very principle of personal actualization. See: K. Wojtyła, *Osoba ludzka a prawo naturalne*, w: „Roczniki filozoficzne" 1970 z. 2, pp. 53-59; M. A. Krąpiec, *Człowiek i prawo*, Lublin 1994, pp. 207-216.

24 M. Piechowiak, Filozofia praw człowieka, p. 297.

understood widely as the constitutive elements, as the whole of what is contained within the subject and what, regardless to will, determines its ways of realizations"[25].

Natural inclinations make it possible to determine much closer the human potentials submitted to be realized. That is why "it is possible to define constant structures of being occurring within each given human being"[26]. Inclinations do reveal what is common to many beings, amongst which is also human being; "they are the base for definition of what is hostile to man and what hinders or even shatters the development of his being. Natural inclinations however are not a sufficient base for positive and univocal definition of what conduct is exactly proper for man. Nor are they sufficient for definition of concrete aims leading to his actualization". (Only not rational beings are by nature governed in a way, which is univocal and necessary for realization of their natures)[27]. "In a case of person-being there are many kinds of actions which, albeit in accordance with reason, are not univocally determined by nature. Actions appropriate to person-being (leading to his actualization) could therefore be various within various individuals"[28]. "For the person's goal is not to realize the nature of his species but to actualize what is specifically his for his own sake. (...) And the way of this actualization is not defined univocally by inclinations appropriate to species nature of man. It is not what is common to all men as persons either. That is why there is no single, universal way of actualization, which could be stated as the result of cognition of human being structure and of circumstances of man's activity"[29].

The inclinations of rational nature are the facts where-in potentials of certain kinds are revealed and, on the other hand, they are also the facts, which subordinate being to have them realized in order to actualize the whole of person-being. Criterions of these actualizations however are not totally determined, to some extend they depend upon consciousness and free decision of person. This adjustment of being to its goal demands not only the cognition of man and of his circumstances but the free choice also. "Cognition frames both the directions for development and the limits of what is not permitted. Due to free will man can

---

25 M. Piechowiak, *Filozofia praw człowieka*, p. 299.

26 Ibidem.

27 *Ibidem*, pp. 299-300.

28 M. Piechowiak, *Filozofia praw człowieka* p. 300.

29 See: S. Thomae Aquinatis, *Summa contra Gentiles*, CG III, 114, 1; M. Piechowiak, *Filozofia praw człowieka* p. 300.

think about it and choose the goal for his action by his own. It happens very often that only if this choice is made something is therefore constituted as the aim corresponding to human nature – a the aim fully determining action and in doing so becoming in full sense a law (...)[30]".

Cognition of nature of being means cognition of its dynamic aspect (of its final). It involves some axiology; valuable for man is what helps him to accomplish his natural aim. There is also normative aspect of it: a certain way of conducting should be undertaken in order to get *optimum potentiae*. What is of very importance for understanding the human rights is the fact that action involves both an element inner to being (its nature) and some objective and external element as if flowing to man from the aim-good. It becomes clear here that the law is conceived as the rule and measurement of action. It occurs within the subject acting in twofold way: one is that when man is conducting according to rule and measurement, which were previously cognitively grasped by him; the other is when man is ruled by rational law although not formally stated by this man. In the first case we deal with law in strict sense as being interiorized by rational subject – it is natural law. In the second case we have what is called established law; established law however should always be subordinated to the rules of natural law, for natural law does reveal necessary and transcendental subordination of particular act to aim.

Original description of right as *ius* manifests this source-sense of law as inscribed within the structure of being where-in the real relations of adjustment, measurement and subordination to the aim exist. This aim means here the actualization of the potential. The comprehension of relation occurs when intellect grasps both relative reference and the ratio of its existence. Law therefore has its source within the structure of thing itself, for law means subordination of being to what is optimal and real good for this being. Natural law consequently means the comprehension of very basic fact that every man is related to goods which are owed to him[31]. It is to be stressed here that law understood as *ius* is strictly bound with justice (*iustitia*): *iustitia* is a virtue consisting in making order among the people and as such means "willing to give everybody what he deserves". The base and measurement for "what he deserves" is provided by intellect as *medium rationis*. The measurement for intellect comes from measurement of things in aspect of what is optimal state for given being at which action

30 M. Piechowiak, *Filozofia praw człowieka* pp. 302-304.

31 For more details, see: M. Piechowiak, *Pojęcie praw człowieka*, op. cit.

(*medium rei*) aims as at actualization performed in various orders: biological, psychical and spiritual[32].

Conclusions

What is appropriate for explanation of human rights is the context of realistic philosophy appealing to the nature of man as person. Analyses of human nature reveals the components existing within it which are the sources of human rights. The first from these components is the value of person-being (of his existence). The following is the fact of human potentials responsible for his inner dynamism and for his transcendental reference to good, both being realized in rational and free way. It is very important to stress upon organic connection of human rights, human nature and natural law, what can be clearly seen as well in common-sense cognition as in history of that question or in theoretical reflection. There are some goods possession of which by man is absolutely unquestionable. This truth should not depend on any arbitrary decision of government. Life itself, free decision, life within society (realization of *appetitus societatis*), access to goods needed for man's living and developing, freedom to define and manifest one's ultimate sense of being (religion) and many more – all of these goods are connected with nature of man as psycho-material being. The very base of these good is to be found within natural law and not on the ground of some political consensus. Negation of union between human rights and man as their subject can easily result in negation of existence of ontical base for human rights. This in turn can lead to relativism. Pushing human rights way from philosophical truth of man would take us to negation of the idea of human rights at all. Human rights would be considered to be changeable standards of given cultures or to be dependent on given historical moment. And this would eventually lead us to disorder in protection of human rights within legislative practice of states.

---

32 quandoque contingit quod medium rationis est etiam medium rei, et tunc oprtet quod virtutis moralis medium sit medium rei, sicut est in iustitia [...] Cuius ratio est, quia iustitia est circa operationes quae consistunt in rebus exterioribus, in quibus rectum insistit debet simpliciter et secundum se: et ideo medium rationis in iustitia est idem cum medio rei, inquantum scilicet iustitia dat unicuique quod debet, et non plus nec minus (S. Thomae Aquinatis, Summa Theologiae, II-II, q. 64, a. 2).

Human Rights and Nature

Summary

Contemporary conception of human rights considers them to be natural, universal, equal, uncancelable and integral. However, due to lack of sufficient grounding for human rights it happens quite often that some from pointed-above characteristic of human rights are negated (for example: their universal or natural character). Sometimes particular human rights are being put into question (right to life, to truth or to private property). The solid proof of organic union among human rights, human nature and natural law is needed then. That means it is needed metaphysical comprehension of structure of person-being, which would reveal both the objective value of person and the fact of his potentials responsible for his inner dynamism and transcendental reference to good, where-in both are realized in a way which is rational and free.

Religionsphilosophie und normative Wissenschaft (Methodologische Aspekte)

Karel Mácha[1]

Seitdem das große Thema *ius divinum* durch die einseitige Akzentuierung des Naturrechts ersetzt wurde[2], und seit man die Neuzeit als kriterialen Begriff der Historiographie (mit besonderer Rücksicht auf die Grande Revolution von 1789) ernst zu nehmen begann – warum eigentlich? – wurde nun auch die Auffassung eines (quasi-) demokratischen Europas in eine neues Licht gestellt. – So sind wir auch heut durch diese im Grunde durchsichtig manipulierte Geschichtsauffassung in eine Falle geraten, in der man eine objektive wissenschaftliche Fragestellung der Neuzeit als ein von vorneherein strategisch präpariertes Computerspiel verstehen darf. – Welch Schande für Europa. – Nun, die infrastrukturellen Zusammenhänge kommen von einem breiteren Referenzsystem der genannten Thematik her. Es sind die kulturell-anthropologischen Voraussetzungen der Menschengeschichte (die religiös-kulturellen Elemente mit eingeschlossen)[3], die auf entscheidende Weise die Bildung empirisch feststellbarer, geschichtlichet Phänomene vorbedingen: im Grunde kommt da der Standpunkt einer allgemeinen Ethnologie zum Vorschein, die ihre Fragezeichen symmetrisch zwischen Philosophie und normierender Wissenschaft zu teilen scheint.

Man fragt nach dem Wahrheits- und Wirklichkeitsproblem: der Mensch als Subjekt seiner eigenen Geschichte bleibt dabei im Mittelpunkt jeglicher wissenschaftlichen Reflexion. „Die Entscheidung liegt im Subjekt, die Aneignung ist

---

1 Karel Mácha: Ordentlicher Professor für Philosophie / Soziologie und Direktor des Instituts für Ostwissenschaft an der Gustav-Siewerth-Akademie (Baden-Württemberg); Honorarprofessor für Philosophiegeschichte an der Karls-Universität Prag, lebenslang (Dekret vom 01.04.1990, Nr. 15.585/90-33, unterzeichnet – im Namen des Präsidenten Havel vom Kultusminister Adam).

2 S. dazu: die Konsequenzen für die Philosophie des Existentialismus (Sartre, Merleau-Ponty) in scharfer Analyse von Thomas W.Busch) („Freedom and Situadness: a note on Sartre and Merleau-Ponty"), in: Guz, Tadeusz (Hrsg.) : Im Einsatz für Bildung und Erziehung. Festschrift zum 70. Geburtstag von Prof. Dr. Joseph McCafferty", Holy Family University Fe-Medienverlag, Kisslegg 2003, S. 40 f.

3 S. dazu eine ausgezeichnete Studie von Dr. Werz-Kovács, die auf dem Exemple von „bhil" die genannte Frage in aller Konkretheit zu erklären sucht. S. dazu: Werz-Kovács, Stephanie, von: „Heilige Mutterschaft. Rekonstruktion matriarchaler Elemente in der Religion und Mythologie", in: „Integrale Anthropologie", Bd. 2, Minerva-Publikation, München 1982.

die paradoxe Innerlichkeit, die von aller anderen Innerlichkeit spezifisch verschieden ist“[4].

Die soziale Welt- und Umweltvorbedingung bleibt in ihrem Verhältnis zur „Wirklichkeit“ durch die Realitätsfaktoren vorgezeichnet. Die individuelle Erfahrungswelt muß nicht immer durch das praktische Dasein des Menschen bestimmt werden – zugleich wirkt dabei (und zwar nicht als bloße Möglichkeit) auch die Alternative, die Welt durch eine psychische Tätigkeit auf solche Art zu eröffnen, dass das Streben nach Weltdeutung in einer strukturellen Entsprechung zur Selbstdeutung erscheint. Die „Welt“ bleibt dabei auf dem flachen Horizont falscher Motive stehen, aus dem notwendig aber ein Bedarf entsteht: die Selbstanalyse individueller Bedürfnisse und auch der individuellen Stellungnahmen zur Wirklichkeit realisieren zu können.

Unter diesem Standpunkt versuche ich nun in den folgenden Thesen einige gemeinsame Fragezeichen der religiös-motivierten Rechtsphilosophie und der wohl normativen (Rechts-) Wissenschaft anzudeuten[5].

Die Wissenschaft – eine Erfassung des „Gegebenen“ in geeigneten begrifflichen Konstruktionen (L. Bertalánffy) – ist von anthropologischen Gesetzmäßigkeiten in dem Maße bestimmt, in welchem die rein technologischen Aspekte des Erkenntnisprozesses noch nicht die Vorherrschaft besitzen. Der anthropologische Hintergrund einer Wissenschaft wird zu einen unwesentlichen Faktor, wenn in einem Punkt ihrer Entwicklung eine wissenschaftlich vollendete Struktur in ihrer Formalisierung „automatisch“ verläuft. Mit einer zunehmenden begrifflichen Verfeinerung geht in der Wissenschaft der Prozeß einer Verdrängung anthropologischer Vorstellungen einher.[6]

Das Verhältnis von Philosophie und Wissenschaft, das des öfteren schon mit einer „Erkenntnistheorie“ (Hegel) identifiziert wurde, zeigt sich im Verlauf der Weiterentwicklung seiner selbst im Rahmen der Philosophie (als einer sich-selbst-übersteigenden existentiellen Frage nach den Möglichkeiten der Noesis) in Form einer internalisierten Ganzheit – innerhalb der Philosophie. – Philoso-

---

4 Kierkegaard, Søren: „Nachschrift II“, 324 – 325.

5 Im allgemeinen weise ich auf einen gedankenreichen Sammelband hin, in welchem mehrere profilierte Autoren ihre Anstöße für eine integralisierende Lösung gemeinsamer Grenzprobleme zum Mitdenken angeboten haben. – S.: Bonk, Sigmund (Hrsg.): „Ideen zu einer Integralen Anthropologie“, BB-Verlag, München 1991, 612 S.

6 Seit mehr als vierzig Jahren versuche ich den Unterschied zwischen einer „Integralen Anthropologie“ und den physischanthropologischen (einerseits) oder „philosophisch-anthropologischen“ Theorien (eines Merleau-Ponty etwa anderseits) zu verdeutlichen. – S: „Prolegomena zu einer Integralen Anthropologie“ („Prolegomena k integrální antropologii“), „Soziologische Zeitschrift der Tsch. Akademie der Wissenschaften“, Prag 1968, Nr. 5, 572-581.

phische Erkenntnistheorie (in einem steigendem Maße durch eine Methodologie, die das Feld der Philosophie bereits verläßt, ersetzt) identifiziert sich mit dem wissenschaftlichen Ehrgeiz an sich: die Wissenschaft wird nicht nur als Form einer möglichen Erkenntnis gesehen, sondern die Erkenntnis selbst ausnahmslos mit der Wissenschaft gleichgesetzt.

Dieser Zug der Philosophie ist durch eine bestimmte Form ihrer Entwicklung vorbedingt: aus einer reinen Gedankenform zu zunächst philosophischen dann aber auch naturwissenschaftlichen Formen.

Ohne dabei eine normative[7] philosophische Rolle (dieser so interpretieren Erkenntnistheorie) vorauszusetzen, wird die Philosophie infolge der inneren Logik ihrer Entwicklung zu einem „Logos" der Wissenschaften und kehrt dadurch, auf einer hoffentlich höheren Stufe, zu einer noetischen Dimension zurück, die für sie (rein theoretisch gesehen) bereits Kant antizipiert, Hegel (auf spekulative Art) artikuliert und Kierkegaard kritisch analysiert haben. Philosophie bleibt dabei nicht eine eindimensional behandelte Erkenntnisstruktur, die sich selbst in einer systematisch begriffenen Kategorialstruktur erklärt, sondern durchstrahlt die Empirie der wissenschaftlichen Forschung, wobei sie sich als eine Zuversicht des Menschen auf einen fortschreitenden Erkenntnisgewinn ausdrückt.

+

Von einem strukturellen-analytischen Standpunkt aus kann man im bewertenden[8] Prozeß irgendeiner Wissenschaft drei Hauptkriterien unterscheiden:

- transzendentales, bzw. ontologisches Wertkriterium (d.h. Korrespondenz von Erkenntnis und hypothetischer Wirklichkeit);
- formales bzw. logisches Wertkriterium (das, was im Rahmen einer relevanten Struktur wahr ist – wenn es mit einer logischen Notwendigkeit als wahr gedacht wird – ist auch wahr);
- psychologisches Wertkriterium (jene Aussage, die innerhalb einer theoretischen Konstruktion als konsequent angesehen und „also" mit einem Evidenzgefühl völlig begleitet ist, ist auch „psychologisch", wahrhaftig).[9]

---

7 Es sei pflichtgemäß bemerkt worden, daß es sich zwischen einer expliziten „Religionistik" (einerseits) und einer „Philosophy-in-Religion" (andererseits) um einen beinahe drastischen Unterschied von zwei ganz anderen Gedankenwelten handelt: eine bloße Tatsache, die keiner weiteren Erklärung bedarf.

8 Daß es eine absolut „wertfreie" Philosophie (geschweige denn „Religionssoziologie", wie es der Autor dieser Hypothese, Max Weber suggeriert hat) geben kann, darf man mit gutem Gewissen für eine empirisch unbeweisbare Fiktion halten. Schon in den Grundbegriffen jeglicher Rechtswissenschaft (zum Beispiel) sind „Werte" unabdinglich verankert.

+

Eine empirisch forschende Wissenschaft (Humanwissenschaft eingeschlossen) könnte eine systematische Erkenntnis (die Objekte innerhalb ihres definierten Bereiches trifft) fassen. Im Unterschied dazu erscheint eine normative (bzw. regulative) Wissenschaft als eine systematisierende Erkenntnistheorie, welche die Kriterien dessen, was sein „sollte" (d.h. noch-nicht-ist) als ideelle Vorbilder einer aktuell dauernden Dimension der Wirklichkeit trifft.

Eine Gegenstandsbegrenzung einer (neuen) Humanwissenschaft ist in der rezenten Wissenschaftsstruktur zwangsgemäß mit einer teilweisen Überdeckung schon existenter Disziplinen verbunden. Der Entstehungsprozeß einer solchen Wissenschaft wird zu einem Ausdruck eines allgemeinen Dynamismus der wissenschaftlichen Entwicklung überhaupt: allerdings gerät dabei die Verschiebung theoretischer Strukturen in einen Konflikt mit den traditionellen Vorstellungen über die gegebenen Wissenschaften. Setzt man bestimmte mögliche Bewegungen der Entwicklung im Bereich der Wissenschaften voraus, einschließlich gewisser innerer Notwendigkeiten derselben, so kann man zusätzlich auch die Konfliktsituationen unter den schon existenten Humanwissenschaften als unentbehrliches, regelmäßiges Nebenprodukt betrachten.

Die Stufe einer „Wendbarkeit" der Gegebenheiten wird nicht zur bloßen Funktion angewandter Kriterien, eher zur Folge einer ganzen Reihe gesetzlicher Bewegungen wissenschaftlicher Ausrichtungen auf der Suche nach gemeinsamen Zielsetzungen und synthetischen Erkenntnissen der Humanwissenschaften. Integration, auf solche Weise vorgenommen, wird von einer reinen theoretischen Entwicklungshypothese der Wissenschaft zu ihrer geschichtlich notwendigen Aufgabe.

+

Jegliche Humanwissenschaft enthält immer Elemente eines integralisierenden wie auch eines humanologischen Trends. Es ist unentbehrlich, in jeder dieser Wissenschaften eine innere Spannung in Form einer derartigen Polarisierung (residual oder funktional) vorauszusetzen. *In extremis* kann man in einer konkreten Wissenschaft vom Menschen eine bestimmte Polarisierung zwischen

---

[9] Mit einer zusätzlichen Bemerkung: Eine „systematisierte" Erkenntnisstruktur impliziert einen Begriff der „relevanten Struktur", wie dieser den wohl dynamischen Gesetzmäßigkeiten einer gegebenen Wissenschaft entspricht. – Erst auf dieser Ebene erscheint dann auch ein Begriff des „Kriteriums", der als erkenntnis- und zweckzuständig anerkannt werden könnte. -

einer möglichen positivistischen Konzeption (die zur Ausscheidung des Bewertungsmomentes tendiert) und jener gut bekannten metaphysisch-philosophischen Konzeption (die dazu neigt, die Beschreibung der Wirklichkeit von den Eingangsvoraussetzungen abhängig zu machen) suchen. Nur in seltenen Fällen (so z. B. Max Webers soziologische, C. G. Homans psychologische, Loys Warners oder Clyde Kluckhohns kulturell-anthropologische Konzeption, um zumindest die Klassik anzusprechen) findet man diese zwei Ansprüche vereinigt.

+

In Konfrontation zur „Grande Metaphysik des 18. Jhs." ist kaum daran zu glauben, dass das Integrationsproblem der gegenwärtigen Humanwissenschaften nur mit Hilfe traditioneller Philosophie und ihrer Instrumente zur Findung der Erkenntnis auf eine erschöpfende Art und Weise zu lösen wäre. –

Andererseits: die tatsächlich philosophische Fragestellung einer integral konzipierten Wissenschaft ist in unserer Gegenwart durch die Gefahr des Reduktionismus (z. B. durch die Rückführung auf nur medizinisch-sexuologische Aspekte) so weit bedroht, daß die Hoffnung auf eine mögliche gemeinsame Sprache schon von Anfang an schwindet.

Mit Rücksicht auf die komplizierte Lage unter den gegenwärtigen Humanwissenschaften ist das Problem der Integration als eine mehrdimensionale Aufgabe anzusehen, die zunächst und nur auf toleranten, realistischen, aber auch kategoriell konsequenten und kompromißlosen Prinzipien geleistet werden kann. Die Integration des Problemfeldes „Mensch" ist nur unter der Berücksichtigung der strukturellen Bewegung der Wissenschaft real denkbar.

+

Eine allgemeine Theorie vom Menschen kann auf der Basis zielbewusster Forschung und engagierter Zusammenarbeit wissenschaftlicher Disziplinen erst unter der Voraussetzung entstehen, dass man die speziellen Themenkreise verfolgen und parallel dazu eine integrative Gedankenarbeit an der Konzeptions- und Kategorienlehre (im Sinne theoretisch-methodologischer Mitwirkung der Philosophie) fortführt.

Eine mögliche Verselbständigung der allgemeinen Theorie vom Menschen ist nur unter dem Umstand gegeben, daß ihr selbständiger Gegenstand tatsächlich existiert, d.h. jener, der durch den status quo der bestehenden Forschung nicht- oder ungenügend gedeckt ist. Es handelt sich jedoch um eine „negative Selbständigkeit“, die durch eine gesetzmäßige Unselbständigkeit anderer Disziplinen auf demselben Forschungsfeld gegeben ist. Eine derartige Quasiselbständigkeit irgend einer Wissenschaft könnte nur zu einem bestimmten Zeitpunkt entworfen werden, von dem aus sich (unter der Voraussetzung einer parallelen strukturellen Entwicklung der gegenwärtigen Humanwissenschaften, die nach ihrer Integration erst suchen) ihre wesentliche Fortsetzung zu einer ganzheitlichen Form erfolgreich vollenden kann.

+

„Das Naturrecht und Europa“. – Welch ein Thema. – Um mit einem denkenden Ethnologen zu sprechen: „Es handelt sich um Zeit-, Raum-, Gesellschafts- und kulturbedingte Antworten auf das Bedürfnis nach Selbst- und Weltdeutung, in denen rationale, irrationale und ideologische Momente eingeflochten sind“[10].

Keine der existenten wissenschaftlichen Disziplinen ist für eine integrale Antwort zuständig: jede davon aber zumindest zum Teil.

Es hat sich wohl seit 1959 in der Kulturanthropologie manches geändert, als E. E. Evans-Pritchard seinen berühmten Vortrag „Religion and the Anthropologists“[11] hielt, worin er die Beziehung zwischen dem religiösen und anthropologischen Ansatz überprüfte und mit einem gewissen Bedauern feststellte, daß die Anthropologie in ihrem Zutritt zum Thema „Religion“ und in ihrer Bewertung der religiösen Phänomene voreingenommen sei. Die gewöhnliche Verwirrung, die schon mit einer möglicherweise hermeneutischen Definition des Religionsbegriffs in der anthropologischen Literatur beginnt, wurde dabei nicht eindeutig erklärt: doch trat ein nicht unbedeutsamer Wandel in der anthropologischen Wissenschaft ein.

In dieser, d.h. heutigen Phase einer Wissenschaft bietet sich dem Forscher immer nur die zweischneidige Möglichkeit: auf konsequente und trotzdem integrale Art seiner Aufgabe gerecht zu sein.

+

So entscheidet sich die Wahrheits- und Wirklichkeitsfrage zwar letzten Endes am Menschsein: dieses aber wird so lange nicht genügend verstanden, bis sein letzter Seinsgrund d.h. der Schöpfergott in einer systematisch-integralen Analy-

---

[10] Nahodil, Otakar: „Universale Kulturprozesse und Probleme der Menschenrechte“, Materialien des X. Weltkongress für Rechts- und Sozialphilosophie“, Mexico City 1981, S. 9, 2, 5.

[11] „Social Anthropology and Other Essays by E. E. Evans-Pritchard“, New York 1964, S. 153.

se nicht einbezogen wird. – „Ich bin in Deiner Hand, ich lege mich in Deine Hand. Geschehe, was geschehe, Dein Wille geschehe.“

Phänomen Europa

Lina Börsig-Hover[1]

Am 25. März 1957 also vor fast 50 Jahren – wurden die Römischen Verträge unterzeichnet. Dies war die Geburtsstunde der Europäischen Wirtschaftsgemeinschaft (EWG). Aus ihr entwickelte sich 1993 mit dem Vertrag von Maastricht die Europäische Union (EU). Aus den sechs Staaten, die sich damals aus politischer und wirtschaftlicher Einsicht freiwillig zusammenschlossen, sind inzwischen 25 EU-Mitgliedsstaaten geworden. Die größte Erweiterungsrunde seit Bestehen der Europäischen Union am 1. Mai 2004 bringt einen bemerkenswerten Bevölkerungszuwachs: zu den bisherigen 381 Millionen Einwohner in den bislang fünfzehn Mitgliedstaaten kommen rund 74 Millionen der zehn neuen Beitrittsländer hinzu. Damit erreicht die jetzt 25 Staaten zählende Gemeinschaft insgesamt rund 455 Millionen Einwohner.

Es wird gesagt, dass Frieden und Freiheit, Wohlstand und soziale Stabilität Ergebnisse der europäischen Einigung seien. Um das Erreichte auch für das 21. Jahrhundert zu sichern wird versucht, die Einigung Europas Schritt für Schritt weiter auszubauen. Dies soll vor allem durch die Europäische Währungsunion und durch eine gemeinsame Sicherheits- und Außenpolitik erreicht werden. Dabei wird die Europäische Union verstanden als eine gute Nachbarschaft, als Freundschaft zwischen den Menschen und Völkern, als freier Austausch von Waren und Dienstleistungen. Es geht um Sicherheit und Wohlergehen, um das Glück der Kinder und Enkel. Für sie alle soll das „gemeinsame Haus Europa" errichtet werden.

Diese kurze Einführung beantwortet noch nicht die Frage, ob es hier um das Europa im eigentlichen Sinne, d.h. um Europa als Europa, das vor allem um die Grundposition des Geistigen weiß, geht, oder ausschließlich um Sicherheitsbedürfnisse, die mit Hilfe von Währungssystem und Sicherheitspolitik befriedigt werden sollen. Seit Peter Wust[2] wissen wir es aber sehr genau, dass das Unsicherheitsgefühl immer wieder am menschlichen Bewusstsein nagt und es zu

---

1 Lina Börsig-Hover: Lehrbeauftragte, freiberufliche Dozentin für Philosophie; über zehn Jahre Tätigkeit als Referentin an Akademien, in Einrichtungen der Erwachsenenbildung und bei Stiftungen; zuletzt wissenschaftliche Mitarbeiterin in einem Forschungsprojekt an einer Philosophisch-Theologischen Hochschule; freiberufliche Tätigkeit in den Bereichen Lebensberatung, philosophische Beratung, akademische Beratung und Consulting.

2 Vgl. Peter Wust, Ungewissheit und Wagnis, Ges. Werke Bd. 4, hrsg. v. Wilhelm Vernekohl, Münster 1965, 143-158

seiner Eigenart gehört, sich immer mehr zu manifestieren. Aus diesem Grund werden vom Menschen noch mehr Absicherungen gesucht. Er meint, dass er sich damit vom Gefühl der Ungesichertheit befreien könne. Nun wäre es äußerst bedauerlich, wenn wir zu Beginn des 21. Jahrhunderts noch einmal dieses Unsicherheitsgefühl verkehrt deuten würden. Als psychologische Folge dieses Unsicherheitsgefühls kann der Nationalismus als Methode der Abschottung vor anderem gesehen werden: denn wo der Mensch sich nicht geborgen weiß, wenn er seine Heimat nicht kennt, wird er misstrauisch und der andere wird ihm fremd und zur Bedrohung.[3] Der tiefe Sinn der Unsicherheit liegt ja doch darin, dass wir Menschen nur „Gast auf Erden“ sind. Der Mensch ist nicht von der Welt, sondern er ist „Geist in Welt“.[4] So weist ihn sein Unsicherheitsgefühl auf die Ungesichertheit seines Daseins hin. Das Streben des Menschen jedoch zielt aber auf Sicherheit und Geborgenheit. Es ist dem Menschen wesenseigen, sich beheimatet zu wissen. Da der Mensch „Geist in Welt“ ist, wird er diese Sicherheit nur bei dem finden, der selbst durch und durch Geist ist, d.h. bei Gott. So haben wir hier das Phänomen, dass der Mensch seine Absicherung und Sicherheit durch die Bejahung der religiösen Dimension findet, d.h. das Glück des Menschen besteht dann darin, dass das Religiöse sowohl im persönlichen als auch im öffentlich-politischen Leben als präsent erkannt, gesehen und erfahren wird. Die Frage nach der Sicherheit kann also nur dann in Angriff genommen werden, wenn akzeptiert wird, dass das Religiöse zur Urerfahrung des Menschen gehört, dass es zum menschlichen Wesen gehört, im Dialog nicht nur mit dem Mitmenschen, sondern auch mit Gott zu stehen, und dass diese Urerfahrung nicht halt vor der politischen Ordnung und vor allen Vergemeinschaftungsformen des Menschen macht. Um die Frage und das Problem der Sicherheit der Völker lösen zu können, muss Gott selbst wieder und die Religion der Menschen ernst genommen werden. Glaube und religiöse Erfahrung sind metaphysisch so mit dem menschlichen Wesen verwoben, dass diese Grundkategorie jetzt auch im politischen und öffentlichen Leben akzeptiert werden muss, denn wir haben es ja in jeder Hinsicht immer mit dem Menschen zu tun. Deshalb ist jede öffentliche Ordnungsform berufen dieser Grundkategorie zu entsprechen und sie ernst zu nehmen. So kann die Sicherheitsfrage nicht ohne die Frage nach

---

[3] Der Nationalismus konnte sich nur deshalb ausbreiten, weil die psychologische Basis vorhanden war. Sie wurde mit der Reformation gelegt und der Protestantismus bildete sie immer mehr aus.

[4] Damit ist ausgesagt, dass der Mensch nicht nur einen Körper besitzt, sondern dass dieser Körper beseelt ist. Dabei ist beim Menschen nicht wie beim Tier nur eine Sinnenseele anzutreffen, sondern eine Geistseele. Diese Seele ist der Hauch Gottes, und somit das göttliche Leben im menschlichen Leben.

der Religion und ihrer Zulassung gelöst werden. Dies wird auch in der gegenwärtigen wissenschaftlichen Diskussion so gesehen.[5] Nach der Moderne ist Religion wieder im Kommen, ja sie ist geradezu eine Signatur der Postmoderne, denn der „postmoderne Lebenszyklus beruht auf Leitbildern, Symbolen und Erwartungen, die deutlich eine religiöse Dimension aufweisen".[6] Die Prognose Freuds und des 19. Jahrhunderts vom „Ende der Religion", von „Religion als Projektion" oder „Religion als Opium fürs Volk" hat sich nicht bewahrheitet. Wird heute der Blick auf Europa geworfen, dann gehört zu diesem Europa die Erfahrung des Religiösen.[7] Religion und Gott können also nicht länger öffentlich ausgeschlossen werden, denn sie sind die Signatur und Erfahrung der Zeit. Europa also zuerst unter dem Thema der Sicherheit anzugehen ist ohne Einbeziehung des Religiösen nicht möglich. Sicherheit kann nur Gott selbst gewähren – sowohl in politischer als auch in persönlicher Hinsicht. Es geht nicht mehr darum, dass die je eigenen psychologischen Bedürfnisse – hierzu zählen auch Wohlstand und Glück – auf die politische Landschaft projeziert werden. Das alles hat mit Politik wenig zu tun. Die Polis hat das Glück und die Wohlfahrt aller im Auge, d.h. aller Menschen, die einem Volk und Staat angehören. Das Europa der Sicherheit und des Wohlstandes wird aber zur Zeit von den Betreibern dieser Art von Europapolitik selbst als „Säkulare Markierung europäischer Geschichte" bezeichnet. Aber dieses säkulare Europa gibt es nicht und hat es auch noch nie gegeben außer bei den säkularen Befürwortern, säkularen Polit-Betreibern, säkularen Protagonisten, ökonomischen Nutznießern und selbsternannten Meinungsführern. Jetzt, in der Postmoderne sind die Kommunikationsstränge nicht mehr kontrollierbar. Außerdem haben sie rapide an Bedeutung verloren, da die Lebensluft der Postmoderne plural ist, auch in Bezug auf Religion. Der einzelne Mensch und die unzähligen gesellschaftlichen Gruppierungen wissen heute mehr denn je um ihr Recht auf Leben und um demokratische Mitbestimmung: Das Volk ist erwacht, und damit sein Widerstandsgeist! Heute gibt es Volksinitiativen, die wirklich vom Volk ausgehen. Aus all diesen Grün-

5 Vgl.: Otto Kallscheuer (Hg.), Das Europa der Religionen, Frankfurt a. M. 1996; vgl.: Friedrich Schweitzer, Postmoderner Lebenszyklus und Religion. Eine Herausforderung für Kirche und Theologie, Gütersloh 2003; vgl.: Karl Gabriel, Wandel des Religiösen im Umbruch der Moderne, in: Werner Tzscheetzsch, Hans Georg Zieberts (Hg.), Religionsstile Jugendlicher und moderne Lebenswelt, München 1996, 47-63.

6 Vgl. Friedrich Schweitzer, Postmoderne Lebenszyklus und Religion. Eine Herausforderung für Kirche und Theologie, Gütersloh 2003

7 Vgl. Otto Kallscheuer, Zu diesem Buch, in: Das Europa der Religionen, Frankfurt a. M. 1996, 10

den kann deshalb heute grundsätzlich nur noch ein Europa mit Gott gebaut werden. Wo Gott sein darf, kann auch der Mensch als Mensch, das Volk als Volk und die Völker als Völker leben. So wird dem Menschen sein Menschsein zurückgegeben. Dies wird dann durch die Proklamation der Menschenrechte noch forciert und unterstrichen.

Was ist Europa aber wirklich? Was ist seine geistige Dimension, seine Herkunft und seine Zukunft? Was macht das „Phänomen Europa" aus?

I. Begriff „Europa"

Europa gibt es nicht erst seit 1945, sondern Europa ist ein über 2000jähriges Geschehen. Die Bezeichnung „Europa" ist griechisch-semitischen Ursprungs und bezeichnet seit den Perserkriegen das ganze griechische Festland. Durch das Imperium Romanum erweitert sich der Begriff auf die gesamte mittelmeerische Welt. Durch Caesars Eroberungen von Gallien und Teilen Britanniens dehnt sich der europäische Raum auf die westliche Hälfte des nordalpinen Gebietes aus. Die Ausbreitung über Spanien war schon erfolgt und die Einbeziehung Germaniens geschah als Ereignis der Völkerwanderung und gehört in den Zusammenhang mit dem Untergang des Römischen Reiches. Die Verbindung des fränkischen Königtums mit der römisch-katholischen Kirche bringt die Erneuerung des Reiches unter dem Vorzeichen des Christentums. Im 11. Jahrhundert trennt sich die byzantinisch-griechische Kirche von der römisch-katholischen Kirche. Es entsteht der Riss, der bis heute einem großen Teil der östlich-slawischen Völker eine Sonderstellung verleiht. Unter der Bezeichnung „Abendland" werden die Nationen West- und Mitteleuropas zusammengefasst; das „Morgenland" wird von der Ostkirche beherrscht und ist nach heutiger Vorstellung ein Teil Europas. So gehört zu Europa nicht nur das Abendland, sondern gleichermaßen auch das Morgenland. In beiden Kirchen findet sich ein reiches Erbe vor, das sich nicht ausschließt, sondern wesentlich ergänzt. Dieses Erbe gilt es heute für Europa fruchtbar zu machen. Europa wird dann vollkommen hergestellt sein, wenn die Ostkirche ihren Anschluss an den Stellvertreter Christi wiederfinden wird. Das neue, noch nie da gewesene Europa – das einen geschichtlichen Entwicklungsprozess von über 2000 Jahren durchlaufen musste – wird durch das einigende Band des Papsttums seine Krönung und Erfüllung finden.

Das Spezifikum war und ist die Vielfalt der Völkerschaften. Die Vielfalt ist das Wesensmerkmal der europäischen Gesellschaft, und somit die Differenzierung und nicht die Einebnung und Gleichschaltung. Diese Vielfalt wird auch manifest in den zu großer Literatur aufsteigenden Volkssprachen, in den sich mehr und mehr differenzierenden nationalen Kulturen.[8] Die Differenzierung fordert jedoch auch die Einheit; sie ist der Differenzierung wesenseigen. Diese geistige Einheit war und ist das einigende Band des Papsttums, und damit der christliche Geist. So ist Europa die verwirklichte „Identität in Differenz".

Durch die Entdeckung der Neuen Welt gewinnt Europa eine neue Position: die Welt öffnet sich dem Christentum. Gleichzeitig wird jedoch die christliche Kultur im Orient durch die Osmanen zurückgedrängt. So erleidet Europa gewissermaßen eine kontinentale Einbuße. Was jedoch jetzt entsteht, ist die Vorstellung von der Einheit einer Völkergemeinschaft, die im Völkerrecht eine *naturrechtliche* Gesamtverfassung erhält. Dieses System einer allgemeinen Menschheitsordnung bleibt jedoch tatsächlich eine europäische Grundnorm nur für christliche Staaten. In einem Handbuch des Völkerrechts des 19. Jahrhunderts ist zu lesen: „Das Europäische Völkerrecht ist somit in der Gegenwart das Völkerrecht schlechthin, das genuine Weltrecht der Kulturstaaten, die rechtliche Verkehrsordnung der in geschichtlich gewordener Kulturgemeinschaft lebenden Nationen."[9]

Auch wenn durch Humanismus und Aufklärung die Grundlage der Gemeinsamkeit in die Idee der natürlichen Vernunft verschoben wird, so ist es doch immer der Corpus Christianum, der den Grund für die Grundlage der Gemeinsamkeit abgibt. So wird auch die Idee einer Weltordnung von Europa getragen; sie nimmt von hier aus ihren Lauf, und sie ist nicht ohne das Christentum denkbar. Ebenso trägt das 18. und 19. Jahrhundert das Ferment einer europäischen Einigung und Einheit in sich, jedoch in der verkehrten Vorstellung eines „Mächte-Europas" unter der Herrschaft der Großmächte. Im frühen 20. Jahrhundert führt diese Konzeption zur Mächtekonfrontation, und das Schicksal der kleineren Mächte wird von daher besiegelt.

Nach der Neuordnung von 1918/19 entsteht eine neue Europa-Bewegung, die ihren organisatorischen Mittelpunkt in der „Europa-Union" des Grafen Richard N. Coudenhove-Kalergi [10] findet. Gleichzeitig taucht die Idee, für die ganze

---

8 Vgl. Theodor Schieder, Europa, in: Staatslexikon, Bd. 2, hrsg. v.d. Görresgesellschaft, Sonderausgabe der 7. völlig neu bearbeiteten Aufl., Freiburg-Basel-Wien 1986/1995, 415

9 F. von Holtzendorff, Das Europäische Völkerrecht, 5. Aufl., 1913

10 Richard Nikolaus Graf von Coudenhove-Kalergi wurde 1894 in Tokio als Sohn eines österreichisch-ungarischen Diplomaten und einer Japanerin geboren und gründete 1923 in Wien die Paneuropa Union. Mitglieder dieser ältesten Europäischen Einigungsbewegung waren Thomas Mann und Konrad Adenauer. Zu Begegnungen zwischen Graf Kalergi und Otto von Habsburg kam es 1939 in Amerika. Am 18. Mai 1950 erhält Richard Nikolaus von Coudenhove-Kalergi den ersten internationalen Karlspreis der Stadt Aachen. Von 1923-72 ist er Präsident der Paneu-

Welt eine Politik des Rechts und Friedens zu finden wieder auf. Dieser Gedanke einer neuen Weltordnung geht jetzt von Amerika aus und er steht der Idee, zunächst eine neue europäische Ordnung zu schaffen entgegen. Der von Amerika vorgeschlagene Völkerbund wird nicht als amerikanische Organisation empfunden, sondern immer als europäische, obwohl ihr niemals gleichzeitig alle europäischen Grundmächte angehörten.

Die kurze Analyse zeigt, dass der Gedanke einer Weltordnung sich auf dem Hintergrund „Europa" entwickelt, dass das christliche Europa dafür die Voraussetzung ist. Weiter zeigt sich, dass eine neue Weltordnung nur dann sinnvoll aufgerichtet werden kann, wenn Europa als Europa steht; und dieses Europa ist das Europa der „Identität in Differenz". Die Geschichte zeigt, dass Europa seit der Neuzeit immer wieder in dieser Entwicklung gestört wurde; sie zeigt auch, dass der Gedanke einer Weltordnung den europäischen Geist voraussetzt, und damit das Christentum. Somit ist das Christentum das einzige Ferment der Vergemeinschaftung der Völker. Ohne diesem einigenden Ferment ist ein friedvolles Zusammenleben der Völker nicht möglich. Das Zentrum des Christentums aber ist Europa. Deshalb fällt ihm die Aufgabe zu, die Weltordnung zu forcieren, auszubauen und zu leiten und nicht Amerika. Wenn also Europa zu seinem Eigensein findet, dann wird es auch die Welt. So hängt von Europa der Weltfrieden ab. Es hat es in der Hand, ob es zum Segen für alle anderen Völker werden will oder nicht. Also ist Deutschland besonders in Pflicht genommen, da es das „Herz Europas" ist. [11]

Wenn hier von Christentum gesprochen wird, dann ist damit nicht ein Anspruch verbunden sondern die Metanoia gemeint. Es gibt keinen Anspruch auf das Christentum, weder persönlich und öffentlich, noch politisch. Das Christentum ist eine geistige Größe, der alle Menschen entsprechen können, die guten Willens sind. Nur an diese Personen erging damals und ergeht heute die Weihnachtsbotschaft. Deshalb ist da, wo Christus und seine Nachfolger wirken Freiheit, Würde, Achtung und Liebe. Hier wird die „Frohe Botschaft" an alle Völker und Menschen verkündet und durch das persönliche Zeugnis gelebt. Das Zeichen des Kreuzes lädt alle auf den Weg des Lebens und der Liebe ein, und in diesem Zeichen kann man niemals anderen etwas aufdrängen, das sie nicht wollen. Das Christentum ist für den, der sich dafür in Freiheit entscheidet. Tun

---

ropa-Union, ab 1947 Generalsekretär der Europäischen Parlamentarier-Union. Am 27. Juli 1972 stirbt er in Schruns/Vorarlberg.

[11] Vgl. Lina Börsig-Hover, Die geistige Dimension Deutschlands, in: Medizin und Ideologie, 21. Jg. Ausgabe 2, Juni 1999, 36-42

dies mehrere oder sogar viele, dann haben wir die Christenheit vor uns. Auf diesem Ferment steht Europa. Viele sind schon der je eigenen und ganz persönlichen Berufung durch Christus gefolgt. Dies in einem ganz Paulinischen Verständnis: existentiell, persönlich und dadurch auch öffentlich zugleich. Die Mutter und Erzieherin der Christenheit ist wiederum die Kirche, so wie sie Christus gestiftet hat und bis zum Ende der Zeiten sendet. Wer hier dann die Führung hat ist Christus selbst. In diesem Sinne ist das Christentum zu verstehen: existentiell, je einmalig, ganz persönlich, lebendig, liebend, gemeinschaftlich, kirchlich, barmherzig, tatkräftig, frei, wahrheitsliebend und vor allem frei.

II. Wesen „Europa" – Was ist Europa?

Europa ist die Integration von Antike, Römertum, Germanentum und Christentum. Welches Ereignis ist es nun, das gerade für diesen Vorgang entscheidend wird? Als Zeitenwende vom Altertum zur abendländischen Geschichte ist das Jahr 529 festzusetzen.[12] Im selben Jahr wird die Akademie von Athen, die 387 v. Chr. von Plato gegründet wurde, geschlossen. Sie war 900 Jahre lang eine Schule der antiken Weisheit. Benedikt eröffnet sein Gemeinschaftskloster auf dem Monte Casino als „Schule des göttlichen Dienstes", und er erstellt hier die Regula, die später im Jahre 787 Karl der Große abschreiben ließ. Im Jahre 802 erreicht Karl der Große auf der Synode von Aachen die Annahme der Regula als Reichsregel. Damit erlangt die Regula höchste Autorität als Staatsgesetz und Volksrecht. Sie wird zum Erzieher der europäischen Völker. Somit wird die benediktinische Geistigkeit zum durchschlagenden Formprinzip Europas.

Was beinhaltet aber die benediktinische Geistigkeit? Zunächst gilt es, das antike Erbe zu bewahren. Es ist der gewaltige Schatz von Kultur, den das Altertum aus der Verschmelzung der orientalischen, der hellenistischen und der römischen Kultur geschaffen und in der genialen, einmaligen Organisation des Imperium Romanum gespeichert hat. Die Germanen selbst haben das antike Erbe nicht wahllos zerstört, sondern in seinen wesentlichen Elementen übernommen und weiterentwickelt. Dass sie dies aber konnten, war die geschichtliche Leistung der Benediktiner. Daraus entstand jene Einheit von antiker Überlieferung, Christentum und Germanentum.[13] So sind es die Söhne des hl. Benedikt, die die antike Kultur den jungen Völkern vermittelten, sie also nicht nur tauften – wie die irisch-angelsächsischen Mönche -, sondern sie auch lehrten.

---

12 Vgl. Vitalis Maier/Emil Franzel, Europa und die benediktinische Geistigkeit, Bietigheim o. J., 6

13 Vgl. ebda., 11

Die Benediktiner leisten also Kulturarbeit, die vor allem den Gegensatz von Kirche und Welt überwindet. Diesen Gegensatz hat das Mönchtum der Ostkirche bis heute noch nicht beiseite gelegt. Die Benediktiner haben mit ihrem „ora et labora et lege" gezeigt, dass eine Nachfolge in der Welt möglich ist. Dagegen lehrt das griechisch-orientalische und das russische Mönchtum die Weltflucht. Dank der Regula des hl. Benedikt wird die Weltgestaltung mit Hilfe des christlichen Bewusstseins zu einem Charakteristikum europäischer Geistigkeit.

Das „ora et labora" ist die kürzeste Formel, „in der sich das Verhältnis des Christentums zur Welt und zu Gott ausdrücken lässt, und wenn man sie sprachkritisch untersucht, könnte man sagen, dass in dem winzigen Bindewort ET, dem deutschen UND, das entscheidende Merkmal liegt, in der Verbindung der beiden damals als unvereinbar angesehenen Äußerungen menschlicher Existenz, dem Dienst an der Welt und der demütigen Hingebung an Gott, zwischen Zeitlichem und Ewigem."[14] Erst mit der Renaissance – also nach fast 1000 Jahren – hört die europäische Kultur auf, der Devise der Benediktiner zu folgen. Im Vordergrund steht jetzt der persönliche Ehrgeiz des Künstlers und die Sucht der Auftraggeber, sich selbst in den Vordergrund zu rücken. Damit beginnt jener Prozess, den Hans Sedlmayer als den „Verlust der Mitte" bezeichnet.[15] Das Leben der Mönche dagegen war in einer genauen Abmessung von Arbeit und Andachtsübungen gehalten, d.h. es war gleichermaßen erfüllt von geistiger und körperlicher Arbeit: „Sie beteten, aber sie durften und sollten sich nicht von der Welt und ihren Aufgaben zurückziehen. Sie arbeiteten, aber sie wurden zu den bestimmten in der Regel vorgesehenen Stunden zum Gebet gerufen und hatten sich darauf zu besinnen, welchen höheren Auftrag sie auch mit ihrer Arbeit erfüllten."[16]

Wenn Europa also heute seine Geistigkeit gewinnen soll, d.h. sein Antlitz finden soll, dann geht dies nur auf dem Hintergrund einer Lebenshaltung, die das Gebet als Formprinzip mitbeinhaltet, und zwar nicht nur als täglichen Vollzug, sondern in einer Stundenabmessung. Damit ist gemeint, dass das Gebet zu einer inneren Haltung werden soll, und damit zu einer fortwährenden Verbindung mit Gott. Nur so kann der große Ordo Europa aufgebaut werden und neue Früchte bringen. Um diesen Weg auch ohne Zögern beschreiten zu können, muss gesehen werden, dass die Werte Gleichheit, Freiheit und Brüderlichkeit in keinem positiven Zusammenhang mit der Französischen Revolution stehen, sondern

---

14 Ebda., 8f.

15 Vgl. ebda., 9

16 Ebda.

dass dies grundsätzlich christliche Werte sind, die schon von Anfang an in der Regula des hl. Benedikt enthalten sind und im Ordensalltag umgesetzt wurden und werden. Die Französische Revolution hat für sich Früchte beansprucht, die in keiner Weise mit ihr zusammenhängen. Im Gegenteil: Die Französische Revolution hat diese christlich-benediktinischen Werte und Grundprinzipien menschlichen Zusammenlebens eingeebnet und dem Erdboden gleichgemacht. Dies zu sehen gehört auch zur Metanoia der Moderne und des angeblich so demokratischen, modernen, freien und keine Ordnung anerkennenden Menschen. Es verhält sich ja so, dass der heutige Mensch wie zu keiner Zeit zuvor von einem Gehirn-Totalitarismus bedroht ist, der sich auch in den Taten des modernen Menschen niederschlägt und zu einer Bedrohung für die ganze Menschheit wird in dem Sinne, dass dieser Gehirn-Totalitarismus die Selbstzerstörung der einzelnen Personen und der Völker zum Ziel hat.

Es ist also die Rückgewinnung der Werte Gleichheit, Freiheit und Brüderlichkeit ein Gebot der Stunde. Die Gleichheit (Egalité) bezieht sich auf die Gott-Ebenbildlichkeit des Menschen. Diese Gottebenbildlichkeit, die sich in all dem zeigt, was das Personsein des Menschen ausmacht, ist ein Geschenk Gottes. In Jesus Christus zeigt sich diese Gott-Ebenbildlichkeit (Gen 1,26) als Gottes-Kindschaft (Jo 1,12) und als Einheit in Christus (Jo 17,22; Gal 3,28). Es geht also um eine Gleichheit der Menschen vor Gott und nicht um eine Gleichheit der Menschen vor dem Gesetz und untereinander. Christus ist es also, der die Gemeinsamkeit aller Menschen begründet. Dies ist auch in dem Sinne zu verstehen, dass Christus schlechthin „der Mensch ist" (Ecce homo). Durch die Annahme der menschlichen Natur durch die Zweite göttliche Person wird das Menschsein gleichsam vergöttlicht und gewinnt so eine ganz neue Dimension aufgrund dieser Erlösungstat. Der Mensch wird seiner gefallenen Natur entbunden und in die Gleichheit mit Christus gebracht im Sinne des „alter Christo". Der hl. Benedikt sieht diese Gemeinsamkeit aller Menschen in Christus begründet.

Daher ist es für ihn klar, dass Christus der König ist, dem es als Soldat zu dienen gilt (R 1,13). Deshalb ist er bemüht, eine Schule für den Dienst des Herrn zu errichten.

Die Freiheit (Liberté) ist ebenfalls eine Erlösungsfrucht und ist zuerst von Christus her zu sehen. Es ist nicht Freiheit im Sinne von Beliebigkeit und Willkür, sondern Freiheit ist immer und grundsätzlich ein Dienen, und zwar ein Dienen dem anderen und ein Leben für den anderen. Christus selbst weiß sich als den Gottesknecht (Is 42), der gesandt wird, um den Menschen zu dienen, ja sogar um sein Leben hinzugeben als Lösepreis für viele (Mk 10,45; Lk 22,28). Dieses Freiheitsverständnis „Freiheit als Dienst“ (Diaconia) findet sich auch bei Augustinus und wird von Benedikt übernommen.[17] Daher gilt es dem Abt zu gehorchen (R 5, R 71), einander zu gehorchen und von der Hände Arbeit zu leben (R 72,6; R 48,8); für alle Sorge zu tragen (R 31,1) einander in Ehrerbietung zuvorzukommen (R 72,4); die körperlichen und geistigen Schwächen aneinander mit größter Geduld zu ertragen (R 72,5). Diese Grundeinstellung – Freiheit als Dienst – gilt es heute auf das Zusammenleben der Völker zu übertragen.

Auch der Wert der Brüderlichkeit (Fraternité) ist in der Regula des hl. Benedikt enthalten – also schon Jahrhunderte vor der Französischen Revolution. Die Brüderlichkeit ist Zeichen und Zeugnis der beständigen Jüngerschaft, wie sie Christus als Gabe und Aufgabe ermöglicht und erwartet (Mt 23,8; Röm 8,30). Deshalb ist das gesamte klösterliche Gemeinschaftsleben als „ora et labora“ Zeugnis für Christus (R 7,27; R 5,2; R 4,21; R 72,11; R 7,69; R 4,78). Für Benedikt ist das Zusammenleben in fester Ordnung das eigentliche Grundanliegen. Seine Regel will diesem Ziel dienen. Diese *gelebte Brüderlichkeit ist jetzt schon der Anbruch der Königsherrschaft Christi in der Welt,* und die neuen Maßstäbe sind schon in Geltung.[18] So verbürgt der Wert der Brüderlichkeit in Christus auch das friedliche Zusammenleben der Völkerschaften.

Alle drei Werte – Gleichheit, Freiheit, Brüderlichkeit – sind nur in der Gemeinschaft mit Christus zu verwirklichen; sie wurden von Benedikt und seinen Söhnen umgesetzt, und heute fordern sie den einzelnen Menschen auf, sie zu verwirklichen, und im Gefolge vieler einzelner werden sie das Volksleben und das Zusammenleben der Völker beleben und eine personale Ordnung des Zusammenlebens hervorbringen. So müssen wir uns heute der Bitte von Papst Paul VI. vom 24. Oktober 1964 anlässlich der Weihe der im 2. Weltkrieg völlig zerstören und wiederaufgebauten Abtei Monte Cassino anschließen: „Sankt Benedikt komm wieder, uns zu helfen, das personale Leben wiederzugewinnen, jenes personale Leben, das wir heute so dringend nötig haben.“

Das neue Europa, das es jetzt zu gewinnen gilt, wird ein *personales Europa* sein, und damit ein christliches Europa, d.h. ein Europa, in dem Gott Gott sein darf und der Mensch als Mensch gelten wird. Es ist das Europa, in dem der Mensch endlich seine religiösen Gefühle und Bedürfnisse leben darf. Dies wird

---

17 Vgl. Augustinus, Summa libertas-servitium; vgl. Vitalis Maier/Emil Franzel. Europa und die benediktinische Geistigkeit, Bietigheim, o.J., 39

18 Vgl. ebda., 40

sich nicht nur im privaten Bereich abspielen, sondern auch im *Bereich der Institutionen.* Gott selbst hat diesbezüglich schon die Zeichen gesetzt: vor 80 Jahren am 13. Oktober 1917 in Portugal, Fatima und am 9. November 1989 durch den Fall der Mauer. Die unglückseligen Folgen der Russischen Revolution sind somit unterbunden, und Deutschland in seiner Einheit steht jetzt schon symbolisch für die Einheit Europas da. Deutschland ist jetzt frei, seinen Weg zu gehen und seine Sendung für Europa und die Welt zu leben. Der Eingriff Gottes in Deutschland für Europa durch den Fall der Mauer belegt, dass Gott mit Deutschland ist. Gott ist so sehr mit Deutschland, und damit auch mit Europa, dass dieses Land, das den hl. Erzengel Michael zum Patron hat, die endgültige Niederlage aller antimenschlichen, antigöttlichen und antikirchlichen Kräfte herbeiführen wird. Wie damals das Germanentum für das Ende des Römischen Imperiums sorgte, so wird es auch heute wieder sein.

III. Sendung Europas für die Welt (Was ist zu tun?)

Europa muss zunächst sein personales Antlitz finden. Dies bedeutet, dass der einzelne mit aller Macht und allen Mitteln seine persönliche Existenz halten muss, und damit sein Personsein. Es ist das Gebot der Stunde, das organisierte System der Kollektivierung zu zertrümmern. Jeder, der an seinem Platz der Kollektivierung das Personale entgegensetzt, wird Rettung vor Gott finden. Die anderen überliefern sich selbst dem Gericht, d.h. der Richtigstellung durch Gott selbst.

Der große Feind des neuen, personalen Europas ist also die „Entmenschlichung des Menschen durch die Organisation“.[19] Hierzu gehört auch der Massenwillen der Demokratien. Es geht hier nicht mehr um Sachwahrheiten und Sachverhalte, sondern nur noch um den Konsens und das Interesse, das es durchzusetzen gilt. Was so unterbunden werden soll – auch mit Hilfe einer entwirklichten Presse – ist das Gewissen des Menschen, d.h. die Stimme Gottes im Menschen soll zum Schweigen gebracht werden. Nur unter dieser Bedingung ist der Mensch steuerbar und beeinflussbar. Sobald der Mensch nicht mehr auf sein Gewissen hört, ist er von Gott abgetrennt und anderem ausgeliefert. Ohne Gewissensbildung verliert der Mensch allmählich das aktuelle Personsein, und er wird zu einem Menschen der Masse, d.h. zu einem Massenmenschen. Dieser steht dem personalen Menschen konträr entgegen. Der personale Mensch ist an

[19] Vgl. Friedrich Wilhelm Foerster, Europa und die deutsche Frage. Eine Deutung und ein Ausblick, 2. Aufl., Luzern 1937, 27

Christus gebunden, der Massenmenschen an den Anti-Christen. Der heutige Mensch steht also in einer letzten Entscheidungsphase. Er kann sich für oder wider Christus entscheiden. Diese Entscheidung wird aber nicht mehr widerrufbar sein.

Da sich in Europa – hier auf Patmos – der Logos angekündigt hat, steht Europa auch in einem speziellen Dienst. Schon im 6. Jahrhundert vor Christus offenbar sich der Logos, der dann auf Christus hin gedeutet wurde, dem griechischen Philosophen Heraklit. Dieser wird auch als der erste Mönch des Abendlandes bezeichnet. Wenn sich nun Christus als Logos in Europa zuerst angekündigt hat, dann hat dies für Europa Folgen. Christus hat sich damit die europäischen Völkerschaften für sein Reich erwählt. Deshalb fällt Europa je auch das Adjektiv „christlich" zu. Dagegen ist das jüdische Volk das erwählte Volk Gott-Vaters. Von daher besteht eine engste Verbindung zwischen Europa und Israel.

Europa ist also aufgerufen, *die Königsherrschaft Christi vorzubereiten* und selbst schon eine *aktuelle Repräsentation dieser Königsherrschaft zu sein.* Diese aktuelle Repräsentation beginnt bei der Kirche selbst, die aus Ortskirchen besteht.[20] Der Kyrios Christus lebt und wirkt in seiner Kirche. Die Kirche selbst als das messianische Volk, das nicht das ganze Menschengeschlecht umfasst, ist für die Menschheitsfamilie die unzerstörbare Keimzelle der Einheit, der Hoffnung und des Heiles. Sie ist von Christus als Gemeinschaft des Lebens, der Liebe und der Wahrheit gestiftet worden, und sie ist zugleich auch das Werkzeug der Erlösung.[21] So ist die Kirche Werkzeug für die innigste Vereinigung mit Gott wie für die Einheit der ganzen Menschheit.[22] Damit ist der Erneuerungsprozess Europas ganz eng an die Erneuerung der Kirche gebunden. Wenn sich die Katholische Kirche in ihren Hirten und Gläubigen erneuert, und damit bekehrt haben wird, entsteht Europa entgültig und wird seine Verwirklichung und Vollendung finden.

IV. Das personale Europa

1. Europa und das Judentum

Europa würde es ohne das Judentum nicht geben. Die Wiege Europas ist das Judentum, und es wurde wesentlich von den jüdischen Menschen in Kernsitua-

---

20 Vgl. Lumen Gentium, 23, in: Kleines Konzilkompendium, hrsg. v. Karl Rahner/Herbert Vorgrimler, Freiburg 1966

21 Vgl. ebda., 9

22 Vgl. ebda., 1

tionen und Kernpositionen befördert und gestützt.[23] Dies anzuerkennen gehört zur Metanoia der Geschichte. Vor allem steht das moderne Europa tief in der Schuld der jüdischen Übersetzer.[24] Deren „Übersetzertätigkeiten fielen mit dem eng an die Universitätsgründungen gebundenen geistigen Beginn Europas zusammen."[25] Im mittelalterlichen Europa waren es die jüdischen Dolmetscher, die bei der Vermittlung des von muslimischen Denkern übersetzte und kommentierte geistige Erbe der antiken Welt an die lateinische Christenheit ihren Dienst leisteten.[26] So übersetzten sie in einem ersten Anlauf (ab dem 13. Jh.) wichtige Denker arabischer Sprache mit jüdischer oder muslimischer Herkunft ins Hebräische. In einer zweiten Etappe erfolgte die Übersetzung ins Lateinische: „Selbst da, wo es kein hebräisches Zwischenglied gab, kam es vor, dass die Übersetzungen von Gruppen ausgeführt wurden, in denen ein Jude die Hauptrolle spielte: Er stellte eine Übersetzung aus dem Arabischen in die einheimische Sprache her, diktierte sie einem christlichen Geistlichen, der sie seinerseits ins Lateinische übersetzte."[27]

Geistig grundlegend ist ganz besonders für Europa das Alte Testament, denn das Christentum baut darauf so auf, dass eigentlich nichts Neues hinzugefügt wird. Gewisse Elemente des Alten Bundes, die Israel nicht mehr weiterverfolgt, übernimmt das Christentum, so insbesondere das *davidische Königtum* und die Prophetie. Beide Elemente verkörpern eine ursprüngliche Polarität, und zwar die *Polarität von Gemeinschaft und Person.* Beide Elemente finden sich so auch wieder in einem christlichen Staatsverständnis und in jedem Staatsverständnis, auch wenn es um das rudimentärste Verständnis dessen geht: „Das davidische Königtum verschwand, als Israel unter Fremdherrschaft geriet; es tauchte in der priesterlichen Sendung der christlichen Kaiser und der europäischen Könige wieder auf. Die Prophetie war verschwunden, das Judentum hatte es zur Kenntnis genommen und erklärte es auf verschiedene Weise, zum Beispiel mit dem Verlust des Landes Israel. Sie lebt aber fort in den Heiligen, insbesondere in den Ordensgründern". [28]

---

23 Vgl. hierzu die ideengeschichtlichen Analysen von Rémi Brague, Europa. Eine exzentrische Identität, Frankfurt/Main, New York, Paris, 1993, 47-52

24 Vgl. ebda., 48

25 Ebda., 48

26 Vgl. ebda., 47; vgl. hierzu M. Steinschneider, Die hebräischen Übersetzungen des Mittelalters und die Juden als Dolmetscher, Berlin 1893 (Nachdr. Graz 1956)

27 Rémi Brague, Europa. Eine exzentrische Identität, 1993, 48

28 Ebda., 51

So sind die politischen Vergemeinschaftungsformen Europas seit Krönung der Stammesführer bis hin zum Kaisertum alttestamentliches Erbe. Die gewaltsame Entfernung dieser Überlieferung hatte den Ersten und den Zweiten Weltkrieg und die gesamte Umwälzung der europäischen Völker und Grenzen in der ersten Hälfte des 20. Jahrhunderts zur Folge. Bis dahin hat das davidische Prinzip Geltung. Es war doch der Thronfolger Erzherzog Franz Ferdinand, auf den nach der Ermordung von Erzherzog Rudolf die Thronfolge kam. Bestens hat er sich auf die Regierungsübernahme vorbereitet, um als Kaiser Franz II. alle längst fälligen Reformen in der Armee, in der Staatsverwaltung und in der Politik durchzuführen, um aus Österreich-Ungarn einen modernen Staat zu machen. [29] Auch hatte er ein tragfähiges und neues Konzept für die Führung und die neuen Ziele der Völker Europas vorbereitet. Zum einen war es die weitgehende Verfestigung der Selbstbestimmung der Völker durch einen vollständigeren und gerechteren Föderalismus unter Beibehaltung der Einheit durch das davidische Prinzip, d.h. durch die Dynastie. Mit der Einführung des Allgemeinen Wahlrechts wollte er zunächst in Ungarn beginnen. Damit hat er dem europäischen Merkmal der „Einheit in Verschiedenheit“ Rechnung getragen. Die natürliche Ordnungsidee Europas ist mit seiner Person verbunden und bezieht von hier her ihre Wirkkraft und Gültigkeit.

Insgesamt muss Europa bekennen, dass es sich seit den christlichen Kaisern gegen die jüdischen Mitbewohner miserabel verhalten hat. Sie haben Europa zu einem geistigen Zentrum befördert, sie sind Atem und Seele Europas, und Europa hat sie verfolgt, ausgeschlossen und umgebracht. Europa hat sie oft darben und vegetieren lassen. Dennoch lebt die jüdische Geistigkeit und ihr Erbe in einer Lebendigkeit, die währt und ist. Die Wirklichkeit, die nicht Faktizität meint, trägt diese Wesenszüge und diese aktuieren sich fortwährend. Dies zeigt uns, dass Europa als Europa eine *metaphysische Größe* darstellt, die mehr verlangt als die zur Zeit übliche Parteienpolitik und vorherrschende politische Denk- und Handlungsweise. Bisher haben sich alle, die ein säkulares, und damit funktionales, liberalistisches, sozialistisches, nationalistisches, kommunistisches, kapitalistisches, und damit ein materialistisches Europa schaffen wollten,

---

[29] Modernisierung der k.u.k. Kriegsmarine und der anderen Streitkräfte, weil er jeden Krieg verabscheute und ihn verhindern wollte. Er erkannte die Bedeutung des Seewesens zur Hebung der heimischen Wirtschaft und zur Festigung der Machtposition Österreich-Ungarn. Franz Ferdinand beschäftigte sich nicht nur mit militärischen Fragen, sondern mit Politik, Kultur und anderen Problemen des zivilen Lebens der Monarchie. Mit Beratern und Fachleuten, die aus allen Kronländern kamen, bereitete sich der Thronfolger auf die Regierungsübernahme vor, um alle fälligen Reformen durchzuführen.

ganz gründlich die „Finger verbrannt". Die eigentliche Entstehung Europas hat Zeit, sogar sehr viel Zeit, wie uns die Geschichte zeigt. Es kommt hier nicht auf Jahrhunderte an.

2. Europa und das katholische Denken

Was für die jüdische Geistigkeit gilt, gilt auch für das katholische Denken ohne das Europa sich hätte nicht als Europa entwickeln können. Wie gegen die Juden, so hat sich Europa auch gegen die katholischen Denker vor allem seit der Neuzeit undankbar gezeigt. Hier seien vor allem Blaise Pascal, John Henry Newman, Max Scheler, Edith Stein, Reinhold Schneider und Romano Guardini beispielhaft genannt. Als weitere prägende katholische Gestalten, die Europa geistig befördert haben sind zu nennen: Augustinus, Thomas von Aquin, Katharina von Siena, Theresa von Avila, Johannes vom Kreuz und Franz von Sales.

Hier wird daran erinnert, dass vor allem das katholische Denken und die katholische Denkleistung Europa als Europa immer mehr befördert hat, ja, dass geradezu diese Denkströmung das formende Prinzip Europas ist. Bisher konnte sich das katholische Denken nur von Rinnsal zu Rinnsal fortbewegen, aber die Zeit des gewaltigen Stroms wird kommen. Damit ist gemeint, dass das katholische Denken Europas geistiger Kern ist, der sich bisher als Senfkorn gehalten und gewurzelt hat und nun sich entfalten und formend auswirken wird.

So gilt ableitend: Europa ist die Einheit von Judentum und Christentum in der Verschiedenheit und Europa wird sein Angesicht finden, wenn Judentum und Christentum in der Person des Erlösers zur Einheit finden werden. Dann wird Europa eine personale Geistigkeit besitzen, die sein Antlitz ist. Eine ganz neue Dimension der Entwicklung unter den Völkern wird erfolgen können.

Hier sei noch einmal daran erinnert, dass insbesondere seit der Moderne auch das katholische Denken geschmäht wurde, dass es sich nicht so entfalten konnte, wie es sich hätte entfalten sollen und können. Das Judentum und das katholische Denken teilen hier dasselbe Schicksal. Daran sei hier ganz besonders erinnert und gemahnt!

3. Einheit von Judentum und katholischem Denken

Das jüdische Erbe liegt im Wissen dessen, dass das Dialogische ein Grundelement der Wirklichkeit ist. Dieses Wissen ist ganz eng mit der jüdischen Existenzweise verbunden, ohne dass darüber eine ausdrückliche Reflexion angestellt werden müsste. Die jüdische Denk- und Existenzweise ist expressis verbis eine

Dialogische. Zur dialogischen Existenz- und Denkweise gehört das Wissen um den Schöpfergott, das Wissen um die Konstellation von Erkennendem und Gegenstand, von Ich und Du, von Ich und Gemeinschaft, von Über- und Unterordnung, von Ordnung überhaupt, und damit von einem Staatswesen, in dem jede Person ihre Geltung und ihr Recht hat. Es ist ein Staatswesen das von der Einordnung – nicht Ausschaltung, Gleichschaltung oder Nutzlosigkeit – des einzelnen lebt und sich dadurch in seiner Lebendigkeit und Organisation aufbaut.

Das katholische Erbe liegt im Wissen um die Substantialität grundgelegt. Die Griechen wussten von der ousia der Dinge, vom Wesen der Dinge, sie kannten aber nicht das Phänomen der Substanz. Erst in der Konfrontation mit dem von jüdischen Gelehrten tradierten Wissen der Griechen in den arabischen Raum und von dort wieder in den abendländischen Bereich – ebenfalls wieder durch jüdische Gelehrte übersetzt ins Lateinische – im Austausch mit dem katholischen Denken ist das Wissen um die Substantia bewusst geworden.[30] Zur Substantia gehört all das, was das Wesen eines Dinges vom innersten Aufbau und Kern her ausmacht. Hierzu gehört auch der gesamte Bereich der menschlichen Seele. Es war das Verdienst der Kirchenväter und der mittelalterlichen Philosophen – z.B. eines Thomas von Aquin, eines Albertus Magnus und Duns Scotus –, dass sie die Substantialität in ihrer Theologie und Philosophie haben aufkommen lassen. Ihre Theologie und ihre Philosophie waren davon geprägt. Die Neuzeit dann, war und ist bis heute vor allem wissenschafts- und erkenntnistheoretisch vom substanzlosen Denken in Philosophie und auch – je nach Autor und Schule – in der Theologie geprägt. *Die Substanzlosigkeit ist das Wesen des Protestantismus.* Seit diesem Zeitpunkt hat das katholische Denken aufgehört, auf Europa bestimmend zu wirken und mit ihm alles was an religiöser und christlicher Erfahrung sich zeigte. Von diesem Moment an wurde die Substanzlosigkeit zum institutionalisierten Prinzip und dieses Prinzip wurde seit dem Westfälischen Frieden (1648) bis heute in den Regierungssystemen in Europa bestimmend. Die Verbannung katholischen Denkens in den Privatbereich, und damit die Fixierung der Substanzlosigkeit im öffentlichen und politischen Leben Europas brachte alle uns bekannten Ideologien ins öffentliche und politische Leben der Völker. Der Verlust der Substanz, und damit der Verlust der Seele, des Lebens und der Erfahrung im öffentlichen Bereich ist der Grund für jegliche Interessenpolitik und für das Aufflammen des Nationalismus in allen Teilen Europas und der Welt seit dem 19. Jahrhundert.

---

[30] Vgl. Keller, Werner, Und wurden zerstreut unter alle Völker. Die nachbiblische Geschichte des jüdischen Volkes, München/Zürich 1966, 161ff.

Das typische katholische Erbe macht jedoch nicht vor dem Wissen um die Substantialität halt, sondern es ist auch in der Lage, diese Substantialität zu erschließen, so dass sie sich auswirken kann. Dies ist vor allem erst im Anschluss an die hl. Theresa von Avila und dem hl. Johannes vom Kreuz in der Rezeption durch die hl. Edith Stein möglich. Es hat das 20. Jahrhundert gebraucht, um die menschliche Seele zu erschließen. Das große wissenschaftliche Verdienst Edith Steins besteht in der großartigen Verbindung von jüdischem und katholischem Denken. Die Dialogik war ihr wesenseigen und durch ihre Konversion hat sich ihr Glaube an Christus fruchtbringend auf ihr Denken und ihre wissenschaftliche Tätigkeit ausgewirkt. Sie ist in ihrer Existenz und in ihrem Denken zum innersten Punkt der eigenen Seele vorgedrungen. Es ist der Punkt der Vereinigung der menschlichen Seele mit Gott. Als sie diesen Zustand erreicht hatte, wurde sie verhaftet und abtransportiert. Uns heute ist es vergönnt, diesen Zustand der inneren Gottverbundenheit in der Zeit zu erreichen und in ihm durch die Gnade Gottes erhalten zu bleiben.

Im 21. Jahrhundert hat die Philosophie den Stand der vollkommenen Vereinigung von jüdischem und katholischem Denken erreicht. Die Entwicklung der kommenden Zeit wird von der Einholung dieser Verbindung gekennzeichnet sein. Das Europa des 21. Jahrhunderts wird das personale Europa sein, das auf dem jüdischen Erbe und dem katholischen Denken und Leben aufbaut. Es wird also kein säkulares Europa geben, sondern das Europa der Verheißung und ein Europa der Erlösten, indem die Wahrheit und die Wirklichkeit regieren. Alle „ismen" werden verschwinden und alles, was das Antlitz des Menschen zerstört hat. Dies wird nicht ohne Entscheidung und Kampf vor sich gehen. Wir sind alle zur Entscheidung aufgerufen.

4. Europa und Arabien

Neben den Juden und Christen berufen sich auch die Muslime auf Abraham. Der Islam stellt sich „selbst in die jüdische, später in die christliche Kontinuität."[31] Bekanntlich „nennt der Koran zahlreiche Gestalten des Alten Bundes, wie z.B. Adam, Noah, Joseph, Moses sowie einige Propheten wie Jonas. Aus dem Neuen Testament führt er den (neben Muhammad) größten aller Propheten an, nämlich Jesus, den er als ‚Messias' bezeichnet und von dem er sagt, dass er von einer Jungfrau geboren sei."[32] Dies sind Anleihen aus der mündlichen jüdischen

---

[31] Rémi Brague, Europa. Eine exzentrische Identität, 1993, 57

[32] Ebda., 57

Überlieferung und den christlichen Apokryphen. Thematisch wichtig ist hier, dass im Koran diese Personen abgetrennt sind von der Heilsordnung. Für Juden und Christen besteht gerade darin der Sinn dieser Personen. So wird Jesus „Messias“ genannt, „jedoch ohne alle Verbindung zur jüdischen messianischen Vorstellung als die Erfüllung der Geschichte Israels. Maria wird Jungfrau genannt, jedoch ohne dass die wunderbare Geburt Jesu, der Bruch mit der Generationenfolge, den Eintritt in eine neue Form der Geschichtlichkeit bedeutet. Und Jesus wird ohne seinen Tod am Kreuz vorgestellt, und ohne seine Auferstehung.“[33] So ist mit Rémi Brague zu sehen, dass der Islam den Begriff der Heilsgeschichte nicht kennt: „Man begegnet der Vorstellung vom Bund Gottes mit seinem Volk nur in marginaler Form, in der Vor-Ewigkeit. Auf keinen Fall kommt es in Frage, dass Gott sich auf das Abenteuer der Menschheit einließe“.[34] Obwohl der Islam, das ‚was er als „Tora“ und „Evangelium“ verehrt, nennt, gibt es Autoritäten, die das Studium jedes anderen geoffenbarten Textes neben dem Koran verbieten. So hat es sich geschichtlich eingebürgert, dass in der islamischen Welt nur ausnahmsweise die Texte des Alten und Neuen Testaments gelesen werden. Tatsächlich sind die Befragung der jüdischen und christlichen Quellen eine Ausnahme.[35]

Der „Prophet“ des Islam sagt ausdrücklich, dass er die Verkündigungen der früheren Propheten bestätige, aber er versteht darunter nicht die Texte, sondern die Botschaft, die diese enthalten und die sind nach dem Islam nicht jene, die in den erhaltenen Texten des Pentateuch und der vier Evangelien zu finden sind. Im Islam gibt es eine Überlieferung, die Juden und Christen beschuldigt, die ihnen anvertrauten Schriften entstellt zu haben.[36]

Eine solche Anklage gibt es zwischen Juden und Christen nicht. Eine gemeinsame Grundlage in der Schrift wird von beiden Seiten anerkannt.

Nun ist es historische Tatsache, dass der Islam mit dem Auftauchen Mohammeds im 7. Jahrhundert als erstes die blühenden christlichen Besiedlungen in Afrika zerstörte. Es folgte der Übergriff auf Spanien. Die weitere Bedrohung der christlichen Welt durch den Islam brachte im 11./12./13. Jahrhundert die neuen Gemeinschaften der Johanniter, Templer und schließlich der Deutschordensritter hervor. Im 16. Jahrhundert hielt der Expansionsdrang des erstarkten Osmanischen Reiches Europa in Atem. Unter Sultan Suleimann II. standen sie schließ-

---

33 Ebda., 57f.

34 Ebda., 58

35 Vgl. ebda., 59

36 Vgl. ebda., 58

lich 1529 vor den Toren Wiens. Jetzt wurde das Ausmaß der Bedrohung der Christenheit deutlich. Parallel kam es immer wieder zu Spaltungen in der Christenheit selbst: 395 die Trennung des Römischen Reiches in Ostrom mit Konstantinopel und Westrom mit Rom als Hauptstadt, 1054 die Trennung in einen katholisch-römischen und in einen orthodoxen Teil der Christenheit und im 16. Jahrhundert die Spaltung des westlichen Christentums wiederum durch die Reformation (Augsburger Religionsfrieden von 1555 mit „cuius regio eius religio“: der Landesherr bestimmte die Religion). Bezüglich des Verhältnisses von Kirche und Reich führte der Protestantismus zu immer weiteren Trennungen bis im Jahre 1806 Kaiser Franz II. die römische Krone niederlegte. Hiermit endete endgültig die Reichsverfassung. An die Stelle des Reiches traten im 19. Jahrhundert die Nationalstaaten als säkulares Ergebnis. Sukzessiv wurde das Vermögen der Kirche seit dem 16. Jahrhundert reduziert durch Privatisierung und Überführung in Staatseigentum. Damit ist ersichtlich, dass die Bedrohung der christlichen Welt von außen durch den Islam seit dem 16. Jahrhundert abgelöst wurde durch die Bedrohung und Vernichtung von innen her. Das 20. Jahrhundert trotze nur so von säkularen Verfassungsentwürfen und Staatsauffassungen. Jetzt, da diese Beglückung im 21. Jahrhundert die gesamte Welt erreichen soll, wird natürlich ein entsprechendes Feindbild gebraucht. Hier bieten sich vor allem die Muslime an als der Feind erster Kategorie. Dann sind natürlich die Muslime diejenigen, die sich bis jetzt nicht freiwillig säkularisieren lassen wollen. Mit Afrika war das Spiel ein Leichtes. Asien bietet nicht viel Widerstand. Mit Europa war es schon etwas schwieriger, denn die Zerstörung von innen her benötigte viel Zeit. Die Juden sind in Israel gut unter Kontrolle zu halten. Hier befinden sich viele auf einem Fleck. Aber die Araber?

Überhaupt stellt sich die Frage, was hat es mit den Kindern Ismaels auf sich? Ismael ist der Zeit Abrahams zuzuordnen und Muhammad dem 7. Jahrhundert nach Christus. Dazwischen liegt eine lange Zeitspanne, die mehr als 2000 Jahre umfasst. Hagar, die Magd Saras, Abrahams Frau, gebar für die kinderlose Ehefrau den Sohn Ismael. Da sie Sara deshalb kränkte, weil sie sich damit brüstete und Sara dies die Magd spüren lässt, flieht diese in die Wüste, in Richtung ihres Herkunftslandes Ägypten. Der Weg durch die Wüste bringt die Schwangere an den Rand des Todes: „An einer Oase ruft sie voll Verzweiflung zum Gott Abrahams. In Gestalt eines Engels spricht er ihr Mut zu, verheißt ihr in dem Sohn ‚Ismael‘ (='Gott hört') weiteres Leben und viele Nachkommen, schickt sie jedoch in die Knechtschaft zurück."[37] Isaak, der Sohn Saras und Ismael, der ältere Bruder, wachsen zusammen heran, bis der Konflikt zwischen den beiden Frauen erneut ausbricht. Diesmal „veranlasst Sara Abraham, die Magd mit dem Kind zu verstoßen, was dieser auch widerstrebend tut. Doch Gott nimmt sich ihrer und des Sohns an, führt sie an eine Wasserstelle und verheißt ihr Leben."[38] Von großer Bedeutung ist, dass Hagar „ nicht nur die erste namentlich genannte Mutter aus dem Stamme Abrahams und Ahnfrau eines großen Volkes ist, sondern ihr werden auch Gotteserfahrungen zugesprochen, die im Laufe der Geschichte Israels den Männern vorbehalten sind: Ihr nennt Gott den Namen und die Berufung ihres Sohnes Ismael, ihr naht er sich durch seinen Engel an einem Brunnen und rettet und tröstet sie. Mit Hagar beginnen die ‚Brunnengeschichten', die von schicksalswendenden Ereignissen im Leben berühmter Frauen (Rebekka, Rahel, Zippora, die Samariterin) erzählen." [39]

Daraus folgt, dass die Muslime väterlicherseits von Beginn an das ältere Brudervolk des jüdischen Volkes sind. Sie tragen eine von Gott Abrahams ihnen gegebene Berufung in sich, die u.a. beinhaltet, dass sie viele Nachkommen haben werden, zum anderen hält der Gott Abrahams über sie seine schützende Hand, denn Ismael heißt „Gott hört". Also stehen sie unter dem besondern Schutz Gott Vaters. Er sieht das Leiden des jüdischen Brudervolkes und wird gemäß seiner Zusage ihm helfend zu Hilfe eilen.

Es liegt auf der Hand, dass auch hier vom Prinzip „Teile und Herrsche" das Volk Ismaels nicht verschont bleiben wird. So erfährt auch die muslimische Welt in sich Spaltungen. Diese kam zur Zeit Karls des Großen zum Austrag. Zu jener Zeit, gegen Ende des 8. Jahrhunderts, war die islamische Welt in einen Ost-Islam (Bagdad) und einen West-Islam (Cordoba) aufgeteilt, ebenso wie Europa in Westrom und Byzanz. Als größter islamischer Herrscher aller Zeiten gilt Harun al-Raschid, der Kalif von Bagdad. Dieser plante keine islamische Eroberungen in Europa. Dagegen war es der Emir von Cordoba, der den islamischen Traum, Europa durch Djihad zu islamisieren, nicht aufgegeben hat. Nun war es Karl der Große, der dies erkannte, und die erste christlich-islamische Begegnung suchte und sie mit dem großen Herrscher Harun al-Raschid pflegte. Gleichzeitig führte der karolingische Herrscher sein Heer gegen die expandierenden West-Muslime. So stand er ganz in der Tradition von Martell, der das

---

[37] Magda Motté, „Esthers Tränen, Judiths Tapferkeit". Biblische Frauen in der Literatur des 20. Jahrhunderts, Darmstadt 2003, 42

[38] Ebda.

[39] Ebda.

islamische Heer in Poitiers daran hinderte, in Europa einzudringen. Karl der Große führte also damals das Gespräch und den Dialog mit Bagdad und Krieg gegen Cordoba.

Es gibt also einen Zusammenhang zwischen dem Beginn dessen, was als Abendland bezeichnet wird und dem Islam. Zur Zeit Karls des Großen wurde der Djihad vom islamischen Spanien aus als Krieg geführt. Zu den Auswirkungen der islamischen Dijhad-Eroberungen gehört der Aufstieg Karls des Großen zum „Vater Europas". Mit großem Durchsetzungsvermögen und Autorität verwirklichte er die Einheit Nordeuropas. Nach Bassam Tibi war Karl der Große auch „der erste Europäer, der eine Strategie für den Umgang mit dem islamischen Nachbarn am Mittelmeer besaß, indem er einerseits dem islamischen Eindringen nach Europa Einhalt gebot, andererseits aber einen Friedensdialog mit dem Islam aufnahm."[40] Karl der Große setzte alles daran, das von ihm neu definierte westlich-christliche Europa auch gegen Byzanz aufrechtzuerhalten. Über den Kontakt zu Harun al-Raschid strebte Karl der Große nicht nur ein verwirklichtes Machtgewicht zum christlichen Byzanz und dem islamischen Cordoba an, sondern auch einen Zugang für die Christen nach Jerusalem auf friedlichem Weg. Karl der Große war aber auch der Beschützer des Papstes gegenüber dem „islamisch, feindlichen Nachbarn", dennoch schenkte der größte aller islamischen Kalifen des Hoch-Islams dem christlichen Kaiser einen Elefanten. Beide hatten sie gemeinsame Feinde, die im eigenen Lager standen: Bagdad und Cordoba auf der islamischen Seite und auf der christlichen Seite Aachen und Byzanz. Hinzu kam der Papst mit seiner Politik. Harun al-Raschid träumte von der Einnahme Konstantinopels und Karl der Große hatte mit ihm zusammen Byzanz als gemeinsamen Feind. Die islamischen Eroberungen im Mittelmeerraum schwächten jedoch Rom und brachten das Ende der römischen Vorherrschaft im Mittelmeerraum, dagegen konnten die germanischen Eroberungen im Westen stattfinden.

Die Eroberungen der Araber unterbrachen die Verbindung übers Meer zwischen Rom und Byzanz, und damit die christlich bestimmte Einheit des Mittelmeeres. Es verwandelt sich in ein arabisch-islamisch dominiertes Meer, bis die islamische Expansion in der neueren Geschichte von der europäischen Expansion und dem Aufstieg des Westens abgelöst wurde. Damals drangen von Osten her die Muslime über das Mittelmeer, und von Norden rückten die germanischen Stämme seit dem 4. und 5. Jahrhundert in das Römische Reich vor. Mit

---

40 Bassam Tibi, Europa und der Islam: Das Schweigen hat Tradition, in: Die Tagespost, 31. Mai 2003, 12

Karl dem Großen und seiner Krönung zum römischen Kaiser ist die Machtverschiebung vollzogen. Es beginnt das was als Europäisierung Europas bezeichnet werden kann, d.h. eine geographische Einheit bekommt ein geistiges Vorzeichen.

So kann davon gesprochen werden, dass die Ablösung der Antike durch das europäische Mittelalter erfolgte und durch den Islam, der das seine dazu beigetragen hat. Es ist die These zu finden, dass die römische Antike den Todesstoß durch die arabischen Eroberungen des 7. und. 8. Jahrhunderts im Mittelmeerraum erhielt. Dies ist eine sehr interessante Beobachtung, denn – wie oben beschrieben – unterstützte Bagdad Karl den Großen. Geistesgeschichtlich jedoch wurde die Ablösung der Antike durch das christliche Denken schon vom hl. Benedikt und seinen Söhnen vorbereitet und kulturwirksam umgesetzt. Im römischen Reich bekannte sich Konstantin der Große 312 zum Christentum. Es kam 313 zum Toleranzedikt, das die Sonntagsheiligung, die Kirchenbauten, die bischöflichen Gerichtshoheiten usw. einschloss. 325 führte das nicäische Konzil zum Glaubensbekenntnis, das heute noch für alle Christen gilt, zur reichskirchlichen Taufe und zum geeinigten ost-weströmischen Reich mit der neuen Residenz in Konstantinopel. Konstantin verband dann das durch ihn gesicherte römische Großreich mit der Verankerung der christlichen Lehre als Reichsidee. Für diese „christliche Reichskirche erkannte der seinerzeit einflussreichste Bischof Eusebius (von Cäsarea/Palästina, Nikomedia, dann Konstantinopel) Konstantin als christlichen Bischof und Oberherrn der Kirche an.“[41] Durch die Schriften des Eusebius „wurde Konstantin zum Vorbild eines christlichen Herrschers des byzantinischen Reichs, später des russischen Zarentums und des abendländischen Kaisertums. In der geistlichen Nachfolge Konstantins stellte Justinian mit seiner Frau Theodora seit 518 die christliche Ökumene der Orthodoxie mit dem römischen Reichsgebiet her. Auch Justinian wurde zum sogenannten Oberherrn der Kirche in der reichszentralen Hagia Sophia.“[42] Es war dann Karl der Große, der dieses christlich-staatliche Werk mit der Gründung des heiligen römischen Reiches im eingeschränkten weströmischen Reich fortsetzte und das benediktinische Erbe in seinem Reich kulturpolitisch umsetzte und dadurch die größten Erfolge erzielte und einer ganzen Geschichtsepoche das entsprechende Vorzeichen gab und somit Europa als Europa beförderte.

---

41 Jürgen Engelhardt, Was ist heute noch heilig? Säkularismus – Säkularisierung – Säkularisation, in: Deutsches Adelsblatt, 43. Jg., Nr. 5, 15. Mai 2004, 118

42 Ebda., 118

Weiter ist die These zu finden, dass der Prozess der Konstituierung Europas als christliches Abendland ausgelöst wird, als der Islam dessen geographische Grenzen überschreitet. Erst diese islamischen Eroberungen würden den Aufstieg der Karolinger und des Frankenreichs zur Vormacht im mittelalterlichen Europa befördern und sie zu den Beschützern des Papstes und mit ihm des christlichen Abendlandes machen. Hier kommt sicherlich der geistige Grundsatz zur Anwendung, dass oft erst in der Auseinandersetzung und Verteidigung das Eigene verwirklicht werden kann. Dennoch ist das Eigene schon da, d.h. Karl der Große hatte seine Aufgabe und setzte sie unter den gegebenen Umständen um. Es war die Weitsicht und die Weisheit des damaligen Herrschers von Bagdad in Karl dem Großen das gesehen zu haben, was er war: ein Herrscher, ausgestattet mit metaphysischer Macht, um seine Aufgabe zu tun. Dieser Aufgabe hat sich der Herrscher von Bagdad angeschlossen. Darin besteht seine die Zeit überdauernde Größe.

Die große Aufgabe der muslimischen Welt für die kommende Zeit besteht darin, wie Harun al-Raschid der Herrscher über das Abbasiden-Reich, der größte aller islamischen Kalifen des Hoch-Islams die Zeichen der Zeit zu verstehen, Freund und Feind in den eigenen Reihen zu erkennen und sich als Söhne Abrahams und Hagars den Verheißungen Gottes würdig zu erweisen.

V. Was ist die Europäische Union?

Nun wollen wir die Analyse fortsetzen und untersuchen auf welche Art und Weise „Europa" und die „Europäische Union" zusammen hängen. Es gibt verschiedene Thesen:

- Die Europäische Union schließt an die Tradition der völkerverbindenden Idee des Vielvölkerstaates an (Habsburger Monarchie).
- Die Europäische Union ist die Trägerin des Einigungsgedankens in Europa.
- Die Europäische Union repräsentiert das, was wir bisher als „Phänomen Europa" herausanalysiert haben.
- Die Europäische Union ist weder das eine noch das andere. Sie ist eine unnatürliche, und damit völkerfremde Organisationsform, die sich im Fahrwasser demokratischer Entwicklungen etabliert hat und sich jetzt als Organisation an die Stelle des personalen Europas setzen will.
- Die Europäische Union ist so wie sie jetzt vor uns steht die verwirklichte Gründungsidee der Paneuropa Union von 1923.

Die Grundlegung für die heutige Europäische Union wurde 1923 gelegt. Graf Coudenhove-Kalergi, der damals in der Ausbildung für den Dienst in der Habsburger Monarchie stand und dessen Vater selbst österreichisch-ungarischer Diplomat war, gründete *1923* die Paneuropa Union.[43] Bezeichnenderweise findet diese Gründung ca. ein Jahr nach dem Tode von Kaiser Karl I. (1887-1922) statt, der im portugiesischen Exil am 1. April 1922 mit 35 Jahren verstarb. Am 3. Oktober 2004 nun wird Kaiser Karl in Rom selig gesprochen, dies deshalb, weil er „seinem Volk mit Gerechtigkeit und Liebe gedient" hat. Wörtlich sagte Kardinal José Saraiva Martins: „Er suchte den Frieden, half den Armen, führte mit Entschiedenheit ein geistliches Leben. Der Glaube bestimmte sein Leben von Jugend an und vor allem während des Ersten Weltkriegs sowie im Exil auf der Insel Madeira, wo er heiligmäßig starb". Weiter hat die Kongregation festgestellt: „Kaiser Karl sei ein ‚vorbildlicher Christ, Ehemann, Familienvater und Herrscher' gewesen." Mit seiner Idee von „Paneuropa" gedenkt nun Graf Kalergi die entstandene Lücke auszufüllen und an diese Habsburger Tradition anschließen zu können, hier vor allem unter dem Gesichtspunkt einer völkerverbindenden Idee, so wie er sie im habsburgischen Vielvölkerstaat gesehen hat. Die Paneuropabewegung wird gesehen als Mutter aller Bemühungen[44], wenn es um die Vereinigung und den Frieden zwischen den Staaten Europas gehen soll. Schon bei der Gründung sind die Themen Vereinigung und Frieden zentral. Coudenhove-Kalergi hatte die Errichtung der Vereinigten Staaten von Europa durch freiwilligen Zusammenschluss der europäischen Völker unter einer gemeinsamen Verfassung zum Ziele. Also stand schon zu Beginn der Gründung das Ziel fest, eine europäische Verfassung zu verabschieden. Weitere Etappen auf dem Wege der Schaffung der Vereinigten Staaten von Europa sind: *1947* Finanzhilfe für Westeuropa (Marshallplan, George Marshall war damaliger Außenminister der USA; Gründung des European Recovery Programm - ERP), *1949* Gründung des Europarates in London mit Sitz in Straßburg (mit den Zielen: Schutz der Menschenrechte, Schutz der Demokratie, Förderung kulturellen

---

[43] 1919 nimmt Graf Coudenhove-Kalergi die tschechische Staatsbürgerschaft an und 1920 findet der erste Paneuropa-Kongress in Berlin statt. 1923 publiziert er das Manifest „Pan Europa" und gründet 1923/24 die Pan-Europa-Union. Im Jahre 1939 bürgert er sich in Frankreich ein. Während des Zweiten Weltkrieges geht er nach Amerika, wo er Otto von Habsburg trifft. Nach dem Krieg hält er sich in der Schweiz auf und 1947 gründet die Europäische Parlamentarische Union.

[44] Mit der Bezeichnung „Mutter aller Bemühungen" tritt der Anspruch zu Tage, dass hier ein Gegengewicht zur katholischen Kirche gesetzt werden soll, denn diese bezeichnet sich auch als Mutter. Damit wird sichtbar, dass die Paneuropabewegung auch religiöse Bezüge und Grundmotive beansprucht, ja mehr noch sie sieht sich Anspruchberechtigt.

Identitätsbewusstseins, Problemlösungen der Gegenwart, Hilfe für Osteuropareformen), *1950* Beginn der Entstehung der EU durch Gründung der EGKS (Gemeinschaft für Kohle und Stahl mit den Beitrittsländern Frankreich, Italien, Deutschland, Benelux-Staaten), aus der EGKS wird am 25. März *1957* die EWG mit Unterzeichnung der Verträge in Rom (Ziel ist ein gemeinsamer Markt ohne Handelshemmnisse, die gemeinsame Politik der EGKS wird ausgebaut), *1968* Vollendung der Zollunion (Mitgliedstaaten zahlen keine Zölle mehr), *1992* Maastrichtvertrag: Geburtsstunde der EU mit Zusammenarbeit in Außen-, Innen-, Sicherheits- und Rechtspolitik (Mitgliedsstaaten: Belgien, Dänemark, Deutschland, Finnland, Frankreich, Griechenland, Irland, Italien, Luxemburg, Niederlande, Österreich, Portugal, Schweden, Spanien, Großbritannien) mit folgenden Einrichtungen: Brüsseler Plenarsaal, Ministerrat, Hauptgebäude der EU Kommission, Rechnungshof, Menschenrechtsgerichtshof, Zentralbank der EU in Frankfurt).

Nun, am 18. Juli *2003*, findet dies seine Umsetzung durch den Europäischen Konvent, dessen Vorsitzender V. Giscard d'Estaing offiziell einen vollständigen Entwurf eines Vertrags über eine Verfassung vorlegt. Am 18. Juni 2003 schließt der Europäische Konvent seine Arbeit ab und legt einen 350 Seiten umfassenden EU-Verfassungsentwurf vor. Am 4. Oktober 2003 hat in Rom die Arbeit der Regierungskonferenz begonnen und mit dem EU-Gipfel in Brüssel am 12./13. Dezember 2003 vorerst ohne Ergebnis geendet. Die Regierungskonferenz begann unter italienischem Vorsitz und die Regierungen der jetzigen und der künftigen EU-Mitgliedstaaten verhandelten über den Konventsentwurf für den neuen Verfassungsvertrag. Während der Vertragsverhandlungen brachen die Interessenskonflikte zwischen den verschiedenen Staaten erneut aus. Eine Einigung über den endgültigen Text der künftigen EU-Verfassung konnte nicht erreicht werden, so dass der Verfassungsgipfel in Brüssel am 12./13. Dezember 2003 scheiterte. Ob die Verfassungsverhandlungen im Jahre *2004* abgeschlossen werden können, ist zur Zeit offen. Diese Regierungskonferenz hat sich grundsätzlich von allen bisherigen unterschieden, denn zum erstenmal lag bereits zu Beginn ein fertiger Vertragsentwurf vor.[45]

---

45 Regierungskonferenzen sind Verhandlungen der Regierungen aller EU-Mitgliedstaaten zu den europäischen Verträgen. Die Regierungskonferenz 1996/97 führte so zum Vertrag von Amsterdam. Eine weitere Regierungskonferenz endete im Jahre 2000 mit dem Abschluss des Vertrages von Nizza, der seit 1. Februar 2003 in Kraft ist. Da der Vertrag von Nizza den vielfältigen Herausforderungen im Zusammenhang mit der EU-Erweiterung nicht gerecht wird, hat sich im Dezember 2001 in Laeken ein Kreis mit einem Verfassungsentwurf beschäftigt. Würden sich die Regierungen im Jahr 2004 über den Verfassungsentwurf einigen, dann müsste er wie jede *Ver-*

Die Einsetzung eines Verfassungsvertrages bedeutet die Änderung der Verträge, auf die sich die Europäische Union gründet. Diese Änderung erfordert die Zustimmung der Regierungen aller Mitgliedstaaten. Die „Regierungskonferenz" ist nun die Diskussions- und Einigungsebene, die bei einer Vertragsänderung geführt wird. Eine Regierungskonferenz wird vom Präsidenten des Rates der EU auf Empfehlung des Rates und nach Anhörung des Europäischen Parlaments, der Kommission und gegebenenfalls der Europäischen Zentralbank einberufen.

Diese Regierungskonferenz unterscheidet sich nun insofern von anderen, da ihr ein Konvent voranging, der im Jahre 2001 vom Europäischen Rat auf seiner Tagung in Laeken eingesetzt wurde. Aufgabe des Konvents war es, *Empfehlungen* für die zentrale Fragen, die sich in Bezug auf die künftige Entwicklung der Union stellen, zu erarbeiten und zu unterbreiten.

Der Konvent beschloss nun seine Empfehlungen in Form eines Entwurfs für einen neuen Verfassungsvertrag vorzulegen. Dies hat zur Folge, dass die bisher geltenden Vertragstexte ersetzt und geändert werden müssen. Diese daraus neu entstandene Situation erfordert die Einberufung der Regierungskonferenz. So hat der Konvent auf eigene Initiative Empfehlungen im Zeitraum zwischen März 2002 und Juni 2003 formuliert, die vom Konvent selbst in einen Verfassungsentwurf übergeführt wurden. So war es auch der Konvent, der am 13. Juni 2003 und 10. Juli 2003 den Entwurf selbst in einem Konsensverfahren innerhalb der eigenen Reihen angenommen hat und am 18. Juli 2003 diesen im Konsens angenommenen Vertragsentwurf dem Präsidenten des Europäischen Rates in Rom überreicht. Bei dieser Übergabe wird dem Präsidenten des Europäischen Rates, Silvio Berlusconi, von Giscard, dem Vorsitzenden des Europäischen Konvents, die „Erklärung von Rom" überreicht. Diese „Erklärung von Rom" ist ein gesondertes Schreiben und will sicherstellen, dass der Text des Verfassungsentwurfs nicht vom Europäischen Rat angetastet werden soll. Wörtlich heißt es „...diesen Text nicht anzutasten. Ihn auch nur in Teilen in Frage zu stellen hieße, ihn zum Scheitern zu verurteilen."[46] Weiter: „Der Vorsitzende des Konvents vertraut dem italienischen Vorsitz; er wird dieser Verantwortung gerecht werden, und die Europäische Union wird am 9. Mai 2004 ihre Verfassung von Rom unterzeichnen können." [47]

---

tragsänderung durch alle Mitgliedsstaaten ratifiziert werden. Dieser Ratifizierungsprozess dürfte zwei Jahre in Anspruch nehmen.

46 Erklärung von Rom. V. Giscard d'Estaing Vorsitzender des Europäischen Konvents, Rom, 18. Juli 2003, 5

47 Ebda.

Gesondert zur „Erklärung von Rom" gibt es den Entwurf „Vertrag über eine Verfassung für Europa", die in den Teilen I und II zusammen mit dem Vorwort auf Seite eins und zwei sowie der Präambel auf Seite drei und vier, dem Europäischen Rat auf seiner Tagung in Thessaloniki am 20. Juni 2003 vom Europäischen Konvent, namentlich von Giscard, Giuliano Amato und Jean-Luc Dehaene, überreicht wurde. Im Vorwort erfahren wir, dass der Europäische Rat auf seiner Tagung am 14./15. Dezember 2001 in Laeken festegestellt habe, „dass sich die Europäische Union an einem entscheidenden Wendepunkt ihrer Geschichte befindet, und hat den Europäischen Konvent zur Zukunft Europas einberufen. Dieser Konvent erhielt den Auftrag, Vorschläge zu drei Anliegen zu unterbreiten, nämlich den Bürgern das europäische Projekt und die europäischen Organe näher zu bringen, das politische Leben und den europäischen Raum in einer erweiterten Union zu strukturieren und die Union zu einem Stabilitätsfaktor und zu einem Vorbild in der neuen Weltordnung zu machen."[48] Daraufhin gibt der Konvent auf die Fragen in der Erklärung von Laeken Antworten, wie z.B. dass der Konvent vorschlägt, dass „die Union mit einer Rechtspersönlichkeit" auszustatten sei, oder dass er Maßnahmen „für mehr Demokratie, Transparenz und Effizienz in der Europäischen Union" dadurch fordert, dass die „nationalen Parlamente stärker an der Legitimierung des europäischen Projekts mitwirken" sollen, oder dass er Maßnahmen ausarbeiten will, um die „Rolle aller drei Organe der Union" zu stärken.[49]

Eigentlich sollte der Europäische Konvent nur Vorschläge für drei Anliegen unterbreiten: wie das europäische Projekt den Bürgern näher gebracht werden könnte, wie der europäische politische Raum in eine erweiterte Union zu strukturieren ist und wie die Union zu einem Vorbild der neuen Weltordnung gemacht werden kann.[50] Der europäische Konvent nutzte gleich die Gelegenheit, um einen Verfassungsvertragsentwurf für Europa auszuarbeiten. Aus drei Vorschlägen, die vom Konvent vorbereitet werden sollten, entstand gleichsam ein Verfassungsentwurf für Europa. Die Aufgabenstellung des Konvents bestand jedoch darin, drei Vorschläge dem Europäischen Rat zu unterbreiten, deren Thematik genau - wie oben beschrieben - vorgegeben wurde. Der Wunsch nach einer Verfassung dagegen kann aufgrund des demokratischen Musters nur aus dem Europäischen Rat direkt selbst kommen und dort verhandelt und abge-

---

48 Vgl. Vorwort, in: Entwurf, Vertrag über eine Verfassung für Europa, 13. Juni und 10. Juli 2001, 1

49 Ebda.

50 Vgl. ebda.

stimmt werden. Die Grundmotivation für eine gemeinsame europäische Verfassung liegt demgemäss im Interesse der beteiligten Völker selbst. Das gesamte Vertragswerk der Europäischen Union sieht aber keine gemeinsame Verfassung für Europa vor. Es muss also ein neuer Weg beschritten werden, um Europa eine gemeinsame politische Ordnung geben zu können. Grundlage dafür ist die Zustimmung aller beteiligten Völker schon im Vorfeld, also bevor ein Verfassungsentwurf ohne Abstimmung und Beauftragung von einer konventischen, nicht repräsentativen Gruppe auf den Tisch gelegt wird. Wie legitimiert nun der Konvent sein Vorgehen diesbezüglich? Wörtlich heißt es hier: „In der Erklärung von Laeken wurde die Frage aufgeworfen, ob die Vereinfachung und Neuordnung der Verträge nicht zur Annahme eines Verfassungstextes führen sollte. Im Verlauf seiner Beratung ist es dem Konvent schließlich gelungen, den Entwurf eines Vertrags über eine Verfassung für Europa auszuarbeiten, zu dem auf der Plenartagung am 13. Juni 2003 weitgehender Konsens erzielt wurde."[51] Wie oben jedoch schon erwähnt, hatte der Konvent nur die Aufgabe drei Vorschläge auszuarbeiten. Für weitere Vorhaben hatte er keine Beauftragung, und damit keinen Titel. So ist aus rechtlichen Gründen der Verfassungsentwurf nicht einmal diskutierbar. Die Zustimmung in der Plenartagung, die durch weitgehenden Konsens erzielt worden sei, hat sich von der Sache her erledigt, da über einen Entwurf abgestimmt wurde, für den kein Titel bestand und zum anderen reicht ein Konsens nicht aus, wenn es um Verfassungsfragen und -entwürfe geht.[52] Hier ist eine persönliche Abstimmung durch die Abgesandten notwendig. So haben wir drei rechtswidrige und undemokratische Vorgänge vorliegen, die zeigen, dass der Verfassungsentwurf und sein Umfeld grundsätzliche juristische Mängel zeigen und eine undemokratische Vorgehensweise vorliegt. So steht als unabwendbares Ergebnis der Analyse fest, dass der Inhalt der Präambel, der Text der Erklärung von Rom und die Umstände, wie es zur Abfassung des Entwurfs einer Verfassung für Europa kam, allein auf die Aktivitäten des Konvents zurückzuführen sind. Damit hat der Konvent eindeutig seine Beauftragung,

---

[51] Ebda.., 2

[52] Wie dieser Einsatz und das Interesse für eine qualitative, demokratische und tragfähige Verfassung aussieht, kann man am besten an Polen sehen: „Umfangreiche Aussprachen fanden ausführlich mit den Vertretern der zahlreichen politischen Parteien und des kirchlichen Lebens sowie mit Wissenschaftlern auch des Auslands statt. Acht Verfassungsentwürfe lagen vor. Der Entwurf des Verfassungstextes selbst wurde auf Initiative von Staatspräsident Aleksander Kwasniewski an alle Haushalte verteilt und nach der Volksabstimmung von beiden Kammern des Parlaments in einer Nationalversammlung am 2. April 1997 verabschiedet" (Herbert Schambeck, Europa – eine politische, ja mehr noch eine geistige Einheit, in: L'Osservatore Romano, 7. Mai 2004, 11).

Legitimität und Zuständigkeit überschritten. Es sind also nicht nur Inhalt der Präambel und der Duktus der Verfassung zu beanstanden und für ungültig zu erklären, weil auch gravierende inhaltliche Mängel und fehlende demokratische Qualitäten vorliegen, sondern auch aus juristischen Gründen.

Als unumstößlicher Zusammenhang zeigt sich, dass die EU dem „Phänomen Europa" in keiner Weise entspricht, ja, sie verkörpert sogar das Gegenteil. Dies wird ganz klar ablesbar, wie hier ein Verfassungsentwurf entwickelt wird, dann zeigt sich bei der inhaltlichen Analyse der Präambel und des Verfassungstextes das säkulare Vorzeichen. Die Präambel des EU-Verfassungsentwurf ist nämlich nicht einmal religiös, geschweige denn christlich. Wir aber haben in unserer Analyse gesehen, dass das Vorzeichen Europas das Christentum ist, dass Europa ein geistiges Ereignis mit einer mehr oder weniger zufälligen Geographie darstellt. Rein mathematisch betrachtet haben wir in dem, was sich seit 1919 entwickelt hat und sich uns heute als EU-Koloss präsentiert das reine, absolute Gegenteil von Europa als Europa, obwohl natürlicherweise das Europa der Völker, und damit das eigentliche Europa schon in Potenz da ist. Schon Edith Stein lehrt, dass dem in „potentia esse" eine tatsächliche Seinsform zukommt. So ist es nur eine Frage der Zeit, wann aus dem möglichen Sein das aktuelle Sein wird.

VI. Europa: die zukünftige personale Gemeinschaft der europäischen Völkerschaften

Die größte Erweiterungsrunde der Europäischen Union hat am 1. Mai 2004 stattgefunden. Durch den Beitritt von Estland, Lettland, Litauen, Malta, Polen, Ungarn, Slowakei, Slowenien, Tschechien und dem griechischen Zypern-Teil verschiebt sich auch die religiöse Landschaft. In den bisherigen Mitgliedsstaaten sind 53 % römisch-katholisch, 16 % protestantisch, 9 % anglikanisch, 3 % orthodox, 3 % muslimisch und 0,3 Prozent jüdisch. 16 % haben eine andere Religionszugehörigkeit oder sind religions- oder konfessionslos. Durch die Erweiterungsrunde werden die rund 207 Millionen Katholiken durch etwa 56 Millionen verstärkt, so dass jetzt etwa *drei Viertel der in der Europäischen Union lebenden Menschen katholisch* sind. Der größte neue Mitgliedstaat Polen mit seinen etwa 38 Millionen Einwohnern ist zu 97 % katholisch. Eine ähnlich hohe Prozentrate weist auch das kleinste Land Malta mit seinen fast 400 000 Einwohnern auf. Auch die Lutheraner bekommen einen Zuwachs. Zu ihnen gehören etwa 55 Prozent der Letten, das sind rund 1,3 Millionen Menschen und ungefähr drei Viertel der Esten, also etwa eine Million Einwohner. Zu den fast elf Millionen

Muslimen in den bisherigen Mitgliedstaaten der Europäischen Union, davon leben etwa fünf Millionen in Frankreich, kommen nach der Erweiterungsrunde 75 000 hinzu. Wenn der türkische Zypern-Teil aufgenommen worden wäre, hätten die Muslime um 190 000 Zuwachs bekommen.

Allein schon diese kurze Auflistung der Religionszugehörigkeiten zeigt, dass die Religion nicht tot ist, sondern gegenwärtig präsent – wie in allen Tagen. Was soll auf diesem Hintergrund eine Präambel und ein Verfassungsentwurf, der die religiösen Identitäten nicht wahrnimmt? Es geht um ein Europa lebendiger Völkerschaften, d.h. um menschliche Wesen mit anthropologischer Grundverfassung. Auch hier muss der Konvent mit seinem Entwurf passen.

Wie steht es mit den neuen wissenschaftlichen Erkenntnissen, z.B. mit der Religionssoziologie, die entdeckt, „dass die Menschen scheinbar unausrottbar religiös sind?“[53] Schon 1990 beobachten Paul M. Zulehner und Hermann Denz: „Europa kann weder als christlich noch als unreligiös und schon gar nicht als atheistisch bezeichnet werden ... Charakteristisch für Europa ist die Tendenz zu einer unsichtbaren, personbezogenen Religiosität. Das heißt auch, dass – von den Menschen her beurteilt – Europa nicht säkularisiert ist“.[54] Jüngste religionssoziologische Studien im deutschsprachigen Raum bestätigen das: „Die persönliche Religiosität hat einen hohen, stabilen Stellenwert.“[55] Ohne hier näher auf die einzelnen Untersuchungsergebnisse und Aussagen einzugehen ist ausgesagt, dass ein säkularer Verfassungsentwurf überhaupt nicht die Bedürfnisse der Menschen trifft, für die dieser Entwurf eigentlich gedacht ist. Somit hat sich der konventische Verfassungsentwurf noch einmal erledigt und zeigt seinen anachronistischen Charakter.

Im 3. Jahrtausend ist es an der Zeit, den Menschen als Person wahrzunehmen, denn diese Erkenntnis ist eine Erkenntnis des 20. Jahrhunderts, also des Jahrhunderts, das gerade kurz abgeschlossen ist, und dieses Jahrhundert, das die meisten gewaltvollen Kriege erlebt hat. Aus dieser tiefen Dunkelheit steigt das Wissen um den Menschen in seiner vollen personalen, immerwährenden Würde ans Licht. Die Wiederkehr oder die Gegenwart der Religionen und des Religiösen zeigen, dass der Mensch nicht auf sein Menschsein verzichtet hat, sondern dass er jetzt zu Beginn des 3. Jahrtausend es mit einer ungebrochenen Energie,

---

53 Christian Fries/Regina Polak, Theoretische Weichenstellungen, in: Regina Polak (Hrsg.), Megatrend Religion? Neue Religiositäten in Europa, Ostfildern 2002, 26

54 Paul M. Zulehner/Hermann Denz, Wie Europa lebt und glaubt. Europäische Wertestudie, Düsseldorf 1993, 243-237

55 Christian Fries/Regina Polak, 2002, 26

Lebensfreude und unbeugsamen Tatkraft leben will. Man könnte geradezu sagen: Der Mensch erwacht als Mensch! Er hat das Recht, seine religiöse Dimension zu leben, und damit in Freiheit zu leben, denn alle Religion, die Religion ist, achtet die Freiheit des Menschen und seine Entscheidungen, sonst würde sie nicht diese Bezeichnung verdienen. Alle Menschen haben das Recht, ihr ewiges Glück zu finden. Die Menschen sind hineingeboren in einen Kontext, sie erhalten dort eine ihnen entsprechende Erziehung, Bildung und jeder hat seinen persönlichen wie öffentlichen Wirkungskreis in dem er sein Bestes gibt. Jeder Mensch hat seine irdische Aufgabe und normalerweise versucht er diese mit Liebe zu tun. Alle Wege der Liebe aber führen zu Gott. So verdient jede Religion Achtung: Sie dient dem Menschen als Menschen und befördert ihn in seiner geistigen und menschlichen Entwicklung. Jeder Mensch hat Anteil am ewigen Glück, da jeder ein Gottesgeschöpf ist und darin sich seine Würde begründet. Deshalb findet der Mensch nur mit Gott und in Gott sein Glück, ganz gleich in welchen Umständen er lebt und in welcher Lebenssituation er sich momentan befindet.

Religion und Freiheit führen zum Frieden. So verkündet Johannes Paul II. 1988 in seiner Botschaft zum Weltfriedenstag: „dass die Freiheit der einzelnen und der Gemeinschaften, die eigene Religion zu bekennen und auszuüben, ein wesentliches Element des friedlichen Zusammenlebens der Menschen darstellt.“[56] Das wird bahnbrechende Folgen für die Institutionen haben: auch diese werden endlich das einholen, was sie sind: Gemeinschaften, denn der religiöse Glaube „bringt die Menschen zusammen und eint sie, er macht sie zu Brüdern, er lässt sie aufmerksamer, verantwortungsbewusster und eifriger in ihrem Einsatz für das Gemeinwohl werden“.[57] So findet zu einer späten geschichtlichen Stunde doch noch Mensch und Staat, Mensch und Gemeinschaft in der gemäßen Zuordnung zusammen. Dies ist die geschichtsphilosophische und politische Entwicklung, die uns im 3. Jahrtausend erwartet. Eine spannende Zeit, in der die Macht von Mensch und Gemeinschaft, Person und Staat, sich in einem noch nie gekannten Ausmaß den Weg bahnen wird.

Für diese Entwicklung gibt es überaus wertvolle und nicht zu übersehende Eckdaten, damit die Entwicklung der Menschen und Völker in dieser geschichtlichen Epoche zum Wohle aller abläuft: Einerseits kann Religion nicht mehr nur auf die Privatsphäre reduziert werden, und andererseits kann auch aus ihr

---

56 Johannes Paul II., „Freiheit ist die vorzüglichste Auszeichnung des Menschen“ – Botschaft zum Weltfriedenstag 1988, in: ders., Gewissen der Welt, Freiburg 2002, 79

57 Ebda., 86

kein politisches Konzept gemacht werden. Der Staat „muss, fern von allem Fanatismus und extremen Säkularismus, ein ruhiges soziales Klima und eine adäquate Gesetzgebung fördern, so dass es jeder Person und jeder Religionsgemeinschaft möglich ist, frei ihren Glauben zu leben und ihn auch im öffentlichen Leben auszuüben. Sie sollen auf genügend Mittel und Freiraum zählen können, um durch ihren spirituellen, moralischen und zivilen Reichtum zur Lebensweise des jeweiligen Landes beizutragen."[58]

Alle Überlegungen zusammen genommen zeigen, dass es eine Berufung Europas gibt, die sich seit den Zeiten Abrahams entwickelt. Sie hängt mit der Liebe Gottes zu Seinem erwählten Volk zusammen, und dann seit den Zeiten Christi und seiner Erlösungstat besteht ein Zusammenhang zu allen Völkern, Nationen und Stämmen. Zwar ist Europa auch ein geographisches Gebilde, das seinen Ort hat, aber das Phänomen Europa ist unleugbar mit dem Christentum verbunden und mit allen Wurzeln, die geschichtlich zum Christentum geführt haben. Politisch entstand es unter der Regie von christlichen Königen und Kaisern, und es wurde daraus ein Römisches Reich deutscher Nation. Karl V. hat die Herrschaft über ein Reich angetreten, in dem die Sonne nicht unterging. Die Spanischen Habsburger trugen das Christentum zusammen mit dem portugiesischen Königshaus in die neue Welt, und es entstand für kurze Zeit ein christliches Weltreich. Die Auswirken sind heute noch sichtbar und wirken nach. Die Spaltung der Christenheit im 16. Jahrhundert – England sagte sich von Rom los und der Protestantismus zerriss gleichzeitig das westliche Europa in Stücke – setzte dem christlichen Weltreich ein Ende. Dieses so verwundete, westliche Europa wurde zudem an seinen östlichen Grenzen von den laufend angreifenden Türken bedroht. Dennoch konnte sich dieses Reich der christlichen Kaiser und Könige bis 1918 immer noch behaupten, und es gab unter ihnen genügend fähige Persönlichkeiten und auch Nachkommen, wenn diese nicht zu Beginn des 20. Jahrhunderts sukzessiv durch Morde dezimiert worden wären.[59] Auch wenn der

---

58 Ebda., 90

59 Dies war jedoch noch nicht genug: 1919 wird der Familienfonds der kaiserlichen Familie, der reines Privatvermögen ist - denn die Habsburger haben nicht wie andere Herrscherfamilien ihren Unterhalt aus dem Staatsbudget finanziert - mit den sogenannten Habsburger-Gesetzen entschädigungslos enteignet. Das Familienvermögen, das in einen Familienfonds eingebracht wurde, stammt noch von Maria Theresia und ihrem Sohn Joseph II. In den 30er Jahren des 20. Jahrhunderts wird unter dem Bundeskanzler Kurt Schuschnigg Teile des 1919 enteigneten Vermögens sowie gewisse Ersatzwerte zurückgegeben. Leider hat der emigrierte Teil der Habsburg-Familie den Teil der Familie, die nicht vor Hitler fliehen konnte und in Österreich verblieb 1936 ohne deren Wissen zusammen mit Bundeskanzler Schuschnigg davon ausgeschlossen. Doch schon wenige Tage nach dem Anschluss wird das Vermögen von den Nationalsozialisten entzo-

Kaiser nicht mehr ist, ist Europa als geistige Einheit da. Die Idee, und damit die metaphysische Wirkmächtigkeit, lässt sich nicht auslöschen. So gesehen, ist das christliche Europa mit dem Kaisertum unlösbar verwoben, und damit mit dem davidischen Prinzip. Dass es so ist, beweisen die Vorbehalte, die es heute noch gegen die Familie Habsburg-Lothringen gibt. Die Mitglieder dieser Familie werden bis auf den heutigen Tag schlechter behandelt als alle anderen Staatsbürger und von sämtlichen Restitutionsmaßnahmen ausgeschlossen. Es ist bezeichnend, dass Österreich zu verschiedenen internationalen Grund- und Menschenrechtskonventionen, nämlich zur Europäischen Menschenrechtskonvention, zum Internationalen Übereinkommen über die Beseitigung aller Formen rassischer und sonstiger Diskriminierung und zum Internationalen Pakt über Bürgerliche und Politische Rechte spezielle „Habsburg-Vorbehalte" machen musste. Dies bestätigt also die Vorherrschaft des davidischen Prinzips nur noch. Aber dieses Prinzip spricht nicht gegen demokratische Entwicklungen, sondern setzt diese in ihrer Existenz voraus, denn ohne Volk können künstlich errichtete Systeme sein – wie die politische Landschaft des 20. Jahrhundert, es uns allen gezeigt hat - aber kein Kaiser und kein König. Diese gibt es nur dort wo es auch Völker gibt: Wo kein Kaiser kein Volk, wo kein Volk kein Kaiser. So ist das 20. Jahrhundert zum Jahrhundert der politischen Systeme und der Massengesellschaften geworden.

Wenn Europa sein inneres und äußeres Formprinzip ausgestaltet haben wird, dann ist es aufgerufen der Welt zu dienen, „ganz besonders den ärmsten und

gen. Gleichzeitig wird die Familie des Landes verwiesen. Alle diese Anordnungen geschahen direkt auf Hitlers Anordnung, auch der Reichsführer SS Heinrich Himmler und der Generalfeldmarschall Göring waren direkt an der Verfolgung der Familie Habsburg involviert. Dies traf besonders den Familienzweig, der nicht fliehen konnte. Dieser Familienzweig musste dann notgedrungen 1983 eine eigene Familienprivatstiftung ins Leben rufen, um ihre Ansprüche geltend machen zu können. Bis zur Stunde fehlt jede Widergutmachung und Entschädigung. So werden sie behandelt wie Menschen zweiter Klasse. Es kommt aber noch anachronistischer: Im 3. Jahrtausend gilt für die Familie Habsburg immer noch der „Habsburg-Vorbehalt", d.h. Österreich muss spezielle Vorbehalte gegen die Familie Habsburg machen, wenn es um die „Europäische Menschenrechtskonvention" geht, um das „Internationale Übereinkommen über die Beseitigung aller Formen rassischer Diskriminierung" sowie beim „Pakt über bürgerliche und politische Rechte". Was hat dieses Verhalten mit einer Demokratie und mit Demokratien zu tun, die sich auf die vielbeschworenen Menschenrechte stützen und sich immer wieder darauf berufen, um das schlechte Gewissen zu beruhigen? Auch hier ist zuerst einmal demokratischer, parlamentarischer Geist zu beweisen, bevor weitere Schritte in Richtung Europäische Einigung getan werden!

vergessenen Teilen, wie in besonderer Weise Afrika, das von so vielen gravierenden Problemen gezeichnet ist."[60]

Hierzu ist es notwendig, dass Europa mit einer Stimme spricht. Dafür muss der Schutt des 20. Jahrhunderts, der seine Fühler bis ins 16. Jahrhundert ausstreckt, aufgeräumt werden.[61] Die europäischen Völker haben diesen Willen, und sie haben auch schon tatkräftig in diese Richtung gearbeitet. Ein neuer Geist ist unter den Völkern spürbar. Es ist der Geist der Vergemeinschaftung und der echten Brüderlichkeit. Insbesondere spielt für Europa die Freundschaft mit den Völkern, die sich auf Abraham berufen – Juden und Muslime – eine bedeutende Rolle. Europa kann es nicht gleich sein, wenn diese Völker imperialen Angriffen ausgesetzt sind. Hier hat Europa ebenso ein Wirkungsfeld und eine fundamentale Aufgabe.

Das personale Europa, das Europa der christlichen Völkerschaften wird seinen Weg gehen und seine Aufgabe erfüllen. Ihm ist Sendung und Berufung für andere gegeben, deshalb bleibt auch die Erfüllung nicht aus. So gehört zu Europa auch das Geheimnis, wie zum christlichen Glauben überhaupt das Geheimnis gehört. Die Kirche betet nicht umsonst: „Geheimnis des Glaubens. Deinen Tod o Herr verkünden wir, Deine Auferstehung preisen wir, bis Du wiederkommst in Herrlichkeit. Amen."

Im 3. Jahrtausend geht es nicht mehr um Eroberungskriege, sondern um die Befriedung der Welt und der Völker. Dies wird aber nicht unter dem Primat imperialer Denkereien, menschenverachtender Sicht- und Handlungsweisen und einer Erniedrigung der Menschen und Völker zu Massen- und damit Sklavenwesen geschehen, sondern unter dem Vorzeichen der personalen Würde des Menschen, seiner Gottebenbildlichkeit und in den dazugehörigen Vergemeinschaftungsformen. Dies wird seinen Niederschlag in den Verfassungen der Völker finden. Die menschliche Existenz ist heute so fordernd und massiv, dass die Menschen so frei sind und sich das Recht nicht mehr nehmen lassen, über ihre religiösen und politischen Bedürfnisse selbst zu entscheiden. Ist der Mensch seit der Französischen Revolution und der Aufklärung nicht gelehrt worden, sich seiner Autonomie zu bedienen und dies besonders in religiösen und politischen Belangen? Nun wird dies seine Früchte tragen und das große geschichtliche Ereignis der Symphonie aller Völker wartet auf uns.

---

60 Johannes Paul II., Europäisches Bewußtsein – gründet auf dem christlichen Glauben, in: L'Osservatore Romano, 14. Mai 2004

61 Vgl. hierzu die detaillierten Geschichtsdaten bei Jürgen Engelhardt, Was ist heute noch heilig, Mai 2004, 119-122

Als Forschungsergebnis der Analyse ist festzuhalten: Die Europäische Union ist die verwirklichte politisch-institutionelle Gründung der Paneuropa Union des Grafen Kalergi aus den Jahren 1923/24. Sie beansprucht die politische und wirtschaftliche Macht für sich. Sie ist keinesfalls eine Bewegung der europäischen Völkerschaften, denn diese sind außen vor gelassen worden wie die Analyse aufgezeigt hat. Auch hat die EU keine Verbindung zur europäischen Geistigkeit, wie sie ja selbst in ihrer Präambel und im gesamten Verfassungsentwurf bekundet und dokumentiert. Mit der europäischen Identität und mit dem Phänomen Europa konnte keine Verbindung festgestellt und belegt werden, sondern die EU wird von ihrer Gründungsidee, von ihrer Konzeption, von ihrem Anspruch und ihrer gesamten Entwicklung her von einem anti-europäischen Geist getragen und sie wurde auch von einem solchen gezeugt. Dieser Zusammenhang kann auch anders ausgedrückt werden: Die Gründer, Protagonisten, Propagandisten und Strategen der Europäischen Union haben vergessen, dass die europäische Identität, und damit das Phänomen Europa geistiger, und damit metaphysischer Natur ist. Namhafte Forscher (Rémi Brague, Villarta Pareja, Michail Ryklin, Joshua Sobol, Dilip Simeon) aus den verschiedensten Disziplinen bestätigen dies, darunter sind auch Literaten und Dichter. Die Schlussfolgerungen daraus sind, dass der Koloss EU sich zwangsläufig mangels Potenz und geistiger Bevollmächtigung auflösen wird, dass die Parlamente der europäischen Völker sich jetzt schon auf diesen Tag vorbereiten sollten, d.h. sie müssen ihre politische, wirtschaftliche, militärische und kulturelle Unabhängigkeit in jeder Form behalten und in einem weiteren Vorgehen die wesenseigene Vergemeinschaftungsfom Europas in die Wege leiten. Hierzu gehört auch zunächst eine ordentliche Versammlung der Europäischen Parlamente, die in dieser Einigung das gemeinsame europäische Selbstverständnis formulieren, ihre Aufgaben, Rechte und Pflichten definieren, sich ein Manifest geben, aus ihren Reihen einen Präsidenten, d.h. einen ersten Vorsitzenden mit Stellvertreter wählen. Das so arbeitende Europäische Gremium ist dank der parlamentarischen Regierungen die tatsächliche Vertretung der Europäischen Völkerschaften. Je eher damit begonnen wird, desto früher kann das so formierte Europa arbeiten und wirken.

Jura und Kanonisches Recht

Naturrecht in der europäischen Rechtsentwicklung

Wolfgang Waldstein[1]

Wenn man heute von Naturrecht spricht, kann man sehr verschiedenen und äußerst gegensätzlichen Reaktionen begegnen. Diese zeigen in ihrer Verschiedenheit und Gegensätzlichkeit, wie wechselvoll und widersprüchlich die Geschichte naturrechtlicher Theorien tatsächlich ist. Heute herrscht gemäß dem in verschiedenen Gestalten vertretenen positivistischen Wissenschaftsbegriff die Meinung vor, daß ein vom menschlichen Willen unabhängiges, dem Menschen vorgegebenes Recht nicht existieren könne. Hans Kelsen hat diese Auffassung besonders klar formuliert. Nach der von ihm begründeten „Reinen Rechtslehre" werden positive Normen, also etwa von staatlichen oder sonstigen menschlichen Autoritäten erlassene Gesetze oder Verordnungen, durch einen Willensakt geschaffen. Kelsen sagt dann wörtlich weiter: „Nun kann man vielleicht zugeben, daß Normen nicht notwendig der Sinn *menschlicher* Willensakte sein müssen. Keinesfalls kann man aber zugeben, daß es Normen gibt, die nicht der Sinn eines Willensaktes, wenn auch nicht gerade eines menschlichen Willensaktes, sind. Einer Natur, der Normen immanent sind, muß auch ein Wille immanent sein, dessen Sinn diese Normen sind. Woher kann aber ein solcher Wille in die Natur kommen, die, vom Standpunkt empirisch rationaler Erkenntnis, ein Aggregat von als Ursache und Wirkung miteinander verbundenen Seinstatsachen ist?"[2]

Es ist hier nicht der Ort, den von Kelsen Vertretenen „Standpunkt empirisch rationaler Erkenntnis" näher zu untersuchen. Ich habe dies bereits mehrfach anderswo getan[3]. Eines muß jedoch gleich festgestellt werden. Wenn „die Natur" wirklich nur „ein Aggregat von als Ursache und Wirkung miteinander ver-

---

1 Wolfgang Waldstein: Ao. Professor an der Universität Innsbruck (1964-1965), o. Univ.-Prof. für Röm. Recht in Salzburg (1965-1992), Gründungsdekan der Rechtswissenschaftlichen Fakultät Salzburg 1965/66, Rektor der Universität Salzburg 1968/69. Seit 1994 o. Mitglied der Päpstlichen Akademie für das Leben. 1996 Ordinarius für *Ius commune* an der Zivilrechtlichen Fakultät der Päpstlichen Lateran Universität in Rom bis zur Emeritierung 1998. 1999-2004 Mitglied des Consiglio Direttivo der Päpstlichen Akademie für das Leben.

2 H. Kelsen, Recht und Logik, in: Die Wiener rechtstheoretische Schule, hrsg. von H. Klecatsky, R. Marcic, H. Schambeck, Wien 1968, Bd. 2, S. 1474.

3 So etwa in meinem Beitrag Entscheidungsgrundlagen der klassischen römischen Juristen, in: Aufstieg und Niedergang der römischen Welt, hrsg. von H. Temporini und W. Haase, Berlin, New York, II 15 (1976) 23 – 29; ferner Teoria generale del diritto, Studia et Documenta, Sectio Iuris Romani et Historiae Iuris, Band 6, Pontificia Università Lateranense, Roma 2001, S. 130 – 136 mit weiteren Hinweisen.

bundenen Seinstatsachen“ wäre, dann könnte auch menschliche Erkenntnis von dieser Kausalität nicht ausgenommen sein. Die Folge wäre, daß auch das, was als menschliche Erkenntnis behauptet wird, nichts anderes als das Produkt einer dem Menschen unbekannten Kausalkette sein könnte, die in ihm schließlich die für Erkenntnis gehaltenen Vorstellungen hervorruft. Diese Konsequenz nehmen die Deterministen auch tatsächlich an[4]. Wenn man das annimmt, ist auch eine „empirisch rationale Erkenntnis“ nicht möglich. Das hat Hans Welzel besonders prägnant gezeigt, wenn er sagt: „Wenn Erkenntnis möglich sein soll, darf das erkennende Subjekt nicht lediglich Spielball seiner Antriebe sein, sondern muß die Fähigkeit haben, den Erkenntnisantrieb als sinnvolle, gegenüber ablenkenden Antrieben durchzuhaltende Aufgabe zu verstehen, d. h. die *Verantwortung* für den Erkenntnisakt zu übernehmen. Erkenntnis setzt voraus, daß nicht nur die Erkenntnisschritte unkausal (d. h. nicht durch frühere Vorbedingungen blind festgelegt) verlaufen, sondern daß auch das Subjekt die Gewinnung der Erkenntnis als sinnvolle Aufgabe in eigene Verantwortung übernehmen kann. Da aber die Möglichkeit von Erkenntnis nicht *prinzipiell* bestritten werden kann – denn das Bestreiten selbst würde eine Erkenntnis voraussetzen –, so können auch die Bedingungen, unter denen Erkenntnis allein möglich ist, sinnvoll nicht bestritten werden“[5]. Im Sinne der zitierten Frage Kelsens stellt sich ja auch unausweichlich die weitere Frage, woher in einer so verstandenen Natur überhaupt ein menschlicher Geist kommen kann, der dann den zur Erzeugung von Normen erforderlichen Willen haben könnte.

Es ist in diesem Rahmen natürlich nicht möglich, all die Einzelheiten von Kelsens Argumenten zu diskutieren, die aus seinen positivistischen Voraussetzungen folgen. Ich möchte nur die klare Erkenntnis erwähnen, die bereits Aristoteles gewinnen konnte. Er sagt: „Die Ursache dieser Ansicht lag aber für ihre Vertreter darin, daß sie zwar nach der Wahrheit über das Seiende suchten, aber nur das Sinnliche (also die Natur im positivistischen Sinne) für Seiendes ansahen. ... Daher reden sie zwar nach dem Schein, aber nicht nach der Wahrheit“. Und er sagt bereits im vorausgehenden Satz: „Da wäre ja, wer die Wahrheit sucht, wie ein Mensch, der fliegenden Vögeln nachläuft“[6]. Er zeigt auch, daß

---

4 So etwa Manfred Danner, Gibt es einen freien Willen?, 2. Aufl. 1969, 4. 1977; dazu W. Waldstein, Willensfreiheit und rechtliche Ordnung, in: Rechtsgeschichte-Rechtsver-gleichung-Rechtspolitik, Festschrift Fritz Schwind zum 65. Geburtstag, Wien 1978, 329 - 353

5 H. Welzel, Das Deutsche Strafrecht ([11]1969) 147 f.

6 Aristot. metaph. 4, 5; 1009 b 38 – 1010 a 5. Übersetzung von E. Rolfes, Aristoteles' Metaphysik, Erste Hälfte Buch I - VII, Leipzig 1920. Wenn nichts anderes vermerkt ist, wird diese Übersetzung zitiert.

jedes bedingte, also von etwas anderem abhängige Sein, mit zwingender Logik zu einem unbedingten Ersten führt, ohne das auch menschliche Erkenntnis überhaupt nicht möglich wäre[7].

Bei der Diskussion der Naturrechtsfrage wird jedoch in aller Regel nicht beachtet, daß Naturrecht keineswegs bloß eine Frage naturrechtlicher Theorien ist. Es gibt vielmehr seit der Antike eine wirkliche Anwendung von Naturrecht in der konkreten Rechtsentwicklung. Die Erkenntnis und konkrete Anwendung von Naturrecht ist historisch sehr früh in den Quellen belegt. Ich möchte hier nur ein aufschlußreiches Beispiel herausgreifen, das Livius für das Jahr 394 v. Chr. berichtet. Die Römer belagerten die Stadt Falerii. Die Eroberung der Stadt hätte wohl lange Belagerung und dann eine opferreiche Stürmung erfordert. In dieser Lage führte ein Lehrer aus der Stadt die ihm anvertrauten Kinder führender Persönlichkeiten dieser Stadt in das Lager des römischen Feldherrn Camillus und erklärte diesem: „Er habe Falerii den Römern in die Hände gespielt, da er diese Jungen, deren Väter dort die wichtigsten Leute im Staat seien, in ihre Gewalt gegeben habe". Er erwartete sich offenbar reiche Belohnung von den Römern dafür, daß er ihnen die Möglichkeit gab, die Übergabe der Stadt durch diese Geiseln zu erpressen. Die Reaktion des Camillus war jedoch eine andere. Er anwortete: „Du bist nicht zu einem dir ähnlichen Volk und Feldherrn gekommen, du Schurke mit deinem schändlichen Geschenk. Wir haben mit den Faliskern keine Gemeinschaft, wie sie aus Abkommen zwischen Menschen zustande kommt; aber die Gemeinschaft, die die Natur beiden Völkern mitgegeben hat, besteht und wird bestehen. Auch der Krieg hat seine Rechte wie der Friede, und wir haben gelernt, danach nicht weniger gerecht als tapfer zu verfahren"[8]. Livius berichtet dann weiter: „Völlig entblößt, die Hände auf den Rücken gebunden, übergab er ihn dann den Jungen, damit sie ihn nach Falerii zurückführten, und gab ihnen Ruten, mit denen sie den Verräter unter Hieben in die Stadt treiben sollten". Durch diesen Akt der Redlichkeit der Römer bewegt, haben die Falisker die Stadt freiwillig übergeben. Eine Gesandtschaft der Falisker erklärte vor dem Senat: „Der Ausgang dieses Krieges liefert dem Menschengeschlecht zwei heilsame Beispiele: Ihr habt Redlichkeit im Kriege einem sofortigen Sieg vorgezogen; wir, durch eure Redlichkeit herausgefordert, haben euch den Sieg freiwillig zuerkannt". Ganz unabhängig von der Frage, wie genau historisch dieser Bericht ist, zeigt er jedenfalls klar das Bewußtsein, daß es ein natürliches Recht gibt, das auch im Krieg gilt, und daß verbrecherische

---

7 Aristot. metaph. 2, 2; 994 b 16 – 31.

8 Liv. 5, 27, 4 – 6.

Erpressung auch in einer Situation, in der sie großen Nutzen bringen könnte, wegen ihrer Naturrechtswidrigkeit nicht in Frage kommt. Was Livius als „dem Menschengeschlecht ... heilsame Beispiele" hervorhebt, hat Cicero in der Aussage zusammengefaßt, daß es das Naturrecht selbst ist, welches das Wohl der Menschen bewahrt und umfaßt (*lex ipsa naturae ... utilitatem hominum conservat et continet*)[9].

Für die Rechtsentwicklung Europas hat jedoch die Arbeit der römischen Juristen vor allem seit dem 2. Jh. vor Christus größte Bedeutung erlangt. Um das zu verstehen, muß man wissen, daß im römischen Recht nur wenige Materien durch Gesetze geregelt waren. Die Lösung nicht geregelter Fragen erfolgte einerseits durch die für die Rechtsprechung zuständigen Höchstmagistrate, die Prätoren, andererseits durch die Gutachten von Juristen, die zu konkreten Rechtsfragen abgegeben wurden. Bei der Entscheidung konkreter Rechtsfälle haben die Juristen seit dem 2. Jh. v. Chr. nachweislich auch Naturrecht angewandt. Dadurch wurden naturrechtliche Normen in immer größerem Umfang zu geschriebenem Recht.

Ich möchte im Folgenden zunächst 1. einige allgemeine Aussagen römischer Juristen über das Naturrecht aufzeigen, 2. Beispiele für die praktische Anwendung naturrechtlicher Normen durch römische Juristen vorführen, 3. beschreiben, welche Bedeutung die Erkenntnisse der römischen Juristen für unsere Rechtskultur, soweit sie noch besteht, tatsächlich gehabt hat und schließlich 4. kurz auf das Naturrecht als Grundlage der Menschenrechte eingehen.

I. Allgemeine Aussagen von Juristen über Naturrecht

Die früheste mir bekannte und sehr bemerkenswerte Aussage eines Juristen zum Naturrecht ist von Cato Censorius (234-149) aus der ersten Hälfte des 2. Jh. v. Chr. überliefert. In einer Rede für die Rhodier spricht Cato unter anderem von den Dingen, die zu tun nicht nach Naturrecht und *ius gentium* (bei allen Völkern geltendes Recht) verboten ist, sondern nur nach staatlichen Gesetzen, wie etwa das Verbot, mehr als eine bestimmte Zahl von Vieh oder über das bestimmte Maß Grundeigentum zu haben. Was so verboten ist, darf nach den Gesetzen nicht geschehen. Es aber zu wollen, wenn es erlaubt wäre, ist nicht sittenwidrig (*inhonestum* im Originaltext bedeutet nicht nur „unehrenhaft"). Dann knüpft er

---

[9] Cic. off. 3, 31. Zur Vermeidung von Unklarheiten möchte ich darauf hinweisen, daß ich mich bei den Zitaten aus Cicero an die Zitiernormen des Thesaurus linguae Latinae halte, nach denen die alten ebenfalls durchlaufenden Kapitelzahlen entfallen und nur die Zahlen der §§ angegeben werden.

an das an, was durch Naturrecht und *ius gentium* verboten ist und sagt, daß es in sich (*per sese*) nicht sittlich gut sei, das zu tun oder auch nur zu wollen[10]. Auch *honestum* bedeutet nicht nur „ehrenhaft" oder dergleichen, sondern auch „sittlich gut". Diese Aussagen Catos entsprechen genau dem, was Aritoteles über das Verhältnis des Naturrechts zum Gesetzesrecht sagt: „Das Polisrecht ist teils Natur-, teils Gesetzesrecht. Das Naturrecht hat überall dieselbe Kraft der Geltung und ist unabhängig von Zustimmung oder Nicht-Zustimmung (der Menschen). Bei Gesetzesrecht ist es ursprünglich ohne Bedeutung, ob die Bestimmungen so oder anders getroffen werden, wenn es aber festgelegt ist, dann ist es verbindlich"[11].

Ein zentraler Text ist von der Kommission, die unter Kaiser Justinian eine Sammlung aus den Juristenschriften herzustellen hatte, an die Spitze dieser Sammlung, der Digesten, gestellt worden. Mit diesem Werk wurde uns der Großteil unserer Kenntnis der Arbeit der römischen Rechtswissenschaft überliefert. Dieses Werk hat nach seiner Wiederentdeckung im Mittelalter zur Gründung der Universität Bologna geführt und in der Folgezeit die gesamte Entwicklung der europäischen Rechtskultur maßgeblich geprägt.

Der Text, den ich meine, ist Ulpian D. 1, 1, 1, 2. Die Bedeutung des *ius naturale* im römischen Recht wird schon dadurch unmittelbar klar, daß Ulpian hier das *ius naturale* neben *ius gentium* und *ius civile* als eine der Quellen des Privatrechts anführt. Er führt es aber nicht nur als eine zweite oder letzte Quelle an, sondern als die erste. Der Text lautet im Zusammenhang: *privatum ius tripertitum est: collectum etenim est ex naturalibus praeceptis aut gentium aut civilibus.* Die neue Digestenübersetzung übersetzt den Text folgendermaßen: „Das Privatrecht besteht aus drei Teilen. Denn es setzt sich aus Vorschriften des Naturrechts, des Völkergemeinrechts und des Zivilrechts zusammen"[12]. Im anschließenden § 3 erklärt Ulpian dann zuerst das *ius naturale* und sagt wörtlich: *Ius naturale est, quod natura*

---

10 Gell. 6, 3, 45 – 47.

11 Aristot. eth. Nic. 5, 10; 1134 b 18 – 21. Vgl. Übersetzung von F. Dirlmeier, Aristoteles Werke in deutscher Sprache, hrsg. von E. Grumach, Bd. 6 Nikomachische Ethik (1956), Wiss. Buchges. Darmstadt. In künftigen Zitaten wird diese Übersetzung verwendet. Vgl. auch Thomas v. Aquin, Summa Theologica II – II, q. 57, 2 Ad secundum, mit Zitat dieses Textes von Aristoteles. Ausführlicher dazu W. Waldstein, Zur juristischen Relevanz der Gerechtigkeit bei Aristoteles, Cicero und Ulpian, in: Der Gerechtigkeitsanspruch des Rechts, Festschrift für Th. Mayer-Maly zum 65. Geburtstag, = Rechtsethik Bd. 3, Springer Wien/New York 1996, 23 – 39, und Teoria generale del diritto (oben Anm. 2) 67 – 77.

12 Vgl. O. Behrends, R. Knütel, B. Kupisch, H. H. Seiler, Corpus Iuris Civilis, Text und Übersetzung II, Digesten 1 – 10, S. 92. Künftig wird in der Regel, so weit verfügbar (bis jetzt bis zum 20. Buch der Digesten), diese Übersetzung zitiert.

omnia animalia docuit („Naturrecht ist das, was die Natur alle Lebewesen gelehrt hat"). Diese Definition hat Anlaß zu vielen Kontroversen zur Frage der Echtheit des Textes[13] ebenso wie zum Inhalt gegeben. Die Tatsache, daß Ulpian hier auch die Tiere als Teilhaber am Naturrecht bezeichnet, hat ihre Vorbilder in der griechischen Philosophie, auf die ich hier nicht näher eingehen kann. In unserem Zusammenhang wichtig ist jedoch die Aussage Ulpians, daß auch das *ius civile* keineswegs ganz außerhalb des *ius naturale* steht. In D. 1, 1, 6 pr. sagt er: *Ius civile est, quod neque in totum a naturali vel gentium recedit nec per omnia ei servit.: itaque cum aliquid addimus vel detrahimus iuri communi, ius proprium, id est civile efficimus* („Das Zivilrecht ist das Recht, das weder vom Naturrecht oder Völkergemeinrecht völlig abweicht noch beiden in allen Punkten folgt. Wenn wir daher jenem allgemeinen Recht eine Regelung hinzufügen oder wegnehmen, schaffen wir dadurch ein besonderes Recht, nämlich unser Zivilrecht"). Damit wird klar, daß auch das *ius civile* nicht einfach durch gesetzgeberische Willkür aus dem Nichts geschaffen wird, sondern die Existenz der beiden anderen Normenordnungen, nämlich *ius naturale* und *ius gentium*, bereits voraussetzt. *Ius civile* ist nach dieser Aussage lediglich eine Modifikation des vorgegebenen *ius commune*, das Ulpian hier bereits mit diesem Terminus bezeichnet. Das europäische *ius commune* seit dem Mittelalter hat diesen Begriff in seinen Quellen vorgefunden. Um ein Beispiel für das Verhältnis des *ius civile* zum *ius commune* zu nennen: Nach *ius gentium* oder *ius naturale* kann Eigentum durch den Willen des Eigentümers und Übergabe der Sache in Verbindung mit einem Rechtsgrund, wie etwa Schenkung oder Kaufvertrag, auf einen anderen übertragen werden. Das *ius civile* hat jedoch für bestimmte Sachen, die *res mancipi*, besondere Formerfordernisse hinzugefügt.

So einfach und klar diese Aussagen Ulpians und anderer Juristen sind, wie etwa des Paulus in D. 1, 1, 11, der als *ius naturale* jenes Recht bezeichnet, das *semper aequum ac bonum est*, so haben die eingangs genannten Theorien gleichwohl die Möglichkeit der Existenz eines Naturrechts einfach bestritten. Versucht man die heutige Diskussion der Naturrechtsfrage zu überblicken, so kann man von der Verschiedenheit und Gegensätzlichkeit der Auffassungen nur verwirrt sein. Aber das ist nicht neu. Bereits Cicero hat einen sehr beachtlichen erkenntnistheoretischen Exkurs in seinem Werk über die Gesetze formuliert.

Er sagt in leg. 1, 47: „Aber es bringt uns die Vielgestaltigkeit der Meinungen und der Menschen Uneinigkeit in Verwirrung, und weil dasselbe nicht bei den Sinneswerkzeugen eintritt, halten wir diese für sicher; von jenem, das den einen

[13] Vgl. dazu W. Waldstein, Ius naturale im nachklassischen römischen Recht und bei Justinian, in: ZRG Rom. Abt. 111 (1994) 37.

so, anderen anders und denselben Leuten nicht immer auf die gleiche Weise erscheint, sagen wir, es sei bloß ausgedacht[14]. Das verhält sich (jedoch) ganz anders: denn unsere Sinneswerkzeuge verderben kein Vater, keine Amme, kein Lehrer, kein Dichter, keine Bühne; keine Einigkeit (oder eher: keine Zustimmung) der Masse zieht sie von der Wahrheit ab. Den Seelen (aber) werden alle Fallen gestellt, entweder von denen, die ich eben aufzählte, die sie vergiften und nach ihrem Willen verbiegen, wenn sie sie zart und unerfahren in die Hand bekommen haben, oder von ihr, die tief allen Sinnen verflochten innewohnt, nämlich die Vortäuscherin des Guten, die Lust, in Wirklichkeit die Mutter aller Übel; durch ihre Verlockungen verdorben, sehen sie das von Natur aus Gute nicht klar, weil es diese Süßigkeit und diesen Reiz nicht besitzt".

Dieser Exkurs steht im Zusammenhang mit der Frage, nach welchen Kriterien ein Gesetz als gut oder schlecht beurteilt werden kann (Cic. leg. 1, 42 ff.). Cicero sagt dazu, daß man ein gutes Gesetz von einem schlechten nach keiner anderen Norm als jener der Natur (*naturae norma*) unterscheiden kann (leg. 1, 44). Weil aber nun gerade darüber, was Norm der Natur sei, so verschiedene oder gegensätzliche Auffassungen bestehen, meine man, die Norm der Natur sei in Wahrheit ein Phantasiegebilde (*ficta*). Das wird im Gegensatz zu den Gegenständen der sinnlichen Wahrnehmung gesehen, bei der es diese Meinungsverschiedenheiten nicht gebe und die deswegen für sicher gehalten werden. Die weiteren Aussagen Ciceros enthalten in klassischer Kürze eine Reihe von Erklärungen dafür, warum es zu einer solchen *opinionum varietas* kommen kann und auch tatsächlich kommt. Darauf kann ich hier nicht näher eingehen. Eines aber kann ich und muß ich bereits hier feststellen: Weder die verschiedenen Ansätze der Kritik an bestehenden Naturrechtskonzeptionen noch die Versuche der Begründung des Naturrechts können die bereits in der Antike erarbeiteten Erkenntnisgrundlagen einfach ignorieren. Sie sind durch keine der neuen Theorien gegenstandslos gemacht. Die Aussage etwa, hinter Kant führe kein Weg zurück, ist ebenso unhaltbar wie vieles andere auch. Kant vermochte nicht die unendliche Fülle wahrer Erkenntnisse seit der Antike einfach in nichts aufzulösen.

---

14 Aristot. metaph. 4, 6; 1011 a 30 ff. zitiert fast wörtlich das gleiche Argument gegen die Wahrheit, „daß alles ebenso zugleich wahr und falsch sei; es erscheine ja nämlich nicht allen dasselbe, und sogar nicht denselben immer dasselbe, sondern oftmals auch zu derselben Zeit Entgegengesetztes" (Übersetzung Bonitz/Seidl, 31989). In metaph. 4, 5; 1010 a 3 f. weist er dagegen gerade darauf hin, daß im Sinnlichen „die Natur des Unbestimmten ... vorherrschend" ist gegenüber der Sicherheit geistiger Erkenntnis wesensnotwendiger Gegebenheiten. Vgl. dazu Waldstein, IVRA 44 (1993, erschienen 1996) 139 ff.

In der ganzen vorausgehenden Tradition der, wie Cicero und Ulpian es ausdrücken, wahren Philosophie (*vera philosophia*, vgl. Cic. Tusc. 4, 6; Ulp. D. 1, 1, 1, 1), wurde das Naturrecht als Realität erkannt. Ich möchte hier nur einen wichtigen Text Ciceros sprechen lassen. In rep. 3, 33 sagt er: „Das wahre Gesetz ist gewiß die richtige, mit der Natur im Einklang stehende Ordnung, die über alle ausgebreitet, unwandelbar und ewig ist". „Diesem Gesetz etwas von seiner Gültigkeit zu nehmen, ist Frevel, ihm irgendetwas abzudingen, unmöglich, und es kann ebensowenig als Ganzes außer Kraft gesetzt werden. Wir können aber auch nicht durch den Senat oder das Volk von diesem Gesetz gelöst werden, ... noch wird in Rom ein anderes Gesetz sein, ein anderes in Athen, ein anderes jetzt, ein anderes später, sondern alle Völker"[15] wird zu allen Zeiten ein einziges, ewiges und unveränderliches Gesetz umschließen (*continebit*) „und einer wird der gemeinsame Meister gleichsam und Herrscher aller sein: Gott! Er ist der Erfinder dieses Gesetzes, sein Schiedsrichter, sein ... <Gesetzgeber>[16], wer ihm nicht gehorcht, wird sich selber fliehen und das Wesen des Menschen verleugnend wird er gerade dadurch die schwersten Strafen büßen, auch wenn er den übrigen Strafen, die man dafür hält, entgeht"[17].

Dieser Text bedürfte eingehender Würdigung. Hier kann ich nur sagen, daß die römischen Juristen an alle diese Erkenntnisse, die Cicero besonders in seinem Werk *De legibus* ausführlicher ausbreitet, anknüpfen konnten. Sie brauchten daher nicht über Naturrecht zu theoretisieren. Sie konnten von den schon der Vernunft einleuchtenden Rechten ausgehen. Dies hat inzwischen der große Romanist Max Kaser, zweifellos einer der besten Kenner der Quellen, in seiner Schrift ‚Zur Methode der römischen Rechtsfindung' (^{2}1969) eindrucksvoll im einzelnen aufgezeigt. Er gelangt zu der wohlbegründeten Erkenntnis, daß nach „den Eindrücken, die die juristische Überlieferung zuverlässig vermittelt", bei der Rechtsfindung der römischen Juristen „die Gewinnung der richtigen Entscheidung durch ein unmittelbares Erfassen" im Vordergrund stand. Kaser selbst verwendet für dieses unmittelbare Erfassen den Ausdruck *„Intuition"*.

---

15 Weiter kann ich der Übersetzung von Büchner nicht folgen, auch die von K. Atzert in Goldmanns Gelbe Taschenbücher scheint mir den nächsten Satzteil zwar besser, aber auch nicht ganz dem lateinischen Text gerecht zu übersetzen, denn das *continebit* heißt nicht „bestehen", sondern zusammenhalten, verbinden, erhalten, bewahren, umschließen etc.

16 Büchner übersetzt das Wort *lator* bei Cicero mit „Antragsteller". Prinzipiell kann das Wort dies bedeuten. Es bedeutet aber auch Gesetzgeber. Im Kontext kann es nur das bedeuten, denn Gott kann nicht als „Antragsteller" eines Gesetzes auftreten. Bei wem sollte er das „beantragen"?

17 Übersetzung des ersten Satzes von mir, der Fortsetzung von Karl Büchner, Sammlung Tusculum 1987.

Dies ist jenes Erkenntnismittel, das besonders seit Aristoteles als eine der wesentlichen Methoden philosophischen Erkennens klargestellt ist. In eth. Nic. 1, 7; 1098 b 3 f., wird, wie Dirlmeier übersetzt, folgende „Methodendifferenzierung" eingeführt: „Von den Grundgegebenheiten werden die einen durch Induktion erkannt, die anderen durch Intuition, die dritten durch eine Art von Gewöhnung und andere wiederum auf andere Weise". Wenn man die Werke von Aristoteles studiert, besonders die Metaphysik, dann wird klar, daß es für die Erkenntnis von Grundgegebenheiten keinen anderen Weg als unmittelbares Erfassen gibt, das Aristoteles selbst ständig praktiziert. Zur Einsicht in den Satz vom Widerspruch in metaph. 4, 3; 1005 b 19 f. sagt er daher in metaph. 4, 4; 1006 a 5-11: „Einige nun wollen das auch aus Mangel an philosophischer Bildung beweisen; denn ein solcher Mangel ist es, wenn man nicht weiß, wofür man einen Beweis zu fordern hat und wofür nicht. Denn es ist ganz unmöglich, daß es für alles ohne Ausnahme einen Beweis gibt; denn es ginge ins Unendliche, so daß auch so kein Beweis zustande käme."

Bei der Darstellung des Naturrechts im römischen Recht geht es daher schlicht und einfach darum, eine sich in der historischen Wirklichkeit entfaltende „Naturrechtspraxis" an Hand der Realität des römischen Rechts darzustellen. Diese „Naturrechtspraxis" ist dadurch gekennzeichnet, daß allgemeine Aussagen über Naturrecht ebenso selbstverständlich von dessen Existenz und Erkennbarkeit ausgehen wie die Anwendung im Einzelfall. Eine theoretische Diskussion mit den von Cicero beklagten Meinungsverschiedenheiten ist bei den römischen Juristen nicht feststellbar. Vor allem aus der Periode der klassischen römischen Rechtswissenschaft sind mehr oder minder umfangreiche Fragmente von immerhin fast 100 Juristen überliefert. Es gibt zahlreiche Meinungsverschiedenheiten in Einzelfragen, aber nicht in Grundfragen des Naturrechts. Die unterschiedlichen Meinungen in Einzelfragen wieder bewegen sich durchwegs im Rahmen möglicher Alternativen. Man muß sich dabei vergegenwärtigen, was bereits Aristoteles in seiner Nikomachischen Ethik mehrfach betont, daß nicht in jeder Wissenschaft das gleiche Maß an Genauigkeit möglich ist. Er sagt gleich am Anfang der Nikomachischen Ethik: „der logisch geschulte Hörer wird nur insoweit Genauigkeit auf dem einzelnen Gebiet verlangen, als es die Natur des Gegenstandes zulässt"[18]. Alfred Verdross hat mit Recht dazu festgestellt: „Diese

[18] Eth. Nic. 1, 1; 1094 b 11 - 27; er wiederholt es in eth. Nic. 1, 7; 1098 a 26 - 29 und 2, 2; 1103 b 34 - 1104 a 5. In eth. Nic. 9, 2; 1165 a 2 - 18, stellt er nochmals fest: „Im übrigen haben wir schon wiederholt festgestellt, daß die wissenschaftliche Behandlung menschlichen Empfindens und Handelns nur eben den Exaktheitsgrad erreichen kann, den der Stoff zuläßt."

Einsicht darf uns nicht zu dem falschen Schluß verleiten, daß eine rationale Lösung solcher Probleme unmöglich sei, wie oft behauptet wird, wenngleich nicht bestritten werden soll, daß bisweilen mehrere gleichwertige Lösungen gefunden werden können. Denn auch in diesen Fällen handelt es sich um *rationale* Entscheidungen und nicht um willkürliche Dezisionen eines Machthabers"[19]. Auf der Grundlage der Erkenntnisse der römischen Juristen konnte auch das österreichische Allgemeine Bürgerliche Gesetzbuch in dem noch heute geltenden § 16 davon ausgehen, daß die natürlichen Rechte des Menschen „schon durch die Vernunft einleuchten"[20]. Das bis 1974 geltende österreichische Strafgesetz enthielt mit § 233 folgende Bestimmung: „Die in diesem Teile des Strafgesetzes vorkommenden Vergehen und Übertretungen sind insgesamt Handlungen oder Unterlassungen, die jeder als unerlaubt von selbst erkennen kann." Die Überschrift des § lautet: „Die Unkenntnis dieses Gesetzes entschuldigt nicht". Auch im neuen Strafgesetzbuch von 1974 ist im § 9 Abs. 2 bestimmt: „Der Rechtsirrtum ist dann vorzuwerfen, wenn das Unrecht für den Täter wie für jedermann leicht erkennbar war". Dies alles setzt voraus, daß es in der Tat „schon durch die Vernunft einleuchtende Rechte" gibt und daß der Mensch auch fähig ist, sie zu erkennen[21].

II. Praktische Anwendungen naturrechtlicher Normen

Die Klärung der Frage, wie weit römische Juristen naturrechtliche Normen praktisch angewandt haben, ist dadurch erschwert, daß die römischen Juristen keinen besonderen Wert auf eine einheitliche Terminologie gelegt haben. Faktisch naturrechtliche Überlegungen treten daher nicht nur im Zusammenhang mit dem Terminus *ius naturale* auf, sondern auch in Überlegungen zum *ius gentium*, zur *naturalis aequitas* oder *ratio* und in vielen anderen Zusammenhängen, selbst dann, wenn der Text keine Verbindung auch nur zu irgendeinem der mit *ius naturale* in Beziehung stehenden Begriffe zeigt. Aber es gibt immerhin eine ganze Anzahl von Texten, in denen ausdrücklich auf das *ius naturale* Bezug genommen wird. Die Frage der Echtheit dieser Bezugnahmen brauche ich

---

19 Statisches und dynamisches Naturrecht (1971) 93 mit ausdrücklicher Bezugnahme auf Aristot. eth. Nic. 1, 1 und 1, 7.

20 Dazu noch unten III.

21 Dazu ausführlicher W. Waldstein, The capacity of the human mind to know natural law, in: The Nature and Dignity of the Human Person as the Foundation of the Right to Life, The Challenges of the Contemporary Cultural Context, Proceedings of the Eighth Assembly of the Pontifical Academy for Life, Edited by Juan de Dios Vial Correa and Elio Sgreccia, Città del Vaticano 2003, 50 – 65.

hier nicht zu erörtern. Wie bereits erwähnt, ließ sich zeigen, daß die Behauptung, alle diese Bezugnahmen auf *ius naturale* seien nachklassische oder justinianische Interpolationen, durch die nachweislich aus nachklassischer und justinianischer Zeit stammenden Texte klar widerlegt wird[22]. Dazu kommt, daß in den Institutionen des Gaius, die als einziges Werk eines klassischen Juristen relativ vollständig unabhängig von Justinians Kodifikation erhalten sind, *ius naturale* mehrfach belegt ist.

So stellt etwa Gaius in inst. 1, 156 der agnatischen Verwandtschaft des *ius civile* die kognatische oder Blutsverwandtschaft des *ius naturale* gegenüber. In inst. 1, 158 sagt er: „Das Recht der agnatischen Verwandtschaft wird durch Statusveränderung (*capitis deminutio*) aufgehoben, das Recht der Blutsverwandschaft wird jedoch auf diese Weise nicht verändert, weil die zivile Regel zwar zivile Rechte aufheben kann, natürliche dagegen nicht". Damit stellt der hochklassische Jurist Gaius klar, daß Bestimmungen des *ius civile* an den nach *ius naturale* gegebenen Rechten nichts ändern können. Dies gilt auch für die naturrechtlichen Verwandtschaftsbeziehungen zwischen Sklaven. Obwohl zwischen Sklaven nach *ius civile* keinerlei Verwandtschaftsbeziehungen bestehen konnten, weil ihnen nach *ius civile* die Rechtsfähigkeit fehlte, waren doch ihre verwandtschaftlichen Beziehungen nach *ius naturale* zu beachten. So sagt Paulus D. 23, 2, 14, 2 im Zusammenhang mit den Ehevoraussetzungen: *Serviles quoque cognationes in hoc iure observandae sunt* (In diesem Recht sind auch die Verwandschaften unter Sklaven zu beachten). Demnach darf nach der Freilassung der Sohn nicht mit seiner Mutter, der Vater nicht mit seiner Tochter eine Ehe schließen. Paulus fügt als Begründung an: *quoniam in contrahendis matrimoniis naturale ius et pudor inspiciendus est* (Denn bei Eheschließungen ist das Naturrecht und die Sittlichkeit zu berücksichtigen). Heute glaubt man, auch die Ehe ohne jede Rücksicht auf das Naturrecht definieren zu können[23].

Ganz allgemein sagt Ulpian D. 1, 1, 4, daß nach *ius naturale* alle Menschen frei geboren wurden, und in D. 50, 17, 32, daß nach *ius naturale* alle Menschen gleich sind: *Quod attinet ad ius civile, servi pro nullis habentur: non tamen et iure naturali, quia, quod ad ius naturale attinet, omnes homines aequales sunt.* Daß in der Antike daraus nicht die entsprechenden Folgerungen durch Beseitigung der Sklaverei gezogen werden konnten, ist eine der tragischen Erscheinun-

---

22 Vgl. den oben Anm. 12 genannten Beitrag.

23 Dazu W. Waldstein, Läßt sich Ehe beliebig definieren?, in: Codzienne pytania Antygony, Księga pamiątkowa ku czci Księdza Profesora Tadeusza Stycznia z okazji 70. urozin, Lublin 2001, 364-379.

gen der Menschheitsgeschichte. Wo aus welchen Gründen auch immer entstandene allgemeine Bräuche sich, wie in der Einrichtung der Sklaverei nach *ius gentium*, allgemein durchgesetzt haben oder übermächtige egoistische Interessen die Verwirklichung erkannten Rechtes verhindern, steht das Recht auch heute dem politischen Willen machtlos gegenüber. Da helfen auch moderne kodifizierte Menschenrechte nichts. Wenn es die Mehrheit will, ist auch das menschliche Leben, trotz der Bestimmungen des Art. 2 der MRK, nicht geschützt. Tatsächlich haben ja Mehrheiten bereits in der ganzen Welt unerwünschtem menschlichem Leben den Rechtsschutz entzogen und es praktisch beliebiger Tötung preisgegeben[24].

Was nun weitere praktische Anwendungen des *ius naturale* betrifft, so ist vor allem ein Text Ulpians hervorzuheben, in dem unter Berufung auf den frühklassischen Juristen Cassius das Recht, (rechtswidrige) Gewaltanwendung (*vis*) mit (angemessener) Gewalt abzuwehren, auf das *ius naturale* zurückgeführt wird. In D. 43, 16, 1, 27 sagt Ulpian: *Vim vi repellere licere Cassius scribit idque ius natura comparatur: apparet autem, inquit, ex eo arma armis repellere licere.* Florentinus sagt dazu in D. 1, 1, 3: „Denn nach diesem Recht (gemeint ist das *ius gentium*) wird alles, was man zum Schutze seiner Person tut, als rechtmäßig angesehen. Und da die Natur unter uns so etwas wie eine Verwandschaft begründet hat, folgt daraus, daß es frevelhaft ist, wenn ein Mensch dem anderen nach dem Leben trachtet". Hier wird die naturrechtliche Verwandtschaft aller Menschen zur Begründung des Selbstverteidigungsrechtes angeführt. Noch die Satzung der Vereinten Nationen anerkennt bekanntlich im Art. 51 „das von Natur gegebene Recht individueller oder kollektiver Selbstverteidigung im Falle eines bewaffneten Angriffs". Der französische Text hat: „droit naturel de légitime défense", der englische: „the inherent right of ... self-defense". Die Formulierung wirkt fast wie eine Übersetzung des Ulpian-Textes.

Im Bereich des Sachenrechtes sagt Gaius in inst. 2, 65 im Anschluß an die Darstellung verschiedener Fragen des Eigentumsrechts: „Aus dem, was wir gesagt haben, wird klar, daß gewisse Sachen auf Grund von Naturrecht veräußert werden, das sind jene, die durch Übergabe übereignet werden, andere nach Zivilrecht. Denn das Recht der Manzipation, der Abtretung *in iure* und der Ersitzung ist ein Eigenrecht römischer Bürger". Im anschließenden § 66 sagt er,

---

[24] Vgl. dazu nur W. Waldstein, Das Menschenrecht zum Leben, Berlin 1982, bes. 26-66; auch Teoria (ob. Anm. 2) 161-163; auch Natural law and the defence of life in *Evangelium Vitae*, in: Evangelium Vitae, Five Years of Confrontation with the Society, Proceedings of the Sixth Assembly of the Pontifical Academy for Life, Edited by Juan de Dios Vial Correa and Elio Sgreccia, Città del Vaticano 2001, 223-242.

daß Sachen, die in niemandes Eigentum stehen, ebenfalls nach Naturrecht durch Aneignung erworben werden: *Nec tamen ea tantum, quae traditione nostra fiunt, naturali nobis ratione adquiruntur, sed etiam quae occupando ideo consequi poterimus, quia antea nullius essent, qualia sunt omnia, quae terra mari caelo capiuntur*. Ferner führt Gaius die Regel, daß das Eigentum an einem Gebäude dem Eigentum am Grundstück folgt (*superficies solo cedit*) auf das *ius naturale* zurück (inst. 2, 73).

Für den Bereich des Obligationenrechts ist die Feststellung von Gaius in D. 4, 5, 8 wichtig, die in einem ähnlichen Zusammenhang steht, wie die Aussage über die Verwandtschaft in inst. 1, 158, daß jene Obligationen, die auf einer natürlichen Verbindlichkeit beruhen, „durch Statusänderung nicht erlöschen, weil eine zivilrechtliche Regel naturrechtliche Verhältnisse nicht aufheben kann“: *Eas obligationes, quae naturalem praestationem habere intelleguntur, palam est capitis deminutione non perire, quia civilis ratio naturalia iura corrumpere non potest. itaque 'de dote' actio, quia in bonum et aequum concepta est, nihilo minus durat etiam post capitis deminutionem*. Also, die zivilrechtliche Veränderung des *status* einer Person berührt jene Obligationen nicht, die *naturalem praestationem habere intelleguntur*. Wie die Begründung zeigt, sind das faktisch alle Obligationen, die nicht zivile sind. Sogar die zivilrechtliche, strengrechtliche *condictio* wird, wie Paulus D. 12, 6, 15 pr. sagt, im Falle der Rückforderung einer irrtümlich erbrachten nicht geschuldeten Leistung zur *naturalis*, das heißt, sie ist naturrechtlich begründet: *Indebiti soluti condictio naturalis est et ideo etiam quod rei solutae accessit, venit in condictionem*. Im vorausgehenden Fragment D. 12, 6, 14 sagt Pomponius, es ist von Natur aus gerecht, daß sich niemand mit dem Schaden eines anderen bereichert: *Nam hoc natura aequum est neminem cum alterius detrimento fieri locupletiorem*. Diese Aussage ist von der Kommission Justinians in eine Sammlung von Rechtsregeln im letzten Digestentitel als Fragment 50, 17, 206 aufgenommen und dabei dahin präzisiert worden, daß es nach Naturrecht gerecht ist: *Iure naturae aequum est neminem cum alterius detrimento et iniuria fieri locuplatiorem*. Selbst wenn hier das *ius naturale* durch Justinians Kommission eingefügt worden wäre, so entspricht es sachlich den zweifellos klassischen Vorlagen.

An den Tatbestand des römischen Diebstahlsdelikts *furtum*, das weiter ist als der moderne Diebstahl und gewisse Betrugs- und Veruntreuungsfälle mitumfaßt, knüpft Paulus in D. 47, 2, 1, 3 die Feststellung an, daß es nach Naturrecht verboten ist, dieses zu begehen: *quod lege naturali prohibitum est admittere*. Dieser Einsicht entspricht die oben (I.) bereits zitierte Formulierung im § 233 des früheren österreichischen Strafgesetzbuches. Die Erkenntnis, daß der Mensch fähig ist, das natürliche Recht und Unrecht mit dem natürlichen Licht der Vernunft zu erkennen, ist , wie bereits oben erwähnt, besonders von Cicero ausführlich entwickelt worden. Das zu erkennen ist der Mensch dadurch fähig, daß er, wie Cicero sagt, mit einer *communis intellegentia* ausgestattet ist, mit einer allgemeinen Erkenntnisfähigkeit, die ihn die Dinge erkennen läßt, so auch was sittlich gut und sittlich schlecht ist. Der wichtige Text aus Cic. leg. 1, 44 f. lautet im Zusammenhang: *atqui nos legem bonam a mala nulla alia nisi naturae norma dividere possumus; nec solum ius et iniuria natura diiudicatur, sed omnino omnia honesta et turpia. nam ut communis intellegentia nobis notas res efficit easque in animis nostris inchoavit, honesta in virtute ponuntur, in vitiis turpia. ea autem in opinione existimare, non in natura posita dementis est*[25]. Den letzten Satz übersetzt Karl Büchner folgendermaßen: „Das aber in bloßer Einbildung, nicht im Wesen gegründet zu sehen, verrät einen Wahnsinnigen"[26]. In diesem Sinne wahnsinnig waren die römischen Juristen jedenfalls nicht.

Was nun die „Naturrechtspraxis" der römischen Juristen betrifft, so hat bereits Fritz Schulz in seinem Werk ‚Prinzipien des römischen Rechts' zu deren Schriften feststellen können: „Weithin macht der Vortrag der Juristen einen fast mathematischen Eindruck oder besser den Eindruck eines *Naturrechtes*. ... Überall ist hier ohne weiteres deutlich, daß die Jurisprudenz sich nicht begnügen will mit der Darstellung des positiven, derzeit geltenden römischen Rechts, daß sie vielmehr um die Herausarbeitung eines Naturrechts bemüht ist. Daher auch die eigentümliche Art der Darstellung, die ihre Sätze nicht eigentlich beweist, sondern unmittelbar aus der Betrachtung der Lebensverhältnisse findet, sie aus der ratio iuris schöpft. Daher ihre naturrechtliche Sicherheit, ..."[27]. Schulz hat hier zweifellos einen wesentlichen Sachverhalt richtig gesehen, nämlich, daß die römischen Juristen bei ihren nüchternen, gänzlich sachbezogenen Bemühungen um gerechte Lösungen konkreter Rechtsfälle unmittelbar und selbstverständlich natürliche Normen, das ist Naturrecht, praktisch angewandt haben. Es ist eben

---

25 Die in den Ausgaben angemerkten Textvarianten berühren den Hauptinhalt der Stelle nicht und brauchen hier daher nicht angeführt zu werden.

26 Marcus Tullius Cicero, Über die Rechtlichkeit (De legibus), Reclam, Stuttgart 1969, S. 27.

27 Prinzipien des römischen Rechts, Vorlesungen von Fritz Schulz, Berlin 1934 , Nachdruck Berlin 1954, S. 23 f. Das kursiv hervorgehobene Wort *Naturrecht* ist im Original gesperrt. Die einschränkenden Zusätze zu diesen Aussagen ändern nichts an ihrer prinzipiellen Gültigkeit und können hier nicht diskutiert werden. Sie beruhen teilweise auf den nachwirkenden positivistischen Vorurteilen, von denen sich Schulz nicht ganz freihalten konnte, was seine Aussagen nur um so bemerkenswerter macht, teilweise auch auf Verwechslungen, als sei dem „griechischen Naturrecht" allgemein eine „spekulative Luftigkeit" eigen (S. 24).

das, was ich früher mit „Naturrechtspraxis“ meinte. Der große Romanist Fritz Schulz hat diese Aussagen bereits 1934 veröffentlicht. Sie sind deswegen um so bemerkenswerter, weil sie in der Zeit des absolut vorherrschenden Rechtspositivismus erschienen sind, und zwar als Antwort auf die sich mehr und mehr offen zeigende Mißachtung des Rechts durch den Nationalsozialismus. Diese Erkenntnisse sind durch die neuere Forschung weitgehend bestätigt und noch weiterentwickelt worden[28]. Damit ist hinreichend klargestellt, welche Bedeutung das Naturrecht für die Entwicklung des römischen Rechtes hat.

III. Zur Bedeutung des römischen Rechts für die Rechtsentwicklung Europas

Die römischen Juristen haben das Naturrecht als eine dem Menschen vorgegebene und für diesen mittels seiner Vernunft erkennbare normative Ordnung mit Selbstverständlichkeit als verbindlich erkannt und in konkreten Entscheidungen angewandt. Mit dieser Arbeit haben die römischen Juristen die konkrete Kenntnis des Naturrechts in der praktischen Anwendung erschlossen und es dadurch auch zu einer historischen Realität gemacht. Die im römischen Recht vorhandenen Abweichungen vom Naturrecht wurden mit der Zeit immer mehr als ungerecht empfunden. Sie wurden von der römischen Rechtswissenschaft in unzähligen Einzelentscheidungen korrigiert, um zu gerechten Entscheidungen zu gelangen. Diese Arbeit der römischen Juristen hat sich über einen Zeitraum von fast 500 Jahren entwickelt, vom 2. Jh. v. Chr. bis zum 3. Jh. n. Chr. Das Ergebnis dieser Arbeit wurde im Jahre 533 n. Chr. vom oströmischen Kaiser Justinian in dem als Digesten bezeichneten Werk als eines seiner Gesetzbücher veröffentlicht. In der Einführungskonstitution zu den Digesten nennt Justinian dieses Werk einen Tempel der römischen Gerechtigkeit (*iustitiae Romanae templum*). Die Wiederentdeckung dieses Werkes im Mittealter und dessen Studium an der ursprünglichen Schule der *artes* in Bologna ließ zunächst aus dieser Schule die erste Universität Europas entstehen. Sie hat dann die gesamte weitere Entwicklung der europäischen Rechtskultur geprägt. Im 18. und 19. Jh. sind auf dieser Grundlage die „Naturrechtsgesetzbücher“ entstanden, das preußische Allgemeine Landrecht von 1794, der französische Code civil von 1804 und das österreichische Allgemeine Bürgerliche Gesetzbuch von 1811 (ABGB). Auf dieser

[28] Eine Übersicht über das Schrifttum habe ich in meinem Beitrag zu den Entscheidungsgrundlagen der klassischen römischen Juristen in ANRW II 15, S. 78 ff., gegeben, dort besonders die Anm. 278.

Basis kann das ABGB noch heute im § 16 sagen: „Jeder Mensch hat angeborene, schon durch die Vernunft einleuchtende Rechte“.

Nach dem Inkrafttreten modernen Kodifikationen trat gleichwohl fast überall die Frage auf, ob nun das römische Recht weiter Gegenstand des Studiums der Rechtswissenschaft sein soll. Besonders beachtenswert ist in diesem Zusammenhang das von Kaiser Franz I. von Österreich mit einem Schreiben an Graf von Ugarte vom 26. September 1807 angeforderte Gutachten der Österreichischen Hofkanzlei (Arch. d. k. k. St. H.C.Z. 105) zu der Frage, ob nach dem Inkrafttreten des ABGB im Studium der Rechtswissenschaft das „des Römischen Privatrechts noch ferner beyzubehalten sey, und wann allenfalls das Letztere, wenn nicht gleich itzt, doch künftig aufzuhören habe“. In dem vom Kanzler Graf von Ugarte gezeichneten Gutachten heißt es unter anderem:

„Das römische Civilrecht ist seit so vielen Jahrhunderten das allgemeine Recht aller civilisierten europäischen Nazionen, und das einzige Band, wodurch dieselben gemeinschaftliche Begriffe in Hinsicht nicht nur auf das Privat- sondern auch auf das Völker- und Staatsrecht unterhielten. Nur durch dieses in dem mittleren Zeitalter, nachdem Europa unter so vielen rohen und unwissenden Völkern getheilt worden war, nach und nach fast in allen Provinzen dieses Welttheils zur Hülfe genommene Recht kam (im Original irrt. „kann“) die Rechtswissenschaft zu jener Stufe der Ausbildung, und Vollkommenheit, welcher die allgemeine und einzelne Wohlfahrt der Europäer, ... und eine in den Grundsätzen der natürlichen Billigkeit geschöpfte Rechtspflege, ... das Meiste, wo nicht alles zu verdanken hat.

Die römische Jurisprudenz ist mit Ausnahme einiger Theile, ... (Ausdruck) ...., ... der allgemeinen Vernunft, des moralischen Menschengefühls, der durch Erfahrung von Jahrhunderten zur Reife gebrachten richterlichen Klugheit; ...: endlich ist es die reichhältigste Sammlung der auf einzelne Fälle angewandten allgemeinen Grundsätze der Jurisprudenz, wo man sich bei den verwickeltsten Rechtsfragen Raths erholen kann, wozu gewiß die Kenntnis desjenigen, was bei ähnlichen Fällen entschieden worden ist, immer der sicherste Leitfaden seyn wird“.

Das ganze Gutachten, welches mir durch das Entgegenkommen des HHStA, Wien, in Ablichtung zugänglich gemacht wurde, ist außerordentlich lesenswert[29].

---

[29] Vgl. dazu A. Steinwenter, Der Einfluß des römischen Rechts auf die Kodifikation des bürgerlichen Rechtes in Österreich, in: Studi in memoria di P. Koschaker I (1954) 414 f. Zur Beziehung des römischen Rechts zum Naturrecht vgl. ferner P. Koschaker, Europa und das römische Recht,

Es ließen sich nun zahlreiche Beispiele dafür anführen, für wie viele konkrete Rechtsfragen das römische Recht auch heute praktische Bedeutung hat. Ich möchte nur eines von allgemeiner Bedeutung hervorheben: Das österreichische ABGB hat mit § 7 eine Bestimmung, mit welcher der Richter angewiesen wird, im Falle, daß ein Rechtsfall weder nach dem Wortlaut des Gesetzes noch durch Analogie zu lösen ist, diesen nach den natürlichen Rechtsgrundsätzen zu entscheiden. Es ist nun eine in der Literatur und in Kommentaren umstrittene Frage, was diese natürlichen Rechtsgrundsätze sind. Im Jahre 1877 hatten noch Pfaff-Hofmann in ihrem Kommentar zu § 7 ABGB die natürlichen Rechtsgrundsätze im römischen Recht gesehen. Sie haben dabei mit Recht auf eine Feststellung von Rotteck verwiesen, welche das Bewußtsein von der Beziehung des römischen Rechts zum Naturrecht verdeutlicht:

„Die römische Rechtsgesetzgebung ist ihrem vorherrschenden Charakter nach (und abgesehen von den aus besonderen politischen, religiösen und sittlichen Verhältnissen geflossenen Instituten) blos eine positive Verkündung und, wo es Noth thut, nähere Bestimmung des Vernunftrechtes". Sie zitieren dort auch Zachariä, der gesagt hat: „Denn überhaupt ist das röm. R. größtentheils ein in seinen Folgerungen dargestelltes Naturrecht"[30].

Natürlich ist mir klar, daß man zu diesen Aussagen heute einiges dazusagen müßte, um der komplexen historischen Realität gerecht zu werden. Gleichwohl sind diese Aussagen zu einem großen Teil zutreffend. Beispiele aus der Rechtsprechung des österreichischen Obersten Gerichtshofes können das sogar verdeutlichen. Der bereits oben (II.) zitierte Grundsatz: *Nam hoc natura aequum est neminem cum alterius detrimento fieri locupletiorem*[31] („Es ist von Natur aus gerecht, daß sich niemand mit dem Schaden eines anderen bereichert"), in Verbindung mit dem anderen Grundsatz, daß niemand durch eigene Arglist einen Rechtsvorteil erlangen darf[32], ist vom OGH 1974 in einer bemerkenswerten Entscheidung angewandt worden. Es ging um folgenden Fall: Eine Versicherungsgesellschaft hatte einem „durch fahrlässiges Verhalten des Beklagten" Verletzten zugesichert, auch die Folgeschäden aus dem Unfall, die durch später

---

[4]1966, 252; weitere Hinweise bei Waldstein, ANRW II 15 (1976) 78 ff., Lit. dort in Anm. 278; auch ders., Naturrecht bei den klassischen römischen Juristen, in: Das Naturrechtsdenken heute und morgen, GedSchr. R. Marcic (1983) 239 - 253.

30 L. Pfaff/F. Hofmann, Commentar zum öst. allg. bürgerl. Gesetzbuche I (1877) 195 Anm. 171; dort weitere Hinweise.

31 Pompon. D. 12, 6, 14.

32 Vgl. Ulp. D. 47, 2, 12, 1, dort auf die Ablehnung des Klagerechts als Folge aus dem Grundsatz formuliert.

notwendige Operationen eintreten würden, zu ersetzen. Im Hinblick auf diese Erklärung hat der Geschädigte keine Veranlassung gesehen, zum Ausschluß der Verjährung, aber auch zum Schaden der Versicherungsgesellschaft, eine Feststellungsklage auf Bestehen des Anspruchs einzubringen. Diese Klage hätte nur mit der kostenpflichtigen Verurteilung der Versicherungsgesellschaft enden können. Als dann die Verjährungszeit abgelaufen war, hat die Versicherungsgesellschaft gleichwohl Verjährung gegen die später geltend gemachten Ansprüche eingewandt. Darin wurde mit Recht ein arglistiges Verhalten der Versicherungsgesellschaft erblickt. Der OGH stellt in seinem Urteil vom 7. Oktober 1974 fest: „Der Schuldner, der den Gläubiger sittenwidrig abgehalten hat, der Verjährung vorzubeugen, darf sich auf die Verjährung nicht berufen“[33]. Im ersten Leitsatz sagt der OGH: „Das Gesetz anerkennt sittliche Grundsätze (‚allgemeine Grundsätze der Gerechtigkeit': Abs. 1 KPzABGB), die so allgemein anerkannt sind, daß es zu ihrer Anwendung keiner besonderen Gesetzesbestimmung bedarf; sie durchbrechen selbst die geschriebene Norm“[34]. In diesem Fall durchbrach der natürliche Rechtsgrundsatz sogar die äußerst strenge Verjährungsnorm des § 1502 ABGB, hinter der sich der arglistige Schuldner glaubte verstecken zu können. In zwei weiteren Urteilen aus dem Jahre 1975 wurde diese Entscheidung bekräftigt[35]. Der OGH spricht von einer „nun bereits gefestigten Rechtsprechung des OGH aus der jüngeren Zeit“. Demnach „darf sich gemäß dem natürlichen Rechtsgrundsatz, daß niemand durch Arglist Rechtsvorteile erlangen darf, der listige Schuldner, der den Gläubiger abgehalten hat, der Verjährung durch Einklagung ... vorzubeugen, nicht auf die Verjährung berufen“[36]. Leider hat die politisch Motivierte Änderung des Scheidungsrechts dazu geführt, daß der OGH diese Rechtsprechung nicht mehr ungebrochen weiterführen kann. Denn nach dem neuen Scheidungsrecht kann auch der allein schuldige Ehegatte die Scheidungsklage einbringen und so aus eigener *inprobitas*[37] (Unredlichkeit oder Schlechtigkeit) ein Klagerecht erlangen.

Paul Koschaker hat in seinem Buch ‚Europa und das römische Recht' von einem europäischen Naturrecht gesprochen, „das nicht spekulativ aus der Ver-

---

33 SZ (= Sammlung Zivilsachen; Entscheidungen des österr. OGH) 52 (1974) Nr. 104, S. 460.

34 Vgl. vorige Anm.

35 SZ 48 (1975) Nrn. 67 und 79.

36 SZ 48, Nr. 79, S. 428. Vgl. allgemein dazu Th. Mayer-Maly, Die natürlichen Rechtsgrundsätze als Teil des geltenden österreichischen Rechts, in: Das Naturrechtsdenken heute und morgen, Gedächtnisschrift für R. Marcic, hrsg. von D. Mayer-Maly und P. M. Simons, Berlin 1983, 853 – 864.

37 Vgl. Ulp. D. 47, 2, 12, 1.

nunft, sondern streng historisch aus der Vergleichung derjenigen Privatrechtssysteme gewonnen wird, die zum rechtlichen Aufbau Europas und darüber hinaus der ganzen Kulturwelt beigetragen haben, an der Spitze das römische Recht, das die Verbindung zwischen diesen Rechtssystemen herstellt; ein Naturrecht, das die Rechtserfahrungen aller Kulturvölker sammelt, die Europa aufbauen geholfen haben"[38]. Koschaker spricht in diesem Zusammenhang von einem „relativen" Naturrecht, im Gegensatz zu einem „absoluten", von dem er sagt: „Ein absolutes Naturrecht kommt allerdings nicht in Frage". Dieses Problem kann ich hier nicht durchdiskutieren. Ich möchte nur darauf hinweisen, daß Alfred Verdroß einen wichtigen Beitrag zur Klärung des Verhältnisses zwischen absolutem und unwandelbarem Naturrecht einerseits und den jeweiligen situationsbedingten und damit relativen Konkretisierungen dieses Naturrechts andererseits geleistet hat. In seinem Buch: Statisches und dynamisches Naturrecht[39], unterscheidet er zwischen einem primären unveränderlichen und sekundären veränderlichen Naturrecht. Das sekundäre Naturrecht ist die jeweilige Anwendung des primären in den wechselnden Situationen. Er sagt dann unter anderem: „Veränderlich sind also nur die Konkretisierungen des primären Naturrechts". In diesen veränderlichen „sekundären Normen des Naturrechts" kommt jedoch „das unveränderliche Naturrecht zur Anwendung"[40]. Wenn es dieses primäre, unveränderliche und damit absolute Naturrecht nicht geben würde, könnten seine Normen in einem veränderlichen sekundären Naturrecht auch nicht zur Anwendung kommen. Dann wäre es einfach sinnlos, von Naturrecht zu sprechen. Koschaker meint aber wohl mit dem relativen Naturrecht nur das veränderliche, daher relative sekundäre Naturrecht, das in den durch die historischen Umstände bedingten Konkretisierungen des primären besteht, ohne die von Verdroß explizit gemachte Unterscheidung zu kennen. Dieses sekundäre Naturrecht allein läßt sich streng historisch erforschen. Es ist eben die sich in der Geschichte entfaltende jeweilige „Naturrechtspraxis", die jedoch Existenz und Erkennbarkeit des primären, unveränderlichen Naturrechts voraussetzt.

Um die Bedeutung des *ius naturale* im römischen Recht und auch für uns zu verstehen, ist die von Verdroß klargestellte Unterscheidung sehr wichtig. Sie kann helfen, den Prozeß der praktischen Anwendung besser zu verstehen. Die Erkenntnisse der antiken Philosophie betreffend das *ius naturale* allgemein und besonders die für die römischen Juristen historisch bezeugte Naturrechtspraxis

---

38 München ^{4}1966, S. 346.

39 rombach hochschul paperback band 20, 1971.

40 Naturrecht 116.

haben heute aber auch deswegen größte Bedeutung, weil sogar die Moraltheologie in einer Spätrezeption des positivistischen Wissenschafts- und Wirklichkeitsbegriffes meint, das Naturrecht abtun zu können oder zu müssen, um den Menschen ihre erwünschte „Autonomie" zu gewähren. Daß dies ein Irrweg ist, der nicht zu mehr Menschlichkeit führt, müßte längst klar sein. Auch die pluralistische demokratische Gesellschaft entzieht sich selbst die Grundlage ihres Bestandes, wenn sie meint, dem Menschen vorgegebene Normen mißachten zu können. Das hat besonders Joachim Detjen in einer eingehenden Untersuchung zum Verhältnis von Pluralismus und Naturrecht gezeigt[41].

Der „Neukantianismus", der „positivistische *Wissenschaftsbegriff*" und der daraus folgende „*Wirklichkeitsbegriff*"[42] haben aber nahezu die gesamte moderne Rechtstheorie mehr oder weniger erfaßt. Diese Tendenzen hat vor allem auch der „kritische Rationalismus" von Karl Popper und Hans Albert noch verstärkt[43]. Unter diesen Voraussetzungen wurde das Naturrecht als „Trugbild unserer Wunschträume" bezeichnet und behauptet, „daß wir noch niemals eine Kenntnis, sondern nur ‚die Illusion einer Kenntnis des Naturrechts' besaßen"[44]. Ich kann nicht bestreiten, daß der Verfasser dieser Aussagen keine Kenntnis des Naturrechts besaß. Ich muß ihm aber leider dazu bescheinigen, daß er auch keine Kenntnis der wirklichen Rechtsentwicklung seit der Antike besitzen konnte. Kelsen hat die Kritik an den Naturrechtslehren noch schärfer formuliert, wenn er sagt, daß „die verschiedenen Naturrechtslehren ebenso viele und ebenso verschiedene Antworten wie der relativistische Positivismus" geben. Er sagt dann weiter: „Aber jede dieser Naturrechtslehren gibt dem Individuum die Illusion, daß die Gerechtigkeitsnorm, die es wählt, von Gott, der Natur oder der Vernunft stammt, daher absolut gültig ist und die Möglichkeit der Geltung einer anderen ihr widersprechenden Gerechtigkeitsnorm ausschließt; und für diese Illusion bringen viele jedes *sacrificium intellectus*"[45]. Diese Aussage impliziert, daß die gesamte Entwicklung der abendländischen Philosophie seit Platon über

---

[41] Joachim Detjen, Neopluralismus und Naturrecht. Zur politischen Philosophie der Pluralismustheorie (Politik- und Kommunikationswissenschaftliche Veröffentlichungen der Görres-Gesellschaft Bd. 1), Paderborn u. a. 1988, bes. S. 639.

[42] Vgl. dazu Karl Larenz, Methodenlehre der Rechtswissenschaft, ^{6}1991, 117.

[43] Vgl. dazu die glänzende Kritik des kritischen Rationalismus von W. Henke, Recht und Staat Heft 434, Tübingen 1974.

[44] So A. Leinweber, Gibt es ein Naturrecht? Beiträge zur Grundlagenforschung der Rechtsphilosophie, ^{3}1972, 280 und 284 f.; vgl. dazu die Rezension von J. Messner zur 1. Aufl. (1965), Öst. Z. öff. Recht 18 (1968) 132 f.

[45] Reine Rechtslehre, Wien ^{2}1967 (Nachdruck), 442. Dazu Waldstein, Gesetz und Gerechtigkeit, in: Wahrheit, Wert und Sein, FG v. Hildebrand, Regensburg 1970, 187-189.

Aristoteles und die Stoa zunächst zu Cicero und der ganzen römischen Rechtswissenschaft, dann zu Augustinus, über den hl. Thomas von Aquin, die spanische Naturrechtsschule bis zur Naturrechtslehre der Aufklärung und zu den Bemühungen in diesem Jahrhundert eine ununterbrochene Kette von *sacrificia intellectus* gewesen wäre. Und auf solche würde sich dann auch die gesamte Rechtsentwicklung Europas gründen. Ich kann mir diese Aussage Kelsens nur dadurch erklären, daß er nicht weiß, wovon er spricht. Cicero ebenso wie Ulpian bezeichnen dagegen gerade diese auf Sokrates, Platon und Aristoteles zurückgehende Philosophie als die wahre[46].

Die mit diesen Theorien verbundenen Ansprüche, allein wissenschaftlich zu sein, sind jedoch bereits seit der Antike als in sich widersprüchlich und unhaltbar erwiesen worden. Daher sind sie auch in der Gegenwart wieder kritischer Überprüfung unterzogen worden. Diese Überprüfungen, die freilich von unterschiedlichen Grundpositionen aus erfolgt sind, führten notwendigerweise zum gleichen Ergebnis, zu dem bereits Aristoteles bei der Überprüfung der früheren philosophischen Lehren gekommen ist, die „nur das Sinnliche für Seiendes ansahen". Wie bereits oben erwähnt, sagt er: „Daher reden sie zwar nach dem Schein, aber nicht nach der Wahrheit"[47]. Hinsichtlich des Relativismus stellt er fest: „„... einmal muß, wenn alles, was man meint, und alles, was sinnlich erscheint, wahr ist, alles zugleich wahr und falsch sein. Denn viele haben entgegengesetzte Ansichten und glauben, daß diejenigen, die ihre Meinung nicht teilen, im Irrtum sind, woraus notwendig folgt, daß dasselbe ist und auch nicht ist"[48]. Wie er weiter zeigt, „ergibt sich für alle solche Behauptungen die oft betonte Folge, daß sie sich selbst aufheben"[49]. Eric Voegelin, ehemaliger Assistent von Hans Kelsen, hat bei seiner Analyse der Entwicklung des positivistischen Wissenschaftsbegriffes daher mit Recht festgestellt: „Solche Erwägungen würden das positivistische Bild der Entwicklung von einer frühen religiösen oder theologischen Phase der Menschheit bis zur Höhe der positiven Wissenschaft radikal umstoßen. Nicht nur würde die Linie der Entwicklung, zumindest für die Neuzeit, von einer höheren zu einer niedrigeren Stufe der Rationalität verlaufen, sondern darüber hinaus müßte dieser Abstieg der *ratio* als die Folge

---

46 Vgl. Cic. Tusc. 4, 6; Ulp. dig. 1, 1, 1, 1. Dazu Waldstein, Römische Rechtswissenschaft und wahre Philosophie, Index 22 (1994) 31 - 45, zu den zitierten Texten dort 33 - 37.

47 Aristot. metaph. 4, 5; 1010 a 1 - 5. Dazu oben bei Anm. 5.

48 Aristot. metaph. 4, 5; 1009 a 7 - 12.

49 Aristot. metaph. 4, 8; 1012 b 13 ff. Dazu ist die vorausgehende Aussage wichtig: „Wer nämlich sagt, alles sei wahr und alles falsch, sagt auch jeden dieser beiden Sätze für sich, so daß, wenn jenes unmöglich ist, auch dieses unmöglich ist" (metaph. 4, 8; 1012 a 34 - 1012 b 2).

geistigen Rückschritts aufgefaßt werden. Damit würde eine Deutung westlicher Geschichte, die in Jahrhunderten entstanden war, revolutioniert werden. Und eine Revolution solchen Ausmaßes würde auf die Opposition ‚progressiver' Elemente stoßen, die sich plötzlich in der Lage rückschrittlicher Irrationalisten befänden“[50].

Voegelin erklärt dann, warum er diese Feststellungen „im Modus des Konjunktivs formuliert“. Er sagt dann: „Eine große Zahl von Vorbedingungen mußte erfüllt sein, ehe die kunjunktivischen Erwägungen in die Form indikativischer Aktion übertragen werden konnten. Das Verständnis für Ontologie wie auch die rein handwerksmäßige Technik des Philosophierens mußten neu erworben ... werden“[51]. Es gibt also keine Alternative zu dem von der wahren Philosophie begründeten Bemühen, mit den dem jeweiligen Gegenstand angemessenen Methoden nach der Wahrheit zu suchen.

Seit der Antike wurde zu allen Zeiten Naturrecht mit dem natürlichen Licht der Vernunft erkannt und angewandt. Es wurde auch gesehen, daß eine menschenwürdige Ordnung nur bestehen kann, wenn die dem Menschen vorgegebenen Rechte geachtet werden. Cicero hat das in der bereits zitierten[52] Aussage besonders klar formuliert: *lex ipsa naturae ... utilitatem hominum conservat et continet.* Daher ist die Kenntnis des Naturrechts nicht eine Frage irgendwelcher mehr oder weniger zuverlässiger philosophischer Theorien, sondern eine Realität in der gesamten Entwicklung der europäischen Rechtskultur.

IV. Naturrecht als Grundlage der Menschenrechte

Dieses Naturrecht ist auch die Grundlage der modernen Menschenrechte. Martin Kriele hat mehrfach auf das Naturrecht, besonders im Zusammenhang mit den Menschenrechten, Bezug genommen. Die ihm zukommende Bedeutung wird besonders deutlich aus seiner Einführung in die Staatslehre. Im Rahmen der Erörterung des Verhältnisses von „Rule of Law und Rechtsstaat“[53] sagt er dort: „Sofern der Rechtsstaat naturrechtlich verstanden wird, gilt dieses Naturrecht

---

50 Die neue Wissenschaft der Politik, deutsche Ausg. 1959, Sonderausgabe der Stifterbibliothek 1977, 48 f. Die Zitate beziehen sich auf diese Ausg.

51 Neue Wissenschaft der Politik 49. Im ausgelassenen Satzteil steht die ebenfalls sehr wichtige Feststellung: „und vor allem mußte die philosophische Anthropologie wieder als Wissenschaft neu begründet werden“.

52 Oben bei Anm. 8.

53 M. Kriele, Einführung in die Staatslehre ([5]1994) 328 ff.

als ein *universal und zeitlos* geltender Normenkomplex"[54]. Die Frage wird natürlich auch in vielen Arbeiten Krieles implizit berührt, selbst wenn nicht ausdrücklich von Naturrecht die Rede ist. Der ganze Bereich der Grundrechte, um die sich Kriele vielfach verdient gemacht hat, setzt die Existenz von „unveräußerlichen Menschenrechten als Grundlage jeder menschlichen Gemeinschaft, des Friedens und der Gerechtigkeit in der Welt" (GG Art. 1 Abs. 2) voraus. Kriele selbst sagt dazu: „Die Begriffe «Grundrechte und Menschenrechte» werden zwar häufig gleichbedeutend verstanden. Aber nach dem Schwerpunkt sowohl ihrer Herkunft als auch des Sprachgebrauchs kann man so unterscheiden: Grundrechte sind *positives Recht,* Menschenrechte sind *Naturrecht.* In der theoretischen Diskussion spielt dieser Unterschied eine große Rolle. Menschenrechte gelten zeitlich gesehen ewig, räumlich gesehen überall in der Welt; sie sind in der Natur oder in Gottes Schöpfung verwurzelt, sie haben den Charakter der Heiligkeit und Unverbrüchlichkeit"[55].

Wäre es anders, dann könnte es auch die „unverletzlichen und unveräußerlichen Menschenrechte als Grundlage jeder menschlichen Gemeinschaft, des Friedens und der Gerechtigkeit in der Welt" nicht geben, zu denen sich das Deutsche Volk im Art. 1 Abs. 2 des Grundgesetzes von 1949 bekennt. Denn dann hinge alles von jeweiligen Mehrheitsentscheidungen ab. Diese aber können jedes Recht praktisch unwirksam machen, auch das menschliche Recht auf Leben. Daher ist eine Wiederbesinnung auf die naturrechtlichen Grundlagen unserer Rechtsordnung alles andere als eine theoretische Spielerei.

Diese Wiederbesinnung ist auch nicht schwierig. Man muß nicht lange suchen und theoretisieren. Die Erkenntnisse der römischen Rechtswissenschaft sind seit Jahrhunderten bekannt. Als die im Europarat vereinigten Regierungen europäischer Staaten sich im Jahre 1950 entschlossen, eine Europäische Konvention zum Schutze der Menschenrechte und Grundfreiheiten zu vereinbaren, konnten sie, wie die Präambel zu dieser Konvention sagt, an „ein gemeinsames Erbe an geistigen Gütern"[56] anknüpfen. Nach den Greueln des Nationalsozialismus und des zweiten Weltkrieges war dieses Erbe als Grundlage für den Wiederaufbau

---

[54] Einführung 328 f. Eine ausführlichere Auseinandersetzung mit dem Naturrechtsproblem in seinem Beitrag „Rechtspositivismus und Naturrecht politisch beleuchtet", in: Recht - Vernunft – Wirklichkeit (Berlin 1990) 487 - 504.

[55] Einführung 132. Vgl. auch F. D'Agostino, Filosofia del diritto, Torino, ²1996, 68: „I diritti umani, infatti, altro non sono che il modo in cui si ripresentano nel nostro tempo – e in una forma particolarmente agguerita – le istanze più profonde del giusnaturalismo."

[56] Präambel Abs. 5, wiedergegeben bei Klecatsky/Morscher, Das österreichische Bundesverfassungsrecht, ³1982, 1052.

Europas besonders klar im Bewußtsein aller. Theodor Heuss konnte im selben Jahr 1950 über dieses Erbe sagen: „Von drei Hügeln ging Europa aus: von der Akropolis, dem Capitol und Golgatha"[57]. Diese Worte hat Erich Genzmer in seinem Beitrag: „Das römische Recht als Mitgestalter gemeineuropäischer Kultur"[58] mit Recht zur Charakterisierung jener Faktoren angeführt, die Europa gestaltet haben: die griechische und römische Kultur, zu denen die griechische Philosophie und das römische Recht als tragende geistige Faktoren gehören, und das Christentum. Im Jahre 1949, also ein Jahr vor der MRK, hatte das Deutsche Volk, wie es die Präambel zum Grundgesetz sagt, „Im Bewußtsein seiner Verantwortung vor Gott und den Menschen ... sich ...dieses Grundgesetz gegeben". Wie die Begründung für „die Einbeziehung der invocatio dei in die Präambel" durch den Abg. Dr. Süsterhenn zeigt, lag ihr gerade das in der Präambel zur MRK angeführte gemeinsame Erbe an geistigen Gütern zu Grunde[59]. Heute kann ein laizistischer europäischer Staat durch sein Veto bewirken, daß in eine europäischen Verfassung keine invocatio Dei mehr aufgenommen werden kann. Hierin zeigt sich der totalitäre Zug des Laizismus, wie er sich bereits in der französischen Revolution offenbarte. Das gemeinsame Erbe ganz Europas muß aufgegeben werden, weil ein Staat es will und der Abstimmungsmodus in der Europäischen Gemeinschaft dies möglich macht.

Die Grundlagen unserer Rechtsordnung sind sogar den aktuellen europäischen Gerichtshöfen in ihrer Bedeutung bekannt. Rolf Knütel konnte das in einem Beitrag zu *Ius commune* und römisches Recht vor Gerichten der Europäischen Union[60] zeigen. Er kann den Generalanwalt Trabucchi zu den allgemeinen Rechtsgrundsätzen unter anderem mit folgender Aussage zitieren: „Wir finden sie in den antiken Rechtsordnungen als *ratio scripta* (geschriebene Vernunftordnung) des menschlichen Zusammenlebens, wir finden sie in den Kodifizierungen des 19. Jahrhunderts, die gerade konzipiert wurden, um die Gültigkeit solcher Aussagen in Artikeln festzulegen; wir finden sie heute in noch feierlicherer Form in den modernen Verfassungen vor ... Vor diesen Grundsätzen muß

---

57 In einer Rede vom 26. 9. 1950, zitiert bei E. Genzmer, FS für Rudolf Laun, Hamburg 1953, 499.

58 FS Laun (vorige Anm.) 499 ff.

59 Vgl. Klaus-Berto v. Doemming/Rudolf Werner Füsslein/Werner Matz, Entstehungsgeschichte der Artikel des Grundgesetzes, in: Gerhard Leibholz/Hermann v. Mangoldt (Hrsg.), Jahrbuch des öffentlichen Rechts der Gegenwart, NF Bd. 1 (1951), S. 29 und die Diskussion dort ff. Zum Problem eingehend Ethel Leonore Behrendt, Gott im Grundgesetz, Der vergessene Grundwert „Verantwortung vor Gott", München 1980.

60 In Jus. Zeitschrift für Studium und praktische Ausbildung 9 (1996) 768 – 778.

die Tätigkeit der Gemeinschaftsorgane respektvoll innehalten ..."[61]. Es ist daher nicht nur möglich, sondern sogar von Organen der Europäischen Union anerkannte Pflicht, diese Grundlagen zu beachten.

Nur wenn diese Grundlagen wieder mehr anerkannt und tatsächlich beachtet werden, kann es auch wieder einen wirksamen Schutz der Menschenrechte geben. Die Bildung des Rechtsbewußtseins ist daher eine der wichtigsten Aufgaben, um eine europäische Wertegemeinschaft auf der Grundlage des „gemeinsamen Erbes an geistigen Gütern" wiederherstellen zu können und damit auch eine menschenwürdige Zukunft der Menschheit insgesamt zu sichern.

---

61 Jus ... (bei Anm. 126).

Problematyka stosunków między państwem i Kościołem w prawie Unii Europejskiej[1]

Józef Krukowski[2]

1. Unia Europejska jest oryginalnym związkiem państw Europy zachodniej, utworzonym w procesie integracji na podstawie traktatów międzynarodowych w celu zapewnienia pokoju i dobrobytu ludności. Integracja ta jest wielopłaszyznowa i wieloetapowa. Obejmuje bowiem płaszczyznę ekonomiczną, polityczną i kulturową. Na pierwszym etapie skierowano uwagę głównie na płaszczyznę ekonomiczną i polityczną. Sprawy kultury, do których zaliczono religię, a tym samym sprawy dotyczące stosunku Unii do kościołów, pozostawiono w sferze autonomii państw członkowskich. Motywowano to trudnościami ustalania wspólnych zasad, wynikającymi z pluralizmu kulturowego narodów europejskich. Istotnie, Europa jest pluralistyczna pod względem kulturowym i religijnym. Wszakże mimo pluralizmu, który świadczy o bogactwie duchowym, kultura narodów europejskich posiada elementy wspólne, decydujące o jej tożsamości.

Począwszy od starożytności na kształt kultury europejskiej nakładały się wpływy judeo-grecko-rzymsko-chrześcijańskie, do których w średniowieczu zostały włączone elementy kultury narodów celtyckich, germańskich i słowiańskich. Jednak o tożsamości kultury europejskiej przede wszystkim zadecydowało chrześcijaństwo. W średniowieczu dokonała się synteza starożytnej filozofii greckiej i prawa rzymskiego z oryginalnymi elementami chrześcijaństwa. W okresie Oświecenia na tę syntezę nałożyły się wpływy racjonalistycznej filozofii prawa naturalnego i ideologii liberalnej.

2. Pod wpływem wymienionych wyżej czynników kulturowych, ideologicznych i politycznych powstały w Europie trzy modele państw z punktu widzenia stosunku do religii.

Pierwszym z nich jest model państwa wyznaniowego, w którym jedno wyznanie religijne bądź jeden Kościół ma charakter uprzywilejowany, tzn. oficjalny, państwowy. W poprzednich epokach wszystkie państwa europejskie były

[1] Wykład inauguracyjny na Wydziale Zamiejscowym Nauk Prawnych i Ekonomicznych Katolickiego Uniwersytetu Lubelskiego w Tomaszowie Lubelskim 26. 10. 2003 r.

[2] Józef Kurkowski: Ordentlicher Professor und Lehrstuhlinhaber für das öffentliche Kirchenrecht und Verfassungsrecht an der Katholischen Universität Lublin und für das Bekenntnisrecht an der Kard.-St.-Wyszyński-Universität in Warschau, Konsultor des Päpstlichen Rates für die Interpretation der Rechtstexte im Apostolischen Stuhl.

wyznaniowe. W następstwie tragicznych podziałów chrześcijaństwa powstały państwa: katolickie, prawosławne, protestanckie. W epoce nowożytnej pod wpływem ideologii liberalnej powstały państwa świeckie. Współcześnie państwami wyznaniowymi pozostają jeszcze na północy Europy państwa skandynawskie, w których pozycję kościoła państwowego mają kościoły luterańskie (z wyjątkiem Szwecji od 2000 r.), i Wielka Brytania, gdzie oficjalny charakter ma Koœciół anglikański; a na południu Europy są to: Grecja, której konstytucja zapewnia pozycję kościoła państwowego kościołowi prawosławnemu, i Malta, której konstytucja pozycję kościoła oficjalnego zapewnia Kościołowi rzymsko-katolickiemu.

Drugim jest model państwa świeckiego w wersji agresywnej, radykalnie przeciwstawny do wyznaniowego, wywodzący się z ideologii rewolucji francuskiej. Miejsce oficjalnej religii zajmuje ideologia neutralności wobec religii, pojmowanej w sensie nagatywnym, polegająca na zredukowaniu religii do sfery życia prywatnego (Francja, Holandia), bądź ideologia ateistyczna (państwa komunistyczne).

Trzecim jest model państwa świeckiego w wersji umiarkowej, w którym nie ma Kościoła państwowego. Model ten powstał w Niemczech po I. wojnie światowej; następnie po Soborze Watykańskim II. został przyjęty w państwach Europy południowo-zachodniej (Hiszpania, Włochy) a po upadku reżimu komunistycznego w Polsce i innych państwach Europy środkowo-wschodniej. Konstytucje tych państw gwarantują równouprawnienie ludzi bez względu na wyznanie w życiu prywatnym i publicznym oraz równouprawnienie kościołów i innych związków wyznaniowych. Ze względów kulturowych państwa te religię chrześcijańską traktują jako istotny element dziedzictwa duchowego narodu.

Proces integracji państw w Unii Europejskiej jest otwarty. Unia podlega rozwojowi pod względem ilościowym i jakościowym. Pod względem ilościowym jest to akcesja 10. państw Europy środkowo-wschodniej, w tym Polski. Zaś rozwój jakościowy nastąpi na mocy Traktatu Konstytucyjnego, którego projekt przygotowany przez Konwent Europejski jest przedmiotem debaty na szczeblu przedstawicieli państw członkowskich i kandydujących. Nasuwa się więc pytanie, jaki jest stosunek Unii Europejskiej do wymienionych wyżej modeli stosunku państwa do religii w ogólności, a do kościołów w szczególności.

3. Przedmiotem naszego dalszego zainteresowania jest problem: czy Unia Europejska respektując pluralizm kulturowy narodów europejskich, jednocześnie respektuje wymienione wyżej różne modele relacji państwo-

Kościół; czy zmierza do narzucenia wszystkim państwom członkowskim jednego z nich?

Ustalenie odpowiedzi na te pytania nie jest proste. Unia Europejska generalnie prezentuje się bowiem jako struktura świecka, oparta na zasadach poszanowania pluralizmu i neutralności wobec przekonań religijnych, światopoglądowych i filozoficznych.[3] Jednakże teza ta nie jest klarowna, gdyż świeckość państwa jest pojęciem wieloznacznym. Jak wyżej zostało powiedziane, w Europie istnieją dwa różne modele państw świeckich. Pierwszy z nich - oparty na założeniach radykalnie liberalnych - głosi zasadę neutralności zamkniętej, polegającej na redukcji religii do sfery życia prywatnego. Drugim jest model świeckości umiarkowanej, czyli neutralności otwartej na poszanowaniu wartości religijnych i etycznych w życiu prywatnym i publicznym[4]. Powstał więc problem, który z tych modeli jest preferowany w prawie Unii Europejskiej, a w przyszłości zostanie utrwalony w Traktacie Konstytucyjnym UE?

W ustosunkowaniu się Unii Europejskiej do powyższego problemu dokonuje się ewolucja. W pierwszej fazie w prawie traktatowym Unii Europejskiej zagwarantowana została ochrona wolności sumienia i religii w wymiarze indywidualnym w drodze recepcji gwarancji wpisanych do Europejskiej Konwencji Praw Człowieka i Podstawowych Wolności z 1950 r. Na mocy art. 6 (F), 2. Traktatu o Unii Europejskiej z 1992 r., nastąpiła bowiem inkorporacja norm tej Konwecji. Ochrona ta obejmuje prawo każdego człowieka do wolności myśli, sumienia i religii (art. 9 i 14) oraz prawo rodziców do wychowania dzieci zgodnie ze swymi przekonaniami religijnymi i filozoficznymi w ramach edukacji szkolnej (Protokół Dodatkowy nr 1 do Europejskiej Konwencji Praw Człowieka). Niewątpliwie jest to wyraźne zawężenie ochrony wolności religijnej do wymiaru indywidualnego. Wskazywałoby to, że ochrona wolności religii w wymiarze instytucjonalnym została wyłączona spod kompetencji organów Unii Europejskiej. Jednocześnie cytowane wyżej postanowienie traktatowe generalnie odsyła do zasad zawartych w konstytucjach państw członkowskich. A w konstytucjach tych, jak wyżej zostało powiedziane, dyscyplina w przedmiocie ochrony wolności religijnej w wymiarze instytucjonalnym jest zróżnicowana. Ustalenie wspólnej zasady na podstawie analizy konstytucji

---

3 Unia Europejska, Informator o kościołach, Warszawa 2000, wyd. 3, s. 6.

4 J. Krukowski, Kościół i państwo. Podstawy relacji prawnych, Lublin 2000, s. 42-84.

państw członkowskich Unii Europejskiej w tej dziedzienie jest prawie niemożliwe, a w każdym bądź razie bardzo problematyczne.[5]

4. W prawie traktatowym Unii Europejskiej zaistniała więc luka, czyli brak normy dotyczącej ochrony wolności religii w wymiarze instytucjonalnym. Inicjatywę wypełnienia tej luki podjęły organa Rady Europejskiej w Strasburgu (Europejska Komisja Praw Człowieka i Europejski Trybunał Praw Człowieka), jakkolwiek nie są to organa Unii Europejskiej. Organa te stanęły na stanowisku, iż wpisane do Konwencji gwarancje wolnościowe do uzewnętrzniania przekonań religijnych „wspólnie z innymi" obejmują także ochronę prawa Kościołów do wolności w zakresie wewnętrznej organizacji, sprawowania kultu, nauczania i praktyk religijnych.[6] W ten sposób orzecznictwo strasburskie w drodze wykładni celowościowej włączyło w zakres prawa wspólnotowego poszanowanie wolności religijnej w wymiarze instytucjonalnym. Jednakże w kontynentalnym systemie prawa sądy nie tworzą prawa powszechnie obowiązującego; orzeczenia sądowe obowiązują tylko strony uwikłane w konkretnej sprawie. Wykładnia prawa, jaką organy strasburskie przyjęły w orzeczeniu wydanym w jednej sprawie, może być zmieniona w orzeczeniu wydanym w innej sprawie.

Ponadto należy uwzględnić problemy natury kompetencyjnej. Z jednej strony na Konferencji Amsterdamskiej do Traktatu Ustanawiającego Wspólnotę Europejską wpisano normę kompetencyjną (art. 13), upoważniającą Radę Unii Europejskiej do podejmowania odpowiednich środków przeciwko naruszaniu zasady równości, m.in. po to, „by zwalczać dyskryminację z przyczyn religijnych". Norma ta stała się podstawą kompetencji do stanowienia przez organa Brukselskie dyrektyw wspólnotowych.[7] Na ich podstawie organy Unii Europejskiej w Brukseli zaczęły wkraczać w sferę wolności religii w wymiarze instytucjonalnym.[8]

---

5 L.L. Christians, Droit et religion dans le Traitè d'Amsterdam: une etap decisive? w: Le Traitè d'Amsterdam. Espoir et deceptions, ed. Y. Lejeune, Bruxelles 1998, s. 196-198; C. van Bijsterveld, Towards an Institutional Reletionship between Churches and the European Union; w: With relationship between Churches and the European Union? Thoughts for the Future, eds. H. J. Kiderlen, H. Temopel, R. Thorfs, Leuven 1995, s. 32.

6 G. Robbers, Etat et Eglise dans l'Union europeènne, Baden-Baden 1997, s. 356.

7 F. Margiotta Broglio, La tutela della libertà religiosa nell' Unione Europea, w: Iglesias, confessiones y comunidades religiosas en la Union Europea, ed. A. Casstro Jover, Bilbao 1999, s. 69-72.

8 C. Mik, Der religiöse und der ethische Faktor im Recht und in der Praxis der Europäischen Union, w: Kultur und Recht, t. III. Religion und Religionsfreiheit in der Europäischen Union (red. J. Krukowski, O. Theisen), Lublin 2003, s. 137-186.

Natomiast z drugiej strony art. 6,3 Traktatu o Unii Europejskiej stanowi, iż „Unia respektuje tożsamość narodową swoich Państw członkowskich". Art. 3 tego Traktatu stanowi, iż Rada i Komisja mają działać „w ramach własnych kompetencji". Powstał więc problem, czy kompetencje organów Unii Europejskiej obejmują sprawy stosunku Unii do koœciołów i innych związków wyznaniowych, które wchodzą w zakres tożsamości narodowych państw członkowskich, a tym samym pozostają w wyłącznej kompetencji tych państw. Wkraczanie organów Unii w tę dziedzinę stwarzało więc kolizję z zasadą pomocniczości, jak również z zasadą proporcjonalnoœci i poszanowania tożsamości narodowych państw członkowskich[9], czyli z trzema podstawowymi filarami, na których jest skonstruowana jedność Unii Europejskiej.

Problem ten stał się przedmiotem kontrowersji podczas Konferencji Amsterdamskieji między przedstawicielami państw członkowskich, a zwłaszcza Niemiec i Francji. Kompromisowe stanowisko w tej sprawie zostało zawarte w Deklaracji nr 11, dołączonej do Traktatu Amsterdamskiego, zwanej klauzulą o kościołach. W Deklaracji tej zostało stwierdzone, iż: „1) Unia Europejska szanuje status, z jakiego korzystają na mocy prawa krajowego kościoły i stowarzyszenia lub wspólnoty religijne w państwach członkowskich i nie narusza go. 2) Unia Europejska w taki sam sposób szanuje również status wspólnot światopoglądowych".

W deklaracji tej Unia ustosunkowała się do postulatów przedstawicieli wielkich kościołów europejskich, a w szczególności Kościoła katolickiego i niemieckich kościołów protestanckich. Postulaty te zmierzały do osiągnięcia trzech, ściśle ze sobą powiązanych celów: uzyskania dla kościołów pewnej formy „obywatelstwa" w europejskim porządku prawnym, postawienia przeszkody działaniom legislacyjnym zmierzającym do narzucenia Unii systemu relacji między państwem i Kościołem w wersji neutralności zamkniętej wobec religii, a zwłaszcza względem religii chrześcijańskiej; postawienie granicy wpływowom, jakie prawo Unii Europejskiej bezpośrednio lub pośrednio wywiera na pozycję prawną Kościołów w porządkach prawnych państw członkowskich.[10] Po stronie Kościoła katolickiego i innych kościołów powstały bowiem obawy, iż prawo Unii Europejskiej może naruszyć status prawny, jaki mają zagwarantowany w

9 A. Pouly, Modestes reflexions a propos d'une recherche empiriche, w: European Consortium for Church-State Reserche, Religions in European Union Law, s. 150-151; S. Ferrari, Integrazione europea e prospettive di evoluzione della disciplina del fenomeno religioso, w: A.G. Chizzoniti, Chiese, associazioni, communita religiose e organizzazioni non governative nell'Unione europea, Milano 2002, s. 40.

10 S. Ferrari, Integrazione europea, dz. cyt., s. 40.

prawie krajowym. Do powstania takiej obawy przyczyniły się dyrektywy Rady Unii Europejskiej ignorujące pozycje kościołów, jakie mają zagwarantowane w prawie wewnętrznym państw członkowskich. Wspomniane wyżej postulaty Kościołów zostały we wspomnianej Deklaracji spełnione częściowo, ponieważ Unia Europejska uchyliła się od nowelizacji prawa traktatowego, poprzestając tylko na wydaniu deklaracji. Stało się tak dlatego, iż znaczna część polityków, którzy decydują o prawie Unii Europejskiej, hołduje opinii według której w Europie zachodniej dokonuje się „dereligionizacja", polegająca na odsuwaniu porządku społecznego, prawa i instytucji politycznych od religii, czyli stopniowej sekularyzacji pojmowanej jako kontynuacja zaplanowanego rozkładu religii.

5. Takie stanowisko Unii Europejskiej wobec religii spotkało się z krytyką ze strony przedstawicieli wielkich kościołów europejskich, a zwłaszcza Kościoła Katolickiego. Z jednej bowiem strony kościoły nie mogą być członkami Unii Europejskiej. Członkami Unii mogą być tylko państwa. O tym, jakie są zasady stosunku Unii do religii i Kościoła bezpośrednio decydują więc przedstawiciele państw członkowskich Unii Europejskiej. Jednak z drugiej strony, Kościoły nie mogą zachować się obojętnie wobec takiej polityki integracji europejskiej, w wyniku której religia w prawie Unii Europejskiej zostanie zredukowana do sfery życia prywatnego. W szczególności Kościół katolicki wniósł twórczy wkład w rozwój kultury narodów europejskich nie tylko w wymiarze życia prywatnego. Dlatego zainteresowany jest tym, jakie zasady w tej dziedzinie zostaną wpisane do Konstytucji Unii Europejskiej.

Nie ulega wątpliwości, że o tym, jakie zasady zostaną wpisane do Traktatu konstytucyjnego Unii Europejskiej, decydują przywódcy państw. Jednakże jeśli Unia Europejska ma być strukturą demokratyczną, to nie mogą oni lekceważyć postulatów wielkich grup społecznych, a wśród nich kościołów i innych wspólnot religijnych, do których należą obecni i przyszli obywatele Unii. Kościół Katolicki, do którego należy większość mieszkańców Europy, swoje stanowisko wobec Unii Europejskiej określa za pośrednictwem Stolicy Apostolskiej i konferencji episkopatów krajów europejskich oraz coraz aktywniej działających organizacji katolików świeckich, będących obywatelami państw członkowskich bądź kandydujących do Unii Europejskiej.

Stolica Apostolska prowadzi dialog z organami Unii Europejskiej oraz z organami państw będących członkami Unii Europejskiej i kandydującymi do niej, w którym występuje jako najwyższy organ władzy Kościoła katolickiego, wyposażony w podmiotowość publiczno-prawną w stosunkach międzynarodowych. Stolica Apostolska posiada przedstawicieli dyplomatycznych w randze nuncjuszy we wszystkich państwach członkowskich Unii Europejskiej. Wszystkie państwa postkomunistyczne po 1989 r. nawiązały stosunki dyplomatyczne ze Stolicą Apostolską, a wiele spośród nich zawarło z Nią umowy konkordatowe (Polska, Chorwacja, Węgry, Słowacja, Litwa, Łotwa, Estonia).[11]

Stolica Apostolska prowadzi również dialog z centralnymi organami Unii Europejskiej za pośrednictwem swego przedstawiciela dyplomatycznego. Papież Paweł VI ustanowił bowiem obserwatora Stolicy Apostolskiej przy Wspólnotach Europejskich w Brukseli. A papież Jan Paweł II - po przekształceniu Unii Europy Zachodniej w Unię Europejską - podniósł status stałego obserwatora Stolicy Apostolskiej przy Komisji Europejskiej do rangi nuncjusza apostolskiego. Głównym jego zadaniem jest utrzymanie bezpośrednich kontaktów z Komisją Europejską, informowanie Stolicy Apostolskiej o działalności Unii oraz prezentowanie stanowiska Kościoła wobec podejmowanych przez nią problemów. Decydujący głos w tej sprawie ma Papież, jako głowa Kościoła katolickiego a jednocześnie najwyższy autorytet moralny w świecie.

Od 1980 r. przy siedzibie Wspólnot Europejskich, a od 1991 r. przy Komisji Unii Europejskiej, mają swe przedstawicielstwa także episkopaty krajów członkowskich Unii, działające w formie „Komisji Episkopatów Wspólnoty Europejskiej" (= ComECE). Episkopat Polski ma w tej Komisji swego stałego obserwatora. Współpracę z organami Unii Europejskiej prowadzą także inne organizacje katolickie (m.in. OCIPE).

6. Jakie jest stanowisko Kościoła katolickiego wobec projektu Traktatu Konstytucyjnego? Trzeba stwierdzić, że Stolica Apostolska i episkopaty krajowe z unaniem odnoszą się do idei zjednoczenia państw i narodów Europy zachodniej i wschodniej. Ale jednocześnie postulują, aby w prawie Unii Europejskiej respektowane były zasady poszanowania równości i solidarności narodów oraz pluralizmu religijnego ludności.

Stolica Apostolska nie dąży do nadania Unii Europejskiej charakteru wyznaniowego, czyli do uzyskania dla Kościoła katolickiego jakichkolwiek przywilejów w stosunku do innych wspólnot religijnych. Takie dążenie byłoby sprzeczne z nauczaniem Soboru Watykańskiego II na temat wolności religijnej (*Dignitatis humanae*, *Gaudium et spes* nr 76). Stolica Apostolska jednocześnie występuje w interesie wszystkich wspólnot religijnych.

---

[11] J. Krukowski, Relations between the Holy See and the Central and Eastern European States: Current Problems and Perspectives, The Polish Foreign Affaires Digest, vol. 2(2002) nr 3-4, s. 169-193.

Postulaty Stolicy Apostolskiej wobec projektu Traktatu Konstytucyjnego Unii Europejskiej dotyczą poszanowani podstawowych wartości oraz gwarancji dogmatyczno-prawnych.

1) Problematyki aksjologicznej dotyczą postulaty Stolicy Apostolskiej odnoszące się do wpisania do preambuły przyszłego traktatu konstytucyjnego Unii Europejskiej uznania, iż religia stanowi istotny element kultury europejskiej, a w szczególności uznania, iż chrześcijaństwo stanowi trwały element dziedzictwa duchowego narodów europejskich. Z poszanowaniem tych wartości wiąże się postulat wpisania odniesienia do Boga (*invocatio Dei*), jako najwyższej instancji całego porządku moralnego.

2) Problematyki dogmatyczno-prawnej dotyczą postulaty wpisania do części artykułowanej konstytucji UE nie tylko gwarancji wolności sumienia i religii w wymiarze indywidualnym, ale również poszanowania pozycji prawnej kościołów i innych wspólnot religijnych, jaką mają w prawie krajowym państw członkowskich, czyli respektowania istniejącego obecnie pluralizmu w stosunkach państw do Kościoła. Powstaje pytanie: czy projekt Traktatu Konstytucyjnego UE uwzględnia powyższe postulaty? W odpowiedzi trzeba stwierdzić, iż w stanowisku Konwentu Europejskiego wobec wymienionych wyżej postulatów, jakkolwiek z wielkim trudem dokonuje się ewolucja. Trudno jest bowiem osiągnąć consensus wśród przedstawicieli państw, kierujących się odmiennymi założeniami ideologicznymi. Z pewnym uproszczeniem można wyróżnić wśród nich dwie opcje. Pierwszą z nich jest skrajnie laicka opcja liberalno-socjalistyczna, która dąży do utrwalenia w konstytucji UE modelu państwa świeckiego w wersji francuskiej, a drugą jest umiarkowanie laicka opcja chrześcijańsko-demokratyczna, która stawia postulaty uwzględniające stanowisko Stolicy Apostolskiej oraz przedstawicieli innych związków wyznaniowych. W pierwszej fazie prac nad projektem Traktatu Konstytucyjnego Konwent Europejski postanowił włączyć do traktatu tekst Karty Praw Podstawowych, przyjętej w Nicei 2000 r. Do Karty tej zostały wpisane gwarancje „wolności myśli sumienia i religii", jako prawa należnego każdej osobie ludzkiej w życiu prywatnym i publicznym (art. 10, ust. 1). Gwarancja ta jest powtórzeniem formuły wpisanej do Europejskiej Konwencji Praw Człowieka i Podstawowych Wolności (art. 9). W takim projekcie wystąpiły poważne braki.

Najpierw, zabrakło w nim gwarancji poszanowania statusu prawnego kościołów i innych wspólnot religijnych, a następnie - uznania chrześcijańskiego dziedzictwa narodów europejskich, oraz odniesienia do Boga (*invocatio Dei*), jako źródła wspólnych wartości. Członkowie Konwentu redagujący tę

Kartę nie mogli bowiem osiągnąć consensusu co do uznania religijnego wymiaru tych wartości. Rezultatem tej kontrowersji są różnice w preambule do Karty w różnych wersjach językowych. Do wersji niemieckiej wpisano uznanie „wartości religijno-duchowych", zaś do wersji francuskiej i angielskiej uznanie „wartości duchowych" bez wzmianki o ich religijnym wymiarze. Taka propozycja preambuły do Konstytucji UE spotkała się z krytyką ze strony przedstawicieli Kościołów, a zwłaszcza Stolicy Apostolskiej.[12] Krytyczne stanowisko w tej sprawie zajęła także Konferencja Episkopatu Polski w swym memoriale z dnia 20-21 marca 2002 r. pt. „Biskupi Polscy wobec integracji europejskiej".

8. Pod wpływem krytyki Konwent Europejski wprowadził do projektu Traktatu Konstytucyjnego, przedłożonego 20 czerwca 2003 r. w Tessalonikach istotne zmiany.

1) Pierwsza zmiana polega na wpisaniu do art. 51 projektu Traktatu konstytucyjnego następujących gwarancji: „1. Unia szanuje status, z którego korzystają Kościoły i stowarzyszenia lub wspólnoty wyznaniowe w państwach członkowskich na podstawie przepisów prawa krajowego i nie narusza go. 2. Unia w taki sam sposób szanuje status organizacji światopoglądowych i bezwyznaniowych; 3. Szanując tożsamość i szczególny wkład tych Kościołów i organizacji światopoglądowych Unia utrzymuje z nimi otwarty, jawny i regularny dialog"[13].

Niewątpliwie powyższe gwarancje stanowią poważny krok naprzód w kierunku poszanowania przez Unię Europejską pluralizmu modeli relacji między państwem i Kościołem, jakie istnieją w państwach członkowskich na mocy konstytucji krajowych, umów konkordatowych, ustaw zwykłych i innych aktów normatywnych.

Istotną nowością w stanowisku Konwentu niewątpliwie jest zasada poszanowania pozycji prawnej Kościołów i innych organizacji wyznaniowych, jakimi cieszą się w ustawodawstwie wewnętrznym państw członkowskich. Przede wszystkim gwarancje wpisane do ust. 1 i 2 projektu tego traktatu oznaczają nadanie wyższej rangi w hierarchii źródeł prawa zasadom wpisanym do Ams-

---

12 Przesłanie papieża Jana Pawła II z 14. 12. 2000 r. z okazji 1200. rocznicy koronacji Karola Wielkiego, L'Osservatore Romano 3(2001) s. 6-7; Przemówienie papieża Jana Pawła II z 21. 02. 2002 r. do uczestników III. Międzynarodowego Forum Fundacji im. Alcide de Gasperi, L'Osservatore Romano 5(2002), s. 52-53; A. Nicora, Religione e la libertà religiosa nell'Unione Europea dal punto di vista della Santa Sede, w: Kultur und Recht, t. III, Religion und Religionsfreiheit in der Europäischen Union (red. J. Krukowski, O. Theisen), Lublin 2003, s. 31-41.

13 Tekst Traktatu Konstytucyjnego Unii Europejskiej przedłożony w Tessalonikach 20. 06. 2003 r., w: BBSiKS 2(24)2003, s. 9.

terdamskiej Deklaracji o Kościołach.[14] Zasada wpisana do art. 2 oznacza otwarcie Unii na dialog z Kościołami, a w tym samym na wartości, jakie one wnoszą do życia narodów europejskich

2) Druga istotna zmiana polega na wpisaniu do projektu preambuły Traktatu konstytucyjnego deklaracji, iż religia należy do dziedzictwa duchowego, na którym opiera sie Unia Europejska. Takie uznania oznacza krok naprzód w stosunku do Karty Praw Podstawowych.

3) Jednakże taki postęp nie jest w pełni satysfakcjonujący. W projekcie preambuły do Traktatu Konstytucyjnego, przedłożonym przez Konwent Europejski przedstawicielom państw w Tessalonikach, nakreślono wizję tradycji kontynentu europejskiego, obejmującej „dziedzictwo kulturalne, religijne i humanistyczne". Do jego składników zaliczono cywilizację Grecji i Rzymu oraz filozoficzne inspiracje Oświecenia. Natomiast pominięto milczeniem to wszystko, co wydarzyło się w dziejach Europy od upadku Cesarstwa Zachodniego do wystąpienia encyklopedystów francuskich. Decydujący o tożsamości kultury europejskiej okres decydującego o tożsamości kultury europejskiej wpływu chrześcijaństwa uznano więc za nieistniejący w dziejach Europy. Zdumiewające jest zamieszczenie w tym projekcie wyrażenia mówiącego o budowaniu „ponownie zjednoczonej Europy" („reunited Europe"). Wszak pierwsze zjednoczenie Europy miało miejsce w Średniowieczu, w oparciu o wartości chrześcijańskie. Takie milczenie autorów projektu konstytucji dla Europy co do wpływu chrześcijaństwa na kulturę europejską nie jest przypadkowe. Jest to realizacja określonej tendencji ideologicznej, fałszującej dzieje i tożsamość Europy. Nic więc dziwnego, że taki projekt traktatu konstytucyjnego UE nie uzyskał consensusu przedstawicieli wszystkich państw, a w szczególności spotkał się z ostrą krytyką ze strony przedstawicieli Polski.

4) Pominięto w tym projekcie Traktatu Konstytucyjnego Unii Europejskiej również odniesienia do Boga w wersji zaczerpniętej z preambuły do Konstytucji polskiej z 1997 r. W trakcie prac nad tym projektem politycy wchodzący w skład Konwentu należący do Europejskiej Partii Obywatelskiej (przeważnie chrześcijańscy demokraci) zaproponowali wpisanie do Traktatu Konstytucyjnego następującej formuły: „Do wartości Unii zaliczają się wartości tych, którzy wierzą w Boga jako źródło prawdy, sprawiedliwoœci, dobra i piękna, jak też tych, którzy nie podzielają tej wiary, ale szanują te uniwesalne wartości wywod-

[14] T. Jansen, Dialogue entre la Commission europeène, les 'Eglises et les communautes religieuses, w: Iglesias, confessiones y communidades religiosas en la Union Europea, (ed. Castro Jover), Bilbao 1999, s. 80.

zone z innych źródeł". Jednak nawet tak liberalna wersja inwokacji, respektująca przekonania wierzących w Boga i ateistów, nie uzyskała consensusu po stronie członków Konwentu i nie weszła do projektu traktatu konstytucyjnego.

5) Wiele uwagi problematyce aksjologii przyszłej konstytucji Unii Europejskiej w swych wystąpieniach poświęcił papież Jan Paweł II. W adhortacji apostolskiej „Ecclesia in Europa", ogłoszonej 28 czerwca 2003 r. stwierdził On m.in: „[...] Pragnę jeszcze raz zaapelować do twórców przyszłego traktatu konstytucyjnego Unii Europejskiej, aby znalazło się w nim odniesienie do europejskiej spuścizny religijnej, a w szczególności chrześcijańskiej". Jednocześnie Papież wskazując na racje tego postulatu stwierdził, iż chrześcijaństwo szeroko i głęboko wniknęło w kontynent europejski, stanowiąc centralny i jakościowo ważny jego składnik, który w ciągu wieków stale się umacniał na fundamencie dziedzictwa klasycznego i różnych wpływów etniczno-kulturowych. Zaznaczył też, iż wpływ chrześcijaństwa jest nadal znaczący w naszych czasach, mimo silnego i szerzącego się zjawiska zeświecczenia.

Na zakończenie pragnę zauważyć, że debata nad projektem Traktatu Konstytucyjnego Unii Europejskiej nie jest zakończona. Należy oczekiwać, że na dalszym jej etapie zostaną uwzględnione pozostałe postulaty przedstawicieli Kościoła katolickiego i innych kościołów. Chodzi tu bowiem o sprawy wielkiej wagii, dotyczące zarówno poszanowania prawdy historycznej co do tożsamości kulturowej Europy w przeszłości, jak też wskazanie fundamentów, na których ma być budowana przyszłość narodów europejskich w ramach Unii Europejskiej.

Zusammenfassung des Artikels „Problematik der Beziehungen zwischen Staat und Kirche im Recht der Europäischen Union" von Prof. Józef Krukowski

Tadeusz Guz

Krukowski geht von einer skizzenhaften Beschreibung des Ursprungs, Wesens und der Ziele der Europäischen Union aus. Im Integrationsprozeß Europas stützte man sich zunächst auf die politisch-wirtschaftliche Grundlage und überließ die Frage der Kultur, der Religion und des Verhältnisses der EU zu den Kirchen den jeweiligen Mitgliedstaaten.

Zwar gab es in der europäischen Kultur viele judeo-griechisch-römisch-christliche Einflüsse, aber vor allem das Christentum hat „über die Identität der europäischen Kultur entschieden". In der Aufklärung kamen noch rationalistisch-liberalistische Elemente hinzu.

Auf diesem Hintergrund haben sich in Europa drei Hauptstaatsmodelle gebildet: 1. der Bekenntnisstaat, der a-religiöse bzw. antireligiöse Staat und der gemäßigt laizistische Staat, der einerseits „keine Staatskirche" besitzt, aber andererseits doch „die christliche Religion als ein wesentliches Element des geistige Volkserbe betrachtet".

Jetzt ergibt sich die Frage, ob „die EU eines der staatlichen Modelle akzeptiert", oder ob sie ein „Staatsmodell allen Mitgliedstaaten aufdrängt" und es auch in der europäischen „Verfassung" verankern wird.

Der Autor beschreibt die Entwicklung der EU in bezug auf diese Problematik, u. a. auf ihr Verhältnis zu den Menschenrechten, wie z. B. zu dem „Recht jedes Menschen auf Freiheit des Denkens, Gewissens und der Religion" oder das „Recht der Eltern auf die Erziehung der Kinder gemäß ihren eigenen religiösen und philosophischen Überzeugungen innerhalb der Schul-edukation". Die EU garantiert zwar den Schutz solcher Rechte im „individuellen, nicht aber im institutionellen Bereich", was nach Krukowski eine „deutliche Einengung des Schutzes der Religionsfreiheit" bedeutet.

In dem Verfassungsrecht der EU entstand eine „Lücke", also ein „Mangel an Norm der Religionsfreiheitschutzes im institutionellen Bereich". Dabei gibt es noch Kompetenzprobleme zwischen den Organen der EU und den Mitgliedstaaten z. B. im Bereich der Religionsfreiheit, der Volksidentität bzw. bezüglich des Proportionalitätsprinzips. Zwar hat man den großen Kirchen gegenüber ihren Status in der Amsterdamer Konferenz teilweise anerkannt und gewürdigt, aber trotzdem ist der Name „Gott“ in der Präambel des Verfassungsentwurfs nicht enthalten, was einen Prozeß der Säkularisierung greifbar äußert. Die christlichen Kirchen Europas sind mit der Reduktion der Religion auf die Privatsphäre des menschlichen Lebens nach wie vor nicht einverstanden.

Die Europäische Union kann auch deshalb die christliche Stimme in der öffentlichen Diskussion nicht beachten, da z. B. die Mehrheit der Bürger innerhalb der EU Mitglieder der katholischen Kirche sind. Diese Kirche hat ihren offiziell-rechtlichen und international anerkannten Vertreter, nämlich den Apostolischen Stuhl, der seine diplomatischen Vertreter mit dem Rang des Nuntius in allen EU-Mitgliedstaaten besitzt. Das Haupt der Kirche und die höchste moralische Autorität der Welt, der Papst übt dabei den entscheidenden Einfluß aus.

Welche Stellung nimmt die Kirche zum Verfassungsprojekt der EU ein? Einerseits würdigen der Apostolische Stuhl und die jeweiligen Bischofskonferenzen den Prozeß der Einigung Europas, andererseits aber betonen sie die Gleichheit und Solidarität der Völker bzw. den religiösen Pluralismus. Der Apostolische Stuhl will keinen Bekenntnischarakter der EU, der im Widerspruch zur katholischen Lehre steht und erwartet für sich keine Privilegien im Vergleich zu anderen religiösen Gemeinschaften.

Die Postulate des Apostolischen Stuhls im Hinblick auf den Verfassungsentwurf betreffen die Achtung der Grundwerte und die dogmatisch-rechtliche Garantie. Deshalb ist die Bitte um *invocatio Dei* als Quelle aller gemeinsamen Werte *sensu stricte* berechtigt. In diesem Appell sind zwar konstruktive Korrekturen wie z. B. die Anerkennung der Kirchen und Bekenntnisgemeinschaften als Rechtsubjekte angenommen, die Würdigung der Religion als ein geistiges Erbe, worauf die EU basiert, enthalten.

Das ist jedoch nicht ausreichend, vor allem im Hinblick auf das christliche Erbe, das ja in der geistigen und kulturellen Geschichte Europas eine immense Rolle bis in die Gegenwart unserer Tage hinein spielt. Die große Einigung des Abendlandes geschah ja im Mittelalter, was aber nicht konkret erwähnt wird. Darüber spricht Johannes Paul II. in seinem Dokument *Ecclesia in Europa* und appelliert an die EU, dieses „zentrale und qualitativ relevante Element“ der europäischen Kultur im Grundgesetz deutlicher zu berücksichtigen.

Es geht bei der Verfassungsfrage um die fundamentalste Angelegenheit rechtlicher Art, für die Zukunft der europäischen Völker. Die Debatte über den Verfassungsentwurf dauert an, und man kann hoffen, daß die oben genannten Postulate immer mehr berücksichtigt werden.

Das Recht auf Leben

Volodymyr Kossak[1]

Unter den natürlichen Rechten des Menschen ist das Recht auf Leben eines der wichtigsten. Dieses Recht ist Gegenstand der Forschung in Philosophie, Medizin und Rechtwissenschaft. Das Recht des Menschen auf Leben ist in den meisten völkerrechtlichen Akten, die der Einhaltung der Menschenrechte gewidmet sind, vorgesehen. So wurde in der Deklaration der Vollversammlung der UNO am 10. Dezember 1948 proklamiert, dass jeder Mensch das Recht auf Leben hat. Auch der internationale Pakt über bürgerliche und politische Rechte bestätigt, dass das Recht auf Leben verbrieftes Recht jedes Menschen ist. Analog dazu ist das verbriefte Recht jedes Kindes auf Leben im Artikel 6 der Konvention über Kinderrechte zum Ausdruck gebracht. In den nationalen rechtlichen Systemen ist das Recht auf Leben auch ein Schutzobjekt. Die Verfassung der Ukraine (Artikel 27) legt das Recht jedes Menschen auf Leben fest. Keiner darf willkürlich um das Leben gebracht werden. Die Pflicht des Staates besteht darin, das Leben des Menschen zu schützen. Jeder hat das Recht, das eigene Leben und die Gesundheit und das Leben sowie die Gesundheit der anderen Menschen vor unrechtmässigen Anschlägen zu schützen.

Im Artikel 64 des Grundgesetzes der Ukraine wird die Unzulässigkeit der Beschränkung des Rechtes des Menschen auf Leben sogar im Kriegs - oder Ausnahmezustand in Betracht genommen. Eine weitere Entwicklung des Rechtes des Menschen auf Leben erfolgte für die Ukraine nach ihrem Beitritt zum Europarat. Das Strafgesetzbuch der Ukraine sieht unter den Strafmaßnahmen keine Todesstrafe vor.

Außer den Grundrechten des Menschen auf Leben gibt es im neuen Zivilgesetzbuch der Ukraine im Kapitel 21 "Persönliche Rechte, die die natürliche Existenz der physischen Person sichern", mehrere Artikel, die den Schutz des Rechtes auf Leben enthalten. Sie bestätigen die Schwerpunkte der internationalen Akten über den Schutz des Rechtes auf Leben. Aber die klassischen Grundsätze der völkerrechtlichen Akten im Bereich der Menschenrechte haben ihre weitere Entwicklung in der nationalen Gesetzgebung gefunden: im Zivilgesetzbuch und in den Sonderrechten, die bestimmte Aspekte des Menschenrechtes

1 Volodymyr Kossak: Ordentlicher Professor und Leiter des Lehrstuhls für Zivil- und Prozessrecht an der Ivan-Franko-Nationale-Universität Lemberg; Lehrstuhlinhaber für Zivilrecht an der Katholischen Universität Lublin.

auf Leben regulieren. Diese betreffen vor allem das Verbot der Durchführung medizinischer, wissenschaftlicher und anderer Versuche, die nur mit der freiwilligen Zustimmung der volljährigen und handlungsfähigen physischen Person durchgeführt werden können.

Die gesetzmäßige Durchführung derartiger Versuche hängt also von der Zustimmung des Menschen ab. Die Zustimmung, z.B. Teilnehmer an einem medizinischen Versuch zu sein, ist nicht an ein Entgelt gebunden. Außerdem muss die Person, die solch eine Zustimmung gab, volljährig und handlungsfähig sein. Damit ist die volle Handlungsfähigkeit der physischen Person mit Erreichung des 18. Lebensjahres gemeint.

Laut Teil 3 Artikel 281 des Zivilgesetzbuches dürfen Minderjährige an den medizinischen, wissenschaftlichen und anderen Versuchen nicht teilnehmen, weil in der Definition des genannten Artikels betont wird, dass so ein Recht nur eine volljährige Person hat. Allerdings sieht das Zivilgesetzbuch der Ukraine Fälle (in einigen Fällen ist die physische Person auch ohne Volljährigkeit handlungsfähig) vor, in denen die Person die volle Handlungsfähigkeit erreichen kann, auch ohne volljährig zu sein. Dazu gehört die Schließung der Ehe (ohne Volljährigkeit). Volle Zivilhandlungsfähigkeit kann der physischen Person zuerkannt werden, wenn sie 16 Jahre alt ist und nach einem Arbeistvertrag arbeitet, und auch der nicht volljährigen Person, wenn die schriftliche Bewilligung von der Mutter oder dem Vater gegeben wird. Volle Zivilhandlungsfähigkeit ist auch in dem Fall möglich, wenn die Person 16 Jahre alt ist und sich mit einem Privatunternehmen befassen will.

Wir sind der Meinung, dass das Recht auf die Teilnahme an medizinischen, wissenschaftlichen und anderen Versuchen mit der Zuerkennung der vollen Handlungsfähigkeit auch ohne Volljährigkeit gegeben werden kann. Aber die Durchführung solcher Versuche unter Einsatz von Biologie und Medizin muss der Konvention zum Schutz der Rechte und der Würde des Menschen entsprechen.

Innerhalb der Grundsätze der genannten Konvention betont man die Voraussetzung, dass die Teilnehmer der Versuche über ihre Rechte und Garantien, die die Gesetzgebung für ihren Schutz voraussieht, informiert sein sollen. Außerdem muss die Bewilligung der Intervention im Bereich der Gesundheit der Menschen deutlich, klar ausgelegt und beurkundet sein.

Die Grundsätze zum Schutz der Rechte und Interessen der Teilnehmer an den medizinischen und wissenschaftlichen Versuchen sind in den Grundlagen der Gesetzgebung der Ukraine über den Gesundheitsschutz vorhanden. Laut Artikel

45 der genannten Akte ist der medizinisch-biologische Versuch nur dann möglich, wenn er ein gesellschaftlich-nützliches Ziel hat, dies unter der Voraussetzung, dass er wissenschaftlich begründet und die Erfolgsaussicht größer ist als das Risiko der schweren Konsequenzen für die Gesundheit bzw. für das Leben ist. Wichtige Voraussetzungen sind die Informiertheit und freiwillige Zustimmung der Teilnehmer des Versuches ebenso wie die Wahrung des ärztlichen Geheimnisses, wenn es nötig ist.

Eine indirekte Bestätigung dieser These ist das Recht der Person ab dem 14. Lebensjahr, die Entscheidung über die Leistung der medizinischen Hilfe nach ihrer Einwilligung selbst zu treffen. Wir sind deshalb davon überzeugt, dass nur die Person über die Teilnahme an medizinischen und wissenschaftlichen Versuchen entscheiden darf, die voll handlungsfähig ist.

Das Recht auf Leben bezieht sich auch auf Probleme wie Sterilisation und künstliche Schwangerschaftsunterbrechung. Das Problem der Sterilisation ist mit dem Bevölkerungswachstum unmittelbar verbunden. Bestimmte Erfahrungen auf diesem Gebiet haben fast alle Länder. Aber besonders aktuell ist das Problem der Sterilisation in China, Indien und anderen dichtbevölkerten Ländern. In der Ukraine ist die Sterilisierung der Männer und Frauen laut Erlass des Ministeriums für Gesundheitswesen vom 6. Juli 1994 „Über die Anwendung der Sterilisationsmethoden der Bürger“ nur im Fall der medizinischen Indikation erlaubt.

Schwerwiegend im Kontext des Rechtes auf Leben ist die Frage der Schwangerschaftsunterbrechung. Die bürgerliche Gesetzgebung, auch die in der Ukraine, erlaubt die Schwangerschaftsunterbrechung. Laut Teil 6 Artikel 281 des Bürgerlichen Gesetzbuches der Ukraine ist die Schwangerschaftsunterbrechung auf Wunsch der Frau nur bis zur 12. Woche erlaubt, abgesehen von Sonderindikationen, bei denen die künstliche Schwangerschaftsunterbrechung von der 12. bis zur 22. Woche möglich ist.

Das Problem der Schwangerschaftsunterbrechung ist mit der Diskussion um den Beginn des menschlichen Lebens verbunden. Die Leibesfrucht wird erst nach der Geburt ein Rechtssubjekt. Das betont Artikel 25 des Bürgerlichen Gesetzbuches der Ukraine, nach dem die zivile Rechtsfähigkeit der natürlichen Person im Moment ihrer Geburt entsteht. Gleichzeitig können auch die Interessen des noch nicht geborenen Kindes vom Gesetz wahrgenommen werden. So sind laut Gesetz und laut Testament natürliche Personen, die im Moment der Erbübergabe leben, oder auch die Personen, die zu Lebzeiten des Testators empfangen und nach der Erbübergabe lebend geboren wurden, erbberechtigt. In diesem Fall schützt das Gesetz das Recht eines noch nicht geborenen Kindes, aber es wird erst nach seiner Geburt zum Rechtssubjekt.

Einen anderen Standpunkt zu diesem Problem hat das kanonische Recht, das den Embryo als eine menschliche Person betrachtet. Deshalb darf man dem Embryo mittels Schwangerschaftsunterbrechung nicht das Leben nehmen.

Einer der Aspekte der Ausübung des Rechtes auf Leben ist das Recht auf Euthanasie. Die absichtliche Beendigung des Lebens eines unheilbaren Menschen, damit er nicht mehr leidet, wird enphemistisch „Euthanasie" genannt. Die gesetzgebende Bestimmug von „Euthanasie" ist in den Grundlagen der Gesetzgebung der Ukraine für Gesundheitsschutz[2] von 19. November 1992 zu finden. Der englische Philosoph F. Bacon hat „Euthanasie" als einen guten, leichten und ruhigen Tod ohne Qualen und Leiden gedeutet[3].

Unter den Ärzten, Philosophen und Juristen gibt es keine einheitliche Deutung der Euthanasie als Lebensbeendigung. So meint der berühmte Gelehrte H. Iwaschkewitsch, dass solch ein Mittel unmoralisch ist, weil sich jeder Mensch an die moralische und kanonisierte Regel „Töte nicht!"[4] halten muss. Gleichzeitig sind aber auch die Mediziner in dieser Frage nicht gleicher Meinung. S. Dolezkij z. B. sagt, dass der Kampf für das Leben des Patienten nur dann gerechtfertigt ist, wenn es noch Hoffnung auf Rettung gibt. Wenn die Hoffnung schon verloren ist, entsteht das Recht auf Barmherzigkeit, die durch Euthanasie ausgeübt wird. Die Einschätzung, ob eine Situation hoffnungslos ist, wird aber subjektiv sein. Eine Reihe der Vorschläge zum Strafgesetzbuch der Ukraine bezüglich Euthanasie hat W. Hryschtschuk gemacht[5].

Das kanonische Recht sieht das Recht des Menschen, sich das Leben nehmen zu lassen, nicht vor. Gleichzeitig verleiht die bürgerliche Gesetzgebung mancher Staaten (z.B. in den Niederlanden) der Person das Recht, über die freiwillige Lebensentziehung zu entscheiden. Die ukrainische Gesetzgebung sieht solch eine Möglichkeit nicht vor. Laut Grundlagen der Gesetzgebung der Ukraine über den Gesundheitsschutz hört man mit aktiven Maßnahmen für die Unterstützung des Lebens des Kranken auf, wenn sein Gesundheitszustand darauf schließen lässt, dass der Tod unvermeidbar ist. Die absichtliche Herbeiführung

---

2 Die Nachrichten des Obersten Rates der Ukraine 1993, Nr. 14, S. 19.

3 W. Astachowa, Eutanasie: Pro et Contra// Gesundheitsschutz 2001, Nr. 1, S. 28.

4 H. Iwaschkewitsch, *Verbrechen ohne Strafe*, Lwiw, Verlag „Kpaü", 1995, S. 93.

5 W.K. Hryschtschuk, Eutanasie: PRO ET Contra//Die Harmonisierung der ukrainischen Gesetzgebung mit dem Recht der Europäischen Union, Lwiw 2003, S. 1124-115.

des Todes – auf eigenen Wunsch des Kranken oder gegen seinen Willen –, um seine Leiden zu beenden, ist verboten.

Man unterscheidet 2 Arten der Euthanasie: aktive und passive. Bei der aktiven Euthanasie wird der Tod der unheilbaren Person zwecks Erleichterung der Leiden vom Arzt, von Verwandten oder einer anderen Person durch die Letaldosis der Medikamente oder anderer Mittel oder auch anderer Handlungen, herbeigeführt. Passive Euthanasie ist der Abbruch der Behandlung des unheilbar Kranken zwecks der Aufhebung der Leiden, was zum Tod dieser Person führt. Man unterscheidet auch gewaltsame Euthanasie, wenn sie gegen den Willen der Person angewandt wird, und nicht gewaltsame Euthanasie, wenn die Person einverstanden ist, vorzeitig aus dem Leben zu scheiden.

Das Problem der Euthanasie, das Recht des Menschen auf Tod, ist in der Rechtsdefinition heute umstritten. Dagegen wird dem Menschen das Recht auf den natürlichen Tod (d. h. der Prozess des Sterbens wird nicht von außen beschleunigt) zugesichert.

Euthanasie stimmt nicht mit den kanonischen Normen überein, laut denen nur Gott über Leben oder Tod des Menschen entscheiden kann. Eines der 10 Gebote heißt "Du sollst nicht töten". Die Einmischung eines Menschen in die Entscheidung über den Tod eines anderen ist folglich eine Sünde. Deshalb wird die Euthanasie im Moralkodex der absoluten Mehrheit der zivilisierten Länder der Erde nicht akzeptiert.

Das Recht auf Leben hat noch einen weiteren Aspekt – und zwar das Recht auf die Beseitigung der Gefahr, die dem Leben und der Gesundheit droht. Das Bürgerliche Gesetzbuch der Ukraine definiert keine unternehmerischen Tätigkeiten, die diesem Recht entgegen stehen.

Im Wirtschaftlichen Gesetzbuch der Ukraine dagegen gibt es eine Definition der unternehmerischen Tätigkeit, der Wirtschaftssubjekte hinsichtlich der Realisation der Produktion und der wertmäßig preisbestimmten Dienstleistungen. Der Gesetzgeber erklärt darin den Terminus „andere Tätigkeit" nicht näher. Vom Verständnis dieses Terminus ausgehend kann diese Tätigkeit produktionsorientiert sein oder sozialen Zielen dienen. Gemeinsam für unternehmerische und andere Tätigkeiten sind im Kontext des Paragr. 282 des Bürgerlichen Gesetzbuches der Ukraine die gefährlichen Folgen für das Leben des Menschen. Dazu gehören die radioaktive oder andere Arten der Umweltverschmutzung, der negative Einfluss der ionisierten Ausstrahlung, schädliche Ausdünstungen usw. In solchen Fällen darf eine Person entsprechend 1163 des Bürgerlichen Gesetzbuches der Ukraine die Beseitigung der Lebens-, Gesundheits- oder Vermögensgefahr verlangen.

In diesem Zusammenhang soll die Frage der Deutung einer solchen Gefahr verdeutlicht werden. Formell bedeuten Atomkraftwerke oder Betriebe, die schädliche Stoffe erzeugen oder deren Abfälle verarbeiten, eine potentielle Gefahr für die Umwelt und für den Menschen. Trotzdem ist die Tätigkeit an sich von Seiten des Gesetzes her kein Grund für deren Schließung im Kontext der Beseitigung der Lebens- und Gesundheitsgefahr für eine physische Person. Und doch, wenn man über die ökologischen Grundlagen der Sicherstellung der Gesundheit des Menschen und seiner Umwelt spricht, muss man bestätigen, dass die Wahrscheinlichkeit der Lebens- und Gesundheitsgefahr solcher Produktionen sehr hoch ist. Damit begründen Organisationen wie „Greenpeace", „Grüne Welt" u. a. ihre Forderungen, diese Betriebe zu schließen.

Das Gesetz der Ukraine „Über die Objekte von erhöhter Gefahr" bestimmt die rechtlichen, wirtschaftlichen, sozialen und Organisationsgrundlagen der Tätigkeit, die mit solchen Objekten verbunden ist. Es ist auf den Lebens- und Gesundheitsschutz der Menschen und der Umwelt vor schädlichen Folgen möglicher Pannen auf diesem Produktionssektor, dessen Beschränkung (Lokalisierung) und Liquidation der Folgen gerichtet.

Die Definition des Paragr. 282 des Bürgerlichen Gesetzbuches der Ukraine betont, dass eine physische Person die Beseitigung der durch eine unternehmische oder andere Tätigkeit entstehenden Gefahr für das Leben und die Gesundheit verlangen darf.

Sie hat das Recht auf eine für Leben und Gesundheit unschädliche Umwelt, wie auch auf die Umweltschutz-, Lebensmittelqualität-, Haushaltsgerätequalitätinformation.

Das Recht auf Leben ist ein natürliches Recht des Menschen, das durch internationale Menschenrechtsdokumente und die Verfassung der Ukraine bestimmt ist. Die ständige Evaluation und Weiterentwicklung dieses Rechts ist eine wichtige Garantie des der wirtschaftlichen Entwicklung angepaßten Schutzes der Grundrechte und der Freiheiten des Menschen als Person.

Herzlichen Dank für Ihren erhellenden Text über Robert Schuman.
Hoffentlich dürfen wir bald die Seligsprechung erleben.
Mit besten Segenswünschen für Weihnacht und Neujahr
Ihr Joseph Cardinal Ratzinger[1]

Aus christlicher Überzeugung zur europäischen Einigung – Robert SCHUMAN – erster Präsident des Europäischen Parlaments (1958 - 1960)

Heinz-Hermann Elting-de Labarre[2]

Vorbemerkung

Gestatten Sie mir zunächst, Ihnen etwas zu meiner Person und Familie zu sagen: Ich bin im Jahr des Ausbruchs des Zweiten Weltkriegs -1939 - geboren, lebe seit 1973 in Luxemburg und bin mit Armelle de Labarre aus Bergerac seit 1966 verheiratet. Wir leben also in einer deutsch- französischen Ehe, haben einen Sohn und drei Töchter, die alle in Luxemburg aufgewachsen sind.

Beim Europäischen Parlament habe ich zunächst in der Generaldirektion Information und Öffentlichkeitsarbeit, dann in der Generaldirektion parlamentarische Ausschüsse gearbeitet für die Sekretariate des: Transportausschusses, Rechtsausschusses, des Ausschusses für Wirtschaft und Währung sowie -last not least - für den Petitionsausschuss.

Robert Schuman bin ich leider nie begegnet. Wie er habe ich die Rechtswissenschaft in Frankreich und Deutschland studiert. Mit zeitlichem Verzug bin ich an den Stätten seines Lebens und Wirkens gewesen, so: an seinem Geburtsort in Clausen, Luxemburg, an seinen Studienorten in Bonn und Straßburg sowie an Orten seiner Einkehr: in den Benediktinerabteien Maria Laach und St. Martin de Ligugé bei Poitiers.

Unser Thema möchte ich behandeln in Erinnerung an meinen Schwiegervater, Guy de Labarre, der im Ersten Weltkrieg mit 18 Jahren als Frontkämpfer 1916 in Verdun war, nachdem er dort bereits zwei Brüder verloren hatte sowie in Erinnerung an Helmut und Werner Elting, die während des Zweiten Weltkriegs im Rußland-Feldzug 1943/1944 fielen.

---

1 Aus dem Brief von Joseph Cardinal Ratzinger an H.-H. Elting-de Labarre zum Weihnachtsfest 2003.

2 Heinz-Hermann Elting-de Labarre: Hauptverwaltungsrat a. D. des Europäischen Parlaments und Vizepräsident des Institut Saint Benoît – Patron de l'Europe.

Die Behandlung des Themas „Aus christlicher Überzeugung zur europäischen Einigung- Robert Schuman“ möchte ich in vier Teile gliedern: I. Das Wesen seiner christlichen Überzeugung, II. Die Besonderheiten seines Lebens, III. Sein Werk: Die Wende der europäischen Geschichte, IV. Schlußfolgerungen und Schlußbemerkung.

I. Das Wesen seiner christlichen Überzeugung

1. Zur christlichen Überzeugung Robert Schuman's ist anzumerken, daß er kein religiöser Exhibitionist war; er stellte seine Religion nicht zur Schau, sondern er lebte sie.

So schreibt der Luxemburger Victor Conzemius in seinem Buch: „Robert Schuman, Christ und Staatsmann“: „In der Tat hat Robert Schuman sein Bekenntnis zum Christentum nie verleugnet, nicht abzuschwächen oder zu verbergen versucht. Er hat es aber auch nicht mit selbstgefällig-pompöser Geste zur Schau gestellt. Seine nach innen gekehrte meditative Frömmigkeit hatte in ihrer diskreten Verhaltenheit und zugleich weltverändernden Dynamik *benediktinische Züge.* Er lebte ganz mit dem kirchlichen Kalender. Er brachte es fertig, auch als Ministerpräsident fast täglich zur Messe zu gehen“ (S. S. 52).

2. Dieses Zitat verdeutlicht, daß Robert Schuman ein inniges Verhältnis zu den Benediktinern hatte; diese Bindung an das Benediktinische beruhte auf seinem engen Kontakt nach 1912 in Metz zum dortigen Bischof Willibrod Benzler, ehemaliger Abt von Maria Laach, den Einkehrtagen in Maria Laach unter der geistlichen Leitung des späteren Abtes Ildefonds Herrwegen wie auch auf zahlreichen Aufenthalten in verschiedenen Benediktinerabteien, so: Clervaux in Luxemburg, St. Martin von Ligugé bei Poitiers und En-Calcat in Südfrankreich.

3. Meines Erachtens lassen das Leben und Werk Robert Schuman's erkennen: die Devise des hl. Benedikt von Nursia: „Ora et labora“, zu Deutsch: „Bete und arbeite“ bildet den Maßstab für sein geistliches und weltliches Leben. Sein Sozius in der Anwaltskanzlei in Metz, Georges Ditsch[3], hatte die Gewohnheit seinen Kompagnon wie folgt zu beschreiben: Robert Schuman lebt wie ein Benediktiner, aber wie einer, der sich an die Regel hält!

4. Für Robert Schuman veranschaulicht das *Kreuz die Devise* des hl. Benedikt.

---

[3] Erster Präsident des Institut St. Benoît, Patron de l'Europe, in Scy-Chazelles bei Metz, Zusammenschluß von 500 Laien, die für die Seligsprechung von Robert Schuman seit 1990 arbeiten.

Der senkrechte, vertikale Kreuzbalken zeigt die Beziehung an zwischen dem Schöpfer und dem Geschöpf – das „ORA“, das „BETE“. Durch die Meditation, das Gebet versucht das Geschöpf sich in Einklang und Gleichklang mit dem Willen des Schöpfers zu bringen. Der gläubige Mensch strebt danach, Werkzeug des Schöpfers zu werden: „Dein Reich komme, dein Wille geschehe.“
Von diesem Wollen beseelt schreibt Robert Schuman 1945 an einen Freund: „Wir alle sind Werkzeuge - gewiß fehlerhafte Werkzeuge - einer Vorsehung, die sich unserer bedient, um große Vorhaben zu vollenden, für die unsere eigenen Kräfte nicht ausreichen. Diese Gewißheit verpflichtet uns zu einem hohen Maße an Bescheidenheit, sie schenkt uns aber andererseits einen inneren Frieden, der nicht gerechtfertigt wäre, wenn wir unsere persönlichen Erfahrungen lediglich von einem rein diesseitigen Standpunkt aus betrachteten.“[4]
Auf solcher Basis, im inneren Frieden mit sich selbst, in Demut gegenüber seinem Schöpfer, als dessen Werkzeug er sich fühlt, wächst Robert Schuman zu einem Staatsmann heran, der eine Politik für eine bessere Zukunft kommender Generationen einleitet[5].

5. Im *Schnittpunkt der Kreuzbalken* steht *das Individuum*, der Mensch, in seiner Beziehung zum Schöpfer und den Geschöpfen: „Du sollst deinen Gott lieben und deinen Nächsten wie dich selbst“.

6. Der *waagerechte, horizontale Kreuzbalken* verkörpert das *„Labora“*, das *„Arbeite“*, also die Beziehung zu den Mitmenschen, die gestaltet wird durch Gedanken, Worte und Werke. *Das Kreuz* weist die Richtungen: zu Gott und dem Nächsten, es bildet *das Koordinatensystem* im Beten, Denken und Handeln Robert Schuman's.

7. Die Bindung ans Kreuz lebt Schuman in seinem *Glauben*. Er bildet das zweite, entscheidende Element seiner christlichen Überzeugung. Seine Maxime lautet: „In fide fortis“ - Im Glauben stark.
   Sein Nachfolger auf dem Präsidentenstuhl des Europäischen Parlaments, Gajetano Martino, stellt fest: „Robert Schuman war ein Mann des Glaubens. Er hat seinem Werk jenen tiefen, unzerstörbaren Glauben eingehaucht, der ihn selber bewegte. Das erklärt, warum soviel Ausdauer, soviel Standfestigkeit

---

[4] Aus: Robert Schuman - christlicher Demokrat und Europäer, Aktualität eines Vorbilds – Verlag Ernst Knoth, Melle, 1988, S. 35.

[5] Am angegebenen Ort, Piet Bukman, 1985-1987, Präsident der Europäischen Volkspartei.

und soviel innere Wärme in diesem Menschen steckte, der nach außen kühl, furchtsam und bescheiden erschien. Die Kraft, die in ihm wohnte, war die des Glaubens".[6]

So auch André Philip, Sozialist protestanischer Konfession, mehrfach Minister der IV. Französischen Republik, erinnert sich wie folgt: „Was mir zunächst an ihm auffiel, war die Ausstrahlung inneren Lebens, die von ihm ausging. Man stand vor einem geweihten Menschen, der seine persönlichen Wünsche abgelegt und seinen Ehrgeiz abgestreift hatte, den totale intellektuelle Ehrlichkeit und Demut beseelten, der nur danach suchte, zu dienen, dort und in dem Augenblick, wo er sich berufen fühlte".[7]

8. Robert Schuman's Lieblingsevangelist war Johannes: „Am Anfang war das Wort und das Wort war bei Gott .... alles ist durch das Wort geworden" ... „Niemand hat Gott je gesehen".[8] Daher die Notwendigkeit seiner Offenbarung durch Christus.

   Aus dem Wort des Alten und Neuen Testaments schöpft Schuman Erkenntnis, aus der Eucharistie die Kraft zu seinem Handeln. So schreibt Conzemius: „Was bei Schuman auffällt: das Leben der eucharistischen Frömmigkeit war kein Strohfeuer, das rasch abbrannte und in der Asche vielfältiger Beschäftigung verglomm. Der öftere Besuch der Messe, auch an Werktagen, wenn es möglich war, gehörte zum festen Bestandteil von seinem Lebensrhythmus bis zu seinen letzten Lebensjahren."[9]

9. Das dritte Element seiner christlichen Überzeugung bildet für Robert Schuman der Dienst am Nächsten, das „*Labora*". Für ihn drückt sich Gottesdienst im Dienst an der Welt aus, es ist Dienst am Nächsten. So schreibt Robert Schuman 1915 – also im Ersten Weltkrieg – an einen jungen deutschen Soldaten, den gebürtigen Kölner Heinrich Hartmann: „Der wohl verstandene Patriotismus ist Nächstenliebe, in erster Linie Liebe zu den Mitmenschen, nicht äußere Anhänglichkeit an Stätten unseres vergangenen Lebens. Alles verknüpft sich in der Schöpfung mit dem Menschen. Hieran muß man auch in Zeiten des Krieges festhalten, da jeder Menschenfreund an der Menschheit irre zu werden droht."[10]

---

6 Siehe Henri Brugmans: Die europäische Botschaft Robert Schuman's, Lausanne, 1965, S. 26.

7 Siehe in: Knoth, S. 26.

8 Prolog, 1-3, S. 18.

9 Siehe Conzemius, S. 33.

10 Siehe in: Knoth, S. 26.

10. Fassen wir zusammen: Die drei wesentlichen Elemente der christlichen Überzeugung Robert Schuman's sind: die Orientierung am Kreuz, die Bindung durch den Glauben an Gottesdienst und Kirche, der Dienst am Nächsten.

Diese christliche Grundüberzeugung Robert Schuman's spiegelt sich wider in seinem Leben und Werk, juristisch ausgedrückt: Unter diese Tatbestandsmerkmale seiner christlichen Überzeugung lassen sich Tun und Handeln Robert Schuman's subsumieren:

- Sein Leben war ein Leben des Friedenstiftens. Gerade die von Robert Schuman zwischen 1948 und 1953 geführte Außenpolitik Frankreichs bricht mit der typischen, in Europa üblichen Nachkriegspolitik der Vergeltung und ersetzt sie bewußt durch eine Politik der Vergebung. Diese bildet die Voraussetzung für eine dauerhafte, friedenssichernde Versöhnung aller europäischen Staaten und Völker.
- Für den Betrachter der Person Robert Schuman's und der europäischen Einigung gilt es zu ermitteln: Warum war gerade sein Leben so einzigartig? Warum wurde Robert Schuman zum „Zimmermann der Aussöhnung" zunächst in Frankreich bei der Eingliederung von Elsaß-Lothringen nach dem Ersten Weltkrieg in den Verbund der französischen Republik und danach in Europa bei der Aussöhnung zwischen Frankreich und Deutschland nach dem Zweiten Weltkrieg?!

II. Wer ist Robert Schuman? Die Besonderheiten seines Lebens!

Zunächst ein Blick auf sein Elternhaus und seine Schulzeit. Robert Schuman wurde am 29. Juni 1886 in Clausen - am Fuße der Festung Luxemburg - geboren. Seine Eltern - Jean-Pierre Schuman und Eugénie Duren -waren „zwangsweise", durch die politischen Verhältnisse bedingt, deutsche Staatsangehörige.

1. Der Vater – Jean-Pierre Schuman geboren am 27. Januar 1837 zu Evrange (Frankreich), gestorben am 6. Juli 1900 in Clausen (Luxemburg) – wurde deutscher Staatsangehöriger, als nach dem deutsch-französischen Krieg von 1870/71 aufgrund des Vertrags von Frankfurt Elsaß-Lothringen ein deutsches, unmittelbar von Berlin aus verwaltetes Reichsland wurde. Jean-Pierre Schuman fühlte sich weiterhin in erster Linie als Lothringer. Er hatte auch den Mut, dies gegenüber den Behörden zu erklären. Bei der Volkszählung in Luxemburg vom 30. November 1885 schreibt er in das Meldeformular unter Staatsangehörigkeit: *Lothringer*.

Robert Schuman übernimmt von seinem Vater diese starke Heimatbindung. Als er mit 17 Jahren die Weichen für seine berufliche Bildung stellt, optiert er persönlich für Lothringen.

Am 19. August 1903 ersuchte er das Kaiserliche Gymnasium in Metz, ihn aufgrund seines Luxemburger Abiturs in die 13. Klasse aufzunehmen. Zur Begründung gab er an: „Um mein Studium in Deutschland fortzusetzen". Dieses zusätzliche Schuljahr war notwendig, um mittels des Abiturs die Hochschulreife für das Studium der Rechtswissenschaft in Deutschland zu erlangen, was wiederum Voraussetzung war für seine Zulassung zur Rechtsanwaltschaft in Lothringen. Um 1912 Rechtsanwalt in seiner Heimat Lothringen werden zu können, muß Robert Schuman das erste und zweite deutsche juristische Stattsexamen ablegen.

2. Seine Mutter Eugenie Duren – geboren am 15. Oktober 1864 in Bettemburg (Luxemburg), gestorben am 30. August 1911 in Evrange (Frankreich) – wurde deutsche Stattsangehörige durch die Ehe mit dem um 27 Jahre älteren Jean-Pierre Schuman. Seiner Mutter verdankt Robert Schuman die feste, kirchliche Bindung und seine christliche Grundeinstellung. Beides wird deutlich angesichts seiner Mitgliedschaften in katholischen Vereinen und Verbänden: 1904 wird er in Bonn Mitglied der katholischen Studentenverbindung *Unitas*, deren Devise lautet „in necessaris unitas, in dubio libertas, in omnibus caritas" – im Notwendigen die Einheit, im Zweifel die Freiheit, in allem die Nächstenliebe. Die Unitas bemüht sich, die studentische Jugend mit dem Gedanken des christlichen Dienens und der katholischen Soziallehre vertraut zu machen.

1905 gründet er in Berlin die dortige Sektion der *Unitas*, an die er auch als französischer Minister nach dem Zweiten Weltkrieg regelmäßig seine Beiträge zahlt!

1912 wird er Mitglied im Volksverein für das katholische Deutschland, dem seinerzeit 800.000 Mitglieder angehören.

Ebenfalls 1912 – nach dem plötzlichen, unfallbedingten Tod seiner Mutter – wird er von seinem Bischof Willibrod Benzler zum Beauftragten für die Jugendverbände in Metz ernannt.

3. Im Jahr 1912 – mit 26 Jahren – beginnt Schuman's öffentliches Auftreten. Vor dem Lothringischen Caritas-Verband hält er zwei Vorträge, da nach dem Tod seiner Mutter sein besonderes Interesse der Jugend gilt. Er spricht über „die Erziehung der verwahrlosten Jugend nach der Gesetzgebung von Elsaß-

Lothringen“ und über „die öffentlichen Einrichtungen für die straffällig gewordene Jugend“.[11]

1913 – also ein Jahr vor dem Ersten Weltkrieg – hält er ein mit großem Applaus bedachtes Referat auf dem 60. Deutschen Katholikentag in Metz zum Thema „die christliche Presse“.

Regelmäßig nimmt er zur Stärkung seines Glaubens und seines religiösen Wissens an Einkehrtagen im Kloster Maria Laach teil unter der geistlichen Betreuung von Pater Herrwegen, Abt von 1913 bis 1946. In Erinnerung hieran schreibt Robert Schuman 1959 als Präsident des Europäischen Parlaments: „Damals schon begannen wir einzusehen, daß alles, was der Verständigung, der Einheit und der Brüderlichkeit die Wege ebnet, aus derselben Quelle schöpft. In diesem Sinne war auch Maria Laach ein Grundstein für das kommende Europa.“[12]

4. Für die Bildung der Persönlichkeit von Robert Schuman ist in besonderer Weise prägend der in Luxemburg übliche Unterricht in lëtzeburgischer, deutscher und französischer Sprache. Diese gründliche mehrsprachige Ausbildung befähigt Robert Schuman, in Deutschland Volljurist, in Frankreich nach dem Zweiten Weltkrieg: Finanz-, Premier-, Außen- und Justizminister zu werden.

Die Wahl seiner Sudienorte erlaubt es Robert Schuman, die heile Welt des damaligen Deutschlands in der Vielfalt seiner Länder kennenzulernen. 1904 studiert er in Bonn und München, 1905 in Berlin (dem Machtzentrum des 1871 in Versailles geschmack- und taktlos gegründeten Deutschen Reiches, das sich Elsaß-Lothringen eingegliedert hat als unmittelbares Reichsland, von Berlin aus verwaltet); 1906 geht er nach Straßburg, wo er am 28. Februar 1908 sein erstes Staatsexamen und am 26. Februar 1910 zum Dr. jur. promoviert mit dem Thema: „Streitbefangenheit und Rechtsnachfolge als Voraussetzungen der Paragraphen 265 und 266 der Zivilprozeßordnung“.

Die Art des Themas läßt wohl kaum ahnen, daß der deutsche Doktorand von 1910 nach dem Zweiten Weltkrieg im Frankreich der IV. Republik maßgebliche Ministerämter bekleiden wird.

5. Die grundlegende Entscheidung für sein berufliches Leben trifft Robert Schuman nach dem plötzlichen Tod seiner Mutter am 30. August 1911. Mit 25 Jahren ist er elternlos; er stellt sich die Frage, ob er für einen geistlichen oder

---

11 Siehe Conzemius, S. 28.

12 Siehe Liturgisches Jahrbuch, herausgegeben vom Liturgischen Institut, 9. Jahr 1959, Aschendorffsche Verlagsbuchhandlung Münster Westfalen.

weltlichen Beruf bestimmt ist; er bittet seinen Straßburger Freund Eschbach um Rat, der ihm wie folgt antwortet: „Die Pflicht ... verbietet dir, dich vollständig von deinem Schmerz absorbieren zu lassen. Die Religion, das Vaterland, das Recht im nobelsten Sinne und schließlich auch die Freundschaft brauchen dich als einen beherzten Menschen. Denn in unserer Gesellschaft ist das Laienapostolat eine dringende Notwendigkeit. Ich kann mir keinen besseren Apostel vorstellen als dich ... Du wirst im Laienstand bleiben, so wirst du erfolgreicher das Gute wirken können, denn das ist doch deine einzige Sorge ... Es scheint mir, daß die Heiligen der kommenden Zeit Heilige im Straßenanzug sein werden.“[13]

Robert Schuman macht sich diesen Rat 1912 zu eignen; er gründet seine Rechtsanwaltskanzlei in Metz am Kaiser-Wilhelm-Ring, der heutigen Avenue Foch. Bald danach beginnt es in Europa zu blitzen und zu donnern, die ethnischen Minderheiten und die Nationalstaaten, besonders auf dem Balkan, geraten in Konflikt. Es kommt zum Ersten Weltkrieg.

6. Für den weiteren beruflichen und politischen Werdegang von Robert Schuman ist entscheidend, daß Elsaß-Lothringen 1918 Teil der Französischen Republik wird. Von diesem Augenblick an erhält Robert Schuman die französische Staatsangehörigkeit.

Halten wir also fest: In seiner staatsbürgerlichen Prägung war Robert Schuman „trinational“: luxemburgisch, deutsch und französisch. Er ging durch Europa auf einem deutschen und französischen Bein, er dachte mit einem in Luxemburg ausgebildeten Kopf, dessen zwei besonders große Ohren tief in den deutschen und französischen Sprachraum hinein hörten; er war geprägt von einem kirchlichen, supranational ausgerichteten Denken und Handeln, das sich an den Lehren des Thomas von Aquin orientiert.

Fast so lange wie Christus auf der Welt war – nämlich genau 32 Jahre – teilt Robert Schuman die deutsche Staatsangehörigkeit, bevor er zusammen mit Elsaß-Lothringen 1918 die französische Staatsangehörigkeit erhält.

7. Für Robert Schuman sind die Jahre der Kriegspause (1919 bis 1939) maßgebliche Jahre der politischen Bildung. Mit 33 Jahren wird er am 8. Dezember 1919 Abgeordneter in der französischen Nationalversammlung für den Wahlkreis Diedenhofen (Thionville). Für ihn bildet das politische Mandat eine Aufgabe des Laienapostolats, bei seiner parlamentarischen Arbeit sucht er Lösungen auf dem goldenen Mittelweg, also im politischen Zentrum der Meinungen[14].

---

13 Siehe Debus, S. 75.

14 Siehe René Lejeune, „Une âme pour l'Europe“, S. 62, 64.

Die Maxime Robert Schuman's für sein politisches Handeln lautet: Dienen, nicht – sich bedienen!

In der Innenpolitik arbeitet er für die Einführung des französischen Zivil- und Handelsrechts sowie des Schulrechts in Elsaß-Lothringen. Dabei geht es ihm darum, in der zentralistisch, laizistisch verfaßten französischen III. Republik möglichst viel kulturelle und rechtliche Eigenständigkeit für Elsaß-Lothringen zu wahren. Es gelingt ihm, die Besonderheiten des Sozialversicherungs- und Kommunalrechts, die konkordatsrechtlichen Bestimmungen für die Kirche und das Schulwesen sowie bestimmte grundbuchrechtliche Regelungen zu erhalten.

So wird Robert Schuman zum Versöhner zwischen dem stark laizistischen Frankreich und dem eher konfessionell geprägten Elsaß-Lothringen. Ihm gelingt es, Elsaß-Lothringen mit dem zentralistischen Frankreich zu vereinen unter Wahrung von Sonderregelungen für diese Departements. Die bei der Wiedereingliederung von Elsaß-Lothringen an Frankreich notwendige „LEX-Schuman", eine ausgewogene gesetzgeberische Arbeit war für Robert Schuman eine gute Übung bei der nach dem Zweiten Weltkrieg zu bewerkstelligenden deutsch-französischen Aussöhnung.

8. In der Außenpolitik prägen die Bemühungen von Aristide Briand um eine gerechtere Fiedensordnung in Europa sein Denken. Briand schlägt dem deutschen Außenminister Stresemann – leider ohne Erfolg – ein deutsch-französisches Bündnis vor. Doch wegen der bestehenden „Erbfeindschaft" zwischen den beiden Völkern wird der von Stresemann unterstützte „Vorschlag zur Gründung der Vereinigten Staaten von Europa" kaum zur Kenntnis genommen. Die Menschen in Europa beginnen insbesondere ab 1933 erneut, mit Kohle und Stahl Waffen zu schmieden, deren sichere Opfer sie nach 1939 werden.

9. Zu Beginn des Zweiten Weltkrieges erleben wir Robert Schuman als Minister und Häftling!

Bei Ausbruch des Zweiten Weltkriegs bekleidet Robert Schuman in der Regierung Paul Reynaud das Amt des Staatssekretärs für das Flüchtlingswesen. Als am 10. Mai 1940 die deutsche Wehrmacht über Luxemburg, Belgien, die Niederlande und Frankreich hereinbricht, erlebt Robert Schuman einmal mehr, wie die Menschen in Europa unter dem Stahl ihrer Kanonen, Panzer und Geschosse leiden, sterben und heimatlos werden. Am 16. Juni 1940 erklärt er seinen Rücktritt als Staatssekretär aus der von Marschall Pétain umgebildeten französischen Regierung und kehrt nach Diedenhofen zurück.

10. Unter der deutschen Besatzung erlebt Robert Schuman *sein erstes unblutiges Martyrium*. Bereits am 14. September 1940 wird er von der Gestapo als erster französischer Abgeordneter verhaftet und für sieben Monate in Einzelhaft gesteckt. In dieser Zeit ist sein Leben ernsthaft bedroht, da die Gestapo erwägt, ihn in ein Konzentrationslager zu verlegen. Der deutsche Staatsanwalt Heinrich Welsch verhindert dies und verschafft Robert Schuman Hafterleichterung. Er darf sich Bücher aus seiner Hausbibliothek in Scy-Chazelles holen lassen. Durch seine Schergen läßt er sich die 24bändige, von Ludwig von Pastor verfaßte „Geschichte der Päpste seit dem Mittelalter" bringen, die er liest und kommentiert. Diese siebenmonatige Einzelhaft nannte Robert Schuman seine große Fastenzeit!

Am 13. April 1941 wird seine Einzelhaft umgewandelt in einen Hausarrest in der Pfalz zu Neustadt/Weinstraße. Der Gauleiter der Westmark, Joseph Bürckel, bemüht sich intensiv, Robert Schuman für das Dritte Reich zu gewinnen. Zunächst bietet er ihm erfolglos die Stelle eines Senatspräsidenten am Oberlandesgericht Zweibrücken an. Danach unterbreitet er Schuman ein Angebot, das als „satanisch" zu werten ist, wenn man sich erinnert, daß Robert Schuman 1913 auf dem 60. Deutschen Katholikentag zum Thema „Die christliche Presse" referiert hatte. Der Gauleiter bietet ihm die Stelle des Pressesprechers der Westmark an!

Am 5. Mai 1941 – aus Neustadt schreibend – lehnt Robert Schuman dieses Angebot mit spitzem Humor ab:

„Meine Beschäftigung im Dienst der Presse halte ich für undurchführbar. Während sieben Monaten war ich außerstande, die sich überstürzenden Ereignisse zu verfolgen; nur nach und nach wird es mir möglich sein, die Lücken meiner Kenntnis des Weltgeschehens auszufüllen.

Andererseits – und dies ist der ausschlaggebende Einwand – hat die Presse in Kriegszeiten, mehr noch als im Frieden, die Aufgabe, auf das vaterländische Bewußtsein einzuwirken. Ganz besonders in Deutschland ist auch der bescheidenste Zeitungsbeitrag aus dem Ideal der nationalsozialistischen Weltanschauung geboren; anderenfalls würde er als störend oder gar verletzend empfunden werden.

Ich habe die Überzeugung, daß heute weniger denn je an einer so exponierten Stelle wie es die Presse ist, irgendein Dilettantismus oder auch nur nüchternes Beobachten und Referieren vorgetragen werden kann; jede Mitarbeit ist letzten

Endes auf den Grundton nationaler Überzeugung und Begeisterung abzustimmen. Einer solchen Aufgabe bin ich begreiflicherweise nicht gewachsen."[15]

Gegenüber den verführerischen Angeboten des Gauleiters bliebt Robert Schuman standhaft; als Robert „*Durren*" – dem etwas geänderten Mädchennamen seiner Mutter – setzt er sich aus dem pfälzischen Hausarrest ab und findet im August 1942 Zuflucht in der durch den hl. Martin von Tours gegründeten Benediktinerabtei *Ligugé* bei Poitiers.

11. Nach der Befreiung Frankreichs kehrt Robert Schuman am 21. November 1944 nach Lothringen zurück. Bestürzt von dem unbeschreiblichen Leiden der Menschen in Europa während des Zweiten Weltkriegs greift Robert Schuman dann als französischer Außenminister (1948-1953) die von Briand und Stresemann geschmiedeten Pläne der europäischen Einigung wieder auf. Für die Toten und Verletzten, die zerbombten Städte und Landschaften Europas kommt die *Revolutionäre Erklärung Robert Schuman's vom 9. Mai 1950 über die Gründung der Europäischen Gemeinschaft* zu spät.

Was hätte den Menschen in Europa – unseren Verwandten, Eltern und Großeltern – alles erspart werden können, hätten sich die Pläne der französischen und deutschen Außenminister – Briand und Stresemann – bereits 1930 so verwirklichen lassen, wie sich zu unserem Wohlergehen der Schuman-Plan von 1950 verwirklicht hat.

Wir erkennen: Robert Schuman erlebt in seiner Person den deutsch/französischen Zwiespalt, das europäische Leiden, gepaart mit dem Willen, die Völker Europas endlich zu versöhnen.

Wenden wir uns nun dem Höhepunkt seines Wirkens zu: der Architektur seines europäischen Einigungswerks, seinem Kampf für Europa!

III. Der Grundgedanke seines Versöhnungswerkes: *Vergebung* statt *Vergeltung* – die WENDE der europäischen Geschichte

1. Die von Robert Schuman betriebene Gründung der Europäischen Gemeinschaft bildet schlechthin die WENDE in der europäischen Geschichte. Sie bricht mit den klassischen, europäischen Friedensverträgen, die nichts anderes waren als Diktate der Sieger über die Besiegten.

Vergegenwärtigen wir uns, von 1948 bis 1953 hat Robert Schuman – was überhaupt nicht selbstverständlich war – für seine Politik der Aussöhnung gegenüber Deutschland in der Französischen Nationalversammlung der IV. Republik

---

[15] Siehe Debus, S. 185.

eine Mehrheit. Die Abgeordneten vertrauten die französische Deutschlandpolitik einem Politiker an, von dem jeder wußte, daß er 32 Jahre lang die deutsche Staatsangehörigkeit geteilt hatte! Dies nach dem grausamsten Krieg in Europa gegenüber einem Feind, der am 8. Mai 1945 bedingungslos kapituliert hatte. Die französischen Abgeordneten erkannten, daß es keinen besseren Deutschlandkenner gab als Robert Schuman. Im November 1949 erklärte Robert Schuman in der Nationalversammlung:

„Wenn ich auf diesem Platz stehe, dann nicht deshalb, weil ich dahin wollte, sondern zweifellos deshalb, weil jemand von dieser Ostgrenze gebraucht wurde, der zu erreichen versuchte, daß die beiden Länder, die sich so oft zerfleischt haben, in Frieden miteinander leben.

Meine persönliche Erfahrung hindert mich daran zu träumen, wenn es um Deutschland geht.

Man hat den Deutschen alles verweigert, als man ihnen etwas hätte geben können, man hat ihnen alles gelassen, als man ihnen hätte widerstehen müssen! Ich will es anders machen.“[16]

2. Die Außenpolitik Schuman's bildet die Umkehr der französischen Deutschlandpolitik, genau das Gegenteil der gaullistischen unmittelbaren Nachkriegspolitik von 1945/1946, die auf die staatliche Auflösung Deutschlands und die gegenständliche Demontage seiner Betriebe gerichtet war.

1948 kommt Robert Schuman gerade noch rechtzeitig, um jetzt als französischer Außenminister sein Vision der Versöhnung zur politischen Wirklichkeit werden zu lassen. Sein Tun fußt auf seinem christlichen Glauben. So schreibt er in seinem sehr lesenswerten Buch „Pour l'Europe“: „Das Christentum lehrt, daß alle Menschen aufgrund ihres Wesens gleich sind; sie sind Kinder desselben Gottes, erlöst durch denselben Christus ohne Unterschied von Rasse, Farbe, Klasse und Berufsstand. Es hat die Würde der Arbeit und die Pflicht aller, sich der Arbeit zu unterziehen, anerkannt. Es hat den inneren Werten den Vorrang zuerkannt, die allein den Menschen adeln. Das allgemeine Gesetz der Liebe und der Nächstenliebe macht aus jedem Menschen unseren nächsten; auf diesem Gesetz fußen seitdem die gesellschaftlichen Beziehungen in der christlichen Welt. Diese Lehre und die aus ihr gezogenen praktischen Konsequenzen haben die Welt verändert. Das Evangelium hat diese Revolution immer nachhaltiger beseelt, es hat langsam auf die sich folgenden Generationen eingewirkt, gele-

---

[16] Siehe Debus, S. 84.

gentlich unter großen Schmerzen. Die Fortschritte der christlichen Gesellschaft verliefen weder automatisch noch gradlinig."[17]

3. Zu den Gründen für das europapolitische Handeln von Robert Schuman äußert sich Pierre Pfimlin, der letzte Premierminister der IV. Republik und Präsident des Europäischen Parlaments [von 1984 bis 1987] ebenfalls wie folgt:

„Die Motive seines politischen Handelns waren geistiger Art. Ein wesentlicher Bestandteil des Christentums ist die Lehre von der Überwindung der Selbstsucht. Auf die Ebene der Beziehungen zwischen Nationen übertragen, bedeutet das, die Überwindung der nationalen Egoismen und das gemeinsame Streben nach dem Gemeinwohl.

In Robert Schuman finden wir ein waches Bewußtsein für die Realität und gleichermaßen das Festhalten an einem Ideal, auf das er, wenn es auch in der Ferne lag, sein ganzes Handeln ausrichtete."[18]

4. Die Grundsatzerklärung zur europäischen Versöhnung und Einigung, die „PAX-Schuman":

Am 9. Mai 1950 verkündet Robert Schuman im französischen Außenministerium den von Jean Monnet sorgfältig vorbereiteten „*Schuman-Plan*". Bei der politischen Neugestaltung Europas waren Robert Schuman und Jean Monnet ein unentbehrliches Tandem, eine Partnerschaft, die für das Gelingen des deutsch-französischen Versöhnungswerks die Voraussetzung bildete: Robert Schuman -–ein Mann der Ostgrenze Frankreichs, während Jean Monnet aus dem tiefen Westen Frankreichs stammte – nämlich aus Cognac. Vertreten durch Jean Monnet und Robert Schuman standen gewissermaßen West- und Ostfrankreich hinter dem Plan einer Europäischen Gemeinschaft.

In den kriegsgewohnten Zeitungsmeldungen wird die Erklärung vom 9. Mai 1950 als die „Schuman-Bombe" gewertet; dies deshalb, weil das Angebot einer Gemeinschaft von gleichberechtigten Partnern an den Feind, der 1945 bedingungslos kapituliert hatte, völlig unerwartet in die Öffentlichkeit platzt! Eine derartige Geste hatte es nie zuvor nach einem siegreichen Krieg gegeben. Robert Schuman ersetzte die übliche Politik der Vergeltung durch eine Politik der Vergebung. Sein „Bombe" brachte nicht mit Sprengstoff den Einwohnern Europas Tod und Verderben, sondern gab ihnen durch die Überwindung von Haß und Rachsucht neues, sicheres Leben.

---

[17] S. 57/58 der französischen Fassung vom Verfasser ins Deutsche übersetzt.

[18] Siehe Pfimlin in Knoth, S. 38, 39.

Hierzu schreibt Robert Schuman in seinem Buch: „Am 9. Mai 1950 änderten wir unsere Politik von Grund auf. Wir boten Deutschland und den übrigen teilnehmenden Staaten einen Zusammenschluß ohne jegliche Diskriminierung oder Beschränkung an.“[19]

„Vor dem Wurf dieser Bombe mußten wir sicher sein, wie die Hauptbeteiligten reagieren würden. Die Bundesregierung war für uns der entscheidende Gesprächspartner. Vor dem 9.Mai erhielten wir die grundsätzliche Zustimmung des Bundeskanzlers. Ohne sie wäre nichts möglich gewesen. Die übrigen Regierungen – die britische, italienische, amerikanische und die der Benelux-Staaten – wurden 24 Stunden vor der offiziellen Verkündung unterrichtet.

Die Überraschung war total. Niemand hatte eine derartige Initiative erwartet, weder in Frankreich, noch außerhalb Frankreichs, insbesondere nicht aus und von Frankreich.“[20]

„Unser Vorhaben war keiner dieser diplomatischen „Knallfrösche“, die viel Lärm machen, aber nichts bewirken. Diesmal wurde es ernst.“[21]

5. Die Kernsätze der Erklärung vom 9. Mai 1950 sind auch heute noch zu beherzigen:

„Der Weltfrieden kann nur gewahrt werden durch schöpferische Anstrengungen, die der Größe der Bedrohung entsprechen;

für die Erhaltung des Friedens ist der Beitrag eines strukturierten und lebendigen Europas unentbehrlich;

indem Frankreich seit 20 Jahren (hier also eine bewußte Bezugnahme auf die Vorschläge Briand/Stresemann von 1930!) ein vereintes Europa anstrebt, verfolgt es den Zweck, den Frieden zu sichern – seinerzeit wurde Europa nicht geeint, es erntete den Krieg;

die Einigung der europäischen Völker verlangt vorrangig, den mehr als 100jährigen Gegensatz zwischen Frankreich und Deutschland zu beseitigen (bewußte Absage an die in Deutschland und Frankreich verbreitete „Erbfeind-Theorie“);

Europa wird nicht schlagartig, sondern durch konkrete Leistungen entstehen, die zunächst eine tatsächliche Verbundenheit schaffen (Absage an das Europa der Blitzkriege und Gewalt!);

---

19 Siehe „Pour l'Europe“, S. 136.
20 Siehe „Pour l'Europe“, S. 165.
21 Siehe „Pour l'Europe“, S. 167.

die französische Regierung schlägt vor, die gesamte deutsche und französische Kohle- und Stahlproduktion einer gemeinsamen Hohen Behörde zu unterstellen (in der Erkenntnis, daß Kohle und Stahl unentbehrliche Rohstoffe für die Rüstungsindustrie sind und bleiben!);

die so geschaffene, gemeinsame Grundlage für die wirtschaftliche Entwicklung bildet die erste Stufe des europäischen Bundesstaats („Fédération européenne"), der das Schicksal der Regionen wenden wird, die dazu verdammt waren, Waffen herzustellen, deren sicher Opfer sie später wurden".[22]

6. Hierzu schreibt Jean Lecanuet – nach 1963 in Frankreich Präsident der französischen Christdemokraten -: „Robert Schuman kündigte eine neue Welt an. Wir fühlten, daß wir zusammen mit ihm beginnen könnten, die Zwangsläufigkeit der Geschichte zu überwinden ... Robert Schuman hatte buchstäblich kein Alter, keine Grenzen. Dadurch verkörperte er ganz genau das, wonach wir uns sehnten: das Über-uns-Hinauswachsen, die Zukunftsperspektive."[23]

Die Leitsätze Schuman's für das europäische Einigungswerk finden sich teilweise wörtlich wieder in der Präambel des Vertrags zur Gründung der Europäischen Gemeinschaft für Kohle und Stahl (EGKS) und bilden die Grundlage der „PAX-Schuman".

7. Die Debatte über die Ratifikation des EGKS-Vertrags war für Schuman mit unvorstellbaren, seelischen Leiden verbunden, die sich als sein *zweites unblutiges Martyrium* werten lassen.

Zur Begrüßung Robert Schuman's in der Nationalversammlung gab es ein Ritual der Schmährufe aus dem linken und rechten Spektrum des Parlaments. Die Kommunisten Jacques Duclos und Waldeck Rochet schrieen laut: „Gauleiter Schuman raus" Wir erinnern uns: Robert Schuman war der erste von der Gestapo verhaftete französische Abgeordnete! Der zweite Schmähruf, indem sie rhythmisch auf die Pulte schlagen: „Schuman ment, il est allemand!" Schuman lügt, er ist Deutscher! Der dritte Schmähruf lautete: „Voilà le boche!" Also: „da kommt der Saupreuß!"

Manche Gaullisten pflegten im Refrain zu moderieren: „Un boche, un bon boche, mais un boche quand même!" Also: „ein Saupreuße, ein guter Saupreuße, aber dennoch ein Saupreuße!"

---

[22] Siehe Robert Schuman, „Für Europa", französische Fassung, S. 201 ff.

[23] Siehe in: Knoth, S. 119.

8. Unter diesen Verleumdungen litt Robert Schuman ungeheuer. Dennoch schaffte er sein Versöhnungswerk: Der Vertrag von Paris mit gleichen Rechten und Pflichten für die Mitgliedstaaten, mit rechtlich fixierten Strukturen für das zu einigende Europa wird am 18. April 1951 unter anderem von Robert Schuman, Konrad Adenauer und Joseph Bech für Luxemburg unterzeichnet. Dieser Vertrag beinhaltet genau das Gegenteil von dem, was sich Deutschland und Frankreich 1871 sowie 1919 in Versailles angetan hatten. Der Vertrag von Paris ist ein Vertrag zwischen Gleichberechtigten, kein Diktat des Siegers gegenüber dem Besiegten, sondern: Vergebung statt Vergeltung, die Geburtsurkunde und Geburtsstunde eines neuen Europas – der Europäischen Union – in der es weder Sieger noch Besiegte, sondern nur noch Partner gibt!

9. Am 25. März 1957 werden in Rom die Verträge zur Gründung der Europäischen Wirtschafts- und Atomgemeinschaft unterzeichnet, die dank dem belgischen Außen- und Premierminister Paul Henri Spaak, einem Sozialisten, das Werk Robert Schuman's fortsetzen.

Die aufgrund dieser drei Verträge arbeitenden Versammlung: Das *Europäische Parlament* wählt am 19. März 1958 – dem Tag des hl. Josephs, Zimmermann der Christenheit – Robert Schuman einstimmig zu seinem ersten Präsidenten. Per Akklamation stimmen alle Fraktionen für ihn und erkennen ihn damit als den Initiator und Gestalter des neuen Europas an.

10. Die Person und das Wirken Robert Schuman's gründlich wertend schreibt Miriam Karama in ihrer Magisterarbeit, Würzburg, 1996 unter dem Thema: Robert Schuman – Gestalter Europas: „Robert Schuman lebte und handelte aus einer tief empfundenen Christlichkeit heraus, aber er war weit davon entfernt, diese für andere verbindlich zu machen. Er gewann seine Handlungsleitsätze und seine Sicherheit im Handeln aus einer bestimmten christlichen Überzeugung heraus."[24]

IV. Schlussfolgerungen und Schlussbemerkung

Für mich ist Robert Schuman eine Modellgestalt des Glaubens, ein Werkzeug der Einheit unter den Menschen. Er ist ein Gefolgsmann der Bergpredigt Christi, die in der Feststellung gipfelt: „Selig sind die, die Frieden stiften!"

Im Bistum Metz hat Bischof Raffin 1990 das Verfahren zur Seligsprechung von Robert Schuman eröffnet, das seit dem 23. Juni 2004 in Rom anhängig ist.

---

[24] Ebenda S. 104, 105.

Von den Kandidaten für die Seligsprechung verlangt das Kirchenrecht nicht nur ein am Evangelium gemessenes, exemplarisches Leben, sondern auch das Wirken von Wundern!

Meines Erachtens lassen sich drei zeitgeschichtliche Ereignisse als *politische Wunder* werten:

- die Wirkung der Versöhnungserklärung vom 9. Mai 1950,
- die „Umkehr" Charles de Gaulle's von 1963,
- der Zusammenbruch der Sowjetregime 1989/1990

1. Am Anfang der europäischen Einigung war das Wort Robert Schuman's vom 9. Mai 1950: „Vergebung, nicht Vergeltung!" Der ehemalige Ministerpräsident von Rheinland-Pfalz und spätere Ministerpräsident von Thüringen Bernhard Vogel spricht vom „Wunder der Aussöhnung zwischen Franzosen und Deutschen".[25]

Das Wirken Robert Schuman's hat wundersam den Lauf der europäischen Geschichte gewendet.

2. Die Umkehr Charles de Gaulle's erster Präsident der V. Französischen Republik

Mit dem deutsch-französischen Freundschaftsvertrag von 1963 hat sich Charles de Gaulle den Kernsatz der Robert-Schuman-Erklärung vom 9. Mai 1950 zu eigen gemacht, nämlich: „Die Einigung der europäischen Völker verlangt vorrangig, den mehr als hundertjährigen Gegensatz zwischen Frankreich und Deutschland zu beseitigen". Mit Blick auf die unmittelbare französische Nachkriegspolitik faßte de Gaulle 1963 seine Umkehr wie folgt zusammen: „Wir waren verpflichtet, Feinde zu sein, wir haben das Glück, Freunde zu werden".

Am 4. September 1963 – dem Jahr des deutsch/französischen Freundschaftsvertrags – konnte Robert Schuman getrost unsere Welt in der Gewißheit verlassen, daß die V. Französische Republik mit ihren Präsidenten sein Versöhnungswerk fortsetzen würde.

3. Der Zusammenbruch der Sowjetregime in Osteuropa 1989/1990

Zeitgleich mit dem „Nihil obstat" aus Rom zur Eröffnung des Seligsprechungsprozesses fällt der Eiserne Vorhang, bricht die Mauer in Berlin.

---

[25] Siehe Frankfurter Allgemeine Zeitung vom 7.10.1997, S. 7.

Erinnern wir uns: bei der Pressekonferenz am 9. Mai 1950 hatte ein Journalist Robert Schuman gefragt: „Liegt Rußland in Europa?" Seine Antwort lautete: „Aber gewiß doch!"

1989/1990 hat Robert Schuman den Beweis dafür erbracht, daß seine Grundüberzeugung stimmte:

„Wir müssen das geeinte Europa nicht nur im Interesse der freien Völker errichten, sondern auch, um die Völker Osteuropas in die Gemeinschaft aufnehmen zu können, wenn sie von dem Zwang, unter dem sie leiden, befreit, um ihren Beitritt und unsere moralische Unterstützung nachsuchen werden.

Seit langen Jahren verspüren wir schmerzhaft die ideologische Demarkationslinie, die Europa zweiteilt. Gewalt hat sie erzwungen, möge doch die Freiheit sie auslöschen!

Wir schulden ihnen das Vorbild eines einigen, brüderlichen Europa. Jeder Schritt, den wir auf diesem Weg zurücklegen, wird für sie eine neue Chance darstellen. Sie brauchen unsere Hilfe bei der ungeheuren Aufgabe der Umstellung, die sie zu bewerkstelligen haben."[26]

Schlußbemerkung

Wie Robert Schuman bis zu seinem Tod 1963 Grundorientierung und Halt an der benediktinischen Lebensregel fand, so will auch die Kirche das europäische Einigungswerk der Fürsorge des Benedikt von Nursia anvertrauen:

Als Papst Paul der VI. am 24. Oktober 1964 die kriegszerstörte, nach den alten Plänen neu aufgebaute Abteikirche des Klosters Montecassino weihte, erklärte er den heiligen Benedikt zum Patron für ganz Europa:
PATRONUS TOTIUS EUROPAE; PACIS NUNTIUS; UNITATIS EFFECTOR.[27]

Bitten wir den hl. Benedikt, aber insbesondere Robert Schuman, zu dessen Spezialität das Friedenstiften gehört, in Irland – wo am 22. Mai 1998 die Volksabstimmung für eine neue Friedensordnung stattfand – endlich die Nord- und Südiren so miteinander zu versöhnen, wie er nach dem Zweiten Weltkrieg Deutsche und Franzosen miteinander versöhnt hat.

Das wäre das „Friedenswunder", das wir für die Europäische Union und für die Seligsprechung Robert Schuman's brauchen.

---

26 Siehe in: Knoth, S. 1.

27 Dom Victor Dammertz, O.S.B., in: Benedictus, eine Kulturgeschichte des Abendlandes, S. 8-10.

Berücksichtigte Literatur:

1. Robert Schuman: Pour l'Europe, 2. Auflage, Les éditions Nagel, Paris 1964
2. René Lejeune: Editions St. Paul, Paris-Fribourg, 1986.
3. Victor Conzemius, Robert Schuman, Imba-Verlag, Freiburg/Schweiz.
4. Robert Schuman, Lothringer, Europäer, Christ, von Karl-Heinz Debus, Pilger-Verlag, Speyer, 1995.
5. Robert Schuman – Christlicher Demokrat und Europäer. Aktualität eines Vorbilds, 1988, Verlag Ernst Knoth, Melle.
6. Gilbert Trausch, in: Les racines et l'oeuvre d'un grand européen: Robert Schuman, S. 24 ff., Imprimerie de la Cour, Victor Buck, Luxemburg 1986.
7. Benedikt – eine Kulturgeschichte des Abendlandes, 1980, Merkatorfonds, Antwerpen.
8. Miriam Karama, Magisterarbeit, Würzburg, 1996: Robert Schuman – Gestalter Europas.

Theologie

Anthropologische und theologische Grundlagen für Naturrecht und Menschenwürde

Manfred Balkenohl[1]

Wenn Naturrecht schlicht den Sachverhalt ausdrücken will, dass es etwas gibt, was von Natur aus recht ist, dann müssen grundlegende Überlegungen angestellt werden:

- Das Naturrecht unterscheidet sich vom sogenannten positiven Recht schon dadurch, dass es einem jeden Menschen schon deshalb zusteht, weil er Mensch ist. Es gibt keinen Menschen, der dieses Recht nicht von Natur aus besitzt.
- Das Naturrecht kann dem Menschen von niemandem verliehen werden, und es kann ihm von keinem Machthaber und von keinem Beschlussgremium wieder genommen werden. Es ist ein Recht, welches der Mensch bereits innehatte, bevor es Staat und Kirche gab. Das tiefe Empfinden und das reflektierte Wissen darüber, dass etwas von Natur aus recht ist, ermöglicht es dem Menschen auch, widernatürliche Angriffe, die als unmenschlich empfunden werden, mutig und mit Bestimmtheit abzuwehren. Dass eine solche Befähigung im Gewissen verankert ist, sei hier schon angedeutet.
- Aussagen über ethische Inhalte und Forderungen bedürfen der Naturgemäßheit. Daher ist die Frage nach dem Naturrecht und damit verbunden nach der Natur des Menschen eine der vordringlichsten Aufgaben überhaupt, weil man genauer als früher wissen will, was Natur ist. Es kommt erschwerend hinzu, dass man Natur kaum definieren kann, da sie in allen Bereichen eine überaus große Mannigfaltigkeit zeigt. Nach Nietzsche ist nur das definierbar, was keine Geschichte hat. So kann eine rein begriffliche Aussage niemals die in Veränderungen und Wandlungen begriffene Natur umfassen. Statische Daten und dynamisches Geschehen wollen integriert gesehen und berücksichtigt werden, da sie ineinander gehen. Eine „statische“ Ethik z. B. kann nicht solchen Anforderungen entsprechen, weil sie die zahlreichen Wandlungen außer Betracht lässt. Dagegen übersieht eine „dynamische“ Ethik nicht selten die bleibenden Grundlagen im Sinne überdauernder Daten.

---

[1] Manfred Balkenohl: Univ.-Professor i. R., verheiratet, Vater von vier Söhnen, lehrte Moraltheologie an den Universitäten Osnabrück und Vechta.

Naturrecht und Menschenwürde

Naturrecht und Menschenwürde sind miteinander verzahnt. Die Menschenrechte insgesamt, die naturrechtlich verankert sind, haben nämlich die Menschenwürde zur Voraussetzung. Die deutsche Verfassung hat eine wertgebundene Ordnung aufgerichtet, die den einzelnen Menschen und seine Würde in den Mittelpunkt aller seiner Regelungen stellt. „Die Würde des Menschen ist unantastbar" heißt es im Grundgesetz[2]. Begründend hat das Bundesverfassungsgericht schon früh die Vorstellung ausgesprochen, dass der Mensch in der Schöpfungsordnung einen eigenen selbständigen Wert besitzt, der die unbedingte Achtung vor dem Leben jedes einzelnen Menschen, auch dem scheinbar sozial „wertlosen", unabdingbar fordert.[3] „Jeder hat das Recht auf Leben"[4] betont das Grundgesetz als Folge des obersten Konstitutionsprinzips, der Menschenwürde. Diese Grundsatzentscheidungen der Verfassung bestimmen Gestaltung und Auslegung der gesamten Rechtsordnung.[5]

Die Würde des Menschen hat universale Geltung und bildet nicht nur die Basis der Menschenrechte, sondern des gesamten humanitären Völkerrechts.[6] Es gilt grundlegend festzuhalten:

- In der Menschenwürde finden jegliche Menschenrechte ihren unmittelbaren Ursprung
- Die Natur des Menschen ist die eigentliche Grundlage für die Menschenwürde.

Die Frage nach der Wesensverfassung des Menschen

Es ist bis hierhin schon deutlich geworden, dass die Frage nach der Natur des Menschen die eigentliche, in die Tiefe gehende Frage ist, um Naturrecht und Menschenwürde zu verstehen. Es ist also der Aufriss einer gültigen Menschenkunde gefordert, der ebenfalls für sämtliche Bereiche der Erziehung und Bildung, aber auch für personale Therapie und Neurosenforschung von nicht zu

---

2 GG Art. 1, Abs. 1.

3 BVerfGE 2,1 (12).

4 GG Art. 2, Abs. 2.

5 BVerfGE 1,14 (36). Vgl. H. Reis, Das Lebensrecht des ungeborenen Kindes als Verfassungsproblem, Tübingen 1984.

6 Vgl. R. Pranter, Die Würde des Menschen im Naturrecht, in: Mut zur Ethik. Die Würde des Menschen. V. Kongreß vom 5. bis 7. Sept. 1997 in Feldkirch/Vorarlberg, Hrsg.: Verein zur Förderung der Psychologischen Menschenkenntnis, Zürich 1998; vgl. ebenso: R. Rothe, Staatsrechtliche Grundlegung der Menschenwürde, in: ebd.

unterschätzender Bedeutung ist. Für die Beurteilung eines Menschen nämlich, aber auch für die Hilfeleistung in erziehlicher und therapeutischer Hinsicht ist die Kenntnis des Aufbaus der humanen Struktur als inneres Richtmaß unumgänglich, das an der Natur des Menschen, also an der Wesensverfassung des Menschen orientiert sein muss.[7]

Ohne eine Gesamtvorstellung menschlicher Anlagen und Eigenschaften ist es insbesondere nicht möglich, Begabungen oder Strebungen gültig ermitteln und menschenkundig beurteilen zu können. Es bedarf aber auch eines normativen Maßstabes, um bestimmen zu können, welche Fähigkeiten überentwickelt sind oder gar dominieren und welche behindert geblieben sind bzw. nicht zur Entfaltung gelangen konnten. Ein normativer Maßstab ist insbesondere erforderlich bei seelischen Störungen und zwischenmenschlichen Konflikten, die namentlich dann auftauchen, wenn der Wachstumsprozess lebensnotwendiger Anlagen krisenhaft verlaufen ist.

In diesem Betracht ist die Situation eines betreuenden Beraters grundsätzlich die gleiche wie die des Arztes, der zunächst einmal eine fundierte Kenntnis des gesunden Organismus haben muß, um Krankheiten feststellen und heilen zu können. Ohne Kenntnis der Struktur einer gesunden Niere ist beispielsweise eine Nierenentzündung weder zu diagnostizieren noch zu therapieren. Physiologie und Anatomie gehen der Pathologie voraus.

Ähnliches gilt für die helfende Bemühung im erziehlichen und therapeutischen Umfeld. Es ist sowohl die Einsicht in die heile Verfassung als auch ein Überblick über die Vielfalt der Störungsmöglichkeiten im Menschen selbst und im Zusammenleben mit den Mitmenschen verlangt. So gesehen handelt es sich um eine ganze Reihe von Arbeitsgebieten, die einer menschenkundigen Fundierung bedürfen. Nicht nur der rechtliche Bereich ist anthropologisch gültig zu fundieren. Auch der Therapeut, der den psychischen Notstand eines Patienten behandelt, und ebenfalls die wesentlich pädagogischen Arbeitsfelder bedürfen einer normativen Ausrichtung, denn der Erzieher muß erst recht wissen, wohin er die ihm anvertrauten Menschen führen will.

Die heute im pädagogischen Umfeld geführten Diskussionen über Erziehungsziele und Erziehungsstile reichen längst nicht aus, um strukturell die humanen Anlagen analysieren zu können, noch diese entfalten zu helfen. Es gehört zur Wesensart des Menschen, dass er zur Entfaltung seiner Anlagen wie zum mitmenschlichen Umgang der Erziehung bedarf, was ihn von instinktgeleiteten

---

[7] M. Balkenohl, K. Overbeck (Hrsg.), Strukturanthropologie und Erziehung, München/Basel 1990.

Lebewesen grundlegend unterscheidet, die keine bewusst erlernten Regelungen für ihr Verhalten bedürfen.

Umso mehr bedarf der Mensch der pädagogischen Beeinflussung, zunächst durch Eltern und Erzieher. Sodann geht die Fremderziehung in die eigene Verpflichtung zur Arbeit an Fähigkeiten und Gebrechen über, die bis ins Alter reicht.[8] Auch aus diesem Gesichtspunkt der Selbsterkenntnis ergibt sich die Bedeutung eines Leitbildes für die eigenpersönliche Lebensgestaltung eines jeden Menschen, die ohne Orientierung an der vorgegebenen Wirklichkeit, der humanen Struktur, in die Irre gehen muß. Der Mensch lebt heute nicht mehr in fraglos übernommenen Bindungen an Herkommen und Überlieferung, sondern es stellt sich ihm wie nie zuvor die Frage nach der eigenpersönlichen Wirklichkeit seiner Existenz. Auch um die Beantwortung dieser Frage bedarf es eines normativen Maßstabes.

Mit diesen Hinweisen rückt zugleich die gesellschaftliche Seite der personalen Anthropologie in das Licht. Um nämlich defizitäre Erscheinungsformen unserer Zeit diagnostizieren zu können, die im Grunde die Defizite des heute lebenden Menschen ausmachen, ist eine Erhellung des menschlichen Wesens unerläßlich, wie wir ihn aus heutiger Sicht erfassen können.

Damit wird aber eine nicht leicht zu nehmende Schwierigkeit deutlich. Obgleich die Menschenkunde das eigentliche Gebiet der erfahrungswissenschaftlichen Forschungen darstellt, so verweist sie doch schließlich - wie angedeutet - auf die Frage nach der eigenen Natur, der eigenen Existenz. Dieser Rückverweis darf hinsichtlich seiner Auswirkungen nicht unterschätzt werden, denn der zu Beobachtende ist nicht verschieden vom Beobachter. Das Objekt ist vom Subjekt nicht zu trennen. Das kann beglückende Einsicht, aber auch Betroffenheit und Abwehr zur Folge haben. Auch sind Fehldiagnosen und -beurteilungen möglich. Solche Vorgänge kann z. B. jeder Therapeut im Umgang mit seinen Patienten erfahren. Die Auflichtung der personalen Struktur also ist die eigentliche, grundlegende Aufgabe.

---

8 In diesem Sinne muss der lebenslange Reifungsprozess des Menschen als vorgegebene Realität und als Aufgabe im Zusammenhang mit den Erfordernissen des lebenslangen Lernens gesehen werden. Vgl. M. Balkenohl, Lebenslanges Lernen. Anthropologische und theologische Perspektiven, in: Die Zukunft des lebenslangen Lernens. Festschrift zum 75. Geburtstag von Franz Pöggeler, hrsg. v. B. Paape / K. Pütz, Frankfurt am Main, Berlin, Bern, Bruxelles, New York, Oxford, Wien 2002. Vgl. ebenfalls M. Balkenohl, Jugend und Alter. Die Frage nach einer ganzheitlichen Entwicklungslehre, in: T. Guz (Hrsg.), Im Einsatz für Bildung und Erziehung. Festschrift zum 70. Geburtstag von Joseph F. McCafferty, Kisslegg 2003.

Die personale Struktur

Der menschliche Lebensgrund

Von einem menschlichen Lebensgrund oder einer seelischen Grundschicht zu sprechen, bedarf heute keiner anthropologischen Rechtfertigung mehr. In strukturanthropologischem Sinn ist der menschliche Lebensgrund oder auch die leibseelische Tiefenschicht durch die Polspannung von Empfindungseindrücken einerseits und Bewegungsantrieben andererseits gekennzeichnet, wie es das folgende Diagramm ausweist:

Empfindungseindruck ⟵⟶ Bewegungsantrieb

Die Entdeckung dieser animalischen Polspannung geht bereits auf Aristoteles zurück, der - nicht nur von seinem Lehrer Platon, sondern ebenfalls von seinem Vater, einem Arzt sowie von der ionischen Medizin insgesamt, beeinflusst[9] - diese Doppelbestimmtheit des Lebewesens bemerkt hat und in der ersten wissenschaftlich ernst zu nehmenden abendländischen Psychologie verankerte. In unserer Zeit hat Jakob von Uexküll die Entdeckung von Aristoteles für die biologische Nachforschung rehabilitiert und herausgestellt, dass das Wirkfeld des Tieres an ein entsprechendes Merkfeld gekoppelt ist, von dem es abhängig ist.

Was von dem Ahnherrn der Psychologie, Aristoteles, bereits beschrieben wurde, besagt in morphologischer Sicht, dass Sinnesorgane als auch Bewegungsorgane wechselseitig aufeinander bezogen sind. Solche Polarität beherrscht das tierische Dasein und durchwaltet ebenfalls den menschlichen Vitalbereich, so dass Sinneserlebnisse und Triebstrebungen die humane Struktur fundieren.

Dieser Tatbestand ist heute nachdrücklich hervorzuheben, weil die Grundstörung des heutigen Menschen hier ihren nachweisbaren Ursprung hat. Andererseits werden in der zeitgenössischen Psychologie bzw. in den Psychologien Empfinden und Begehren noch keineswegs als animalische Polspannung und damit auch nicht als gleichberechtigt verstanden. Daraus erwachsen unterschiedliche Deutungen und Interpretationen.

---

9 Vgl. Ch. Lichtenthaeler, Geschichte der Medizin. Die Reihenfolge ihrer Epochen-Bilder und die treibenden Kräfte ihrer Entwicklung, Köln 1987; Ders., Geschichte der Medizin. Ergänzungsband, Köln 1988.

Bewusstseinspsychologie und Tiefenpsychologie

Die ältere Bewusstseinspsychologie etwa, die bereits im vergangenen Jahrhundert ihren Platz hatte, sieht das Seelenleben einseitig in rezeptiven Sinneseindrücken begründet, die experimentell untersucht und schließlich der statistischen Erfassung zugänglich gemacht werden.

Im Gegensatz dazu erklärte die später aufgekommene Tiefenpsychologie einschließlich der Psychoanalyse den Bewegungsantrieb, also die Antriebsregungen, die Triebe als eigentliche Grundlage der menschlichen Selbsterfahrung. Während die ältere Bewusstseinspsychologie durchaus als einseitig empfunden wurde, da die Schwerpunktsetzung der Sinnesempfindungen wohl kaum eine diagnostische oder therapeutische Arbeit fundieren konnte, deutete man den menschlichen Seelengrund in der neu aufgekommenen Tiefenpsychologie als Triebhaftigkeit, insofern man darunter eine sexusbetonte Libido, ein dynamisches Ego oder eine qualitativ unbestimmte Energie verstand. Anthropologisch ist diese Auffassung ebenso einseitig wie die entgegengesetzte, welche die Sinnesempfindungen zur Grundlage des Seelenlebens erklärt.[10]

Den Vorrang des Antriebsbereiches gegenüber den Sinnesempfindungen haben in philosophischer Hinsicht bereits Schopenhauer und Nietzsche vorbereitet. Schopenhauer erklärt den blinden Lebensdrang als Grundbestimmung des Menschen und leitete von ihm die bewusste Weltvorstellung ab, was in seinem Hauptwerk „Die Welt als Wille und Vorstellung" besonders verdeutlicht wird. Nietzsche, der namentlich in früheren Schaffensjahren wesentlich von Schopenhauer geprägt wurde, verschärft dessen Auffassung noch, wenngleich er später die gesamte Schopenhauersche Lehre widerlegte und bemerkte, dass sich die Welt nicht so leicht in das System einspannen lasse, als Schopenhauer in der ersten Finderbegeisterung gehofft habe.[11]

Wichtig in diesem Zusammenhang ist der Tatbestand aber, dass - im Rückgriff auf Schopenhauer und Nietzsche - die Tiefenpsychologie einschließlich der

---

10 Es ist hier nicht der Platz, die zahlreichen tiefenpsychologischen Schulen darzustellen. Erwähnt sei die Neopsychoanalyse, welche die Einseitigkeit der Freud'schen Konzeption dahingehend korrigierte, das Erwerbsstreben, das Geltungsstreben sowie das Sexualstreben als Grundlagen des Seelenlebens zu erfassen. Vgl. H. Schultz-Hencke, Der gehemmte Mensch, Entwurf eines Lehrbuches der Neo-Psychoanalyse, Stuttgart [3]1973. Eine weitere Ergänzung erfuhr diese Sicht durch Wilhelm Heinen, der den Zusammenhang von Erwerbs- und Besitzstreben, Geltungs- und Machtstrebens und Genußstrebens auf der einen Seite, andererseits aber auch die Sinnesempfänglichkeit als Grundlagen des Seelenlebens sah. Siehe W. Heinen, Liebe als sittliche Grundkraft und ihre Fehlformen, Freiburg, Basel, Wien [3]1968.

11 Vgl. M. Balkenohl, Der Antitheismus Nietzsches. Fragen und Suchen nach Gott. Eine sozialanthropologische Untersuchung, München/Paderborn/Wien 1976,102ff.

Psychoanalyse in den dynamischen Antriebsregungen die Wurzeln der menschlichen Selbsterfahrung erblicken und diese aktivistisch deuten. Dieser ausgesprochen maskuline Grundzug ist bis in unsere ebenfalls aktivistische Zeit erhalten geblieben und wird hinsichtlich seiner Herkunft und seiner Auswirkungen selten erkannt.

Es bleibt indessen festzuhalten, dass es bis auf den heutigen Tag eine tief greifende Spaltung der psychologischen Forschungsrichtungen gibt, die sich noch nicht haben überwinden lassen. Daraus wird aber auch verständlich, wie wichtig die aristotelische Entdeckung der Basis humaner Selbsterfahrung ist, die gerade heute wieder gesehen werden muss. Was zu einer Überwindung der genannten Einseitigkeiten führen kann, ist eine unvoreingenommene Anerkennung beider Lebenspole, da sie - der Wirklichkeit des Menschen entsprechend - aufeinander angewiesen sind und zusammen den Lebensgrund fundieren. Ohne diese Sicht lässt sich kein zureichendes Gesamtverständnis der menschlichen Struktur erreichen.[12]

Die polare Entsprechung zwischen sensorischem Eindruckserleben und motorischem Antriebsverhalten hat aber auch – wie deutlicher zu zeigen sein wird – jeweils unterschiedliche Beziehungen zum geistigen Oberbereich:

Verstandeseinsicht

⇕

Empfindungseindruck

Der Empfindungseindruck wird von der Verstandeseinsicht überlagert. Sie erwächst menschheitsgeschichtlich und ebenfalls in ontogenetischer Sicht aus den Sinnesempfindungen. Von den Sinnen führt der Weg zur Besinnung, was im Werde- und Reifungsprozess des Kindes deutlich zu beobachten ist. Auf das Verhältnis der sinnlichen Wahrnehmungen zum Verstand richtet sich dann auch die Aufmerksamkeit der Bewusstseinspsychologie, die daher das Seelenleben rational zu erhellen versucht und folgerichtig ihre Ergebnisse statistisch ausweist.[13]

---

12 Es ist unbestritten ein Verdienst von August Vetter, die Struktur der Person und der Familie wissenschaftlich fundiert erarbeitet zu haben, wobei ihm sowohl seine geisteswisenschaftliche Sicht als auch die Erfahrung in der Beratung bei innerseelischen Störungen und zwischenmenschlichen Konflikten zugute kam. Siehe A. Vetter, Personale Anthropologie. Aufriß der humanen Struktur, Freiburg/München 1966; Vgl. M. Balkenohl, K. Overbeck (Hrsg.), Strukturanthropologie und Erziehung, a.a.O.

13 Hierauf hat Thomas von Aquin wiederholt mit den Worten hingedeutet: „Omnia cognitio incipit a sensu“.

Andererseits wird das triebhafte Begehren von dem Willensentschluss überlagert[14], der seine Zügelung bewirken soll.

Willensentschluss

⇕

Bewegungsantrieb

In diesem Sinne fasst die Tiefenpsychologie die mannigfachen Konflikte des Trieblebens im Zusammenhang mit den Willensentscheidungen ins Auge und ist im Unterschied zu der älteren Bewusstseinspsychologie pathologisch und therapeutisch orientiert.

Diese Hinweise erhellen noch einmal, dass die Tiefenschicht des Menschen weder ausschließlich durch die Sinne noch gar durch Triebe allein konstituiert wird. Sie ist vielmehr bestimmt durch die Polarität von Reizempfindlichkeit einerseits und Reaktionsdrang andererseits. Diese Polarität kann individuell sehr unterschiedlich ausgeprägt sein, wobei sich die Gegensätzlichkeit weiblicher und männlicher Artung ebenfalls auswirken. In der Charakterdiagnostik ist der introvertierte und der extravertierte Typ herausgearbeitet worden, was namentlich C. G. Jung in zahlreichen Abhandlungen unterstrichen hat. Für die Beurteilung der persönlichen Veranlagung eines Menschen müssen also beide Seiten des Lebensgrundes zusammen gesehen werden, nämlich die Beeindruckbarkeit und die Tatbereitschaft. Damit ist aber nicht ausgesagt, dass im Einzelfall beide Pole in gleicher Weise oder ausgewogen entfaltet sein müssen. Zurückhaltende Wesensart etwa oder ausgeprägte Angriffslust treten im zwischenmenschlichen Umgang oft als dominierende Eigenschaften hervor.

Die Instanz des tierischen Instinktes und die Entmächtigung des Instinktes beim Menschen

Die Polspannung von Empfindungseindruck und Bewegungsantrieb, die unseren Vitalbereich durchwaltet, teilen wir in gewissem Maße mit dem Tier. Die Umschaltung des Eindruckes in den Antrieb vollzieht sich beim Tier ohne Bewusstsein und ohne Willen, nämlich durch eine Instanz, die wir Instinkt nennen. Im Unterschied zum animalischen Dasein ist der Mensch jedoch instinktverkümmert, so dass diese Instanz bei ihm weitestgehend ausfällt. Durch die Entmächtigung des Instinktes ist beim Menschen erst die Möglichkeit der Aufspaltung und Entzweiung der animalisch zu nennenden Grundschicht gegeben, so dass

[14] Dieser Zusammenhang wurde ebenfalls von Thomas von Aquin gesehen.

sich der sensorische und der motorische Bereich jeweils verhängnisvoll verselbständigen können. Dies geschieht z. B. bei Zuständen lähmenden Schreckens und besinnungsloser Wut. Ihre Höchststeigerung kann die Aufspaltung der Tiefenschicht erreichen durch den sensorischen Wahnsinn einerseits und dem Triebverbrechen andererseits. In solchen Zuständen ist der Mensch sozusagen außer sich und büßt nicht nur die gesunde Beziehung zu sich selbst ein, sondern verliert auch die geordnete Kommunikation mit der Umwelt.

Da beim Menschen der vermittelnde Instinkt weitestgehend ausfällt, eröffnet sich in seiner Innerlichkeit ein Leerraum, den man als biologisches Gebrechen oder im Blick auf die tierische Verfassung - wenngleich überspitzt ausgedrückt - als Entartung bezeichnen könnte. Von hier aus ist jedenfalls der sensorische Wahnsinn sowie das motorische Verbrechen leichter zu verstehen, dem der Mensch, aber nicht das Tier, verfallen kann.

Unterschiedliche Problemfelder, wie sie in der therapeutischen Beratung angegangen werden, aber auch zahlreiche innerseelische Störungen wie zwischenmenschliche Konflikte des täglichen Lebens haben hier ihren anthropologisch verstehbaren Hintergrund.[15] Der Mensch kann diese tiefgreifende Unsicherheit, die aus der Entmächtigung des Instinktes herrührt, ganz allgemein als Lebensangst erleben, die von Todesfurcht unterschieden werden muss, die auch ein Tier in bedrohlichen Situationen erfassen kann. Lebensangst kann den Menschen plötzlich überfallen, oftmals getarnt als Platzangst oder als Budenangst, aber doch symptomatisch für die innere Befindlichkeit, die sich von der tierischen Verfassung grundlegend unterscheidet.

Die Instanz des Instinktes ist beim animalischen Dasein kollektiv bestimmt, das heißt, dass sich ein Tier nicht gänzlich anders verhält als seine Artgenossen. Der Instinkt bietet ihm eine unbewusste Sicherheit.[16] Andererseits ist das Tier eben durch den Instinkt kollektiv begrenzt und vermag ihn nicht zu durchbrechen. Die Instinktenthebung des Menschen geht aber einher mit seiner Geistbestimmtheit einschließlich seiner Personalität, die ihn aus dem Bannkreis kollektiver tierischer Gesellung befreit.

Die Geistbestimmtheit hängt aber mit dem Auftauchen der Angst zusammen, sowohl menschheitsgeschichtlich als auch in der Entwicklung des Einzelwesens

---

15 Vgl. M. Balkenohl, Zur Entstehung seelischer Störungen und zwischenmenschlicher Konflikte. - Eine anthropologische Erhellung personaler Relationen, in: Vierteljahresschrift für Heilpädagogik und ihre Nachbargebiete (VHN), Luzern 1971, 40. Jg., Heft 3.

16 Diese Deutung von Instinkt wird mit August Vetter ebenfalls von den holländischen Forscher Bierens de Haan geteilt, der den Instinkt auch als Bindeglied zwischen Merkfeld und Wirkfeld versteht.

selbst. Die Beratungspraxis lehrt jedenfalls eindeutig, dass Kinder, die viel unter Ängsten leiden, häufig außerordentlich phantasiebegabte Kinder sind. Phantasiebegabung, Einbildungskraft, Befähigung zur Imagination (bildhafte Phantasie) ist die Frühform der menschlichen Vernunft. Dieser Tatbestand ist ebenfalls in der Entwicklung des Einzelwesens wie in der Menschheitsgeschichte nachweisbar. Dass die Urangst nicht obsiegen darf, sondern dass vielmehr das Urtrauen durch personale Beziehungen zu einem gültigen Personvertrauen entfaltet werden muss, ist indes ein Erfordernis personaler Erziehung.[17]

Aus diesen wenigen Andeutungen wird schon deutlich, dass sich der Mensch vom tierischen Dasein nicht allein durch die Heraufkunft des Intellektes unterscheidet, der ihn zur Sprache sowie zum planenden Handeln befähigt, sondern zuvor und grundsätzlich durch die Entmächtigung des Instinktes, wodurch ihm die unmittelbare Naturverbundenheit verloren gegangen ist und der Widerstreit zwischen Sinnesempfänglichkeit und Triebbegehren überhaupt erst möglich wurde. Andererseits eröffnete sich dadurch aber auch die für ihn einzigartige Weltoffenheit und Eigenständigkeit einschließlich seiner personalen Entfaltung.

Diese Hinweise unterstreichen aber nochmals, dass strukturanthropologisch gesehen der motorische Pol nicht als alleinige Grundlage des Seelenlebens betrachtet werden darf. Und es wird einsichtig, dass jeglicher Destruktion des Antriebsbereiches eine Desorientierung der sensorischen Seite vorausgeht, was heute weitgehend verkannt bleibt. Man erblickt häufig – wenngleich anthropologisch fälschlich – im Triebgeschehen eine eigentliche und eigenmächtige Instanz.

Die Vegetabilität

Es bleibt zur Deutung des humanen Vitalbereiches noch anzufügen, dass er von der Vegetabilität, d. h. sozusagen von der Pflanzlichkeit des Lebens unterbaut wird, was zu verstehen heute zunehmend Schwierigkeiten bereitet.

17 Vgl. hierzu auch: E. Erikson, Kindheit und Gesellschaft, Stuttgart ^{5}1973, 241 ff.; W. Heinen, Werde - der du bist. Wandlung und Reifung im Menschwerden, in: Balkenohl, M., Wesseln, H., (Hrsg.), Erziehung in Verantwortung, Grundlagen, Aufgaben, Erfordernisse, Hamm 1982.

Die Wirkmacht des vegetativen Grundes wird allerdings deutlich, wenn vegetative Störungen des Lebens belasten, die dann als seelisch bedingt erkannt werden. Das Vegetative im Menschen ist der Bereich des absolut Unbewussten, der heute in Aufruhr geraten ist. Die Verlegenheitsdiagnose „vegetative Dystonie" unterstreicht sehr deutlich diesen Tatbestand. Andererseits aber vermag das Vegetative namentlich dem der Hetze ausgelieferten Menschen eine innere Geborgenheit zu geben, vor allem dann, wenn er sich ermüdet dem Schlaf überlässt. Hier zieht er sich sowohl aus den Sinneseindrücken als auch aus den Bewegungsantrieben der Umwelt zurück und überlässt sich im Schlaf der Vegetabilität des Lebens.

In therapeutischer Sicht wird man sicherlich sagen können, dass die Schlaflosigkeit die Hauptstörung des modernen Menschen darstellt, der häufig genug seine unablässige Betriebsamkeit nicht einmal zugunsten des Schlafes abstellen kann. Ein erfahrener Berater wird schon zu Beginn seiner therapeutischen Bemühungen feststellen, ob der Hilfesuchende noch gut schlafen kann oder nicht. Kann er es nicht mehr, dann ist es ein Zeichen dafür, dass die Bewusstseinsstörung bereits bis in das letzte Lebensgeschehen hinein ihre Wirkungen zeigt.

Es muss daran erinnert werden, dass die Vegetabilität, die Pflanzlichkeit des Lebens, schon in der ältesten wissenschaftlichen Psychologie, nämlich der aristotelischen, im Rückgriff auf die ionische Medizin, erörtert worden ist. Aristoteles selbst bemerkt, dass wir durch die vegetative Seele mit dem ewigen und göttlichen verbunden seien. Diese Aussage ist bis auf den heutigen Tag in seiner Tiefe und Weite kaum erkannt worden. Wie recht der Ahnherr Aristoteles mit dieser Bemerkung hatte, wird aber zunehmend in der Tatsache deutlich, dass ein Verstrittensein des Menschen mit der Transzendenz, d. h. mit Gott, bis in das letzte Lebensgeschehen seine störenden Auswirkungen zeigt. Die Wirklichkeit dieser schlafenden Tiefenschicht wurde früher mit dem Sprichwort angedeutet, dass ein gutes Gewissen ein sanftes Ruhekissen sei. Die tiefste Krankheit des heutigen Menschen beruht darin, dass diese innere Ruhe weitestgehend abhanden gekommen ist. Die eigentliche Zielrichtung von Erziehung, Seelsorge und Psychotherapie dürfte sich aus diesen wenigen Andeutungen schon ergeben.

Wenn der Mensch keine Zuflucht mehr gewinnen kann in den leib-seelischen Zustand des Schlafes, oder wenn jener nur noch durch Psychopharmaka erreicht werden kann, dann ist dieser Befund als das eigentliche Verhängnis des fortschrittsbesessenen Menschen zu bezeichnen. In seelenkundlicher Beurteilung dieses Phänomens erweist sich daher die Schlafstörung als Selbstzerwürfnis und innere Entwurzelung zugleich. Die Heilwirkung des Schlafes bei seelischen

Unstimmigkeiten und Konflikten wird zunehmend wieder gesehen und in psychotherapeutischen Entspannungsübungen als Hilfsmittel angewendet.

Noch unbefangener und wirksamer ist die Beruhigung des vegetativen Urgrundes durch das Gebet zu erreichen. Es bewahrheitet sich hier das Prophetenwort: „Wenn du stille wirst, wird dir geholfen. Nur Umkehr und Ruhe können euch retten.“[18] Die Anerkennung der menschlichen Seelentiefe und die Einsicht in ihre Wirklichkeit dürfte zugleich die Beziehung der Existenz zur Transzendenz erneut begründen.

Die polare Entsprechung im Geistbereich

Entsprechend der aufgewiesenen animalischen Polspannung besteht eine ebenfalls polar aufeinander bezogene Antagonie im Geistbereich:

Verstandeseinsicht ⟷ Willensentschluss

Diese Entdeckung wurde in der platonischen Philosophie wie aristotelischen Psychologie als leidende und tätige Vernunft bezeichnet. Kant spricht von der reinen und der praktischen Vernunft bzw. von deren theoretischen und praktischen Aspekt. Es ist jedoch strukturanthropologisch wichtig, die Verstandeseinsicht als Voraussetzung für den Willensentschluss zu sehen.[19]

Diese Polarität ist ebenso wirklich und unaufhebbar wie die polare Entsprechung von Empfindungseindruck und Bewegungsantrieb. Das richtige Wissen ist anthropologisch gesehen der Beweggrund für das rechte Wollen, so wie im Eindruck die Vorbedingung für den Antrieb gesehen werden muß. Diese Abfolge wird heute nicht mehr als selbstverständlich anerkannt. Die soziologische Denkweise kehrt sie geradezu um und hält den Menschen für ein handelndes Wesen. Der anthropologisch gültige Zusammenhang wird hier umgekehrt.

Unter diesem Gesichtspunkt ist hervorzuheben, dass alle Erkenntnis auf Erinnerung beruht, also in die Vergangenheit gerichtet ist. Mit Hilfe der Einbildungskraft kann das Gewesene in der Vorstellung gegenwärtig werden, so dass längst vergessene Geschehnisse plötzlich auftauchen und wieder in das Bewusstsein kommen können. Erinnerung ist nicht gleichbedeutend mit Gedächtnis, worüber in einem gewissen Ausmaße auch das Tier verfügt. Die menschliche Erinnerung dagegen kann uns aus der Wahrnehmungswelt in die Vergan-

---

18 Jes 30,15.

19 Vgl. M. Balkenohl, Vom Erwachen des Geistes im Menschen, in: W. Eckermann u.a. (Hrsg.), In der Kraft des Heiligen Geistes. Wovon die Kirche lebt, Kevelaer 1998.

genheit zurückziehen, so dass die Vorgänge des Hier und Jetzt wie ausgeschaltet zu sein scheinen.

In polarer Entsprechung und im Gegensatz dazu zielt alles Wollen ausschließlich in die Zukunft, obgleich dem Verstand das Geschick verborgen bleibt und sich der Mensch trotz sorgfältig planenden Handelns notwendig irren muß. „Ach, daß der Mensch so häufig irrt, und nie recht weiß, was kommen wird", ist ein Weisheitswort von Wilhelm Busch und kennzeichnet treffend die Antinomie von Wissen und Wollen.

Während der Wille nur in die Zukunft hineinreichen und -wirken kann, ist es ihm unmöglich, das vergangene Geschehen zu beeinflussen.[20] Nietzsche sprach von der Qual des menschlichen Willens, der nichts rückwärts tun könne. Dies vorausgesetzt wird deutlich, dass die menschliche Vernunft in das rückbesinnliche Wissen und in das vorgreifende Wollen aufgespalten ist. In anthropologischer Perspektive ist daher die Frage vordringlich, ob und wo es eine Bindungsmitte zwischen Wissen und Wollen gibt, das heißt aber auch, wo eine Einheit von Vergangenheit und Zukunft zu erblicken ist.

Diese Wirklichkeit der Entzweiung im menschlichen Geistbereich hatte bereits Augustinus gesehen, für den die genannte Antinomie nicht nur ein philosophisches, sondern zuvörderst ein ihn persönlich betreffendes, existentielles Problem war. Für ihn war es die Kernfrage des Lebens, wie er mit der defizienten Vergangenheit ausgesöhnt und wie zugleich die Bedrohung der Zukunft genommen werden konnte. Augustinus konnte schließlich in Gott die Einheit von Vergangenheit und Zukunft, das „ewige Heute" erblicken. Dadurch war es ihm möglich, sein Leben in die Hand Gottes zu legen. Und so konnte der spätere Kirchenlehrer sowohl seine defiziente Vergangenheit überwinden als auch der Bedrohung durch die ungewisse Zukunft entgehen. Dieses Beispiel zeigt aber, dass der Widerstreit von Verstandeseinsicht und Willensentschluss durch die Anerkennung der Transzendenz möglich wird, in der beide verschmelzen.[21]

---

20 Hier zeigt sich im Grunde ein stets auftauchendes Problem in Beratung und Psychotherapie, wenn die Vergangenheit zum eigentlichen Störfaktor wird, die Gegenwart belastet und Zukunftsperspektiven verdunkelt. Es kommt dann darauf an, eine andere Einstellung zur Vergangenheit zu gewinnen und sich mit dem Gewesenen auszusöhnen.

21 Mit der Problematik des Widerstreites von Wissen und Wollen, von Vergangenheit und Zukunft war ebenfalls Nietzsche, ähnlich wie Augustinus, existentiell befaßt. Es ist bemerkenswert, daß sich Nietzsche der Augustinus-Lektüre, und zwar vor allem den „Bekenntnissen" zugewandt hatte. Nach Nietzsche ermangelte Augustinus zwar auf eine beleidigende Weise aller Vornehmheit der Gebärden und Begierden, und er bezeichnete ihn als „ekelhaft verlogen". Schließlich attestierte er dem Kirchenvater doch eine wenn auch „hysterische Art von Ehrlichkeit". (Friedrich Nietzsche, Werke in drei Bänden, hrsg. von K. Schlechta, München 1969, II 491 ff.; II 614; III

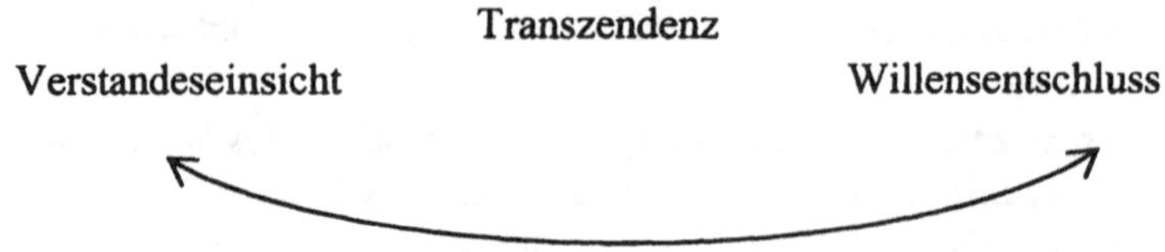

Von der Gewissheit der Verschmelzung von Wissen und Wollen, von Vergangenheit und Zukunft in der Transzendenz, war die christliche Theologie von Anfang an durchdrungen, die eben darauf hin ihre Glaubens- und Sittenlehre ausrichten konnte. Die Bewusstseinsproblematik des heute lebenden Menschen ist allerdings umso tiefgreifender, je mehr ihm die theologische Gewissheit verloren gegangen ist. Diese Problematik verschärft sich namentlich dann, wenn die mathematische Berechnung als abstrakte Transzendenz exklusive Gültigkeit beansprucht und die theologische Gewissheit außer Kraft setzt.

Der grundsätzliche Antagonismus zwischen Wissen und Wollen ist beim heute lebenden Menschen besonders stark ausgeprägt. Er stellt sich - häufig genug bedingungslos und unkritisch - auf die Seite der Willensmacht und folgt somit fragwürdigen gesellschaftlichen Leitbildern. Er stellt sich unter den Leitstern einer aktivistischen Lebensbewältigung sowie eines auf Leistung und Ertrag bedachten Interesses, was u. a. eine utilitaristische Ertragsethik hat heraufkommen lassen. Unsere gesellschaftliche Wirklichkeit ist weitgehend gekennzeichnet durch eine Abkehr von den Wachstums- und Werdebedingungen des Menschen einschließlich seines Seelenlebens. Der bemächtigende und brutale Zugriff gegenüber der Natur und den Mitmenschen hängt zusammen mit der zur Vorherrschaft gelangten soziologischen Denkweise, die den Menschen primär für ein handelndes Wesen hält, was insgesamt dem naturwissenschaftlichen Denken entspricht.

Mit dem Sieg des Tatgeistes ist aber eine Verarmung des Lebens verbunden, weil damit dem Außenaspekt des Verhaltens gegenüber dem Innenaspekt des Erlebens primäre Bedeutung beigemessen wird, ohne die Gleichberechtigung von Erleben und Verhalten in den Blick zu nehmen. Die damit vorgenommene einseitige Akzentverschiebung auf die Seite der Willensmacht hat zwangsläufig eine futuristische Ausrichtung des Lebens zur Folge, die mit der genannten aktivistischen Bemächtigungstendenz verbunden ist. Mit einer solchen unerbittlichen Haltung wiederum verknüpft ist die ebenfalls einseitig geprägte Förde-

430.) Es ist allerdings eine rein hypothetische Frage, welchen Weg Nietzsche genommen hätte, wenn nicht der Ausbruch des Wahnsinns seinem Denken und Schaffen ein Ende gesetzt hätte.

rung entseelter Verstandesanlagen, die in schulischer Bildung bereits einsetzt bzw. fortgeführt wird. Unter solchen Voraussetzungen

- wächst der Anreiz zu veräußerlichtem Leistungswillen mit Herrschafts- und Machtansprüchen. Wenn eine solche Herrschaft, ausgedrückt etwa in der Behauptung „Wissen ist Macht" zum beherrschenden Prinzip wird und den Bereich des menschlichen Lebens erreicht, kann letztendlich kaum einer mehr seines Lebens sicher sein, insbesondere dann nicht, wenn sich Angehörige mit Medizinern gegen ihn verbünden (z. B. Abtreibung, Euthanasie etc.);
- wird der Zusammenhalt das Gemeinwesens zwangsläufig lebensfremder, denn das Fehlen der eigentlichen Bindungskräfte wie Vertrauen und Zutrauen als Grundlagen menschlichen Zusammenlebens lässt den Menschen in seelische Notsituationen geraten;
- ereignet sich die seelische Vereinsamung des Menschen im rationalisierten Massendasein.

Der autonom gewordene Wille des heute lebenden Menschen ist nicht plötzlich vom Himmel gefallen - und vom Himmel erst recht nicht. Bereits in dem sog. „Primatenstreit" der mittelalterlichen Philosophie hielten sich ganze Gelehrtengenerationen in Atem mit der Frage, ob denn wohl dem Wissen oder dem Wollen der geistige Primat zukomme. Erst Spätscholastiker lehrten den Primat des Wollens gegenüber dem Denken.

Später haben Schopenhauer und Nietzsche diese Frage noch eindeutiger zugunsten der Willensmacht beantwortet. Der von Nietzsche postulierte „Wille zur Macht" geht eindeutig auf die Willenslehre von Schopenhauer zurück. Der „Wille zur Macht" eröffnete aber auch und vor allem die bekannten Schrecken des Nationalsozialismus mitsamt der Tötung angeblich lebensunwerten Lebens.

Die Heraufkunft des heute autonom gewordenen Willens, der sich im Mittelalter bereits anbahnte und die eigentliche Ursache der Krise des abendländischen Geistes darstellt, ist nicht etwa eine belanglose philosophische Spielerei, sondern ein Vorgang, der heute ganz konkret das Leben von Menschen bedroht und lässt dort, wo Leben nicht unmittelbar in Gefahr ist, personale Anlagen nicht zur Entfaltung kommen.

Autonom und absolut geworden lässt sich der Wille erst recht nicht mehr einem wirklich absoluten Willen im transzendenten Sinne unterordnen. Daraus folgen Defizite, die unsere Zeit mit ihrem Voluntarismus insgesamt durchwalten. Der Mensch tut, was er will. Sein Wille ist nicht mehr gebunden an die Einsicht. Das Denken wird somit zum Werkzeug in der Hand des selbstherrlich schaltenden Willens. Der von den übrigen personalen Anlagen abgelöste Wille ist erst recht nicht mehr gebunden an Gewissen und Gemüt sowie an die Transzendenz; er ist heute weitestgehend abgeschnürt vom Insgesamt der personalen Anlagen. Diese Gesichtspunkte sind im Zusammenhang zu sehen mit der Zunahme neurotischer Erscheinungsformen.

Bei solchen Überlegungen darf nicht außer Betracht bleiben, dass der in die Zukunft gerichtete freiheitliche Wille einerseits vorausgesetzt werden muss, um verantwortungsbewusst handeln zu können, dass er aber andererseits dem Naturgesetz blindlings unterworfen ist, welches anerkannt werden muss. Streng genommen schließen sich beide Positionen aus. Sie können nur zur Integration gelangen bei Anerkennung einer haltgebenden Bindungsmitte.

Die Kernsphäre des Gefühls

Es gilt festzuhalten, daß sowohl der menschliche Lebensgrund infolge der Entmächtigung des Instinktes als auch der Bewußsstseinsbereich durch die Entmächtigung der Transzendenz in sich entzweit sind. Es ist daher die Frage nach einer haltgebenden Mitte zu beantworten, in der die im Menschen angelegten Kräfte ihren einigenden Zusammenhalt haben. Die Hauptgesichtspunkte der humanen Selbsterfahrung seien in folgendem Diagramm veranschaulicht[22]:

22 A. Vetter, Personale Anthropologie, a.a.O. 159.

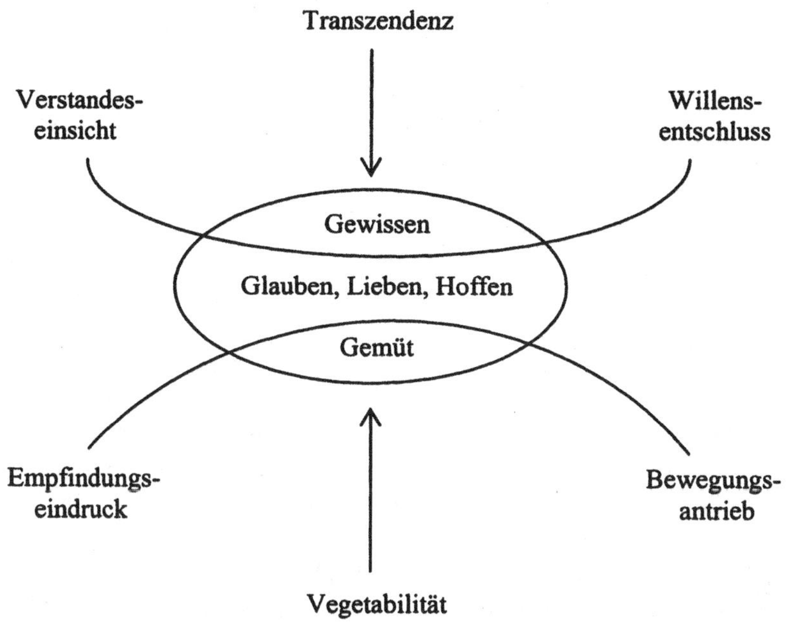

Dieses in den Grundzügen von August Vetter entwickelte Diagramm verdeutlicht insbesondere die emotionale Mitte, den Kardia-Bereich[23], die Zentralinstanz des Menschen, die Kernsphäre des Gefühls, wo Gewissen und Gemüt ihren einigenden Zusammenhalt haben, ohne monistisch zu verschmelzen. Die Kernzone des Menschen wird seit der Aufklärung zumeist als Gefühl bezeichnet. Dieser Begriff litt aber bis zur Herausarbeitung einer personalen Anthropologie durch A. Vetter darunter, daß sein voller Bedeutungsgehalt wissenschaftlich nur unzureichend erfasst und wohl kaum angemessen interpretiert wurde. Die Verwahrlosung unserer Zeit zeigt sich gerade in der Verwahrlosung des Gemütes, dem Inbegriff des Zumuteseins. Wir sprechen von Gemütsmängeln, von Gemütskälte, von Gemütsarmut, ja von Gemütskrankheiten. Das Gemüt nämlich kann erkranken. Eine Gemütskrankheit verändert den Menschen und die Begegnungen und Beziehungen. „Die erste Leere ist gleichsam die Leere unseres Herzens", vermerkt Max Scheler zu Recht. Gemütskrankheiten zeigen sich zuerst durch Gemütsarmut und/oder durch ein Übermaß unbeherrschter Gefühlte. Eine Sicherung der emotionalen Mitte ist nur möglich durch die Rückbindung des Gemütes an das Gewissen. Gewissen und Gemüt bilden die

23 (gr.) = das Herz.

eigentliche Mitte der personalen Struktur. Hier liegen die Wurzeln des Intuierens von Werten.

Der Aufbau des Diagramms lässt durch die Überschneidung der beiden Halbbögen den Ort der emotionalen Integration erkennen, aber auch die hierarchische Gliederung der Zentralinstanz in das Gewissen und in das Gemüt. Das In- und Miteinander von Gewissen und Gemüt lässt sich am ehesten einsehen, wenn das Gewissen als die Einsenkung des Geistes und vor allem der Transzendenz in die Gefühlsmitte, das Gemüt dagegen als die Überhöhung der vitalen Tiefenschicht verstanden wird, wie es das natürliche Gleichnis von Licht und Wärme deutlich macht.

Zur Kennzeichnung der Herzmitte gehört ebenfalls der Zusammenhang von Liebe und Treue. Liebe wird ohne Zweifel primär im Gemüt erfahren, sie ist aber erfahrungsgemäß auf verantwortliche Treue angewiesen, um sich als solche zu erweisen. Ohne die geistig formende Einwirkung des Gewissens ist aber Treue nicht möglich. Das Gemüt allein leidet an innerer Labilität und zerfließt allzu leicht zur Sentimentalität. Andererseits kann es auch zur Vorherrschaft gelangen und verantwortete Lebensgestaltung hemmen.

Umgekehrt kann das Gewissen zur Übermacht gelangen und das Gemüt drosseln oder gar lahm legen. Personale Kernstörungen haben hier, im Personkern des Menschen, ihre nachweisbaren Ursprünge, und zwar immer im Zusammenhang mit der personalen Entwicklung und Entfaltung. Der strukturanthropologische Ansatz muss stets im Zusammenhang mit den gültigen Daten und Fakten entwicklungsgeschichtlicher Reduktion gesehen werden.

In diesem Betracht sind die Gestalten der Eltern einzubeziehen, die als gegensätzliche Leitbilder Gewissen und Gemüt im Kinde repräsentieren. Durch die leibliche Abstammung des Kindes von der Mutter und vor allem durch ihre sorgende Pflege und Betreuung werden in einer ungestörten Ehe die Gemütskräfte im Kinde besonders gefördert. Der andersartige Einfluss des Vaters fördert insbesondere die später einsetzende Verselbständigung im Gewissen.[24]

Das Gemüt ist der tragende Grund, das Fundament des Gewissens. Von der rechten Gemütsbildung hängt es ab, ob der Mensch fähig wird, von Ereignissen und Vorgängen betroffen zu sein, sich für Ideen und Personen zu interessieren, sich für Gutes und Wertvolles zu begeistern. Ohne engagiertes Begeistertsein bleiben Gemüts- und Gewissensbildung oberflächlich. Die emotionale Mitte ist

---

[24] Vgl. A. Vetter, Das Strukturbild der Person aus der Sicht psychologischer Anthropologie, in: Über Ziel und Methoden der Sozialarbeit, hrsg. von W. Dreier u. Mitarb. von M. Balkenohl und H. F. Joos, Münster 1970.

auch und gerade insofern eine Bindungsmitte, als hier sämtliche Kräfte unserer Selbsterfahrung bei störungsfreier Entfaltung einigend gebunden sind. Verstand und Wille werden - isoliert von der Herzmitte - zur Bedrohung des Menschen. Durch die Einwirkung des Verstandes kann das Gemüt aufgehellt und geläutert, durch den Willen in Bewegung gebracht, in Grenzen gehalten und zur Wirkmacht geführt werden. Andererseits kann die Kälte des rationalistischen Intellekts (Verstand) durch das entfaltete Gemüt erwärmt, die Härte des voluntaristischen Intellektes (Wille) biegsam gemacht werden als Voraussetzung für gelungene Begegnungen und Beziehungen. Auch in diesem Sinne ist die entfaltete Mitte eine Bindungsmitte.[25]

In der emotional-kardialen Mitte haben überdies die menschlichen Urfähigkeiten Hoffen, Lieben und Glauben ihren einigenden Zusammenhalt. Damit wird nichts Geringeres ausgesagt, daß der Mensch mit den Kräften des Wissens und Wollens allein nicht glauben, hoffen und lieben kann. Wer das immer noch behauptet, sieht an der Wirklichkeit des Menschlichen vorbei. Die exklusive Ausprägung von Wissen und Wollen - ohne Entfaltung der kardialen Mitte - führt sogar dazu, daß der Mensch keine Glaubwürdigkeit erringt, nicht geliebt wird und daß andere ihre Hoffnung auf ihn nicht zu setzen vermögen. Die Beratungspraxis zeigt deutlich, daß allen Kernneurosen eine Unterentwicklung des humanen Hoffens, Liebens und Glaubens zugrunde liegt, also eine nicht entfaltete emotionale Mitte.[26]

Aus den dargelegten Überlegungen geht hervor: Für das tiefere Verstehen eben dieser Mitte, insbesondere des Gewissens, ist die Einsicht erforderlich, daß alle Kräfte der personalen Existenz einen Anteil haben an seiner Bildung und Entfaltung, aber auch an der Belebung seiner Grundfunktionen. In diesem Sinne darf man das Gewissen als Inbegriff des Wissens bezeichnen. Es sind nicht nur die bewussten Kräfte des Menschen, die bei Gewissensentscheidungen mitwirken, sondern das Unbewusste spielt häufig sogar eine weitaus stärkere Rolle bei den Gewissensvollzügen als der rationalistische und der voluntaristische Intellekt.[27]

---

25 Vgl. G. v. Mann-Tiechler, Gemüts- und Gewissensbildung als Entfaltung des Lebensgefühls, in: Wirklichkeit der Mitte, Beiträge zu einer Strukturanthropologie. Festgabe für August Vetter zum 80. Geburtstag, hrsg. v. J. Tenzler, Freiburg/München 1968.

26 Vgl. M. Balkenohl, Vom Geist, der lebendig macht, in: W. Eckermann u.a. (Hrsg.), Dem Evangelium verpflichtet. Perspektiven der Verkündigung in Vergangenheit und Gegenwart, Kevelaer 1992.

27 Vgl. W. Heinen, Das Gewissen. Sein Werden und Wirken zur Freiheit, Würzburg 1971.

Aus der emotionalen Mitte erwachsen auch die Grundfunktionen des Gewissens. Es sind solche Daten, Vorgänge und Abläufe im Reifungsprozess des Menschen, die gefördert und belebt werden müssen, ohne welche weitergehende Gewissenstätigkeiten, wie z. B. das mahnende, das tadelnde oder das lobende Gewissen nicht störungsfrei einhergehen können. Die Grundfunktionen des Gewissens sind:

- Wertnehmen oder Wertintuieren
- Wertwählen oder Sich-Entscheiden
- Wertverwirklichung oder Ausführung des Entscheides.[28]

Alle Grundfunktionen des Gewissens sind aufs engste mit Werten verbunden. Die grundlegende, erste und darum wichtigste Funktion ist das Wertnehmen, das man nicht fälschlich mit Werterkennen verwechseln sollte. Während bei dem Begriff Werterkennen eindeutig der rationalistische Intellekt dominiert, wird das Wort Wertnehmen am ehesten der Wirklichkeit des Menschlichen gerecht, insofern nämlich hier nicht nur die bewussten Verstandeskräfte, sondern auch die unbewussten Einflüsse gesehen und berücksichtigt werden.

Dieses Wertnehmen, das man auch als Wertintuieren bezeichnen kann, vollzieht sich bereits auf der Frühstufe des menschlichen Daseins und ist eng verbunden mit dem Erleben der personalen Grundgestalten (W. Heinen), den ersten Beziehungspersonen, die ein Mensch erlebt. Insbesondere lernt das Kind mit der Mutter das Werterfassen und Wertnehmen. An ihrem Sein und Verhalten intuiert es, welchen Wert sie den Dingen und Personen beimisst. Das Kind intuiert unbewusst die innere Werteordnung der Mutter, indem es auf sie schaut und auf sie hört.

Das im Menschen angelegte Gespür für Wertvolles und Wertwidriges wird im frühen Kindesalter durch Vorbild und Beispiel jener Beziehungspersonen geweckt. Diese Vorgänge aber verlaufen nur störungsfrei bei entfalteter kardialer Mitte, die zunächst bei den Eltern selbst stabilisiert sein muss, damit die eigentliche Erziehung erfolgreich verläuft. Hand in Hand mit dem Prozess des Wertnehmens geht das Unterscheiden der Wertgehalte der Dinge, der Personen und Vorgänge, aber auch das Unterscheiden von Raum und Zeit, von Form und Farbe, von Gewicht und Gestalt. Hier spielt das Nachahmen und das Nachbilden eine kaum zu überschätzende Rolle. In anthropologischer Perspektive handelt es sich um mittenhafte Prozesse.

---

[28] W. Heinen, Das Gewissen - sein Werden und Wirken zur Freiheit, ebd.; Th. Müncker, Die psychologischen Grundlagen der katholischen Sittenlehre, Düsseldorf 1953.

Die zweite Grundfunktion der Gewissenstätigkeit ist das Sich-entscheiden oder Wert-wählen. Denn erst auf der Grundlage eines störungsfrei verlaufenden Wertnehmens kann eine Auswahl unter Werten getroffen werden. Nur wer einen Zugang zu den Werten bekommen hat, wem die Welt der Werte eröffnet worden ist, kann sich in Freiheit entscheiden.

Bei dem überaus großen Angebot an optischen und akustischen Eindrücken, an wertvollen und wertwidrigen Vorbildern ist es für den jungen Menschen der Gegenwart nicht leicht, eine Auswahl zu treffen, die seiner Person und seinem Reifungsprozess dient. Was Unterscheiden, Wertwählen und Sich-entscheiden anbetrifft, so sind gerade hier zahlreiche junge Menschen behindert, da die Vorbilder zum Sich-entscheiden versagten oder fehlten und zwar auf der Grundlage einer verkümmerten kardialen Mitte der jeweils Betroffenen.

Während das Wertnehmen ein Vorgang ist, der bereits in den ersten Lebensjahren einsetzt, wird die Befähigung zum Sich-Entscheiden erst im Verlauf späterer Lebensphasen schrittweise eingeübt. Insbesondere ist die Fähigkeit zum Entscheiden für das Eigenständigwerden von Jugendlichen unerlässlich. Auch in dieser Hinsicht bedürfen junge Menschen der wegweisenden Hilfe, des Vorbildes und des Beispiels.

Menschenkundige Erfahrungsforschung weist heute in zunehmender Deutlichkeit auf, daß das Erleben von paternaler Autorität (im Sinne von lat. auctoritas = Glaubwürdigkeit, Gewähr) für das Sich-Entscheiden und damit für das Freiwerden des Menschen von ausschlaggebender Bedeutung ist.

Aus entwicklungsanthropologischer Sicht ist der Prozess menschlichen Lebens dadurch gekennzeichnet, daß er aus einer anfänglichen, intensiven Abhängigkeit und Gebundenheit in eine frei zu übernehmende Verantwortung für sich selbst und für den Mitmenschen gelangt. Damit wird unterstrichen, daß der Weg der Freiheit aus einer ursprünglichen Gebundenheit in eine aktive, allerdings in Freiheit zu übernehmende Verantwortung und Bindung führen muß. Das aber ist ohne die genannte Grundfunktion des Sich-Entscheidens nicht möglich. Entscheidungen namentlich in personaler Hinsicht sind aber nur vordergründig Produkte des Intellektes. Dieser hat dienende Funktion. Der rationalistische wie der voluntaristische Intellekt steht im Dienst der emotional-kardialen Mitte. Die „Interessenperspektive“ (Max Scheler) ist es, die mittenhaft den Menschen zur Entscheidung führt. Der Verstand begründet und der Wille verleiht Bewegung und Durchstehkraft. Begründet werden kann letztlich alles. Die Erfassung der Werte aber erfolgt aus der Mitte. Daher ist die Durchgestaltung des Gefühlszentrums, die Gemüts- und Gewissensbildung die eigentliche pädagogische Bildungsaufgabe.

Die Mitte verbindet – wie erinnert wurde – sowohl mit der Vegetabilität als auch mit der Transzendenz. Diese aber gelangt über die Imagination (Bilderleben) in die Mitte des Menschen, und zwar rezeptiv und produktiv. In theologischer Perspektive besagt dieser Hinweis, daß durch das Bilderleben, durch die Einwirkung symbolhafter Gestalten gebend und nehmend Glaubensinhalte vermittelt werden. Glaubensinhalt und Glaubensakt sind aber zusammen zu sehen. Ohne Befähigung zu glauben als mittenhafte Qualität ist die Annahme einer Glaubenswahrheit schier unmöglich, und es darf ebenfalls daran erinnert werden, daß sich Glaube weder durch gedankliche Anstrengung noch durch willentliche Bemühung verwirklichen lässt.[29]

Im Zusammenhang mit der Glaubensfähigkeit ist die Glaubwürdigkeit als ebenfalls mittenhafte Qualität zu sehen, die ihrerseits mit der inneren Aufrichtigkeit einhergeht. Das eigentliche Defizit des heute lebenden Menschen liegt nicht primär im äußeren Unrecht, sondern vielmehr in der inneren Unwahrheit, die sowohl gültige Gefühlskontakte zum mitmenschlichen Du als auch die emotionale Beziehung zu sich selbst belastet bzw. verhindert. Unbewusste Verlogenheit kann noch gefährlichere Auswirkungen zeitigen als bewusste Lüge.

Die Gestimmtheit des Gefühls, das emotionale Zumutesein ist ebenfalls von der Entfaltung der Mitte abhängig. Der „Stimmungsachse", die raumsymbolisch nach oben hin durch den Zustand der Heiterkeit, nach unten durch den der Traurigkeit begrenzt wird, sind die vielfältigen Tönungen des Gefühls eingefügt, die in Lebensstadien und -situationen unterschiedlich ausgeprägt sind.

Die Erweckung des Mitgefühls mit der Polarität von Mitleid und Mitfreude sind ebenfalls mittenhafte Prozesse, und es ist in entwicklungsanthropologischer Sicht erwiesen, daß das Selbstgefühl dem Mitgefühl folgt, das zu stabilisieren ein vorrangiges Erziehungsziel ist.

Schließlich sind die Erweckung des Nachgefühls und des Vorgefühls ebenfalls mittenhafte Vorgänge. Durch Nachgefühl und Vorgefühl wird dem Menschen Vergangenheit und Zukunft und somit der Zugang zur Zeit erschlossen. Nur dem Menschen geht zunächst im Gefühl der Zusammenhang von Nichtmehrsein und Nochnichtsein auf. Alle Erinnerung sowie die Einbildungskraft erwachsen aus dem Nachgefühl des Gewesenen, wodurch die umweltliche

---

[29] Vgl. M. Balkenohl, Von der Fähigkeit zu glauben. Anthropologische und theologische Überlegungen, in: Ders. / H. Wesseln (Hrsg.), Erziehung und Seelsorge im Dienste des Menschen, Paderborn 1991.

Wahrnehmung überhöht wird. Ein ähnlicher Aufschwung ist dem Menschen durch das Vorgefühl möglich, das die imaginative Erwartung nährt.[30]

Naturrecht und christliches Menschenbild

Die Frage nach Naturrecht und dem christlichen Menschenbild ist zu einem großen Teil schon beantwortet, wenn man aufgrund des christlichen Realismus die Schöpfungswirklichkeit Mensch ins Auge fasst, und zwar vorurteilsfrei, ohne ideologische Verkürzungen und Hinzufügungen. Das Strukturbild der Person erweist sich nämlich als Schöpfungswirklichkeit Mensch. Hier ist somit auch die Grundlage für Menschenwürde und Naturrecht zu erblicken.

In welche Richtung müssten Überlegungen zu einem christlichen Menschenbild hin präzisiert werden? Indem man die christliche Botschaft ins Auge fasst. Ich nenne einige Gesichtspunkte: Zunächst das Hauptgebot: „Du sollst den Herrn, deinen Gott, lieben mit ganzem Herzen, mit deiner ganzen Seele und mit allen deinen Kräften. Das ist das wichtigste und erste Gebot. Ebenso wichtig ist das zweite: Du sollst deinen Nächsten lieben wie dich selbst."[31]

Das Augenmerk möchte ich richten auf das „Herz". Hier wird ohne Zweifel die emotional-kardiale Mitte des Menschen angesprochen, die zu stabilisieren es gilt. Umgekehrt ist die Verstocktheit der Mitteninstanz, des Herzens, das eigentliche, innerliche Problem, wenn Menschen sich der christlichen Botschaft entgegenstellen.

Nach biblischem Bericht beginnt Jesus seine Verkündigungstätigkeit mit dem programmatischen Satz: „Die Zeit ist erfüllt, das Reich Gottes ist nahe. Kehrt um, und glaubt an das Evangelium!"[32] Diese Umkehr ist nicht so sehr ein intellektueller Vorgang im Sinne von Verhaltensänderung, sondern die Entdeckung einer neuen Mitte, aus welcher der Mensch nunmehr leben soll.

In diesem Sinne wird die Umkehrbotschaft durch zahlreiche Gleichnisse bildlich deutlich gemacht.[33] Der zur Umkehr nicht Bereite, der Verstockte, erweist sich als Tor[34], die von Jesus geforderte innere Offenheit geht verloren durch Oberflächlichkeit und Trägheit des Herzens.[35]

---

30 A. Vetter, Personale Anthropologie, 93 ff.

31 Mt 22,37-39.

32 Mk 1,15.

33 Lk 14,15-24; 15,11-32; 18,8-14; Mt 18,3; 22,1-10.

34 Lk 12,10-21; Mt 25,1-13.

35 Mk 4-18f.

Umgekehrt erweist sich die Metanoia, die Umkehr-Botschaft, als tiefgreifende Wandlung im Leben des Christen, die eine grundsätzliche Umwertung beinhaltet. Eine neue Lebenswirklichkeit eröffnet sich. Scheinwerte werden entlarvt, eine Umorientierung auf die eigentliche „Mitte“ des Menschen hin vollzieht sich. Nicht allein eine Änderung äußerer Lebensgewohnheiten, sondern vor allem die innere Wandlung, die auf die personale Mitte zielt, ist das eigentliche Ziel der Verkündigung Jesu.[36] Es zeigt sich, dass die Frage nach Naturrecht und Menschenwürde mit dem christlichen Menschenbild, ja mit der inneren Intention der Botschaft Jesu Hand in Hand geht.

Aber auch aus dem Alten Testament beziehen wir wertvolle Hinweise als Grundlage für die Menschenwürde. Beim Psalmist heißt es: „Du hast ihn (den Menschen) nur wenig unter Gott gestellt, mit Ehre und Hoheit kröntest du ihn. Du setztest ihn zum Herrscher über das Werk deiner Hände, alles hast du ihm unter die Füße gelegt ...“.[37] Im Buch der Weisheit ist vermerkt: „Gott hat den Menschen zur Unvergänglichkeit erschaffen und ihn zum Bild seines eigenen Wesens gemacht.“[38]

In der Genesis bereits lesen wir: „Gott schuf also den Menschen als sein Abbild; als Abbild Gottes schuf er ihn.“[39]

Heute hat die theologische Besinnung im Blick auf Menschenwürde in neuen lehramtlichen Dokumenten, etwa in „Evangelium vitae“ und „Donum vitae“ ihre Bestätigung erfahren. In diesen Schreiben heißt es: „Das menschliche Leben ist heilig ...“[40]

Man wird also sagen können, dass die Menschenwürde zunächst einmal die Verfassung des Menschen selbst zur Grundlage hat. Dann fußt sie theologisch gesehen auf Gottebenbildlichkeit und Gotteskindschaft. Und wenn wir das Neue Testament hinzuziehen, dann rückt die ewige Bestimmung eines jeden Menschen als weitere Grundlage für Menschenwürde und Menschenrecht noch deutlicher ins Licht.

---

36 Vgl. H. Gerwers, Menschlicher Lebensgang und menschliche Wandlung. Die Sicherung der Identität in der kardialen Mitte, in: M. Balkenohl, K. Overbeck (Hrsg.), Strukturanthropologie und Erziehung, München, Basel 1990, 133-152. – Ders., Die Umsetzung der neutestamentlichen Metanoia-(Umkehr-)Botschaft für Erziehung und Seelsorge, in: M. Balkenohl, H. Wesseln (Hrsg.), Erziehung und Seelsorge im Dienste des Menschen, Paderborn 1991, 48-61.

37 Ps 8,6-7.

38 Weish. 2,23.

39 Gen 1,27.

40 Instruktion für die Glaubenslehre über die Achtung vor dem beginnenden menschlichen Leben und die Würde der Fortpflanzung, Rom 1987, Stein am Rhein 1987, 12.

Zusammenfassung

Zusammenfassend seien noch einmal die Hauptgesichtspunkte der humanen Selbsterfahrung und damit der Natur des Menschen genannt: Die Lebensgrundschicht mit der Polspannung von sensorischem Empfinden und motorischem Begehren mitsamt der Möglichkeit ihrer Spaltung durch die Instinktenthobenheit steht in deutlicher Entsprechung zu der Entzweiung der Vernunft in das zeitlich zurückgewandte Wissen und das vorauseilende Wollen. Die Integration von Gewissen und Gemüt in der Bindungsmitte des Gefühls, in dem alle anderen Kräfte eingebunden sein müssen, ist das eigentliche Ziel der Persönlichkeitsentfaltung. Eine ausgewogene Entfaltung der im Menschen angelegten Anlagen als Ziel pädagogischer und pastoraler Bemühungen ist gemeint, aber auch menschenkundig begründete Therapie bei Verkümmerungen und Destruktionen. Insofern erweist sich das Strukturbild der Person nicht nur als Leitziel jeglicher erziehlicher Bemühungen, sondern ebenfalls als Leitfaden bei der Therapie innerseelischer Störungen und zwischenmenschlicher Konflikte.[41]

Die „Mitteninstanz" des Menschen ist jenes Kommunikationszentrum, in dem Gewissen und Gemüt ihren einigenden Zusammenhalt haben und in dem ebenfalls die humanen Urkräfte Hoffen, Lieben und Glauben radizieren. Die christliche Botschaft spricht vor allem die emotional-kardiale Mitte an und stabilisiert sie. Ein christliches Menschenbild ist ein Bild vom Menschen, welches sowohl der Natur des Menschen entspricht und ebenfalls jene übernatürlichen Realitäten einbezieht, wovon Thomas von Aquin sagt, daß die Übernatur die Natur voraussetzt.[42]

Was naturgemäß ist, also was von Natur aus recht ist, ist somit auch die eigentliche Grundlage für die Übernatur, was der Aquinate immer wieder bestätigt. Indem man den Blick auf den Menschen richtet und alles tut, dass seine „ewigen" natürlichen Rechte unantastbar bleiben, dann handelt man zugleich im Sinne der Menschenwürde. Die Anerkennung und Verwirklichung der Menschenrechte und der Menschenwürde sowie deren objektive Begründung aus dem Wesen des Menschen gehören indes zu den vordringlichen Aufgaben unserer Zeit.

---

41 M. Balkenohl, Zur Entstehung seelischer Störungen ... a.a.O.

42 Thomas von Aquin, Summa theologiae III q. 11, a.1.

„Denn die werck {unnd wunderthatten Christi} hulffen myr nichts“[1] Der Bruch Martin Luthers mit dem Naturrecht der Kirche und Folgen daraus

Erik M. Mørstad[2]

„Die Werke, die ich tue in meines Vaters Namen,
die zeugen von mir ...
tue ich sie aber, so glaubt doch den Werken,
wenn ihr mir nicht glauben wollt.“[3]

Teil I. Die dogmatische Grundlage des Naturrechts der Kirche.

A. Natur und Kreatur

1. Das klassisch lateinische Wort *natura*, Akt. Fut Ptz. von *nasci*, gezeugt werden, bedeutet das, was geboren werden wird, dann das Geborene, die Natur, zugleich das Wesen einer Person oder eines konkreten oder intellektuellen Gegenstandes, dann die Gesamtheit: das Weltall. Es gibt zugleich das griechische Wort *hee physis* wieder, wo *physis* mit dem Wort *ho kosmos*, dem Schmuck, der Ordnung, dem Weltall in seiner (pythagoreisch-theistischen) Schönheit verbunden ist. *ho kosmos* wird vom lateinischen Wort *universum*, alles, dem All, der ganzen Welt wiedergegeben. In moderner Zeit wird die Natur einsbedeutend mit dem Kosmos und so mit dem Universum, dem All gleichgesetzt. Und so heisst die bekannte naturwissenschaftliche Zeitschrift *Nature*. Doch behält das Wort Natur meistens seinen Charakter als mehr das Wesen in uneigentlichem Sinn betreffend, und fällt nicht mit den Wörtern Kosmos oder Universum ganz zusammen. Eine genaue Abgrenzung dieser Wörter im Verhältnis zu einander ist innerhalb heutiger Sprachkonventionen nicht möglich.

2. Das lateinische *creatura*, Akt. Fut. Ptz. von *creare*, schaffen, erzeugen, bedeutet das, was geschaffen werden wird, dann das Geschaffene, die Schöpfung, griech. *ktísis*. Das Wort ist vor allem in der biblisch-kirchlichen Tradition und deren Philosophie beheimatet (z. B. Mark 10,6; 13,19; Röm 1,20.25; 8,19-22.;

---

1 WA DB 6,10,{16}.21-22. – Klammer {}: E.M.M.

2 Erik Moerstad: Professor i.R. für Theologie.

3 Joh 10,25.38. Aus: *Das Neue Testament.* Nach der Übersetzung Martin Luthers. Revidierter Text 1984. Deutsche Bibelgesellschaft Stuttgart. Luthertestament 1984. Zweiter, durchgesehener Druck..

Kol 1,15), wonach die *physis* mit all ihren Bestandteilen, etwa dem Menschen, geschaffen ist von der allem zugrunde liegenden Wirklichkeit, die man innerhalb des deutschen Sprachraums noch heute mit dem Wort ‚Gott' wiedergibt. Kirchlich gesehen ist Gott dann der *creator omnipotens,* der allmächtige Schöpfer „alles Sichtbaren" (des Kosmos, der Natur) „und Unsichtbaren" (des Himmels), des Universums.[4] *Das Naturrecht ist somit das geordnete Recht, das der Schöpfer seinem gesamten Werk verleiht, das Recht, das der Natur und dem jeweiligen Element der Natur zu eigen ist.* Anfang und Ende, Leben und Tod sind Zeugen des Naturrechts, vor denen jedes alternativ aufgestelltes Recht verstummt. Dem Menschen gibt Gott eine besondere Stellung: Er ist nach dem Abbild Gottes geschaffen;[5] Gott ist sein Ziel, auf Erden wie nach seinem kosmischen Tod, wenn er Gott nur will.[6]

B. Die dogmatische Definition Papst Bonifatius' VIII. und die Frage, wer Jesus sei

3. Mit der Bulle *Unam sanctam* des Papstes Bonifatius' VIII. (1294-1303) am 18. November 1302 erfuhr die Christenheit eine dogmatische Definition, die ein Sturm der Entrüstung auslöste und die – was man heute gut verstehen würde – zu philosophischen, theologischen, kirchenrechtlichen und politischen Kontroversen führte. Die Definition lautet:

> *„Porro subesse Romano Pontifici omni humanae creaturae declaramus, dicimus, diffinimus omnino esse de necessitate salutis",*
>
> *„Wir erklären, sagen und definieren nun aber, dass es für jedes menschliche Geschöpf unbedingt notwendig zum Heil ist, dem Römischen Bischof unterworfen zu sein."*[7]

4. Wie ersichtlich, besteht der Definition zufolge das All aus zwei Bereichen: die Welt des menschlichen Geschöpfes, das heisst die „weltliche" Welt, „*omni humanae creaturae*", und die Welt des Heils, „*de necessitate salutis*, die

---

4 *Konstantinopolitanisches Glaubensbekenntnis*, 381 n. Chr., in: H.Denzinger/P.Hünermann, *Kompendium der Glaubensbekenntnisse und kirchlichen Lehrentscheidungen* (= D/H), 37. Aufl„ Herder, Freiburg i.Br., 1991: 150; mit Deutscher Übersetzung. - Man bemerke die Unterscheidung zwischen allem Sichtbaren und Unsichtbaren: es geht um die grundlegende Trennung zwischen Weltlichem, Sterne und Atome einbegriffen, und dem absolut transzendent Himmlischen.

5 Gen 1,26-27

6 Dan 12,2; Mt 23,37; Joh 7,17

7 D/H: 875.

„himmlische" Welt Gottes,[8] der Aussage Jesu nach: *„Himmel und Erde werden vergehen, aber meine Worte werden nicht vergehen"*.[9] Nun ruft Bonifatius das damals dreizehnhundertjährige kirchliche Wissen und Verständnis von der Zuordnung der Welt des Heils mit der weltlichen Welt wieder in Erinnerung: Damit der Mensch die Seeligkeit bei Gott, das heisst sein ultimatives Ziel erreiche, muss er vor dem dreieinigen Gott, seinem Schöpfer, seine Knie beugen,[10] er muss vor dem inkarnierten Wort Gottes, dem Gott Jesus Christus seine Knie beugen,[11] und er muss folglich vor dem von Jesus eingesetzten Stellvertreter auf Erden, dem Apostelfürsten Petrus und nach ihm vor seinem in der *successio apostolica* gültigen Nachfolger, dem Papst, die Knie beugen, zwar nicht ohne weiteres weltlich, doch aber *im Hinblick auf das ewige „Heil"*.[12] Die Definition Papst Bonifatius' VIII. basiert auf diesem Glauben an Jesus von Nazaret.[13] Es ging dem Papst um das Naturrecht des *regiminis Christi*, der Herrschaft Jesu.

5. Nun war die katholische Kirche um 1300 n. Chr. die dominierende Trägerin der Zivilisation und der Kultur innerhalb des zentraleuropäischen Raumes, und so besass die Bulle eine allumfassende Bedeutung. Die Frage war nur, wie ihr Inhalt im politischen Alltag konkret zu denken und zu verwirklichen sei. Darüber gab es immer den Hang zu Zwistigkeiten, schon seit den zwölf Aposteln[14] und der Alten Kirche, wovon die Konzilien und ihre jeweilige Nachgeschichte zeugen. Im Hochmittelalter gab es sowohl Nichtchristen und Kirchenabteilungen, die dem Christusglauben des Papstes Bonifatius nicht zustimmten. Die darauf folgende Entwicklung der West-Kirche mit zeitweise zwei oder sogar drei Päpsten schärfte das philosophische Nachdenken im späten Mittelalter und führte zu Abspaltungen von der Papstkirche (die Katharer/Albigenser seit dem 11. Jahrhundert, Ockam, + 1349/50, Wycliff, + 1384, Hus, + 1415; Savonarola,

---

8 Vgl. 1 Kön 22,19; Ez 1,26-28; Mt 6,9; 11,25; 13,11.24.31.33; 16,19; Offb 21,10

9 Mk 13,31

10 Vgl. Jes 45,23; Röm 14,11

11 Phil 2,10-11; Röm 14,11

12 Vgl. Mt 10,40; 16,17-19; Joh 21,15-17; 1 Kor 4,1

13 Jüngst war ihm u.a. der hl. Thomas von Aquin, + 1274, vorangegangen. Siehe: David Berger, *Die Menschwerdung des ewigen Wortes*, Forum Katholische Theologie, 19. Jhrg., 1/2003, Anm. 65: „Thomas von Aquin ist der erste der scholastischen Theologen, der die Texte des Konzils von Chalzedon seit etwa 1260 wörtlich zitiert! Geenen hat mehr als 30 Stellen in den Spätwerken des Aquinaten ausfindig gemacht, in denen dieser für die Lösung der christologischen Fragen ausdrücklich auf Texte des Konzils von Chalzedon rekurriert: C.G. Geenen, *Em marge du concile de Chalcédoine. Les textes du quatrieme Concile dans le œuvres de saint Thomas*, in: Angelicum 29 (1952) 43-59.

14 Siehe etwa Luk 9,46-48; 22,24-32; 1 Kor 12-13.

+ 1498). Die Definition *Unam sanctam* wurde obwohl gut zwei hundert Jahre vor Martin Luther veröffentlicht, ein wichtiger Anstoss für die Reformation,[15] sowie für die schon längst - vornehmlich durch den Humanismus der Renaissance - vorbereitete Loslösung der Neuzeit von dem Naturrecht der Kirche. Indem Luther vorgibt, Jesus Christus entdeckt zu haben und ihn allein verkündigen zu wollen, erhebt sich die Frage: *Wer war Jesus*?[16]

6. Heute, nicht anders als zu den Zeiten Jesu und Luthers, liegt eine Reihe von Vorschlägen vor zur Frage, wer Jesus gewesen sei. Man stellt Kriterien auf. Es gibt kaum ein Kriterium, das deutlicher auf den entscheidenden Punkt hinweist, als jenes, das vom Anfang an die Gemüter trennte: *Jesus besiegte den Tod im Kosmos im eigenen, nunmehr endzeitlich verwandelten Leichnam und verliess das Grab, jetzt aber endzeitlich verwandelt;* er war „von den Toten" auferstanden. Seit dem christlichen Altertum gab das so genannte und noch heute allgemein bekannte *Apostolische Glaubensbekenntnis* Auskunft darüber. Alle Elemente stehen in engster Verbindung mit einander. Alle vier Evangelien des Neuen Testaments und dessen übrigen Schriften legen für diese Tat Zeugnis ab.[17] Es war ein Geschehen, das sonst im physischen Kosmos unerhört ist. Kein *homo sapiens* war je dazu fähig. Nicht desto weniger behauptet die Kirche, dass die Auferstehung Jesu aus dem Grab ein Ereignis physischer Ordnung und ein historisches Faktum gewesen ist.[18] Jesus war zu diesem Sieg über den Tod im Kosmos fähig. Nicht der Kosmos bietet somit die Grundlage für das Naturrecht, sondern Gott, der Schöpfer. Wer war sodann Jesus? Der Ehre Gottes möchte man nicht zu nahe treten. Ein hervorragender Mensch, also?

C. Der Apostel Paulus über Jesus

7. Der Apostel Paulus lehrt den Thessalonichern im Jahr 50 n. Chr.:

„Denn man erzählt sich überall, welche Aufnahme wir bei euch gefunden haben und wie ihr euch von den Götzen zu Gott bekehrt habt, um dem lebendigen und wahren Gott zu

---

15 Vgl. Mt 16,23; 18,7; 26,30-35.69-75; Joh 6,61; Röm 9,33; 1 Kor 1,23

16 Joh 19,19

17 Mk 8,31; 16; Mt 28; Lk 24; Joh 20-21; 1 Thes 1,9-10; 1 Kor 15; Röm 1,4; 4,24; 6,4-5.9; 8,34

18 Katechismus der Katholischen Kirche (= KKK): 643.

dienen und seinen Sohn vom Himmel her zu erwarten, Jesus, den er von den Toten auferweckt hat und der uns dem kommenden Gericht Gottes entreisst."[19]

Fünf Jahre später an die Korinther:

„Keiner der Machthaber dieser Welt hat {die Weisheit Gottes} erkannt; denn hätten sie die Weisheit Gottes erkannt, so hätten sie den Herrn der Herrlichkeit {*tòn kúrion têes dóksees*} nicht gekreuzigt".[20]

Noch ein Paar Jahre später diktiert er zu den Römern:[21]

„Denn was man von Gott erkennen kann, ist {den Menschen} offenbar; Gott hat es ihnen offenbart. Seit Erschaffung der Welt wird seine unsichtbare Wirklichkeit an den Werken der Schöpfung mit der Vernunft wahrgenommen, seine ewige Macht und Gottheit";[22]

An dieser Erkenntnis haben die Menschen aber nicht festgehalten, und sind im Jammer ihrer Verirrungen und Sünden verkommen:

„Der Zorn Gottes wird vom Himmel herab offenbart wider alle Gottlosigkeit und Ungerechtigkeit der Menschen, die die Wahrheit durch Ungerechtigkeit niederhalten ... Daher sind sie unentschuldbar. Denn sie haben Gott erkannt, ihn aber nicht als Gott geehrt
und ihm nicht gedankt. Sie verfielen in ihrem Denken der Nichtigkeit, und ihr unverständiges Herz wurde verfinstert. Sie behaupteten, weise zu sein, und wurden zu Toren ..."[23]

Jesus ist der Erretter aus dieser Misere:

„Gerecht gemacht aus Glauben, haben wir Frieden mit Gott durch Jesus Christus, unseren Herrn",

wobei zu bedenken ist, dass Paulus Jes 45,18-25 und den dortigen Gott *JHWH* (MSS, LXX *kúrios*) „Er, der ist", bzw. „Er schafft",[24] mit *Jesus* identifiziert:

---

19 1 Thess 1,9-10. Hier wie in dem Folgenden, wenn nicht anderes angegeben: *Neue Jerusalemer Bibel. Einheitsübersetzung*, Herder, 2000.[11] - Datierung: J.A.T Robinson, *Redating the New Testament*, SCN Press, 1984[5]: 352.

20 1 Kor 2,9; vgl. Ex 33,17-23; Jes 6,1.3; Ez 1,28

21 57 n. Chr. ; Röm 16,22

22 Röm 1,19-20a. Kursive: E.M.M. - Vgl. 1. Vat. Konz., Dogm. Konst. *Dei Filius*: 4, D/H 3004; 2. Vat. Konz. *Gaudium et spes*: 12, D/H 4312; Papst Johannes Paul II. in mehreren Enzykliken: *Veritatis splendor*, 06.08.1993, in: *Osservatore Romano, Wochenausgabe in Deutscher Sprache* (= ORD), Nr. 40/1993; *Evangelium vitae*, 25.03.1996, ORD 13/1996; *Fides et ratio*, 14.09.1998, ORD 42/1998.

23 Röm 1,18.20b-22; vgl. Vv. 23-32;

Jesus ist der Schöpfer des Alls,[25] im JHWH-Mysterium ist er der Sohn. Nach seinem Sieg über den Tod stirbt er nicht mehr.[26]

Im Brief an die Kolosser, um 58 n. Chr., sagt Paulus dann:[27]

> „Er [Christus] ist das Ebenbild des unsichtbaren Gottes, der Erstgeborene der ganzen Schöpfung. Denn in ihm wurde alles erschaffen im Himmel und auf Erden, das Sichtbare und das Unsichtbare, Throne und Herrschaften, Mächte und Gewalten; alles ist durch ihn und auf ihn hin geschaffen. Er ist vor aller Schöpfung, in ihm hat alles Bestand. Er ist das Haupt des Leibes, der Leib aber ist die Kirche. Er ist der Ursprung, der Erstgeborne der Toten; so hat er in allem den Vorrang".[28]

8. Die später erfolgten lehrmässigen Präzisierungen zur Trinitätslehre und zur Christologie schöpfen aus diesem Glauben und dieser Theologie.

D. Die Bekenntnisse der Konzilien von Konstantinopel, Mai – Juli 381 und von Chalkedon am 22.10.451 n. Chr.

9. Wer Jesus war und ist, wurde dann, als Folge heftigster Auseinandersetzungen über Aspekte seiner Person, über seine Natur und sein Wesen von einer Reihe kirchlichen Konzilien präzisiert: Nikaia, 325 n. Chr., Konstantinopel, 381, Ephesos, 431, Chalkedon, 451.

10. Der Jesus der Evangelien war gewiss ein Mensch aus Fleisch und Blut, zur selben Zeit war er aber allmächtig: er ruft Lazarus aus dem Grab. Wie ist die

---

24 Ex 3,14. *JHWH* hebräisch volksetymologisch eine Hif'il-Form 3.Pers. Sg. des Verbums *HJH*, bzw. des Verbums *HWH*, „Er ist", bzw. „Er schafft, das was ist", also: der Schöpfer; LXX: *egóo eimi ho óon* . Als Qal-Form 1 Sg.: „Ich bin"; „Ich bin, der ich bin". - *kúrios* als *ho theós* – der Schöpfer des Alls, besonders deutlich Jes 45,18-25. Paulus' Verwendung etwa von Jes 45,23 für Jesus, der *kúrios*, der Herr, Röm 14,7-11; Phil 2,9-11, und so sein Bekenntnis zu Jesus als Gott, den Schöpfer, ist natürlich ein Dorn im Auge vieler und aus vielerlei Gründen nicht gern gesehen. Ganz abwegig führt man die Kenose, Phil 2,7 ins Feld, indem man den alttestamentlichen Hintergrund dieses Textes nicht wahrnimmt, etwa Ex 33,18-23. Trotzdem: Paulus' Christologie ist durch und durch trinitarisch im Sinn von Nizänum und Chalkedonense; siehe unten. Für Paulus ist Jesus mitnichten von seinem göttlichen *Sein* als *„ho óon"*, dem Seienden, LXX Ex 3,14, abgetreten bei seiner Menschwerdung, sondern dem Glanz seiner himmlischen Herrlichkeit, MSS *kabod*, LXX *dóksa*, Ex 33,17-23, siehe 1 Kor 2,8: *„ouk àn tòn kúrion têes dóksees estaúroosan"*, „hätten sie den Herrn der Herrlichkeit nicht gekreuzigt"; 2 Kor 3,12-18. Dazu noch Joh 1,14.18; 1 Joh 1,1-4; Mk 9,2-10; 2 Pet 1,17.

25 Röm 14,7-11; Phil 2,9-11

26 Röm 6,9

27 An der Autorschaft des Paulus für den Brief ist nicht zu rütteln.

28 Kol 1,15-18

Verbindung zwischen seinem Menschsein und seiner Göttlichkeit zu verstehen? Das Konzil von Konstantinopel sagt:[29]

> „Credo in unum Deum, Patrem omnipotentem, factorem caeli et terrae, visibilium omnium et invisibilium.
> Et in unum Dominum Iesum Christum, Filium Dei unigenitum, et ex Patre natum ante omnia saecula, Deum de Deo, lumen ex lumine, Deum verum de Deo vero, natum, non factum, consubstantialem Patri: per quem omnia facta sunt; qui propter nos homines et propter nostram salutem descendit de caelis, et incarnatus est de Spirito Sancto ex Maria virgine, et homo factus est";[30]
>
> „Ich glaube an den einen Gott, den allmächtigen Vater, den Schöpfer des Himmels und der Erde, alles Sichtbaren und Unsichtbaren. Und an den einen Herrn Jesus Christus, Gottes einziggeborenen Sohn, und aus dem Vater geboren vor allen Zeiten, Gott von Gott, Licht vom Lichte, wahrer Gott vom wahrem Gott, gezeugt, nicht geschaffen, wesensgleich dem Vater; durch ihn ist alles geworden; er ist wegen uns Menschen und um unseres Heiles willen von den Himmeln herabgestiegen und ist fleischgeworden vom Heiligen Geist aus Maria, der Jungfrau, und ist Mensch geworden."[31]

11. Noch wurden Präzisierungen bezüglich Jesus nötig. Das Konzil von Chalkedon sagt:[32]

> „In der Nachfolge der heiligen Väter also lehren wir alle übereinstimmend, unseren Herrn Jesus Christus als ein und denselben Sohn zu bekennen: derselbe ist vollkommen in der Gottheit und derselbe ist vollkommen in der Menschheit; derselbe ist {wahrer} Gott und {wahrer} Mensch aus vernunftbegabter Seele und Leib; derselbe ist der Gottheit nach dem Vater wesensgleich und der Menschheit nach uns wesens-

---

[29] D/H 150. -

[30] Gerade Schrift: E.M.M. - "natum, non factum *... et homo factus est („ nicht geschaffen ... und ist Mensch geworden")*: Das lateinische Verbum *facere* bedeutet sowohl *machen* wie *zeugen*. Das griechische Original macht aber deutlich, dass *facere* im letzten Fall das griechische *enanthroopéesanta* wiedergibt, „und er ist Mensch geworden". Den Gedanken, Jesus Christus sei als Mensch *gemacht* worden, sieht die alte Kirche als ihren Hauptgegner. Die ersten Konzilien fanden statt, um eben diesen Gedanken als häretisch zu brandmarken und aus dem kirchlichen Raum zu entfernen.

[31] Kursive: E.M.M.

[32] D/H 301-302. - Klammer []: D/H; {} E.M.M. ; D/H: „wahrhaft".

gleich, in allem uns gleich ausser der Sünde [*vgl. Hebr 4,15*]; derselbe wurde einerseits der Gottheit nach vor den Zeiten aus dem Vater gezeugt, andererseits der Menschheit nach in den letzten Tagen unsertwegen und um unseres Heiles willen aus Maria, der Jungfrau {und} Gottesgebärerin {= *he theotókos*} geboren; ein und derselbe ist Christus, der einzig geborene Sohn und Herr, der in zwei Naturen unvermischt, unveränderlich, ungetrennt und unteilbar erkannt wird, wobei nirgends wegen der Einung der Unterschied der Naturen aufgehoben ist, vielmehr die Eigentümlichkeit jeder der beiden Naturen gewahrt bleibt und sich in *einer* Person und *einer* Hypostase vereinigt; der einziggeborene Sohn, Gott, das Wort, der Herr Jesus Christus, ist

nicht in zwei Personen geteilt oder getrennt, sondern ist ein und derselbe, wie es früher die Propheten über ihn und Jesus Christus selbst es uns gelehrt und das Bekenntnis der Väter es uns überliefert hat."[33]

E. Jesus „wahrer Mensch" und „wahrer Gott"

12. Mit „wahrer Mensch" bezeichnet Chalkedon Jesus als einen Menschen „in allem uns gleich ausser der Sünde".[34] Das Kennzeichnen am Menschen ist somit *die Sünde.* Indem Jesus „ohne Sünde" war, ist von ihm als von einem *homo sapiens* nur statthaft zu reden, wenn zugleich mit einbegriffen ist, dass der gewöhnliche, irdische Mensch seit seiner Empfängnis ein Mensch *in der Sünde* ist, also anders als es die Kirche mit ihrem Bekenntnis zu Jesus als „wahrem Menschen" bezeugen will.[35] Jesus sagt nach dem Johannesevangelium:

> „Ihr seid von unten her, ich bin von oben her".[36]

13. Die biblische Lehre ist, dass der Mensch vom Ursprung her Abbild Gottes gewesen ist:[37]

---

33 Vgl. Mt 16,16-19; Joh 2,11; 6,67-71; 10,30; 14,15-17; 15,26; 16,7-14.

34 D/H 301; Joh 1,29.36; 3,13.31; 8,23.38.46.51; 1 Joh 3,5; 1 Pet 1,19; Hebr 4,15; 9,14-28

35 Vgl. David Berger, Die Menschwerdung des ewigen Wortes – Aktuelle Aspekte der thomistischen Christologie, Forum Katholische Theologie (= FKT), 1/2003, 14-38; ders., „Mit weitem Blick, der alles synthetisch erfasste"– Norberto Del Prado O.P. (1852-1918), FKT, 1/2004, 40-48.

36 Joh 8,23: *hymeîs ek tôon káto esté, egòo ek tôon ánoo eimí.* Übersetzung: Luther, Revidierter Text 1984.

37 Gen 1,27. - Septuaginta (= LXX),: kat' eikóna theoû epoíeesen autón, Vulgata: ad imaginem Dei creavit illum.

„Gott schuf also den Menschen als sein Abbild; als Abbild Gottes schuf er ihn. Als Mann und Frau schuf er sie."

Aber durch seinen Abfall von Gott wurde der Mensch durch die Sünde korrumpiert.[38] Aus seiner Mutter Maria unkorrumpiert empfangen und geboren, ist Jesus aber der ursprüngliche, wahre Mensch ohne Sünde. Er ist „von oben her", „wahrer Gott", und gleichzeitig „der Letzte Adam".[39] Schon als der neue, wahre Mensch bleibt Jesus unübertroffen. Nicht weil er ein besonders frommer Mensch innerhalb der Evolution war, sondern weil er mit seinem *nicht gefallenen*, ursprünglichen Abbild-Gottes-Wesen[40] gleichzeitig der wahre Gott ist, von diesem wahren Menschsein weder zu trennen noch mit ihm zu vermischen.[41] Der übrigen Natur sagt der Apostel Paulus die Hoffnung auf Erlösung zu:

„Auch die Schöpfung {lat.: *creatura*} soll von der Sklaverei und Verlorenheit befreit werden zur Freiheit und Herrlichkeit der Kinder Gottes."[42]

14. Der gefallene Adam-Mensch wird, in der Jesus-Zeit, vom Heiligen Geist berufen, sich durch die Kirche in Jesus sakramental einverleiben zu lassen.[43] Dies geschieht mittels der Taufe der Kirche, deren oberste Hirte und Diener auf Erden nach dem Willen Jesu der römische Papst als Nachfolger Petri ist. Das Naturrecht wird dem Menschen als konkrete gott-menschliche Gestalt, Jesus, angeboten, damit er ein neuer Mensch, ein Christus-Mensch werde.[44] So weiss sich die Kirche vom trinitarischen Gott beauftragt, Jesus Christus als die Verkörperung des wahrhaft transzendentalen, gott-menschlichen Naturrechts[45] unter den Nationen zu bezeugen,[46] und für die Menschen und die übrige Natur dieses Recht zu fordern. Dies war die alte Botschaft der Kirche, die Bonifatius' VIII. an seine Zeitgenossen richtete, was unter den heutigen atheistischen Voraussetzungen als eine Einmischung einer Glaubensgemeinschaft in den weltlichen Bereich betrachtet wird. Kraft der Vereinigung Jesu mit dem Apostelfürsten Petrus und seinen Nachfolgern, den römischen Bischöfen,[47] sprach Bonifatius

[38] Gen 3,16-19; 6,5-8 (J).9-12 (P); Röm 5,12-14

[39] 1 Kor 15,45; Einheitsübersetzung.

[40] Vgl. Gen 1,26-27

[41] D/H 302

[42] Röm 8,21

[43] 1 Kor 12; Röm 6,1-11

[44] Vgl. Joh 3,5

[45] Gen 1,26-30

[46] Mt 28,18-20

[47] Mt 4,18-20; 10,2; 16,17-19; Luk 22,28-32; Joh 21,15-17

somit vor seinen christianisierten Zeitgenossen und weltlichen Machthabern keine neue, etwa nunmehr „klerikale“ Idee aus, sondern er definierte diese Lehre auf Grund des Kerns des Christus- und Selbstverständnisses der Kirche seit ihrem Anfang. Schon Kaiser Theodotios der Grosse hatte in den Jahren 380/392 n. Chr. die um den Papst zu Rom geeinte Kirche zur Trägerin der Staatsreligion des Römischen Reiches erklärt, und das Recht der Kirche, das mit und durch Jesus der Welt geschenkt worden war, wurde daher für die weltlichen Mächte in der Theorie verbindlich. Dieses Recht war allen Einwohnern des Reiches, dem Kaiser, den Königen, den Fürsten, dem Volk und den Völkern seit ihrer Annahme des Christentums geboten. Die Zielsetzung des Menschen auf die Ewigkeit des von den Toten auferstandenen Jesus Christus hin, war allen klar. Der Mensch – als Einheit von Leib, Seele, Geist - war der Vergänglichkeit entrissen und durch die Taufe in das ewige Sein hineingestellt durch Jesus, den Richter über die Lebenden und die Toten.[48]

15. Chalkedon lehrt *Jesus als gleichzeitig wahren Gott und wahren Menschen.*[49] Diese Lehre hat die antiken Götter und das Römische Reich geistig besiegt, und sie wird nur fassbar durch den Glauben an *den einen und gleichzeitig trinitarischen Gott.*[50] Jesus ist mit Gott dem Vater und Gott dem Heiligen Geist der *creator* des Universums, der allmächtige Aufrechterhalter des Naturrechts kraft seines den kosmischen Tod überwindenden Ichs; er persönlich ist das Naturrecht. Die Definition Bonifatius' VIII. bietet also das definitive Naturrecht: Jesus selbst in seiner gesamten göttlichen und historischen Person. Das scheinbar ultimative Recht der Natur, nämlich das physische Leben und der physische Tod, ist für die Kirche demnach nicht der Urgrund des Naturrechts, sondern einziger Urgrund ist *der wahre Schöpfer des Universums, der Gott Jesus, der vom Heiligen Geist in der Theotókos erzeugte und vom Grab auferstandene Sieger über seinen kosmischen Tod, Er, der selbst das ewige,*

---

48 Apostolisches Glaubensbekenntnis, 2.Artikel, vgl. D/H 11

49 Die Wiedergabe bei D/H: "wahrhaft Gott", "wahrhaft Mensch" bringt ein subjektivistisches Element, das den Vätern fremd ist, und deckt sich nicht mit dem griechischen Text: *„Theon aleethôos, kaì ànthroopon aleethôos"*.

50 Die göttliche Trinitas: das Bekenntnis *Quiqumque*, siehe D/H 75. Dieses Bekenntnis stammt vom hl. Augustin (354-430), siehe: Waltraud M. Neumann, *Das Symbolum „Quiqumque" – ein trinitarisch-christologisches Bekenntnis des hl. Augustinus*, in: (Hrsg.) Albrecht Graf von Brandenstein-Zeppelin/Alma von Stockhausen, *Die Kirche und der Islam*, Gustav-Siewerth-Akademie, 2003: 67-86, bes. S.78-86; Leo der Grosse, Brief *Quam laudabiliter*, 21.Juli 445, D/H 284: „Trinita{s} divina", "die göttliche Dreifaltigkeit".

transkosmische Leben ist. Das Naturrecht ist verbürgt in dem Gottessohn[51] *und Menschensohn,*[52] *in dem „vom Ewigkeit zu Ewigkeit“*[53] *Lebenden, in Jesus von Nazaret, dem „wahre[n] Gott“*. Der dreifaltige, *eine* Gott offenbarte sich, infolge des Konzils, in und mit Jesus, dem ewigen Logos, der Fleisch geworden ist.[54]

16. Theologisch gesehen liegt der Empörung gegen Papst Bonifatius eine Leugnung zugrunde, die mit der Zeit als der Atheismus der Moderne hervortrat. Vom Standpunkt des heutigen Atheismus ist die Rede von der Auferstehung Jesu ein Geschwätz, die Vorgabe, sie sei ein Faktum, ist in Wirklichkeit eine Illusion. Denn den Tod im Kosmos endgültig am eigenen Leichnam zu besiegen, ist kosmisch-physisch gesehen unmöglich. Philosophisch wird jedoch das Denken herausgefordert, bis auf die höchste Höhe zu klettern, wo man die Wahrheit vom Lebenden[55] annimmt. Indem das kirchliche Naturrecht im Faktum der Auferstehung Jesu von den Toten im besagten Sinn verankert ist, heisst dies, dass mit der Leugnung dieses Faktums dann jedes Recht auf Vergänglichem basiert. Dagegen wird das kirchliche Naturrecht vom lebendigen Jesus durchgesetzt. Denn der ewig Lebende ist als Inbegriff des Naturrechts unendlich erhaben über ein dem kosmischen Tod erbarmungslos erlegenen Recht, das keinen Bestand hat.

F. „Vor den Zeiten“[56]

17. Unter atheistischen Voraussetzungen gibt es keine unvergängliche, über die Zeiten und jenseits der Zeiten existierende Wirklichkeit, die man „die Göttliche“, „die Welt der Götter“, „Gott“, „der eine und einzige Gott“, oder etwa „die unvergängliche Wahrheit“ nennen kann. Chalkedon dagegen bekennt: Gott ist. Und der *eine und einzige* Gott ist die *Göttliche Trinität*, der Vater, der Sohn, der Heilige Geist. Jesus ist in allem, seit seiner Empfängnis bis hin zu seinen Tod wahrer Gott und wahrer Mensch. Dieser Mensch Jesus ist, weil er zugleich der allmächtige Schöpfer und Gestalter des Universums mit dessen Gesetzen ist, der Urheber des Naturrechts, seine unüberbietbare Norm. Denn er allein - so behauptet die Kirche - ist das Urbild dessen, was der Mensch sein soll. Das

---

51 Vgl. Mt 16,16; Mk 1,1.11

52 Mk 2,10; 8,31; 14,62

53 Liturgisches Bekenntnis der Kirche.

54 Joh 1,1.14

55 Offb 1,18; vgl. Papst Johannes Paul II., Enzyklika *Veritatis splendor*, 1993.

56 D/H 301; vgl. *Konstantinopolitanisches Glaubensbekenntnis* zu Jesus Christus, D/H 150

Naturrecht ist in ihm verankert, und dies in einer Absolutheit, die jenseits des Universum, in dem Menschen Jesus, der ohne Sünde war, existiert. Die Sünde kennzeichnet den natürlichen Menschen. Deshalb erhält und fördert Jesu Gottsein und Menschsein das Naturrecht des Menschen. Jesus von Nazaret in seinem Lebensanfang und Werden, in seiner Existenz und Geburt, in seinen Werken und Worten, und am Ende mit seinem Tod, ist der einzige Begründer des Naturrechts. Das Naturrecht ist folglich seit dem Ursprung des Kosmos im Dreieinigen Gott verankert, in dem Schöpfer, in dem Erlöser und in dem Geistgeber, aber vollauf in den Kosmos mit Jesus eingetreten: Er verkörpert und verkündet das wahre Recht der Natur. Er tut es in seinem Leben mit Werken und Worten, immer einheitlich, „unvermischt" und „ungetrennt", immer im Bezug auf seine gesamte Schöpfung, aber, der ewigen Seligkeit wegen, vor allem im Hinblick auf das vornehmste Schöpfungswerk, den Menschen.

II. Martin Luthers Nein zum Naturrecht der Kirche

A. Allgemeines zu Luthers Umfeld

18. Martin Luther (1483-1546) wuchs in einem kontinental-europäischen Raum auf, wo inmitten aller Veränderungen in den nationalen Gesellschaften und in dem kulturellen Raum der katholischen Kirche die dogmatische Definition des Papstes Bonifatius VIII. für jedweden Stand noch Gültigkeit hatte und dies allen Auseinandersetzungen und Fehlverhalten zum Trotz. Dagegen war die Absolutierung der kosmischen Welt, die während der folgenden Jahrhunderte aufkam, eine konsequente und beabsichtigte Losreissung von dem Bekenntnis zum dreifaltigen Schöpfer des Universums aus Chalzedon. Martin Luther wird innerhalb dieses Prozesses die Hauptgestalt. Für seinen Bruch mit dem kirchlichen Naturrecht und für sein reformatorisches Evangelium, sah Martin Luther den Apostel Paulus als seinen Hauptzeugen. Doch – das geht nicht. Paulus steht dagegen als Zeuge für ein unbedingt transzendentes Naturrecht verankert in Gott.[57]

19. Auf dem Boden des Christentums erteilte Martin Luther dem biblischen und kirchlichen Jesus Christus und damit dem kirchlichen Naturrecht eine gründliche Absage. Luthers Nein betrifft den Vater, den Sohn, den Heiligen Geist, den *einen* Gott, der der Ursprung, der Verwalter, der Träger und der Ver-

---

[57] Röm 1,25: tèen aléetheian toû theôu; 12,1-2: tò théleema toû theoû, tò agathòn kai euáreston kaì téleion".

teidiger des Naturrechts der Kirche ist.[58] Unter seinem nachhaltigen Einfluss auf den Protestantismus und den Rationalismus, verschwand innerhalb seiner Einflusssphäre im weiteren Verlauf der Neuzeit das Vertrauen auf ein tatsächlich vorliegendes Recht der Natur als Gottes Satzung im inkarnierten Wort Gottes. Das Naturrecht ist innerhalb der atheistisch und positivistisch ausgerichteten Rechtsphilosophie verschwunden und ein Fremdkörper geworden, wobei es keine letzte argumentative Verbindlichkeit für die Rechtssprechung und keine absolute Verteidigung des unveräusserlichen Rechts der Person mehr sichern kann.

B. Frühere Zeugnisse vom Nein Luthers zum Glauben und zum Naturrecht der Kirche

20. Die literarischen Ansätze von Luthers nicht-katholischem Denken sind schon in seinen Randnotizen zur „*De vera religione*" (zu Gen 1,26-27) von St. Augustinus (354-430) vom 1509 zu sehen: Luther war damals 25-26 Jahre alt:

> „Dicerem profecto id factum propter Christum qui est *factus* ad imaginem dei hypostatice, sed *additus* ad eam",[59]
> „Ich möchte in der Tat sagen, dass das wegen Christus geschehen ist, der *gemacht* ist nach dem Bild Gottes, hypostatisch, aber *hinzugefügt* zu ihm [d.h.: dem Bild Gottes]".[60]

Bereits hier hat Luther den kirchlichen Glauben mit einem Denken über Jesus ersetzt, indem Jesus Christus *als Geschöpf* zum Abbild Gottes *gemacht* wurde; Abbild Gottes sein ist zu ihm *hinzugefügt* worden. Christus ist demnach seines *Seins und* seines göttlichen Ichs von Ewigkeit beraubt. Er ist nicht mehr das wahre Abbild Gottes. Christus ist hier ein Schöpferwerk Gottes, eine Wesenheit,[61] während die Bekenntnisse aus Nikaia 325 und Konstantinopel 381 n. Chr. präzisieren, - und darauf kommt alles an -, dass Jesus Christus selbst der Schöpfer ist, zusammen mit dem Vater und dem Heiligen Geist. Jesus als *Schöp-*

---

58 Vgl, Mt 10,29: „Verkauft man nicht zwei Spatzen für ein Paar Pfennig? Und doch fällt keiner von ihnen zur Erde ohne den Willen eures Vaters", Griechisch: „áneu toû patròs hymôon", „ohne den Vater".

59 WA 9,14,6-8. – Kursive: E.M.M. D/H 251.

60 Text und Übersetzung: Theobald Beer, *Der Fröhliche Wechsel und Streit. Grundzüge der Theologie Martin Luthers*, Johannes Verlag Einsiedeln, 1980 = *Sammlung Horizonte*. Neue Folge 19: 384. - ISBN 3 265 10228 9.

61 Zu Sein und Wesenheit, die nur beim trinitarischen Gott in der Identität vorhanden ist, während sonst Trennung vorliegt, siehe: David Berger, „*Mit weitem Blick, der alles synthetisch erfasste*" – Norberto Del Prado O.P. (1852-1918). In: *Forum Katholische Theologie*, 1/2004: 40-48.

fungswerk zu erfassen, heisst die Einheit zwischen dem „wahren Gott" und dem „wahren Menschen" zu zerstören. Denn Christus ist nicht „*gemacht*" worden.[62] Schon der junge Luther ersetzt den Glauben der Kirche mit einem Glauben an einen Jesus, der nicht in allem gleichzeitig wahrer Gott und wahrer Mensch und also auferstehungsfähig ist. Sein Jesus ist ein Geschöpf, *und deshalb ohne jede Möglichkeit, den physischen Tod am eigenen Leichnam im Grab zu besiegen.* So hat sich Luther schon spätestens seit 1509 denkerisch ausserhalb der Lehre der katholischen Kirche gestellt, vornehmlich formuliert durch das Konzil von Chalkedon über die göttliche Trinität und über Jesus Christus. Der inkarnierte Gott Jesus ist indessen die verkörperte Grundlage des Naturrechts für Glaubende wie für Nichtglaubende. Die biblisch-kirchlichen Bezeichnungen Luthers von Jesus sind nicht länger in ihrem ursprünglichen Sinn erfasst, sondern im uneigentlichen Sinn, weil die Unzertrennbarkeit seiner zwei Naturen nicht wahrgenommen wird. So ist Luthers Jesus nicht fähig gewesen, den kosmischen Tod am eigenen Leichnam zu bezwingen, welches das einzig wahre Kriterium seines wahren Gottseins ist.[63]

21. Während seiner Arbeit mit dem Römerbrief im Jahr 1514 hat Luther über Röm 1,16-17 sein oft als „reformatorischer Durchbruch" bezeichnetes Erlebnis: der Gerechte ist durch seinen Glauben vor Gott gerecht, nicht durch Werke als ein Resultat angestrebten Gehorsams gegenüber Geboten des biblischen mosaischen Gesetzes, sondern Gebote werden überhaupt als zu der heilsunfähigen Gesetzeskategorie gehörend verworfen. Dabei ist Jesus in die Sphäre eines spiritualisierten gnostischen Helden gerückt.

22. In dem *Kommentar zum Galaterbrief* 1516-1517 ist Luthers Bruch mit der Kirche deutlich an seiner neuen Definition zum Apostolat zu sehen, wo er Jesu Werk der grundlegenden Wahl der Zwölf und die unverbrüchliche Nachfolge dieser Auserwählung der Liebe[64] von dem Evangelium ausschliesst:

"Apostolatus enim est nomen officii, non dignitatis nisi consequenter":

---

62 Östliche Repräsentanten der Kirche während des Konzils von Chalkedon erkannten sofort die Möglichkeit einer Überbetonung der menschlichen Natur Jesu auf Kosten seiner göttlichen; modern gesagt: Jesus als Phänomen innerhalb der Evolution. Sie sahen in Jesus einzig die *eine physis*, die gottmenschliche, und wurden so Monophysiten genannt. Heute werden tiefgehende Gespräche geführt zwischen Rom und diesen Kirchen. Wenn Rom aber gleichzeitig den Protestantismus umarmen will, wird man vom Standpunkt der Monophysiten gesehen behutsam vorgehen müssen.

63 Vgl. Röm 1,4

64 Die Wahrheit, NT-griechisch: *hee alέetheia*; die Liebe: *hee agápee*. Vgl. Joh 1,14.17; 8,32; 14,6; 15,9; 17,26.

"Das Apostolat aber ist eine Benennung für ein Amt, nicht für eine Würde, wenn nicht konsequent vertreten".[65]

Hier ist das Amt des Papstes und des Bischofs nicht in der Berufung Jesu vom Himmel durch die kanonisch gültig vollzogene Wahl innerhalb der *Apostolischen Nachfolge* begründet, sondern es bezeichnet Aufgabe- und Ordnungsfunktionen und sind als solche gesellschaftlich-kirchliche Ämter. Demnach sind die *95 Thesen,* Ende Oktober 1517, nicht einem katholischen Denken entsprungen, sondern sie sind, katholisch gesehen, schismatisch. Die anscheinende Konzentration dieser Thesen auf Christus gilt einem „Christus", der nicht länger der Christus der Kirche ist, durch und durch wahrer Gott und gleichzeitig wahrer Mensch. Die Disputationen und kirchenrechtlichen Massnahmen 1517-1521 konnten nur dazu beitragen, dass Luthers Bruch mit der Kirche vor aller Welt deutlich zum Vorschein kam. Die Bulle *Exsurge Domine* des Papstes Leos X. vom 15.Juni 1520 ist die kirchenamtliche Bestätigung eines längst sowohl philosophisch wie theologisch vollzogenen Abschieds Luthers von dem alles entscheidenden Inkarnationsglauben der katholischen Kirche. Damit war das Naturrecht der Kirche, das vom Schöpfer des Alls, dem Jesus Christus der Bibel, von der Tradition und von der Kirche getragen und verkündet wird, von Luther verlassen zugunsten eines subjektiven und positivistischen Rechtsdenkens, das in den folgenden Jahrhunderten zum Tragen kam. Das Szenario beim Reichstag zu Worms am 18.April 1521, mit Luthers berühmtem Nein zum Glauben und zur Lehre der Kirche, wurde geschichtsträchtig durch die folgende Geschichte der Spaltung der neuzeitlichen westlichen Christenheit zwischen Luthertum und protestantischen Gemeindebildungen auf der einen Seite und andererseits der Katholischen Kirche. Die lutherisch-protestantische Geschichte enthält im Kern eine Absage an den historisch konkreten Menschen Jesus als wahren Gott und wahren Menschen.[66] Luthers Bruch mit dem Jesus-Christus-Bekenntnis der Kirche bezeugt den Abschied von dem bis dahin gut tausendjährigen römisch-katholischen Naturrechtsdenken.

---

65 WA 57, 15, 15. - 1516-17, hier zu Gal 2,8. Der Bruch Luthers mit dem Neuen Testament und mit der Kirche liegt offen am Tag. Vgl. Mark 3,13.14-15.16a.16b-19; 14,17ff.; Luk 6,12-13.14-16; Matt 16,17-19; Joh 6,67.70-71; Joh 13,1; 20,21-23; 21,15-17; 1 Kor 15,5

66 Nur: sein Auftreten machte einen tiefen Eindruck auf mehrere, die in Worms zugegen sind. So etwa auf den jungen Adelsmann Christian, der 1536 in Kopenhagen als der siegreiche Reformationskönig Christian III. einzog. Damit wurden Dänemark und Norwegen lutherisch. Schweden war das schon seit den 1520iger Jahren mit König Gustav Wasa, der zu Luther übergegangen war.

C. Die Trennung zwischen Jesu „*werck*" und Jesu „*wort*" in der Vorrede zur Übersetzung des Neuen Testaments 1522

23. Sucht man nach einem literarischem Zeugnis für Luthers Abschied vom Glauben der katholischen Kirche und von ihrer Naturrechtslehre, kommt diese jedoch an keiner Stelle innerhalb seines immensen Schrifttums deutlicher zur Sprache als in der betont allgemein verständlich, aber theologisch durchdacht gehaltenen Vorrede zu seiner *Übersetzung des Neuen Testaments zu Deutsch* aus dem Jahr 1522. Luther war seit dem 18.April 1521 von Worms aus dem Kaiser Karl V. und seinen Verbündeten entkommen und inkognito nach der Wartburg entführt worden. Hier nimmt er sich vor, das Neue Testament ins Deutsche zu übersetzen. Er war mit 37 Jahren längst ein reifer Theologe. Nun legt er mit der Vorrede dem damals lesefähigen Volk jeden Standes seine reformatorische Position vor. Er tut es an Hand seiner Trennung zwischen den nicht so wertvollen und den wertvollen Büchern innerhalb des Neuen Testaments. Seine Gründe schienen vielen Zeitgenossen ganz in Ordnung zu sein. Unparteiisches Nachdenken lässt aber den Bruch mit dem Realismus des Menschseins klar vor Augen treten:

> „*wilchs die rechten und Edlisten bucher des newen testaments sind*
>
> Aus disem allen kanstu nu recht urteylen unter allen buchern, und unterscheyd nehmen, wilchs die besten sind, Denn nemlich ist Johannis Euangelion unnd Sanct Paulus Epistelln, sonderlich die zu den Romern, und sanct Peters erste Epistel der rechte kern und marck unter allen buchern, wilche auch billig dię ersten seyn sollten, Und eym iglichen Christen zu ratten were, dass er die selben am ersten und aller meysten lese, und yhm durch teglich leszen so gemeyn mechte, als das teglich brott, Denn ynn disen findistu nicht viel werck *unnd wunderthatten Christi beschrieben*, Du findist aber gar meysterlich auszgestrichen, wie der glawbe an Christum, sund, tod und helle uberwindet, und das leben, gerechtigkeyt unnd seligkeyt gibt, wilchs die rechte arrt ist des Euangeli, wie du gehoret hast. Denn wo ich yhe der eyns mangelln sollt, der *werck* odder der predigt *Christi*, szo wollt ich lieber der *werck*, denn seyner predigt mangelln,
>
> *Denn die werck hulffen myr nichts*,
>
> aber seyne wort die geben das leben, wie er selbs sagt. Weyl nu Johannes *gar wenig werck von Christo*, aber gar viel seyner predigt schreybt, widderumb die andern drey Euangelisten *viel seyner werck, wenig seyner wort* beschreyben, ist Johannis Evangelion das eynige zartte recht hewbt

Euangelion und den andern dreyen weyt weyt fur zu zihen und hoher zu heben".[67]

D. Die Begründung Luthers: „Denn die werck {unnd wunderthatten *Christi*} *hulffen myr nichts*".[68]

24. Luther hat hier von der Kirche und von dem Neuen Testament Abschied genommen. Er trennt den *einen* wahren Gott vom wahren Menschen Christus Chalkedons:

> „ein und derselbe ist Christus, der einziggeborene Sohn und Herr, der in zwei Naturen unvermischt, unveränderlich, ungetrennt und unteilbar erkannt wird".[69]

Während nach Chalkedon die Werke und Worte Jesu Christi eine Einheit bilden, weil sie von ein und demselben Wort, vom Sohn Gottes getragen sind, so zerteilt Luther Christus in seine Werke einerseits, sein Wort oder seine Predigt andererseits. Auf dieser Trennung[70] zwischen Werken und Worten Christi beim Heilsvorgang beruht Luthers gesamte reformatorische Theologie: den Werken *Christi* kommt keine Heilsbedeutung zu, „Denn die werck hulffen myr nichts", nur die Worte „geben das leben", schenken also den entscheidenden Glauben, und damit Seeligkeit. Durch diese Begründung *distanziert sich Luther vom universellen und kirchlichen Naturrecht.* Denn nach dem Glauben der Kirche ist Jesus in jeder Beziehung wahrer Gott und wahrer Mensch, und nur *daher* fähig, seinen toten Leichnam bei seiner Auferstehung himmlisch zu verlebendigen. Die Werke von den Worten Jesu zu trennen, bedeutet ihm sein wahres Gottsein und sein gleichzeitiges wahres Menschsein abzusprechen. *Der Jesus Luthers ist seinen Werken nach nicht auferstehungsfähig, weil er da nicht wahrer Gott sein kann.* Als nur Werk-Mensch ist Jesus in die Wesenheit des sündigen Menschen abgeschoben und nicht mehr „*wahrer Mensch*" „ohne Sünde", der Bibel und des Chalkedons nach, und somit *auferstehungs-unfähig* und er vermag kein ewiges Heil zu schenken. Damit ist Luthers „Jesus" als Wort-Phantom, als gnostische Gestalt ohne wahre Inkarnation erwiesen. Mit dem Wegfall von Jesu „*werck*

---

67 WA DB 6,10,7-27. - Aufstellung, Kursive,: E.M.M.

68 WA DB 6,10,{16}.21-22. – WA DB 6,10,16 zeigt eindeutig, dass mit dem Wort „werck" in 6,10,21-22 „werck unnd wunderthatten" in der Zeile 16 gemeint ist.

69 D/H 302

70 Vgl. 1 Kor 1,13

unnd wunderthatten" ist das kirchliche, in Jesus verankerte Naturrecht aufgehoben.

E. Luthers Wertung der *Werke Jesu* als ihm unnütz im Hinblick auf das Heil, heisst die Inkarnation als Jesu faktisches, gelebtes Leben zu disqualifizieren

25. Wohl gemerkt: Luther spricht hier von den Werken *Christi*, nicht von den Werken *des Menschen*. Dabei gehören bei Christus seine Werke und seine Wundertaten unzertrennbar zusammen. Dagegen Luther: „*Denn ynn disen findistu nicht viel werck unnd wunderthatten Christi beschrieben*".[71] Es sind die Werke *Christi*, die für Luther zur Erreichung der himmlischen Seligkeit ohne Nutzen sind. Die Folgerung ist: Der werktätige Jesus hat in Bezug auf Luthers ewiges Heil umsonst gelebt. Denn bereits als wahrer Mensch bestand Jesu Leben, wie das Leben eines jeden Menschen, aus *Werken*. „Werke" sind die Aktivitäten seit der Empfängnis bis zum Tod: Im Mutterschoss heranwachsen, nach der Geburt atmen, essen, die Mutter liebkosen, plaudern, sprechen, beobachten, spielen, gehen, wandern, arbeiten. Nichts von all dem an Jesus vermag dem Martin Luther und allen anderen, - denn er schreibt dies als Unterricht für alle Leser -, den rettenden Glauben zu schenken. Jesu Lächeln als Kind zu Maria, seiner Mutter, seine Zusammenarbeit mit Joseph, seine Mühe als Lehrling, seine Wanderungen als Verkünder, seine Wundertaten, die Erwählung der zwölf Apostel, die Einsetzung des eucharistischen Opfers, sein Leiden beim Verhör, das Gehen auf Golgatha zu, sein Sterben am Kreuz, am dritten Tag danach seine Auferstehung – all dies sind „*werck unnd wunderthatten Christi*", wozu er, der seit Ewigkeit seiende Gott Logos, vom Heiligen Geist durch die *Theotókos* inkarniert,[72] geboren worden ist. Nichts von all diesen Werken hat die Fähigkeit, Luther den heilsamen Glauben zu schenken.

F. Christi Werke dann gerne als „Teufelswerke" zu verstehen

26. Jesu Werke hätten dann, in der Sprache und in der Vorstellung Luthers, *Teufelswerke* sein können. Und tatsächlich ist es nach Luther so. Gott Vater selbst ist seiner Gottheit beraubt und damit ist Luthers Gott Vater nunmehr ein Gedankengespenst, den man als nicht glaubender Mensch als einen Teufel ansehen kann. Luther wird viele Jahre später sagen:

---

[71] WA DB 6,10,15-16

[72] Konzil von Ephesos, 431 n. Chr. D/H 251

„Gott kann nicht Gott sein, er muss zuvor ein Teufel werden".[73]

Wenn man die Werke Jesu als glaubensschöpfend abstreicht, befindet man sich inmitten der Theologie wie der Anthropologie Luthers. Um sein elendes Ich zu retten, betrachtet Luther Jesus als den grössten Sünder:[74] „der allergrösste Räuber, Gotteslästerer, Tempelschänder, Dieb".[75]

27. Entsprechend kann der Mensch selbst der schlimmste Verbrecher sein, und gleichzeitig der vollendete, wenn er nämlich glaubt. Luther sagt in *De Captivitate Babylonica,* 1520:

> „So siehst Du, wie reich der Christ oder der Getaufte ist. Wenn er auch will, kann er das Heil nicht verlieren, wie grosse Sünden er sonst tun sollte, es sei denn, er will nicht glauben. Denn keine andere Sünden als der Unglauben kann ihn verurteilen".[76]

Und brieflich zu seinem Freund Melanchthon:

> „Sei ein Sünder und sündige stark, aber glaube und freue dich desto stärker in Christus, der der Sieger ist über die Sünde, die Toten und die Welt … Es genügt, dass wir durch die Reichtümer der Herrlichkeit Gottes das Lamm kennen, das die Sünden der Welt trägt; von ihm entfernt uns die Sünde nicht, auch wenn wir tausendmal am Tage ehebrechen oder töten würden."[77]

---

73 *Auslegung zum 117. Psalm* (1530), WA 31,I,249,25. Luther verwechselt das Gottesbild eines Sünders, der Gott weder anerkennt noch fürchtet, mit dem – der Kirche nach – tatsächlich seienden Gott Vater, der in allem, ob man ihn mag oder nicht, der absolut Gute und als solcher zu erkennen und anzubeten ist. Wir haben es bei Luther mit einer durch alle Jahre währende Konzentration auf sein *ego* zu tun. –Theobald Beer, *Der fröhliche Wechsel und Streit. Grundzüge der Theologie Martin Luthers*, Johannes Verlag Einsiedeln, 1980 = Sammlung Horizonte NF 19, ISBN 3 265 10228.9 (= FWS): 463-464, und Anm. 25.

74 „Wie Christus vom Apostel (1 Kor 10,4) wahrhaft Fels genannt wird ‚Der Fels aber war Christus', so ist Christus wahrhaft Sünde", WA 8,87,13-14; „Er ist ein Sünder geworden, ja die Sünde selbst", WA 23,710,10-11; „Der Sohn Gottes allein ist Sünder, verbrecherisch, dem Tod schuldig, unter der Herrschaft des Teufels und der Hölle, und sonst keiner mehr", WA 40,III,745,1-2; „Er ist der grösste Sünder und der einzige Sünder auf Erden", WA 49,120,12. – Th. Beer, FWS: 359

75 WA 40,I,433. - Th. Beer, FWS: 359-360

76 M. Luther, *De Capt. Babyl.*, WA VI, 529. – 1520.

77 De Wette, Dr. M. Luthers Briefe, II: 37, Ep. ad Melanchthon.

III. Luther als Wegbereiter für das Naturrechtsdenken der Neuzeit

A. Die Werke der Schöpfung und des Menschen

28. Wie Luther über die Werke Christi sagt, sie „hulffen myr nichts", nämlich zum heilswirkenden Glauben, gilt dasselbe für die Werke eines Menschen. Sie können sittlich gut sein, sie können sittlich äusserst schlecht sein, sie qualifizieren nicht den Menschen in Bezug auf sein höchstes Ziel, den Himmel. Einzige Qualifikation für den Himmel ist der Glaube, und dieser ist mit keinem Band mit den Werken des Menschen verbunden. Der Mensch ist gespalten, getrennt, gleich wie Jesus. Das Leben des Menschen besteht aber aus Werken. Die Werke, das ist alles, was seit der Empfängnis bis zum irdischen Tod geschieht. Das ist - wie beim wahren Menschen Jesus Christus - das menschliche Sein. Für Luther aber ist all dies unnütz mit Bezug auf das Himmelreich. Die Arbeit meiner Mutter, die Arbeit meines Vaters, die Arbeit meiner Lehrer, die gesamte Welt der Arbeit. Diese Arbeit hat mit Luthers Erlangen des Himmelreiches nichts zu tun; sie ist vergeblich im Hinblick auf das, was einzig gilt: der Glaube durch das Wort. Der Glaube ist etwas himmlisches, die Werke aber mitnichten; sie gehören ausschliesslich der Welt an. Von ihnen geht keine Himmelleiter aus, sie geben keinen Ansatz für den Glauben.

29. Luthers Philosophie geht sodann auf eine Trennung aus. Er trennt nicht nur Wirksamkeiten als verschiedene Tätigkeiten, nein, er trennt die Natur. Ihre stumme Aktivität bedeutet ihm nichts. Dagegen bilden für den Psalmisten im Alten Testament Werke und Rede eine universelle Einheit:

> „Die Himmel rühmen die Herrlichkeit Gottes,
> vom Werk seiner Hände kündet das Firmament.
> Ein Tag sagt es dem anderen,
> eine Nacht tut es der andern kund,
> ohne Worte und ohne Reden,
> unhörbar bleibt ihre Stimme.
> Doch ihre Botschaft geht in die ganze Welt hinaus,
> ihre Kunde bis zu den Enden der Erde."[78]

30. Wie bei Jesu unberücksichtigten Werken Jesus als Heilsbringer selbst zertrennt ist, ist zugleich das Werk dem Menschen abgesprochen, ihm seine Natur geraubt und sein natürliches Recht genommen. Denn wenn wir ein lächelndes Kind ansehen, mag es sein, dass wir im selben Nu zu neuen Menschen

---

[78] Ps 19,2-5a

werden, eben durch dieses Lächeln! Wir gehen in Museen, stehen vor einem Gemälde, und plötzlich mag es geschehen, und wir sind wie verwandelt, wir sind neue Menschen geworden, das heisst: Wir werden in der Begegnung mit einer Arbeit vom Geist des Arbeiters getroffen, eben durch seine Arbeit, seine Werk. Wie viel mehr muss dies geschehen, infolge des Glaubens der Kirche, durch die Werke des Schöpfers des Universums, Jesus Christus. Er heilte - steht geschrieben - Kranke, er wirkte aus der Ferne eine Heilung, er erweckte Tote aus dem Zustand des Todes.[79] Nicht alle nahmen, - auch dies steht geschrieben - , dies glaubend und frohlockend an.

B. Rückblick auf den Propheten Jeremia

31. Jeremia, der Prophet JHWHs im Alten Testament, um 600 v. Chr., sagt über den Anfang seiner öffentlichen Tätigkeit:

> „Das Wort JHWHs erging an mich:
> Noch ehe ich dich im Mutterleib formte,
> habe ich dich ausersehen,
> noch ehe du aus dem Mutterschoss hervorkamst,
> habe ich dich geheiligt,
> zum Propheten für die Völker
> habe ich dich bestimmt.“[80]

Sucht man nach einem anschaulichen Ausdruck für das biblisch-christliche Naturrecht, ist diese Öffnungsstelle beim Propheten Jeremia aussagekräftig. Das Wort JHWHs sagt zu Jeremia, dass er auserwählt ist bevor er in den Mutterschoss kam. Sein Existenz- und Lebensrecht liegt bereits vor seinem irdischen Dasein. Es liegt verankert in JHWHs Willen, Wissen und Gedanken. Der Urheber seiner Existenz ist JHWH - der Schöpfer des Alls, der Heiland des Alls, die Leben spendende Kraft des Daseins. Dieses Dasein Jeremias besteht aus zwei Wirklichkeiten: seiner physisch-kosmischen Wirklichkeit seit seinem Formung im Mutterleib und seine prophetische JHWH-Wirklichkeit. Diese beiden Bereiche sind ihm von JHWH zugesichert. Später im Buch des Jeremia werden wir Zeugen davon, wie Jeremia ständig angegriffen wird und in Todesgefahr geriet. Innerhalb der weltlichen Wirklichkeit ist er ein Nichts als Mann und Mensch nach den Massstäben seiner Umgebung: nicht verheiratet, ohne Kinder, keinen

---

[79] Joh 11,1-46; Lk 7,11-17; Mt 11,2-6
[80] Jer 1,5

Besitz;[81] sein irdisches Leben endet mit seiner Deportation nach Ägypten.[82] Innerhalb der JHWH-Wirklichkeit gilt JHWHs Verbundenheit mit ihm; der Anspruch und Auftrag JHWHs bringt ihn in Verzweiflung und legt es ihm nahe, JHWH zu verlassen, aber die Wahrheit JHWHs bemächtigt sich seiner.[83]

32. Wir sehen also an Jeremia, wie das Naturrecht ihm nicht einfach weltlich zugesichert, sondern in der Einheit mit seinem transzendenten Schöpfer und allein darin verankert ist. Der Auftrag, den er erhält, besteht nicht darin, Menschen und Völker nach menschlichen Wertmassstäben zu bejahen, sondern darin, sie zurück zu JHWH zu bringen, und wenn sie das nicht wollen, über ihnen Unglück und Tod zu verhängen:

> „Dann streckte der Herr seine Hand aus, berührte meinen Mund und sagte zu mir:
>
> Hiermit lege ich meine Worte in deinen Mund.
> Sieh her! Am heutigen Tag setze ich dich
> über Völker und Reiche;
> du sollst ausreissen und niederreisssen,
> vernichten und einreissen,
> aufbauen und einpflanzen".[84]

33. Die Werke des einzelnen Menschen, die Werke der grösseren Gemeinschaft, die Werke der Völker und Staaten sind nach den Worten Jeremias eins mit ihren Worten. Eine Trennung ist in den Augen JHWHs nicht durchführbar. Worte der Lüge und der Ungerechtigkeit sind mit Werken der Lüge und der Ungerechtigkeit verbunden. Wenn es auch der Mensch nicht sieht, *JHWH* sieht es. JHWH deswegen zu beschuldigen, böse zu sein, stellt den Höhepunkt des Frevels dar.[85]

C. Luther denkerischer Vater der Neuzeit

34. Luther negiert die Heilsausrichtung der Werke Christi. Indem Christus, infolge des Konzils von Chalkedon, wahrer Gott seit Ewigkeit ist, ist er auch der Schöpfer des Alls. Christus verteidigt somit, innerhalb der von ihm festgelegten

---

81 Jer 16,2; 17,5-6
82 Jer 43,7
83 Jer 15,10-21; 17,7-8.14-17; 20,7-9.14-18
84 Jer 1,9-10
85 Vgl. Ps 73,1; Jak 1,13.17-18

Existenzbedingung, seine Schöpfung im Ganzen und jedes Schöpfungswerk im Einzelnen. Wo diese Wahrheit über den ungetrennten Christus wach gehalten und in konkreter Ausführung ernsthaft ethisch bedacht wird, dort gedeiht die Schöpfung als kultiviertes Werk. Dort sind Wort und Werk verantwortungsvoll geeint. Das gilt für den hl. Franz von Assisi und es gilt für die Naturlandschaft, das gilt auch für die Behandlung von Schweinen und Fischen. Der Mensch kniet vor dem Gott des Werkes nieder und beherrscht das Werk im Auftrag seines Schöpfers. Das Werk, das er als Person auszuführen und zu betreuen hat, tut er mit Lobpreis an den Schöpfer und mit Dank an das Geschöpf, dessen Geschick auf Leben und Tod er in seinen Händen hält.[86] Der Mensch aber, der die Heilsbedeutung der Werke Christi im Besonderen und der Menschen im Allgemeinen auslässt, vernichtet in seiner anscheinenden „Schöpfertätigkeit" die Schöpfung in der gesamten Fülle ihres Daseins. Dies tritt zu Tage vor allem bei der Bewertung des Menschen.

35. Mit der Verkennung der Werke Gottes, verkennt Luther die Werke des Menschen und die Werke der Schöpfung. Es bedurfte ein grundsätzliches Verlassen der zentralen Position Luthers ehe man in der Zeit nach seinem Tod, 18. Febr. 1546, zur vollständigen Bibel zurückkehren wollte und die lutherische Orthodoxie entstand, jetzt aber ohne Jesu Liebesbund mit seinen zwölf Aposteln und deren Nachfolger. Dann war die theologische Voraussetzung etwa von Johann Sebastian Bach gegeben: „*Grosser Herr und starker König*".[87] Luthers Abschied von der Kirche hatte aber zur Folge, dass diese Orthodoxie und der folgende Pietismus durch den Rationalismus – „*aber seyne Wort die geben das leben*"[88] – eben „das *Wort*", „den *Logos*",[89] den wahren Gott und den wahren Menschen Jesus Christus des Konzils von Chalkedon verliessen und zunächst mit einer Idealgestalt dastanden, nun aber mit einem Minimal-Jesus ohne die transkosmische göttliche Fähigkeit und Kraft, die den kosmischen Tod zu überschreiten vermag. Ein Naturrecht im eigentlichen Sinn ist dann ausgeschlossen.

36. Innerhalb einer katholisch geprägten Rechtstradition entsprach das Christusmysterium der Kirche denkerisch dennoch für lange Zeit der allgemein empfundenen Wahrheit. Luthers Philosophie und Theologie lagen aber als vollzogene Anschauungen als Grundlage bereit für den denkerischen Durchbruch Des-

---

86 Vgl. Gen 1,28-30; Jon 4,11

87 Das „Weihnachtoratorium".

88 WA DB 6,10,22

89 Joh 1,1.14

cartes: „*Cogito, ergo sum*". Katholisch muss es heissen: ‚*Gott hat mich geschaffen, deswegen bin ich'*. Das Sein des Menschen liegt nach Descartes in seiner Fähigkeit, zu denken. Der Mensch der Arbeit ist prinzipiell deklassiert. Den Ansatz Descartes – und David Humes - aufnehmend, führte Immanuel Kant Luthers Denken folgerichtig weiter mit seiner Trennung zwischen der theoretischen und der praktischen Vernunft. Die katholische Lehre von der Inkarnation des ewigen Logos in Jesus von Nazareth wird hier nicht mehr wahrgenommen; die Öffnung zur atheistischen Neuzeit ist gegeben. Als Philosophie öffnet Luthers, Descartes' und Kants Denken den Weg für die neuzeitlichen Barbareien gegenüber dem kollektiven Arbeitsmenschen als Resultat der Leugnung des klassisch-christlichen Naturrechtes. Mit Kant, Georg Fr. W. Hegel, Ludwig Feuerbach, Karl Marx, Friedrich Nietzsche und Martin Heidegger ist der Abschied von dem christlichen Naturrecht vollzogen. Verabschiedet sind auch das sokratische und das platonische sowie das aristotelisch-transzendentale Denken und das Denken der fernöstlichen Meister Lao-tze und Kung-fu-tze, wie die nicht-fundamentalistischen Traditionen des Islams. Die atheistische Kulturphase seit etwa 1850 bis heute um das Jahr 2004 ist davon bestimmt, dass Luthers Nein zum kirchlichen Christusdogma und damit zum kirchlichen Naturrecht dem denkerischen Chaos der neuzeitlichen Orientierungsversuche zugrunde liegt. Darunter leidet die Philosophie und die Theologie, vor allem aber eben der Mensch. Wenn nicht das Dasein des Menschen mit seinen ihm zugehörigen Werken und Worten in der allgemein verbindlichen Jesus-Gestalt verankert ist, ist ihm der Boden unter den Füssen entzogen und er befindet sich in der Fallbewegung des geistigen Galgens auf den Tod hin. Die Güte des Dreieinigen Gottes, und so das Gute innerhalb des Protestantismus, des Luthertums und der heutigen Gesellschaften überall auf der Welt, vermag diese tödliche Leugnung des Menschseins nicht zu verbergen.

D. Die Entpersonalisierung

37. Wenn Chalkedon sagt, Jesus sei „wahrer Mensch", wird deutlich, dass sogar sein Menschsein dem atheistischen Verständnis unzugänglich ist. Ein Sprechen über Jesus als „wahre[m] Menschen" ist unter atheistischen Voraussetzungen nichts sagend. Was sollte einen Menschen als „wahren Menschen" kennzeichnen? Der Mensch ist als eine werdende Art innerhalb der Gesamtgestaltung der Lebewesen zu beschreiben, mit einem sich entwickelndem Sprachvermögen und erhöhter Intelligenz durch die Evolution, ein Phänomen des Überganges auf etwas hin, dessen Ende jedoch der individuelle und kollektive

kosmisch-physische Tod ist. Selbstverständlich befand sich Luthers Jesus auf dieser fliessenden Skala der Entwicklung. Wir haben Jesus von Nazaret nicht nur mit 2000 Jahren überholt, sondern er war mit weniger intellektuellem Vermögen ausgestattet als wir heute, und vor allem als die, die nach uns kommen. Taugt er dann noch als Idol? Taugt er dann als gedachter Höchstpunkt in der Entwicklung der Gattung Mensch? Mitnichten. Es sei denn, die Bezeichnung „wahrer Mensch" steht für eine maximal gedachte und empfundene Wertschätzung, die aber nicht die kirchliche Aussageintension zu erfassen vermag. Wenn Luthers Jesus nicht nur ein besonderer Hero ist, sondern *der Hero* schlechthin, ist er dies *immer nur innerhalb der Grenzen von Leben und Tod des Universums, der Natur und des Menschen.* Das Naturrecht dieses unter Veränderung und Entwicklung sich befindenden Lebewesens Jesus, des nur *Menschen,* ist dem gemäss veränderbar und nicht bestimmbar. Jesus ist ein vorläufiges Spezimen der Evolution und sein Recht ist vorläufiger Natur. Denn der kosmische Tod innerhalb des Universums waltet strenger als jedes aufgestellte Recht. Das „Naturrecht" ist das Recht auf kosmisches Leben und auf kosmischen Tod.

38. Die Trennung Luthers hat dann zur Folge, dass nicht allein sein „Christus" eine erdichtete Gestalt ist, sondern dass der konkrete Mensch bei ihm zu einer erdichteten Gestalt wird und im Prinzip seiner ewigen Personalität und so seinem Naturrecht abgesprochen werden. Historisch ist Luthers Land ein Land der „Dichter und Denker", aber der Mensch als Werk-Mensch, als Arbeiter, entbehrt des letzten, ultimativen Schutzes eines Rechts, das nicht länger sein Ich als Werk-Mensch, sondern sein Ich als behaupteter Wort-Mensch präjudiziert. Die werk-losen Ideen bemächtigen sich der Führung in der Philosophie und danach in der Politik. Mit der Leugnung der Werk-Wirklichkeit des Menschen erfolgt zwangsläufig – nämlich durch die Lüge – der Veracht gerade vor dem Menschen als Werk-Menschen, als Arbeiter. Die Arbeit hat nicht länger den Charakter des Einsseins mit der Person, sondern sie wird einzig als Mittel gewertet und eingesetzt um Ideen zu verwirklichen, die dann, *eo ipso,* menschenverachtend und Menschen vernichtend sein dürfen und sogar sind, weil sie Ideen ohne Respekt vor dem vollständigen Werk- und Wort-Menschen entsprungen sind.[90] Und indem - wir sahen es bei Jeremia - der Schöpfer des Universums den Werk- und Wort-Menschen geschaffen hat und ihm sein Recht zuspricht und verteidigt, bedeutet die Leugnung der Werke, die auf das höchste Gut ausgerich-

---

[90] Karl Marx ist in dieser Hinsicht der deutliche Repräsentant jener Ideentradition seines Heimatlandes.

tet sind, und den Menschen als personale Einheit von Werken und Worten sehen, Atheismus. Der Atheismus führt dann mit unaufhaltsamer Folgerichtigkeit den Menschen geistig wie ethisch ins Verderben. Der Archipel Gulag und der Holocaust sind äusserste Konkretisierungen des nicht anerkannten Werk-Menschen. Hier ist das natürliche Recht des Menschen ganz und gar verleugnet. Aber nicht nur das natürliche Recht des Menschen; auch die Naturwelt wird, im Hinblick auf die Person, den Menschen, entpersonalisiert, weil sie nicht mit den Augen des mit voller ethischer Verantwortung denkenden und handelnden Menschen gesehen wird. Man bekannte nicht länger den katholischen Glauben an den Heiligen Geist und die Kirche (der Protestantismus), man bekannte nicht länger Jesus Christus als Mitschöpfer des Universums (Aufklärung; Deismus), und am Ende bekannte man nicht länger Gott Vater (der Atheismus seit etwa 1800 bis heute).[91] Damit war allmählich die durch den Christusglauben erleuchtete Vernunft in die Verfinsterung zurückversetzt unter dem unausweichlichen und finalen kosmischen Tod der atheistischen Weltbetrachtung, was sich in allen Bereichen des denkerischen, politischen, staatlichen und gesellschaftlichen Lebens kundgetan hat.[92] Abtreibung, Tötung unerwünschter Föten und Kinder, Euthanasie, Sexbesessenheit, unbändiges Verbrechertum innerhalb aller Staaten und auf allen Niveaus der Gesellschaft legen Zeugnis von der fiktiven „Freiheit, Gleichheit und Bruderschaft“ ab, unter weltweit unvorstellbarem Blutvergiessen mit Berufung auf eben diese neue „Trinität“ mit deren zugehörigen atheistischen Rechten. Die werk-beraubte Anthropologie Luthers besagt, dass Adolf Hitler durch den Holocaust mitnichten im Hinblick auf sein Heil abqualifiziert wird, ebenso wenig Stalin durch den Archipel Gulag und Pol Pot durch den Massenmord.

E. Das Naturrecht als sich wandelnd erfasst

39. Wenn heute vom *Naturrecht* gesprochen werden soll, ist einzusehen, dass für die heutige Menschheit die Allgemeinen Menschenrechte, die Rechtsstaatlichkeit und die Definition der Demokratie zusammen gehören und alle drei einem *veränderbaren Naturrecht* zuzuordnen sind, denn „die ganze Welt steht

---

91 Vgl. R. Guardini, Das Ende der Neuzeit – ein Versuch zur Orientierung, Hess Verlag, Basel, 1950.

92 Das Blutbad der französischen Revolution im Namen von „Freiheit, Gleichheit, Bruderschaft“, der Erste Weltkrieg, die bolschewistische Revolution, zunächst in Russland, Adolf Hitler und sein Nationalsozialismus, der Zweite Weltkrieg, der Holocaust, der Kommunismus Chinas, Vietnams und Kambodschas, die blutigen „Freiheitsbewegungen“ über der ganzen Welt, der ökonomische Liberalismus mit weltweit ungerecht erworbenem und vergöttertem Geld.

unter der Macht des Bösen".[93] Die katholische Kirche aber, die in der Welt und unter den Völkern gegenwärtig ist, verkörpert, verteidigt und lehrt aus ihrem Glauben an den trinitarischen Gott, das heisst an Jesus als wahren Gott und wahren Menschen, dass *das Naturrecht dem Menschen von seinem Ursprung her bis zu seinem irdischen Tod zueigen ist und dass der Mensch als Geschöpf zur Einverleibung in Jesus, seinem wahren Verteidiger, eingeladen ist.* Die Stimme der Kirche ist auch heute nicht verstummt. Im Gegenteil: sie ist die Solistin im Chor der Menschheit und der Menschlichkeit.

40. Aus Chalkedon geht hervor, dass die Werke Jesu nicht von seinen Worten getrennt werden dürfen. Seine Werke schöpfen den Glauben – wenn man ihn annehmen will - durch das Zeugnis seitens des Heiligen Geistes. Die Werke Jesu sind ein wesentlicher Ausdruck der Inkarnation des wahren Gottes. Durch das Bekenntnis der Väter aus Chalkedon dauert die Inkarnation an, als konstitutiv für die Kirche der Werke und der Worte. Darin liegt das Naturrecht als niemals überbietbares und zerstörbares Recht des Glaubenden begründet, welcher durch die Taufe mit Jesus vereint wird. Einerseits ist der Glaubende passiv, indem er der Welt des Todes ausgeliefert ist, andererseits ist er aktiv, weil das Leben des Todesbesiegers in Werken und Worten der Kirche in ihrem sakramentalen Leben als ständiges Memento an die Welt herausfordernd und deutlich bleibt. Die Welt kann sich nicht selbst das Naturrecht geben, es muss durch den Glauben an ihren Schöpfer angenommen werden. Die Leugnung der Werke Christi durch Luther führt konsequenterweise nur zu konzipierten Vorschlägen zu einem positiven politischen Rechtssystem. Das Kennzeichnende an diesen Vorschlägen bleibt immer der Mangel an jener Gesamtheit und Einheit, die die Person Jesus Christus durch ihre Werke und Worte in die Welt gesetzt hat als nicht nur wahrer Mensch, sondern zugleich als wahrer Schöpfer des Universums und somit Kenner seines gesamten Kosmos bis ins innerste Detail.

41. Es gilt, dieses Nein Luthers zurückzunehmen und mutig daran gehen, die Schöpfung in ihrer Fülle, seien es tropische Urwälder, sei es die medizinische Forschung an Menschen zu bejahen. Für das Naturrecht ist es notwendig, die Sprache der Natur und ihre Botschaft als Stimme Gottes, infolge des Konzils von Chalkedon, zu hören und sie gehorsam nachzuvollziehen. Kein Atom bewegt sich, kein Sperling fällt auf die Erde, kein Mensch existiert, wenn auch nur für einen Augenblick, ausserhalb der Obhut des trinitarischen Gottes, des Va-

---

93 „*kaì ho kósmos hólos en tôo poneerôo keîtai*", 1 Joh 5,19. Der Böse, der Teufel, 1 Joh 2,13.14; 3,8.10.12, 3 Joh 11, und das Böse, seine Werke, 1 Joh 5,19.

ters, des Sohnes, des Heiligen Geistes. Aber diese Seinslage wird bezeugt von dem *einen* Christus durch sein Leben als Gesamtheit, und das heisst durch seine Werke wie durch seine Worte im Gehorsam zum Vater bis hin zu seinem Tod. Luthers Nein zu den Werken rückt seine Hoffnung auf das Heil durch den Glauben in die Sphäre der Irrealität, und diese Lehre mit ihrem zugehörigen Glauben ist ausserstande, das wahre, vollständige Naturrecht zu bewahren und es als Motivation aufrecht zu erhalten. Die tausendfachen guten Werke innerhalb des Protestantismus vermögen nicht Luthers Leugnung der Werke Christi zu entkräften. Sie können nicht verhüllen, dass schliesslich dieses Recht ein angepasstes und relatives Recht darstellt, das den Menschen und das Geschöpf weder zu verteidigen vermag noch gewillt ist, es zu tun. Es ist der „wahre Gott", der innerhalb Luthers erdachten Heilskonzeptes, welches allein auf die Worte Christi baut, nicht nur zu kurz kommt, sondern unberücksichtigt bleibt. So sinkt die Schöpfung, der Mensch mit einbezogen, ins Ungewisse und in das postulierte Todesreich ein. Denn wenn die Werke Christi geleugnet werden, so wird auch seine Auferstehung von den Toten geleugnet, dieser Sieg über den Tod im Kosmos, der dem kirchlichen Naturrecht die Gültigkeit der Ewigkeit verleiht, für die Kirche wie für die Welt. Es gilt, die Wahrheit willig zu sehen, und sie zu befolgen. Jede Krise etwa einer zivilisierten Gesellschaft ist dann beredter Ausdruck dafür, dass das unumstössliche Naturrecht jedes einzelnen Lebewesens und des Menschen irgendwie verharmlost wird und nicht Leben spendend zur Geltung kommt. Papst Bonifatius VIII. befand sich auf gedanklich sicherem Gebiet. Man duldete dies aber nicht. Das Blut Abels und die Ungerechtigkeiten schreien zum Himmel.[94] Auch heute sollte das universelle Naturrecht Ziel jeglichen Strebens der Gesetzgebung und des gelebten Lebens sein, damit der Mensch voll und ganz nach Christus in Werken wie in Worten geformt sei, wie es Bonifatius VIII. mit leuchtender Klarheit dargelegt hat.

42. Das Naturrecht ist somit gefährdet, nicht dadurch, dass es an sich mit den Zeiten und Umständen wandelbar ist, sondern dadurch, dass man es in Werken und Worten verlässt. Insofern ist Luthers „*Denn die werck {unnd wunderthatten Christi} hulffen myr nichts*" die Devise, die der Rechtssprechung der Welt dient. So behält die Kirche durch ihre Erwählung als *sponsa Christi* [95] die im-

[94] Gen 4,10; vgl. 6,5-12

[95] Offb 19,7; 21,9.16-17

merwährende Aufgabe, mit ihrem Naturrecht das Licht der Welt zu sein.[96] Denn heute wie zur Zeit des Papstes Bonifatius VIII., und wohl wie immer gilt:

> „Hoc est autem iudicium: Lux venit in mundum, et dilexerunt homines magis tenebras quam lucem; erant enim eorum mala opera".[97]

F. Die Besinnung auf Jesus wahrer Gott und wahrer Mensch in seiner Inkarnation

43. Wenn also heute weiterhin über *Naturrecht* nachgedacht werden soll, müsste das *Naturrecht* ein *Rechtsgut* sein, das seit dem Anfang des Kosmos der *physis*, der *Natur*, angehört als Satzung ihres trinitarischen Schöpfers: Vater, Sohn, Heiliger Geist. Was *Recht* ist, darf dann der Natur nicht fremd hinzugefügt werden, sondern es ist ihr vom ihrem Ursprung her eigen. Laut der Evolutionsphilosophie ändert sich aber das Ursprüngliche und nimmt immer neue Formen an, und daher, so die Folgerung, *ändert sich* ständig das *Recht* der Lebewesen oder der Dinge als ihr etwas von Natur her Eigenes: Der Hund sei kein Wolf, benehme sich nicht wie ein (wilder) Wolf, habe Rechte, die dem (wilden) Wolf nicht zukommen. Der Mensch habe bei seinem Beginn nicht dasselbe Recht wie bei seiner Geburt, der Greis habe nicht länger das Recht des arbeitsfähigen Menschen, die zu Hause arbeitende Mutter habe nicht das Recht einer draussen arbeitenden Frau. So ändert sich fortlaufend ihr jeweiliges *Recht* und die gesellschaftlich verankerten Belohnungen. Die Natur sei keine Konstante, und so gebe es grundsätzlich kein konstantes Naturrecht. Das heisst: das ‚*Naturrecht'* als appellative Norm ist untauglich geworden und entkräftet. Das *positive Recht* tritt stattdessen als Verhältnisbestimmungen bei demokratisch-politisch begründeten Entscheidungen auf, etwa zu Gunsten der Euthanasie oder der wissenschaftlichen Produktion von Menschen. Ein Netzwerk von Regelungen ersetzt die Freiheit des Schöpfers, die Freiheit Jesu. Ausgedrückt in der Sprache des Neuen Testaments: Das Gesetz mit dessen Regelungen und Verfügungen hält den Menschen nieder in Knechtschaft. Zwar gipfelt das positive Recht in anerkennungswürdigen Rechtsprinzipien, eben in den allgemeinen Menschenrechten und in dem demokratischen Rechtsstaat. Doch, das Recht wird zu unendlich dicken Bänden mit Bestimmungen, kooperativ erdacht und demokra-

---

[96] Vgl. Mt 5,14; Vaticanum II, Dogm. Konstitution *Lumen gentium* 1.

[97] Joh 3,19, *Nova Vulgata*; "Denn mit dem Gericht verhält es sich so: Das Licht kam in die Welt, und die Menschen liebten die Finsternis mehr als das Licht; denn ihre Taten waren böse": *Einheitsübersetzung*.

tisch wirksam. Der Mensch ist jedoch unfrei, wenn er nicht im Leben und im Tod dem ewig freien Leben einverleibt ist, nämlich im Leben des Todbesiegers, im Leben des vom Tod auferstandenen wahren Gottes und wahren Menschen Jesus Christus.[98] Kraft des Kommens des ewigen Logos, des Schöpfers des Alls in den Kosmos,[99] Jesus, wurde das Gefängnis des Todes geöffnet, und der daran glaubende Mensch ist freigesetzt, geht hinaus, und in einem Leben mit dem Auferstandenen vereint, schaut er der Vollendung entgegen. Das irdische Recht kann ihm im Alltag genügen, aber das wahre Recht, nämlich das seinem Ich nunmehr entsprechende Naturrecht, ist in Jesus Christus voll verwirklicht und bestätigt. Das Naturrecht beruht nicht auf Senatsbeschlüssen, sondern ist der *creatura* im Todesbesieger geschenkt. Nur hier ist dem Menschen das Naturrecht eigen, das ihm von Gott her gebührt und worauf hin er geschaffen ist, ob er auf dem Schafott steht oder während der Tortur stirbt, ob er im Stuhl des republikanischen Präsidenten sitzt oder ob er Atome und den Big Bang erforscht, oder wenn er, wie Beethoven,[100] eine 9. Symphonie komponiert oder sei es, er atme unter den Henkern und den Tieren in der Arena aus:[101]

> „Aber ich weiss, dass mein Erlöser lebt;
> und als der letzte wird er über dem Staube sich erheben.
> Und nachdem diese meine Haut zerschlagen ist,
> werde ich ohne mein Fleisch Gott sehen.“[102]

---

98 Vgl. Joh 1,1.14; 10,30; 11,25-27

99 Joh 1,1.14; 18,33-38a

100 Beethoven nahm auf dem Totenbett das Allerheiligste entgegen.

101 Giuliana Caldarelli, *Atti dei martiri*, Paoline, Milano, ²1985.

102 Job 19,25-26; *Die Heilige Schrift nach der deutschen Übersetzung Martin Luthers*, Berlin, Britische und Ausländische Bibelgesellschaft, 1929.

Aspekte der Naturrechtslehre im Neuthomismus[1]

David Berger[2]

Jacques Maritain, einer der bedeutendsten französischen Philosophen des 20. Jahrhunderts, schreibt in seinem Buch „Von Bergson zu Thomas von Aquin“: „Das Problem einer christlichen Philosophie und das einer christlichen Politik bilden nur zwei Seiten ein und desselben Problems – seine spekulative und seine praktische Seite.“[3]

Dieser Satz gibt das Spannungsgefüge, in dem sich die neuthomistische[4] Konzeption des Naturrechtes entfalten konnte, mit einer großen Treffsicherheit wieder: Als *magna charta* des Neuthomismus gilt zurecht die Enzyklika „Aeterni Patris“ (1879) Papst Leos XIII. über die Restauration der christlichen, und damit meinte Leo die thomistische, Philosophie. Diese hat jedoch ganz unzweideutig auch eine Erneuerung der Gesellschaft aus dem Geist der thomistischen Philosophie zum Ziel. Bereits wichtige Wegbereiter dieses päpstlichen Dokumentes waren nicht nur von der Wahrheit der thomistischen Philosophie zutiefst überzeugt, sondern zugleich, wie etwa die Patres Taparelli d'Azeglio[5] oder Liberatore, bedeutende Fachleute für Sozialphilosophie und im Zusammenhang mit dem „Risorgimento italiano“ politisch engagiert. So verwundert es auch kaum, dass wir in „Aeterni Partis“ lesen: „Auch die ... bürgerliche Gesellschaft, welche ... durch das Gift verderblicher Meinungen in höchsten Gefahr schwebt, würde ohne Zweifel viel mehr an friedlicher Ruhe und Sicherheit gewinnen, wenn auf den Akademien und an den Schulen eine gesündere Lehre, wie wir sie in den Werken des Thomas finden, unterrichtet würde: Denn die Abhandlungen des

---

1 Ein herzlicher Dank geht an Drs. Jörgen Vijgen für die zahlreichen wertvollen Hinweise, die mir bei der Abfassung dieses Beitrages sehr hilfreich waren.

2 David Berger: Korresp. Professor der Päpstlichen Thomas-Akademie (Vatikan/Rom).

3 Jacques Maritain, Von Bergson zu Thomas von Aquin. Acht Abhandlungen über Metaphysik und Moral, Cambridge 1945, 119. Cf. auch dessen Buch: Die Menschenrechte und das natürliche Gesetz, Bonn 1951.

4 Auf die genaue Begriffsbestimmung des Neuthomismus kann hier nicht eingegangen werden. Wenn wir hier von Neuthomismus sprechen, meinen wir die spezifische Form des Thomismus, die dieser im Kontext der Neuscholastik (ca. 1850-1950) angenommen hat. Das Wort „Thomismus“ wird dabei im weiteren Sinne gebraucht für die um eine möglichst große Thomastreue bemühte Rezeption des Denkens des Aquinaten.

5 Cf. dessen Hauptwerk: Saggio teoretico di diritto naturale appoggiato sul fatto, 5 Bde., Palermo 1840-1843.

Thomas über die wahre Beschaffenheit der Freiheit, welche in unseren Tagen in Zügellosigkeit ausgeartet ist; über den göttlichen Ursprung jeglicher Autorität; über die Gesetze und deren Kraft ... über die gegenseitige Liebe zwischen allen, und was er sonst noch zu diesen Fragen lehret – alles dies hat eine äußerst starke und unbesiegbare Beweiskraft zur Widerlegung aller jener Grundsätze des „Neuen Rechts", welche sich für die geordnete friedliche Ruhe des Gemeinwesens und für das Gemeinwohl als schädlich erweisen." An dieser Stelle wird der enge Bezug zwischen der Enzyklika „Apostolici muneris" (1878), mit der Leo, der der Moraltheologie als „einer der bedeutendsten Naturrechtslehrer"[6] gilt, nach einer Analyse der politischen Lage ein kulturelles Programm zur Reform einer integralen Gesellschaftsordnung vorlegt, sowie „Rerum novarum" und „Aeterni Patris", auf den Kardinal Siri hingewiesen hat[7], und den die Erforscher der Theologiegeschichte nicht selten übersehen, schön deutlich.

Diese enge Verbindung bildet den Hintergrund für die Tatsache, dass das Naturrecht, in dessen Betrachtung sich sozusagen in besonders intensiver Weise philosophische Grundlegung und die Ebene der sozialen Ordnung überschneiden und gegenseitig befruchten, zu einem wichtigen Thema des Neuthomismus wurde. Man vergleiche dazu nur die ausführlichen Darlegungen in Kardinal Ceferino Gonzales auch ins Deutsche übertragener „Philosophie des heiligen Thomas von Aquin"[8], Tommaso M. Zigilaras „Summa Philosophica"[9], Albert Stöckls „Lehrbuch der Philosophie"[10], die zahlreichen Arbeiten des Schweizer Dominikaners Gallus M. Manser zum Themenbereich[11], dann v.a. als das wichtigste neothomistische Lehrbuch Joseph Gredts „Elementa philosophiae aristote-

6 Bernhard Häring, Das Gesetz Christi, Freiburg/Br. ³1956, 262.

7 Giuseppe Card. Siri, Il momento storico nel quale nacque l'enciclica Aeterni Patris, in: Studi tomistici 10 (1981) 30-40.

8 III, Regensburg 1885, 327-391 (im folgenden zitiert als Gonzalez, III, + Seitenzahlen) Zu Gonzalez vgl.: David Berger, Ceferino Gonzalez. Spanischer Kardinal und thomistischer Gelehrter, in: BBKL XXI (2003) 505-508.

9 Thomas M. Zigliara, Summa Philosophica in usum scholarum, Vol. III, Paris ¹⁴1905, 19-149.

10 II, Mainz ⁴1876, 499-704.

11 Wir legen unserer folgenden Analyse v.a. sein wichtigstes Werk zum Naturrecht zugrunde: Das Naturrecht in thomistischer Beleuchtung (Thomistische Studien, Bd. II), Freiburg/Schweiz 1944 (im folgenden zitiert als Manser + Seitenzahlen). Cf. v.a. auch Id., Das Naturrecht in seinem Wesen und seinen Hauptstufen, in: Divus Thomas 11 (1933) 369-396.

lico-thomisticae“[12]. Aber auch die Moraltheologie beschäftigt sich in jener Zeit ausführlich „im Geiste des hl. Thomas“ mit der Frage nach dem Naturrecht[13].

Diese zentrale Stellung bringt es natürlich mit sich, dass in den kontrovers diskutierten Fragen des Themenbereichs Naturrecht jene Fragen in analoger Weise wiederkehren, die die neuthomistische Schule überhaupt beschäftigen: Etwa jene nach dem Verhältnis von Natur und Gnade, die sich wiederum in der Frage nach der Möglichkeit einer christlichen Philosophie und in einem weiteren Schritt jener nach einer christlichen Politik widerspiegelt. Oder die wissenschaftstheoretisch interessante Verhältnisbestimmung von Moraltheologie und Sozialethik.[14] Aber auch die zwischen 1925 und 1935 heftig ausgetragene Kontroverse über das Eigentumsrecht nach dem Aquinaten hängt aufs engste mit jener nach dem Naturrecht zusammen.[15]

Zugleich zeigt sich gerade hier, wie sehr die Beschäftigung des Neothomismus mit dem klassischen Naturrecht auch von ihrem zeitgeschichtlichen Kontext motiviert war und dies widerlegt zugleich das bis zur Stunde noch immer gern kultivierte Vorurteil, der Neuthomismus sei lediglich eine gegenüber den Bedürfnissen seiner Zeit blinde Repristination mittelalterlichen Denkens gewesen. Wer würde nicht auf den ersten Blick erkennen, dass die Kontroverse um den Eigentumsbegriff das angestrengte Ringen um eine sowohl dem gesunden Menschenverstand wie der christlichen Tradition adäquate Antwort auf die Herausforderungen kommunistischen Denkens und Handelns ist? Oder die vielbeachteten Studien Gallus Mansers zum Naturrecht eine Art thomistischen Widerstands gegen die Barbarei des Nationalsozialismus darstellen? Jeder wusste, was gemeint war, wenn der Schweizer Dominikaner, berühmt geworden durch sein Werk „Das Wesen des Thomismus“, am 1. Februar 1944 sein Buch über das Naturrecht „in thomistischer Beleuchtung“ mit den Worten eröffnete: „Die katastrophalen Weltereignisse haben das Interesse für das Naturrecht neu geweckt. Man hört den Ruf nach Naturrecht aus Kreisen, wo man ihn sonst zu hören nicht gewohnt war. Die Not ändert vieles. Nichts ist dem Menschen unerträglicher als Rechtsunsicherheit und vor allem massenhafte Rechtsvergewalti-

---

12 II, 7Freiburg 1937, 387-444 (im folgenden zitiert als Gredt, II + Seitenzahlen)

13 Cf. Dominicus Prümmer, Manuale Theologiae Moralis. Secundum principia S. Thomae Aquinatis, Bd. I, Freiburg/Br. 141960, 97-194. Vgl. zu diesem: *Dominikus Prümmer, O.P. Thomistischer Moraltheologe*, in: BBKL XX (2002) 1193-1195.

14 Cf. dazu: Peter Schallenberg, Naturrecht und Sozialtheologie. Die Entwicklung des theonomen Naturrechts der späten Neuscholastik im deutschen Sprachraum (1900-1960), Münster 1993.

15 Cf. die Darstellung der Diskussion bei A. Rohner, in: Divus Thomas 7 (1929) 479-480 sowie 8 (1930) 60-81.

gung. Ich brauche mich also nicht zu entschuldigen, wenn ich über das Naturrecht schreibe ...“[16]

Im Folgenden wird es nicht möglich sein, auf alle naturrechtlichen Fragen, die der Neuthomismus angegangen ist, einzugehen. Vielmehr sollen nur einige große Leitmotive, die dieses Denken nachhaltig prägen, kurz dargestellt werden.

Wesen und Existenz des Naturrechts

Zunächst ist bezüglich der Terminologie festzustellen, dass der Neuthomismus, wie Thomas auch, zwar die Unterscheidung von *ius sive iustum* (Herrschaftsrecht) und *lex* (Rechtsnorm) sehr gut kennt[17], dann in der Behandlung des Naturrechts aber die Begriffe *ius naturale* und *lex naturalis*, Naturrecht und Naturgesetz entweder beide *promiscue* für das natürliche Sittengesetz gebraucht, oder noch häufiger alle wesentlichen Fragen im Traktat über das Naturgesetz behandelt und dann, wo er auf das Naturrecht in der „Ethica specialis seu ius naturae“[18] zu sprechen kommt, für die fundamentalen Entscheidungen auf das bereits zum Naturgesetz Gesagte zurückverweist. Dies ist vor dem Hintergrund der Konzeption des Verhältnisses von *lex* und *ius* durchaus legitim, wird doch der nächste Grund des Rechtes in dem aus dem ewigen Gesetz abgeleiteten Normen, dem Naturgesetz und den positiven Gesetzen, gesehen. Insofern kann das Naturrecht als ein Teilgebiet des allgemeinen sittlichen Naturgesetzes betrachtet werden und empfängt von hierher seine großen Leitmotive.

Zwei Thomaszitate sind es, die den Spannungsbogen bilden, in dem die Neuthomisten ihre Definition des Naturrechtes entwerfen.

Zunächst: Das Naturgesetz ist die Mitteilung des ewigen Gesetzes, der *lex aeterna*, an das vernünftige Geschöpf: „Lex naturalis nihil aliud est quam participatio legis aeternae in rationali creaturae“[19]. Oder mit den Worten Prümmers: „Das Naturgesetz ist die Ausstrahlung oder der Abglanz des ewigen Gesetzes in den vernünftigen Geschöpfen.“[20]

Sodann: Das Naturgesetz ist die dem Menschen von Natur aus eingegebene Erkenntnisfähigkeit, durch die er mit Leichtigkeit aus der Sinneserkenntnis die Begriffe von Gut und Böse gewinnt und so angeleitet wird, sich in seinem Han-

---

16 Manser, VII.

17 Thomas von Aquin, De Ver 11,2 ad 5; Summa theologiae, II-II, 57, 1 ad 2.

18 Gredt, II, 387-443.

19 Thomas von Aquin, Summa theologiae Ia-IIae q.91 a.2. Vgl. die Berufung auf diese Stelle: Gredt, II, 350.

20 Prümmer, Manuale, 105.

deln den allgemeinsten moralischen Grundsätzen entsprechend bzw. naturentsprechend zu benehmen: „Conceptio homini naturaliter indita, qua dirigitur ad convenienter agendum in actionibus propriis.“[21]

Zusammengefasst und einander zugeordnet werden die zwei Aspekte an einer weiteren Stelle aus der *Summa theologiae*: „Ius naturale ... continetur primo quidem in lege aeterna, secundario vero in naturali iudicatorio rationis humanae.“[22]

Wird das Naturgesetz zuallererst (*primo*!) als Partizipation des vernünftigen Geschöpfes am ewigen Gesetz definiert, so hat auch die Naturrechtslehre im Thomismus, ganz entsprechend dessen theozentrischer Denkform, in der Gotteslehre, näherhin in der Lehre von der göttlichen Vorsehung, ihre Wurzel. Daraus ergibt sich dann die Gliederung des Traktates „De lege divina“ in 1.) De lege aeterna, 2.) De divina lege naturali und 3.) De lege divina positiva.[23]

Gott, als das subsistierende Sein selbst (*Ipsum esse subsistens*), hat die Dinge nicht nur erschaffen, er erhält sie, als die Quelle des Seins, auch beständig im Sein, bewegt ihre Handlungen „vorher“ (berühmte Lehre von der *praemotio physica*) und ordnet sie so auf ein Ziel hin. Gesetz und Vorsehung werden so verstanden als Hinordnung des Geschöpfes zu seinem Ziel. Genauer gesagt ist die Vorsehung die tatsächliche Hinführung der Dinge über das Gesetz hin zu ihrem Ziel. Das ewige Gesetz ist dann der Plan der göttlichen Weisheit, der alle Handlungen leitet.[24] Im Naturgesetz wird der vernünftigen Schöpfung teilgegeben an diesem ewigen Gesetz. Dabei ist zu unterscheiden zwischen dem Naturgesetz, das die vernunftlosen Geschöpfe *naturaliter* leitet. Und dem Naturgesetz als natürlichem Sittengesetz, das dem Menschen ebenfalls mittels seiner Natur mitgeteilt wird. Allerdings steht hier das „von Gott empfangene, eminent gottähnliche rationale Sein der Menschennatur als Eigenprinzip all ihrer eigentümlichen und zielbestimmten Tätigkeiten“[25] im Mittelpunkt der Überlegungen. *Ratio divina* und *ratio humana* verhalten sich zueinander wie Urbild (*exemplar*) und Abbild (*exemplatum*). Die für den Thomismus grundlegende Proportionalitätsanalogie weist hier den weiteren Weg zu einer genaueren Bestimmung des Verhältnisses: Urbild und Abbild sind nie seinsmäßig dasselbe, „denn es gibt nicht zwei Singularia, die *ut sic* identisch sind. Aber zwischen beiden kann *in ordine*

---

21 Thomas von Aquin, Suppl. q.65 a.1

22 Ebd., Ia-IIae q.71 a.6 ad 4.

23 Prümmer, Manuale, 102-116.

24 Gredt, II, 275-276.

25 Manser, 75

repraesentandi, d.h. nach dem zu vergegenwärtigenden Inhalt oder der repräsentierenden Form nach, neben anderweitiger, sogar unendlicher Distanz, eine proportionelle Identität vorhanden sein, wobei dann die Analogata, weil der Seinsweise nach verschieden, einander doch nur ähnlich sind."[26]

Im Unterschied zu dem Naturgesetz, das die vernunftlosen Geschöpfe leitet, ist dann jenes im eigentlichen Sinne, von dem im Folgenden zu sprechen sein wird, erkenntnisgemäß mitgeteilt. Und zwar nicht in dem Sinne, dass die Erkenntnis gleichsam eine angeborene wäre, wenn auch etwa Gonzalez davon spricht, dass die Ideen des Guten und Bösen „der Vernunft *gleichsam* angeboren und ihr von Natur aus mitgegeben sind"[27]. Angeboren ist vielmehr sozusagen die Neigung und Fähigkeit, mit Leichtigkeit aus der Sinneserkenntnis die grundlegenden Begriffe von Gut und Böse und daraus folgend die fundamentalen moralischen Grundsätze zu gewinnen: „Lex naturalis est conceptio seu cognitio in actu secundo; dicitur naturaliter indita; non quasi ipsa cognitio, sive in actu secundo sive in actu primo (idea), sit innata, sed quia innata est homini inclinatio et facilitas statim, ubi primum rationis usus evigilat, abstrahendi ex sensibilibus notiones communissimas ordinis practici ... et formulandi ex iis principia universalissima ordinis practici."[28]

Insofern ist das Naturgesetz auch klar von der Synderesis, die ein *habitus* ist, sowie dem Gewissen, das das Naturgesetz auf den Einzelfall anwendet und so auf dieses angewiesen ist, zu unterscheiden.[29] Freilich huldigt der Neuthomismus auch in der Naturrechtsfrage keinem einseitigen Intellektualismus. Für ihn konstituieren Verstand und Wille gemeinsam, in gegenseitiger Unterordnung, das Naturrecht: „der Verstand formell, der Wille materiell, ähnlich wie Seele und Leib das Wesen des Menschen konstituieren."[30]

Hier zeigt sich zunächst, wie sehr die Frage nach dem Naturrecht für den Neuthomismus eine zutiefst metaphysische ist: „Metaphysisch ist die Frage, weil ihre Lösung von den Wesenheiten der Dinge, genauer der Wesenheit des Menschen abhängt."[31] Dieser jedoch ist ein *animal rationale* und insofern kann er das Gute als solches erkennen und selbst zu ihm hinstreben. Sein Streben

---

26 Ibid., 78.

27 Gonzalez, III, 374.

28 Gredt, II, 348.

29 Ibid., 348-349.

30 Manser, 72. Zur genauen Bestimmung des thomistischen Intellektualismus in der Ethik: Odon Lottin, L'intellectualisme de la morale thomiste, in: Sadoc Szabó (Hrsg.), Xenia Thomistica, Bd. I, Rom 1925, 411-427.

31 Manser, 29

ergibt sich also – gemäß dem Axiom *operatio sequitur esse* – aus der Seinsordnung. Sie ist letzter Maßstab und auf sie ist die Menschenvernunft bei ihrer Beantwortung der Naturrechtsfrage undispensierbar angewiesen. Das bedeutet dann aber auch: „Die *recta ratio* ist nicht unabhängig; sie macht das Recht nicht selbst. Sie ist eine *mensura*, ein Maßstab, der selbst wieder gemessen ist von den Dingen, zuletzt ... von der *Ratio divina*."[32] Die strenge Analogie zur thomistischen Erkenntnislehre, in der stets die Verbindung zu Gott als der Quelle aller Wahrheit beachtet wird und sich der Verstand des Menschen in erster Linie passiv dem Gegenstand gegenüber verhält[33], ist hier nicht zu übersehen.

Zugleich wird deutlich, dass diese Sicht einen starken „Damm gegen den Rechtssubjektivismus"[34] der Moderne aufbaut. Dieser freilich hat, wie der Neuthomismus scharfsinnig erkannt hat, seine Wurzeln wiederum bereits im Mittelalter. Weit davon entfernt, pauschal einer Repristination der Philosophie und Theologie der Vorzeit das Wort zu reden, erkennt man gerade im Voluntarismus des Abaelard (+ 1142), des Wilhelm Ockham (+ 1349) u.a., der nicht nur auf neuzeitliche Naturrechtstheoretiker wie Hugo Grotius, Johann Selden oder Spinoza, sondern auch auf Martin Luther mit seiner maßlosen Polemik gegen das Naturrecht und im weiteren dann auf den modernen Rechtspositivismus eine deutlichen Einfluss hatte, die Ursachen für jene naturrechtsfeindliche Einstellung, die „notwenig zum Ruin aller unveränderlichen Gesetze und Prinzipien führen muss"[35].

Die Unveränderlichkeit des Naturrechts

Nichts scheint in der Naturrechtsfrage – inzwischen selbst in bestimmten Teilen der katholischen Theologie, die in der Neuzeit zur wichtigsten Anwältin des Naturrechts wurde, – so sehr umstritten. Und doch: Ganz wesentlich mitkonstituiert wird das Wesen des Naturrechts durch dessen Unveränderlichkeit.[36] Die Diskussion um jene Unveränderlichkeit hat ihre tiefste Ursache ganz offensichtlich im Universalienproblem. Denn wenn das Naturrecht aus dem Wesen des Menschen abgeleitet wird, es aber keine unveränderlichen Wesenheiten gibt,

---

32 Ibid., 31.

33 Cf. David Berger, Thomismus, Köln 2001, 156-174.

34 Manser, 31.

35 Ibid., 45. Wie recht die Thomisten mit dieser Einschätzung hatten, wurde erst jüngst wieder bestätigt von: Servais Pinckaers, Les sources de la morale chrétienne: sa méthode, son contenu, son histoire, Fribourg 1985, 244-257.

36 Ibid., 51.

so auch keine Unveränderlichkeit des Naturrechts. Auch hier sehen die Neuthomisten wieder den Zusammenhang zwischen den Bestreitern der Unveränderlichkeit des Naturrechts in ihrer Zeit (Bergbohm, Wundt, Paulsen) und den Voluntaristen aus der Zeit der Scholastik. Gegen sie wird die Existenz von innerlich-notwendigen, unveränderlichen Dingwesenheiten, die ihren letzten Grund im Geist Gottes, dessen ewige Ideen die Urbilder der von Gott erschaffenen Wesenheiten sind, betont.[37] Was aber für die Wesenheiten überhaupt, gilt auch für die Menschennatur im speziellen. In ihr ist das Naturgesetz begründet und insofern muss es ebenfalls unveränderlich sein: „Ergo lex naturalis est immutabilis seu proprie mutari omnino non potest, fundatur enim super ipsam naturam, quae mutari nequit."[38]

Diese Unveränderlichkeit gilt von innen (*ab intrinseco*), sodass das Naturrecht nicht infolge eines veränderten Kontexts obsolet werden kann; wie auch von außen (*ab extrinseco*), sodass es auch vom Gesetzgeber weder teilweise noch ganz aufgehoben werden kann.[39] Auch dies wird von den Thomisten wieder energisch gegen den Voluntarismus, etwa eines Ockham[40], betont. Lässt dieser doch alles (auch die Wesenheiten der Dinge!) vom göttlichen Willen als letzter Ursache abhängen, sodass es keine an sich guten oder schlechten Handlungen gibt und Gott etwa auch, wenn er es wollte, den Hass Gottes zu einem verdienstlichen Werk erklären könnte. Eine Unveränderlichkeit des Naturrechts wird hier natürlich hinfällig. Im Unterschied dazu gilt für den Neuthomismus: Die aus dem Ordnungswillen Gottes hervorgehenden Gebote sind nicht deshalb gut, weil sie von Gott geboten sind, sondern sie sind geboten, weil sie wesenhaft gut sind![41]

Freilich weiß auch der Neuthomismus um eine Veränderung des Naturrechts im uneigentlichen Sinne: Zum einen ist dieses nur bedingungsweise, d.h. unter der Bedingung, dass es eine Schöpfung gibt, notwendig (hypothetische Notwendigkeit). Zum anderen kann Gott als der oberste Gesetzgeber und Herr aller

---

37 Ibid., 56-57.

38 Gredt, II, 348.

39 Ibid.

40 Interessanterweise hat auch hier Suárez den Versuch gemacht, einen Mittelweg zwischen Thomismus und Nominalismus zu gehen, indem er zwar am Dingnaturrecht festhält, aber den gesetzgeberischen Willen Gottes als Voraussetzung postuliert, der das Naturgesetz überhaupt erst als eigentliches Gesetz konstituiert : Cf. Isabelle Mandrella, Das Isaak-Opfer. Historisch-systematische Untersuchung zu Rationalität und Wandelbarkeit des Naturrechts in der mittelalterlichen Lehre vom natürlichen Gesetz, Münster 2002, 239. 354.

41 Cf. auch Peter Tischleder, Die geistesgeschichtliche Bedeutung des hl. Thomas von Aquin für Metaphysik, Ethik und Theologie, Freiburg/Breisgau 1927, 19-20.

Dinge den Gegenstand des Naturgesetzes ändern bzw. vom Naturgesetz dispensieren: Etwa als er den Israeliten das Besitzrecht auf die geliehenen Gefäße der Ägypter, die sie bei ihrem Auszug aus Ägypten mit sich nahmen (Ex 12,35-36), übertragen hat. Auch wenn sich das, worauf das natürliche Sittengesetz sich bezieht, durch Umstände verändert, kann dieses im uneigentlichen Sinne verändert werden: Ein Messer etwa, das ich mir von meinem Nachbarn geliehen habe und das dieser zurückfordert, um damit einen Mord zu begehen, ist seinem rechtmäßigen Eigentümer nicht zurückzuerstatten.[42]

Dass die Naturrechtslehre der Neuthomisten auch um diese Veränderlichkeit des Naturrechts im uneigentlichen Sinne weiß, ohne freilich immer zu einer befriedigenden Synthese mit dessen Unveränderlichkeit zu gelangen, zeigt, dass der ihr gegenüber erhobene Vorwurf einer starren „Statik"[43] kaum zutrifft. Vielmehr gibt es hier zudem durchaus auch Ansatzpunkte, auch den personalen Charakter des Naturrechts in den Blick zu nehmen.[44]

Die ersten Prinzipien des Naturrechts

Jedes Gesetz bekommt seine Wirkung erst durch Promulgation. Diesen Grundgedanken überträgt der Neuthomismus auch auf die Idee des natürlichen Sittengesetzes bzw. des Naturrechts. Hier besteht die Promulgation in der Erkenntnis, die der Mensch von seiner Naturneigung gewinnt: „... lex naturalis manifestatur inclinatione naturali et eo promulgatur, quod ens rationale cognoscit inclinationem suam naturalem."[45] Diese *inclinatio* ist eine innerliche Hinordnung (*appetitus naturalis*) auf das *bonum commune*, das Allgemein-Gute, das in seiner Vollform als das Ziel allen Wollens zu gelten hat. In ihm besteht das ganze Glück des Wollens.

Hier, in dem natürlichen Verlangen des Menschen zur Glückseligkeit als seinem letzten Ziel sucht der Thomismus – in deutlich erkennbarer Analogie zu dem ersten Prinzip in der spekulativen Ordnung[46] – das tiefste Fundament des Fundamentalprinzips des Naturrechts. Bezüglich letzterem herrscht dann bei

---

[42] Gredt, II, 348. Die Thomisten folgend dabei der endgültigen Lösung des Thomas (I-II q.94 a.5), die von jener seines Sentenzenkommentars (4 d 33: 1,2 ad 1) etwas abweicht.

[43] Cf. etwa von Alexander Saberschinsky, Naturrecht, in: Albert Franz u.a. (Hrsg.), Lexikon philosophischer Grundbegriffe der Theologie, Freiburg/Br. 2003, 289.

[44] Cf. Otto H. Pesch, Kommentar zur Summa theologiae I-II, 90-105 – Deutsche Thomasausgabe, Bd.13, Heidelberg u.a. 1977,584.

[45] Gredt, II, 347.

[46] Cf. dazu: Leo Elders, Die Metaphysik des Thomas von Aquin, Bd. I, Salzburg - München 1985, 118-121

allen Thomisten Einigkeit, dass es in der Formel „Das Gute ist zu tun, das Böse zu lassen" (*Bonum est faciendum, malum vitandum*) besteht.[47] Wie der Wille zur Glückseligkeit so notwendig hingeordnet ist, dass er diese willig-notwendig (*voluntarium-necessarium*) erstrebt, so bindet dieses Prinzip unbedingt: Ohne es gäbe es weder eine sittliche Ordnung noch eine Ethik, ja man kann sagen: gäbe es überhaupt keine Tätigkeitsordnung. Insofern ist es auch das einzige der Naturprinzipien, das „naturnotwendig erfüllt wird"[48].

In diesem Sinne wird es auch zur Quelle aller weiteren naturrechtlichen Grundsätze. Es enthält diese als Urprinzipien gleichsam schon virtuell in sich, gibt ihnen erst wirklichen Wert und Bedeutung: Entsprechend der Hierarchie der verschiedenen Seinsstufen bzw. der verschiedenen Haupthinordnungen des Menschen zum Endziel wird die Ableitung der verschiedenen Hauptstufen der Naturrechtsprinzipien, die wiederum Quellen weiterer untergeordneter Ableitungen von Vorschriften darstellen, gedacht. Manser gilt folgender Satz sogar als Axiom: „So vielfach verschiedene Haupthinordnungen es im Menschen zum Guten gibt, ebenso vielfach sind die Hauptstufen des Naturrechts."[49] Alle Thomisten im Zeitraum der Neuscholastik gehen dabei von einer dreifachen Naturneigung des Menschen aus, die sich vom Menschen (1.) als Seiendem / Wesen, (2.) als Sinneswesen und (3.) als vernunftbegabtem Wesen herleitet.[50] Insofern der Mensch ein Seiendes ist, hat er eine natürliche Neigung zur Selbsterhaltung. Dieser Neigung entspricht die Tatsache, dass das Naturrecht das Recht auf Leben und Notwehr gewährleistet und Selbstmord, Mord sowie Selbstverstümmelung verbietet. Insofern der Mensch ein Sinneswesen ist, hat er eine Hinordnung auf Fortpflanzung, Ernährung usw., die das Naturrecht schützt. Unter dem wichtigsten Aspekt, nämlich dem des Menschen als *animal rationale,* jedoch ist er auf alle Güter hingeordnet, die seiner vernunftbegabten Natur gemäß sind. Und zwar (1.) individuell, insofern er die besondere Würde der Person innehat, die in der Natur das Vollkommenste ist.[51] Hier ist auch die Pflicht nach der Wahrheit

---

[47] Cf. Thomas Maria Zigliara, Summa philosophica, Bd. III, Paris [14]1905, 24; Gonzalez, Philosophie des hl. Thomas, III, 374; Ernst Plaßmann, Die Schule des hl. Thomas von Aquino, Bd. IV: Die Moral gemäß der Schule des hl. Thomas, Soest 1861, 752; Gredt, II, 347-348

[48] Manser, 83-84.

[49] Ibid., 85.

[50] Gredt, II, 347-348.

[51] Cf. Manser, 86: Ausdrücklich wendet sich Manser hier gegen die Reduzierung des Personbegriffs auf ein bloßes „Aktzentrum" und plädiert für den klassischen, an die Boethiusrezeption des Aquinaten angelehnten Personbegriff, der die Person zuerst als ein selbständiges, in sich und für sich geschlossenes Suppositum versteht, dem eine rationale Natur zugrunde liegt.

und Tugend zu streben bzw. das Recht des Menschen auf diese verankert. Und (2.) weiterhin sozial, insofern der Mensch naturnotwendig auf ein gesellschaftliches Leben hingeordnet ist, woraus sich die Forderung nach Erfüllung der sozialen Pflichten bzw. Gewährleistung der sozialen Rechte (Rechte und Pflichten der ehelichen Gemeinschaft und des Familienlebens, Recht auf Privateigentum usw.) ergibt.

An letzterem Punkt wird gut deutlich, dass in dieser Konzeption das Staatsgesetz, welches das Zusammenleben der Menschen, auf das diese von Natur aus hingeordnet sind, erst möglich macht, als Entfaltung des Naturgesetzes („tamquam accuratior determinatio legis naturalis"[52]) zu verstehen ist. In diesem Zusammenhang wird auch das Verhältnis von Naturrecht und menschlich-positivem Recht von den Neuthomisten behandelt. Sehr anschaulich formuliert Albert Stöckl: „Das natürliche Recht geht allem positiven Recht voraus und bildet dessen Grundlage, weil ja das positive Recht ... nur die Ergänzung des natürlichen Rechtes ist. Aber da das natürliche Recht göttliches, das positive dagegen bloß menschliches Recht ist, so muss das natürliche Recht zugleich als die unabänderliche Norm des positiven Rechts betrachtet werden. Nimmermehr darf die positive Gesetzgebung mit dem natürlichen Recht sich in Widerspruch setzen ... Dann würde die positive Gesetzgebung sich in Widerspruch setzen mit dem göttlichen Willen, und könnte daher in diesem Falle weder ein Recht, noch eine Rechtspflicht begründen. Stimmt dagegen das positive Recht mit dem natürlichen Rechte überein, so partizipiert es in abgeleiteter Weise gleichfalls an dem göttlichen Charakter des natürlichen Rechts, in dem Sinne nämlich, dass wir dann gleichfalls durch den göttlichen Willen verpflichtet sind, den positiven Gesetzgebungen der zu deren Erlassung berechtigten Autoritäten zu gehorchen, und uns jenen Gesetzen zu unterwerfen."[53] In ähnlicher Weise hat ein Jahr nach der Machtergreifung der Nationalsozialisten der Thomist Albert Rohner mahnend auf die undispensierbare Bindung des positiven Rechtes an das Naturrecht hingewiesen.[54]

Trotz der engen Verknüpfung des ersten Fundamentalprinzips des Naturrechts mit den daraus abgeleiteten Prinzipien konstatieren unsere Thomisten doch im Hinblick auf die Erkenntnis dieser unterschiedlichen Ebenen einen deutlichen

52 Gredt, II, 346.

53 Stöckl, Lehrbuch der Philosophie, 518.

54 Albert Rohner, Naturrecht und positives Recht, in: Divus Thomas 12 (1934) 59-84. Ähnlich kurz nach dem Ende des Zweiten Weltkriegs: Arthur F. Utz, Ausweg aus der Rechtsunsicherheit, in: Divus Thomas 25 (1947) 167-176.

Unterschied: Ist das Fundamentalprinzip so beschaffen, dass jeder noch so unvollkommene Gebrauch der Vernunft dieses notwendigerweise erkennt, so ist dies bei den sekundären Prinzipien nicht immer der Fall: „denn da sie nicht eine solche unmittelbare Evidenzverknüpfung mit den Urbegriffen der moralischen Ordnung haben, kann die Stärke ihres Eindrucks durch den Einfluss der Leidenschaften, durch die praktischen Irrtümer des Verstandes, durch die der Natur widerstrebende Sitte, und durch eingewurzelte verkehrte Gewohnheiten mehr oder weniger verdunkelt oder ausgelöscht werden."[55] Hiermit wird dem Rationalismus des 18. Jahrhunderts und seiner exzessiven Übertreibung der Naturrechtsidee ein deutlicher Riegel vorgeschoben.

Zwei Aspekte verdienen abschließend bezüglich der ersten Prinzipien des Naturrechts noch eigens der Erwähnung:

Zum einen hat das oberste Fundamentalprinzip einen eindeutig transzendentalen Charakter: Denn wenn das Streben nach dem Glück nur in jenem nach dem Guten seine Verwirklichung findet, so erreicht letzteres seine Verwirklichung nur in jenem, der das Gute schlechthin ist, dem unendlichen, ewigen Gut, das allein Gott ist. Der unausrottbare Zug des Menschen zum Glück bzw. zum Guten wird damit zu einem Weg zu Gott.[56] Insofern zeigt sich hier wieder der theozentrische Charakter der thomistischen Naturrechtslehre.

Zugleich jedoch verbürgt die Fundamentierung durch die Hinordnung zum Glück auch die allumfassende Gültigkeit des Naturrechts in seinem Kernbereich: Die Hinordnung zum Glück „ist der lichtvolle Leiter für alle und allezeit, für das Individuum, wie für das soziale Leben: in der Ehe, Familie, Staat, Völker, gleichviel welchem Klima, Bildungsgrad, welcher Rasse und Sprache die Menschen angehören mögen. Niemand kann sich dieses Urstrebens entschlagen, auch der Atheist nicht, und wenn er es leugnet, lebt es doch in ihm, weil es unsterblich und untödlich dem tiefsten Wesen seines Willens entquillt, sodass es den Leugner ewig immer wieder Lügen straft."[57] Mit diesen Worten wird ein Aspekt der thomistischen Naturrechtslehre, der bereits in deren Weiterführung durch die spanische Scholastik in der frühen Neuzeit sowie im Zusammenhang

---

55 Gonzalez, III, 374-375.

56 Zur thomistischen Kontroverse bezüglich des Gottesbeweises aus dem Streben des Menschen nach Glückseligkeit: J. Malik, Gibt es einen eigenen Gottesbeweis, der ausgeht vom Streben des Menschen nach Erkenntnis und Glück?, in: Leo Elders (Hrsg.), Quinque sunt viae, Vatikan 1980, 109-132. Zum weiteren Hintergrund: Jörgen Vijgen, Bemerkingen bij het thomistische adagium „Appetitus naturalis non potest esse frustra", in: Id. (Hrsg.), Indubitanter ad veritatem (FS Leo Elders), Budel 2003, 423-444.

57 Manser, 83.

mit den Wirren der Reformationszeit eine wichtige Rolle spielte, erneut fruchtbar gemacht: Das Naturrecht als von konfessioneller, nationaler u.ä. Prägung unabhängiger Boden, auf dem grundsätzlich alle Menschen, allein auf der Basis ihres kreatürlichen Menschseins, die ihr Zusammenleben regelnden Grundsätze finden können.

Würdigung

Es war in unserem Zusammenhang nur möglich, die grundlegendsten Aspekte der neuthomistischen Naturrechtslehre kurz darzustellen. Dennoch soll hier auf einige Grenzen und Chancen, die bereits hier sichtbar werden, hingewiesen werden.

Zum einen wurde deutlich, dass der gegen die neuscholastische Naturrechtslehre erhobene Vorwurf, hier würden *lex aeterna* und *lex naturalis* in zwei getrennte Bereiche zerfallen und so dem „naturalistischen Fehlschluss Vorschub geleistet“[58], vielleicht auf die stärker der essentalistischen, einen Ausgleich zwischen Thomismus und Nominalismus anstrebende Denktradition des Francisco Suárez folgende Jesuitenscholastik (etwa bei Victor Cathrein S.J.)[59], auf die thomistische Naturrechtslehre jener Zeit mit Sicherheit aber nicht zutrifft. Diese schreibt vielmehr die strikt theozentrische, deutlich auf einer Philosophie des Seins fußende Konzeption des Naturrechts, wie wir sie bereits beim Aquinaten selbst finden, fort. Wie sie überhaupt mit ihren Ausführungen das Denken des hl. Thomas verhältnismäßig genau trifft.[60] Philosophisch überzeugt sie durch ihre Synthese der eher platonisch-augustinischen (Teilhabegedanke) mit der eher aristotelischen Richtung (Erkennbarkeit des Sollens in der Schöpfungsordnung), von Intellekt sowie angeborener Neigung der Natur zum Glück bzw. zum Guten. Wie der Vergleich mit der nominalistischen Einstellung zum Naturrecht, den man ohne Probleme durch jenen mit bestimmten Neuentwürfen fort-

---

58 Saberschinski, Naturrecht, 289.

59 Suárez und seine Schüler wollen nicht mehr die gemeinsame Wesensnatur, sondern nur die individuelle Natur des Menschen als normativ im Sinne des Naturrechts verstehen. Vgl. etwa: Victor Cathrein, Philosophiae moralis, Freiburg/Breisgau [16]1932, 146-181. Nur am Rande sei darauf hingewiesen, dass Karl Rahner genau jene Suárezianische Neuerung in seiner Theologie an entscheidender Stelle übernimmt (z.B.: Über die Frage einer formalen Existenzialethik, in: SzT II, 227-246) und auf dieser Basis zu seinen Theorien des „übernatürlichen Existentials“ sowie des „anonymen Christen“ findet. Dazu: David Berger, War Karl Rahner Thomist? Überlegungen anhand der Rahnerschen Gnadenlehre, in: Divinitas 43 (2000) 155-199.

60 Am besten wird dies deutlich in dem schon zu den Klassikern der Naturrechtslehre gehörenden Werk: Reginaldo Pizzorni, La Filosofia del Diritto secondo S. Tommaso d'Aquino, Bologna [4]2003, 169-610

setzen könnte, zeigt, scheint die thomistische Konzeption in besonderer Weise geeignet, die Universalität und Unveränderlichkeit des Naturrechts zu begründen und so gegenüber dem liberalistischen Denken eine echte Alternative zu bieten.[61] Für den gläubigen Katholiken ist es zudem von großem Vorteil, dass keine andere philosophische Grundkonzeption vom Naturrecht in solch deutlicher Weise der Lehre der katholischen Kirche konveniert[62].

Trotz der skizzierten theozentrischen Konzeption gelingt es ihr, wie zuletzt angedeutet, einen Ansatz zu entwickeln, der zugleich philosophisch-theologisch klar begründet ist, als er auch „im außerkirchlichen Raum Akzeptanz finden kann, weil er schlichtweg vernünftig ist“[63]. So verwundert es auch nicht, dass die Erklärung der Menschenrechte durch die UNO im Jahre 1948 über den bereits erwähnten Maritain auch stark von der neuthomistischen Naturrechtskonzeption beeinflusst war.[64] In diesem Sinne liegt aber auch gerade heute hier ein theoretisches Fundament, auf dem sich etwa überzeugte Christen mit Muslimen u.a. im Kampf für den Schutz des Lebens, der Familie usw. zusammentun können.

Diese allgemeine Geltung freilich ist erkauft durch eine starke Betonung des Unterschiedes von Natur und Gnade bzw. von Vernunft und Offenbarung, die zwar an und für sich gut thomistisch ist, aber immer – zumal in der rein philosophischen Betrachtung des Naturrechts – in der Gefahr steht, den Unterschied zu einer (eben wieder ganz und gar unthomistischen) Trennung werden zu lassen und den Vorwurf eines „Stockwerkdenkens im Schema Natur/Über-Natur“[65] auf sich zu ziehen. Die thomistisch orientierte Moraltheologie jener Zeit hat diese Tendenz aber meist gekonnt aufgefangen, indem sie – gemäß dem Axiom, dass die Gnade die Natur vollendet (*gratia perficit naturam*) – das Ziel der Erfüllung der natürlichen Sittenordnung in der übernatürlichen Ordnung sieht[66]

---

[61] Cf. Jean-Marie Aubert, L'universalité et l'immutabilité du droit naturel, in : Studi tomistici 25 (1984)143-160.

[62] Cf. besonders die klare Darlegung der Naturrechtslehre in der Enzyklika „Veritatis Splendor“ (1993) in Absetzung zu einigen Tendenzen heutiger Moraltheologie (Nr. 53). Man vergleiche auch die häufige Berufung auf den Aquinaten in diesem Dokument des päpstlichen Lehramtes!

[63] Saberschinski, Naturrecht, 290.

[64] Cf. David Berger, Der „dritte Bereich“. Aspekte der katholischen Theologie zwischen 1940 und 1950, in: Elmar L. Kuhn u.a. (Hrsg.), Das große weite Tal der Möglichkeiten, Lindenberg 2002, 83-103.

[65] Saberschinski, Naturrecht, 289.

[66] Cf. etwa: Prümmer, Manuale Theologiae Moralis, 112-116. Damit wird das zum gemeinsamen Fundament Gesagte nicht obsolet, vielmehr kann dann der gemeinsame Kampf auf dem Boden des Naturrechts von den Christen zugleich als *praeambulum fidei* verstanden werden.

und in einem weiteren Schritt ein christologisches Verständnis auch des sittlichen Naturgesetzes fordert.[67]

[67] Cf. etwa: Mausbach-Ermecke, Katholische Moraltheologie, Paderborn [8]1954, 116-117.

Natural Law in the 20th c. Renewal of Anglican Moral Theology

Sławomir Nowosad[1]

From its beginnings the Christian theological tradition has borne witness to the significance of natural law in moral life. A serious attempt to impair the concept of natural law came with the Reformation when it became considered to be in opposition to the Reformers' interpretation of the original sin as well to their conviction of the *sola Scriptura*. The Anglican moral tradition in its mainstream distanced itself from those extreme positions and adopted the classical Catholic doctrine of natural law. It was reaffirmed by the moral theologians in the 20th c. when they undertook to revive moral theology in the Church of England.

1. Major premises of the renewal of moral theology[2]

After over three centuries of its history the 20th c. saw a serious attempt to renew Anglican moral theology. One of the basic requirements for the renewal was the restoration of its theological character. Kenneth Escott Kirk (†1954), who initiated the renewal, as well as other moral theologians such as Robert Cecil Mortimer (†1976), Lindsay Dewar (†1976) and Herbert M. Waddams (†1972) realized that Christian morality is religious in essence because it is based on God and His revelation. When morality is integrated with religion it secures and inspires moral progress. The moral life of the Christian ought to be bound up with his faith and to draw its authority from God himself as the foundation of ethics. Since God has revealed himself in His only Son, the full understanding of Christian ethics has to be christocentric. The New Testament teaching shows that both faith and the moral life are to be a personal relation with God in Jesus Christ. Christian morality can be described here in terms of communion and dialogue with the living Saviour. This also opens up the way to the fully theological concept of man. As a being created in the image of God, man is capable of responding to the call of the Creator and entering into dialogue with Him. In

---

1 Sławomir Nowosad: Professor für Moraltheologie und Lehrstuhlinhaber für Ökumenische Moraltheologie an der Katholischen Universität Lublin.

2 This paper is widely based on a longer and more substantial dissertation by the author: *Odnowa anglikanskiej teologii moralnej w XX wieku* (Lublin: RW KUL 2001) which covers and analyses the whole attempt of a renewal of Anglican moral theology in the 20th c. The first part of the paper outlines main assumptions of the renewal as they are comprehensively expounded in the author's book.

this sense the Christian's moral life is more than right conduct or the keeping of rules.

The revival of moral theology needed a new understanding of man which was to come above all from the psychological sciences, the conclusions of which make it possible to have a deeper grasp of the subjective aspect of the moral life, especially in the area of human act and conscience. They also enable pastoral care and spiritual direction to be more effective and comprehensive. Anglican moral theologians realized however that one has to preserve a critical approach to scientific evidence. The experimental methods can help us establish factual evidence but one cannot hope to draw moral norms from them. What is especially unacceptable are the various forms of the extreme psychological or sociological determinisms which contradict human freedom and responsibility. Moral theology also needed to be more sensitive to the social dimension of the moral life and to relate faith and its demands both as an imperative and as a judgment to politics and economics. Among those who wrote about it were L. Dewar, C. E. Hudson (†1957), M. B. Reckitt (†1980) and V. A. Demant (†1983). Christian theology had to indicate the anthropological and theological foundations of interpersonal relations and man's activity in this world. It is a primary task of the Church to restore the original order of social life by proclaiming the Good News and administrating the sacraments. Moral theology in fact failed to cover all these problems which found their place rather in Christian sociology.

Kirk and his followers rooted their theology in the Hooker and Caroline tradition, and so in Thomistic theology. They affirmed both the natural law and the word of God as the basis of Christian moral theology. Their conviction was that the idea of law was not inconsistent with morality as some people thought. So there is no objection to a moral theology based on law. Moral law should be seen as the expression of God's *agape* towards man. Natural law here is what St. Paul calls 'law written in men's hearts'. Despite man's sinfulness its precepts remain in his heart and are open to natural reason and conscience but only when aided by Revelation it can lead men to know the fullness of the natural moral order.

To preserve its unique Christian character moral theology has to root its reflection in the Bible, most of all in the New Testament and particularly in Jesus' teaching. The ethics of Jesus, while being in continuity with the Old Testament Hebrew ethics, is at the same time radically new. It deeply combines reason and Revelation and welds ethics and religion as never before. It is positive and refers to the heart rather than being an ethic of external acts. It is christocentric and eschatological because Christ himself is its centre and it leads to eternal life. *Agape* comes to be the principle of the whole of the Christian's moral life. God himself is *agape* and so all those who are born of Him in Christ reflect the inner life of God through *agape* in their lives. This *agape* sums up the character of Christ and in consequence is the criterion of Christian conduct. Of all the biblical ideas that of *imitatio Christi* is regarded as the one which is embedded in the very heart of New Testament ethics. It reveals the theological virtues in the new context of the person and life of Jesus Christ as He is the supreme example of faith, hope and love. *Imitatio Christi* also brings into relief the personalistic aspect of the Christian ethics, and so the Christian life is understood as a life of following Christ and not of following rules.

Anglican moral theologians were well aware that moral theology, if it was to be true to the New Testament, had to be a moral theology of the Holy Spirit. Just as the Christian moral life is a life in the Spirit, so moral theology must be deeply pneumatological in character. Jesus promised to send His Spirit on His followers so that the Spirit as Paraklete would *take of the things of Christ and show them unto men.* Thus the Christian ethics become an ethic of grace. One of its characteristic features is that it supplies not only moral standards but also grace as the power to reach them. Descending on the community of Christ's disciples the Holy Spirit transformed them into the Church – the *koinonia* or the fellowship of the Spirit. Thus the pneumatological dimension of Christian morality points to its ecclesial character. The Holy Spirit's power and guidance come to the many members of the one Body and only to individuals as parts of that Body. Anglican moral theology does not share the predominantly individualistic interpretation of the Christian life that was characteristic to the Reformers. The Church is seen here as a moral community and it is only in the fellowship of the Church that the Christian life both in its moral and spiritual aspect can be fully lived. The Church then holds a high position of authority in the matter of morals, its task is not just to define what is the Christian faith but also to define what is the Christian conduct which follows from the faith. All Christians are morally bound to pay special attention to it. Still, however authoritative the Church's teaching may be, the last word lies with conscience. The Anglican approach avoids laying down detailed prescriptions. The Church however is not merely to proclaim the Gospel but to be *the Gospel in action.* Through worship, sacraments and pastoral work the Church is to restore man to his true status as God's child destined to enjoy full fellowship with Him in all spheres of life.

Finally, Anglican tradition emphasizes the indispensable relationship between the moral and spiritual aspects of life which was stressed as early as by the Caroline Divines. The total Christian moral life cannot be seen merely on the natural level but in full cooperation with grace. The so-called „interior life" of prayer and devotion is the necessary foundation of any truly Christian moral life and of all genuine witness to Christ. Thus the personal dimension of moral life is emphasized as Christian growth is directed not to some idea but to the living person of the Lord. The sacraments here express their meaning and social character as instruments which put at man's disposal the spiritual power to achieve real union with God and with one another in a fellowship of love. In this context Anglican theology, particularly Kirk's theology, points to *visio Dei* as the goal of all moral life. The example of numerous Christian saints bears witness to the fact that a foretaste of *visio Dei* is possible even in this life; it depends upon moral rectitude and leads to an increase in personal holiness. This concept points again to Christ as it is in Christ that the Church saw God and can see Him now. In consequence *visio Dei* is both corporate and ecclesial in its character.

It is in worship that man experiences God in the deepest and most personal way. It is not so much the practices of worship that matter but rather the spirit of worship which is of primary importance. Christian worship finds its fulfilment when men through Christ achieve communion with God and get involved in His redemptive activity in the world. Anglican moral theology lays stress on the moral dimension of worship. Worship relates faith and life. The participant is changed and renewed in worship and so strengthened in his moral life. It is through his authentically Christian conduct that man worships God. Christian worship, being deeply christocentric, focuses the whole moral life on Christ. It also endows life with the ecclesial character as it is the Church – the Worshipping Body of Christ – that gives perfect worship to the Father.

2. Natural law in Christian ethics

Anglican moral theological tradition unequivocally defends the place and role of law in Christian morality. In this it remains in harmony with the Thomist tradition which was introduced and grounded by Caroline Divines of the 17th c. It was first Richard Hooker (†1600) and then Robert Sanderson (†1663) and Jeremy Taylor (†1667) who were responsible for developing an ever mature reflection on natural law in the doctrine of the Church of England. Within the process of the renewal of Anglican moral theology in the 20th century this conviction has been reaffirmed and deepened.

a. Law in morality

For Kennet E. Kirk the issue of law seemed obvious and did not need any special reflection and demonstration and so he did not write much about it. While stressing the necessity of a renewal of Anglican ethics, Kirk was much under the influence of neothomistic manuals. It can easily be observed in his writings on conscience which is often faced by a conflict between law and freedom. Following Aquinas Kirk clearly admits the existence of moral principles as being an expression of God's will for people to direct their conduct. Then „morality assumes the existence of immutable principles of right and wrong which may be called the perfect law of God"[3]. The whole of moral law has been traditionally divided into two classes – divine law and human law. Natural law and revealed law are two branches of the divine law. While the natural law can be known by reason, the revealed law is accessible through faith. These are two ways of discovering the will of God who leads men to recognition of good and bad as the source of men's moral order[4].

A serious attack on the sense and place of law in morality came with an idea of the so called situation ethics or new morality. It was an emanation of ethical existentialism and its main proponents were the Episcopal priest Joseph Fletcher († 1979) in USA and the Anglican bishop John A. T. Robinson († 1983) in England[5]. This new concept of ethics, sometimes also known as „contextual ethics", radically rejected law and the whole of ethics limited to a single fundamental principle of love. It is up to an agent to discern what should be done in given circumstances in order to express love. Such an ethic – „an ethic of love"

---

3 K. E. Kirk. *Conscience and Its Problems. An Introduction to Casuistry.* London: Longmans, Green and Co 1927 p. 72.

4 Cf *ib.* p. 71-75. In his *The Threshold of Ethics* (London: Skeffington and Son 1933) Kirk seems to point to some kind of a mutual opposition between law and conscience which at the same time does not mean that law and conscience have nothing to do with each other. Cf p. 21-26.

5 See particularly: J. Fletcher's: *The New Look in Christian Ethics.* „Harvard University Bulletin" 1959 no 7 p. 7-22; *Situation Ethics: The New Morality.* Philadelphia: Westminster Press 1966 [London: SCM 1966]; *Moral Responsibility. Situation Ethics at Work.* London: SCM 1967; J. Fletcher, T. Wassmer. *Hello Lovers! An Introduction to Situation Ethics.* Washington: Corpus Books 1970; out of many J. A. T. Robinson's books worth seeing are: *Honest to God.* London: SCM 1963; *Honest to God and the Debate.* London: SCM 1963; *Christian Morals Today.* London: SCM 1964; *Christian Freedom in a Permissive Society.* London: SCM 1970; worth reading are also two D. A. Rhymes's books: *No New Morality: Christian Personal Values and Sexual Morality.* London: Constable 1964 and *Prayer in the Secular City.* London: Lutterworth Press 1967.

– rejected authority in morals making it individualistic and subjective. There is no room for natural law here nor for any revealed moral law[6].

Lindsay Dewar, in his biblically grounded ethics, refers to Christ's teaching when defending the place and meaning of law in Christian morality and so in moral theology. According to him three main objections have been raised against the conception of law (and then of natural law) as alien to the Christian ethic[7]. The first objection is directed to the idea of rules as such as they are considered as inconsistent with the whole idea of Christian morality. In this sense it is being stressed that holiness cannot be achieved by means of a system of rules[8]. Here, however, Dewar goes back to R. Hooker's *Ecclesiastical Polity* for a true understanding of law. Christians believe that all moral laws disclose to man the mind of God. And so there is no real contradiction between morality and law assuming the latter is properly understood. Moral law is seen as an insight into the mind and love of God to men who leads all to goodness and perfection. In the New Testament it is mainly St John who teaches such an understanding of love. Consequently, there is no real inconsistency between considering moral principles as proceeding from the will of God and reflecting His mind and at the same time being considered as the moral law of man's nature. Since man by means of his reason participates in the mind of God.

In the second objection it is argued that even if no morality, including the Christian one, can dispense with basic moral principles, the principles of natural law are so vague that practically they turn out useless and of little value. It is said then that the whole Christian morality should be based on Jesus' Sermon on the Mount. Here, however, according to Dewar, it would be a serious mistake to assume a contradiction between Jesus' teaching on the Mount and natural law morality. The Christian moral teaching should always be seen in the context of the whole teaching of the Gospel. The Sermon on the Mount is of primary importance to sound Christian moral theology showing the very essence of Jesus'

---

6 It is particularly L. Dewar who analyses and rejects propositions of the „new morality" and demonstrates how „the present-day advocates of an all-love ethic" while appealing to St Augustine misrepresent his quote of „dilige et quod vis fac". They reject authority in morals in all its forms saying there are no binding rules or laws. His point goes to the Christian concept of man where these „new moralists fail to recognize [...] that something has gone radically wrong with mankind, in consequence of which man is a disappointing being". Cf *Moral Theology in the Modern World.* London: Mowbray 1964 p. 50-66; *An Outline of Anglican Moral Theology.* London: Mowbray 1968 p. 202-214.

7 Cf Dewar. Moral Theology in the Modern World p. 40-49.

8 Cf H. Oppenheimer. *Law and Love. A Study in Practical Ethics.* London: Faith Press 1962 p. 19.

and other New Testament authors' moral (and not only) teaching which does not reject natural law. It is obvious, however, that it is needed to distinguish law from legalism while the opponents of natural law seem to confuse the two as well as moral principles with legislation.

The last objection is based on a conviction that Jesus himself never legislated. Here again one can easily notice a confusion between law and legalism or moral principles and (human) legislation. Our Lord did not legislate as people do but he did lay down the law. It is clear that at the Last Supper he instituted a new covenant which meant instituting a new law. The difficulty is not in the fact of law or in regarding morality in terms of law or in seeking to obey moral rules. Christ insists that it is rather in the thinking that for fulfilling the law man can gain credit. Man cannot gain credit for anything he does because man's duty is what he owes to God: „We are useless servants: we have done no more than our duty" (Lk 17, 10). So finally there is no objection either to thinking of morality in terms of law or to a moral theology based on law. Two provisos are not to be omitted according to Dewar. One is to recognize law as a glimpse into the mind of God and this cannot be known by individuals but only by the Church which it has been revealed to and which is constantly inspired by the Holy Spirit. The second proviso is the truth that men can never fulfil the law except by love and love means that men never can fulfil the law – since men's love is always a response to God's infinite love. „This love was revealed by our Lord and is conveyed to the faithful in Christ Jesus by the Holy Spirit who is given to them (Rom 5, 5)"[9].

Criticism of law can be found in other arguments as well. Some say that while Christian morality is positive, law is negative. While morality is internal, law operates externally. Finally, Christianity is based on principles and not on laws, which assumes the two are at variance with each other. All these arguments are either one-sided or based on a misconception of the indicated notions. Christian moral law can be expressed in negative terms though one has to admit that the law as such is not negative as a whole and cannot express its very essence in negative terms. Jesus' teaching contains both positive and negative principles though its heart is of course a positive calling to love God and one's neighbour. Christ's interpretation of the „external" commandments aimed at their „internalization". Again, the alleged contradiction between principles and laws is not what our Lord meant when He taught about a law that only the Holy Spirit can

---

9 Dewar. Moral Theology in the Modern World p. 47. Cf L. Dewar. *A Short Introduction to Moral Theology*. London: Mowbray 1956 p. 9-22.

help understand and fulfil. As it is eventually the Spirit that can make Jesus' disciples accept and know that Jesus himself is its final end and fulfilment[10].

In one of his Bampton Lectures Bishop Kirk refers to St Paul's criticism of law in his *Epistle to the Romans*. The law can make man conscious of his sin but cannot help him conquer it and get rid of it. It is stressed by Paul that the law is powerless to alter the dispositions of man's heart. Characteristically to him Kirk points out to the idea of the vision of God that will help to overcome the difficulty with the law. Setting grace over against the law, Paul turns to the vision of God which can transform the soul and bestow on it eternal life and real likeness to the Father. Kirk's emphasis here is on man's receptive attitude – to wait for God's transforming and renewing grace. Only then as he receives it will law be of real use to him and will lay open him to the gift of new life. The fundamental thing then is the bond to be set up between God and the soul, the Spirit or the grace that will come to the believer. What is distinctive for the Christian life here is a new relationship between man and God: „Once the relationship has been established, the field is open for human effort and activity; and the lines along which effort can best be exercised can now fitly be laid down in terms of law"[11]. So what is of primary importance is that the law be subordinated to the personal relationship with the Saviour.

Given the proper interpretation moral theology can and should be based on the concept of law. It is for practical reasons that man needs law and its principles that will guide him in his daily life. If the whole moral guidance were limited to general rules, a danger of vague and divergent interpretations would easily occur. Moral instructions of the Gospels as well as of other New Testament texts are clear about it. Practical requirements of moral conduct also prove it. It is right to say that the perfection and holiness are the goal of the Christian life but that does not exclude setting a minimum standard before the Christian man and woman. One has to remember, however, that these minima are not maxima (as in civil laws). Though some argue that to follow the minimum standards would be less than Christian, many examples of such rules are to be found in the life of the early Church. St Peter and other Apostles knew and taught that Jesus' disciples must always aim at perfection but that must not be interpreted strictly as otherwise it would fall into the trap of rigorism. And rigorism is neither evangelical nor workable. An important aspect of the truth of man must not be over-

---

10 Cf Dewar. A Short Introduction to Moral Theology p. 12-18.

11 K. E. Kirk. The Vision of God. The Christian Doctrine of the summum bonum. London: Longmans, Green and Co 1931 p. 135.

looked here as man, though called to perfection, is a sinful and frail creature that cannot do without rules and laws to guide him. Thus one can admit that „the Christian moral standard is involved in a paradox. On the one hand, the standard we seek is nothing less than perfection for which God has made us [...]. On the other hand, in practice we are most likely to achieve it by not aiming directly at it, and following a humbler path"[12]. Anglican moralists seem to show a sound realism here which is in accordance with the message of the Christian revelation.

It is the same spirit of a practical necessity of rules and laws that can be found in an early work by Kirk. Using still a characteristic language of that time in *Some Principles of Moral Theology* Kirk summarises the Christian attitude towards rules and law by laying stress on their indispensability „during the formative period of the soul's development". Even if the soul may reach spiritual maturity and grow in communion with Christ, some rules may be discarded little by little but not in a sense that the Christian law may be get rid of completely. Law „will always be necessary to that life of liberty which is the Christian heritage"[13].

When one turns to the central message of the New Testament one can see that the Christian moral law is to be understood as the law of love. *Agape* is at the heart of the Christian faith and it is the primary essence of the moral order God has inscribed in His creation. Love, being the substance of the Christian morality, does not exclude other norms and rules. Herbert Waddams opposes to such interpretation of the Christian moral teaching and defends its absolute moral norms. Since love itself is absolute, it is expressed in absolute standards which form the content of moral law. As he puts it, „the moral law is the law of love as it is shown in God's ordering of the world [...]. The moral law is only understood when it is itself seen to be the very expression of God's *agape* in his creative and redeeming work"[14]. So love neither rejects law nor opposes it but rather needs it for its full expression and realization in the life of the Christians.

The real meaning of law reveals itself when it is put in the context of love. Since love knows no end or as Aristotle put it, it goes to infinity, following the rules of law in the spirit of love will prevent man from „the keeping to the

---

12 Cf Dewar. *Moral Theology in the Modern World* p. 60-61; M. Pontifex [review]. L. Dewar. *Moral Theology in the Modern World*. „The Downside Review" 82:1964 p. 354-355.

13 K. E. Kirk. *Some Principles of Moral Theology and Their Application*. London: Longmans, Green and Co 1920 p. 22.

14 H. Waddams. *A New Introduction to Moral Theology*. London: SCM 1964 p. 90.

rules". Love, being a universal calling, makes everyone advance towards perfection. Following Kirk's reasoning, Dewar realistically puts emphasis on a gradual advancement on the path to perfection as otherwise would be turning to a dangerous rigorism. Realism demands that we understand that Jesus' followers, as all men and women, are called to pursue the ideal of perfection through particular daily circumstances which is another reason why people need the guidance of specific rules and duties of the moral law[15]. The Christian life then is a life of progress and it passes through its stages. Kirk would often emphasise that its end is contemplation or the vision of God which can be regarded as its highest and final stage[16].

Still another argument for the need of laws and rules comes from tradition understood as inherited religious and moral experience. People always begin and shape their lives under the authority of various human traditions. Christians believe that the whole truth of the moral order has been revealed by God in the course of the history of salvation, eventually and fully in God's only Son. Christ's words and deeds show how God's law and its demands are accomplished in the highest commandment of love both of God and of one's neighbour. This holy tradition, which is being guarded and taught by the Church, is – among others – embodied in moral laws and rules. It is characteristic to Anglicanism to be open to tradition as such and to the Christian tradition in particular. The tradition is one of the three major elements of the triple Anglican authority[17].

Unwillingness, or even rejection of law is often based on a false identification of law and legalism. The latter is an obvious abuse of law but they are not the same thing at all. Examples can be found in the history of Christian ethics that it was too much bound up with the law and Christians would see their lives not as a living relationship with God but rather as following the rules, either positive or negative. A sound revival of moral theology needs a clear distinction between law and legalism and not rejection of both. This distinction is essential in order

---

15 „The neglect of laws, duties and standards in the Christian life leads to moral and spiritual flabbiness. The Christian way is a pilgrimage, not a hitch-hike. It demands the discipline associated with an expedition, rather than the leisurely attitude of the traveller with a 'go as you please' holiday ticket". H. T. Hughes. *Faith and Life. An Introduction to Christian Ethics*. Wallington: Religious Education Press 1962 p. 53. Cf Dewar. *Moral Theology in the Modern World* p. 61-62.

16 Cf Kirk. *The Vision of God* p. 243.

17 Cf H. Chadwick. *Tradition, Fathers and Councils*. In: *The Study of Anglicanism*. Eds. S. Sykes, J. Booty. London: SPCK/Fortress Press 1990 p. 91-105; K. E. Kirk. *Moral Theology*. In: *The Study of Theology*. Ed. K. E. Kirk. London: Hodder and Stoughton 1939 p. 393-394.

to save the concept of law and its proper functioning in the moral life of the followers of the Lord. The Christian moral order, as seen in the Bible and in the tradition of the Church, is to be grounded in a stable authority of moral law as the traditional basis of Christian morals. Bishop Kirk is therefore critical about the practice of translating of St Alphonsus Liguori's manuals for the use of Anglican clergy often regarded as legalistic[18].

There is still another reason for a strong defence of law in contemporary moral theology which seems to be increasingly under the influence of the present tendency to appeal to experimentation rather than to the authority (of law and moral order). This modern empirical approach to questions of Christian ethics and moral theology can be fatal and dangerous for the whole Christian moral message. When even some moralists are being influenced by the trend to settle questions of morality not by authority but rather by experiment and so to start a kind of a new Christian morality, this will undoubtedly threaten the whole traditional moral teaching of the Church. Christian moralists must pay more attention to empirical data but it would be a serious mistake to try to establish moral standards by empirical methods alone. The empirical methods have their own important but necessarily limited role and meaning for the Christian moral order as being revealed by God and taught by the Church[19].

b. Natural law

Moral law, enabling man to know the will of God, is internal in its character and as such is communicated to man in an internal way. It comes to him as twofold law – natural law and revealed divine law. Beside some early reservations Christianity from its beginning has adopted the concept of natural law that was previously worked out by the ancient Greek and Roman philosophy. The Anglican moral tradition, seen here in its Catholic dimension, has assimilated the traditional doctrine of natural law from its 16th c. „architect of Anglican theology" Richard Hooker, from Caroline Divines and from the leading moral theologians of the 20th c., such as K. E. Kirk, L. Dewar, R. C. Mortimer and H. Waddams.

When going back to ancient philosophers and their understanding of natural law Dewar and Hudson recall Cicero's canons of natural law: religion or the

---

18 Cf Dewar. Moral Theology in the Modern World p. VI; Kirk. Some Principles of Moral Theology p. X.

19 Cf Dewar. An Outline of Anglican Moral Theology p. 11-12.

worship of gods; natural piety towards family and fatherland; natural gratitude; revenge; respect towards elders and betters; regard for the truth and keeping of promises[20]. However the Christian formulation of natural law, though not disregarding earlier remarks, turns to the *Epistle to the Romans* which can be called the *magna charta* of natural law for a Christian. Here St Paul teaches: „So, when Gentiles, not having the Law, still through their own innate sense behave as the Law commands, then, even though they have no Law, they are the law for themselves. They can demonstrate the effect of the Law engraved on their hearts, to which their own conscience bears witness; since they are aware of various considerations, some of which accuse them, while others provide them with a defence" (2, 14-15). Other New Testament texts should be mentioned here as well, like 1 Cor 11, 14-15 or 1 P 2, 12. This understanding of the natural moral order can be found as *implicite* present and presupposed in the teaching of Jesus himself. In many parables of the Lord these „are not allegories, but plain matter of fact stories about the way in which normal human beings behave all over the world. On this basis of such behaviour our Lord argues to the character of God who made these men and women – an *a fortiori* argument [...]. The constant implication in these stories is that there is in a common man a power of moral judgement and behaviour which is natural"[21]. In this sense it is fair to say that the New Testament contains the seeds of the full-blown doctrine of natural law as it later developed in the course of the evolution of the Christian teaching.

The recognition of the natural law, given by the Creator, is particularly possible in Jesus' words in answer to a question on marriage and divorce. What is seen here is the Lord's clear return to the original form of God's creation of man and woman. Waddams lays stress on the conviction that „it is only when man lives in accord with God's creative work that he can fulfil God's will". It is deeply in the spirit of the general teaching of the Lord noticeable especially in the Sermon on the Mount. Man should never depart from the mind of God when He made mankind and which can be discerned from His creation. According to Waddams Jesus' principal emphasis here is – as in the Sermon on the Mount – on the proper attitude that Christians should adopt in the approach to natural law and the problems of their daily lives. The Lord „puts his finger on the tension which has to be faced, lived with and creatively used by man. On the one hand we see the need for Christians and the Church to witness to the true principles of

---

[20] Cf L. Dewar, C. Hudson. *Christian Morals. A Study in First Principles*. London: Hodder and Stoughton 1954 p. 39.

[21] Cf Dewar. Moral Theology in the Modern World p. 4.

morality, and on the other hand, springing from Christian love, to minister pastorally to the people whom Jesus came to save"[22]. It is in a similar way that Dewar interprets Jesus' teaching on the indissolubility of marriage as being the law of man as man because it is part of the natural law[23]. Thus the natural law is the basis of moral order according to which all men and women are to shape their lives in all their aspects.

As is well known, the author of the fullest and most elaborated version of the doctrine of natural law was St Thomas Aquinas. Law, based on reason, means the rule and measure of human actions and so it is essentially rational. It is the reason that directs man towards an end. All law is divided into four kinds: eternal law, natural law, divine law and human law. Eternal law, which exists in the mind of God Creator and Ruler of all, orders all things and therefore all things are subject to the divine Providence. This assumes that all things participate in the eternal law but rational creatures are subject to the divine Providence in a special and higher way since they can control their own actions. Their participation in the eternal law is called natural law. It is the light of natural reason that enables man to discern good from evil. Thus natural law can be described as the impression of the divine light in man that operates by virtue of his moral and rational qualities. Therefore St Paul called natural law „the law written in men's hearts"[24].

Anglican moral theology, essentially formed in the 16th c by Caroline Divines, adopted Aquinas' doctrine of natural law. That meant distancing itself from the teaching of the Reformers who proclaimed a total corruption of man's nature by the original sin. The Anglican conviction did not accept this pessimism and claimed the image of God in man has not been obliterated by man's sin. God's law remained written in man's heart and man has natural powers of reasoning and conscience and so is able to pursue right goals and to make right judgements. Human nature, despite the ravages of sin, has remained essentially good. Henry McAdoo, in his studies in Caroline theology, stresses that though „man is

---

22 Waddams. A New Introduction to Moral Theology p. 54.

23 Cf L. Dewar. *An Outline of New Testament Ethics*. London: Hodder and Stoughton 1949 p. 95-97.

24 „[...] man's endowment with reason and conscience was held to give him a true insight into the mind and purpose of God. According to St Thomas Aquinas, the Law of Nature consists in man's 'participation', by virtue of his moral and rational qualities, in the Eternal Law, which is the character of God Himself". C. Hudson. *Nations as Neighbours. An Essay in Christian Politics*. London: Victor Gollancz 1943 p. 30. Cf Dewar, Hudson. *Christian Morals* p. 38-39; K. E. Kirk. *Ignorance, Faith and Conformity. Studies in Moral Theology*. London: Longmans, Green and Co 1925 p. 2-3.

wounded in the things of nature and despoiled of the things of grace: he is very far gone from original righteousness, but he is not an outlaw. The Anglican divines are in accord with Aquinas [...]. Despite sin, man still stands within the scheme of the Divine Order"[25]. It was mainly Jeremy Taylor and Robert Sanderson who developed this teaching in Caroline moral theology. Before them Richard Hooker in his *Ecclesiastical* Polity wrote: „The Law of Nature, meaning thereby the law which the human Nature knoweth itself in reason universally bound unto, which also for that cause may be termed most fitly the Law of Reason; this Law, I say, comprehendeth all those things which men by the light of this natural understanding evidently know, or at leastwise may know, to be beseeming or unbeseeming, virtuous or vicious, good or evil for them to do"[26].

By appealing to natural law Anglican moral theology protects the objective character of the moral order. The Christians cannot overlook such trends in contemporary ethics as utilitarianism and relativism which more and more effectively modify modern mentality in ethical thinking. The Church must then hold to the objective distinction between right and wrong that eventually springs up from the will of God. This fundamental conviction of the objectivity of the moral law appeals to the universal innate consent that what is good and what is evil is the same for all men at all times, being determined by the intrinsic nature of man. This code of things to do and not to do, a pattern of general behaviour which „derives necessarily from nature itself, from the simple fact that man is man" – it is what is called natural law[27]. When this natural moral order is recognized and accepted, God's will for man is accepted and embodied by man regardless his religious affiliation. What is important is that in the idea of natural law Christianity has found a special instrument to defend autonomy and freedom of the individual conscience. History proves that many authorities can threaten individuals in their moral choices and decisions. Natural law, being the basis of any human law, guards individual conscience in its freedom and autonomy which it has received from the Creator himself against the tyranny of any earthly authority[28].

Among the principles of natural law there may be discerned first the most general principles that are immediately and intuitively known. Being self-

---

[25] H. R. McAdoo. *The Structure of Caroline Moral Theology*. London: Longmans, Green and Co 1949 p. 17.

[26] Cf R. C. Mortimer. *The Elements of Moral Theology*. London: A. and C. Black 1947 p. 9-10.

[27] Cf R. C. Mortimer. *Christian Ethics*. London: Hutchinson's University Library 1950 p. 11.

[28] Cf Kirk. Ignorance, Faith and Conformity p. 43.

evident no proof is needed for them as for example for the most fundamental of all: good must be done and evil avoided (*bonum est faciendum, malum vitandum*). Thus they prove universality and immutability of natural law in the most evident way. They may be called the content of synderesis. From them secondary rules or conclusions may be derived which include the commandments of the Decalogue. They are conclusions or applications of the general principles. Since discursive reasoning is involved here there may occur a possibility of error. Therefore Mortimer points here to constant need of restatement or reaffirmation. Best such reaffirmation may be the work of reason aided by revelation. Following St Thomas Anglican theologians distinguish three main groups of the secondary principles. The first are those which man shares with everything and they are called the instinct of self-preservation. The second group is shared with the lower animals and it is the tendency to reproduce one's kind and to care for the offspring. The third group of the secondary precepts is peculiar to man and it is the desire to know God and to live in peaceful communion with Him and with other people. It's worth adding that traditional moral theology, to which Anglican thought appeals, has also often turned to the expanded consideration of the cardinal virtues given by Aquinas and other moralists to find out an exhaustive account of the content of natural law[29].

The ontological basis of natural law is the human nature which is common to all men and women. Created by God it leads to the recognition of the pattern of conduct that is binding upon all. Thus natural law reveals its two main features – it is both universal and immutable. The unambiguous character of natural law which admits of no exceptions and dispensations is particularly stressed by Mortimer who says that if „an action is truly perceived to be contrary to the natural law, it is wrong and always wrong. The natural law thus affords a valid norm and objective standard and criterion of moral conduct"[30]. Human nature is fully grasped especially when seen in its teleological context. Nature, as anything else that exists, is to achieve its end given to it by the Creator. It is by the use of reason that man can recognise that end. It is in the same way that man can recognize the basic content of natural law and then follow it. Since natural law has human nature as its basis all people are capable of knowing it and not just those who believe in the Creator.

---

29 Cf Mortimer. The Elements of Moral Theology p. 10-12; Dewar. *Moral Theology in the Modern World* p. 6-7; Kirk. *Conscience and Its Problems* p. 71-80; Dewar. Hudson. *Christian Morals* p. 62.

30 Mortimer. The Elements of Moral Theology p. 12. Cf Mortimer. Christian Ethics p. 11-12.

The order that God created for the world and particularly for the mankind to be fulfilled has been disturbed by man's sin. Consequently man's power to reason has been weakened and disordered. Thus moral theology must not forget that man's mind has limitations in the process of recognition of the precepts of natural law. This however does not mean that the moral standards which God wills for man have been lowered. All this leads to the conclusion that man needs revelation to know the content of natural law in its fullness and without an error. It is since its 16th an 17th c. beginnings that Anglicanism has stressed the need for man's mind to be enlightened by the reference to the Bible as the revelation of God's will and the truth about man. Bishop Taylor, the leading Caroline moral theologian, emphasized the significance of reason in theology but at the same time warned that „Reason is such a box of quicksilver that it abides nowhere: it dwells in no settled mansion [...]. It wanders up and down like a floating island, or like that which we call the life blood"[31]. The Anglican tradition has often put stress on this impossibility of relying on the reason alone as it is by itself an insufficient test of what law of nature really is. That is why it must be supplemented by revelation. It was God who made it that way. So reason and revelation are not two separate and different roads that lead to the recognition of God's moral order. Rather they should be viewed as two aspects of one process of discovering that order – „in so far as it is man who apprehends, we may call the process reason; in so far as it is God who allows himself to be apprehended, we may call it revelation"[32].

Christian theology claims that the most complete knowledge of God's truth is achieved only through revelation. This demands that natural law be verified and supplemented by the data of revelation, particularly of the New Testament as well as by the teaching of the Church, particularly of the undivided Church of the 1st millennium. In Jeremy Taylor's opinion the law of nature is so closely tied with the revealed law that in fact „the revealed law of Christ is the law of nature most clearly understood". That means that all Christ's teaching concerning moral actions is finally the laws of nature[33]. An important christological

---

31 Cited from: S. Platten. Can Anglicanism Survive? Reflections on Lambeth 1998 and Anglicanism as a World Communion. „Theology" 103:2000 p. 182.

32 K. E. Kirk. The Crisis of Christian Rationalism. Three Lectures. London: Longmans, Green and Co 1936 p. 10. Cf Waddams. A New Introduction to Moral Theology p. 55; Kirk. Conscience and Its Problems p. 78.

33 Cf McAdoo. *The Structure of Caroline Moral Theology* p. 39-40. However to this claim Dewar and Hudson raise an objection „for it blurs the distinction between the natural and the supernatural. The correct way of putting the matter is to say that the precepts of the natural law are

aspect of understanding of the natural law emerges here which leads to a conclusion that it is only through the knowledge of Christ that man's nature and consequently the moral order of his life can be fully comprehended. While referring to the Bible one must remember that the truth of man can in no way be limited to the Book of Genesis and its account of creation. It is only in the Incarnation of Christ that man can know his morality which is rooted in natural law but is not confined to it. Jesus, the incarnate Son of God, has renewed the whole creation as its Redeemer. Thus natural law needs revealed law to let man discern the whole of his vocation. The Christian ethics must include natural law but in its interpretation has to put its emphasis rather on „the communion of life and love between a Christian and God in Jesus Christ"[34].

When God is seen as the source of natural law and its full understanding, its adequate concept is ensured. Natural law cannot be accounted for by any social expediency. Norms of natural law are not derived from social custom. In this sense natural law transcends an earthly dimension of man's life and its fullness can be shown in the light of the faith in God. God as the transcendent law-giver opens a supernatural character of moral law, including natural law, that God inscribed in man's heart. Thus complete sense of moral life cannot be discovered and described apart from religion and eventually proves that the moral law is absolute in its character[35].

It is then only in the supernatural context and so in its relation to God that the adequate apprehension of human nature is possible. Since man's nature was created by God, without God nature is not true to itself. Vigo A. Demant put it in the words that „Christ is the unique answer to the question of man [...]. Because man in Christ knows what he himself is, he knows not only that his activities in the orders of creation are perverted; he must know their true order"[36]. Christ, who came to the world to redeem it, enables man to return to the full knowledge of God's moral order and so to follow it with accordance with God's

---

potentially the precepts of the Gospel. But 'we see not yet all things put under Him'". *Christian Morals* p. 46.

34 Cf Waddams. A New Introduction to Moral Theology p. 60.

35 „We are then bound to conclude that the moral law is an absolute law. The sense of right and wrong cannot be accounted for by any social expediency [...]. Though it was perhaps first apprehended through social custom, it is not derived from custom [...]. If this is the case, the moral law transcends this life, and leads us to the transcendent law-giver. In other words, we cannot make complete sense of our moral experience apart from religion". L. Dewar. *Christian Standard.* In: J. W. C. Wand, W. R. Matthews, V. A. Demant, L. Dewar. *Christian Belief Today.* London: Mowbray 1952 p. 201-204.

36 V. A. Demant. *Christian Polity.* London: Faber and Faber 1936 p. 100.

will. Man then needs natural law that God gave him and Christ renewed in order to achieve his final end. Hudson even says that the recovery of natural order is the first purpose of God's redemptive activity. Christ – the Redeemer restored first what is natural and then what is spiritual. Natural law then receives here its supplement being put in the context of the spiritual[37].

By some theologians, Dewar and Hudson among them, the doctrine of natural law is analysed in the context of a wider issue of nature and grace. As all Anglican tradition in this respect they refer in their teaching to St Thomas. Though nature has been afflicted by sin it remains good but needs grace to be perfected. The same is with natural law, despite man's sinfulness it remains written in his heart and so man is capable of reasoning, of distinguishing between good and evil and then pursuing right goals and making right judgements. Two main mistakes are most common as regards the relation between nature and grace which can consequently occur as regards natural law and the law of grace. One considers nature to be good and self-sufficient which makes grace unnecessary. The other considers nature to be so corrupt by evil that it is only grace that can help it know anything. As Calvin put it, nature is wholly in darkness until the sun of grace arises upon it. Anglican tradition in fact rejects the two extreme positions turning to Christ who is God and man. Thus if „it is impossible for man that walketh to direct his steps aright apart from the divine assistance, it is equally true that grace does not destroy or override nature, but rather [...] uses it as the foundation for the divine superstructure. We are courting disaster if we attempt to build the higher and heavenly storeys of the house of human life without constant reference to the ground-plan which is provided by nature"[38].

The natural law should be constantly related to God and His love (*agape*). The *agape* of God embraces the whole creation renewing everything and liberating it from the consequences of sin, including man and his nature. Consequently natural law that man educes on the basis of his rational nature reveals its fullness and certainty only in the light of and with the help of *agape*. If man is to be fulfilled he must receive the gift of God's *agape* which enables him to know the order of his nature and then to conform to it and its standards of right and wrong[39].

---

37 Cf Hudson. *Nations as Neighbours* p. 72.

38 Dewar, Hudson. *Christian Morals* p. 50-51.

39 „We may therefore legitimately come to the conclusion not only that the sense of right and wrong is found in all men, but that it does in fact correspond to outward moral standards to which men must conform, if they are to fulfil the will of God for themselves and for others". Waddams. *A New Introduction to Moral Theology* p. 81.

The concept of natural law is useful and has its significance for Christians when they want to start a dialogue with non-Christians and non-believers. It is on this plane that a discussion can be carried on and even a consensus can be achieved as regards universal moral norms. It is based on the conviction that all men share the same nature and thus the pattern of conduct is the same for all and is universally valid. Among possible issues for a dialogue justice in social life can be one where injustice is not so much „sinful" as „unnatural", but also more controversial problems like sexual morality where Christians can insist on the natural demand of chastity without which „men are less than men". An emphasis on justice allows the Church to influence secular spheres like politics or economics. In this way natural law makes it possible both for the Church and for individual Christians to fulfil their mission on earth of proclaiming justice as in fact willed by God though without using theological arguments[40].

In the context of the natural law discussions it becomes clear that there is a role for the Christian Church to fulfil in relation to the world. It is particularly justice that makes the Church express its attitude towards civil governments and it is the attitude of judgment. Since the mission of the Church is above all supernatural it has the right to do it though it must be extremely hesitant in pronouncing specific political or economic judgments. However when the Church does make them, it must do so by referring to natural law of which it is the guardian and interpreter. It is particularly in the field of anthropology that the Church is competent to express its judgments as it possesses the Gospel with its doctrine of both God and man. Since the task of the Church is to guide men to God, knowing man's true nature and destiny, the Church is obliged to reprimand and even to indict a social or political or economic order which denies it[41].

The Church's critique of unjust social orders, including both national and international relationships, is not based on pragmatic or contingent grounds. The Church, as the interpreter of natural law, turns here to the natural truth of human solidarity: „Sirs, ye are brethren" – as Hudson put it. He sees in it one of the basic tasks of the Christian Church. The necessity of natural law in the field of international relations is based on the conviction that states, like individuals, are subject to the moral law. Thus natural law is part of law of nations (*ius gentium*). It is from natural law that positive law of *ius gentium* derives its validity. According to Mortimer states then are not governed simply by expediency and

---

40 Cf Dewar, Hudson. *Christian Morals* p. 203-204 and 234-235; Mortimer. *Christian Ethics* p. 14; Hudson. *Nations as Neighbours* p. 109-110.

41 Cf Dewar, Hudson. *Christian Morals* p. 205-208.

force but they may be judged and restrained by „an appeal to the conscience of mankind, which perceives the natural law, upholds the inalienable rights of man and approves the moral binding force of contracts"[42]. In this the Christian teaching puts stress on the truth that both individuals and states are finally governed by the law of God which is expressed in the creation and written in the hearts and consciences of all men and women. The Church has the task to be a critical witness and guide for all particularly by judging in the light of moral norms of natural law.

---

42 Mortimer. *The Elements of Moral Theology* p. 16-17. Cf Hudson. *Nations as Neighbours* p. 88. Hudson is critical about the way the Church of England carries out this task while at the same time praises the social teaching of Pius XI and Pius XII.

Ad Fontes

Schriften zur Philosophie

Herausgegeben von Tadeusz Guz

Band 1 Dominik Lusser: Individua Substantia. Interpretation und Umdeutung des Aristotelischen ουσια-Begriffs bei Thomas von Aquin und Johannes Duns Scotus. 2006.

Band 2 Magdalena Börsig-Hover: Zur Ontologie und Metaphysik der Wahrheit. Der Wahrheitsbegriff Edith Steins in Auseinandersetzung mit Aristoteles, Thomas von Aquin und Edmund Husserl. 2006.

Band 3 Tadeusz Guz (Hrsg.): Das Naturrecht und Europa. 2007.

www.peterlang.de

Hinrich Rüping (Hrsg.)

Die Hallesche Schule des Naturrechts

Frankfurt am Main, Berlin, Bern, Bruxelles, New York, Oxford, Wien, 2002.
VI, 118 S.
ISBN 3-631-37478-X · br. € 27.50*

Mit der Gründung der Universität Halle im Territorium Brandenburg setzt die Blütezeit des modernen, säkularisierten Naturrechts in Deutschland ein. Die Ringvorlesung behandelt philosophische Prämissen wie praktische Folgen des in Halle propagierten Naturrechts und verfolgt die Rezeption der neuen Gedanken.

Aus dem Inhalt: H. Rüping: Einleitung · R. Lieberwirth: Zur Geschichte der Thomasius-Rezeption · H. Lück und S. Oehmig: Veit Ludwig von Seckendorff (1626–1692). Zur Überlieferung und Auswertung seiner gelehrten Korrespondenz · K.-G. Lutterbeck: Die societas civilis bei Christian Thomasius und Christian Wolff. Zwei alternative Konzepte im älteren deutschen Naturrecht · G. Jerouschek: Aufgeklärtes Strafrechtsdenken unter der Geltung des Inquisitionsprozesses · D. Klippel und M. Zwanzger: Naturrecht als Friedensordnung

FSC
www.fsc.org
MIX
Papier | Fördert gute Waldnutzung
FSC® C083411

Kolibri 360 GmbH
Ferdinand-Jühlke-Straße 7
99095 Erfurt, Deutschland
produktsicherheit@kolibri360.de

Druck:
CPI Druckdienstleistungen GmbH
im Auftrag der
Kolibri 360 GmbH
Ferdinand-Jühlke-Str. 7
99095 Erfurt